イギリス
United Kingdom of Great Britain & Northern Ireland

N

0   100   200km

イギリスのおもな世界遺産

- ロンドン塔
- ┃ ウェストミンスター寺院
- ❶ グリニッジ
- キュー・ガーデンズ
- ❷ ストーンヘンジ
- ❸ バース市街
- ❹ ブレナム宮殿
- ❺ カンタベリー大聖堂
- ❻ ドーセットと東デヴォン海岸
- ❼ コーンウォールと西デヴォン
- ❽ アイアンブリッジ峡谷
- ❾ リヴァプール海商都市
- ❿ ダーウェント渓谷の工場群

- ⓫ ソルテア
- ⓬ ファウンテンズ・アビー
- ⓭ ダラム大聖堂とダラム城
- ⓮ ハドリアヌスの城壁
- ⓯ ブレナヴォン産業用地
- ⓰ エドワード1世の城郭群
- ⓱ ポントカサステ水路橋と水路
- ⓲ ニュー・ラナーク
- ⓳ エディンバラ旧市街と新市街
- ⓴ フォース鉄橋
- ㉑ オークニー諸島の新石器時代遺跡
- ㉒ セント・キルダ
- ㉓ ジャイアンツ・コーズウェイ

北 海
North Sea

シェトランド諸島
Shetland Isles

ラーウィック
Lerwick

オークニー諸島
Ortney Isles

㉑世界遺産
Stromness Kirkwall
John O'Groats

Scrabster Thurso Wick

Helmsdale

Ullapool

Fraserburgh

Peterhead

Keith
Huntly

Elgin
Nairn Grantown-on-Spey

P.551 インヴァネス
Inverness

ネス湖
Loch Ness

Kyle of Lochalsh

スカイ島
Isle of Skye

オートリー
Portree

Uig

ストーノウェイ
Stornoway

ルイス島
Isle of Lewis

Tarbert

ヘブリディーズ諸島
Hebrides

Lochmady

Lochboisdale

㉒世界遺産

1

2

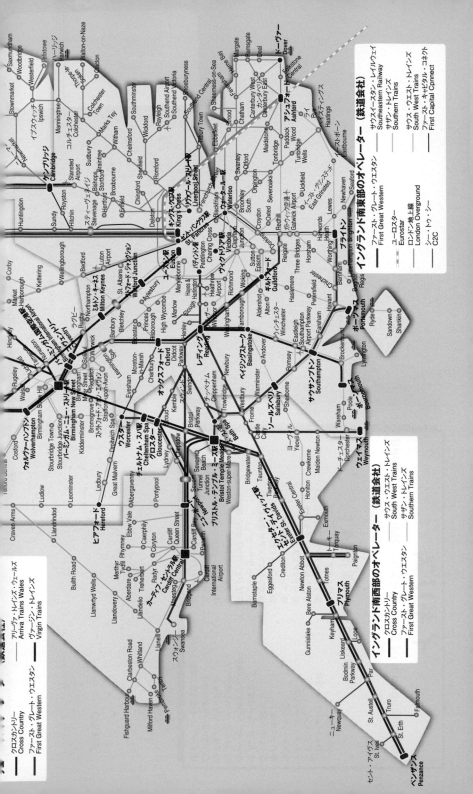

地球の歩き方 A02 ● 2015～2016 年版

イギリス
United Kingdom

地球の歩き方 編集室

UNITED KINGDOM CONTENTS

2

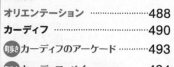
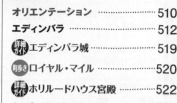
出発前に必ずお読みください！
旅のトラブルと安全情報…11、594

コラム

※本書には北アイルランドの情報は掲載しておりません。『 A05 アイルランド』をご参照ください。

歩き方の使い方

本書で用いられる記号・略号

紹介している地区の場所を指します。

掲載地域の人口と市外局番州などの行政区画

✈ 飛行機　🚆 鉄道
🚌 バス　⛴ フェリー
✉ 住所
TEL 電話番号
☎無料 日本国内で利用できる無料通話
FAX ファクス番号
email eメールアドレス
URL ホームページアドレス
(http://は省略しています)

🏛 開館時間　🚫 休業日
💷 入場料
館内撮影不可
写真撮影禁止の場所
フラッシュ不可
フラッシュ撮影禁止
特にフラッシュ撮影が禁止されていない場所でも屋内では周囲に配慮し、撮影マナーを守りましょう

地図

🛈 観光案内所
Ⓗ ホテル
Ⓡ レストラン
Ⓢ 商店、旅行会社など
✉ 郵便局
🚏 バス停
🚌 バスターミナル
━━ 歩行者専用道路

そびえ立つ大聖堂に見守られる町
ソールズベリ
Salisbury

人口 11万4613人
市外局番 01722
ウィルトシャー州
Wiltshire

町のどこからでも見ることができる大聖堂

中世の雰囲気が漂うソールズベリの町のシンボルは天に向かってスッと伸びるソールズベリ大聖堂だ。この大聖堂は、英国最高の高さを誇り、チャプター・ハウスには、マグナ・カルタの4つの原本のうちのひとつが保管されている。また、ソールズベリは世界遺産ストーンヘンジへの起点ともなっている

Access Guide
ソールズベリ
ロンドンから
所要約1時間30分
🚆 ウォータールー駅から6:30〜23:40
土 (土7:10〜23:40)の1時間に1便
日 ウォータールー駅から6:18:15〜23:35の1時間に1便
🚌 所要2時間45分〜3時間
土
日
11:30 16:00 19:30

バースから
所要約1時間
🚆 6:03〜22:23(土5:49〜22:23)の1時間に1便
🚌 9:27〜23:10の2時間に1便

サウサンプトンから
所要30〜40分
🚆 6:46〜22:22(土6:53〜22:04)の1時間に1便
🚌 8:55〜22:57の1時間に1便

🛈 **ソールズベリ**
Tourist Information Centre
Map P.325D-1
✉ Fish Row, SP1 1JH
TEL (01722)342860
URL www.salisburycitycouncil.gov.uk
🏛 9:00〜17:00 (日〜5月は〜16:00、日〜は10:00〜14:00)
🚫 1/1、12/25-26
💷 宿の予約宿泊料金の10% (デポジット)

歩き方

町の中心はマーケット・スクエア Market Sq.で、🛈はこのすぐ近くにある。観光の中心となっている地域は、マーケット・スクエアから南へ5分ほど歩いたソールズベリ大聖堂周辺のクロースと呼ばれる場所。

また、マーケット・スクエアからキャサリン・ストリート Catherine St.を南下し、セント・アンズ・ゲート St. Ann's

ソールズベリ
500m

264

■本書をご利用になる前に
本書は、イギリス全土の多彩な魅力をいろいろな角度から取り上げています。初めての滞在でも個人で歩けるよう、交通機関や観光ポイントのデータを重視し、割安なホテルやB&Bなどの情報も豊富に掲載しています。なお「地球の歩き方」のイギリス関連書籍は本書のほかに『A03ロンドン』『A04湖水地方＆スコットランド』『A05アイルランド』があります。ご旅行の地域に合わせてお選びください。

■取材時期
本書は原則として2015年2〜4月の現地調査をもとに編集しています。具体的で役立つデータを記載していますが、時間の経過とともに変更が出てくることをお含みおきのうえでご利用ください。特に料金はシーズンによる変動も大きいものです。

掲載の料金には原則として税金やサービス料などは含まれません。また、日本の消費税については、税8%を含んだ総額表示です。

なおイギリスでは、正式に発表されていなくても、クリスマス前から正月にかけて、またイースター（2016年は3月27日）前後の数日間に休業する施設（博物館や美術館、ホテル、B&B、レストラン等）が多い傾向にあります。これらの休日や、不定期な休業日は本書に記載されておりませんので現地でお確かめください。

■発行後の最新情報
本書に掲載している情報で、発行後に変更されたものについては、「地球の歩き方」ホームページの「ガイドブック更新情報掲示板」で、可能なかぎり最新のデータに更新しています（ホテル、レストラン料金の変更は除く）。旅立つ前に、ぜひ最新情報をご確認ください。
URL support.arukikata.co.jp

■読者投稿
囲み記事、ホテル情報、観光ポイントなどで、📮マークがあるものはすべて読者の体験談です。データについてはすべて現地で確認していますが、体験や感性には、個人差があることをご承知ください。
なお投稿年の春は2〜5月、夏は6〜9月、秋は10〜11月、12月と1月についてはその旨明記してあります。

■ホテルのカテゴリー
本書では、旅のスタイルに合った宿泊施設を見つけるための手引きとして、掲載宿泊施設をいくつかのカテゴリーに

記号、略号説明

本文中に使われている記号、略号は以下のとおりです。

～通り＝～ St.(Street)
　　　　 ～ Rd.(Road)
　　　　 ～ Av.(Avenue)
　　　　 ～ Dri.(Drive)
　　　　 ～ Ter.(Terrace)
　　　　 ～ Ln.(Lane)
　　　　 ～ Cres.(Crescent)
　　　　 ～ Cir.(Circus)
　　　　 ～ Pde.(Parade)
～広場＝～ Sq.(Square)
　　　　 ～ Pl.(Place)
～橋＝～ Br.(Bridge)
聖～＝St. ～ (Saint)
～公園＝～ Pk.(Park)
　　　　 ～ Gdns.(Gardens)
上～＝～ Upr ～ (Upper)
下～＝Lwr ～ (Lower)
～ショッピング・センター
＝～ S. C.(Shopping Centre)

レストラン

Map P.304　チッピング・カムデン
エイト・ベルズ　The Eight Bells
　　　　　　　　　　　　　　　パブ　英国料理
ハイ・ストリートからチャーチ・ストリートに入って左側。14世紀に建てられた家を改装したパブ。料理は英国料理が中心で、メニューは毎月変わる。奥には宿泊施設（全6室）もある。
Church St., GL55 6JG　(01386)840371
www.eightbellsinn.co.uk　12:00～23:00
無休　店内可

※表記説明用のサンプルです

ショップ

Map P.218A1　Dowse
ダウス
　　　　　　　　　　　　　　　ジュエリー　雑貨
英国全土から集めたおしゃれな雑貨を取り扱うショップ。オーナー自身もアルミを使ったジュエリーの人たちに製作するデザイナーで、自身の作品も並べられている。
52 Church St., M4 1PW　(0161)8390718
www.afflecks.com　10:30～18:00（土10:00～18:00、日・祝11:00～17:00）　12/25-26, 1/1

※表記説明用のサンプルです

ホテル

最高級　197室
クラリッジ　Claridge's
Map P.66-67 ① A2・B2　●ボンド・ストリート駅 Bond Street

Brook St., W1K 4HR
(020)76298860
FAX(020)74992210
www.claridges.co.uk
£840～

全室　全室　希望者　全室　なし　　無料

イギリス貴族、名士たちをはじめ、世界中の上流階級の人たちに愛されている、ロンドンを代表するホテル。1812年創業で、200年近くの伝統に裏打ちされたサービスはさすがに洗練されている。朝食は£45。

※表記説明用のサンプルです

ホテルの設備・支払い方法

客室設備

- エレベーター
- テレビ
- ドライヤー
- ティーセット（湯沸かしポット）
- セーフティボックス
- 専用駐車場（契約パーキングも含む）
- Wi Fi 無線 LAN 環境

- D ドミトリー／相部屋
- S シングルルーム
- W ダブルorツインルーム
- 部屋にシャワー付き
- 共同シャワー
- 部屋にバスタブ付き
- 部屋にバスタブなし
- 部屋にトイレ付き
- 共同トイレ
- 宿泊料金に朝食が込み
- 宿泊料金に朝食は含まれない

- C/C クレジットカード
- A アメリカン・エキスプレス
- D ダイナース
- J JCB
- M マスターカード
- V ビザカード

日本でのホテル予約先
電話番号

予約

分けています。そのうち「ユースホステル」は、国際ユースホステル連盟に加盟しているホステルを指します。それ以外の非加盟ホステル（プライベートホステル、バックパッカーズホステルなど）は、本書では「ホステル」と分類しました。

■博物館、美術館の展示

博物館や美術館では展示物をほかの施設に貸し出したり、補修などのために非公開とすることもあります。記載されている展示物は変更になることもあります。

■掲載情報に当たって

編集室では、できるだけ最新で正確な情報を掲載するように努めていますが、現地の規則や手続きなどがしばしば変更されたり、またその解釈に見解の相違が生じることもあります。

このような理由に基づく場合、または弊社に重大な過失がない場合は、本書を利用して生じた損失や不都合などについて、弊社は責任を負いかねますのでご了承ください。

また、本書をお使いいただく際には、掲載されている情報やアドバイスがご自身の状況や立場に適しているか、すべてご自身の責任でご判断のうえでご利用ください。

■読者割引

編集室では掲載ホテルに本書持参の旅行者のための宿泊費の割引をお願いしています。

読者割引 Reader Discount と表記されている宿に本書を持参してご自身で直接予約し、受付で下記の文章と該当ページをご提示ください。ただし、本書発行後に経営が変わるなど、条件が変わったり利用できなくなる場合もあります。なお、割引率、宿泊の条件などは必ずチェックインの前にお確かめください。旅行会社、ホテル予約サイトからの申し込みや「学生割引」「連泊割引」「シーズン割引」などが適用された場合は、原則として併用されません。

Dear Manager Please be advised that **読者割引 Reader Discount** described beside the name of hotel means that those tourists carring this book would be given discount on room rate, which has been agreed or contracted between the hotel and the GIO Globe-trotter Travel Guide.

ジェネラルインフォメーション

イギリス
の基本情報

▶旅の言葉
→P.598

国　旗
ユニオンジャックUnion Jackは、イングランドのセント・ジョージズ・クロスSt. George's Crossと、スコットランドのセント・アンドリューズ・クロスSt. Andrew's Crossに、アイルランドのセント・パトリックス・クロスSt. Patrick's Crossが合わさってできた。

正式国名
グレート・ブリテンおよび北アイルランド連合王国United Kingdom of Great Britain & Northern Ireland

国　歌
"God Save the Queen"
「神よ女王を守り給え」

面　積 24万4000km²（日本の約3分の2）

人　口 6318万人（2011年）

首　都　ロンドン London

元　首
女王エリザベス2世 Queen Elizabeth Ⅱ

政　体
立憲君主制、議院内閣制、EU（欧州連合）に加盟

民族構成
イングランド人83%、スコットランド人8%、ウェールズ人5%、アイルランド人3%、マン人。ほかにアフリカ、インド、カリブ海諸国など旧植民地や中国からの移民も多い。

宗　教
英国国教会などキリスト教徒が約72%、無信仰約15%、ムスリム約3%など。

言　語 英語、ウェールズ語、ゲール語

通貨と
為替レート

▶旅の予算とお金
→P.565

通貨単位はポンド（£）。補助単位はペンス（p）。£1=100p≒195.77円（2015年6月19日現在）

紙幣は£5、£10、£20、£50。硬貨は1p、2p、5p、10p、20p、50p、£1、£2。

スコットランドや北アイルランド、マン島では独自の紙幣を発行しているが、イングランド銀行発行のものと価値は同じで、イングランドでも使うことができる。もちろんイングランド銀行発行の紙幣をスコットランドや北アイルランドで使うの

も問題ない。ただし、イングランド銀行発行以外の紙幣は日本で換金することはできない。

両　替　銀行や"Bureau de Change"の看板のある両替所で行える。空港や大きな駅の構内、駅周辺などに多い。

クレジットカード　VISA、MasterCard、アメリカン・エキスプレス、JCBなどの国際的に信用度の高いカードは重宝する。ATMでキャッシングも可能で、電話もかけられる。

1ポンド	2ポンド	5ポンド
10ポンド	20 ポンド	50 ポンド

1 ペニー	2 ペンス	5 ペンス	10 ペンス	20 ペンス	50 ペンス

電話のかけ方

▶郵便・通信事情
→P.592

日本からイギリスへかける場合

国際電話会社の番号
- **001** (KDDI) ※1
- **0033** (NTTコミュニケーションズ) ※1
- **0061** (ソフトバンク) ※1
- **005345** (au携帯) ※2
- **009130** (NTTドコモ携帯) ※3
- **0046** (ソフトバンク携帯) ※4

例 ロンドンの(020)1234-5678へかける場合

国際電話識別番号	+	イギリスの国番号	+	市外局番（頭の0は取る）	+	相手先の電話番号
010		**44**		**20**		**1234-5678**

※1 マイライン・マイラインプラスの国際通話区分に登録している場合は不要。詳細は www.myline.org
※2 auは005345をダイヤルしなくてもかけられる。
※3 NTTドコモは事前にWORLD WINGに登録が必要。009130をダイヤルしなくてもかけられる。
※4 ソフトバンクは0046をダイヤルしなくてもかけられる。
※ 携帯電話の3キャリアは「0」を長押しして「＋」を表示し、続けて国番号からダイヤルしてもかけられる。

ビザ

　観光目的の旅であれば、通常は6ヵ月以内の滞在についてビザは不要。ただしイギリスへの入国審査時に復路航空券の提示などが必要になる。

パスポート

　パスポートの有効残存期間は基本的に滞在日数以上あればOKだが、できれば6ヵ月以上が望ましい。なお、入国審査までに、機内で配られるカードLanding Cardの記入を済ませておくこと。

▶旅の必需品
→P.560

日本からのフライト時間

　日本からイギリスまでの直行便は、現在3社（日本航空、全日空、ブリティッシュ・エアウェイズ）が運航している。いずれもノンストップで所要時間は約12時間30分。成田国際空港からロンドンへは1日1便。羽田空港の国際線ターミナルからは1日3便の運航となっている。経由便の利用も便利。

▶イギリスへの航空便
→P.567

気候

　イギリスは北海道よりずっと北に位置するが、冬の冷え込みはむしろ日本のほうが厳しい。雨が多いイメージの国だが、梅雨時の日本の3分の1ほどの降水量が、ほぼ年間をとおして続く。

　気候の特徴は1日の天気が変わりやすいこと。1日のうちにも、日が照りつけたと思ったら、どしゃ降りになって冷え込んだりと、めまぐるしい気温の変化がある。1日中雨が降り続けるようなことはめったにないが、1日のうちの数時間雨が降るようなことが多い。雨具の準備は忘れずに。夏でもカーディガンやトレーナーなどを持っていったほうがよい。

ロンドンと東京の気温と降水量

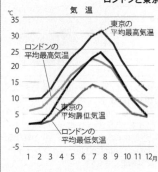

気温
℃
東京の平均最高気温
ロンドンの平均最高気温
東京の平均最低気温
ロンドンの平均最低気温

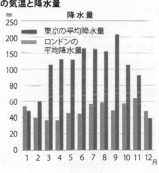

降水量
mm
東京の平均降水量
ロンドンの平均降水量

イギリスから日本へかける場合　　📞 (03) 1234-5678または(090) 1234-5678へかける場合

国際電話識別番号		日本の国番号		市外局番と携帯電話の最初の0を除いた番号※2		相手先の電話番号
00※1	+	**81**	+	**3**または**90**	+	**1234-5678**

※1 ホテルの部屋からは、外線につながる番号を頭につける
※2 携帯電話などへかける場合も、「090」「080」などの最初の0を除く

▶イギリス国内通話
▶公衆電話のかけ方

市内へかける場合は市外局番は不要。市外へかける場合は市外局番からダイヤルする
①受話器を持ち上げる
②テレホンカードを、カードに示された矢印の方向に入れる
③相手先の電話番号を押す
④テレホンカードの残りが画面に表示される。通話が終わったら、受話器を置き、カードを取る

時差と
サマータイム

日本との時差は9時間で、日本時間から9時間引けばよい。つまり、日本のAM7:00がイギリスでは前日のPM10:00となる。これがサマータイム実施中は8時間の時差になる。

サマータイム実施期間は、3月最終日曜のAM1:00（＝AM2:00）〜10月最終日曜のAM1:00（＝AM0:00）。

ビジネスアワー

以下は一般的な営業時間の目安。

銀行 月〜金曜は9:30〜16:00、16:30。土・日曜、祝日は休業。

デパートやショップ 月〜土曜10:00〜18:00または19:00。休日は日曜、祝日。最近は日曜も営業する店もある。

レストラン 朝食9:00〜11:00、昼食12:00〜14:30、アフタヌーンティー15:00〜17:00、ディナー17:30〜23:00頃。

パブ 月〜土曜11:00〜23:00、日曜12:00〜22:00。

祝祭日
（おもな祝祭日）

バンクホリデイとは、1871年に制定された法律によって銀行が休業することから来ている。バンクホリデイは、銀行や一般企業は休みとなるが、公共機関や交通機関、ショップの多くは通常営業している。スコットランドを除く地域の祝日（※印）、スコットランドのみの祝日（★印）に注意。祝日が土・日曜と重なる場合は、その翌日が振替休日となる。

1月	1/1		新年
	1/2	★	バンクホリデイ
3月	3/17		セント・パトリックス・デイ（北アイルランドのみ）
4月	3/25〜28 ('16) 4/14〜17 ('17)		イースター・ホリデイ
5月	5/2 ('16) 5/1 ('17)		アーリー・メイ・バンクホリデイ
	5/30 ('16) 5/29 ('17)		スプリング・バンクホリデイ
8月	8/3 ('15) 8/1 ('16)		サマー・バンクホリデイ
	8/31 ('15) 8/19 ('16)	※	サマー・バンクホリデイ
11月	11/30	★	セント・アンドリューズ・デイ
	12/25		クリスマス
	12/26		ボクシングデー

電圧とプラグ

電圧は240Vで周波数50Hz、プラグは3本足のBFタイプが一般的。日本国内の電化製品はそのままでは使えないものが多く、変圧器が必要。

ビデオ方式

DVD方式

イギリスのテレビ・ビデオ方式（PAL）は、日本（NTSC）と異なるので、一般的な日本国内用ビデオデッキでは再生できない。DVDソフトは地域コードRegion Codeが日本と同じ「2」と表示されていれば、DVD内蔵パソコンでは通常PAL出力対応なので再生できるが、一般的なDVDプレーヤーでは再生できない（PAL対応機種なら可）。

ブルーレイ方式

イギリスを含むヨーロッパの地域コード（B）は日本の地域コード（A）と異なるため、一般的なブルーレイプレーヤーでは再生できない。

チップ

レストランやホテルなどの料金にはサービス料が含まれていることもある。必ずしもチップ（ティップと発音）は必要ではない。快いサービスを受けたときには、以下の相場を参考に。

また、大型ホテルなどになれば、サービス料、VAT（付加価値税）が別料金というところも増える。

タクシー 料金の10〜15%くらいの額。

レストラン 店の格にもよるが、一般にはサービス料が請求されないときには10〜15%くらい。クレジットカードの場合は伝票の合計額にチップ相当額を自分で書き足して支払う。

ホテル ベルボーイやルームサービスに対し、1回につき£1程度。

飲料水

イギリスの水道水は、日本の軟水とは異なり硬水の地域が多いが、そのまま飲むことができる。体調が不安な人はミネラルウオーターを買おう。500mℓで約60p〜£1。炭酸なし(Still)と、炭酸入り(Sparkling)がある。

郵便

イギリスの郵便はロイヤル・メールRoyal Mailと呼ばれる。郵便局にはMain Post Office(本局)とSub Post Officeの2種類がある。営業時間は一般的に、平日9:00〜17:30、土曜は12:30まで。日曜、祝日は休み。田舎の郵便局は昼休みを取ることもある。

郵便料金

日本へのエアメールの場合、はがきや封書が20gまで£1.33、60gまで£2.25。

▶郵便・通信事情
→P.592

税金

イギリスではほとんどの商品にVATと呼ばれる付加価値税が20%かかっている。旅行者は手続きをすればこの税金から手数料などが引かれて戻ってくる。ちなみに戻ってくるのは買い物で支払った税金。ホテル代や飲食代のぶんは還付されない。

免税を受けるには、免税の対象店(Tax Free Shopの表示がある店)で書類を作成してもらい、それを出国時に税関に提出すれば、払い戻しが受けられる。

▶ショッピングの
基礎知識
→P.590

安全とトラブル

イギリスは比較的安全な国ではあるが、ロンドンやエディンバラ、グラスゴーなど大都市になるほど犯罪件数が多い。都市部に行ったら気を引き締めるように心がけたい。

スリ

地下鉄や駅構内など、人混みでのスリも多い。外から見えるバッグに多額の現金を入れておくのはやめておこう。また、持ち歩く現金はいつも少なめにしておきたい。

置き引き

高級ホテルでは、ビュッフェ式の朝食が多いが、荷物を椅子に置いたまま料理を取りにいったりしないこと。駅でも同じだが、荷物から手を離したら、持っていっていいと言っているようなものだ。

ロンドンの日本大使館
Embassy of Japan
Map P.90B-3
✉101-104 Piccadilly, London, W1J 7JT
☎(020)74656500
FAX(020)74919348
URLwww.uk.emb-japan.go.jp
そのほかエディンバラに総領事館(Map P.514A2)がある。

警察・消防・救急 999

▶旅のトラブル
→P.594

年齢制限

イギリスでは10歳未満の酒類とたばこの購入は禁止されている。また、レンタカーは会社によっては年齢制限がある。借りる前にレンタカー会社に問い合わせてみよう。

度量衡

日本の度量衡とは、長さ、面積、容量、速度、重さ、温度などほとんどが異なる。長さはインチinch(=約2.54cm)、重さはポンドlb(=約453.6g)、距離はマイルmile(=約1.61km)といった具合。ショッピングの際のサイズ表示の違いなどにも気をつけたい。

その他

Thank you for helping to make our station a better environment

マナー

エスカレーターでは右側に立ち、左側を空ける。列(キュー queueという)を作るときはフォーク式(窓口がいくつあっても列に並び、順番が来たら空いた窓口に行く)に。タクシーやバスを停めるときには、横に手を出して合図する。タクシーの支払いは降車後、窓越しに行う。

禁煙

公共の屋内空間、飲食店(パブなども含む)では禁煙。

11

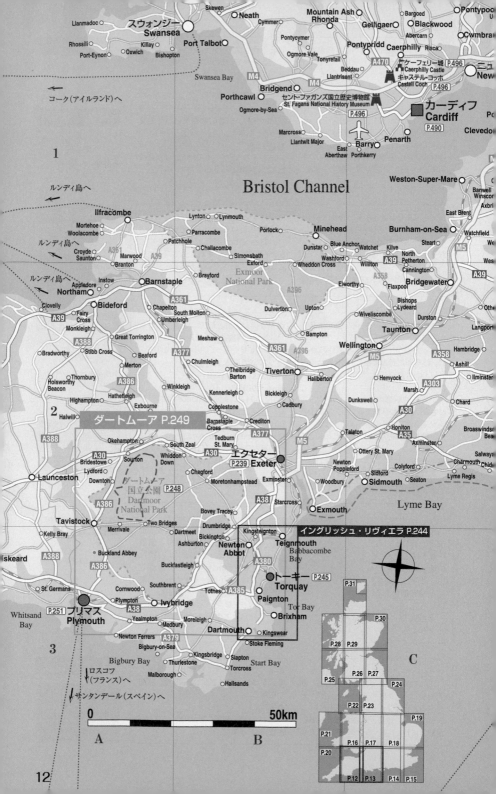

Hatfield Heath Ford End
Leaden Roding Pleshey
Great Little Waltham
Waltham
Fyfield
Chelmsford
Danbury
Maldon
S. Woodham
Ferrers
Althorne
Southminster
Crouch
Burnham-on-Crouch
Billericay
Wickford
Rochford
バジルドン
Basildon
サウスエンド・オン・シー
Southend-on-Sea
Standford-le-
Hope
Grays
Canvey
Coryton
Tilbury
Cliffe
Dartford
Gravesend
Grain
Sheerness
Minster
Leysdown-on-Sea
チャタム
Chatham
Gillingham
Birchington
Margate
Herne Bay
Broadstairs
Whitstable
Sittingbourne
Faversham
Ramsgate
Maidstone
Sandwich
Bay
Sandwich
リーズ城
Leeds Castle
カンタベリー
Canterbury
Eastry
Sevenoaks
Lenham
チラム
Chilham
Challock
Tonbridge
Aylesham
Deal
Wye
Eynsford
Kingsdown
Royal
Tunbridge
Wells
Goudhurst
アシュフォード
Ashford
Brabourne
Lees
St/ Margaret's at Cliffe
ドーヴァー
Dover
Cranbrook
Tenterden
Woodchurch Hamstreet
Hythe
Folkstone
Hawkhurst
Mayfield
Bodiam
Burwash
Robertsbridge
Dymchurch
Brenzett
Peasmarsh
ドーヴァー海峡
Strait of Dover
カレー
（フランス）へ
Heathfield
ライ
Rye
New Romney
Greatstone-on-Sea
Brede
Lydd
Camber
バトル
Battle
ウィンチェルシー
Winchelsea
Herstmonceux
Ninfield
Hailsham
ヘイスティングズ
Hastings
Bexhill
Pevensey Bay
イーストボーン
Eastbourne
チー・ヘッド
ny Head

N

0   50km

15

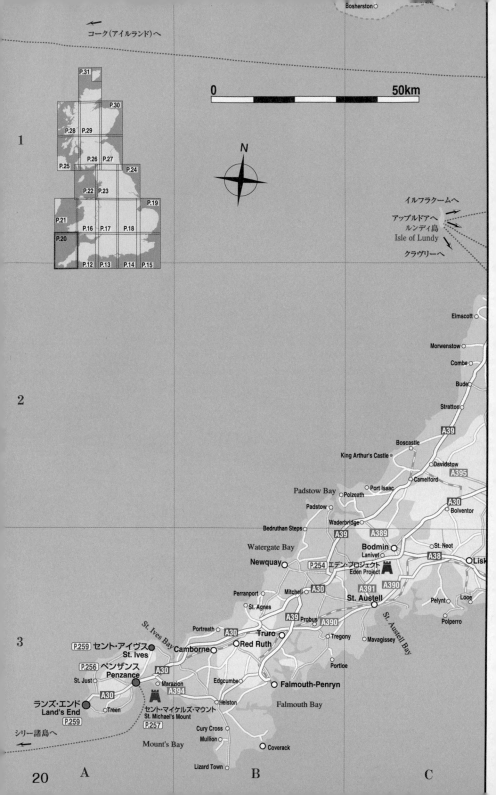

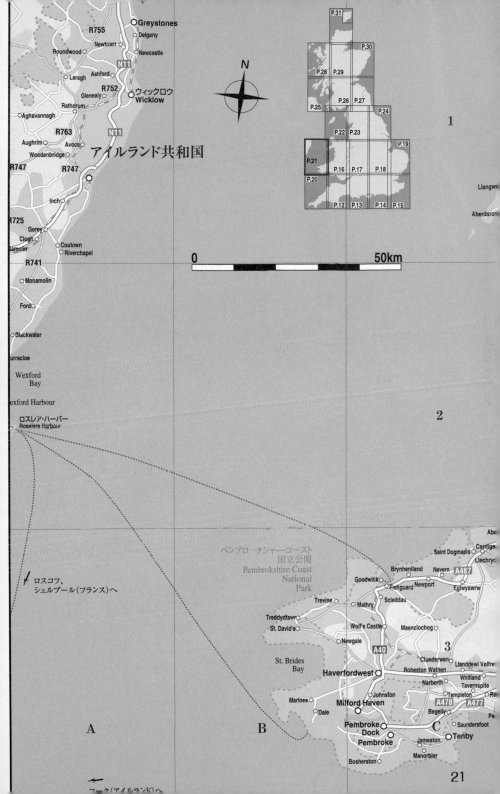

R755
Greystones
Delgany
Newtown
Roundwood
Newcastle
Ashford
Laragh
Glenealy
R752
Rathdrum
ウィックロウ
Wicklow
Aghavannagh
R763
Aughrim
Avoca
Woodenbridge
R747
R747
Inch
R725
Gorey
Clogh
amolin
Coutown
Riverchapel
R741
Monamolin
Ford
Blackwater
urracloe
Wexford
Bay
exford Harbour

ロスレア・ハーバー
Rosslare Harbour

アイルランド共和国

N

N11

N11

1

2

0   50km

Llangw

Aberdaron

ロスコフ、
シェルブール（フランス）へ

ペンブロークシャー・コースト
国立公園
Pembrokeshire Coast
National
Park

Brynhenlland
Nevern
A487
Goodwick
Fishguard Newport
Llechryc
Eglwyswrw
Scleddau
Trevine
Mathry
Treddydfawr
Wolf's Castle
Maenclochog
St. David's
Newgale
St. Brides
Bay

A40

3

Clunderwen
Llanddewi Velfre
Roberston Wathen
Whitland
Narberth
Tavernspite
Templeton
Re
Haverfordwest
Johnston
Marloes
A478
A477
Milford Haven
Begelly
Pe
Dale
Saundersfoot
Pembroke
Jameson
Tenby
Dock
Pembroke
Manorbier
Bosherston

Saint Dogmaels
Cardiga
Llechryc

Abe

A

B

C

フェリー(アイルランド)へ

21

Stranraer
Portpatrick
Dunragit Glenluce
Kirkcowan
Creetown
Castle
Douglas Dalbeattie
Gatehouse of Fleet Ringford Kirkbean
Wigtown Southerness
Sandhead Kippford of Scaur
Ardwell Kirkcudbright Auchencairn Sil
Mochrum Garlieston Borness Dundrennan Beckfo
Port William
Luce
Bay
Drummore
Whauphill
Whithorn
Wigtown
Bay
Isle of Whithorn
Solway Firth
Allonby
Maryport Gile
A596
Workington Broughton
Distington
Whitehaven
St. Bees
Egremont
A595
Gosforth
Seascale
Ravenglass

1

ベルファスト
(北アイルランド)へ

0   50km

N

マン島 P.392

Andreas Bride
Sandygate
Churchtown
Ramsey
Kirk Michael Maughold
マン島
Isle of Man
P.392 ピール
Peel
St. John Laxey
Glenmaye P.391
Crosby
Braaid
Close Clark ダグラス P.391
Douglas
Port Erin
Ballasalla
キャッスルタウン
Castletown
P.392

2

ベルファスト
(北アイルランド)へ

ダブリン
(アイルランド)へ

ラーン
(北アイルランド)へ

アイリッシュ海

Irish Sea

湖水地方
P.408

P.31

P.30

P.28 P.29

ベルファスト
(北アイルランド)へ

P.25 P.26 P.27

P.24

P.22 P.23

P.19

P.21

P.16 P.17 P.18

3

P.20

ダブリン(アイルランド)へ

P.12 P.13 P.14 P.15

ダン・レアリー
(アイルランド)へ

A
Holyhead Bay

Amlwch Amlwch Port
Penysarn

B

Liver

C

ホーリーヘッド
Holyhead
Trearddur Bay
Llanfaethlu
Llanynghenedl
Valley
Llanfair-yn-Neubwll
Trefor
A55
Llanrchymedd
Llanaligo
Benllech
LLanddona
ボーマリス城 スランドゥドゥノ
Beaumaris Castle Llandudno
Llanfechan コンウィ
北ウェールズ P.499
P.505
P.501
Colwyn Bay
Rhyl Prestyn
Kinmel Bay
Llysfaen Glan-y-don

バーケン
Birke

22

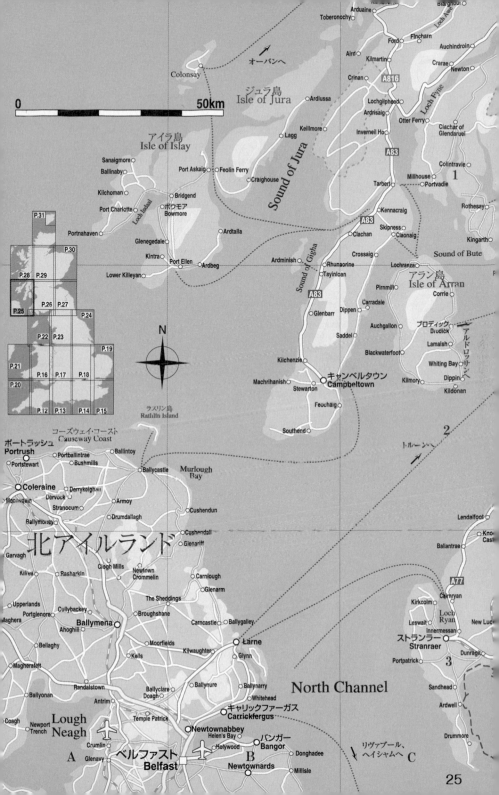

オーバンへ

Colonsay

ジュラ島
Isle of Jura

アイラ島
Isle of Islay

Arduaine
Toberonochy
Blarghour

Ford
Finchan
Auchindroin

Aird
Kilmartin
Crarae
Newton

Crinan
A816

Lochgilphead
Otter Ferry
Clachar of Glenduel

Ardlussa
Ardrisaig
Inverneil Ho.

Keillmore
Lagg
A83

Sanaigmore
Port Askaig
Feolin Ferry
Kennacraig
Colintravie

Ballinaby
Craighouse
Tarbert
Millhouse
Portvadie

Kilchoman
Bridgend
A83

Port Charlotte
ボウモア
Bowmore
Skipness
Clachan
Ciaonaig
Rothesay

Portnahaven
Ardtalla
Crossaig
Lochranza
Sound of Bute
Kingarth

Glenegedale
Ardminish
Rhunaorine

Kintra
Port Ellen
Ardbeg
Sound of Gigha
Tayinloan
アラン島
Isle of Arran

Lower Killeyan
A83
Pirnmill
Corrie

Carradale
Auchgallon
プロディック
Brodick

Glenbarr
Dippen
アルドロッサンへ

Saddel
Lamlash

Blackwaterfoot
Whiting Bay
Dippin

Kilchenzie
キャンベルタウン
Campbeltown
Kilmory
Kildonan

Machrihanish
Stewarton
Feochaig

Southend

ラスリン島
Rathlin Island

コーズウェイ・コースト
Causeway Coast

ポートラッシュ
Portrush
Portballintrae
Ballintoy
Murlough Bay

Portstewart
Bushmills
Ballycastle

Coleraine
Derrykeighan

Macosquin
Dervock
Armoy
Cushendun

Ballymoney
Drumdallagh
Cushendall

Garvagh
Glenariff

北アイルランド
Clogh Mills

Kilrea
Rasharkin
Carnlough

Upperlands
Newtown Crommelin
Glenarm

Portglenore
Cullybackey
The Sheddings

Maghera
Ahoghill
Broughshane
Carncastle
Ballygalley

Bellaghy
Moorfields
Kilwaughter
ラーン
Larne

Magherafelt
Kells
Glynn

Randalstown
Ballyclare
Ballynure
Ballynarry
Whitehead

Ballyonan
Doagh
Whitehead

Coagh
Newport Trench
Antrim
Temple Patrick
キャリックファーガス
Carrickfergus

Lough Neagh
Crumlin
Newtownabbey
Helen's Bay
バンガー
Bangor

Glenavy
ベルファスト
Belfast
Holywood
Donaghadee

Newtownards
Millisle

North Channel

Lendalfoot

Ballantrae

A77

Kirkcolm
Cairnryan

Leswalt
Loch Ryan
New Luce

ストランラー
Stranraer
Innermessan

Portpatrick
Dunragit

Sandhead

Ardwell

Drummore

リヴァプール、
ヘイシャムへ

ト・ルーンへ

Sound of Jura

N

0   50km

P.31
P.30
P.28 P.29
P.25 P.26 P.27
P.24
P.22 P.23
P.19
P.21
P.16 P.17 P.18
P.20
P.12 P.13 P.14 P.15

1

2

3

A   B   C

25

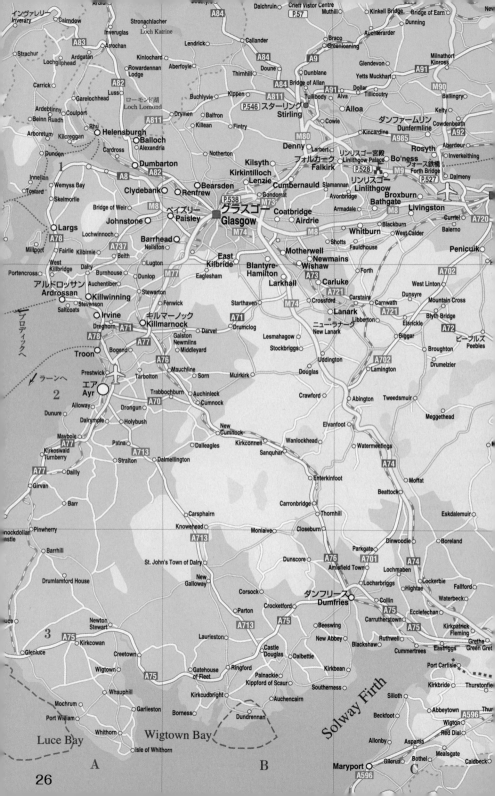

ハリス島
Harris

Rodel

Newtonferry
Trumisgarry

Lochmaddy

ノース・ユイスト島
North Uist

1

Little Minch

ターバートへ

Kilmalung

ウィグ
Uig

Loch Snizort

Trumpan

Lusta

スカイ島
Isle of Skye

Milovaig
Colbost
Dunvegan
Ramasaig
Roskhill

Loch Dunvegan

A87
Brove

Sound of Raasay

ポートリー
Portree

Brochel

Loch Bracadale
Bradale

Camastiavaig

Clachan

Fiskavaig

Peinchorran

Merkadale
Drynoch
Sconser
Sligachan

Glenbrittle
House

Luib

A87

Kyleakin

Torrin
Broadford
Skulamus

Loch
Scavaig
Elgol

Loch
Slapin

Isleornsay

Sea of Hebrides

N

2

P.31

P.30

P.28 P.29

P.26 P.27

P.25

P.24

P.22 P.23

P.21

P.16 P.17 P.18

P.20

P.12 P.13 P.14 P.15

Sound of Canna

Kinloch Castle

Rum

Eigg

Sound of Rhum

Cleadale

キャッスルベイへ

アーマデイル
Armadale
Aird of Sleat

Sound of Sleat

マレイグ
Mallaig

Loch
Nevis

Glenancross

Bunacaimb

Arisaig

Loch Morar

Sound of Arisaig

Lochailort

A830

Glenfinnan

Drumsallie

Mellon Charles
Cove
Tignafiline
Melvaig
Midtown
Loch
Ewe
Bigsand
Poolewe
Loch Gairloch
Gairloch
Kerrysdale

Fearnmore

Loch Torridon

Lower Diabaig

Torridon

Shieldaig

Aoolecross

Ardarroch
Strathcarron
Lochcarron
Attadale
House
Toscaig
Loch Carron
Stormferry

Kyle of Lochalsh

A87
Kyleakin
Balmacara
Dornie
Loch alsh
A87
Kylerhea
Morvich
Glenelg
Shiel Bridge

Loch Hourn

Arnisdale

Kinloch Hourn

Loch
Quoich

Locheilside
Station

3

Coll

Sorisdale

Arnabost
Ballyhaugh
Arileod
Arinagour

Clachan Mór
Caoles

Barrapol
Scarinish
Crossapol

Tiree

Calgary
Dervaig

トバモリー
Tobermory

Drimnin

Achleck
Loch Tuath

Salen

Loch na Keal

Balnahard

Baile Mór
Fionnphort
Bunessan

マル島
Isle of Mull

Loch Scridain

Carsaig

Loch Buie

Achosnich
Kilchoan
Glenborrodale

Ockle
Achoranich
Salen
Strontian

Ardtoe
Acharacle
Salen

Ardmolich

Loch Sunart

Sound
of
Mull

Achranich
Lochaline

Port Appin
Portbacroish

Loch Linnie

A828

Barcaldine

Benderloch

Connel

A85

オーバン
Oban

Taynuit

A816

Kilninver

Kilmelfort

Arduaine

Toberonochy

Blarghour

Corran

A

Firth of Lorn

クレイグニュア
Craignure

Lochdon

Lochbuie

Drumbuie

B

C

28

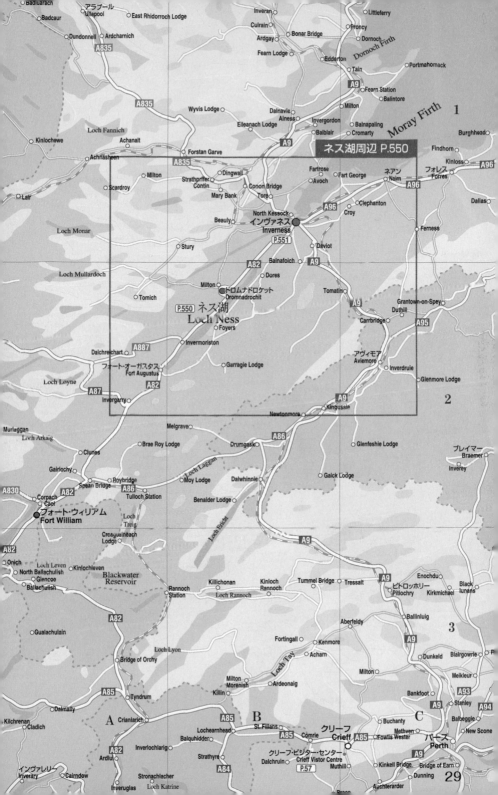

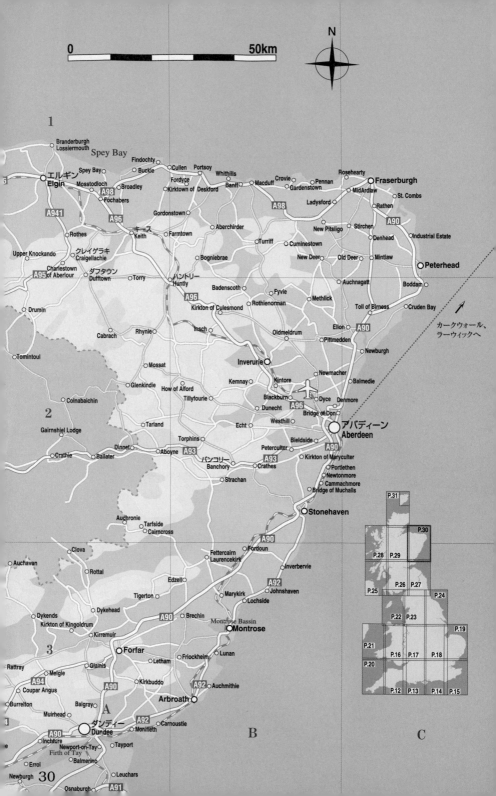

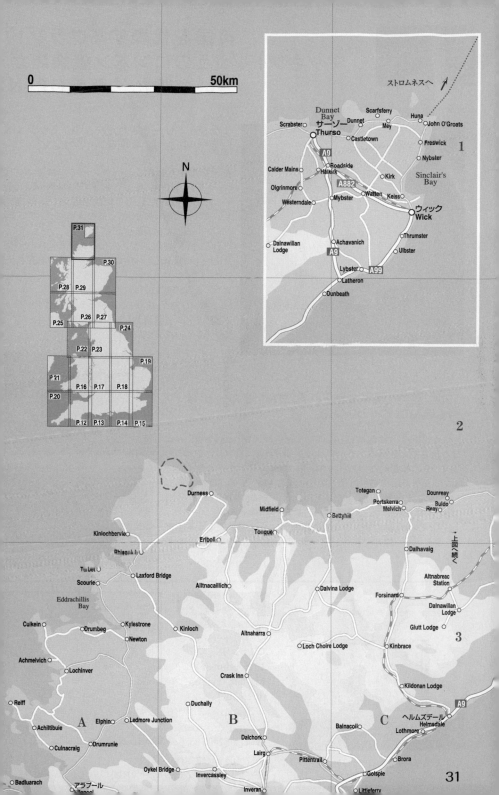

0   50km

N

ストロムネスへ

1

Dunnet Bay
Scrabster
サーソー Thurso
Calder Mains
Olgrinmore
Westerndale
Roadside
Halkirk
Dunnet
Castletown
Mey
Scarfsferry
Huna
John O'Groats
Freswick
Nybster
Kirk
Mybster
Watten
Keiss
Sinclair's Bay
ウィック Wick
A9
A882
Dalnawillan Lodge
Achavanich
Lybster
Latheron
Dunbeath
A9
A99
Thrumster
Ulbster

2

P.31
P.30
P.28 P.29
P.25 P.26 P.27
P.24
P.22 P.23
P.19
P.21
P.16 P.17 P.18
P.20
P.12 P.13 P.14 P.15

Durness
Midfield
Totegan
Portskerra
Melvich
Dounreay
Buldo
Reay
Kinlochbervie
Eriboll
Bettyhill
Tongue
Rhiconich
Dalhavaig
上図へ続く
Tarbet
Scourie
Laxford Bridge
Alltnacaillich
Dalvina Lodge
Forsinard
Altnabreac Station
Dalnawillan Lodge
Eddrachillis Bay
Culkein
Drumbeg
Kylestrone
Newton
Kinloch
Altnaharra
Loch Choire Lodge
Kinbrace
Glutt Lodge
3
Achmelvich
Lochinver
Crask Inn
Kildonan Lodge
Reiff
Duchally
A9
Achiltibuie
A Elphin
Ledmore Junction
B
Dalchork
Balnacoil
C ヘルムズデール Helmsdale
Lothmore
Culnacraig
Drumrunie
Lairg
Pittentrail
Brora
Badluarach
アラプール
Oykel Bridge
Invercassley
Inveran
Golspie
Littleferry

31

英国を代表するブランド
マッキントッシュのロンドン旗艦店が
装いも新たに移転OPEN

ラグジュアリー化されたマッキントッシュは白ラベルになり、新店をメイフェアに

英国を代表する老舗、マッキントッシュは、ゴム引きコートやトレンチコートで有名なブランドで、その飽きのこない普遍的な魅力で世代を超えて愛され続けています。15年の秋冬に、その人気ブランドがラグジュアリー化され話題となっています。
それに伴い、旗艦店がメイフェア地区のコンドウイットストリートに移転し、お店のデザインも生まれ変わりました。よりシンプルにクラス感が増したアウターウェアには、上記の他にダッフルコート、軽量のウールコート、ダウンジャケットなどあらゆるデザインのアウターが揃うので、一番自分らしくなれる運命のコートに出会えるかもしれません。

19世紀当時の製法で作られる"ゴム引きコート"は今も職人のハンドメイド製

マッキントッシュの起源は1823年、チャールズ・マッキントッシュによる世界初の防水布、マッキントッシュ・クロスの発明にさかのぼります。その革新的なファブリックを用いたゴム引きコートは瞬く間にヨーロッパ中に広がりました。英国上流階級の人々の間では乗馬コートとして人気を博し、その実用性から後に、英国陸軍や英国国有鉄道で採用されました。マッキントッシュのゴム引きコートは、現在でも19世紀の製法をそのままに、熟練した職人による手仕事で、グラスゴー郊外の自社工房で大切につくられています。

デザインが一新されたロンドン店

2015年秋 移転OPEN！

マッキントッシュ
ロンドン店
19 Conduit St
Mayfair, London
W1S 2BH

マッキントッシュ
ロンドンオフィス
☎+44 20 7495 8326

10時–18時 日曜定休
最寄駅：オックスフォードサーカス駅より徒歩5分

巻頭特集
United Kingdom

英国貴族とメイドたちの愛憎劇を描いた人気ドラマ

ダウントン・アビーの ロケ地巡り

ドラマの中心人物、クローリー家当主のグランサム伯爵
©2010 Carnival Film & Television Limited. All Rights Reserved.

ドラマのシンボルでもある「ダウントン・アビー」はロケ地巡りのハイライト!

ダウントン・アビー
DOWNTON ABBEY
DVD

「ダウントン・アビー」シーズン1～3
NBC ユニバーサル・エンターテイメントより好評リリース中
©2010 Carnival Film & Television Limited. All Rights Reserved.

クローリー家の邸宅として使用された
ハイクレア城
Highclere Castle

　劇中で「ダウントン・アビー」として登場する。城は歴代のカナーヴォン伯爵の邸宅であり、夏期は一般客にも開放されている。内部も見学可能（要予約）で、グランサム伯爵の執務室として使用されている図書室や応接間、喫煙室など、ドラマでおなじみの場所が見られるので、ファンにはたまらない！　城内にはエジプト関連の展示室があるが、これは第5代カナーヴォン伯爵がツタンカーメンの王墓を発掘したハワード・カーターのスポンサーであったことに由来している。

🚌🚃 ロンドンのパディントン駅から約1時間のニューベリー駅が最寄り。ステージコーチ社の7番バスが城の近くの遊歩道まで9:40、12:40、15:40、17:40分（日曜運休）。戻りは9:58、12：58、16:15、18:15。所要約20分。
🚗 ニューベリー駅からタクシー片道£20前後。
✉ Highclere Park, Newbury RG20 9RN
☎(01635) 253 210
🔗www.highclerecastle.co.uk
📅7/12 ～ 9/10の日～木(2015年)
城・展示室・ショップ
　10:30 ～ 17:30（最終入場16:00）
庭園10:30 ～ 18:00　ティールーム10:30 ～ 17:00
💰城・庭園・展示室£20　学生£18
　庭園・展示室£13　学生£11.50
　城・庭園£13　学生£11.50　庭園£5
※城・展示室の見学は予約制（2015年分は完売）だが、庭園の見学は予約不要

ニューベリー駅へ
（約7km）
ミルフォード湖
Milford Lake
教会
A343
N
0　　500m
ハイクレア城

上：ファンにはたまらないギフト・ショップ。人気があるのはハイクレア城のイラストが入ったグッズ
右：ティー・ルームではハイクレア城がプリントされたカップで紅茶が楽しめる。追加料金を支払えばお持ち帰りも可能

コッツウォルズに点在するダウントン村のロケ地
バンプトンと周辺

結婚式や葬式などで登場するのが聖メアリー教会

ダウントン村の風景といえば
バンプトン Bampton

ドラマのファンなら馴染みのある建物が並んでいる。イザベル・クローリーの邸宅として使われたチャーチゲイト・ハウス Chuchgate Houseや聖メアリー教会、ダウントン病院として使用された図書館などがおもな見どころ。

三女シビルとブランソンの隠れ家
スウィンブルック
Swinbrook

「スワン・イン」としてシーズン2に登場する。クローリー家の三女シビルと運転手ブランソンが駆け落ちをした際に訪れた宿。

小作人ティモシー・ドリューの家
コッグス Coggs

おもにシーズン4と5のロケ地として使用された農場。クローリー家の次女イーディスが娘のマリゴールドを預けたのはここ。

(地図)
チェルトナムへ
スウィンブルック Swinbrook
バーフォード Burford
ウィットニー Witney
オックスフォードへ
使用人ベイツが働いたパブがある
コッグス Cogges
シルトン Shilton
ウィンドラッシュ川
テムズ川
N 0 1km
バンプトン Bampton

■バンプトンへの行き方
オックスフォードのジョージ・ストリートのバス停から18番バスが1～2時間に1便（日曜運休）。所要約1時間。
■ウィットニー（コッグス）への行き方
オックスフォードのジョージ・ストリートのバス停からS1、S2番のバスが頻発（日曜減便）。所要約30分。コッグスへはウィットニーから徒歩10分程度。
■スウィンブルックへの行き方
近くを通るバスがないのでバーフォード（P.307）を起点とする。そこから4kmはタクシーもしくは徒歩。

■ロンドン市内発のバスツアー
4～11月の火・木・土・日8:45発。所要8時間。ヴィクトリア駅近くのゴールデン・ツアーズ・ビジターセンターから発着する。バーフォードやバンプトン村などを訪れる1日ツアー。世界遺産のブレナム宮殿にも立ち寄る。
URL www.goldentours.com £74
■バース発のツアー
ライオン・ツアーズ（P.295）とマッド・マックス・ツアーズ（P.295）がバンプトンと周辺の見どころを巡るツアーを行っている。

ラグビーワールドカップ 2015 会場ガイド

2015年9月18～11月1日にかけて
イングランド各地とウェールズのカーディフで
熱き戦いが開催される！
アジアの代表として戦う日本は
今回8回目の参加で初勝利を目指す

英国ラグビーの聖地、トゥイッケナム・スタジアムで決勝戦が行われる

ロンドン

ウェンブリー Wembley　詳細情報→P.51

トゥイッケナム Twickenham Map P.181A1
🔗www.englandrugby.com/twickenham
🚇🚌地下鉄ピカデリー・ラインのホウスロウ・イースト駅Houwslow Eastで下車し、ホウスロウのバス停に移動、110番のバスに乗り換えて約20分。

オリンピック・スタジアム
Olympic Stadium Map P.181A1
🔗queenelizabetholympicpark.co.uk
🚇地下鉄ジュビリー・ライン、セントラル・ラインまたはDLRでストラトフォードStratford下車。

ブライトン

ファルマー Falmer
🔗www.sussex.ac.uk/falmerstadium
🚇ブライトン駅から列車で約10分のファルマー Falmer駅下車。**日本対南アフリカ（9/17）の会場**

エクセター

サンディ・パーク Sandy Park
🔗www.sandypark.co.uk
🚇エクセター・セント・デイヴィッズ駅から列車で約8分のDigby & Sowton下車。徒歩15分

グロスター

キングスホルム Kingsholm　Map P.289B1外
🔗www.gloucesterrugby.co.uk
グロスター駅から徒歩10分。**日本対スコットランド（9/23）、日本対アメリカ（10/11）の会場**

ミルトン・キーネス

スタジアム:mk Stadium:mk
🔗www.mkdons.com/club/visit-us
🚌ミルトン・キーネス・セントラル駅から1番のバスでグラフトン・ストリートの病院前で下車。
日本対サモア（10/3）の会場

レスター

レスター・シティ Leicester City
別名キング・パワー・スタジアム　詳細情報→P.54

バーミンガム

ヴィラ・パーク Villa Park　詳細情報→P.54

マンチェスター

シティ・オブ・マンチェスター City of Manchester
別名エティハド・スタジアム　詳細情報→P.53

リーズ

エランド・ロード Elland Road
🔗www.leedsunited.com
🚌試合日のみリーズ駅から51、55、X55のバスが出る

ニューキャッスル・アポン・タイン

セント・ジェイムス・パーク
St. James Park　詳細情報→P.54

カーディフ

ミレニアム Millenium　詳細情報→ P.492

セント・ジェイムス・パーク
（ニューキャッスル・アポン・タイン）

エランド・ロード
（リーズ）

シティ・オブ・マンチェスター
（マンチェスター）

ヴィラ・パーク
（バーミンガム）

レスター・シティ
（レスター）

キングスホルム
（グロスター）

スタジアムmk
（ミルトン・キーネス）

ミレニアム
（カーディフ）

ウェンブリー

トゥイッケナム

オリンピック
ロンドン周辺

サンディ・パーク
（エクセター）

ファルマー
（ブライトン）

フォース鉄橋が世界遺産に

詳細記事→P.527

完成からちょうど125年の
メモリアルイヤーに世界遺産に登録されたフォース鉄橋。
エディンバラの北に広がるフォース湾を横断するように作られ、
3つの菱形をした赤いカンチレバー（片持ち梁）は
見る者を魅了する美しさがある

工事の過程で撮影された写真が並ぶ

クイーンズフェリー博物館
Queensferry Museum

港町であるクイーンズフェリーの歴史をテーマにしている博物館。フォース鉄橋の工事中に撮影された写真や実際に使用された道具などを展示したコーナーがある。

✉53 High St., South Queensferry EH30 9HP
☎(0131) 3315545
URL www.edinburghmuseums.org.uk
🕙10:00～13:00 14:15～17:00（日12:00～17:00）
休火・水　料無料

世界遺産の鉄橋を眺めながらビールが飲める

オロッコ・ピア
Orocco Pier

ホテルやレストラン&バーを併せ持つ複合施設。カフェ・バーのアンティコ Antico は窓一面がガラス張りになっており、フォース鉄橋を眺めながらのんびりと過ごせる。レストラン、サンファイア Samphire では地元産のシーフードを使った料理が自慢。上階はホテルとなっており、シービューの部屋もある。

✉17 High St., South Queensferry EH30 9PP
☎08701181664　URL www.oroccopier.co.uk
🕙バー9:00～翌1:00
　レストラン12:00～15:00 18:00～22:00
　（土・日8:00～22:00）　休無休
CC A D M V　⛱店内可

ポンド紙幣に描かれた日本人

スコットランドでおもに流通している20£紙幣はフォース鉄橋がデザインされている。その裏側にはフォース鉄橋の構造（カンチレバートラスト式）の強度をデモンストレーションする3人の技術者が描かれている。真ん中の人物は日本からイギリスに渡った渡邊嘉一氏だ。1886年にグラスゴー大学を卒業し、フォース鉄橋の工事にも携わった。渡邊嘉一は日本に帰国後も鉄道などの分野で活躍し、土木界に大いに貢献した。

エリアガイドと観光ハイライト

スコットランド

イングランド北部

ウェールズ

イングランド中央部

ロンドン●

南海岸地方

イギリスはイングランドとウェールズ、スコットランド、北アイルランドの**4つの地域**で構成されている。

ロンドン　伝統を残しつつも、あらゆる人、文化を取り込みつつ進化しているイギリスの首都。

イングランド　本書では南海岸、中央部、北部の3つのエリアに分けて紹介している。のどかなカントリーサイドからリゾートまで見どころは豊富。

ウェールズ　山がちな地形だが、中世の雰囲気を残す城や美しい町並みが多く残る。

スコットランド　イングランドとは違う独自の文化を持つ国。大自然と歴史的建築物が魅力。

スコットランドのより詳しい情報は『 A04 湖水地方とスコットランド』をご参照ください。また、北アイルランドの情報は『 A05 アイルランド』をご覧ください。

国会議事堂 P.120
エリザベス・タワー（愛称「ビッグ・ベン」）はロンドンのシンボル的存在

世界中から人や文化が集まるイギリスの首都
ロンドン →P.65

世界遺産
歴代の王が戴冠式を行ってきた
ウェストミンスター寺院 P.118

古今東西の至宝を収蔵する
大英博物館 P.130

世界遺産
世界の時間の中心
グリニッジ P.182

セント・マイケルズ・マウント P.257
山状の小島に建つ城。敷地内には世界中から集められた珍しい植物が並ぶ庭園がある。

リゾート地や風情のある港町が続く
南海岸地方 →P.197

世界遺産
英国国教会の権威的存在
カンタベリー大聖堂 P.202

中世の雰囲気が残る町並み
ライ P.210

地中海のリゾートを思わせる
ペンザンス P.256

サイレンセスター P.290
羊毛取引で栄えた街。マーケット・プレイスにはコッツウォルズで最大規模の市場が開かれる

オレスト・ヘッド P.412
ウィンダミア湖周辺が見渡せる小さな丘。気軽に楽しめるウオーキングコースのひとつ。

カナーヴォン城 P.504
プリンス・オブ・ウェールズの戴冠式が行われる城として有名。

セント・アンドリューズのオールド・コース P.534
16世紀から続く名門コース。全英オープンが行われる場所としておなじみ。

旅の服装とイベント

月	日本との時差	☀日の出 ★日没（ロンドン）	旅の服装	最高気温 最低気温（ロンドン）	最高気温 最低気温（南海岸）	最高気温 最低気温（イングランド北部）	最高気温 最低気温（スコットランド）
1月	9時間	☀8:00 ★16:00		6℃ 2℃	8℃ 4℃	6℃ 1℃	6℃ 1℃
2月		☀7:40 ★16:50		7℃ 2℃	8℃ 4℃	7℃ 1℃	6℃ 1℃
3月		☀6:45 ★17:45		10℃ 3℃	10℃ 5℃	10℃ 2℃	8℃ 2℃
4月	サマータイム実施期間	☀6:35 ★19:35		13℃ 6℃	12℃ 6℃	13℃ 4℃	11℃ 4℃
5月		☀5:35 ★20:25		17℃ 8℃	15℃ 8℃	16℃ 7℃	14℃ 6℃
6月		☀4:50 ★21:10		20℃ 12℃	18℃ 11℃	19℃ 10℃	17℃ 9℃
7月	8時間	☀4:50 ★21:20		22℃ 14℃	19℃ 13℃	21℃ 12℃	18℃ 11℃
8月		☀5:25 ★20:50		21℃ 13℃	19℃ 13℃	21℃ 12℃	18℃ 11℃
9月		☀6:15 ★19:45		19℃ 11℃	18℃ 12℃	18℃ 10℃	16℃ 9℃
10月		☀7:00 ★18:35		14℃ 8℃	15℃ 9℃	14℃ 7℃	12℃ 7℃
11月	9時間	☀6:55 ★16:35		10℃ 5℃	11℃ 7℃	10℃ 4℃	9℃ 4℃
12月		☀7:45 ★15:55		7℃ 4℃	9℃ 5℃	7℃ 2℃	7℃ 2℃

イギリスの気候は四季を通じて変わりやすく、どの季節も雨が降るので傘はいつでも用意しておこう。エディンバラのフェスティバルや国際的なスポーツイベントの開催時はホテルが混みあうので出発前に予約しておこう。

月	イベントとお祭り

1月
1/1　年越し花火大会 (ロンドン)
1/1　ロンドン・ニューイヤー・パレード

2月
2月中旬 ('16)　ヨーヴィック・ヴァイキング・フェスティバル (ヨーク)

3月
3/17　セント・パトリックス・デイ
3/27 ('16)　イースター

4月
4/27 ('16)　ロンドン・マラソン

5月
5/24 ～ 28 ('16)
チェルシー・フラワーショー (ロンドン)

6月
6/24 ～ 6/26 ('16)
F1グランプリ (シルバー・ストーン)
6/27 ～ 7/10 ('16)
ウィンブルドン全英テニス選手権

7月
7/10 ～ 7/17 ('16)
全英オープンゴルフ (ロイヤルトルーン)

8月
8/7 ～ 31 ('15)
エディンバラ国際フェスティバル
8/30•31 ('15)
ノッティングヒル・フェスティバル (ロンドン)

9月
9/18 ～ 11/1 ('15)
ラグビー・ワールドカップ

10月
10/17 ～ 31 ('15)
カンタベリー・フェスティバル

11月
11/5
ガイ・フォークス・ナイト (ロンドン)

12月
12/25　クリスマス
12/31•1/1　ホグマニー (エディンバラ)

ロンドンの年越し花火大会

仮装ランナーも多く参加するロンドン・マラソン

色々なパフォーマーが集まるエディンバラ国際フェスティバル

ロンドンのタワー・ブリッジのたもとでは毎年クリスマスマーケットが開かれる

旅のモデルルート

エディンバラ　湖水地方　ロンドン
コッツウォルズ　バース　ストーンヘンジ

8泊9日 イギリス
ハイライト

ロンドンをはじめ、エディンバラや湖水地方、コッツウォルズなど、イギリスを代表する観光地と5つの世界遺産を巡るハイライトコース

1日目 2日目
エディンバラ

2日目 3日目
湖水地方

6日目 **コッツウォルズ**

ロンドン
1日目

5日目 **バース**
ストーンヘンジ
5日目

3日目
4日目
5日目
6日目
7日目
8日目

day 1　日本→ロンドン→エディンバラ

同日乗り継ぎでエディンバラへ

成田・羽田空港から午前中に出発する便でロンドンへ。ヒースロー空港で乗り継げば18:00〜19:00頃にエディンバラに到着。フランクフルト、アムステルダム経由も乗り換えがスムーズ。<エディンバラ泊>

day 2　エディンバラ旧市街→湖水地方

9:00　ホテルをチェックアウト

荷物はホテルで預かってもらうか、ウェイヴァリー駅構内にある手荷物預かりで預かってもらおう。

9:30　エディンバラ城

開館時間に合わせてエディンバラ城 P.519 へ。ウェブサイトで予約しておけば並ばなくてもチケットが受け取れる。

旧市街で高い位置にあるので眺めも抜群

12:30　グラスマーケットで昼食

エディンバラ城を見学したらそのままロイヤル・マイル P.520 を東へ行き、ジョージ4世橋を渡ってグラスマーケットへ。レストランやパブが多いエリアなのでランチにはぴったりの場所。

14:00　ロイヤルマイルを散策

世界遺産のエディンバラ旧市街の目抜き通り、ロイヤルマイルを散策。気になるショップや見どころに寄りつつ東端のホリルードハ

カールトン・ヒルは絶好の撮影スポット

ウス宮殿 P.522 へと進む。時間があればカールトン・ヒル P.525 へ。世界遺産の旧市街を見下ろせる絶景スポットだ。

18:00　湖水地方へ出発

18:00〜19:00頃にエディンバラのウェイヴァリー駅を出発する列車に乗れば21:00〜22:00頃にウィンダミア駅に到着する。ウィンダミアはB&Bが多い町だが、夜遅い到着なので予約しておこう。<ウィンダミア泊>

湖水地方の1日ツアー→ロンドン

day 3

8:00 ホテルをチェックアウト
ツアーの出発時間に合わせてホテルをチェックアウト。荷物はホテルで預かってもらおう。

9:00
1日ツアーに参加
湖巡りやビアトリクス・ポターゆかりの地を巡るツアー **P.421** が人気。

ツアーなら気軽に湖水地方ならではの景観を堪能できる

できれば前日までにウェブサイトで予約しておくと安心。

17:00～17:30 ツアー終了 ツアーが終了したらホテルに荷物を取りに帰り、ウィンダミア駅へ向かう。

18:00 ロンドンへ移動 18:00頃の列車に間に合えば21:30頃にロンドンのユーストン駅に到着できる。20:00前後の便なら23:40頃の到着なので、ウィンダミアで夕食を済ませておこう。<ロンドン泊>

---

day 4
ロンドン1日目（→P.90～93参照）
午前中に**ウェストミンスター寺院 P.118** とバッキンガム宮殿 **P.122** の衛兵交代。午後はナショナル・ギャラリー **P.124** やセント・ポール大聖堂 **P.136** などを観光。<ロンドン泊>

---

day 5
ストーンヘンジ&バース
8:00 ウォータールー駅からソールズベリへ出発
ストーンヘンジ観光の起点、ソールズベリはロンドンのウォータールー駅から約1時間30分。

10:00 ツアーバスでストーンヘンジへ
ソールズベリ駅前に発着しているストーンヘンジ行きのツアーバスは予約不要。ビジターセンターを見学したら、連絡バスでストーンヘンジへ向かおう。

13:00 ソールズベリからバースへ
ソールズベリからバースへは列車で約1時間。

14:30 世界遺産のロイヤル・パンプ・ルームでランチ
バースに着いたら遅めのランチ。町を1時間ほど散歩したらロンドンへ戻る。

---

day 6
コッツウォルズ1日ツアー
コッツウォルズは交通の便があまりよくないので、**ロンドンからのツアー P.12** が便利。会社によって異なるが、人気のある村を5つほど回るので効率もいい。できれば前日までに予約しておこう。<ロンドン泊>

ツアーならバスの便が少ないバーフォードなどへも行ける

---

day 7
ロンドン2日目（→P.90～93参照）
午前中に大英博物館 **P.130**。午後はタワー・ブリッジ **P.142** やロンドン塔 **P.140**、国会議事堂 **P.120** などを観光。
<ロンドン泊>

---

day 8
ロンドン→日本
11:00～13:00頃にロンドンを出発する便が多いが、ヨーロッパ経由の場合は朝早いフライトも多い。羽田空港行きの夕方の便なら午前中を観光やおみやげショッピングに充てることもできる。<機中泊>

旅の必要パーツ

航空券	羽田または成田→ロンドン（往復）
ホテル	エディンバラ1泊　ウィンダミア1泊　ロンドン4泊
現地移動	ロンドン→エディンバラ（飛行機）**P.516**　エディンバラ→ウィンダミア（鉄道）**P.407**　ウィンダミア→ロンドン（鉄道）**P.407**
現地移動	ロンドン→ソールズベリ（鉄道）**P.264**　ソールズベリ→バース（鉄道）**P.264**　バース→ロンドン（鉄道）
現地発着ツアー	湖水地方1日 **P.421**　ストーンヘンジツアーバス **P.265**　ロンドン発コッツウォルズ1日 **P.296**

2泊4日 ロンドン
世界遺産弾丸コース

地下鉄やリバーボートを駆使してテムズ川沿いに点在する4つの世界遺産を駆け足で巡るコース。空港に着いたらオイスターカードを入手し、£15ぐらいチャージしておこう。4ヵ所とも開館時間が意外に短い。ポイントは**ロンドン塔 P.140**の最終入場時間に間に合うかどうか。冬期の場合、どの見どころも共通で開いている時間帯は10:00～15:30頃となる。

オックスフォード・ストリート
ハイド・パーク
テムズクリッパーズ
ロンドン塔 ●
15:30
ウェストミンスター寺院 ●
11:30
地下鉄ディストリクトライン+DLR
地下鉄ディストリクトライン
● **キュー・ガーデンズ**
11:00
グリニッジ
13:30

day 1　日本→ロンドン
成田・羽田空港から直行便、経由便でロンドンへ。
<ロンドン泊>

day 3　日本→ロンドン
帰国便に合わせて空港へ。夜発の経由便なら1泊の弾丸プランも可能。<機中泊>

day 2　ロンドンの世界遺産巡り

8:00 ホテルをチェックアウト
荷物は夜までホテルに預かってもらおう。

8:30 地下鉄でキュー・ガーデンズへ
地下鉄ディストリクトラインでキュー・ガーデンズ駅へ。**キュー・ガーデンズ P.186**は9:30の開園時間に合わせて入場、パームハウスや池を1時間ほどかけて散策。

11:00 ウェストミンスター寺院へ
キュー・ガーデンズ駅から同じくディストリクトラインでウェストミンスター駅へ向かう。所要約30分。**ウェストミンスター寺院 P.118**での見学時間は大体1時間ぐらい。戴冠の椅子やヘンリー7世のチャペルなどが見どころ。

13:00 地下鉄とDLRでグリニッジへ
地下鉄ジュビリーラインに乗り、カナリー・ウォーフDLRに乗り換えてグリニッジへ。旧天文台 P.183や旧王立海軍学校 P.183などを駆け足で見学。

旧天文台は丘の上にあるので少し遠い

15:00～15:30
ロンドン塔へ間に合うように
冬期なら16:00、夏期なら17:00の入場時間に間に合うように**ロンドン塔 P.140**へ。**テムズ・クリッパーズ P.108**という通勤客向けの高速船ならロンドン塔の入口近くまで行くことができる。<ロンドン泊>

旅の必要パーツ

航空券　羽田または成田→ロンドン（往復）	現地移動　オイスターカード P.100
ホテル　ロンドン2泊 機中1泊	

ハリー・ポッターの魔法の世界へ

映画『ハリー・ポッター』の舞台はイギリスだけに
映画のロケ地となった場所も多い。
ここでは旅人を魔法の世界へと誘う不思議なスポットを紹介！

映画の撮影が行われたスタジオを改装したアトラクション

ワーナー・ブラザーズ・スタジオ・ツアー

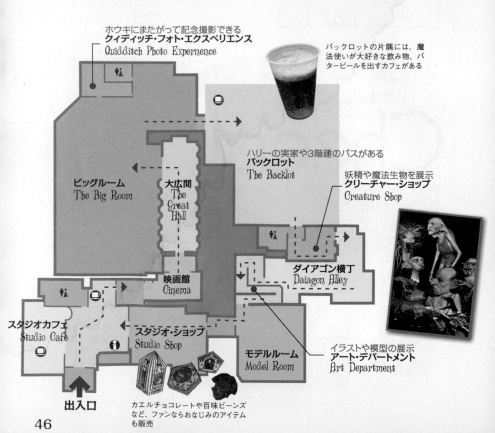

ホウキにまたがって記念撮影できる
クイディッチ・フォト・エクスペリエンス
Quidditch Photo Experience

バックロットの片隅には、魔法使いが大好きな飲み物、バタービールを出すカフェがある

ハリーの実家や3階建のバスがある
バックロット
The Backlot

妖精や魔法生物を展示
クリーチャー・ショップ
Creature Shop

ビッグルーム
The Big Room

大広間
The Great Hall

映画館
Cinema

ダイアゴン横丁
Diagon Alley

スタジオカフェ
Studio Cafe

スタジオ・ショップ
Studio Shop

モデルルーム
Model Room

イラストや模型の展示
アート・デパートメント
Art Department

出入口

カエルチョコレートや百味ビーンズなど、ファンならおなじみのアイテムも販売

先生方がお出迎え
大広間
The Great Hall

魔法魔術学校の生徒御用達
ダイアゴン横丁
Daiagon Alley

ツアーで最初に訪れる。ハリーが魔法魔術学校に入学したときのような感動が味わえる。ダンブルドア校長を含め魔法魔術学校の先生が迎えてくれる。先生たちの衣装も大広間に展示されている。

ファンならご存知、魔法使いのための商店街。店先には魔法使いの必須アイテムが多く並んでいる。いたずら専門店ウィーズリー・ウィザード・ウィーズなど細部まで忠実に再現されている。

映画のセットが展示されている
ビッグ・ルーム The Big Room

ホグワーツ魔法魔術学校を再現！
モデル・ルーム Model Room

1/24スケールで再現されたホグワーツ魔法魔術学校を展示している。映画ではCG合成の際に使用された。

左：ハリーが住んでいるグリフィンドール寮のベッド。右上：校長室。右下：森の番人、ハグリッドの小屋。

映画で使用されたセットが多く展示されているエリア。ホグワーツ魔法魔術学校や魔法省など、劇中でよく登場するシーンが多いのでファンは感激。ハリーが在籍しているグリフィンドール寮の寝室やダンブルドア校長の部屋もある。

■ワーナー・ブラザーズ・スタジオ・ツアー Map P.181A1
🚃🚌ユーストン駅からワトフォード・ジャンクションへ頻発、所要約20分。駅前のバスステーションからは15〜30分おきにシャトルバスが出ている。所要約15分。
✉Studio Tour Dr., Leavesden, WD25 7GS
🌐www.wbstudiotour.co.uk
🕐見学はツアーのみ。完全予約制。
最初のツアーは9:00〜10:00、最終ツアーは16:00〜18:30に出発（要確認）🈺12/25・26 💷£33
■ロンドン市内発のバスツアー
🚌ヴィクトリア・コーチステーション近くから入場料込のバスツアーが毎日9:00〜18:00頃に1時間に1便
🌐www.goldentours.com 💷£63〜

ハリー・ポッターのロケ地巡り

ホグワーツ魔法魔術学校 アニック城 P.450

クライスト・チャーチ
P.320

ホグワーツ魔法魔術学校のロケに使用された場所はイギリス各地に点在している。ケンブリッジ大学のクライスト・チャーチは食事をとる大広間、グロスター大聖堂やレイコック・アビー（→P.302）は回廊に使用されている。アニック城は魔法使いの競技「クィディッチ」の場面でおなじみ。

グロスター大聖堂
P.309

グレンフィナン高架橋
P.557

ゴースランド駅
P.460

ホグワーツ特急

　ウェストハイランド鉄道（ジャコバイト号）にあるグレンフィナン高架橋は映画『ハリー・ポッターと秘密の部屋』で空飛ぶフォード・アングリアが通り抜ける場面で登場する。ゴースランド駅はホグワーツ急行の終着駅であるホグズミード駅として使用されたことで有名。

PLATFORM 9¾

キングズ・クロス駅
P.98

9と3/4番線

　作中ではロンドンのキングズ・クロス駅9番線と10番線の間にあるレンガの支柱に飛び込むと、ホグワーツ特急が出発する9と3/4番線にワープするという設定。キングズ・クロス駅構内には「Platform 9¾」を示す鋳鉄製の標識がかけられ、その近くにはハリー・ポッター・グッズを売るショップもある。荷物カートは半分壁に埋もれており、ここでは記念撮影（有料）もしてくれる。

■ハリー・ポッター・ショップ9と3/4番線
The Harry Potter Shop at Platform 9 3/4
Map P.74-75⑤B1（キングズ・クロス駅）

⊠Unit1,
Kings Cross Station,
N1 9AP
圏8:00 ～ 22:00
（日9:00 ・ 22:00）
休12/25・26
圏9と3/4のプラットフォームの前での写真撮影£9.50

バラ・マーケット
P.159

セブン・シスターズ
P.215

漏れ鍋の入口

　ロンドンの中心にあるバラ・マーケットは映画『ハリー・ポッターとアズカバンの囚人』でダイアゴン横丁へとつながるパブ「漏れ鍋」への入口として使用された。実際にロケ地となったのは、ストーニー通りStoney St.にある建物。

クイディッチ・ワールドカップ

　クイディッチは作中に登場する空飛ぶホウキに乗って行う架空の競技。映画『ハリー・ポッターと炎のゴブレット』では、クイディッチのワールドカップの背景として使用されている。

ロンドン動物園爬虫類館

　映画『ハリー・ポッターと賢者の石』でハリーがダーズリー一家と共に訪れる動物園。巨大なヘビと話をする場面が撮影された。現在ここで飼育されているのは、ブラックマンバと呼ばれる世界で2番目に大きい蛇。

ロンドン動物園
P.148

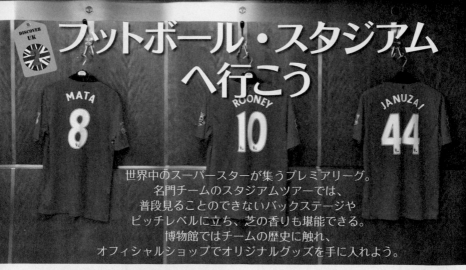

フットボール・スタジアムへ行こう

MATA 8　ROONEY 10　JANUZAJ 44

世界中のスーパースターが集うプレミアリーグ。
名門チームのスタジアムツアーでは、
普段見ることのできないバックステージや
ピッチレベルに立ち、芝の香りも堪能できる。
博物館ではチームの歴史に触れ、
オフィシャルショップでオリジナルグッズを手に入れよう。

オールド・トラフォード　Old Trafford
マンチェスター・ユナイテッド Manchester United [URL]www.manutd.com

「夢の劇場」の異名をもつオールド・トラフォードは、マンチェスター・ユナイテッドFCの本拠地。ツアーでは1958年に合計23人が亡くなった航空機事故「ミュンヘンの悲劇」を解説した後にドレッシング・ルームに移動。お気に入りの選手のユニフォームと記念撮影した後は、ホームの列とアウェイの列に分かれ、BGMが流れる中ピッチレベルへ入場。ベンチサイドへ移動した際には、実物のベンチシートに着席することもできる。

ツアーまでの待ち時間は併設の博物館で過ごそう。博物館には歴代獲得トロフィーや、エリック・カントナやピーター・シュマイケルなど歴代レジェンドのアイテムも展示されている。

上：選手入場口を進んだ先に広がるピッチ　左：BGMが流れる中ピッチレベルへ入場　右：ミュンヘン・メモリアル・クロック。「ミュンヘンの悲劇」が起きた時刻を示している

FEB 6th 1958　MUNICH

Check Point
レジェンドのコレクションとベンチシート

左：歴代のレジェンドのコレクションを展示するスペースもある
上：ベンチシートに着席。監督気分でピッチを眺めよう

🚃ピカデリー駅よりメトロリンクAltrincham行きに乗車し、オールド・トラフォードOld Trafford下車。徒歩10分。
●ショップ
🕙9:30～18:00（日11:00～17:00）
試合日9:30～22:30
土9:30～18:00
　または9:30～20:30
日10:00～16:00
　または10:30～16:30
🈵無休
●博物館とツアー
[TEL](0161)8688000
🕙博物館9:30～18:30
　ツアー10:00～16:30
（ツアーの時間は変更される場合もある）
🈵試合日
💰£18.50　学生£16

オールド・トラフォード
Old Trafford
The Megastore
マンチェスター・ユナイテッド・フットボール・グランド駅
Manchester United
Football Ground
（試合日のみ営業）
エミレーツ・オールド・トラフォード
Emirates Old Trafford
（クリケット場）
オールド・トラフォード駅
Old Trafford
St Michaels Rd　Chester Rd　Warwick Rd　Talbot Rd

スタンフォード・ブリッジ Stanford Bridge
チェルシー Chelsea　URLjapan.chelseafc.com

ロンドンを代表するクラブチームで、愛称は「ブルーズ」。本拠地のスタンフォード・ブリッジは、客席から屋根の骨組みまでチームカラーの青一色。ツアーでは、試合時に使うベンチシートに着席したり、実際に使う選手のロッカールームも見学する。記者会見場ではガイドさんがツアー参加者を撮影してくれるサービスも。スポンサー名の入ったバックパネルが背景に入るので、レプリカユニフォームを着て撮影してもらえば新加入選手の気分を味わえるかも!?

博物館では別料金でUEFAチャンピオンズリーグ・トロフィー（ビッグイヤー）との記念写真も撮影できる。

| Check Point | ミーティング・ボードとビッグイヤーとの記念撮影 |

左：アウェーチーム更衣室にあるボード。「BUFFON」や「PIRLO」などの文字が訪問時には残っていた　上：ビッグイヤーを掲げて記念写真はいかが？

🚈地下鉄ディストリクト線フラム・ブロードウェイ駅下車。徒歩約5分。
✉Stamford Bridge, Fulham Rd., SW6 1HS
☎08719841955
●ショップ
🕐9:00 〜 18:00
（日11:00 〜 17:00）
休試合開催時
●スタジアムツアー
🕐10:00 〜 17:00
（日10:00 〜 16:20）
30分おきに出発
料£20　学生£14

チェルシーFC博物館
Stadium Tours & Museum
（スタジアムツアー受付）
スタンフォード・ブリッジ
Stamford Bridge
Chelsea FC Megastore
地下鉄フラム・ブロードウェイ駅
Fulham Broadway
ボックスオフィス
Fulham Rd.

ウェンブリー Wembley
イングランド代表 England International　URLwww.thefa.com

世界最古のカップ戦、FAカップの決勝が開かれるサッカーの聖地。かつてはツインタワーと呼ばれるふたつの塔で知られていたが、2004年から2008年までかけて行われた改修により、タワーはなくなり、新たにアーチがシンボルとなった。9万人の収容人数は、屋根付きのスタジアムとしては世界最大を誇っている。

上：イングランド代表のロッカールームではお気に入りの選手のユニフォームと記念撮影できる　左：スタジアムツアーではスタッフが丁寧に解説してくれる。ツアーの所要は約1時間15分

Map P.181A1
🚈ロンドンの地下鉄メトロポリタン・ラインMetropolitan Lineもしくはジュビリー・ラインJubilee Lineでウェンブリー・パーク駅Wembley Parkで下車、スタジアムまでは徒歩10分。
●スタジアム・ツアー
☎08448002755　URLwww.wembleystadium.com
🕐10:00〜15:30（予約が望ましい）　休試合日と、場合によってその前後、1/1、12/25・26　料£19

アンフィールド Anfield

リヴァプール Liverpool URL www.liverpoolfc.com

世界中のクラブのサポーターに歌われている「You'll Never Walk Alone」を応援歌として使い始めたのはリヴァプールFC。1970～80年代には国内外合わせて35個のタイトルを獲得した。

ツアーではプレスルームやドレッシング・ルームを見学しピッチレベルへ。プレスルームでは記念撮影ができるので、レプリカユニフォームで撮影すれば新加入選手の気分を味わえるかも。ピッチへの階段には、ビル・シャンクリーの発案で付けられた「THIS IS ANFIELD」のプレートがあるので、タッチしてからピッチへ行こう。

Check Point

ビル・シャンクリー像と「YOU'LL NEVER WALK ALONE」

左：スタジアムの入口にある1970年代に黄金時代を築いたビル・シャンクリー監督の像。ここがツアーの出発地点でもある
上：シャンクリー・ゲートにはサポーターソングのタイトル「ユール・ネヴァー・ウォーク・アローンYOU'LL NEVER WALK ALONE」が刻まれる

🚌クイーン・スクエアのバス停から17番のバスでWalton Breck Rd.下車。
🚃カークデイル下車。徒歩約30分。
✉Anfield Rd., L4 0TH

カークデイル駅 Kirkdale / グディソン・パーク Goodison Park / アンフィールド Anfield Liverpool FC Store / Walton Breck Rd.

●ショップ（アンフィールド）
☎(0151) 2642300
🕐9:00～17:00
（日10:00～16:00）
●ショップ（リヴァプール・ワン）
☎(0151) 7094345
🕐9:30～20:00
（土9:00～19:00、日11:00～17:00）　休無休
●スタジアムツアー
🕐10:00～15:00に30～60分おきに出発
💷£12～

エミレーツ Emirates

アーセナル Arsenal URL www.arsenal.com

エリザベス女王も愛するロンドンを代表するクラブチーム。軍需工場で働く労働者達のクラブというルーツから「ガナーズ」と呼ばれている。

スタジアムツアーは、日本語のオーディオガイドを持って回るセルフガイド式。ツアーではドレッシングルームやシャワー室、ピッチレベルだけでなく、プレスルームも見学できる。

🚇地下鉄ピカデリー線でアーセナル駅下車、徒歩10分。
✉Emirates Stadium, N5 1BU
●ショップ
☎(020) 77044120
🕐9:00～18:00
（日10:00～16:00）
休無休
●スタジアムツアー
☎(020) 76195000
🕐10:00～18:00
（日10:00～16:30）
休試合日　💷£20

上：スタジアム正面にはチームの愛称を示す砲台が置かれている　左：充実した設備のプレスルーム。席数が多く、アーセナルというチームがいかに注目されているのかをうかがい知ることができる

地下鉄 アーセナル駅 Arsenal / アーセナルFC博物館 Arsenal Museum / エミレーツ Emirates / ボックスオフィス The Armoury / スタジアムツアー受付

グディソン・パーク Goodison Park
エヴァートン Everton
URLwww.evertonfc.com

🚌クイーン・スクエアから19番のバスでWalton Ln.下車
🚃カークデイル下車。徒歩約20分。
✉Goodison Park, L4 4EL　☎08716631878
●ショップ
🕐9:00 ～ 17:00（日10:00 ～ 16:00）　❌無休
スタジアム近くと、町の中心にあるショッピングセンター、リヴァプール・ワン内にある
●スタジアムツアー
🕐月・水・金・日11:00、13:00　💷£12

カークデイル駅 Kirkdale
グディソン・パーク Goodison Park
Everton One Ⓢ

ホワイト・ハート・レーン White Hart Lane
トッテナム・ホットスパー Tottenham Hotspur
URLwww.tottenhamhotspur.com

🚃ロンドンのリヴァプール・ストリート駅から頻発。ホワイト・ハート・レーン駅下車。徒歩約5分。
✉748 High Rd., Tottenham, N17 0AP
☎08444995000
●スタジアムツアー
🕐月～金11:00、12:00、14:00発
土・日11:00 ～ 14:00の1時間おきに出発
💷£20

ホワイト・ハート・レーン駅
ホワイト・ハート・レーン White Hart Lane

セルハースト・パーク Selhurst Park
クリスタル・パレス Crystal Palace
URLwww.cpfc.co.uk

🚃ロンドン地上線ノーウッド・ジャンクション駅下車。徒歩約15分。
✉Whitehorse Lane., SE25 6PU
☎(020) 87686066
●スタジアムツアー
🕐火・水・金10:30、14:30　💷£12.50

セルハースト・パーク Selhurst Park
ロンドン地上線ノーウッド・ジャンクション駅 Norwood Junction

ザ・デン The Den
ミルウォール Millwall
URLwww.millwallfc.co.uk

🚃ロンドン・ブリッジ駅からWest Croydon行きやBeckenham Junction行きなどでサウス・バーモンジーSouth Bermondsey駅下車。徒歩約5分。

ロフタス・ロード Loftus Road
クイーンズ・パーク・レンジャーズ Queens Park Rangers
URLwww.qpr.co.uk

🚃ロンドン地下鉄ハマースミス&シティ線シェパーズ・ブッシュ・マーケットShepherd's Bush Market駅下車。徒歩約15分。

エティハド Etihad Stadium
マンチェスター・シティ Manchester City
URLwww.mcfc.co.uk

🚃マンチェスター・ピカデリー駅よりメトロリンクAshton Under Lyne行きに乗車し、エティハド・キャンパスEtihad Campus下車。徒歩3分。
✉Etihad Stadium, Etihad Campus, M11 3FF
☎(0161) 4441894
●ショップ
🕐9:00 ～ 17:30（日11:00 ～ 17:00）
試合日は試合終了時刻の1時間後まで営業
●博物館
🕐10:00 ～ 16:30　💷£5
●スタジアムツアー
9:00 ～ 17:00（日10:00 ～ 17:00）
💷£16 ～

エティハド・キャンパス駅 Etihad Campus
Ⓒ CityStore
エティハド・スタジアム Etihad Stadium
Ashton New Rd.

アップトン・パーク Upton Park
ウエスト・ハム・ユナイテッド West Ham United
URLwww.whufc.com

🚃ロンドンの地下鉄ディストリクト線、ハマースミス&シティ線アップトン・パーク駅下車。徒歩約10分。
✉Boleyn Ground, Green St., Upton Park, E13 9AZ
☎08712222700
●スタジアムツアー
🕐不定期　💷£35

地下鉄アップトン・パーク駅 Upton Park
アップトン・パーク Upton Park

クレイヴン・コテージ Craven Cottage
フラム Fulham
URLwww.fulhamfc.com

🚃ロンドン地下鉄ディストリクト線プットニー・ブリッジ駅下車。徒歩約15分。
✉Stevenage Rd., SW6 6HH
☎08432081222
●スタジアムツアー
🕐11:15発　💷£12

クレイヴン・コテージ Craven Cottage
フラム・パレス Fulham Palace
地下鉄プットニー・ブリッジ駅 Putney Bridge

ヴィカレージ・ロード Vicarage Road
ワトフォード Watford
URLwww.watfordfc.com

🚃ロンドン地上線ワトフォード・ハイストリートWatford High Street駅下車。徒歩約15分。

ザ・バレー The Valley
チャールトン・アスレティック Charlton Athletic
URLwww.cafc.co.uk

🚃キャノン・ストリート駅から頻発。Dartford行き、Barnehurst行きなどでチャールトンCharlton下車。徒歩約5分。

ロンドンのスタジアム

2015-16 プレミアリーグ参加チーム

ロンドン

チェルシー Chelsea 詳細情報→P.51

アーセナル Arsenal 詳細情報→P.52

トッテナム・ホットスパー Tottenham Hotspur
詳細情報→P.53

ウエスト・ハム・ユナイテッド
Westham United 詳細情報→P.53

クリスタルパレス Crystal Palace
詳細情報→P.53

ワトフォード Watford 詳細情報→P.53

サウサンプトン

サウサンプトン Southampton
URL www.saintsfc.co.uk
セント・メアリーズ・スタジアム　Map P.232B2
サウサンプトン・セントラル駅から徒歩約30分。試合日
には駅前から臨時バスも運行される。

ボーンマス

ボーンマス Bournemouth URL www.afcb.co.uk
セディーン・コート・スタジアム　ソールズベリーやボー
ンマスからウィルツ＆ドーセット社のバスが出ている。

バーミンガム

アストン・ヴィラ Aston Villa URL www.avfc.co.uk
ヴィラ・パーク・スタジアム　バーミンガム・ニュー・スト
リート駅からWalsall行きで約10分のウィットンWitton
駅下車。徒歩10分。

ウェスト・ブロムウィッチ

ウェスト・ブロムウィッチ・アルビオン
West Bromwich Albion　URL www.wba.co.uk
ザ・ホーソーンズ・スタジアム　バーミンガム・ムーア・ス
トリート駅からホーソンズHawthorns駅下車徒歩5分

ストーク・オン・トレント

ストーク・シティ Stoke City
URL www.stokecityfc.com
ブリタニア・スタジアム　Map P.352-2
ストーク・オン・トレント駅前から20番のバスで約10分。

ノーリッジ

ノーリッジ・シティ Norwich City
URL www.canaries.co.uk
キャロウ・ロード・スタジアム　Map P.370C外
ノーリッジ駅の南西にある。駅から徒歩10〜15分。

レスター

レスター・シティ Leicester City
URL www.lcfc.com
キング・パワー・スタジアム　ロンドンのセント・パンク
ラス・インターナショナル駅から約1時間15分のレスター
で下車。スタジアムまでは徒歩20〜30分。

マンチェスター

マンチェスター・ユナイテッド
Manchester United 詳細情報→P.50

マンチェスター・シティ
Manchester City 詳細情報→P.53

ニューキャッスル・アポン・タイン

ニュー・キャッスル・ユナイテッド
Newcastle United　URL www.nufc.co.uk
セント・ジェイムス・スタジアム　Map P.447A2
地下鉄セント・ジェイムス駅下車。

サンダーランド

サンダーランド Sunderland URL www.safc.com
スタジアム・オブ・ライト　Map P.450左外
地下鉄駅セント・ピーターズ駅下車。徒歩10分

リヴァプール

リヴァプール Liverpool 詳細情報→P.52

エヴァートン Everton 詳細情報→P.53

スウォンジー

スウォンジー・シティ Swansea City
URL www.swanseacity.net
リバティ・スタジアム　スウォンジー駅前から4、120、
125、X25番のバスで約6分。スタジアム前で下車。

チケット購入→試合観戦

プレミアリーグのチケットは、試合日の数週間前から各クラブの公式サイトなどでオンラインで販売され、スタジアムの窓口で受け取る。ここではサウサンプトン（URL www.saintsfc.co.uk）を例にウェブサイトでのチケット購入から観戦までの流れを見てみよう。

1 トップ画面→Ticket
サイトのトップ画面。メニューからTicketsを選び、サブメニューのBuy Ticketsをクリック

2 チケット種類の選択
HOME GAMESやAWAY GAMESなどのチケットを選ぶことができる

3 マッチカードの選択
HOME GAMESの画面。購入できるチケット一覧が表示されている

6 内容の確認
予約したチケットについての詳細が示されるので、問題がなければ右下のCHECK OUT

5 確認画面
席と購入数量を決めたらADD TO BASKETをクリック

4 空席状況
選択したゲームの空席状況が表示される。どの席で観戦するかはここで決めよう

7 カード情報の入力
オンライン決済を受け付けているカードはMasterCardとVISAのみ

8 引換証をプリントアウト
オンライン購入後、登録したメールアドレスに引換証が送られるのでプリントアウトしておこう

9 チケットの引き換え
試合日になったらスタジアムへ。プリントアウトした引換証とチケットを引き換えよう

チケット購入&観戦ガイド

① クラブの有料会員に登録する

人気クラブ同士の対戦やダービー・マッチ、タイトルや降格のかかった試合のチケットは入手困難だが、ファンクラブの会員になれば購入しやすくなる。クラブによっては購入前に個人情報の登録を義務づけているところもある。イングランド代表の国際試合のホーム戦もイングランドサッカー協会（URL www.thefa.com）に登録すればオンラインでチケットが購入可能。

② 平日開催や欧州カップ戦を狙う

水曜などに行われるリーグカップ（キャピタル・ワン・カップ）やUEFAヨーロッパリーグの予選リーグなどが比較的狙い目。ただし、欧州戦の場合、トルコやギリシアなどの強豪クラブとの対戦カードでは、イングランドに負けない熱狂的サポーターが大挙して来ることがあるので、アウェー席での観戦はできれば避けたいところ。

③ 試合当日のスタジアムツアーに注意

試合開催日はクラブによってはスタジアムツアーが行われないことが多い。また、付属の博物館やショップの営業時間も変わることが多い。

④ スタジアム近くのパブで盛り上がる

スタジアム最寄りのパブはサポーターの憩いの場。試合前にテンションを上げたり、試合後もサッカー談義で盛り上がる。

フレンドリーなサポーターとパブで乾杯

Made in U.K. の手仕事を訪ねて

DISCOVER UK

伝統を守る英国のクラフトマンシップは、
陶器や衣服、雑貨など
さまざまな製品に見ることができる。
ビジターセンターで職人の技に触れてみるのも楽しい。

左：ウェッジウッド・ビジターセンターでは絵付けの工程も見学することができる　右上：ウェールズにあるトレヴリュー羊毛工場。自動織機を巧みに操り、模様を織り込んでいく　右下：クリーミーな味のウェンズリーデイルは手作りの製法を守る

イギリスを代表する陶器工場
ウェッジウッド・ビジターセンター
Wedgwood Vistor Centre

詳細記事→ P.352

ボーンチャイナの代名詞的存在であるウェッジウッド。広大な敷地内には博物館、実演コーナー、ショップなどがあり、陶器作りや絵付けの体験もできる。2015年7月中旬にリニューアルオープンを予定。

左：製作した陶器は窯で焼いたあとに日本へ送ってもらうことも可能　上：体験教室では絵付けも行っている

アミューズメント要素たっぷりの工場
キャドバリー・ワールド
Cadbury World

詳細記事→ P.342

世界屈指のチョコレートのブランド、キャドバリー社の工場が見学できるキャドバリー・ワールドはバーミンガムの近郊にある。チョコレートとキャドバリー社の歴史がわかりやすく展示されており、チョコレート細工の実演も見学できる。アトラクション要素が強く、家族連れも多い。

上：板チョコのパッケージをイメージしたエントランス　左：作りたてのチョコレートも試食できる！チョコレート好きにはたまらない！

ウォレス&グルミットで有名な
ウェンズリーデイル・チーズ工場
Wensleydale Creamery

詳細記事→P.485

ヨークシャー・デイルズ国立公園にある小さな村ホウズ。豊かな自然のなかで作られたチーズは絶品で、クレイアニメ『ウォレスとグルミット』でもおなじみ。併設のカフェではチーズを使った料理も楽しめる。

左上：工場特製のチーズを使ったサンドイッチ　左下：ジンジャー・チーズケーキ　右上：ウォレスとグルミットのグッズが充実したショップ

ウェールズ伝統の柄を織り込む
トレヴリュー羊毛工場
Trefriw Woollen Mill

Map P.499B

コンウィ渓谷のトレヴリュー村にある1859年創業の毛織物工場。1900年に川の流れを利用した発電用水車を導入したことで有名。

左：工場で造られた製品が多く並ぶショップ　上：工場で製作された歴代のベッドカバー

現在も伝統的な文様のベッドカバーやツイードを製作している。工房見学では自動織機での作業が見学できる。

コンウィ駅前のバス停から19番のバスが1～2時間に1便（日曜2～3時間に1便）。所要約30分。
⊠Main Rd., Trefriw, LL27 0NQ
TEL(01492)640462　URLwww.t-w-m.co.uk
4～10月9:30～17:30　11・12月9:30～17:00
1～3月10:00～17:00
11～3月の日、12/25・26、1/1
●作業見学
2月中旬～12月中旬10:00～13:00 14:00～17:00　無料

スコットランドを代表するガラス工房
クリーフ・ビジターセンター
Crieff Visitor Centre

Map P.29C3

スターリングの北東、約25kmのクリーフCrieffにあり、ケイスネス・グラスのガラス工房兼ショップがある。工房では美しい作品が次々に生み出されていく様子を順に見ることができる。美しい花模様などが中心に浮かぶペーパーウエイトが目玉。

左：工房で熱心にガラスと向きあう職人　上：色々なデザインのペーパーウェイトは見ていて飽きない

スターリングのバスステーションから47番のバスが1～2時間に1便（日曜12:08、14:23発）。所要約45分。
⊠Muthill Rd., Crieff, PH7 4HQ
TEL(01764)654014
URLwww.crieff.co.uk
9:00～16:15　土・日　無料

イギリスの ご当地グルメ&食材

イギリス料理といってまず思い浮かぶのが
イングリッシュ・ブレックファスト、
フィッシュ&チップスにローストビーフ……。
ヨークシャー・プディングやコーニッシュ・パスティなど、
地域名がついた料理でもイギリス中で楽しむことができる

おみやげにもぴったり
スコッチ・ウイスキー
Scotch Whisky

スコッチはスコットランドが世界に誇る蒸溜酒。ピートの香りなど地域によって風味が違う。

英国の元祖ブランド牛
アンガス・ビーフ
Angus Beef

アンガス・ビーフは高級牛肉の代名詞的存在。世界中で飼育されているが、もともとはスコットランドの東部アンガス州が原産。

パブ料理の定番
ヨークシャー・プディング
Yorkshire Pudding

ローストビーフのつけ合わせとして有名だが、メインの場合は、ボウルのような形で、中にソーセージや野菜の煮込みといった具材が入っている。

1000年近い歴史のあるチーズ
チェシャー・チーズ
Cheshire Cheese

11世紀、ノルマン征服後に作成されたドゥームズデイ・ブックにも記載されている、イギリス最古のチーズのひとつ。塩味が効いた硬質のチーズ。

番外名物グルメ
フィッシュ&チップス
Fish & Chips

ご当地グルメではないが、イギリスを代表する名物料理で、定番のファストフード。

イギリスの肉まん的存在
コーニッシュ・パスティ
Cornish Pasty

元々はコーンウォール半島(=コーニッシュ)の名物パイ。チーズや牛肉、ベーコンなどさまざまな具材の入ったイギリスを代表するファストフード。デリカデッセンから駅の売店まで色々な場所で売られている。

イギリス近海で捕れる
ドーヴァー・ソール
Dover Sole

ソールとは舌ビラメのこと。ドーヴァー海峡で捕れる舌ビラメは、イギリスを代表する高級魚だ。ムニエルで食べるのが一般的

アフタヌーン・ティー大解剖

アフタヌーンティーは、昼食と夕食の間に楽しむ喫茶の習慣。単なる間食以上に、社交的な意味合いも強く、いかにもイギリスらしい優雅さにあふれるひととき だ。サンドイッチやスコーン、ケーキ類などの軽食が三段重ねのティースタンドで出されるのが本式。

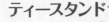

ティースタンド
アフタヌーンティーの主役。2～3段重ねのトレイが付いてくる。おもにサンドイッチやスコーン、スイーツが入っているお皿が並び、ボリュームもたっぷり。

紅茶&ミルク
ティーポットに入れて持ってきてくれる。一般的にミルクを先に入れてから紅茶を注ぐほうがおいしく仕上がるとされている。

スコーン&紅茶セット
クリーム・ティー
Cream Tea
アフタヌーンティーはちょっと量が多いという人におすすめの紅茶とスコーンのセット。カフェでも出すところが多く、気軽に楽しめる。

クロテッドクリーム&ジャム
クロテッドクリーム（右側）はバターとクリームの中間といったところ。両方ともスコーンを上下2つに割ってから塗って食べる。

ロンドンのおすすめティールーム

老舗ホテル、ブラウン・ホテルの中にある
イングリッシュ・ティールーム
English Tea Room
`MapP.66-67B2`

多くの著名人がアフタヌーンティーを楽しんだ由緒あるティールーム。アフタヌーンティーは£41.50、シャンパン・アフタヌーンティーは£55～58。

✉Brown Hotel Albemarle St., W1S 4BP
☎(020)74936020　URLwww.roccofortehotels.com
🕐アフタヌーン・ティー12:00～18:00
　通常営業7:00～23:00
休無休　CCAMV

美術館の中にある
ポートレート・レストラン
Portrait Restaurant
`MapP.66-67D2`

トラファルガー広場のすぐそば、ナショナル・ポートレート・ギャラリーの4階にあり、立地と眺めのよさが自慢。アフタヌーンティーは£24.50。さらに£10プラスで、シャンパン・セットにすることもできる。

✉St. Martin's Pl., WC2H 0HE　☎(020)73122490
🕐アフタヌーン・ティー15:30～17:00
　通常営業10:00～17:00（木～土～20:30）
休無休　CCAMV

パブの楽しみ方

UK GOURMET

パブは、パブリックハウスPublic Houseの略。
社交の場として今も昔もイギリス人の生活に欠かせない。
1日の観光を終えたら、パブでひと休みしてみよう。

おすすめ利用法①
ランチタイム
月～金 12:00 ～ 15:00 頃

昼頃のパブはそれほどに混んでいない店も多く、パブランチは安くてボリュームたっぷり。観光の合間に立ち寄るのにぴったり。フィッシュ＆チップスやラザニア、スープなどを出す。

おすすめ利用法②
ディナータイム
18:00 ～ 20:00 頃

料理自慢のダイニングパブの場合、1階がパブで2階が食事客用のレストランというようにフロアを分けていることも。メインは肉料理などのグリル系のほか、カレーやタイ料理など国際色豊かなラインアップのパブも多い。

おすすめ利用法③
スポーツ観戦
週末の午後、夜など

週末の午後～夜にかけては店内の大型スクリーンでサッカーの中継をするパブも多く、地元のファンで盛り上がる。放映スケジュールは店の外の看板などに書かれていることが多い。

パブで気になる Q&A

Q 立ち飲みとテーブルで飲むのでは料金が違うの?
A ヨーロッパのカフェのように立ち飲みとテーブルで料金が違うということはありません。

Q チップは必要?
A チップは基本的に不要です。

Q 料理はテーブルまで持ってきてくれるの?
A カウンターで注文するときにテーブル番号を言うかテーブルを指させばOKです。

Q Wi-Fi（無線LAN）は使える?
A 比較的多くのパブで無料の Wi-Fi が使えます。パスワードはスタッフに聞きましょう。

Q トイレだけの利用もできる?
A パブによっては客以外の利用を防ぐため、カギをかけていることがあります。

パブで楽しめる
代表的なお酒

飲みくち軽やか
ラガー Lager

日本で一般的に飲まれている下面発酵のビール。イギリスでは外国の銘柄のラガーを置いているパブが多い。
主な銘柄
ハイネケン（オランダ）、カールスバーグ（デンマーク）、フォスター（オーストラリア）

豊かな香りと深い味わい
ビター Bitter

ビターは深いコクと芳醇な香りが特徴のエールの一種。リアル・エールReal Aleと呼ばれるエールは木の樽でさらに発酵させた伝統的ビール。
主な銘柄
ジョンスミス、オールドスペクルドヘン、バス、ロンドン・プライドなど

こってりクリーミー
スタウト Stout

かつてはポーターとも呼ばれたイギリス発祥のビール。きめ細かな泡とクリーミーな味わいが特徴。アルコール度数も高め。
主な銘柄
ギネス（アイルランド）、ロンドン・ポーター

リンゴの醸造酒
サイダー Cider

リンゴを醸造した発泡酒（いわゆるシードル）。甘さ控えめでほのかなリンゴの香りがする。飲みやすく、女性にも好評。
主な銘柄
ストロングボウ、バルマーズ（アイルランド）

パブでの注文方法

Hi!

Hello, Pint of Bitter, Please
ハロー パイント・オブ・ビター プリーズ

店内に入ったらカウンターのスタッフに挨拶。1パイントは約570㎖（大きめの中ジョッキぐらい）。ハーフ・パイントHalf Pintでも注文できる

Anything Else?
エニスィング エルス

Fish & Chips to Table 8, please
フィッシュ・アンド・チップス トゥ　テーブル エイト プリーズ

料理を注文するとき、テーブルに番号が記されている場合はその番号を伝える。特にない場合は自分の席を指さすだけでもいい

12 pounds 60, Please
トゥウェルヴ・パウンズ・スィクスティ プリーズ

Here you Go
ヒア ユー ゴー

ビールなどのドリンク類は原則として現金会計。クレジットカードは£10以上からというような店も多い。

クラフトビールを味わう

UK GOURMET

フックノートン・ブリュワリーのパブ。ツアー終了後の試飲タイムが最も盛り上がる瞬間だ

かつてのイギリスでは地域ごとに色々な銘柄のビールが造られていた。しかし、パブのお酒の仕入れを牛耳る大企業が登場すると、パブでは仕入先が指定する大手銘柄しか置けなくなり、地元の小規模な醸造所は姿を消していった。

しかし、近年は英国の伝統的ビールを守る消費者団体カムラCAMRAによるクラフトビールを復活させる動きがあり、パブでも色々なクラフトビールを出す店が増えてきた。製造過程を見学できる醸造所も多く、観光プランに組み込んでみるのもおすすめ。

世界ビールコンテストで金賞を受賞したコッツウォルズの醸造所
フック・ノートン・ブリュワリー
Hook Norton Brewery　Map P.283C2

フック・ノートンはコッツウォルズを代表する醸造所。150年以上の歴史を誇り、工場の外観も当時の名残を残しつつ、内部では最新式の設備を整えている。ビジターセンター内には博物館も併設されている。

ゴールデン・エールのオールド・フーキー

醸造所の建物は100年以上前に建てられた

エールの味の決め手はスパイス。ツアーではスパイスによる違いも詳しく解説してくれる

🚌🚶起点となるのはチッピング・ノートン（→P.306）。中心部のバス停から488番のバスでフック・ノートン村で下車。停留所の近くにパブがあるので、その横をまっすぐ歩くと、建物が見えてくる。徒歩約5分。
✉Brewery Ln., Hook Norton, OX15 5NY
☎(01608)730384
🌐www.hooky.co.uk
🕐見学ツアー
　月〜金11:00、14:00
　土10:30、13:30
　（所要約2時間、要予約）
休日　料£12.50

湖水地方の名水で仕込む
ホークスヘッド・ブリュワリー
Hawkshead Brewery
Map P.409B2

カムラのメンバー、アレックス・ブロディ氏Alex Brodieが設立した醸造所。伝統と最新の技術を組み合せた、こだわりのビールが楽しめる。

入口にはダイニング・パブが併設されており、地元産食材を使った料理も自慢。特にソーセージなどがおいしい。工場は窓越しに見学できる。

肉料理がおすすめ

🚌555番バスでウィンダミアとケンダルの間にあるステーヴリー Staveleyで下車。徒歩約5分。ミル・ヤードというショッピングセンター内にある。
✉MIll Yard, Staveley, LA8 9LR
☎(01539)825260
🔗www.hawksheadbrewery.co.uk
🕐見学ツアー水・金・土14:00
休月・火・木・日（パブは無休）　料£8

ゴブリン印のラベルでお馴染み
ウィッチウッド・ブリュワリー
The Wychwood Brewery
Map P.283C3

オックスフォード郊外のウィットニーにある。同社は最も歴史のある飲料品の国際コンペ「THE INTERNATIONAL BREWING AWARDS」で金メダルを獲得するなど、数多くの受賞

歴を誇り、日本でも販売されている。ホブゴブリンの銘柄が有名。

樽仕込みのエールが飲める

🚌バスステーションからステージコーチ社S1またはS2のバスでウィットニー Witneyまで所要約40分、下車後徒歩約5分。
✉Eagle Maltings, the Crofts, Witney, OX28 4DP
☎(01993)890800　🔗www.wychwood.co.uk
🕐ツアー　木19:00　金15:00、18:00
土11:00、11:30、14:00、14:30、16:00、16:30
日14:00、14:30（所要約2時間、要予約）
休月～水　料£8.50

ロンドンの老舗
フラーズ・ブリュワリー
Fuller's Brewery
Map P.181A1

ロンドンの南東部にあるチェスウィックでは17世紀から醸造所がおかれてきた。フラーズは1845年創業の老舗で、マイクロブリュワリーとしては国内最大規模。銘柄はロンドン・プライドLondon Prideが代表的で多くのパブで見

かける。ツアーではビール醸造の過程はもちろん、歴史なども教えてくれる。醸造所の向かいには直営のパブがある。

品揃え充実のショップ

🚌地下鉄トッテナム・グリーン駅で下車。徒歩約25分。少し道が入り組んでいるので、市内バス190番で中心部から行くほうがわかりやすい。
✉Chiswick Ln. South, W4 2QB
☎(020)89962000　🔗www.fullers.co.uk
🕐見学ツアー月～金11:00、12:00、13:00、14:00、15:00（所要約1時間30分、要予約）
休土・日（ショップは土曜も営業）　料£10

旧市街の城壁内にある
ヨーク・ブリュワリー
York Brewery
Map P.462B2

1996年設立の新興の醸造所。日によって醸造内容が異なり、どの口にどの銘柄を醸造しているのかは、黒板に記されている。ツアーはホップについての説明から始まり、稼働している醸造室の見学を経て、最後に併設のパブで4種類のビールの飲み比べ。

クリーミーな味わいのヨークシャー・テリアYorkshire Terrierと軽い喉越しのガズラー Guzzler、コクのあるセンチュリオンズ・ゴースト・エール Centurion's Ghost Aleが代表銘柄。

併設のパブは人気の観光スポット

✉12 Toft Green, YO1 6JT
☎(01904)621162　🔗www.york-brewery.co.uk
🕐見学ツアー12:30、14:00、15:30、17:00（所要約1時間）
休日　料£8

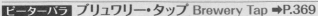

クラフトビールが飲めるおすすめパブ

ペンザンス クラウン The Crown ➡P.260
コーニッシュ・クラウンCornish Crownというオリジナル・エールを出すパブ。

バース サラマンダー The Salamander ➡P.276
バース・エールBath Ale社直営のダイニング・パブ。店内では瓶ビールも販売している。

ブリストル ゼロディグリーズ Zerodegrees ➡P.280
ビール醸造設備のあるレストラン。自家製ビールとピザとの組み合わせは抜群！

シュルーズベリー スリー・フィッシュズ Three Fishes ➡P.349
地元産のエールとイギリス各地のエールを7種類用意しているパブ。

バース・エール

ピーターバラ ブリュワリー・タップ Brewery Tap ➡P.369
店内にビール工場の設備がある大型パブ。10種類以上のオリジナル・エールが楽しめる。

チェスター タップ The Brewery Tap Ale House ➡P.381
郊外のスピティング・フェザーズ・ブリュワリー Spitting Feathers Breweryで造られたビールを置いている。

リヴァプール ハブ The Hub Alehouse & Kitchen ➡P.390
人気のダイニングパブ。リヴァプール周辺で作られたエールは常時6種類置いている。

湖水地方 ジェニングス醸造所 Jennings Brewery ➡P.430
併設のパブでは、作りたてのカンバーランド・エールCumberland Aleが飲める。

カーディフ ゴート・メジャー Goat Major ➡P.498
店内で販売している銘柄はすべて地ビールのブレインズBrains。

エディンバラ ブリュードッグ Brewdog Edinburgh ➡P.533
日本でも人気のビール、ブリュードッグの直営パブ。パンクIPA Punk IPAをはじめ、季節限定のビールも用意。

ブリュードッグ

ロンドン

London

写真：世界遺産ウェストミンスター寺院（P.118）

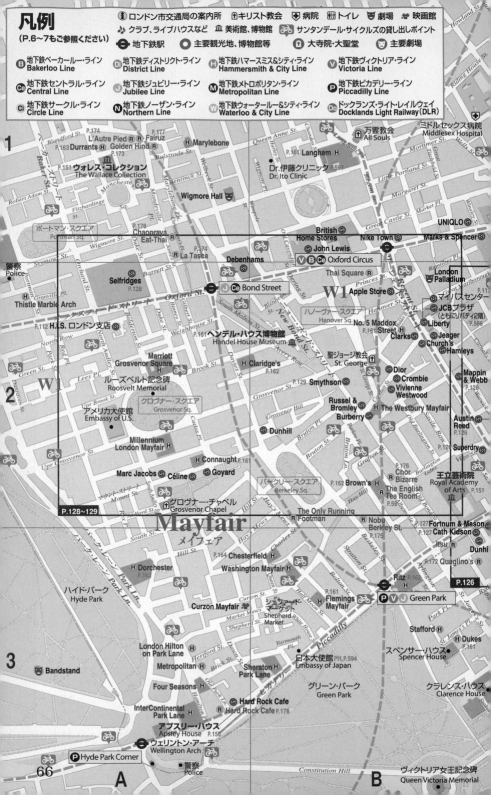

Ⓝ Goodge Street

ロンドン大学
University of London

ラッセル・スクエア
Russell Sq.

Ⓗ Montague
on the Gardens P.165

Ⓗ Ruskin P.169
Ⓗ Astor Museum P.182

Cochrane

W1

myhotel Bloomsbury Ⓗ

Chettinad Ⓡ P.176

ベッドフォード・
スクエア
Bedford Sq.

大英博物館 P.130
The British Museum

ブルームズベリー・
スクエア
Bloomsbury Sq.

Ⓢ Blade Rubber Stamps P.170

Charlotte Street Ⓗ

Odeon
Tottenham
Court Road

Bibimbabcafe Ⓡ P.176
Morgan Ⓗ P.169
Munchkins Ⓡ

Ⓡ Abeno P.175

Ⓟ Ⓒⓔ Holborn

Ⓢ Sanderson P.161

Ⓝ Ⓒⓔ Tottenham Court Road

Cocoro P.175

Dominion

Ⓢ Plaza S.C.

センター・ポイント
Center Point

Shaftesbury Ⓗ

Ⓢ Shelly's

ソーホー・スクエア
Soho Sq.

WC2

New London P.156

Ⓗ YHA Oxford Street P.171

Gay Ⓢ P.174

Ⓟ Covent Garden

Phoenix

Ⓜ Covent Garden P.185

Soho

ソーホー

Hazlitt's Ⓗ P.163

Stockpot Ⓡ P.174

Ⓗ Belgo Central

Cambridge

ロイヤル・
オペラ・ハウス
Royal
Opera House

Fortune
Theatre

Soho Ⓗ

Delhi Brasserie Ⓡ

Prince
Edward

Bar Shu Ⓡ P.175

Palace

Gt. Martin's

Ⓗ Paul Smith

Aspinal of London Ⓢ

Theatre
Royal
Dury Lane P.156

Queen's Ⓗ P.155

Ⓡ Preto P.161

消防署
Fire Station

Stanfords P.134

コヴェント・ガーデン P.134
Covent Garden

Whittard

Clabtree & Evelyn Ⓢ P.134

ロンドン交通博物館
London's
Transport
Museum P.135

Ⓢ Park Tours London (2F) P.421

中華街
Chinatown

Ⓡ Abeno too

聖ポール教会
St. Paul

Rules Ⓡ P.172

Simpson's-in-
the-Strand
P.172

Ⓡ Ittenbari P.175

Misato Ⓡ

Ⓝ Ⓟ Leicester Square

St. Martins Lane Ⓗ

Adelphi

グラスハウス・ストリート
Glasshouse St.

トロカデロ
Trockadero

レスター・スクエア
Leicester Sq.

Garrick

イングリッシュ・
ナショナル・オペラ
English
National Opera

Ⓗ The Harp P.178

Savoy Ⓗ

The Savoy Ⓗ

Ⓑ Ⓟ Piccadilly Circus

Ⓡ Bentley's P.174

Prince
of Wales

tkts P.154

Ⓢ Portrait P.59

警察
Police

Kahve Ⓡ
Dunyasi P.179

R Angus
Steak House

5th View Ⓡ P.179

ナショナル・ポートレート・
ギャラリー
National Portrait
Gallery

ナショナル・ギャラリー
The National Gallery

セント・マーティン・
イン・ザ・フィールズ教会
St. Martin-in-the-fields

Ⓡ Charing Cross

クレオパトラの針
Cleopatra's Needle

聖ジェイムズ・ピカデリー教会
St. James's Piccadilly

Ⓢ Paxton & Whitfield P.127

Ⓢ Prestat P.127

Ⓢ Hatchards P.127

Ⓗ Cavendish P.161

Green's Ⓡ P.172

Her Majesty's

Haymarket P.161

トラファルガー広場 P.127
Trafalgar Sq.

Ⓝ Ⓑ Charing Cross

チャリング・クロス駅 P.98
Charing Cross Station

ヴィクトリア・
エンバンクメント・
ガーデンズ
Victoria Embankment
Gardens

エンバンクメント・ピア
Embankment Pier

SW1

セント・ジェイムズ・スクエア
St. James's Sq.

Trafalgar

ネルソン記念柱
Nelson's Column

Sherlock
Holmes Ⓡ P.178

警察
Police

Ⓝ Ⓑ Ⓒⓘ Ⓓ Embankment

海軍門
Admiralty Arch

ハンガーフォード・
ブリッジ
Hungerford Bridge

クイーンズ・チャペル
Queen's Chapel

アイ・シー・エー
ICA

ヨーク公記念柱
Duke of York's
Column

Royal
Horseguards Ⓗ

マールバラ・ハウス
Marlborough House

セント・ジェイムズ宮殿
St. James's Palace

ハウスホールド騎兵博物館
HouseHold Cavalry Museum

ホース・ガーズ
Horse Guards

テムズ河
River Thames

St. James's

セント・ジェイムス

ホース・ガーズ・パレード
Horse Guards Parade

バンケティング・ハウス P.150
Banqueting House

セント・ジェイムズ・パーク
St. James's Park

首相官邸
No.10 Downing St.

国防省
Ministry
of Defence

1:11,000
400m

外務省
Foreign Office

Ⓒⓘ Ⓓ Ⓙ Westminster

セント・ジェイムズ・パーク湖
St. James's Park Lake

C

キャビネット・ウォー・ルームズ
Cabinet War Rooms

政府庁舎省
Treasury

D

ウェストミンスター・ミレニアム・ピア
Westminster Millenium Pier

クイーンズ・チャペル
Queen's Chapel

マールバラ・ハウス
Marlborough House

クラレンスハウス
Clarence House

セント・ジェイムス宮殿
St. James's Palace

ランカスター・ハウス
Lancaster House

ザ・マル The Mall

首相官邸
No.10 Downing St.

国防省
Ministry
of Defence

外務省
Foreign Office

国会議事堂
見学ツアー
チケットオフィス

P.120

ヴィクトリア女王記念碑
Queen Victoria Memorial

正門

セント・ジェイムス・パーク湖
St. James's Park Lake

Horse Guards Rd.

Downing St.

King Charles St.

キャビネット・ウォー・ルームズ
Cabinet War Rooms

政府庁舎省
Treasury

Ci (D) Westminster

セント・ジェイムス・パーク
St. James's Park

Great George St.

Bridge St.

Birdcage Walk

Queen Anne's Gate

Old Queen St.

Storey's Gate

パーラメント・スクエア
Parliament Sq.

P.120

バッキンガム宮殿
チケットオフィス

バッキンガム宮殿
入口

ガーズ博物館
Guards' Museum

Lewisham St.

Carteret St.

Broadway Tothill St.

聖マーガレット
ウェストミンスター教会
St. Margaret's
Westminster

ビッグ・ベン
（エリザベス・タワー）
Big Ben
(Elizabeth Tower)

Buckingham Gate

Petty France

H Sanctuary House
P.164

P.118

ウェストミンスター寺院
Westminster Abbey

国会議事堂
Houses of
Parliament
P.120

Vandon St.

Caxton St.

Ci (D) St. James's Park

Dacre St.

ニュー・スコットランド・
ヤード
New Scotland Yard

ジュエル・タワー
Jewel Tower

Wilfred St.

Spenser St.

St. Ann's St.

St. Matthew St.

St. Ermin's

Great Smith St.

ヴィクトリア・
タワー・
ガーデンズ
The
Victoria Tower
Gardens

ウェストミンスター・
シティ・ホール
Westminster City Hall

Victoria St.

Old Pye St.

Great College St.

Aberdeen St.

ヴィクトリア・ストリート

Howick Pl.

消防署
Fire Station

Greycoat St.

Chadwick St.

Great Peter St.

Monck St.

Tufton St.

セント・ジョンズ・
スミス・スクエア
St. John's
Smith Square

Millbank

ウェストミンスター大聖堂 P.123
Westminster Cathedral

Westminster
ウェストミンスター

Romney St.

ウェストミンスター・カレッジ
Westminster College

Francis St.

Emery Hill St.

Rochester St.

Elverton St.

Horseferry Rd.

Horseferry Rd.

Dean Kyle St.

ランベス・
ブリッジ
Lambeth Bridge

エヴァン・エヴァンズ・ツアーズ
Evan Evans Tours

Maunsel St.

Vincent St.

Page St.

セント・ジョンズ・
ガーデンズ
St. John's Gardens

Page St.

Willow Pl.

Fynes St.

H Mint

ウェストミンスター校
プレイング・
フィールド
Westminster School
Playing Field

Vincent Sq.

Vincent St.

Vincent St.

ミルバンク・ミレニアム・ピア
Millbank Millennium Pier

H P.170
H Stanley

SW1

Hide Pl.

Chapter St.

Regency St.

Erasmus St.

Herrick St.

John Islip St.

Millbank

ベルグレイヴ・ロード

Tachbrook St.

Charlwood St.

Vauxhall Bridge Rd.

Douglas St.

Cureton St.

クロア・ギャラリー
Clore Gallery

テート・ブリテン
Tate Britain
P.153

Melita House H

Belgrave Rd.

Astor Victoria P.171
H Melbourne House P.170

St. George's Sq.

John Islip St.

Atterbury St.

Ponsonby Pl.

チェルシー・カレッジ・オブ・
アート・アンド・デザイン
Chelsea College of
art and design

テムズ川
River Thames

Lupus St.

Moreton Pl.

Moreton Ter.

Gloucester St.

Charlwood St.

Denbigh St.

St. George's Dr.

V Pimlico

ヴォクソール・ブリッジ
Vauxhall Bridge

SW8

Claverton St.

Chichester St.

St. George's Sq.

Aylesford St.

Grosvenor Rd.

N

0   1:11,000   400m

Churchill Gardens Rd.

Lupus St.

C

D

69

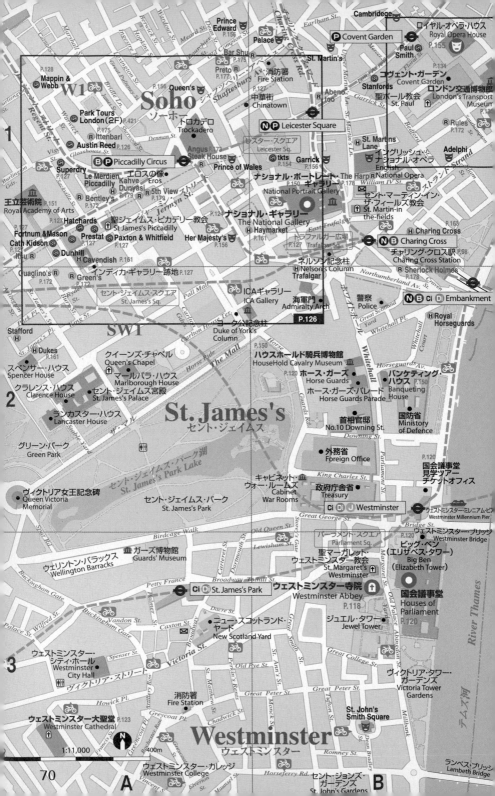

ロイヤル・オペラ・ハウス
Royal Opera House P.155

Cambridge

Prince Edward P.156

Palace

Bar Shu P.175

Preto P.177

消防署
Fire Station

中華街
Chinatown

St. Martin's

Paul Smith P.134

P Covent Garden

Stanfords

コヴェント・ガーデン
Covent Garden

Abeno Too

ロンドン交通博物館
London's Transport Museum

聖ポール教会
St. Paul

Mappin & Webb P.128

Soho
ソーホー

Queen's

Park Tours London (2F) P.421

Ittenbari P.126

Austin Reed P.126

Leicester Square

レスター・スクエア
Leicester Sq.

St. Martins Lane

Rules P.172

Adelphi

Superdry P.127

Le Merdien Piccadilly

Angus Steak House P.173

Prince of Wales

カヴェ Kahve Dunyasi

tkts P.154

Garrick P.156

ナショナル・ポートレート
National Portrait Gallery P.150

The Harp P.178

National Opera

イングリッシュ・ナショナル・オペラ
English

Adelphi P.163

王立芸術院
Royal Academy of Arts P.151

Bentley's P.172

5th View P.179

エロスの像
Eros

ナショナル・ギャラリー
The National Gallery P.124

聖ジェイムズ・ピカデリー教会
St. James's Piccadilly

セント・マーティン・イン・ザ・フィールズ教会
St. Martin-in-the-fields

Hatchards P.127

Fortnum &Mason

Cath Kidson P.127

Prestat P.127

Paxton & Whitfield P.127

Haymarket

Her Majesty's P.161

Charing Cross

チャリング・クロス駅
Charing Cross Station P.98

Itsu

Dunhill P.127

Cavendish P.161

Quaglino's R P.172

Green's P.172

インディカ・ギャラリー跡地 P.127

ネルソン記念柱
Nelson's Column Trafalgar

Sherlock Holmes P.178

Craven

セント・ジェイムズ・スクエア
St. James's Sq.

ICAギャラリー
ICA Gallery

海軍門
Admiralty Arch P.126

警察
Police

Northumberland Av. P.178

Embankment

Stafford

Dukes P.161

York P.127

Duke of York's Column

Royal Horseguards

SW1

クイーンズ・チャペル
Queen's Chapel

スペンサー・ハウス
Spencer House

マールバラ・ハウス
Marlborough House

ハウスホールド騎兵博物館
HouseHold Cavalry Museum P.150

ホース・ガーズ
Horse Guards

ホース・ガーズ・パレード
Horse Guards Parade

Horseguards Av.

バンケティング・ハウス
Banqueting House P.150

クラレンス・ハウス
Clarence House

セント・ジェイムズ宮殿
St. James's Palace

St. James's
セント・ジェイムズ

首相官邸
No.10 Downing St.

国防省
Ministry of Defence

ランカスター・ハウス
Lancaster House

グリーン・パーク
Green Park

外務省
Foreign Office

セント・ジェイムズ・パーク湖
St. James's Park Lake

King Charles St.

政府庁舎省
Treasury

国会議事堂見学ツアーチケットオフィス P.120

ヴィクトリア女王記念碑
Queen Victoria Memorial

キャビネット・ウォー・ルームズ
Cabinet War Rooms

セント・ジェイムズ・パーク
St. James's Park

Ci Westminster

Great George St.

ウェストミンスター・ミレニアム・ピア
Westminster Millennium Pier

Bridge St.

ウェストミンスター・ブリッジ
Westminster Bridge P.120

ウェリントン・バラックス
Wellington Barracks

Birdcage Walk

ガーズ博物館
Guards' Museum

Old Queen St.

Lewisham St.

パーラメント・スクエア
Parliament Sq.

聖マーガレット・ウェストミンスター教会
St. Margaret's Westminster

ビッグ・ベン（エリザベス・タワー）
Big Ben (Elizabeth Tower)

国会議事堂
Houses of Parliament P.120

Petty France

Broadway Tothill St.

Ci St. James's Park

ウェストミンスター寺院
Westminster Abbey P.118

ニュースコットランド・ヤード
New Scotland Yard

ジュエル・タワー
Jewel Tower

ウェストミンスター・シティ・ホール
Westminster City Hall

Victoria St.

3

消防署
Fire Station

St. John's Smith Square

ヴィクトリア・タワー・ガーデンズ
Victoria Tower Gardens

ウェストミンスター大聖堂
Westminster Cathedral P.123

Westminster College

N

1:11,000
400m

Westminster
ウェストミンスター

River Thames
テムズ河

ランベス・ブリッジ
Lambeth Bridge

セント・ジョンズ・ガーデンズ
St. John's Gardens

A   B

Novello P.156

Aldwych

Theatre Royal Dury Lane

王立裁判所
Royal Courts
Of Justice
R. Twining & Company

テンプル教会
Temple Church

テンプル
The Temple

Ci D Blackfriars

ブラックフライアーズ駅
Blackfriars Station

R Primrose Bakery P.179

P.155 One Aldwych

P.161 Lyceum

聖メアリー・ル・ストランド教会
St. Mary le Strand

コートールド美術館
The Courtauld Gallery P.135

エンバンクメント・ギャラリー P.135
Embankment Gallriy

Ci D Temple

ブラックフライアーズ・ミレニアム・ピア
Blackfriars Millennium Pier

Victoria Embankment

R Simpson's-in-the-Strand P.172

H Savoy

サマーセット・ハウス
Somerset House P.135

ウェリントン号
Wellington

HMSプレジデント号
HMS President

River Thames

テムズ河

Blackfriars Bridge

サヴォイ・ピア
Savoy Pier

クレオパトラの針
Cleopatra's Needle

ガブリエルズ・ワーフ
Gabriel's Warf

OXOタワー
OXO Tower

Upper Ground

Barge House St.

Blackfriars Rd.

Rennie St.

フェスティバル・ピア
Festival Pier

エンバンクメント・ピア
Embankment Pier

クイーン・エリザベス・ホール
Queen Elizabeth Hall

BFI Southbank

ナショナル・シアター
National Theatre P.155

Ur. Ground

Duchy St.

Stamford St.

Hatfields

Perris Gdn.

Burrell St.

パーセル・ルーム
Purcell Room

ヘイワード・ギャラリー P.153
Hayward Gallery

Cornwall St.

Aquinas St.

Theed St.

Meymott St.

Nicholson St.

ハンガーフォード・ブリッジ
Hungerford Bridge

ロイヤル・フェスティバル・ホール P.155
Royal Festival Hall

Concert Hall Approach

Whittlesey St.

Roupell St.

Joan St.

Ping Pong P.175

IMAX Cinema

ウォータールー・イースト駅
Waterloo East Station

ジュビリー・ガーデンズ
Jubilee Gardens

Belvedere Rd.

ロンドン・アイ・ミレニアム・ピア
London Eye Millennium Pier P.121

コカ・コーラ・ロンドン・アイ
Coca-Cola London Eye

B N W J Waterloo

The Cut

Cons St.

J Southwark

Nelson Sq.

Nelson Sq.

Young Vic

ロンドン・ダンジョン
London Dungeon P.121

York Rd.

旧市庁舎
Old County Hall

ロンドン水族館
London Aquarium P.121

ウォータールー駅
Waterloo Station P.98

Spur Rd.

Old Vic

Mitre Rd.

Ufford St.

Chaplin Close

Pocock St.

Webber St.

Lancaster St.

Marriott County Hall

Westminster Bridge Rd.

R Cubana P.178

Gray's St.

Baron's Pl.

Baylis Rd.

Webber Row

Blackfriars Rd.

フローレンス・ナイチンゲール博物館
Florence Nightingale Museum P.150

The Walrus P.171

SE1

Pearman St.

H 10 H P.165

St. George's Rd.

Borough Rd.

Florence Nightingale Museum

Westminster Bridge Rd.

セント・トーマス病院
St. Thomas' Hospital

B Lambeth North

警察 Police

Kennington Rd.

King Edward St.

London Rd.

Gladstone St.

ランベス・パレス・ガーデンズ
Lambeth Palace Gardens

Carlisle Ln.

Hercules Rd.

Lambeth Rd.

Cosser St.

Lambeth Rd.

Cobbhold St.

Garden Row

セント・トーマス病院メディカル・スクール
St. Thomas Hospital Medical School

アーチビショップス・パーク
Archbishop's Park

ジェラルディン・メアリー・ハームズワース・パーク
Geraldine Mary Harmsworth Park

St. George's Rd.

West Sq.

ランベス宮
Lambeth Palace

帝国戦争博物館 P.153
Imperial War Museum

West Sq. Garden

庭園博物館 P.153
Garden Museum

Elliotts Row

Lambeth
ランベス

C

H London Eye P.171

D

71

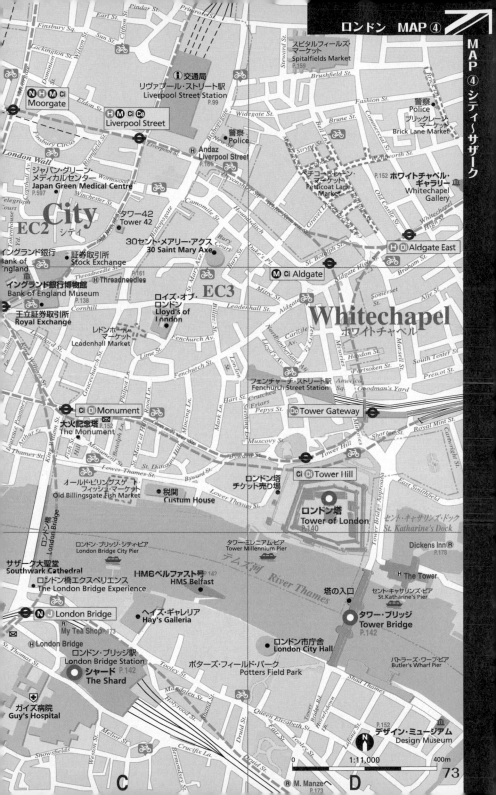

スピタルフィールズ・マーケット
Spitalfields Market P.159

交通局
リヴァプール・ストリート駅
Liverpool Street Station P.99

N H M Ci Moorgate

警察
Police
ブリックレーン・マーケット
Brick Lane Market

M Ci Ce Liverpool Street

警察 Police

H Andaz Liverpool Street P.164

ペチコート・レーン・マーケット
Petticoat Lane Market

P.152 ホワイトチャペル・ギャラリー
Whitechapel Gallery

ジャパン・グリーン・メディカルセンター
Japan Green Medical Centre P.597

City
シティ
EC2

タワー42
Tower 42

30セント・メアリー・アクス
30 Saint Mary Axe

イングランド銀行
Bank of England

証券取引所
Stock Exchange P.161

H D Aldgate East

M Ci Aldgate

Threadneedles

イングランド銀行博物館
Bank of England Museum P.138

EC3

ロイズ・オブ・ロンドン
Lloyd's of London

Whitechapel
ホワイトチャペル

王立証券取引所
Royal Exchange

レドンホール・マーケット
Leadenhall Market

フェンチャーチ・ストリート駅
Fenchurch Street Station

Ci M Monument

Tower Gateway

大火記念塔
The Monument P.152

Ci D Tower Hill

ロンドン塔
チケット売り場

オールド・ビリングスゲート・フィッシュ・マーケット
Old Billingsgate Fish Market

税関
Custom House

ロンドン塔
Tower of London P.140

セント・キャサリンズ・ドック
St. Katharine's Dock

ロンドン・ブリッジ・シティ・ピア
London Bridge City Pier

タワー・ミレニアム・ピア
Tower Millennium Pier

Dickens Inn ® P.178

サザーク大聖堂
Southwark Cathedral

HMSベルファスト号 P.142
HMS Belfast

River Thames テムズ河

H The Tower

ロンドン橋エクスペリエンス
The London Bridge Experience

塔の入口

セント・キャサリンズ・ピア
St. Katharine's Pier

N J London Bridge

ヘイズ・ギャラリア
Hay's Galleria

タワー・ブリッジ
Tower Bridge P.142

My Tea Shop P.173

H London Bridge

ロンドン・ブリッジ駅
London Bridge Station

ロンドン市庁舎
London City Hall

バトラーズ・ワーフ・ピア
Butler's Wharf Pier

シャード P.142
The Shard

ポターズ・フィールド・パーク
Potters Field Park

ガイズ病院
Guy's Hospital

P.152 デザイン・ミュージアム
Design Museum

1:11,000
0　　　　　　　　　　400m

® M. Manzeへ
P.173

クラフツ・カウンシル・ギャラリー 🏛
Crafts Council Gallery

Ⓝ Angel

H Journeys
P.171

Keystone
House
P.171

Pentonville
ペントンヴィル

Finsbury
フィンズベリー

Sadler's Wells

H Tune Kingscross
P.168

Percy
St.

H Clink 78
P.171

St. Pancras
セント・パンクラス

Clerkenwell
クラーケンウェル

St. George's
Gardens

イーストマン
歯科病院
Eastman Dental
Hospital

Thomas Coram Foundation

コーラムズ・フィールズ
Coram's Fields

マウント・プレザント

消防署
Fire Station

ディケンズの家 🏛
The Charles Dickens Museum
P.151

EC1

国立病院
National Hospital

WC1

ファリンドン駅
Farringdon Station

Ⓗ Ⓜ Ci Farringdon

グレイズ・イン
Gray's Inn

Cochrane

Ⓟ Ce Holborn

High Holborn

Ce Chancery Lane

H Rosewood
P.161

スティブルイン
Staple Inn

London Silver Vaults

Cycle Tours
of London
P.114

ジョン・ソーン博物館 P.151
Sir John Soane's Museum

EC4

リンカンズ・イン・
フィールズ
Lincoln's Inn
Fields

リンカンズ・イン
Lincoln's Inn

公文書館
Public Record
Office

ジョンソン博士の家 🏛
Dr. Johnson's House

Ye Olde Cheshire Cheese Ⓡ
P.178

Holborn
ホーボーン

Peacock

王立裁判所
Royal Courts of Justice

フリート・ストリート
Fleet St.

聖ブライド教会
St. Bride

C

D

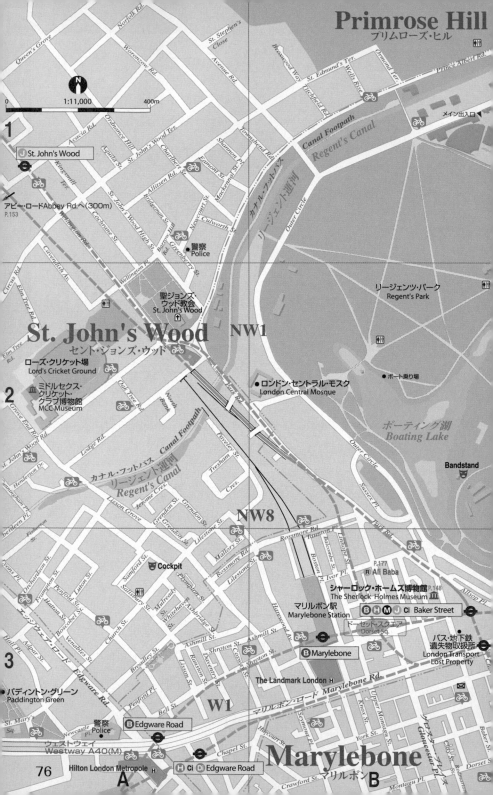

Primrose Hill
プリムローズ・ヒル

N

1:11,000

0   400m

1

Ｊ St. John's Wood

アビー・ロードAbbey Rd.へ(300m)
P.153

メイン出入口

Queen's Grove

Norfolk Rd.

St. Stephen's Close

Wontonsow Rd.

Avenue Rd.

St. Edmund's Ter.

Broadwood Way

Ormond Ter.

Wells Rise

Fitzgerald Ter.

Prince Albert Rd.

Queen's Grove

Acacia Rd.

Ordnance Hill

St. John's Wood Ter.

Shannon Pl.

Townshend Rd.

Canal Footpath

Regent's Canal

Aquila St.

Kingsmill Ter.

Charlbert St.

Eamont St.

カナル・フットパス

リージェント運河

Wellington Rd.

Alitsen Rd.

St. John's Wood High St.

Newcourt St.

Culworth St.

警察
Police

Circus Rd.

Elm Tree Rd.

Cavendish Av.

Wellington Pl.

Grove End Rd.

Greenberry St.

Barrow Hill Rd.

聖ジョンズ・
ウッド教会
St. John's Wood

Outer Circle

リージェンツ・パーク
Regent's Park

St. John's Wood NW1
セント・ジョンズ・ウッド

ローズ・クリケット場
Lord's Cricket Ground

ロンドン・セントラル・モスク
London Central Mosque

ボート乗り場

2

ミドルセクス・
クリケット・
クラブ博物館
MCC Museum

Oak Tree Rd.

Park Rd.

ボーティング湖
Boating Lake

Grove End Rd.

Lodge Rd.

North Bank

Tverley St.

Canal Footpath

カナル・フットパス
リージェント運河
Regent's Canal

Tresham St.

Sussex Pl.

Bandstand

St. John's Wood Rd.

Henderson Dr.

Hamilton Pl.

Jerome Cres.

Lisson Grove

Grendon St.

Grendon St.

Lilestone St.

NW8

Rossmore Rd.

Taunton Pl.

Balcombe St.

Boston Pl.

Park Rd.

Outer Circle

Fisherton St.

Penfold Pl.

Lyons Pl.

Orchardson St.

Frampton St.

Samford St.

Salisbury St.

Mallory St.

Rossmore Rd.

Lilestone St.

P.177
Ｒ Ali Baba

Cockpit

シャーロック・ホームズ博物館 🏛
The Sherlock Holmes Museum

Allsop Pl.

Hatton St.

Boscobel St.

Church St.

Ashbridge St.

Whitehaven

Mulready St.

マリルボン駅
Marylebone Station

Ｂ Ｈ Ｍ Ｊ Ｃ Baker Street

Hayne St.

ドーセット・スクエア
Dorset Sq.

バス・地下鉄
遺失物取扱所
London Transport
Lost Property

3

Hall Pl.

Alpar St.

Venables St.

Ashmill St.

Shroton St.

Cosway St.

Shroton St.

Daventry St.

Ranston St.

Lisson St.

Harewood Av.

Upper Montagu St.

Ｂ Marylebone

パディントン・グリーン
Paddington Green

Broadley St.

Penfold St.

Bell St.

The Landmark London Ｈ

エッジウェア・ロード
Edgware Rd.

W1

マリルボン・ロード Marylebone Rd.

Gloucester Place

St. Mary's Sq.

Newcastle Pl.

警察
Police

Ｂ Edgware Road

Seymour Pl.

York St.

Crawford Pl.

ウェストウェイ
Westway A40(M)

Chapel St.

Upper Montagu St.

Marylebone
マリルボン

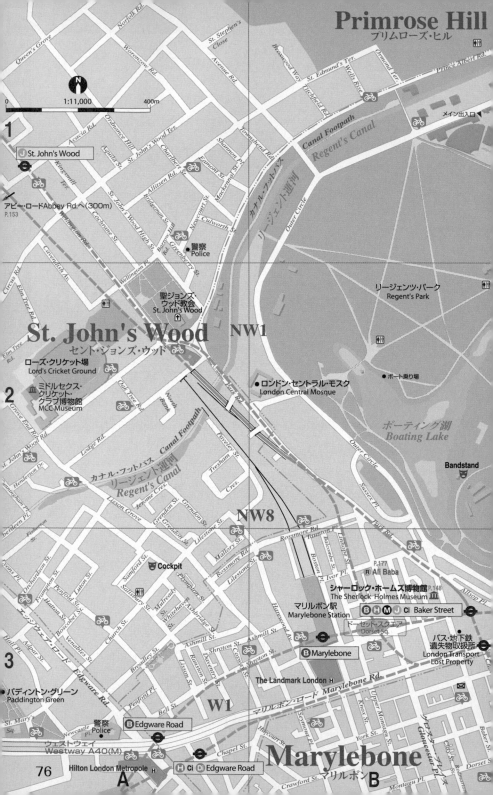

76   **A**   Hilton London Metropole Ｈ   Ｈ Ｃ Ｄ Edgware Road   Crawford St.   **B**   Montagu Pl.

●ローズ・クリケット場
Lord's Cricket Ground

●ロンドン・セントラル・モスク
London Central Mosque

リージェンツ・パーク
Regent's Park

ボーティング湖
Boating Lake

Bandstand

カナル・フットパス
Canal Footpath

リージェント運河
Regent's Canal

リージェンツ・カレッジ
Regent's College

NW8

P.148

Ali Baba
P.177

シャーロック・ホームズ博物館
The Sherlock Holmes Museum

Cockpit

マリルボン駅
Marylebone Station

B H M J Ci Baker Street

ロンドン
プラネタリウム
London
Planetarium

B Marylebone

ドーセット・スクエア
Dorset Sq.

バス・地下鉄
遺失物取扱所
London Transport
Lost Property

The Landmark
London

Marylebone Rd.

W1

マリルボン・ロード

Screen

B Edgware Road

警察●
Police

H Ci D Edgware Road

Hilton London Metropole

Chapel St.

Crawford St.

Marylebone
マリルボン

Dorset St.

パディントン・ベイスン
Paddington Basin

Bryanston Pl.　Montagu Pl.

W2

Bryanston Mews

Gloucester Pl.

Blandford St.

セント・メアリ　病院
St. Mary's Hospital
R Peking Seoul

サセックス・ガーデンズ
Sussex Gardens

George St.

ポートマン・スクエア
Portman Sq.

H Easyhotel
Paddington

W2

Portman Close

H St. David P.167
H Ashley P.167
H Cardiff P.167

Oxford
Sq.

Porchester
Sq.

Upr Berkeley St.

Hayatt Regency
London the Churchill H

The Sumner
H P.104

H The Montcalm

Police
警察●

ハイド・パーク・スクエア
Hyde Park Sq.

Seymour St.

Thistle Marble Arch

ベイスウォーター
W2

Hyde Park Gardens Mews
Hyde Park Gdns.

Bayswater Rd.

Odeon Marble Arch

Cumberland
P.161

W2

マーブル・アーチ
Marble Arch

W1

●ヴィクトリア・ゲート
Victoria Gate

Ce Marble Arch

North Row

エストボーン・ゲート
Westbourne Gate

スピーカーズ・コーナー
Speaker's Corner

Upper
Brook St.

ハイド・パーク
Hyde Park

N

0　　　　　1:11,000　　　　400m

C

D

79

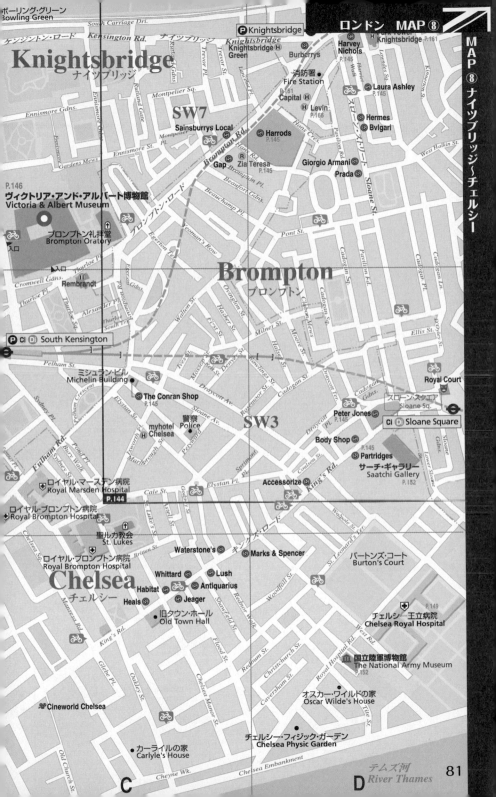

Ci Ⓓ Bayswater

W2

H Lancaster London

Ce Lancaster Gate

ヴィクトリア・ゲート
Victoria Gate

H Astor Queensway

Corus Hyde Park

R Swan

ウェストボーン・ゲート
Westbourne Gate

マールボロ・ゲート
Marlborough
Gate

Ce Queensway

H Thistle Kensington Gardens

ランカスター・ゲート
Lancaster Gate

ブラック・ライオン・ゲート
Black Lion Gate

The Royal Park
P.164

ピーターパンの像
Peter Pan Statue

ロング・ウォーター
The Long Water

Magazine
Gate

ケンジントン・ガーデンズ
Kensington Gardens

R Orangery
P.179

サンクン・ガーデン
Sunken Garden

ラウンド・ポンド
Round Pond

Temple Gate

ケンジントン宮殿 P.143
Kensington Palace

The Broad Walk

Bandstand

サーペンタイン・ギャラリー
Serpentine Gallery

ダイアナ妃記念噴水
Diana's Memorial Fountain

Mount Gate

W2

ボーリング・グリーン
Bowling Green

P.144

アルバート公記念碑
Albert Memorial

P.152

Alexandra
Gate

Prince of Wales
Gate

H Royal Garden

P.161

South Carriage Dri.

H Milestone

Queen's Gate

ケンジントン・ロード Kensington Rd.

Palace Gate

H Baglioni
P.161

ロイヤル・カレッジ・
オブ・アート
Royal College of Art

Kensington Gore

Exhibition Rd.

W8

Astor
P.171 Hyde Park
Gore
P.166

ロイヤル・
アルバート・ホール
Royal Albert Hall

3

インペリアル・カレッジ
Imperial College

Prince Consort Rd.

王立音楽大学
Royal College of Music

Knightsbridge
ナイツブリッジ

インペリアル・カレッジ
Imperial College Science,
Technology & Medicine

Imperial College Rd.

科学博物館
Science Museum

ヴィクトリア・アンド・
アルバート博物館 P.146
Victoria &
Albert Museum

ブロンプトン礼拝堂
Brompton Oratory

自然史博物館 P.147
The Natural History Museum

入口

入口

N

0   1:11,000   400m

Rembrandt

A

SW7

B

Cromwell Rd.
クロムウェル・ロード

Meininger H
P.178

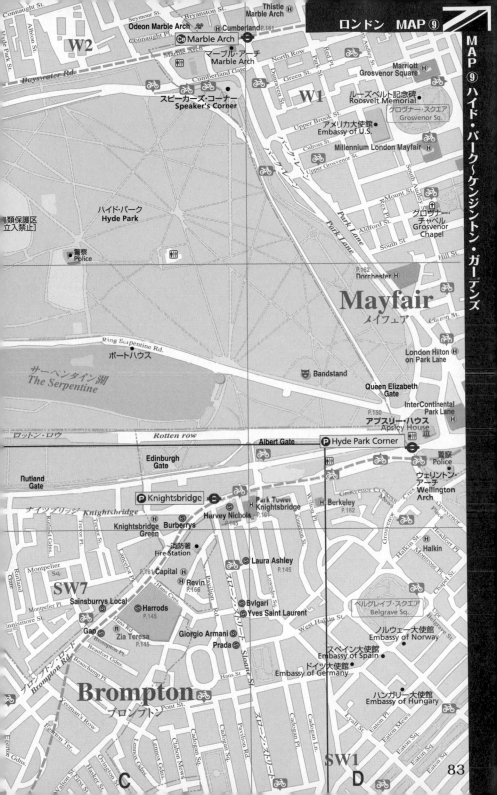

W2

Connaught St.
Seymour St.
Bryanston St.
Thistle
Marble Arch
Odeon Marble Arch
Connaught Pl.
Cumberland P.161
Marble Arch
Marble Arch
マーブル・アーチ
Marble Arch
North Row
Red Pl.
Marriott
Grosvenor Square

Bayswater Rd.
Cumberland Gate
Green St.
Dunraven St.
N. Audley St.

W1

スピーカーズ・コーナー
Speaker's Corner
Upper Brook St.
ルーズベルト記念碑
Roosvelt Memorial
グロヴナー・スクエア
Grosvenor Sq.

アメリカ大使館
Embassy of U.S.

Culross St.
Millennium London Mayfair

ハイド・パーク
Hyde Park
Upper Grosvenor St.
S. Audley St.
Mount St.

鳥類保護区
立入禁止
Aldford St.
South St.
グロヴナー・チャペル
Grosvenor Chapel

Park Lane
Hill St.

Mayfair
メイフェア

P.162
Dorchester

警察
Police

Ring Serpentine Rd.
ボートハウス

London Hilton
on Park Lane

Curzon St.

サーペンタイン湖
The Serpentine
Bandstand

Queen Elizabeth
Gate

P.150
InterContinental
Park Lane

アプスリー・ハウス
Apsley House

ロットン・ロウ
Rotten row
Albert Gate
Hyde Park Corner
警察
Police

Edinburgh
Gate
Berkeley
P.162
ウェリントン・アーチ
Wellington
Arch

Rutland
Gate
Knightsbridge
ナイツブリッジ
Knightsbridge
Park Tower
Knightsbridge
P.161
Grosvenor Crescent Mews
Grosvenor Cres.
Halkin St.
Halkin

Harvey Nichols
P.145
Wilton Pl.
Montrose Pl.
Grosvenor Pl.

Knightsbridge
Green
Burberrys
Kinnerton St.
Chapel St.

SW7
Rutland Gdns.
Trevor Pl.
Trevor Sq.
消防署
Fire Station
Laura Ashley
P.145

Montpelier
Sq.
P.161 Capital
Revin
P.166
ベルグレイブ・スクエア
Belgrave Sq.

Sainsburrys Local
Harrods
P.145
Bvlgari
Yves Saint Laurent
Lowndes St.
West Halkin St.

Montpelier Pl.
Hans Cres.
Zia Teresa
P.145
Giorgio Armani
ノルウェー大使館
Embassy of Norway

Gap
Pavilion Rd.
Prada
Hans St.
スペイン大使館
Embassy of Spain
Upper Belgrave St.

ブロンプトン・ロード
Brompton Rd.
Beauchamp Pl.
Beaufort Gdns.
ドイツ大使館
Embassy of Germany

Brompton
ブロンプトン
Pont St.
Sloane St.
Cadogan Pl.
Lyall St.

Yeoman's Row
ハンガリー大使館
Embassy of Hungary

Egerton Ter.
Ovington Gdns.
Lennox Gdns.
Cadogan Sq.
Cadogan Gate
Eaton Mews
Eaton Sq.

C
D
SW1
83

SW1

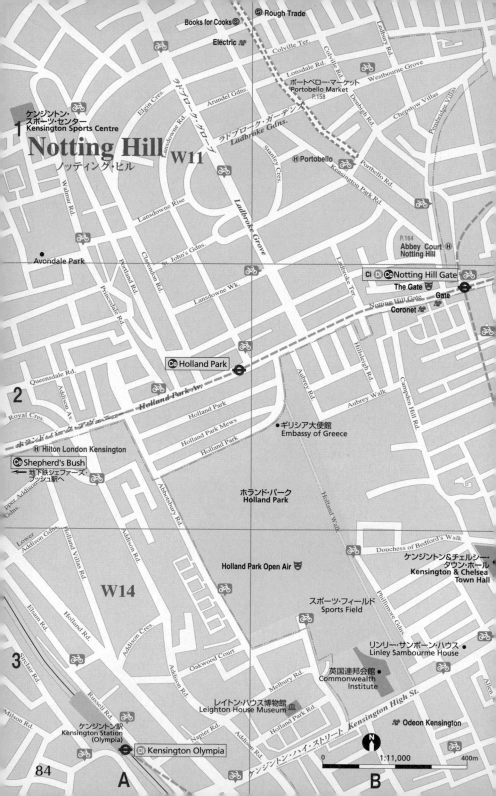

S Rough Trade
Books for Cooks S
Electric 🚲

Colville Ter.

Colville Rd.

Lonsdale Rd.
Ledbury Rd.

🚲 Westbourne Grove

ポートベロー・マーケット
Portobello Market
P.158

Chepstow Villas

Pembridge Villas

ケンジントン・
スポーツ・センター
Kensington Sports Centre 🚲

Arundel Gdns.

Elgin Cres.

ラドブローク・グローヴ
ラドブローク・ガーデンズ
Ladbroke Gdns.

Notting Hill
W11
ノッティング・ヒル

Lansdowne Rd.

Stanley Cres.

H Portobello

Denbigh Rd.

Kensington Park Rd.

Portbello Rd.

🚲

Lansdowne Rise

Ladbroke Grove

P.164
Abbey Court H
Notting Hill

🚲

● Avondale Park

Walmar Rd.

Portland Rd.

Clarendon Rd.

St. John's Gdns.

Ladbroke Ter.

🚲

Ci D Ce Notting Hill Gate 🚲
The Gate 🎭
Gate
Notting Hill Gate
🚲 Coronet 🎬

Lansdowne Wk.

Princedale Rd.

Hillsleigh Rd.

Campden Hill Rd.

🚲

2

Queensdale Rd.

Addison Av.

Royal Cres.

🚲 Ce **Holland Park** 🚲

🚲 Holland Park Av.
ホランド・パーク・アヴェニュー

Holland Park

Holland Park Mews

Aubrey Rd.

Aubrey Walk

● ギリシア大使館
Embassy of Greece

H Hilton London Kensington

Holland Park

Ce **Shepherd's Bush**
← 地下鉄シェファーズ・
ブッシュ駅へ

Abbotsbury Rd.

ホランド・パーク
Holland Park

Holland Walk

3

Lower
Addison Gdns.

Holland Villas Rd.

Addison Rd.

Douchess of Bedford's Walk

🚲

ケンジントン＆チェルシー・
タウン・ホール
**Kensington & Chelsea
Town Hall**

Holland Park Open Air 🎭

W14

Addison Cres.

Phillimore Gdns.

スポーツ・フィールド
Sports Field 🚲

Holland Rd.

🚲

Addison Rd.

リンリー・サンボーン・ハウス ●
Linley Sambourme House
🚲

Sinclair Rd.

Elsam Rd.

Russell Rd.

Oakwood Court

Melbury Rd.

Holland Park Rd.

英国連邦会館
**Commonwealth
Institute**

🚲

Milson Rd.

レイトン・ハウス博物館
Leighton House Museum 🏛

Napier Rd.

Addison Rd.

Holland Park Rd.

ケンジントン・ハイ・ストリート **Kensington High St.**

🚲 Odeon Kensington

ケンジントン駅
**Kensington Station
(Olympia)**

🚲

D Ce **Kensington Olympia**

N

0   1:11,000   400m

A   B

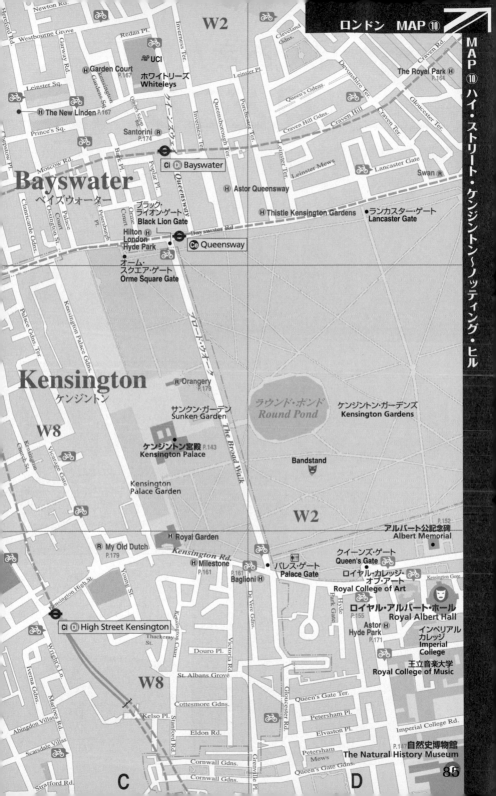

W2

ⒽGarden Court P.167
UCI
ホワイトリーズ
Whiteleys

The Royal Park Ⓗ P.164

ⒽThe New Linden P.167

Santorini Ⓡ P.174

Bayswater
ベイズウォーター

Ci Ⓓ Bayswater

ⒽAstor Queensway

ブラック・ライオン・ゲート
Black Lion Gate

ⒽThistle Kensington Gardens ● ランカスター・ゲート
Lancaster Gate

Swan Ⓡ

Hilton
London
Hyde Park Ⓗ

Ce Queensway

オーム・
スクエア・ゲート
Orme Square Gate

Kensington
ケンジントン

Ⓡ Orangery P.179

サンクン・ガーデン
Sunken Garden

ラウンド・ポンド
Round Pond

ケンジントン・ガーデンズ
Kensington Gardens

W8

ケンジントン宮殿 P.143
Kensington Palace

Kensington
Palace Garden

Bandstand

W2

Ⓗ Royal Garden

アルバート公記念碑 P.152
Albert Memorial

Ⓡ My Old Dutch P.179

Kensington Rd.

ⒽMilestone P.161

クイーンズ・ゲート
Queen's Gate

Baglioni Ⓗ P.161

パレス・ゲート
Palace Gate

ロイヤル・カレッジ・
オブ・アート
Royal College of Art

Kensington Gore

ロイヤル・アルバート・ホール
Royal Albert Hall

Ci Ⓓ High Street Kensington

Astor Ⓗ
Hyde Park P.171

インペリアル
カレッジ
Imperial
College

王立音楽大学
Royal College of Music

W8

自然史博物館 P.147
The Natural History Museum

C

D

見ておきたい！

絶対

ロンドンの 見どころ

BEST
10

世界遺産

歴代の王族が眠る英国王室の教会。1066 年にウィリアム1世 ☞ P.605 が即位して以来、歴代の王の即位式がここで行われている。建築としても見応えバツグン。

1 ウェストミンスター寺院
Westminster Abbey ➡P.118

英国王室の宮殿といえばバッキンガム宮殿。内部の見学は夏期のみだが、衛兵の交代式は1年を通して行われる。ロンドンを代表する観光スポットだ。

2 バッキンガム宮殿
Buckingham Palace ➡P.122

高さ 135m のヨーロッパ最大の観覧車。ロンドンを空から一望できる。周辺はもちろん、天気がよければグリニッジやヒースロー空港まで見られるかも？

3 コカコーラ・ロンドン・アイ
Coca-Cola London Eye ➡P.121

4 シャード
The Shard ➡P.142

高さ310mとイギリスで最も高い建築物。69階と72階は展望室になっている。

5 タワー・ブリッジ
Tower Bridge ➡P.142

1894年に完成した世界的に有名な跳ね橋。ロンドンの東の玄関口で、船が多く通過していた。

6 大英博物館
British Museum ➡P.130

世界最大規模の博物館で、収蔵品は800万点以上にもなるという。

7 セント・ポール大聖堂
St Paul's Cathedral ➡P.136

イギリス史上最も偉大な建築家と言われるクリストファー・レン ☞P.606の最高傑作。

世界
遺産

8 国会議事堂
Houses of Parliament ➡P.120

ビッグ・ベンの愛称で知られるエリザベス・タワーを持つ。時計塔はガイドツアーで見学可能。

世界
遺産

9 ロンドン塔
Tower of London ➡P.140

ワタリガラスが舞う、ロンドンの闇の歴史を見つめ続けてた生き証人。

10 ナショナル・ギャラリー
National Gallery ➡P.124

西欧絵画の傑作を多く収蔵する美術館。イタリア、オランダ絵画が充実している。

おすすめアクティビティ BEST 5

①	リバー・ボートでテムズ河をクルーズ	P.108
②	ウェストエンドでミュージカル鑑賞	P.154
③	映画『ハリー・ポッター』シリーズのスタジオを見学	P.46
④	オックスフォード・ストリート周辺でショッピング	P.128
⑤	日帰りコッツウォルズ・ツアー	P.296

ロンドンのエリアガイド

トラファルガー広場

1 ロンドンを象徴する見どころがいっぱい
ウェストミンスター周辺

　ウェストミンスター寺院と国会議事堂が寄り添うように建っているウェストミンスター周辺は、まさにロンドンの顔ともいうべき地域。

トラファルガー広場　ロンドンの観光は、まず**トラファルガー広場**から始めよう。ネルソン記念柱とハトの大群で有名な広場だ。トラファルガー広場は交通の一大集結点でもあり、ここを中心に放射状に道路が延びている。ここから南へと延びるホワイトホール Whitehall を進んでいくと、国会議事堂とウェストミンスター寺院が見えてくる。

テムズ南岸へ　ウェストミンスター・ブリッジ Westmister Bridge を渡って、テムズ河南岸へ行こう。ここには、**コカコーラ・ロンドン・アイ**やロンドン水族館といった見どころが集まっている。

2 英国王室ゆかりの
バッキンガム宮殿周辺

　バッキンガム宮殿とその前で繰り広げられる衛兵交替式は、ロンドンに来たならぜひ見ておきたいハイライトのひとつ。

海軍門から宮殿へ　トラファルガー広場からバッキンガム宮殿へは、ザ・マル The Mall という通りが真っすぐに延びている。進み始めるとすぐに海軍門 Admiralty Arch という立派な門がある。海軍門をくぐると、右側に優雅なカールトン・ハウス・テラス Carlton House Terrace という白亜の建物が続く。

衛兵交代式

3 世界最大級の博物館がある
大英博物館周辺

　大英博物館があるこの地域一帯は**ブルームズベリー** Bloomsburyと呼ばれ、チャールズ・ディケンズ ☞ P.608、バーナード・ショウなど英国の作家たちが好んで暮らした地域。ロンドン大学のカレッジが数多く点在する地域でもあり、文教地区を形成している。このエリアで最大の見どころが大英博物館だ。

4 いつも人どおりが絶えないロンドンのヘソ
ピカデリー・サーカス周辺

　ピカデリー・サーカス周辺は、ロンドンで最も人どおりの激しい場所のひとつ。**リージェント・ストリート** Regent St. や**ニュー・ボンド・ストリート** New Bond St. といったショッピングストリート、活気ある**中華街**、数々の劇場など、ピカデリー・サーカスはロンドンのシティライフの中心である。

かつての西端　このエリアは**ウエスト・エンド** West End とも呼ばれている。ウエスト・エンドとは西の端の意味で、かつてロンドンが城壁で囲まれていた時代には文字どおり西端だったが、市町地の拡大にともない、現在ではロンドンの中心に位置している。

ピカデリー・サーカス

ブルームズベリー
Bloomsbury
大英博物館周辺 3
The British Museum
大英博物館
The British Museum

ソーホー
Soho

ピカデリー・サーカス周辺 **4**
Piccadilly Circus

ハイド・パーク
Hyde Park

トラファルガー広場

St. James's
セント・ジェイムズ

グリーン・パーク
Green Park

セント・ジェイムズ・パーク
St. James's Park

**7 ナイツブリッジと
ケンジントン
Knightsbridge &
Kensington**
ハロッズ

バッキンガム宮殿周辺 2
Buckingham Palace
バッキンガム宮殿
Buckingham Palace

国会議事堂
Houses of Parliam
ウェストミンスター寺院
Westminster Abbey
1 ウェストミンスター周
Westminster

ヴィクトリアアンドアルバート博物館
ブロンプトン
Brompton

5 世界有数の金融町 シティ周辺

　シティと呼ばれるこのエリアは、ロンドン発祥の地。1世紀にローマ人が城塞都市ロンディニウムを建設したのがその起源とされている。その後、ロンドン橋がテムズ河に架かり、交易の中心として発展。ロンドンの経済の中心としての役割を果たしてきた。

　1666年のロンドン大火や第2次世界大戦などでは、かなりの被害を受けたが、そのたびに復興し、現在では高層ビルが建ち並び、世界の金融の中心地となっている。

金融町バンク　地下鉄バンク駅の近くにある王立証券取引所（現在は実際の証券取引は行われていない）は正面に列柱を構えた重厚な建物。その左にイングランド銀行、その奥には現在の証券取引所が建っている。

セント・ポール大聖堂へ　王立証券取引所からクイーン・ヴィクトリア・ストリート沿いに西へ進むと、クリストファー・レン ☞P.606の傑作であるセント・ポール・大聖堂が見えてくる。シティの ❶ があるのもここ。

シティとサウスバンクを結ぶ橋

6 テムズ河沿いに有名な見どころが並ぶ ロンドン塔周辺

　以前はロンドン中心部の東の果てという感じのエリアだったが、ドックランズの再開発などにより、中心部と、東の再開発地域とを結ぶ中継点的な役割を果たすようになった。

ロンドン塔　最寄りの地下鉄駅は、タワー・ヒル駅。地上を出るとすぐに、堀に囲まれどっしりとした姿のロンドン塔が、目に飛び込んでくるはずだ。次に、タワー・ブリッジを見学し、そのままテムズ河を渡ってしまおう。

テムズ南岸　橋を渡って対岸へ来たら、テムズ河沿いの遊歩道を右へ行こう。公園をとおり越してしばらく進むと、ロンドンの新名所シャードがある。

重厚な城塞のロンドン塔

7 博物館とブランドショップが集まる ナイツブリッジとケンジントン

　ケンジントン・ガーデンズの中にはケンジントン宮殿があり、サウス・ケンジントンにはヴィクトリア・アンド・アルバート博物館、自然史博物館などが集まっている。また、ナイツブリッジはハロッズに代表される高級デパートやブランドショップが軒を連ねるショッピング町だ。

ケンジントン宮殿　地下鉄クイーンズウェイ駅を出て南に行くと右側にケンジントン宮殿が見えてくる。さらに南に行き、パレス・ゲートPalace Gateの手前を左折するとアルバート公記念碑がある。

博物館地区　ケンジントン・ロードからエキシビジョン・ロードExhibition Rd.を南に入ると、左側にヴィクトリアアンドアルバート博物館が見えてくる。その向かいには科学博物館、その先には自然史博物館が建ち並んでいる。

ロンドン博物館
ギルドホール
5 シティ周辺 City
イングランド銀行博物館
セント・ポール大聖堂 St. Paul's Cathedral
オーバン Holborn
サマーセット・ハウス
テムズ河
ロンドン塔 Tower of London
ロンドン塔周辺 Tower of London **6**
テート・モダン
タワー・ブリッジ Tower Bridge
コカコーラ・ロンドン・アイ Cocacola London Eye
シャード The Shard
ランベス Lambeth
0　　500m
ロンドン中心図

ケンジントン・ガーデンズ

1泊2日 ロンドン モデルプラン

1日目

バッキンガム宮殿の衛兵交替式は夏期（4〜7月頃）なら毎日、ほかの季節は1日おきに行われる。衛兵交替式がない日に当たってしまったら、まず2日目のコースを1日目に回ろう。

地下鉄ピカデリーラインで20分　●セント・ポール大聖堂

徒歩30分

ナショナル・ギャラリー● **Goal**
徒歩3〜5分　　●レスター・スクエア　　●シャード
トラファルガー広場●
バッキンガム宮殿　●　徒歩20分
徒歩15分　**Start**
●ウェストミンスター寺院

9:30〜11:00 ウェストミンスター寺院 → P.118

ウェストミンスター寺院は通常9:30のオープン。1時間ほど見学したら、衛兵交替式が行われるバッキンガム宮殿に移動。少し距離はあるが、セント・ジェイムス・パークを横目に見ながら歩いて移動しよう。

ウェストミンスター寺院から
徒歩15分

11:30〜12:15 バッキンガム宮殿、衛兵交替式 → P.122

衛兵交替式は11:30から。よい場所で見たい人はできるだけ早く行こう。交替式が終わったらバッキンガム宮殿とトラファルガー広場を結ぶ儀式用の道路ザ・マルをとおってトラファルガー広場へ。

バッキンガム宮殿から
徒歩20分

トラファルガー広場から
徒歩3〜5分

12:30〜12:45 トラファルガー広場 → P.127

中央にそびえるネルソン記念柱と、それを取り囲むように造られた噴水。ここがロンドンを代表する広場、トラファルガー広場だ。三越のライオンのモデルにもなったライオンに乗っての記念撮影はお約束。

13:00 ～ 14:00 ナショナル・ギャラリー →P.124

大英帝国の威信をかけて集めた世界中の美術品が一堂に会するナショナル・ギャラリーへ。おなかがすいたら、先に昼食にしてもいいかも。

レスター・スクエア駅から
地下鉄で20分

14:00 ～ 15:00 レスター・スクエアで昼食 →P.172

トラファルガー広場の北に位置するレスター・スクエア周辺には、たくさんのレストランが並んでおり、選択肢が豊富。時間があれば、少し歩いてコヴェント・ガーデンをちょっと見学するのもおすすめ。

シャードの展望台

セント・ポール大聖堂から
徒歩30分

15:15 ～ 16:00 セント・ポール大聖堂 →P.136

地下鉄レスター・スクエア駅からピカデリー・ラインに乗る。ホーバン駅でセントラル・ラインに乗り換えてセント・ポールへ。クリストファー・レン P.606 の傑作、セント・ポール大聖堂を見学する。

16:30 ～ 17:00 シャード →P.142

セント・ポール大聖堂からミレニアム・ブリッジを渡り、対岸のサザークの散策を楽しもう。シャードでは244mの高さからシティなどの町並みを堪能できる。週末は混み合うので、前日までに展望台の入場チケットの予約をしておこう。

19:00 ～ 21:00 テムズ川を眺めながら夕食

テムズ河沿いには眺めのいいレストランが並ぶ。金曜と土曜ならテート・モダンのレストラン（→P.173）も開いている。

ロンドン モデルプラン

2日目

大英博物館に加えてテムズ河沿いの見どころを回る。この日のキーポイントは大英博物館。見学にどれだけ時間を割くかによって、あとの時間の割り振りを考えるといいだろう。

大英博物館 ●
Start

徒歩15分

●ソーホー

地下鉄サークルライン、
またはディストリクトラインで15分

徒歩20分

リバー・ボートで40分

●地下鉄エンバンクメント駅

ロンドン塔 ●
タワー・ブリッジ ●　徒歩5分

Goal
● コカコーラ・ロンドン・アイ

徒歩10分

● 国会議事堂

10:00〜12:00 大英博物館 → P.130

大英博物館はあまりに広いので、ざっと見ていくだけでも2時間はかかってしまうことだろう。何を重点的に見るかは人にもよるが、特にエジプト関連のコレクションとパルテノン神殿の彫刻群の人気が高い。

大英博物館から徒歩15分

12:00〜13:00 ソーホーでランチ → P.172

大英博物館の周辺で食べるのもいいが、ソーホーも近いので、中華料理やエスニック料理のおいしいお店を探すのも楽しい。

エンバンクメント駅から
地下鉄で15分

徒歩5分

13:30〜14:00 タワー・ブリッジ → P.142

昼食を済ませたら、地下鉄エンバンクメント駅からサークル・ラインかディストリクト・ラインでタワー・ヒル駅に移動。タワー・ブリッジは中に入ることもできるが、大英博物館で時間を取りすぎてしまった人は、外観のみの見学にとどめ、ここで時間を調節するとよい。

ロンドン塔から
徒歩5分

14:00 〜 15:30 ロンドン塔 → P.140

ロンドン塔は、牢獄として利用されていたこと
もあって、ロンドンの血なまぐさい歴史の舞台
になってきた場所。一方、王室の宝物庫として
の役割も果たしており、ジュエル・ハウスは必
見だ。

15:50 〜 16:30 テムズ河のリバー・ボート → P.108

リバー・ボートはロンドン塔近くにあるタワー・
ミレニアム・ピアから出発する。約40分かけ
てセント・ポール大聖堂、HMSベルファスト号、
サマーセット・ハウスといった、テムズ河沿いの
見どころを回り、エンバンクメント・ピアで船
を降りる。

エンバンクメント・ピアで
下船して徒歩5分

16:30 〜 16:45 国会議事堂 → P.120

リバー・ボートが到着するウェストミンスター・
ミレニアム・ピアは、国会議事堂のすぐそば。
国会議事堂は、土曜と夏期を除いて内部の見
学ができないので、それ以外に訪れる人は外
観を楽しもう。

徒歩でウェストミンスター橋を渡って
徒歩10分

17:00 〜 17:45 コカコーラ・ロンドン・アイ → P.121

最後はロンドン・アイでロンドンの町並みを上
から見学。ロンドンは起伏が少なく、遮る物が
何もないので、すばらしい景色を眺められる。
2日かけて回った見どころの一つひとつを確認
して、旅を振り返ってみるのも楽しい。

19:00 〜 21:00 パブでエールを楽しむ → P.172

橋を渡ってテムズ北側まで移動しよう。
その途中には個性的なパブもあるの
で、エールを飲みながらパブフードを
頂く。

ロンドンの空港

ロンドンとその周辺には、全部で6つの空港がある。そのうち、日本からの旅行者が最初に到着するのは、ヒースロー空港だ。また、イギリスの国内便や格安航空会社の便は、ほかの空港を利用するケースが多い。

ヒースロー空港のターミナル5

ヒースロー空港 Heathrow Airport

日本やほかのヨーロッパの国からロンドンへの定期便の多くがヒースロー空港に発着する。

ヒースロー空港 ターミナルガイド

ヒースロー空港にはターミナルが5つある。ターミナル1、2、3は地下でつながっているが、ターミナル4とターミナル5はほかのターミナルから離れており、鉄道かバス（どちらも空港内の移動は無料）を使ってターミナル間を行き来することになる。日本からの直行便は、全日空がターミナル2、日本航空はターミナル3、ブリティッシュ・エアウェイズはターミナル5に発着する。

ヒースロー空港 入国手続きと手荷物受取

並ぶ列に注意 入国審査では持っているパスポートの種類別にEU Passports（EU諸国）、United Kingdom Passports（イギリス）、All Other Passports（そのほか）に分かれて列に加わる。日本のパスポートを持っている人は、**All Other Passports**の列に並ぶ。

係官とのやりとり パスポートと入国カードを係官に差し出すと質問が始まる。滞在期間や目的など簡単な質問なので、落ち着いて答えよう。帰りの航空券の提示を求められることもある。

荷物の受け取り 機内に預けた荷物は、バゲージ・クレームBaggage Claimという表示がある荷物引き渡し所で受け取ることになる。自分の乗ってきた航空会社の便名が出ているターンテーブルの前で待とう。

■ヒースロー空港
TEL08443351801
URLwww.heathrowairport.com
●ターミナル1
一部のブリティッシュ・エアウェイズの路線、一部のヨーロッパ・アメリカ・アジア線など
●ターミナル2
全日空をはじめとするスターアライアンス加盟の航空会社
●ターミナル3
日本航空をはじめとするワンワールド加盟の航空会社、ヴァージン アトランティック航空、エミレーツ航空、一部のブリティッシュ・エアウェイズの路線
●ターミナル4
KLMオランダ航空、大韓航空などのスカイチーム加盟の航空会社、エティハド航空、カタール航空など
●ターミナル5
ブリティッシュ・エアウェイズ

入国審査では「All Other Passports」と書かれたゲートへ行く

便名と荷物が出てくるターンテーブルの番号を示した案内板

Information
混雑する入国審査
ヒースロー空港の入国審査は、時間帯によっては、非常に混雑する。特に日本からの便が到着する夕方は多くの人であふれていると思っていいだろう。飛行機の乗り継ぎでイギリス国内への移動や、鉄道の乗り継ぎでロンドン市内経由でイギリス国内に移動する場合は、時間に余裕をもってスケジュールを組みたい。

空港から市内への移動

空港から市内へ行くにはさまざま交通手段があるが、ターミナルによっては目的地に行く鉄道やバスが発着していないこともあるので、その場合はターミナル間を移動しなければならない。

ヒースロー・エクスプレス Heathrow Express

ターミナル5駅の地下ホームに発着

パディントン駅行きの急行列車。ブリットレイルパスなどの鉄道パスも利用できる。ヒースロー・セントラル駅からパディントン駅までは所要約15分（ターミナル5からは約21分）。

ヒースロー・コネクト Heathrow Connect

ヒースロー・エクスプレスとほぼ同じルートを走るが、停車駅が多い普通列車。パディントン駅まではヒースロー・セントラル駅から所要約27分（ターミナル4からは約43分）。ブリットレイルパスなどの鉄道パスは利用不可。

地下鉄ピカデリー・ライン Underground Picadilly Line

空港と市内の中心までは地下鉄ピカデリー・ラインで結ばれており、空港内の"Underground"という目印に従って行けば、すぐに地下鉄駅までたどり着ける。アールズ・コート駅まで約35分、ピカデリー・サーカス駅まで約50分。オイスター・カード P.100 で乗車できる。

市内から空港へは行き先に注意 ピカデリー・ラインの西方面行きWestboundは、ヒースロー空港以外にアクスブリッジUxbridge行きがある。また、ヒースロー空港行きも、ターミナル4へ行く便とターミナル5へ行く便の2種類がある。

ナショナル・エクスプレス National Express

バスの便はロンドン市内をはじめ、オックスフォードなどのイギリス各地へ行く便が、空港内のセントラル・バスステーションに発着している。ヴィクトリア・コーチ・ステーションまでは所要約50分。

スカイ・シャトル Sky Shuttle

大型の乗合タクシーで、24時間運行しており、ヒースロー空港の各ターミナルからロンドン市内の主要ホテルにダイレクトに行ってくれる。予約が望ましいが、空席があればその場で利用できる。運賃も通常のタクシーより安いことが多い。

タクシー Taxi

空港内には事前に距離で料金を決めるタイプと、メーター式のブラック・キャブが停車している。時間帯にもよるが、ピカデリー・サーカスまで約70£（約35分）。ヴィクトリア駅まで約70£（約30分）。

■ヒースロー・エクスプレス
TEL 03456001515
URL www.heathrowexpress.com
運行ルート：ターミナル5駅→ヒースロー・セントラル駅→パディントン駅
運行：5:07～23:43の15分に1便
　　　（日6:18～23:48の15分に1便）
運賃：片道£21.50～26.50（1等£29.50）
　　　往復£35～40（1等£53）
※往復は1ヵ月有効

■ヒースロー・コネクト
TEL 03456041515
URL www.heathrowconnect.com
運行ルート：ターミナル4駅→ヒースロー・セントラル駅→（途中5駅）→パディントン駅
運行：月～木5:23～23:24の30分に1便程度、金・土5:23～23:11の30分に1便、日6:48～22:48の1時間に1便
運賃：片道£10.10　往復£20.10

各駅停車だが運賃が安いのが魅力

■地下鉄ピカデリー・ライン
運行ルート：ヒースロー5駅→（ターミナル4駅→）ターミナル1・2・3駅→（途中18駅）→ピカデリー・サーカス駅
運行：5:23～23:42の15分に1便
　　　（日6:07～23:25の15分に1便）
運賃：通常切符片道£5.80
オイスターカード利用3.10£（月～金曜の6:30～9:29、16:00～19:00の£5.10）

■ナショナル・エクスプレス
運行ルート：ヒースロー・セントラル・バスステーション→ヴィクトリア・コーチ・ステーション
運行：4:20～22:10の1時間に1～3便程度
運賃：£6～

■スカイ・シャトル
TEL 08454810960
URL www.skyshuttle.co.uk

■シティ・エアポート・キャブズ
TEL (0560)3679412
URL www.cityairportcabs.com

ユニオン・フラッグのペインティングが施されたブラック・キャブ

■**ガトウィック空港**
TEL 08448920322
URL www.gatwickairport.com
■**ガトウィック・エクスプレス**
TEL 03458501530
URL www.gatwickexpress.com
運行ルート:ガトウィック空港駅→ヴィクトリア駅
運行:4:35、5:20、5:50〜翌0:35の15分に1便、翌0:50、翌1:35
運賃:片道£19.90（1等£29）
　　　往復£34.90（1等£56）
■**イージー・バス**
URL www.easybus.co.uk
運行ルート:ガトウィック空港北ターミナル→ガトウィック空港南ターミナル→アールズコート／ウエスト・ブロンプトン
運行:4:15〜23:30の1時間に1〜2便程度
運賃:£2〜

■**スタンステッド空港**
TEL 08443351803
URL www.stanstedairport.com
■**スタンステッド・エクスプレス**
TEL 03456007245
URL www.stanstedexpress.com
運行ルート:スタンステッド空港駅→リヴァプール・ストリート駅
運行:6:00（月・金5:30）〜翌0:30の15〜30分に1便
運賃:片道£19（1等£30.50）
　　　往復£32（1等£49）
■**ナショナル・エクスプレス**
運行ルート: 空港のバスステーション→ヴィクトリア・コーチ・ステーション
運行:15分に1便程度（24時間運行）
運賃:£12〜

ガトウィック空港 Gatwick Airport

　ヒースロー空港に次いでロンドンでは利用者が多い空港。北ターミナルNorth Terminalと南ターミナルSouth Terminalがある。ふたつのターミナルはモノレールでつながっている。

ガトウィック 空港から市内への移動

ガトウィック・エクスプレス Gatwick Exprerss

　ガトウィック空港とヴィクトリア駅を所要約30分で結ぶ急行列車。

イージーバス Easybus

　地下鉄ウエスト・ブロンプトン駅を経由してアールズ・コート／ウエスト・ブロンプトンEarls Court/West Bromptonまで運行。所要約1時間5分。

スタンステッド空港 Stanstead Airport

　ロンドンで利用者が3番目に多い空港で、国内便、国際便とも便数が多い。ケンブリッジなどからも近い。

スタンステッド 空港から市内への移動

　鉄道のスタンステッド・エクスプレスStansted Expressがリヴァプール・ストリート駅までを約30分で結ぶ。

　バスでは、ナショナル・エクスプレスがヴィクトリア・コーチ・ステーションまで1時間30分〜2時間。イージーバスならベーカー・ストリートまで約1時間15分で行ける。

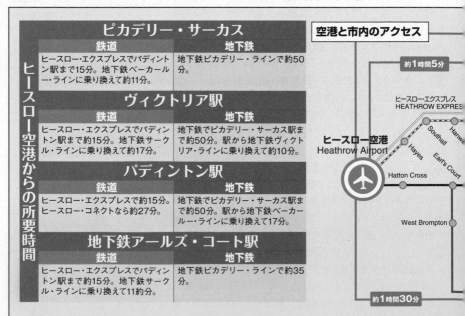

ヒースロー空港からの所要時間	ピカデリー・サーカス	
	鉄道	地下鉄
	ヒースロー・エクスプレスでパディントン駅まで15分。地下鉄ベーカールー・ラインに乗り換えて約11分。	地下鉄ピカデリー・ラインで約50分。
	ヴィクトリア駅	
	鉄道	地下鉄
	ヒースロー・エクスプレスでパディントン駅まで約15分。地下鉄サークル・ラインに乗り換えて約17分。	地下鉄でピカデリー・サーカス駅まで約50分。駅から地下鉄ヴィクトリア・ラインに乗り換えて約10分。
	パディントン駅	
	鉄道	地下鉄
	ヒースロー・エクスプレスで約15分。ヒースロー・コネクトなら約27分。	地下鉄でピカデリー・サーカス駅まで約50分。駅から地下鉄ベーカールー・ラインに乗り換えて17分。
	地下鉄アールズ・コート駅	
	鉄道	地下鉄
	ヒースロー・エクスプレスでパディントン駅まで約15分。地下鉄サークル・ラインに乗り換えて11分。	地下鉄ピカデリー・ラインで約35分。

空港と市内のアクセス

約1時間5分
ヒースロー・エクスプレス HEATHROW EXPRES
ヒースロー空港 Heathrow Airport
Southall
Hanw
Hayes
Earl's Court
Hatton Cross
West Brompton
約1時間30分

ルトン空港 Luton Airport

　スコットランドや北アイルランドへ行く便は、この空港に発着するものも多い。

ルトン空港　空港から市内への移動

　鉄道の場合、ルトン・エアポート・パークウェイ駅Luton Airport Parkwayまでバスで行き（所要約5分）、そこからセントパンクラス・インターナショナル駅へ行く。

　バスではヴィクトリア駅まで、グリーン・ラインのエクスプレス・コーチが運行している。所要約1時間。

ロンドン・シティ空港 London City Airport

　シティで働く人のために建設された空港で、ロンドンの中心町から最も近い。

ロンドン・シティ空港　空港から市内への移動

　空港前からドックランズ・ライト・レイルウェイ（DLR）に乗り、終点のバンク駅Bank、またはカニング・タウン駅Canning Townで地下鉄ジュビリー・ラインに乗り換える。

空港間の移動

　ロンドン・シティ空港を除く空港にはそれぞれナショナル・エクスプレスの直通バスがある。ロンドン・シティ空港とそのほかの空港を移動する場合、一度ロンドンの中心部まで行き、各空港行きの便に乗り換える。

■ルトン空港
URL www.london-luton.co.uk
■グリーン・ライン757番
TEL 08706087261
URL www.greenline.co.uk
運行ルート：空港のバスステーション→ヴィクトリア・グリーン・ライン・コーチ・ステーション
運行：5:05〜23:05の1時間に1便
運賃：£10〜

■ロンドン・シティ空港
TEL (020)76460088
URL www.londoncityairport.com

Information
サウスエンド空港 Southend Airport
エディンバラやベルファスト、ダブリンなどの便が発着する。空港駅からリヴァプール・ストリート駅まで鉄道で約1時間。
TEL (01702)538500
URL www.southendairport.com

ナショナル・エクスプレスのバス

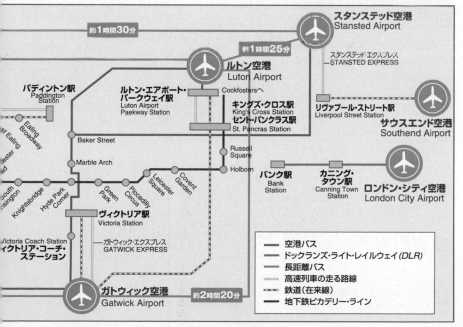

ロンドンの交通ターミナル

London Access Guide

9と3／4番線

キングズ・クロス駅では、『ハリー・ポッター』に登場する9と3/4番線に飛び込むシーンを模して記念撮影できます。マフラーを巻いていかにもホームに飛び込んでいるようにカメラマンが撮影してくれます。撮影した写真はすぐそばにあるハリー・ポッターのグッズを販売しているショップで購入することも出来ますが、自分のカメラでも撮影してくれるので、購入しなくても大丈夫です。　　　　　（奈良県　KD '14夏）

キングズ・クロス駅の9と3/4番線ホーム

行き先ごとに出発駅が異なる　イギリスをはじめ、ヨーロッパ諸国の鉄道ターミナル駅は、町の中心をぐるりと囲むように造られていることが多い。特にロンドンはイギリス全土からの路線が集まる「ハブ」の町。東に行く列車は町の東端にある駅から、北へ行く列車は北側にある駅というように発着ターミナル駅が異なる。

ターミナル間の移動　ロンドンを経由して他の都市へ行くときは、ターミナル駅が違うことがあり、その場合は地下鉄に乗り換えてターミナル駅に行く。乗り換えに十分な時間をみておくことが旅のコツだ。

セント・パンクラス・インターナショナル駅

ロンドンの主要ターミナル駅

駅名	解説	おもな行き先	接続する地下鉄駅
❶ **キングズ・クロス駅** King's Cross	ロンドンからイングランド北部やスコットランドへ向かう列車が発着する。映画『ハリー・ポッター』の撮影で使われたことでも有名だ。標識の前では多くの観光客が写真撮影をしている。	ケンブリッジ ヨーク ニューキャッスル エディンバラ	サークル・ライン ノーザン・ライン ヴィクトリア・ラインほか
❷ **セント・パンクラス・インターナショナル駅** St. Pancras International	パリやブリュッセルとを結ぶユーロスターが発着する国際列車の発着駅。そのほかノッティンガム、シェフィールド、アシュフォード、ドーヴァーといったイングランド中部や、高速列車ジャヴェリン利用での南東部への発着起点。中世ゴシック建築を模した重厚な建築で知られている。	ルトン空港 ノッティンガム パリ ブリュッセル ドーヴァー	サークル・ライン ノーザン・ライン ヴィクトリア・ライン ハマースミス＆シティ・ラインほか
❸ **ユーストン駅** Euston	バーミンガム、マンチェスター、リヴァプール、グラスゴーなど、北西部への便が発着するターミナル。ロンドンのターミナルのなかでは最も開業が早い。	バーミンガム リヴァプール グラスゴー	ノーザン・ライン ヴィクトリア・ライン
❹ **マリルボン駅** Marylebonne	プラットフォームが3つだけの小さな駅。おもにバーミンガムやストラトフォード・アポン・エイヴォン方面などイングランド中央部への列車が発着する。	ストラトフォード・アポン・エイヴォン バーミンガム	ベーカルー・ライン
❺ **パディントン駅** Paddington	ロンドンから西のオックスフォードやバースのほか、イングランド南西部のリゾート地域、ウェールズのカーディフへの便はここに発着。ヒースロー空港とを結ぶヒースロー・エクスプレスもここから出発する。	ヒースロー空港 ペンザンス バース オックスフォード	サークル・ライン ベーカルー・ライン ハマースミス＆シティ・ラインほか
❻ **ヴィクトリア駅** Victoria	かつてはさまざまな豪華列車が発着した、ロンドンを代表する駅。ガトウィック空港とを結ぶガトウィック・エクスプレスもこの駅に発着。また、長距離バスターミナルのヴィクトリア・コーチ・ステーションへも近い。	ガトウィック空港 カンタベリー ドーヴァー ブライトン	サークル・ライン ディストリクト・ライン ヴィクトリア・ライン
❼ **チャリング・クロス駅** Charing Cross	ドーヴァーやヘイスティングズなど、南部、南東部へ向かう列車が発着する駅。ロンドンの中心部に最も近い駅でもあるが、路線はあまり多くはない。	ドーヴァー ヘイスティングズ	ノーザン・ライン ベーカルー・ライン

ロンドンの長距離バスターミナル

鉄道と違い、コーチ（長距離バス）はほとんすべてがヴィクトリア・コーチ・ステーション発といたってシンプル。国際線もこちらから運行している。

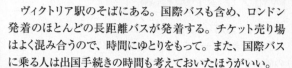
ヴィクトリア・コーチ・ステーション
Victoria Coach Station

ヴィクトリア駅のそばにある。国際バスも含め、ロンドン発着のほとんどの長距離バスが発着する。チケット売り場はよく混み合うので、時間にゆとりをもって。また、国際バスに乗る人は出国手続きの時間も考えておいたほうがいい。

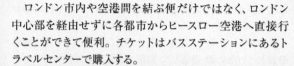
ヒースロー・セントラル・バスステーション
Heathrow Central Bus Station

ロンドン市内や空港間を結ぶ便だけではなく、ロンドン中心部を経由せずに各都市からヒースロー空港へ直接行くことができて便利。チケットはバスステーションにあるトラベルセンターで購入する。

■ヴィクトリア・コーチ・ステーション
Map P.68-69②B2
URL www.tfl.gov.uk

■ヒースロー・セントラル・バスステーション
Map P.94
URL www.heathrowairport.com
開6:00〜22:30（トラベルセンター）

ヴィクトリア・コーチ・ステーション

ロンドンの主要ターミナル駅

駅名	解説	おもな行き先	接続する地下鉄駅
⑧ ウォータールー駅 Waterloo	ポーツマス、サウサンプトン、ウィンチェスターなどへの南部への便はここから出る。駅の名前は、イギリス軍も参加し、ナポレオン率いるフランス軍を撃破した1815年のワーテルローの戦いにちなむ。	ポーツマス サウサンプトン エクセター ソールズベリ	ノーザン・ライン ベーカルー・ライン ジュビリー・ライン ウォータールー＆シティ・ライン
⑨ リヴァプール・ストリート駅 Liverpool Street	ケンブリッジ、ノーリッジ、イプスウィッチなど、北東部への便が発着する。スタンステッド空港へのスタンステッド・エクスプレスもここから出る。空港からリヴァプール・ストリート駅を約40分で結ぶ。	スタンステッド空港 ケンブリッジ イプスウィッチ ノーリッジ	サークル・ライン セントラル・ライン ハマースミス＆シティ・ラインほか

ロンドンの駅

❶〜❾は表内の番号に対応しています

キングズ・クロス駅 King's Cross
ユーストン駅 Euston ③ ②①
セント・パンクラス・インターナショナル駅 St. Pancras International
リヴァプール・ストリート駅 Liverpool Street ⑨
④ マリルボン駅 Marylebone
シティ・テムズリンク駅 City Thameslink
⑤ パディントン駅 Paddington
ブラックフライアーズ駅 Blackfriars
キャノン・ストリート駅 Cannon Street
フェンチャーチ・ストリート駅 Fenchurch Street
ウォータールー橋 Waterloo Bridge
サザーク橋 Southwark Bridge
ロンドン橋 London Bridge
チャリング・クロス駅 Charing Cross ⑦
タワー・ブリッジ Tower Bridge
ヴィクトリア駅 Victoria ⑥
ウェストミンスター橋 Westminster Bridge
ウォータールー駅 Waterloo ⑧
ロンドン・ブリッジ駅 London Bridge
ヴィクトリア・コーチ・ステーション Victoria Coach Station
ランベス橋 Lambeth Bridge
地下鉄 サークルライン

London Transport Guide

ロンドンの市内交通

市内交通を賢く利用するための 5箇条

① 2日以上滞在して観光するなら迷わずオイスター・カード

② 地下鉄の料金はオイスター・カードだとほぼ半額になる

③ 平日の朝夕のピークの時間帯は料金が高くなる

④ 週末は工事が多く、一部不通になる便があるので要注意！

⑤ バスを利用する人は、まずは地下鉄駅でチャージをするべし

オイスター・カード

■ビジター・オイスター・カードと通常のオイスター・カードの違い
両者に大きな違いはないが、ビジター・オイスター・カードは残金に有効期限がないので、何回もロンドンを訪れる人にはお得かもしれない。ただし、ビジターだと払い戻しは不可。

赤い2階建てのバス（ダブルデッカー）、チューブと呼ばれる地下鉄、そして黒塗りのタクシー。ロンドンの交通機関は、それ自体がロンドンの名物といえる。

チケットの種類

ロンドンに2日以上滞在するなら、オイスター・カードもしくは利用できるゾーンを決めて乗り放題になるトラベルカードの購入を考えたほうがいいだろう。

市内交通のチケット オイスター・カードOyster Card

ロンドンの公共交通機関には、JR東日本のSuicaなどと似た方式のチャージ式乗車券のオイスター・カードOyster Cardが導入されている。

オイスター・カードは地下鉄、バス、DLR（→P.101欄外参照）、一部の鉄道などで利用できる。券売機でカードにお金をチャージしておけば、改札口で黄色い読み取り部分にカードをタッチさせて中に入り、出るときの改札でも同様に黄色い場所にタッチするだけでOK。

カードの種類と入手方法 旅行者向けのビジター・オイスター・カードは£3（払い戻し不可）。在住者向けの通常のオイスター・カードは身分証の提示や申し込み用紙の記入が必要。デポジットとして£5(払い戻し可)を支払う。どちらも地下鉄の窓口や交通局の❶などで入手可能。

オイスター・カードのチャージ方法

1 まずは駅に行き**自動販売機**を見つける

2 **右下のセンサー**にカードを接触させる

3 現在のチャージの残額が表示される

6 最後にもう一度センサーにカードを触れ完了

5 支払いは現金でもカードでもOK。JCBカードが使える販売機もある

4 チャージしたい金額を指定する

お得な割引料金　オイスター・カード利用時の運賃は通常より低く設定されており、**ピーク時（月〜金曜の6:30〜9:29、16:30〜18:59）とそれ以外のオフピーク**では料金が違う。カードのチャージは、タッチパネル式の自動券売機でできる。

さらにお得な料金上限　オイスター・カードを使って1日に何度乗車しても**一定の料金以上は徴収されない**という仕組みがあり、Oyster Daily Price Cappingという。利用時がピーク時かオフピーク時かで徴収料金が異なる。

■ロンドン市観光局
URL www.tfl.gov.uk
■オイスター・カード
URL oyster.tfl.gov.uk
■英国政府観光庁オンラインショップ
URL www.visitbritainshop.com
日本出発前にビジター・オイスター・カードやトラベルカードを購入できる。

市内交通のチケット
トラベルカードTravel Card

　紙タイプのチケットで、1日券（ピーク、オフ・ピーク）、1週間券、1ヵ月券などがある。地下鉄とバスをはじめ、テムズリンク、DLR**(欄外参照)**、ロンドンの在来線にも乗り放題。エミレーツ・エア・ライン**(→P.184)**やリバー・ボートの一部も割引になる。

改札ゲートのない駅に設置されているオイスター・カード読み取り機

ロンドンの地下鉄

　チューブTubeの名称で親しまれているロンドンの地下鉄は、全11路線、270もの駅をもち、ロンドンの地下に縦横無尽に張り巡らされている。便数も多く、利用しやすいので土地勘のない旅行者でも簡単に乗りこなすことができる。

Information
DLR（ドックランズ鉄道）
DLRはDocklands Light Railwayの略で、ロンドン市内中心部のバンク駅を起点に再開発地区のドックランズやグリニッジ、オリンピックスタジアムのあるストラトフォードなどを結ぶ。路線系統はいくつかあるが、料金体系は地下鉄と同じ。

ロンドンの地下鉄
ゾーンで決まる地下鉄の運賃

　地下鉄の駅は、1〜9のゾーンに分かれている。ロンドンの**中心部がゾーン1**で、中心地から離れるに従ってゾーン2、ゾーン3というように数字の番号が大きくなっていく。料金はいくつぶんのゾーンを移動したかと、そのなかにゾーン1が含まれるかどうかによって決まる。

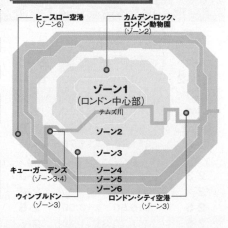

地下鉄・DLRの料金体系

	移動する区間	オイスター・カード利用時		通常切符
		オフ・ピーク	ピーク	
ゾーン1を含む移動	**ゾーン1のみ**	£2.30	£2.30	£4.80
	ゾーン1-2	£2.30	£2.90	£4.80
	ゾーン1-3	£2.80	£3.30	£4.80
	ゾーン1-4	£2.80	£3.90	£5.80
	ゾーン1-5	£3.10	£4.70	£5.80
	ゾーン1-6	£3.10	£5.10	£5.80
ゾーン1を含まない移動	ゾーン2、3、4、5、6のうち**ゾーン1つ**	£1.50	£1.70	£4.80
	ゾーン2-3、3-4、4-5、5-6のうち**ゾーン2つ**	£1.50	£1.70	£4.80
	ゾーン2〜4、3〜5、4〜6のうち**ゾーン3つ**	£1.50	£2.40	£4.80
	ゾーン2〜5、2〜6、3〜6のうち**ゾーン4〜5つ**	£1.50	£2.80	£5.80

地下鉄ゾーン概念図

ヒースロー空港（ゾーン6）
カムデン・ロック、ロンドン動物園（ゾーン2）
ゾーン1（ロンドン中心部）
テムズ川
ゾーン2
ゾーン3
キュー・ガーデンズ（ゾーン3・4）
ゾーン4
ゾーン5
ゾーン6
ウィンブルドン（ゾーン3）
ロンドン・シティ空港（ゾーン3）

※ピークは月〜金曜（祝日を除く）の6:30〜9:29、16:30〜18:59。オフピークはそれ以外の時間帯を指す。

ロンドンのチューブ

一般的な観光地のほとんどはゾーン1内に収まっており、グリニッジやウィンブルドン、キュー・ガーデンズといったロンドン郊外の見どころを含んでもゾーン3内。一般観光客が利用するのは、ヒースロー空港のゾーン6までだろう。

オイスター・カード、トラベルカード どちらがお得?

短期間ならオイスター・カード ゾーン1~3の市内中心部を巡るのなら手数料£3 (ビジターの場合) はかかるが、オイスター・カードのほうがお得。ヒースロー空港のゾーン6を含めた移動を考えると、トラベルカードのほうが少し安い。

長期滞在ならトラベルカード ゾーン1の1週間券を購入した場合、1日当たりの料金は約£4.60。5日以上滞在する人で地下鉄を1日平均2回以上利用する人は、トラベルカードの1週間券を購入したほうがお得。

地下鉄の賢い乗り換え術

路線図 地下鉄やバスの路線図はヒースロー空港、ヴィクトリア駅、地下鉄ピカデリー・サーカス駅などにあるロンドン市交通局の❶や切符の購入窓口で常備している。

週末の路線工事

週末に地下鉄を利用する人は要注意!

週末は路線工事などのため、運行しない路線が出てくるので、乗車する前に駅で情報収集しよう。ちなみに左の写真はとある週末の地下鉄の運行状況を示した掲示板だが、ほとんどの路線の一部が不通で、ウォータールー&シティ・ラインは閉鎖中となっている。

オイスター・カードの種類に注意

通常のオイスター・カードと別にもう一種類カラフルな見た目のビジター・オイスター・カードがあります。こちらはデポジットがなく、£3で購入する形で、帰りにデポジットを返してもらうつもりが返ってきませんでした。妻が空港でオイスターカードを買ったら、勝手にビジター・オイスター・カードを渡されました。
（在イタリア　小澤知己　'14夏）

オイスター・カードのデポジットの返金方法

返金の手続きの際、オイスター・カードと身分証明書 (パスポートなど) とオイスター・カードの購入に使用したクレジットカードが必要になります。クレジットカードで買った場合はカードの口座に返金され、現金で購入された方は現金で返金されるようです。また、紙を渡され自宅住所、氏名を書くように求められます。
（奈良県　KD　'14夏）

エレベーターは少ない

ロンドン地下鉄はバリアフリー化を進めているがまだまだ進んでいない。主要駅ではエスカレーターはあるが、階段の場合が多いので、スーツケースの人は注意が必要。しかしそこはイギリス、困っていればMay I help you?と声を掛けて助けてくれる紳士の人が多い。
（東京都　稲村航平　'14夏）

オイスター・カードとトラベルカードの乗り放題料金

オイスター・カードの料金上限 (1日当たり)			トラベルカード 1日券				
ゾーン	オフ・ピーク	ピーク	ゾーン	オフ・ピーク	ピーク	1週間券	1ヵ月券
1、1-2	£6.40	£6.40	1、1-2	£12	£12	£32.10	£123.30
1-3	£7.50	£7.50	1-3	£12	£12	£37.70	£144.80
1-4	£9.20	£9.20	1-4	£12	£12	£46.10	£177.10
1-5	£10.90	£10.90	1-5	£12	£17	£54	£210.10
1-6	£11.70	£11.70	1-6	£12	£17	£58.60	£225.10
2	£6.40	£6.40	2	£12	£12	£24.10	£92.60
2-3	£7.50	£7.50	2-3	£12	£12	£24.10	£92.60
2-4	£9.20	£9.20	2-4	£12	£12	£26.10	£102.20
2-5	£10.90	£10.90	2-5	£12	£17	£31.90	£122.50
2-6	£11.70	£11.70	2-6	£12	£17	£40.10	£154

※ピークは月~金曜 (祝日を除く) の6:30~9:29、16:30~18:59。オフピークはそれ以外の時間帯を指す。

地下鉄の乗り方

1 入口を探す

地下鉄の入口には"underground"と表示されている。

2 自動券売機で切符を買う

自動券売機は日本語表示も選択可（一部）。オイスター・カードをチャージするときは、右下にある黄色い読み取り部分にカードを当て、画面上で金額を選んでから、お金を入れる。最後に再びカードを押し当てて完了。

チャージする時は黄色い読み取り部分にカードを押し当てる

3 改札

切符の受け取り口

オイスター・カードは黄色い読み取り部分に押し当てる

切符はここから入れる

日本の自動改札と違う点は、**改札の扉を通過する前に切符の受け取り口がある**ということ。ここで切符を取らないと、いつまでたっても扉は開かない。

4 プラットホームへ

乗りたい路線の表示に従ってプラットホームへ向かう。路線図をよく見て方向を確認しよう。少し地理に慣れると○○**bound**を見るだけでも行き先がわかる。

運休情報が掲示されていることもあるので、よく確認しよう。

5 乗車

下車する人が優先だが、入口が狭いうえにすぐに閉まるのがロンドンの地下鉄。

途中で分岐する路線もあるので、乗車の前には**列車の目的地を確認**してから乗ろう。特にピカデリー・ラインは要注意。

6 車内

優先席もある

故障やテロ警戒などのさまざまな事情により、地下鉄が止まってしまうこともある。そんな場合はアナウンスが流れるので、指示に従おう。

7 出口へ

← Way out

駅に降りたら、黄色い文字の"Way out"の表示を追って、自動改札を抜ければ無事フィニッシュ。

ロンドンのシンボルのダブルデッカー。レトロ
な車体も走っている

■ロンドンのバス
圓オイスター・カード利用:£1.50（1回分）
※ロンドンのバスはチケット制ではなく、
車内で利用できるのはオイスター・カード
かトラベルカードのみ（旅行者の場合）

🚌 ロンドンの市内バス

　赤い2階建てのバスはロンドンのシンボルとしてしっかり
定着。地下鉄に比べると観光客にはちょっと利用しづらい
面もあるが、タウンウオッチングをしながら移動できるとい
う利点もある。

路線図の見方　バスの路線図はヒースロー空港や地下鉄
駅などで手に入る。バスを利用するときは、自分が利用する
バス系統図の見方に慣れておくといい。図中には通り沿いに
系統番号がふってあり、そのバスがどこで停車するのか目
で追える。

市内バスの乗り方

1 オイスター・カードを 買う

　ロンドンのバスは**チケット制ではな
く、オイスター・カードかトラベルカード**
で乗車可能。バスを利用する人は事前
に交通局の❶や地下鉄駅などで**オイス
ター・カードかトラベルカードを用意して**
おこう。車内でチャージもできないので、
なるべく多めにチャージしておくこと。

2 バス停を探す

　まずはバス停を見つけ、
地図と目的地のリストを確
認しよう。次に目的地を羅
列しているリストから自分
の行きたい場所を探し、そ
のバスの番号と停留所を確
認する。事前に自分が乗り
たい路線の番号を覚えてお
くと便利。

3 バスに乗車する

　前のドアから乗り、運転手に切符を見せる。オ
イスター・カードの場合は、運転席の横に付いて
いる黄色い読み取り部分にカードをタッチ。

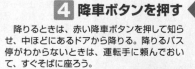

4 降車ボタンを押す

　降りるときは、赤い降車ボタンを押して知ら
せ、中ほどにあるドアから降りる。降りるバス
停がわからないときは、運転手に頼んでおい
て、すぐそばに座ろう。

赤ボタンを押すと
「Bus stopping」
という表示になる

5 バスを降りる

　自分の降りる停留所に着い
たら、車両の中ほどのドアか
ら降りよう。

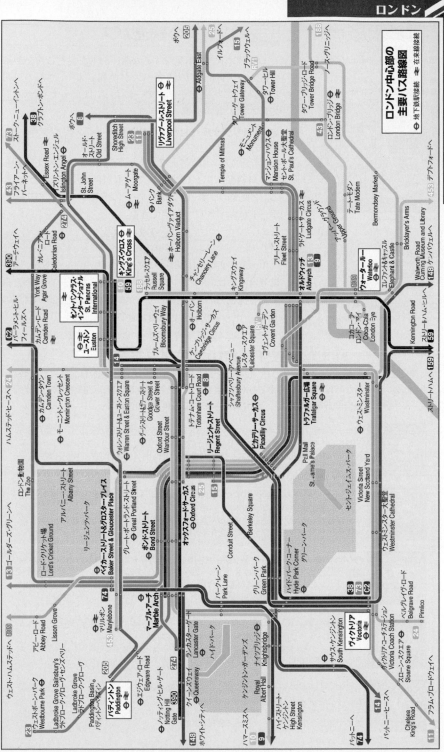

ロンドン中心部の
主要バス路線図

⊖ 地下鉄駅接続 ≷ 在来線接続

赤と白の車体が目印

🚌 ロンドンの観光バス

　ロンドン歩きの下見をするなら、おもな見どころを網羅するオープントップの観光バスが便利。ガイドさんの説明は基本的に英語だが、ツアーによってはオーディオガイドで日本語の音声を選択できるバスもある。

オリジナル・ロンドン・サイトシーイング・ツアー
The Original London Sightseeing Tour

　2階建てバスのツアーで、乗り降り自由。コースはT1からT6の4種類あり、イヤフォンで日本語解説を聞くこともできる。3種類のウオーキングツアーとシティ・クルーズのリバー・ボート P.108 も無料で利用できる。

ビッグ・バス
The Big Bus

　レッド、ブルー、グリーンの3種類のルートがあり、乗り降り自由。ロンドン市内に50のバス停がある。日本語音声の解説もある。3種類のウオーキングツアーと、テムズ河のリバー・ボートが無料で利用できる。

観光に便利な市内バスの路線

　乗り降り自由の観光バスは便利だが、じっくりとロンドンを巡りたい人には割高になってしまうかもしれない。そんな時はロンドン名物でもある2階建てバスを利用してみよう。路線が多く、旅行者には利用しづらい面もあるため、ここでは観光に便利な路線を紹介しよう。

23
リヴァプール・ストリート駅→バンク→セント・ポール大聖堂→トラファルガー広場→ピカデリー・サーカス→オックスフォード・サーカス→パディントン駅→ウェストボーン・パーク
シティからパディントンまでロンドンを横断する路線。中心部を経由してホテル街のあるパディントンへと1本で戻れるのが魅力。

24
ピムリコ→ヴィクトリア駅→ウェストミンスター→トラファルガー広場→レスター・スクエア→ハムステッド・ヒース
ホテルの多いピムリコからレストランや劇場が並ぶレスター・スクエアを結んでいる。ハムステッド・ヒースではウォーキングも楽しめる。

274
ランカスター・ゲート→マーブル・アーチ→ベイカー・ストリート→ロンドン動物園→カムデン・タウン→カレドニアン・ロード
リージェンツ・パークの北側に位置するロンドン動物園の近くには地下鉄の駅がないので、この路線が一番便利。

453
マリルボン駅→ベイカー・ストリート→オックスフォード・サーカス→ピカデリー・サーカス→トラファルガー広場→ウェストミンスター→デプトフォード
シャーロック・ホームズ博物館やマダム・タッソー人形館を見学した後、ウェストミンスターへと1本で移動できるので時間が少ない人におすすめ。

RV1
タワー・ゲート・ウェイ→ロンドン・ブリッジ駅→テート・モダン→コカ・コーラ・ロンドン・アイ→コヴェントガーデン
テムズ河に沿ってロンドン塔、タワー・ブリッジ、テート・モダン、ロンドン・アイなど、主要な見どころへ立ち寄ってくれる便利な路線。

ロンドン・ダック・ツアーズ
London Ducktours

水陸両用車に乗り、見どころを巡回する所要75分のツアー。コカコーラ・ロンドン・アイ近くから出発し、中心部の見どころを回ったあと、テムズ河に入り、クルーズを楽しむ。週末や祝日には予約が望ましい。途中下車して観光することはできない。

🚗 ロンドンのタクシー

タクシーは、空港や鉄道駅、高級ホテルなど人の往来が激しい所にあるタクシー乗り場のほか、流しのタクシーもひろうことができる。しかし、流しをひろうよりは電話で予約したほうが無難。

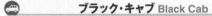
ブラック・キャブ Black Cab

黒塗りでがっしりとした車体のタクシー（黒くないカラフルな車体のタクシーも見かける）は、2階建ての赤いバスと同様に、ロンドンにはなくてはならない存在。最近はカラフルなペイントが施されたり、ラッピング広告の車両が増えてきたりとイメージは変化しつつあるが、基本的に車体は変わらない。

乗り方　屋根のTAXIのランプや、FOR HIREのランプが助手席についているのが空車。助手席の窓を下げてもらい、行き先を言ってから後ろに乗る。補助席がふたつあって5人まで乗ることができるが、通常は4人までとなっている。

料金　料金はメーターで表示され、基本料金は£2.40。料金は距離と時間に応じて加算されていくが、上がり方は曜日や時間帯によって異なる。例えば、同じ1マイル（約1.6km）でも、平日の日中は£5.60〜8.80、平日の夜£5.60〜9、深夜や祝日では£6.80〜9になる。

支払い　運転手が後ろから襲われないためや、後ろの会話を運転手に聞かれないようにするために、運転席と後部座席がガラスによって遮断されている。支払いは目的地に着いてから車を降り、窓越しに支払う。このとき、料金の10〜15%のチップを加えるのが習慣となっている。

ミニキャブ Mini Cab

車体はブラック・キャブのように黒ずくめのがっしりしたタイプのものではなく、普通の乗用車タイプ。料金はブラック・キャブに比べて経済的。

乗り方は、電話で呼んだり、看板のあるオフィスに直接行くのが一般的。オフィスは中心部に多いが、インターネットで申し込むこともできる。他にも流しのミニキャブをひろうこともできるが、安全上避けたほうが無難。メーターはなく、乗る前に料金を交渉する。

■ロンドン・ダック・ツアーズ
TEL(020) 79283132
URL www.londonducktours.co.uk
運行:夏期は10:00〜18:00頃の1時間に1〜2便、冬期は1日数便
運賃£24　学生£20

ツアーでは水陸両用車を利用する

■ブラック・キャブ
●コンピュータ・キャブ
TEL(020) 79080271
URL www.comcablondon.com
●ダイアル・エー・キャブ
TEL(020) 72535000
URL www.dialacab.co.uk
●ラジオ・タクシー
TEL(020) 72720272
URL www.radiotaxis.co.uk

おなじみブラック・キャブ

支払いは窓越しに

■ミニキャブ
●アディソン・リー
TEL(020) 74079000
URL www.addisonlee.com
●キャロット・カーズ
TEL(020) 0050557
URL www.carrotcars.co.uk

ミニキャブの看板

■シティ・クルーズ
City Cruises
TEL(020) 77400400
URLwww.citycruises.com
●ウェストミンスター・ミレニアム・ピア発
　グリニッジ・ピア行き
ロンドン・アイ・ミレニアム・ピア、タワー・
ミレニアム・ピア経由
9:30～15:50の1時間に1～2便（冬期減便）
圏片道£12.25　往復£16
■テムズ・サーキュラー・クルーズ
タワー・ミレニアム・ピア発、テムズ河を
45分で周遊する
10:00～16:00の1時間に1便（冬期減便）
圏片道£11.70　往復£13
■クラウン・リバー・クルーズ
Crown River Cruises
TEL(020) 79362033
URLwww.crownrivercruise.co.uk
●サーキュラー・クルーズ
ウェストミンスター・ミレニアム・ピア、エ
ンバンクメント・ピア、セント・キャサリン
ズ・ピアを周遊
夏期11:00～18:30の40分に1便
冬期11:00～15:00の1時間に1便
圏片道£4.95、往復£6.58
■ロンドン・アイ・リバー・クルーズ
London Eye River Cruises
TEL08709908883
URLwww.londoneye.com
夏期10:45～18:45の1時間に1便
冬期11:45～16:45の1時間に1便（1月は
ほぼ運休）
圏 £13.25
■ウェストミンスター・
　パッセンジャー・サービス
Westminster Passenger Service
TEL(020) 79302062
URLwww.wpsa.co.uk
●ウェストミンスター・ミレニアムピア発
リッチモンド経由キュー・ピアKew Pier
行き
4月上旬～9月の10:00、10:30、11:00、
12:00、14:00発
圏片道£12　往復£18
●キュー・ピア発
ウェストミンスター・ミレニアムピア行き
4月上旬～9月の12:00、15:30、16:00、
16:30、17:30発
圏片道£12　往復£18

■テムズ・クリッパーズ
Thames Clippers
URLwww.thamesclippers.com
●コミューター・サービス
エンバンクメント・ピア発ノース・グリニッ
ジ・ピア行き
6:58～23:08（土・日9:33～23:08）の1
時間に2～3便
圏片道£7.15（オイスター・カード利用は
£6.44）
●テート・トゥ・テート
バンクサイド・ピア発セント・ジョージ・ワー
フ行き
9:57～16:44の1時間に1便（土・日9:17
～18:43の1時間に2便）
圏片道£7.15（オイスター・カード利用は
£6.44）

🚢 テムズ河のリバー・ボート

テムズ河で運航されているリバー・ボートも、立派なロンドンの交通手段のひとつ。地下鉄に比べると、便数は少なく、移動時間もかかるが、船の上から眺める景色のよさは格別。ゆっくりと移動を楽しみながら次の目的地を目指そう。

タワーブリッジを正面から眺められるのは、リバー・ボートだからこそできる贅沢

リバー・ボートは観光専用のレジャー・サービスと、公共交通の役割が大きいコミューター・サービスの、大きく2種類の運航路線に分かれている。

リバーボート｜レジャー・サービス

観光専門だけあって、ボートも全体がガラス張りのものや、オープントップになっているものなど、どこに座っても見やすいよう配慮されており、スピードも比較的ゆっくりなので写真を撮るのにも便利だ。

ウェストミンスター・ミレニアム・ピアに停泊するシティ・クルーズのボート

おすすめルート　人気が高く、見どころ満載なのは東はロンドン塔から西は国会議事堂までのルート。シティ・クルーズやクラウン・リバー・クルーズなどが運航している。

チケットの購入　リバー・ボートは、複数の会社によって運営されている。チケットの購入方法は路線によって異なるが、乗船前に桟橋（ピア）で購入するのが一般的。

リバーボート｜コミューター・サービス

コミューター・サービスはロンドン市民も通勤に利用する船で、テムズ・クリッパーズ社が運航している。便数が多く、料金も若干安めだが、多くの桟橋（ピア）に停まるので時間がかかったり、座席によっては景色が見づらいことがある。オイスター・カードでも乗船できる。

おもなルート　エンバンクメント・ピアからロンドン・ブリッジ・シティ・ピア、タワー・ミレニアム・ピアなどを経由し、ノース・グリニッジ・ピアまで行く。

高層ビルが建ち並ぶカナリー・ウォーフに停泊するテムズ・クリッパーズの双胴船

セント・キャサリンズ・ピア

タワー・ブリッジ

世界遺産 **ロンドン塔**

タワー・ミレニアム・ピア

ロンドン市庁舎

HMSベルファスト号

大火記念塔

ロンドン・ブリッジ・シティ・ピア

ロンドン橋

セント・ポール大聖堂 ● バンクサイド・ピア

シェイクスピア・
グローブ・シアター

ミレニアム・ブリッジ

テート・モダン

ブラックフライアーズ・
ミレニアム・ピア

フェスティバル・ピア

サマーセットハウス ●

サヴォイ・ピア ●

エンバンクメント・ピア ●

コカコーラ・**ロンドンアイ** ● ● 旧市庁舎

ロンドンアイ・ミレニアム・ピア

ウェストミンスター・ミレニアム・ピア

世界遺産 **国会議事堂**

セント・ジョージ・ワーフ、
キュー・ピアへ

ミルバンク・ミレニアム・ピア

テート・ブリテン ●

● 観光地
● リバー・ボート乗り場

ロンドン・リバー・クルーズ

ロンドンの水運を支えてきた
リージェント運河をナローボートで巡る

運河をゆっくりと進むナローボート

イギリスでは18〜19世紀にかけて多くの運河が建設され、商工業の発展に大きく貢献した。いわば、運河は産業革命の落とし子。

今はすっかり時代に置き去られ、忘れられたように、ひっそりと水をたたえている。その運河に昔ながらの船が、遊覧船として行き交う。巧みに操られて、水面をすべるほっそりとした船からは、時という名の流れが見える。

カムデン・ロックの水門

ロンドン動物園のフンボルトペンギン

カムデン・ロック
ロンドン動物園
リージェント運河
リージェンツ・パーク
リトル・ヴェニス

テムズ川

キュー・ガーデンズ

パディントン近くのリトル・ヴェニス

　リージェント運河Regent's Canalはロンドン中心部の北を巡る、代表的な運河である。運河の起点は、パディントン駅に近いリトル・ヴェニスLittle Venice。地下鉄ウォーリック・アベニュー駅Warwick Avenueで下車し、ゆるい坂を上がった所にある。水際のブロムフィールド・ロードBlomfield Rd.を移動し、橋を渡ると乗船場。もちろんパディントン駅から運河沿いをのんびりと歩いててもいい。ロンドンの違った一面が見られるはずだ。

　リトル・ヴェニスからリージェント運河を東へと移動しつつ、カムデン・ロックCamden Lockの水門まで船が走る。途中ロンドン動物園London Zooを経由したり、土・日曜はカムデン・ロックでマーケットが開かれるので、運河巡りだけでなく、ショッピングも楽しめて一石二鳥。これに、動物園が加わると、一石三鳥！

■ロンドン・ウオーターバス・カンパニー
London Waterbus Company
℡(020)74822550
URL www.londonwaterbus.com
働4〜9月は1時間に1便、10月の木・金は1日3便、土・日は1時間に1便、11〜3月の土・日は1日3便
俄10月の月〜水、11〜3月の月〜金、12/15〜1/2
●リトル・ヴェニス発カムデン・ロック行き
料片道£8.20　往復£11.50
●リトル・ヴェニス発ロンドン動物園行き
料£26（ロンドン動物園の入園料込み）
●ロンドン動物園発リトル・ヴェニス行き
料£5.10
●カムデン・ロック発ロンドン動物園行き
料£25.20（ロンドン動物園の入園料込み）
●ロンドン動物園発カムデン・ロック行き
料£4.10

レンタサイクルで巡るロンドン

この看板が目印

「サンタンデール・サイクルズSantender Cycles」はロンドン中心部にある公共のレンタサイクルサービス。約300mおきに貸し出しポイントがあり、ここで乗り捨てができるシステムなので、フレキシブルな移動にはとても便利。

利用者登録 イギリス居住者でなければ一時利用者 Casual Use として登録しよう。貸し出しポイントにて IC チップ付きのクレジットカードを登録すれば、簡単に借りることができる。登録に使ったカードは、利用するごとに必要となる。

料金システム 1回目の利用は 30 分以下なら無料。その後利用し続けると、30 分おきに料金が上がっていくというシステムになっている。破損や盗難に遭った場合は罰金となるので注意しよう。

返却のタイミング 時間ギリギリになってやっと貸し出しポイントを見つけても、満車で返せないこともある。満車の場合は、ポイントに掲げられている地図で周囲の貸し出しポイントをチェックしよう。P.66～85の地図にも貸し出しポイントが記載されているので、事前にどこで降りるかプランニングしておくとスムーズ。

利用時の注意

① 自転車の利用者登録には IC チップ付きクレジットカードが必要。

② 自転車専用レーンを走行し、レーンがない場合は道路の左側を走る。逆走は厳禁。

③ 歩道の走行は厳禁なので、歩道を進みたい場合は自転車を降りて押して歩く。

サンタンデール・サイクルズの使い方

1 利用者登録

まずは貸し出しポイントで利用者登録をしよう。P.66～85の地図でポイントを確認。利用するにはICチップ入りのクレジットカードと暗証番号が必要だ。

2 パスワード取得

「Hire a cycle」または「自転車のレンタル」のボタンを押しクレジットカードを挿入。カード認証後、カード挿入口左側よりロック解除パスワードのレシートが出力される

3 ロックを解除

レシートに書かれている5桁の番号を、ドックの左側にある「1、2、3」のボタンを順に押してロックを解除

6 ドックに返却

返却時は空きスペースのドックに自転車をロックするだけ。緑のランプがつけば返却完了

5 専用レーンを走る

実際に道路を走行。自転車専用レーンや車道の左側を、安全に注意しながら運転しよう

4 ドックから出発

緑のランプがついたらロック解除成功。ドックから自転車を後ろに引いて、出発しよう

公式サイト ⓊⓇⓁ www.tfl.gov.uk
基本料金 24時間£2
利用料金 最初の30分無料、以降は30分ごとに£2　破損、盗難時の損害賠償£300

現地発着ツアー

■H.I.S.ロンドン支店
Map P.66A2
⊠20 North Audley St., W1K 6WE
℡(020) 74843310
URLwww.his-euro.co.uk
市内ツアーから近郊ツアーまで幅広く扱う。ロンドン市内を専用バスで巡りながらアフタヌーン・ティーを楽しむツアーなど、個性的なプログラムなども用意している。プレミアリーグやミュージカルなどのチケットも取り扱っている。

■【みゅう】MYU
Map P.68B2
⊠Unit8, Colonnade Walk, 123 Buckingham Palace Rd., Victoria
℡(020) 76305666(日本語OK)
URLwww.myushop.net
大人気のコッツウォルズ日帰りツアーを毎日運行している。運転手、ガイド付きのミニバスツアーなどもアレンジ可能。ユーロスターで行くパリ日帰り観光なども扱っている。ほとんどのツアーに日本語ガイドが付くので心強い。オフィスはヴィクトリア駅裏のショッピング&イーティング・アーケード内。

■マイバスツアー My Bus Tours
Map P.66B2
⊠Liberty, 2nd Floor, Regent St., W1B 5AH
℡(020) 79761191(日本語OK)
URLwww.mybus-europe.jp
日本語ガイド付きのバスツアー。ロンドン観光ツアー以外にも、ウィンザー城、バースやストーンヘンジなど郊外への日帰りツアーも充実。電話、eメール、ウェブサイト、もしくはオックスフォード・サーカスのリバティ2階にあるマイバスのデスクにて直接予約する。

■プレミアム・ツアーズ
Premium Tours
℡(020) 77131311
URLwww.premiumtours.co.uk
ロンドンだけでも午前のみ、午後のみ、1日などさまざまな種類のツアーが用意されている。ヴィクトリアの【みゅう】でも予約可能。ロンドンからの日帰りツアーも充実。

話題のワーナー・ブラザーズ・スタジオ・ツアーへ行くバス・ツアーもある

市内ツアー ロンドンのツアーは乗り降り自由の観光バス P.106 や色々なテーマのウオーキングツアー、自転車で巡るツアーなど盛りだくさん。❶やホテルにあるパンフレットを見て検討してみよう。

ロンドン発着ツアー コッツウォルズの日帰りツアー P.296 をはじめ、世界遺産のストーンヘンジやバース、ユーロスターを使ってパリを訪れるツアーなど、日帰りツアーも豊富に揃っている。特にコッツウォルズの村巡りは公共交通機関を利用するよりもはるかに効率がよい。

申し込み方法 パンフレットやウェブサイト上で、参加するツアーを選択する。ツアーによっては、曜日が限定されるものもあるので、よく確認しよう。

ツアーの集合場所 集合場所は、多くの参加者で混み合う。同じ会社が複数のツアーを催行していると、ツアーの種類によって利用するバス乗り場が異なるので、どのバス乗り場から出発するかも、ちゃんと控えておこう。

🚶 ハリー・ポッター映画ツアー
The Harry Potter Film Locations in the city
日14:00（地下鉄バンクBank駅3番出口集合）
所要:約2時間
映画『ハリー・ポッター』シリーズに登場する場所など、ロンドン東部を舞台に不思議なスポットへと案内してくれる。

🚶 ハリー・ポッターロケ地ツアー
The Harry Potter on Location in London town
土14:00（地下鉄ウェストミンスター Westminster駅4番出口集合）
所要:約2時間　圏£9　学生£7
映画『ハリー・ポッター』シリーズのロケ地を巡るツアー。劇中で「魔法省」の入口があったウェストミンスターを中心に歩く。

🚶 切り裂きジャック
Jack the Ripper Haunts
19:30（地下鉄タワー・ヒルTower Hill駅にあるタワー・ヒル・トラムTower Hill Tramという屋台の前で集合）
所要:約2時間　圏£9　学生£7
切り裂きジャックとは、19世紀末にロンドンで暗躍した連続殺人犯のこと。未解決の事件なので、未だに多くの謎が残っている。ツアーでは殺害現場跡などを訪れるので、ちょっと勇気が必要だ。

🚶 ビートルズ・マジカル・ミステリー・ツアー
The Beatles Magical Mistery Tour
水14:00、木11:00、日10:55
（地下鉄トテナム・コート・ロード駅Tottenham Court Road集合）
所要:約2時間　圏£9　学生£7
アビー・ロードやアップル・レコードがあった建物など、ビートルズにまつわる場所を訪れる。

オリジナル・ロンドン・ウオーク
The Original London Walks
℡(020) 76249255(自動音声)　℡(020) 76243978　URLwww.walks.com
毎日10種類以上も出るツアーのなかから選べる。所要時間は約2時間。スタート地点は指定された地下鉄駅を出た所で、各自集合。事前の予約は必要ない。ツアーは英語で行われる。

マグル・ツアー
Muggle Tours

木・土10:30、火～日11:00、火14:00、火～日14:30、火18:30　所要2時間30分　休月　料£12
マグルとは、『ハリー・ポッター』の世界では魔法使いでない一般の人間を指す。ツアーでは「マグル」のためにロンドン橋からレスター・スクエアまでの不思議なスポットを案内してくれる。途中、地下鉄に乗って移動することがあるのでオイスター・カードは事前に用意しておこう。

TEL07914151041(携帯)　URLwww.muggletours.co.uk
集合場所:地下鉄ロンドン・ブリッジ駅

 ## ロイヤル・ロンドン Royal London

所要30分　料£54
セント・ジェームズ・パークを一周するツアー。ビッグ・ベンやバッキンガム宮殿など、定番スポットへご案内。

 ## ミニミニ大作戦 The Italian Job

所要1時間30分　料£139
ロンドンの中心部であるウエスト・エンドから東部のロンドン塔やタワー・ブリッジまで巡る贅沢なツアー。

 ## 大脱走 The Great Escape

所要3時間　料£239
中心部の見どころだけではなく、ポートベロー・マーケットやアビー・ロードなども含めた大満足のコース。

スモールカー・ビッグシティ smallcarBIGCITY
TEL(020) 78396737　URLsmallcarbigcity.com
イギリスを代表する車「MINI」で回るプライベートツアー。料金は車一台あたりで、3人まで乗車可。出発時間は事前に予約する形式だが、10:00頃から21:00頃まで選べる。集合場所は地下鉄セント・ジェームス・パークSt. James Park駅近くのパブ、オールド・スター The Old Star。

 ## ロンドン・バイ・ナイトシティサイトシーング・ツアー
The London by Night Sightseeing tour

19:00～23:00の1時間おき　所要2時間
料£29 (オンライン予約で£25.50)
夜のロンドンを、2階建てバスで巡るツアー。ライトアップされたタワー・ブリッジやセント・ポール大聖堂、ウエスト・エンドの色鮮やかなネオンサインなど、昼間とは異なるロンドンのもうひとつの顔をゆっくりと鑑賞できる。

TEL(020) 88771722　URLlondonbynight.com
ツアーはヴィクトリア駅近くのグロヴナー・ホテル前に発着する。

 ## ゴースト・バス・ツアー
The London Ghost Bus Tour

19:00、21:00発　所要1時間15分
料£21　学生£15
1960年代に使用されていたクラシックなバスで、ロンドンの主要なスポットを巡る。おもにビッグ・ベンやセント・ポール大聖堂、ロンドン塔などを巡りつつ、車掌さんがロンドンの裏の歴史を語ってくれる。

TEL084445678666　URLwww.theghostbustours.com
ツアーはチャリング・クロス駅近くのグランド・ホテル前に発着する。

 ## ロンドン・ランドマーク・ツアー
London Landmark Tour

10:30発　所要3時間　料£25
ウェストミンスターやトラファルガー広場、ヴィクトリアなどのロンドンの主要な見どころを巡る。

 ## オールド・シティー・ツアー
Old City Tour

14:30発　所要3時間30分　料£28
セント・ポール大聖堂やロンドン塔、レドンホール・マーケットなど、ロンドンの東側を中心に案内してくれる。

タリー・ホー！サイクル・ツアーズ
Tally Ho! Cycle Tours
TEL07969230828(携帯)
URLwww.tallyhocycletours.com
パシュレイPashleyのヴィンテージ自転車でロンドン中心部をサイクリングする。途中、ロンドンを代表するパブやティールームにも立ち寄る。要予約。集合場所はウォルラス (→P.171)

 ## サイツ・オブ・ロンドン・ツアー
Sights of London Tour

火・木10:30、月・水・金・日14:30発
所要3時間25分　料£20　学生£17
ウェストミンスターやコヴェント・ガーデンなど、ロンドン西部の代表する見どころを自転車から眺める。

 ## イースト・エンド・ツアー
The East End Tour

月・水・金・日10:30、火・木・土14:30発
所要3時間30分　料£20　学生£17
ブラック・フライアーズ橋からスタートして、テムズ河沿いの見どころを移動するツアー。

 ## 運河ツアー
The Canal Tour

土10:30　所要3時間30分　料£20　学生£17
リージェント運河やハートフォード運河など、ロンドンののどかな風景を満喫するコース。

サイクル・ツアーズ・オブ・ロンドン
Cycle Tours of London
✉63 Shoe Ln, EC4A 3BE　TEL07788994430(携帯)
URLwww.biketoursoflondon.com
集合場所は店舗(Map P.74⑤D3)。要予約。

ロイヤル・ロンドン・バイク・ツアー
Royal London Bike Tour

4～10月11:00、11～3月の木～月11:00発
5/15～9/15は15:30発もあり
所要4時間　料£22　学生£20
地下鉄クイーンズウェイQueensway駅集合。ウェストミンスターやトラファルガー広場など、人気の高いエリアを回る。予約不要。

リバー・テムズ・バイク・ツアー
River Themes Bike Tour

4～10月の木～土10:30 (5/15～9/15はほぼ毎日10:30)発
所要4時間　料£28　学生£26
地下鉄サザークSouthark駅集合。ビッグ・ベンからタワー・ブリッジまでテムズ河のランドマークを巡るツアー。

ファット・タイヤ・バイク・ツアーズ
Fat Tire Bike Tours
TEL07882338779(携帯)　URLfattirebiketours.com

ヴィンテージ自転車に乗ってロンドンを疾走

ロンドン・ランドマーク・ツアー

ロンドンを効率よく巡るなら、ツアーに参加するのがベスト。自転車ツアーなら、小回りも利くし、新鮮な風を受けながらロンドンの町並みを楽しめる。バシュリー社のヴィンテージ自転車でロンドン中心部を巡るタリー・ホー！ サイクル・ツアーズ（→P.114）のロンドン・ランドマーク・ツアーに参加してみた。

10:30 ウォルラス前

ツアーの説明をするガイドのジャックさん

集合場所はホステルのウォルラス（→P.171）前。メンバーが集まったら駐輪場へ移動し、ヴィンテージ自転車とご対面。ここでサドル調整やブレーキの具合を確認しよう。

11:55 バッキンガム宮殿前

ヴィクトリア・メモリアル周辺が見学の穴場スポット

ランベス・ブリッジを渡りウェストミンスターへ。ウェストミンスター寺院、ホース・ガーズ・パレードを回り、バッキンガム宮殿前へ。ツアー当日が衛兵交替式の日なら、衛兵の行進も見学。

11:20 テムズ河南岸

駐輪場を出発したら、グラフィティ・アートで知られるリーク・ストリートのトンネルを抜け、コカコーラ・ロンドン・アイ前やロンドン水族館前を抜け、テムズ河沿いを走る。

12:45 パブで休憩

衛兵交代を見届けたら、トラファルガー広場にある、ジャックさんイチオシのパブ「ハープ」（→P.178）で休憩。この後も自転車を運転するのでアルコール類は我慢してソフトドリンクにしておこう。ホットドッグもおすすめ。

13:30 再びテムズ河南岸へ

パブでの休憩を終えたら、ウォータールー・ブリッジを越えてツアーの出発地点へ。ツアー終盤では、参加者は思いのままにベルを鳴らしながら走る。

■ロンドン観光情報公式サイト
URL www.visitlondon.com

■シティの❶
Map P.72-73④B2
⊠St. Paul's Churchyard, EC4M 8BX
🕾9:30 ～ 17:30(日10:00 ～ 16:00)
休12/25・26

シティの❶

■ロンドン交通局の❶
URL www.tfl.gov.uk
●ヴィクトリア駅
🕾7:15 ～ 20:00(日8:15 ～ 19:00)
休無休
●ヒースロー・ターミナル1、2、3駅
🕾7:30 ～ 19:30　休無休
●ピカデリー・サーカス駅
🕾8:00 ～ 19:00
　(土9:15 ～ 19:00、日9:15 ～ 18:00)
休無休
●リヴァプール・ストリート駅
🕾7:15 ～ 19:15
　(金・土7:15 ～ 20:00、日8:15 ～ 19:00)
休無休
●キングズ・クロス駅
🕾8:15 ～ 18:15　休無休

毎年500万人以上の旅行者が訪れるロンドン。シティの❶には観光情報が充実している。公式ホームページ上も観光情報が満載なので、事前に見ておくと参考になる。

情報収集 シティの❶
セント・ポール大聖堂の向かいにある。シティ独自の❶なので、入手できる情報もシティに関するものが中心。

情報収集 ロンドン交通局の❶
ロンドンの「足」である地下鉄とバス、タクシー、近郊の鉄道についての情報、地図、タイムテーブルなどが手に入り、各種交通機関の切符や定期券なども購入できる。ヴィクトリア駅構内をはじめ、市内数カ所にある。

情報収集 ロンドンの情報誌
タイムアウト Time Out　各種イベントはもちろん、最新の話題や生活情報などが載っている。ショッピングや食べ歩きを特集した特別版もある。

ロンドン・プランナー London Planner
英国政府観光庁が毎月発行しているロンドンガイド。その月に行われるイベント情報や人気の見どころ、さらにレストランやホテル情報がコンパクトにまとめられており利用価値が高い。❶やホテルなどで無料で手に入るほか、主要駅や大型ホテルなどでも配布している。

『ロンドン・プランナー』

日本語情報誌　日本人向けの情報は、『ジャーニー』(毎週発行)や『ニュースダイジェスト』(隔週発行)などがある。これらの情報誌は、日本食レストランや日本食材店などに置かれていることが多い。

---

info

60以上の観光スポットが無料または割引になる
ロンドン・パス The London Pass

　ロンドンパスは、60以上のスポットや博物館、指定されたリバー・クルーズなどが無料もしくは割引料金で利用できたり、レストランが割引料金になるというさまざまな特典が付くお得なパス。
　購入者特典を説明した160ページのガイドももらえる。ただし、博物館はもともと無料のところも多いので、購入は事前によく検討したほうがいいだろう。ゾーン1～6の地下鉄、バス、鉄道にも乗り放題になる交通パスが含まれるタイプと含まれないタイプの2種類があり、含まれないタイプは少し安くなる。

■ロンドン・パス
TEL (020) 72930972　URL www.londonpass.com
🕾1日パス£52(交通パス付き£65)
　2日パス£71(交通パス付き£89)
　3日パス£85(交通パス付き£113)
　6日パス£116(交通パス付き£159)

英国らしいラグジュアリーBAGで名高い J&Mデヴィッドソンの 新たな旗艦店がメイフェアに

ロンドンで一番の品揃えを誇る旗艦店が マウントストリートにOPEN

飽きのこないデザインが魅力の英国のラグジュアリーバッグブランド、J&Mデヴィッドソン。15年秋に、ロンドンで最もプレステージのあるブランドストリート、マウントストリートに、新たな旗艦店をオープン。その品のある愛らしいデザインは"永遠のベーシック"と評され、タイムレスなデザインに最新のモードをひとさじ加えるのがデザインの秘密です。旗艦店ではバッグ、財布、クロージングなどロンドンで一番の品揃えを誇り、メンズでもロングセラーのメッシュベルトや、ユニセックスで使える財布とバッグが揃います。この通りは、歴史ある街並みの中に、高級ブランドだけでなく老舗ホテルや美しい公園もあり、ファンならずとも訪れたい場所です。

ICONIC ITEMS

J & M デヴィッドソンを代表するベストセラー。その完成されたデザインは飽きのこない魅力を有しています。

ファッションエディターの間でマスト・ハブ・アイテムとなった「ミア」と、少し小ぶりなサイズの「ミニ ミア」は圧倒的な人気を誇るモデル。

丸みのあるフォルムが愛らしい 「ジップ ウォレット」は、 男女を問わないロングセラー。

メンズのワードローブで、 メッシュベルトといえば J&M デヴィッドソンと言わしめた名品

J & M DAVIDSON

www.jandmdavidson.com

2015年秋 OPEN！

J&M デヴィッドソン
ロンドン店

104 Mount Street
Mayfair London
W1K 2TL

J&M デヴィッドソン
ロンドンオフィス

☎+44 20 8969 2244

10時-18時 日曜定休
最寄駅：ボンドストリート駅より徒歩9分

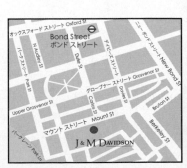

歴代の英国王が眠る
世界遺産 ウェストミンスター寺院

テムズ河のそばに美しい姿を見せる白亜の教会が、英国王室の教会、ウェストミンスター寺院。1066年のノルマン征服以来、歴代の王の戴冠式が執り行われた教会であり、ウイリアム王子とキャサリン妃の結婚式もここで行われた。

❶ 聖域 *Sanctuary*

教会内で最も神聖な場所であり、通常は教会の東端に位置するが、ウェストミンスター寺院の場合は、その後の増築により、東にはヘンリー7世チャペルや空軍チャペルが築かれ、主祭壇はそれらより西に位置するようになっている。

❷ 主祭壇 *High altar*

本堂中心部の一段上がったようになっている場所が、この教会の中心部、主祭壇。ヘンリー3世やその息子エドワード1世 ☞ P.606 とその妃たちは、聖エドワードの廟を取り囲むように埋葬されている。聖エドワードの近くに埋葬されることによって彼の助力を得て天国に行けるようにと当時の王たちが考えたためだ。ここへは通常は入れないが、英語によるガイドツアーの参加者のみ入ることができる。

❸ チャプター・ハウス
Chapter House

もともと修道院だったウェストミンスター寺院には、修道士の会議場であるチャプター・ハウスがある。ここは下院議会の議場としても使われたことがある。

❹ 回廊 *Cloister*

修道士が日常生活を送った場所。1534年にヘンリー8世 ☞ P.610 によって英国国教会が成立すると、修道院は解散させられており、現在、教会内に修道士はいない。

エリザベス1世の墓
⑥
スコットランド女王メアリーの墓
⑤
②
①
③
入口
⑦
④
無名戦士の墓
出口

❺ 戴冠の椅子 *King Edward's Chair*

聖域の近くにある戴冠の椅子は1301年に作られたもので、その下には代々のスコットランド王が戴冠するときに使ったとされる「運命の石」と呼ばれる石が置かれていた。エドワード1世 P.606 がスコットランド遠征時に戦利品として持ち帰ったものだが、それ以来石の返還はスコットランド人たちの悲願になっていた。1996年になって石はやっとスコットランドに返還され、現在はエディンバラ城に保管されている。一方で、石のなくなった戴冠の椅子は依然としてこの寺院に置かれている。

❼ 寺院博物館 *Abbey Museum*

僧房の下にある地下室を改装した博物館。ウェストミンスター寺院の最も古い部分であり、エドワード懺悔王時代の教会の土台にまで遡る。歴代の王侯貴族の彫像などが展示されている。

北側にある小さな教会も世界遺産

聖マーガレット教会
St Margaret's Church

ウェストミンスター寺院の北側に位置する小さな教会。ベネディクト会派聖職者によって12世紀に建てられたが、現在の教会は1486年から1523年にかけて再建されたもの。結婚式場としても使用されており、ウィンストン・チャーチル P.606 もここで挙式を上げている。

❻ ヘンリー 7 世チャペル
Henry VII Chapel

戴冠の椅子のすぐ横にある階段の先がヘンリー7世チャペル。その名のとおり、ヘンリー7世 P.610 の時代に増築された部分だ。ゴシック様式の教会のなかでも、これほど美しい場所はほかにないというほどの美しさで、思わずため息が出てしまう。また、チャペルの側廊にはエリザベス1世 P.606 やスコットランド女王メアリー P.608 の墓などがある。

DATA
■ウェストミンスター寺院
Map P.70-71③B3
🚇地下鉄ウェストミンスター駅Westminster下車
✉20 Dean's Yard, SW1P 3PA
☎(020)72225152
URLwww.westminster-abbey.org
🕐9:30〜15:30（水9:30〜18:00、土9:30〜13:30）
※入場は閉館の1時間前まで。日によって頻繁に開館時間が異なるので要確認。
🈺日
💷£20　学生£17　ガイドツアー£5
教会内部撮影不可

ウェストミンスター寺院の北側。バラ窓と飛び梁が美しい

■国会議事堂
（ツアーのチケット・オフィス）
🚇地下鉄ウェストミンスター駅
Westminster下車
✉Victoria Embankment, SW1A 2LW
☎(020)72194114
🔗www.parliament.uk
🕐10:00～16:00（土8:45～16:45）
休日・祝
●ガイドツアー
土 9:15～16:15の随時
（夏期は平日に行われる日もある）
休日～金 料£25 学生£20
国会内撮影不可
※ウェストミンスター・ホールのみ撮影可。
※チケットの予約は上記のチケット・オフィスかウェブサイトで行う。

ガイドツアーの出発場所ウェストミンスター・ホール。天井部分の細工は必見

■衛兵の交代
🚇地下鉄チャリング・クロス駅Charing Cross下車
✉Whitehall, SW1X 6AA
🕐月～土 11:00～
　 日 10:00～
日程の変更もあるので要確認。
休不定期 料無料

司令部の横には博物館も併設されている

世界遺産 エリザベス・タワー（ビッグ・ベン）で有名な
国会議事堂
Houses of Parliament

Map P.70-71③B3

ウェストミンスター寺院の近くにある、黄金色に輝くネオゴシック建築の建物が国会議事堂。正式名称は**ウエストミンスター宮殿** Palace of Westminster。1834年の大火災でウェストミンスター・ホールWestminster Hallを残して全焼したのを、改修して現在のような姿になった。時計塔であるエリザベス・タワーの愛称「ビッグ・ベン」は、工事担当者のベンジャミン・ホール Benjamin Hallに由来して

時計塔は2012年にエリザベス女王在位60周年を記念してエリザベス・タワーと改称された

おり（当時のボクシングのチャンピオンの名前という説もある）、もともとは塔の中にある鐘につけられた名称だった。

見学ツアー 国会議事堂内は、ツアーでのみ見学可能。出発場所のウェストミンスター・ホールはノルマン征服から間もない1099年に建てられた、議事堂内で最も歴史のある場所。その後、下院、上院と見ていき、英国議会の歴史や役割、近年行われている上院の改革といった説明を聞く。建築的な興味や調度品や絵画の美しさなどはもとより、イギリス議会制の歴史や伝統などに触れることができるツアーだ。

 整然とした騎兵の交替式は壮観

ホース・ガーズ
Horse Guards

Map P.70-71③B2
ウェストミンスター周辺

かつての英国王室の宮殿の一部、バンケティング・ハウスの向かいには、近衛騎兵隊の司令部がある。金色の兜に赤い房の飾りのついた騎兵隊はいかにもイギリス的だ。騎兵の交替式は毎日行われており、ぜひ見学したい。交替式といえばバッキンガム宮殿のものがあまりにも有名だが、こちらはそれほど知られていない、穴場的な存在だ。

赤い房が英国風

ロンドンを上から見物
コカコーラ・ロンドン・アイ
Coca-Cola London Eye

Map P.70-71③C2

ウェスト
ミンスター周辺

中からテムズ河を見下ろす

テムズ河沿岸にそびえ立つロンドン・アイは、高さ135mある観覧車。2015年6月現在でもヨーロッパ最大、世界でも6番目の高さを誇る。さすがにヨーロッパ最大だけあり、一つひとつのカプセルが25人を収容できる大きなものだ。しかもガラス張りになっているので、視界が広く、ロンドンの街並みを360°見渡すことができる。

旧市庁舎内にある
ロンドン水族館
London Aquarium

Map P.70-71③C2

ウェスト
ミンスター周辺

ロンドン・アイのすぐ横、旧ロンドン市庁舎Old County Hall内に造られた水族館。中心には3フロアにわたって貫かれた巨大な水槽があり、見学はこの巨大水槽の外側を円弧を描くように回るようになっている。館内は14のゾーンに分かれており、世界中のさまざまな魚や海の生物に出合うことができる。またタッチプールもあり、エイなどの海の生き物に実際に触れることができる。

そのほか、旧ロンドン市庁舎内には、大型アミューズメント施設のナムコ・ファンスペースNamco Funscapeのほか、マリオットMarriottやプレミア・インPremier Innといったチェーン系ホテルが入っている。

人気のお化け屋敷
ロンドン・ダンジョン
The London Dungeon

Map P.70-71③C2

ウェスト
ミンスター周辺

入口では衣装を纏った役者さん(?)が雰囲気を盛り上げてくれる

2013年に装いを新たにオープンしたお化け屋敷。普通のお化け屋敷とは違い、グループで見学していくシステム。切り裂きジャックやガイ・フォークス、そしてスウィーニー・トッドとラヴェット夫人など、ロンドンで実際に起こった猟奇事件などを俳優や、ろう人形を使って紹介していく。俳優による迫真の演技やアトラクション要素が満載なので、思う存分スリルを味わえる。

■コカコーラ・ロンドン・アイ
🚇地下鉄ウォータールー駅Waterloo下車
✉Westminster Bridge Rd., SE1 7PB
☎08709908883
URLwww.londoneye.com
🕐9月～4月上旬10:00～20:30
　4月上旬～6月10:00～21:00
　（金・土10:00～21:30）
　7～8月10:00～21:30
休12/25　料£21.50

コカ・コーラ社がスポンサーになってから夜のライトアップも赤く灯されるようになった

■ロンドン水族館
🚇地下鉄ウォータールー駅Waterloo下車
✉Westminster Bridge Rd., SE1 7XZ
✉County Hall,
Westminster Bridge Rd., SE1 7PB
☎08716631678
URLwww.visitsealife.com
🕐10:00～19:00
最終入場は閉館の1時間前
休12/25　料£26.50
フラッシュ不可

水族館がある旧市庁舎

■ロンドン・ダンジョン
🚇地下鉄ウォータールー駅Waterloo下車
✉County Hall, Westminster Bridge Rd., SE1 7PB
☎08714232240
URLwww.thedungeons.com
🕐月～水・金10:00～17:00
　木11:00～17:00
　土・日・祝10:00～18:00
休12/25、1/1　料£25.95
館内撮影不可

■バッキンガム宮殿

🚇地下鉄ヴィクトリア駅Victoria下車
✉Buckingham Palace Rd.,
SW1A 1AA
☎(020)77667334
URL www.royalcollection.org.uk
●宮殿の内部見学
🕐8月 9:30～19:30
　　最終入場は17:15
　　9/1～27 9:30～18:30
　　最終入場は16:15
🈲上記以外　💷£20.50　学生£18.80
　館内撮影不可
※チケットの予約は上記のウェブサイト
から「Tickets」を押すか、上記の電話番号
をとおして行う。
●衛兵交替式
🕐11:30～
(4～7月はほぼ毎日、8～3月は偶数日か
奇数日)
王室関係や国賓の滞在中、天候などの
諸事情により変更になることもある
🈲8～3月の奇数日もしくは偶数日(月に
よって異なる)
💷無料
●クイーンズ・ギャラリー
🕐10:00～17:30
最終入場は閉館の1時間前
🈲2/23、3/19、4/3、12/24～26
💷£10　学生£9.20
　フラッシュ不可
●ロイヤル・ミューズ
🕐2/2～3/28、11月10:00～16:00
　3/29～10/31 10:00～17:00
最終入場は閉館の45分前
🈲12/1～2/1、4/3、5/30、6/6・13、
11/14
💷£9　学生£8.30
　フラッシュ不可

女王陛下の宮殿

バッキンガム宮殿
Buckingham Palace

もともとはバッキンガム公の私邸だったことからその名前がつけられた英国王室の宮殿。1761年に英国王室が買い上げ、19世紀にはジョン・ナッシュ、エドワード・ブロアらによる大規模な改築が行われた。衛兵交替式が行われる宮殿の東正

宮殿前にあるヴィクトリア女王記念碑

面が現在のようになったのは、1913年になってからのことで、宮殿の前に立てられたヴィクトリア女王記念碑やザ・マル、海軍門が造られたのとほぼ同時期にあたる。

宮殿の内部見学　1992年のウィンザー城の火事により修復費が必要となったため、女王がスコットランドを訪問する毎年8・9月には、通常は国賓を招待したり会見したりする際に使用される19室が、一般公開されるようになった。各部屋は王室の美術コレクションによって美しく装飾されており、美術館さながら。入場料には、オーディオガイドの使用料が含まれており、日本語版もある。

衛兵交代式　宮殿前で繰り広げられる衛兵交替式は、ロンドンで最も有名なアトラクションのひとつ。ホースガーズから出発する騎兵やセント・ジェイムス宮殿からバッキンガム

バッキンガム宮殿の正門

衛兵の交替式

夏期にオープンする宮殿ツアーのチケット売り場

夏期のみ見学することができるバッキンガム宮殿の西側

宮殿へ向かうオールド・ガーズ、ウェリントン兵舎から宮殿へ向かうニュー・ガーズなどいくつかの集団が時間差で宮殿前を通過する。とにかく混雑するので、できるだけ早く行って場所を確保しておこう。

クイーンズ・ギャラリー　宮殿の内部見学は夏期のみだが、南にあるクイーンズ・ギャラリーは通年オープンしている。王室の莫大な美術コレクションの一部を公開している。

ロイヤル・ミューズ　直訳すると王室のうまや。ここでは、王室所有の馬車や自動車が展示されている。

🎫 入場チケットの時間に注意！
バッキンガム宮殿に14:00頃に入場しようとしたら、チケットオフィスで今売っているチケットの入場時間は16:00だと言われました。1回の入場人数が限られており、15分ずつ時間を区切ってチケットを販売しているようです。ロンドンでのスケジュールがタイトな方は、朝早めにチケットを買い、入場時間に合わせて他の観光施設を回ることをおすすめします。
（京都府　Y.Y.　'14夏）

→ 騎兵
10:45正門前通過 → 11:37正門前通過

▶ オールド・ガーズ
11:13セント・ジェイムス宮殿出発 ▶ 11:20正門到着

→ ニュー・ガーズ
11:27ウェリントン兵舎出発 ▶ 11:30正門到着

衛兵交代式
11:30～12:00

※2015年4月現在のスケジュール

セント・ジェイムス宮殿
St. James Palace

ホース・ガーズから出発

セント・ジェイムス・パーク
St. James's Park

ヴィクトリア女王記念碑
Queen Victoria Memorial

バッキンガム宮殿
Buckingham Palace

ウェリントン兵舎
Wellington Barracks

➡ オールド・ガーズ
12:05バッキンガム宮殿正門出発

➡ クイーンズ・ガード
12:05バッキンガム宮殿正門出発

※2015年4月現在のスケジュール

イギリスにおけるカトリックの総本山
ウェストミンスター大聖堂
Westminster Cathedral

Map P.68-69②C2

バッキンガム宮殿周辺

ウェストミンスター大聖堂は、ウェストミンスター寺院と名前が似ているが別の建物。イギリスでは非常に珍しいネオ・ビザンツ様式の大聖堂で、1893年に完成した。赤いれんがと円形ドームが非常に印象的な建物だが、中に入ると一変して荘厳な雰囲気。壁のあちこちに大理石製の宗教美術品やモザイク画が飾られている。エレベーターを使って高さ83mのベルタワー（鐘楼）を昇ると、ロンドンを一望できる。

■ウェストミンスター大聖堂
🚇地下鉄ヴィクトリア駅Victoria下車
✉42 Francis St., SW1P 1QW
🌐www.westminstercathedral.org.uk
🕐7:00～19:00　🔒無休
💰寄付歓迎
　宝物室£5　学生£2.50
　フラッシュ不可
●ベルタワー
🕐9:30～16:45（土・日・祝9:30～17:45）
🔒12/25・26、1/1　💰£5　学生£2.50

教皇ヨハネ・パウロ2世が1982年にここでミサを行ったことがある

ウェストミンスター大聖堂の内部では、天井や壁にモザイク画が飾られている

西欧絵画の傑作が目白押し
ナショナル・ギャラリー The National Gallery

左:建物は1832〜38年にかけて建築家ウィリアム・ウィルキンスによって設計された　右上:セインズ・ベリ・ウイングにはラファエロやボッティッチェリなどの名画が並ぶ　右下:ウィリアム・ターナーの『解体されるために最後の停泊地に曳かれてゆく戦艦テメレール』

　西洋絵画のコレクションとしては、世界最高ランクの評価を受けているナショナル・ギャラリー。パリのルーブル美術館がその国の王室コレクションがもとになっているのに対して、ナショナル・ギャラリーは政府がイギリス国民のために1824年に購入した38点の作品が起源になっている。

■ナショナル・ギャラリー　Map P.70-71③B1
🚇地下鉄チャリング・クロス駅Charing Cross下車
✉Trafalgar Sq.,WC2N 5DN
☎(020)77472885
🌐www.nationalgallery.org.uk
🕐10:00〜18:00（金10:00〜21:00）
🚫1/1、12/24〜26
💴無料、特別展は有料
オーディオガイド（日本語あり）£4　学生3
　フラッシュ不可

ルネッサンス期のイタリア絵画が充実している。まずはルーム57で最大の見どころである『岩窟の聖母』とご対面しよう。その後はボッティチェリ、ラファエロなどの名画を巡っていく。

セインズベリ・ウイング

Room57
↓
Room58
↓
Room60

Room57

Ⓐ **レオナルド・ダ・ヴィンチ**
『岩窟の聖母』

ナショナル・ギャラリーの目玉とも言える作品。岩窟の中に隠れる聖母マリアとイエス、そして洗礼者ヨハネが描かれている。パリのルーヴル美術館にも同じ題の絵画があることでも有名。

Room58

Ⓑ **ボッティチェリ**
『ヴィーナスとマルス』

愛と美の女神ヴィーナスが恋人である軍神マルス見つめているという構図。元はベンチか長持ちの背板で、結婚祝いとして送られたものと考えられている。

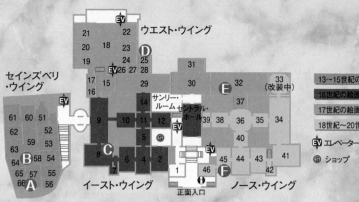

ウエスト・ウイング

セインズベリ・ウイング

13~15世紀の絵画
16世紀の絵画
17世紀の絵画
18世紀~20世紀前半の絵画

EV エレベーター
S ショップ

サンリー・ルーム
セントラル・ホール

イースト・ウイング　正面入口　ノース・ウイング

イースト・ウイング~ウエスト・ウイング~ノース・ウイング

ルーム2~14までは16世紀のイタリア画家の作品が並んでいる。ここではラファエロやミケランジェロの絵画が見られる。ルーム15~37はおもにレンブラントやフェルメールなどのオランダ画家が並び、ルーム23にレンブラント、ルーム29にルーベンスなどの名画が置かれている。ルーム34~46は18世紀~20世紀前半の作品が集まる部屋。ルーム43にあるモネの『睡蓮』も見応えがある。

| Room8 |
| Room25 |
| Room29 |
| Room32 |
| Room43 |
| Room45 |

Room8

C ミケランジェロ
『キリストの埋葬』

若き日のミケランジェロが祭壇画として制作を始めたが、結局未完成のまま終わった。しかし、中央部分は完成しており、大理石のように冷たくなるイエスなどは秀逸。

Room25

D フェルメール
『ヴァージナルの前に立つ女』

若い女性がヴァージナル（チェンバロに似た楽器）を演奏するという場面。キャンバスの外に向けられた視線は会えない恋人に思いをはせている女性を表現している。

Room32

E カラヴァッジオ
『エマオの晩餐』

バロック期を代表するイタリア人画家カラヴァッジオの作品。クレオパともう一人の弟子がエマオの旅館で復活したイエスと出会い、それに気づくという場面を描いている。

Room45

F ゴッホ
『ひまわり』

アルル滞在時に描かれたもので、ひまわりをテーマにした作品は世界でも6点しかない。この作品は「光と光の重なり」を描くことに初めて成功した例とされている。

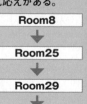

125

街頭ディスプレイとネオンサインで輝く
ピカデリー・サーカス周辺
Picadilly Circus

　ロンドンの中心部であり、いつも人どおりが絶えないにぎやかなエリア。噴水のあるピカデリー・サーカスを中心にレストランやショップが集まる。ソーホーには中華料理店がびっしりと並ぶ中華街があり、レスター・スクエア周辺には劇場が多く点在する。

オースティン・リード
Austin Reed

1900年創業の紳士服店。イギリスだけで70店舗以上の支店をもつ。現在では紳士服のほか、レディス、香水なども扱っている。

⊠100 Regent St., W1B 5SR
☎(020)70257000　URLwww.austinreed.co.uk
⏰10:00～20:00（日11:30～18:00）　休12/25
CC A M V

スーパードライ
Superdry

「極度乾燥（しなさい）」のロゴが入ったTシャツ類を扱うショップ。ファストファッションとしてイギリス全土に多くの店舗をもつ。

⊠103-113 Regent St., W1B 4HL
☎(020)74405100　URLwww.superdry.com
⏰10:00～20:00（日11:30～18:00）　休12/25
CC A D J M V

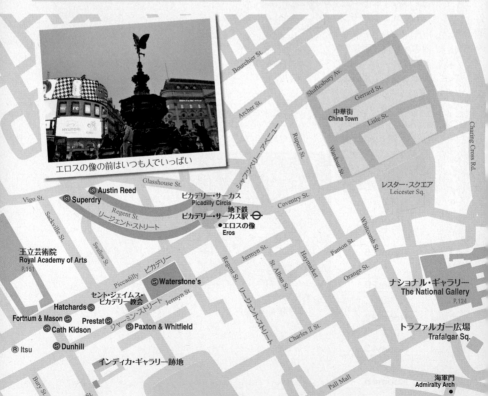

エロスの像の前はいつも人でいっぱい

Bourchier St.
Archer St.
Shaftesbury Av.
Gerrard St.
中華街
China Town
Lisle St.
Rupert St.
Wardour St.
Charing Cross Rd.
レスター・スクエア
Leicester Sq.
Glasshouse St.
S Austin Reed
Vigo St.　S Superdry
ピカデリー・サーカス
Picadilly Circis
地下鉄
ピカデリー・サーカス駅 ⊖
●エロスの像
Eros
Regent St.
リージェント・ストリート
Sackville St.
Swallow St.
Coventry St.
Whitcomb St.
Panton St.
Orange St.
ナショナル・ギャラリー
The National Gallery
P.124
玉立芸術院
Royal Academy of Arts
P.151
Piccadilly
ピカデリー
Jermyn St.
St Alban St.
Haymarket
Regent St.
リージェント・ストリート
S Waterstone's
セント・ジェイムス・ピカデリー教会
ジャーミン・ストリート
Jermyn St
Hatchards S
Fortnum & Mason S　Prestat
S Cath Kidson　S Paxton & Whitfield
R Itsu　S Dunhill
インディカ・ギャラリー跡地
Charles II St.
Pall Mall
トラファルガー広場
Trafalgar Sq.
海軍門
Admiralty Arch
Bury St.
Ryder St.

中華街
China Town

シャフツベリー・アベニューからレスター・スクエアにかけて広がる中華街には中華料理店はもちろん中華食材やアジア雑貨を売る店が 100 軒ほどある。

トラファルガー広場
Trafalgar Square

高さ55m のネルソン記念柱がそびえるトラファルガー広場は、いつも観光客とハトで埋め尽くされているにぎやかな広場。ネルソン記念柱は、ナポレオン軍を打ち破ったトラファルガーの海戦で戦死しつつも、勝利を収めたネルソン提督 P.609 の功績をたたえて建てられた。台座のレリーフには、トラファルガーの海戦をはじめとして、ネルソンが戦った 4 つの有名な海戦がレリーフに描かれている。

ハッチャーズ
Hatchards

1797年創業というロンドンで最も古い書店。5階建ての建物は品数豊富で、店内は歴史を感じさせる造り。作家のサイン会なども頻繁に行われている。

✉187 Piccadilly, W1J 9LE　TEL(020)74399921
URLwww.hatchards.co.uk
営9:30〜20:00（日11:30〜18:00）
休イースターの日、12/25　CC A D M V

パクストン&ウィットフィールド
Paxton & Whitfield

1797年創業。英国王室御用達のチーズ専門店。チェダーやスティルトンをはじめ、約190種類のイギリス産のチーズが並ぶ。試食も可能。

✉93 Jermyn St, SW1Y 6JE
TEL(020)79300259
URLwww.paxtonandwhitfield.co.uk
営9:30〜18:00（日11:00〜）　休無休　CC A D M V

プレスタット
Prestat

英国王室御用達のチョコレート店。故ダイアナ妃や作家のロアルド・ダールも大好きだったという。アール・グレイ風味のチョコレートが売れ筋とのこと。

✉14 Princes Arcade, SW1Y 6DS
TEL(020)74943372　URLwww.prestat.co.uk
営9:30〜18:00（土10:00〜20:00、日11:00〜16:30）
休12/25・26、1/1、聖金曜日　CC A D M V

キャス・キッドソン
Cath Kidston

日本でも大人気のキャス・キッドソンの旗艦店。花をモチーフにクラシカルとポップを組みあわせたかわいらしいデザインが特徴的。

✉178-180 Piccadilly, W1J 9ER
TEL(020)4999895　URLwww.cathkidston.com
営10:00〜20:00（日〜18:00）
休無休　CC A D J M V

インディカ・ギャラリー跡
Indica Gallery

ジョン・レノンとオノ・ヨーコが出会った場所として有名。現在は閉店してしまったが、今でも多くのビートルズ・ファンが訪れる。

※見学は外観のみ。

フォートム&メイソン
Fortum & Mason

日本にも支店があるフォートナム&メイソンの本店。看板商品のブレンド紅茶のほか、自社ブランドのチョコレート、ジャム、サーモンなど幅広い食品を扱う英国王室御用達の店。

✉181 Piccadilly, W1A 1ER　TEL08453001707
URLwww.fortnumandmason.com
営10:00〜20:00（日11:30〜18:15）
休12/25・26　CC A D J M V

ロンドン屈指のショッピング・ストリート
オックスフォード・ストリート周辺
Oxford Street, Regent Street

オックスフォード・ストリートはロンドンの中心部を東西に貫く大きな通り。周辺はデパートからファストファッションのショップまでびっしりと並ぶので、週末は若者でにぎわっている。オックスフォード・サーカスの交差点から南北に延びるのが、高級ブランドショップがズラリと並ぶリージェント・ストリート。その西側を併行するのがニュー・ボンド・ストリートNew Bond St.。こちらも世界に名だたるブランドのショップが集まっている。近くには「背広」の語源となったともいわれるサヴィル・ロウSavile Rowがある。

木造建築のリバティ百貨店

セルフリッジ
Selfridges

ロンドンっ子たちに広く愛されている庶民的デパート。イギリスの女性の間では、"Miss Selfridges"というオリジナルブランドが人気を集めている。

✉400 Oxford St., W1A 1AB　☎0800123400
URLwww.selfridges.co.uk
🕐9:30〜21:00（日11:30〜18:00）
🚫12/25、イースターの日曜　💳ＡＤＭＶ

マッピン＆ウェッブ
Mappin & Webb

1774年創業という老舗の宝石、銀製品の店。世界各国の一流ホテルでも使用されている。英国王室御用達の店で、品質の高さには定評がある。

✉132 Regent St., W1B 5SF
☎(020) 72870033
URLwww.mappinandwebb.com
🕐10:00〜20:00（土10:00〜19:00、日12:00〜18:00）
🚫12/25　💳ＡＤＭＶ

S Forever 21

S Selfridges
S Marks & Spencer
オックスフォード・ストリート Oxford St.
地下鉄ボンド・ストリート駅 🚇
デイヴィーズ・ス

North Audley St.
Bolderton St.
Duke St.
Binney St.
Gilbert St.
セルフリッジズ・ストリート
ビニー・ストリート

Dukes Yard
ブルック・ストリート
デューク・ストリート

Upr.
Brook St.
グロヴナー・スクエア
Grosvenor Sq.

グロヴナー・ストリート

Upr.
Grosvenor St.
South Audley St.
Mount Row

P.161 Connaught 🅷
マウント・ストリート
Marc Jacobs S　Mount St. Céline S　S Goyard
Reeves Mews　　　S J & M Davidson
（※2015年10月オープン）

マウント・ストリート・ガーデンズ
Mount Street Gardens

スマイソン
Smython

ダイアリーの専門店として知られる。リクエストすれば、個人名入り封筒などを作ってくれる。英国王室御用達の店としても有名。

✉40 New Bond St., W1S 2DE
☎(020) 76298558　URLwww.smythson.com
🕐9:30～19:00（木10:00～19:00、土10:00～17:00、日12:00～18:00）　休12/25、1/1、イースターの日
CC A D J M V

リバティ
Liverty

テューダー朝様式の木造建築が目を引く老舗デパート。東洋の品々が豊富で地元の支持も厚い。インテリア用品、レディスファッション、ファブリックも充実。

✉Regent St., W1B 5AH　☎(020) 77341234
URLwww.liberty.co.uk
🕐10:00～20:00（日12:00～18:15）　休12/25
CC A D J M V

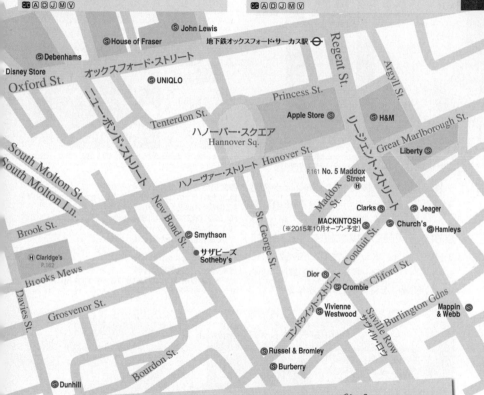

- Ⓢ John Lewis
- Ⓢ House of Fraser　地下鉄オックスフォード・サーカス駅
- Ⓢ Debenhams
- Disney Store
- Oxford St.　オックスフォード・ストリート
- Ⓢ UNIQLO
- Regent St.
- Argyll St.
- Princess St.
- ニュー・ボンド・ストリート
- Tenterdon St.
- Apple Store Ⓢ
- Ⓢ H&M
- ハノーバー・スクエア　Hannover Sq.
- リージェント・ストリート
- Great Marlborough St.
- Liberty Ⓢ
- South Molton St.
- South Molton Ln.
- ハノーヴァー・ストリート　Hanover St.
- P.161 No.5 Maddox Street Ⓗ
- New Bond St.
- Maddox St.
- Clarks Ⓢ
- Ⓢ Jeager
- Brook St.
- Ⓢ Smythson
- St. George St.
- MACKINTOSH（※2015年10月オープン予定）Ⓢ
- Ⓢ Church's
- Ⓢ Hamleys
- Ⓗ Claridge's P.162
- サザビーズ Sotheby's
- Conduit St.
- Clifford St.
- Brooks Mews
- Dior Ⓢ
- Ⓢ Crombie
- Davies St.
- Grosvenor St.
- コンドウイット・ストリート
- Vivienne Westwood Ⓢ
- Saville Row サヴィル・ロウ
- Burlington Gdns
- Mappin & Webb Ⓢ
- Bourdon St.
- Ⓢ Russel & Bromley
- Ⓢ Burberry
- Ⓢ Dunhill

世界中から集められた珠玉のコレクション
大英博物館 The British Museum

左：現代を代表する建築家ノーマン・フォスターがデザインしたグレートコート。かつて大英図書館があった場所に建てられた　右上：ギリシア政府との所有問題に揺れるパルテノン神殿の彫刻群　右下：ロゼッタ・ストーンは人だかりができるほどの人気

　規模といい、質の高さといい、ほかの博物館の追随を許さない世界最高峰の博物館。とにかく広い博物館なので、どこを重点的に見るのか、初めに決めておいたほうがいいだろう。オーディオガイドの貸し出しも行っているので、音声ガイドを聞きながら主要な収蔵品を見て回るのも効率がよい。

■ 大英博物館　Map P.74-75⑤B3
🚇 地下鉄トテナム・コート・ロード駅Tottenham Court Road下車
✉ Great Russell St., WC1B 3DG
☎ (020)73238299　🔗 www.britishmuseum.org
🕐 ギャラリー　10:00～17:30
　（特定の時間にしか開かないところもある）
　グレートコート　9:00～18:00（金9:00～20:30）
休 1/1、12/24～26
料 寄付歓迎　特別展は有料
オーディオガイド（日本語あり）£5　学生£4.50
フラッシュ一部不可

| エジプト |
| 西アジア |
| ギリシア・ローマ |

おもに南欧や中東などの遺物が多く展示さている。

地上階

```
Room4
  ↓
Room10
  ↓
Room18
  ↓
Room21
  ↓
Room24
```

Room4

A ロゼッタストーン

エジプトのロゼッタで発見された碑文。神聖文字、民衆文字、ギリシャ文字の3種の文字で書かれており、エジプトのヒエログリフ解読の手がかりになった。

Room10

B ライオン狩りのレリーフ

古代アッシリア（現在のイラク北部にあった帝国）においてはライオン狩りは王のスポーツとされていた。このレリーフはニネヴェのアッシュールバニパル王の宮殿にあったもの。

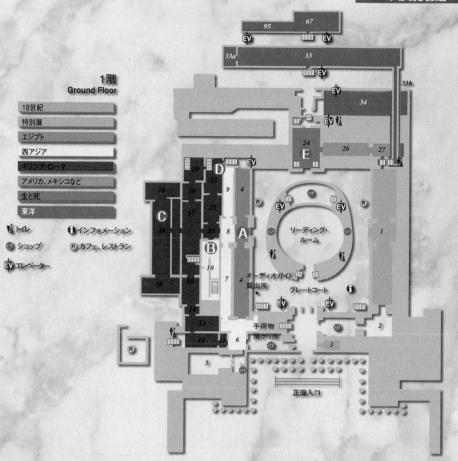

1階
Ground Floor

18世紀
特別展
エジプト
西アジア
ギリシア・ローマ
アメリカ、メキシコなど
生と死
東洋

▼ トイレ　　ℹ️ インフォメーション
Ⓢ ショップ　　Ⓡ カフェ、レストラン
EV エレベーター

Room18

Ⓒ パルテノン神殿の
彫刻群

「エルギン・マーブル」として知られており、ギリシアとの返還問題で揺れている、いわく付きのコレクション。アテネにあるパルテノン神殿の破風彫刻を切り取ったもの。

Room21

Ⓓ ハリカナッソスの
マウソロス廟の彫像

ハリカナッソスとは現在のトルコのボドルムのこと。世界7不思議のひとつであるマウソロス廟にあった彫像で、廟の頂上部分にあったとされる巨大な馬の像が目玉。

Room24

Ⓔ イースター島の石像、
ホア・ハカナナイア

南太平洋に浮かぶイースター島の彫像であるモアイ。このホア・ハカナナイアという名のモアイは聖地オロンゴに埋まっていたが、ヴィクトリア女王へ献上するためにイギリスに運ばれた。

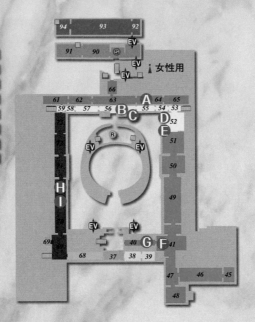

上階
UPPER FLOORS

- ブリテン、ヨーロッパ
- 西アジア
- エジプト
- 貨幣
- 時代、遺物ギャラリー（展示予定）
- 東洋
- 企画展
- 時計

- 🚻 トイレ
- Ⓢ ショップ
- Ⓡ カフェ、レストラン
- EV エレベーター
- ℹ インフォメーション

🚻 女性用

上階～地下

ブリテン島

ヨーロッパ

古代エジプトのミイラ

上階へと移動したら、まずはルーム61〜66のエジプトのコーナーを回ろう。その後、中東、ブリテン島の展示を見終えたら、地下のアフリカの展示へ。

- Room64
  ↓
- Room56
  ↓
- Room52
  ↓
- Room41
  ↓
- Room40
  ↓
- Room70
  ↓
- Room25

Room64

🅐 ジンジャー

紀元前35世紀頃のエジプトで埋葬された男性の遺体。頭髪が赤いことからジンジャーと呼ばれる。

Room56

🅑 ウルの牡山羊とスタンダード

1927年にウル（現在のイラク北部）王家の墓で発見された副葬品。スタンダードとは木箱のこと。

Room56

🅒 ウルのゲーム盤

ウルで発見された世界最古のボード・ゲームのひとつ。スゴロクのように遊んだようだ。

Room52

🅓 オクサスの遺宝

アフガニスタンのオクサス川で発見された金銀製の遺物。ほとんどがアケメネス朝時代のもの。

132

ミュージアムカフェ

グレート・コートの両脇に位置している。サンドイッチなどの軽食も販売しているので、じっくりと見たい人におすすめ。紙カップの柄も可愛らしい。

ギフトショップ

館内にはおみやげを売るショップはいくつかあるが、グレート・コートの1階にある店舗が一番大きい。ロゼット・ストーン・グッズやラバー・ダックが人気。

地下
LOWER FLOORS
アフリカ

Room52

E ペルセポリスのレリーフ

ペルセポリスは現在のイラン中央部にあった都市。アケメネス朝ペルシアの王宮があった場所。

Room41

F サットン・フーの鉄製ヘルメット

サットン・フー（→ P.196）とはアングロ・サクソン時代の船葬墓。これは副葬品として埋められていた。

Room40

G ルイス島のチェス駒

アウター・ヘブリディーズ諸島で1831年に発見された。チェス駒はセイウチの牙で作られている。

Room70

H ポートランドの壺

古代ローマで作られたカメオ・グラス。陶磁器メーカーのウェッジウッドが再現したことでも有名。

Room70

I アウグストゥスの頭像

初代ローマ皇帝アウグストゥスの頭像。スーダンのメロエで発見されたもの。

Room25

J 象牙製のマスク

ナイジェリア南部にあったベニン王国で作られたマスク。儀式などで使用されたと考えられる。

『マイ・フェア・レディ』で有名な

コヴェント・ガーデン
Covent Garden

17世紀まで、ここに壁に囲まれた広大なコヴェント（修道院）所有の土地があったことが名前の由来。

その後、建築家イニゴ・ジョーンズInigo Jonesがイタリア風の屋敷が並ぶ開放的な広場に造り替え、市場としてにぎわい始めた。花や野菜、果物が売り買いされ、このにぎわいは1974年にテムズ河対岸のヴォクソールVauxhallに市場が移されるまで続いた。

現在見られる建物は1830年代に建てられたもので、レストランやカフェ、人気のショップが並ぶショッピングセンターとして多くの市民を集めている。

屋根の下にはおしゃれなショップやカフェが並ぶ

地下鉄コヴェント・
ガーデン駅

Bow St.
ロイヤル・オペラ・ハウス
Royal Opera House
シアター・ロイヤル
Thater Royal
Russel St.
James St.
Long Acre
コヴェント・ガーデン
Covent Garden
Russel St.
ロンドン交通博物館
London's Transport Museum
Floral St.
Crabtree & Evelyn ⓢⓢ Whittard
聖ポール教会
St. Paul's Church
King St.
Henrietta St.
ジュビリー・マーケット
Jubilee Market
Bedford St.

映画や戯曲の舞台となった
コヴェント・ガーデン

町の中心部に残っているグラマー・コヴェント・ガーデンといえばオードリー・ヘップバーンが主演したことで有名なミュージカル『マイ・フェア・レディ』の舞台として知る人も多いだろう。ミュージカル版はもちろん、その原作であるジョージ・バーナード・ショーの戯曲『ピグマリオン』でも、花売りのイライザが音声学者のヒギンズやピカリング大佐に出会う場所として、コヴェント・ガーデンにある聖ポール教会の列柱玄関前を設定している。

修道院解散後に邸宅として改装された

ウィッタード
Whittard Covent Garden

1886年創業の紅茶の老舗。紅茶はウィッタード・オリジナル、アールグレイ、ダージリンなどがおすすめ。他にもフルーツティー、ホットチョコレートなどもある。

✉17 The Market, WC2E 8RB
☎(020)72403532
URLwww.whittard.co.uk
🕐9:30〜21:00　休日　CCⒶⓂⓋ

クラブツリー＆イヴリン
Crabtree & Evelyn Covent Garden

自然派ボディケアグッズの専門店。ローズウォーター、ラベンダーなどのバス・エッセンスやシャワージェル、ハンドクリームなどを多く取り扱っている。

✉8 The Market, WC2E 8RB
☎(020)78363110　URLwww.crabtree-evelyn.co.uk
🕐9:30〜20:00（日11:00〜19:00）　休無休
CCⒶⒹⓂⓋ

交通の歴史を探る

ロンドン交通博物館
London's Transport Museum

Map P.70-71③B1
ピカデリー・
サーカス周辺

18世紀初めからのロンドンの都市交通にスポットを当てた博物館。馬車に始まり、トラム、トロリーバス、バス、地下鉄など、ロンドンの町を彩ってきた交通手段の移り変わり、発展の歴史を工夫を凝らした展示で説明している。

エルサレムの聖墳墓教会を模した

テンプル教会
Temple Church

Map P.70-71③D1
テンプル周辺

教会内にあるテンプル騎士団の像

コヴェント・ガーデンとシティの間にあるテンプルは、12～14世紀にテンプル騎士団 P.608 がロンドンの拠点としたエリア。ここに残るテンプル教会は、1185年に建てられたロンドンでも最も古い建築物のひとつ。イギリスの教会としては珍しい円形という形は、エルサレムにある聖墳墓教会を模したもの。中には、レリーフが施された騎士団有力者の墓が並ぶ。映画『ダ・ヴィンチ・コード』 P.608 の舞台になったことでも知られている。

秀逸な美術館をもつ

サマーセット・ハウス
Somerset House

Map P.70-71③C1
テンプル周辺

16世紀中頃サマーセット公エドワード・シーモアによって建てられた宮殿が始まり。彼が権力争いに敗れロンドン塔で処刑されると、所有は王室に移された。その後おもに王妃の宮殿として利用された。現在見られる建物は18世紀末にウィリアム・チェンバーズが建てた新古典主義様式のもの。現在はコートールド美術館、エンバンクメント・ギャラリーが入っているほか、様々なイベントが催されている。

コートールド美術館　実業家サミュエル・コートールドが1932年にロンドン大学に寄贈した名画コレクションをもとに設立された。規模は小さくとも、イタリア・ルネッサンスや印象派の巨匠たちの作品が並んでおり、クラナッハの『アダムとイブ』やドガの『ふたりの踊り子』、ゴッホが耳に包帯をした自画像など有名な作品も多い。

テムズ河対岸から眺めたサマーセット・ハウス

■ロンドン交通博物館
🚇地下鉄コヴェント・ガーデン駅Covent Garden下車
✉Covent Garden Piazza, WC2E 7BB
☎(020)75657299
URLwww.ltmuseum.co.uk
🕐9:45～18:00（金10:45～18:00）
最終入場は閉館の45分前
休無休　料£16　学生£13.50
　フラッシュ不可

最新技術を用いた展示

■テンプル教会
🚇地下鉄テンプル駅Temple下車
✉The Temple Church, Temple, EC4Y 7DE
☎(020)73538559
URLwww.templechurch.com
🕐不定。南に面したドアの前にその日の開館時間が書かれている。ウェブサイトでも確認できることもあるのでチェックしてみよう。
休不定期　料£5　学生£3

■サマーセット・ハウス
🚇地下鉄テンプル駅Temple下車
✉Somerset House, Strand, WC2R 1LA
☎(020)78454600
URLwww.somersethouse.org.uk
🕐10:00～18:00　休12/25・26　料無料
●コートールド美術館
☎(020)78482526
URLwww.courtauld.ac.uk
🕐10:00～18:00
最終入場は閉館の30分前
休12/24～26・31、1/1
料£7　学生£6　月曜は£3
　フラッシュ不可

コートールド美術館の入口

●エンバンクメント・ギャラリー
エンバンクメント側の入口にあるギャラリーで、2008年4月にオープンした。絵画のみならずファッション、写真など多彩な企画展が催される。
☎(020)78454600
🕐10:00～18:00
最終入場は閉館の30分前
休12/24～26
料展示により異なる
　フラッシュ不可

建築家クリストファー・レンの最高傑作
セント・ポール大聖堂

均整の取れた美しいドームはどこからでもよく目立つ

セント・ポール大聖堂は、1666年のロンドン大火で焼失した後、イギリス史上最も偉大な建築家といわれるクリストファー・レン P.606 の設計により建てられた教会。

かねてより国王チャールズ2世から依頼を受けていたクリストファー・レンは、1675年から35年の歳月をかけて、今の大聖堂を建設した。伝統的なゴシック様式とは異なり、バロック様式をベースにしながら、ルネッサンス様式のドームや、新古典様式のファサードなど異なる様式を採り入れた、レンの最高傑作だ。

ドーム
Dome

大聖堂のドームは、高さが111.3m。フィートに換算すると365フィートになり、建築家としてだけではなく天文学者としても活躍したレンのこだわりが垣間見られる。周囲には「ささやきの回廊」、「石の回廊」、「金の回廊」の3つの回廊が巡らされている。

ささやきの回廊
Whispering Gallery

反対側でのヒソヒソ話が聞こえる有名な回廊。ここをとおってドームの外側へ出ると、ロンドンが一望できる。

ファサード
Façade

大聖堂のファサード（建物の正面）部分は、ギリシア・ローマの神殿のような新古典様式。異教の神を祀る神殿のデザインが、キリスト教の教会建築のなかに取り込まれており、近代に入ってから建てられた教会であることを実感させられる。

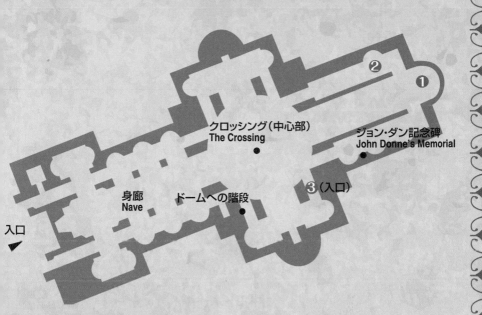

クロッシング（中心部）
The Crossing

ジョン・ダン記念碑
John Donne's Memorial

③（入口）

身廊　　ドームへの階段
Nave

入口
▼

❶ 主祭壇 *High Altar*

　もともとはモザイクで飾られてはいなかったが、19世紀の中頃、外観にふさわしいように内装も美しく装飾するべきだという提案によりモザイクの装飾が加えられた。

❷ 聖歌隊席 *Choir*

　きめ細かい装飾が施された聖歌隊席はレンが雇った彫刻家グリンリング・ギボンズによる作品。

❸ 地下納骨堂 *Crypt*

　トラファルガーの戦いを指揮したネルソン提督☞ P.609、ワーテルローの戦いでナポレオンを破ったウェリントン公爵☞ P.606といった国民的英雄の記念碑が置かれており、近代看護教育の母であるナイチンゲールや大聖堂の設計者であるクリストファー・レン☞ P.606もここに葬られている。

セント・ポール大聖堂の主祭壇、その奥には美しいモザイク画が見える

DATA
■**セント・ポール大聖堂**
Map P.72-73④B2
🚇地下鉄セント・ポールズ駅St.
Paul's下車
✉St. Paul's Churchyard,
EC4M 8AD
☎(020)72468311
🔗www.stpauls.co.uk
🕐8:30～16:00 🈲日 🉐£17
学生£15（ガイドツアーやオーディオガイドは無料で利用可能）
教会内部撮影不可

■イングランド銀行博物館
🚇地下鉄バンク駅Bank下車
✉Threadneedle St., EC2R 8AH
☎(020)76015545
🔗www.bankofengland.co.uk
🕙10:00〜17:00
最終入場は閉館の15分前
🈺土・日・祝　💴無料
館内撮影不可

■ギルド・ホール
🚇地下鉄バンク駅Bank下車
✉Gresham St., EC2V 7HH
☎(020)76063030
🔗www.cityoflondon.gov.uk/guildhall
🕙10:00〜16:30　🈺10〜4月の土・日
💴無料
●ギルドホール・アート・ギャラリー
☎(020)73323646
🕙10:00〜17:00（日12:00〜16:00）
最終入場は閉館の10分前
🈺1/1、12/25・26　💴無料
フラッシュ不可

ギルドホール・アート・ギャラリー

■ロンドン博物館
🚇地下鉄セント・ポールズ駅St. Paul's下車
✉150 London Wall, EC2Y 5HN
☎(020)70019844
🔗www.museumoflondon.org.uk
🕙10:00〜18:00
最終入場は閉館の1時間前
🈺12/24〜26　💴無料
館内撮影一部不可　フラッシュ不可

ロンドン博物館の入口

バンクの歴史を語る

イングランド銀行博物館
Bank of England Museum

Map P.72-73④C2
シティ周辺

イングランド銀行

　バンクの中心にあるイングランド銀行に併設されている博物館。博物館では、創立された1694年から現在までの銀行や通貨の歴史を解説するとともに、現在のイングランド銀行の役割についても紹介する展示になっている。紙幣の原版や、イングランド銀行が発行してきたさまざまな紙幣やコインなどが展示されており、ローマ時代の金の延べ棒もある。このほか美術や装飾品のコレクションなども充実している。

中世の英国をリードした

ギルドホール Guildhall

Map P.72-73④B1
シティ周辺

シティの心臓、ギルドホール

　1411年にギルド（中世の同業組合）統治の中心として建設された。中世の雰囲気そのままのグランド・ホールでは、今も市長の晩餐会や講演会、定例の市議会が開催されている。いわばシティの議事堂だ。
　時間があれば、ギルドホール入口広場の東側にあるギルドホール・アート・ギャラリー Guildhall Art Galleryにも立ち寄ってみたい。19世紀にオープンした美術館だが、コレクションは4000点以上にも及び、テーマに沿った企画展も行われている。

都市をテーマにした博物館としては世界最大

ロンドン博物館 Museum of London

Map P.72-73④B1
シティ周辺

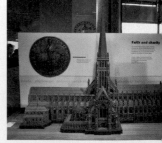
ロンドン大火以前のセント・ポール大聖堂の模型もある

　先史時代から現代にいたるまでのロンドンの歴史を克明に伝える博物館。収蔵品の数は100万を超す規模。展示にも様々な工夫が見られ、飾っているだけでなく、例えば、ロンドン大火は、ジオラマと映像によって分かりやすく解説されている。

ミレニアム・ブリッジは人気のある散歩コース

ミレニアム・ブリッジ
Millennium Bridge

Map P.72-73④B2
シティ周辺

ノーマン・フォスターの傑作

西暦2000年を記念して行われた一連のミレニアム・プロジェクトのひとつ。橋は2000年6月に開通したものの、人がとおると橋が揺れすぎるという理由ですぐに閉鎖され、その後2002年2月になって渡れるようになった。この橋によってセント・ポール大聖堂のそばから、対岸のテート・モダンまで徒歩5分で行けるようになり、シティからサウスバンクへの移動が便利になった。

現代美術の殿堂

テート・モダン Tate Modern

Map P.72-73④A3·B3
シティ周辺

火力発電所を改装して作られた

2000年にテート・ギャラリーの現代美術コレクションを移してオープンした。かつて火力発電所であった建物を利用しているだけあって、非常に大きな美術館だ。入口を入るとすぐに吹き抜けの空間が広がり、そこにある巨大なオブジェに圧倒される。ピカソ、ダリ、セザンヌ、マティスといった20世紀を代表する巨匠たちの作品は必見。

また、最上階には眺めのよいカフェもあり、観光途中の休憩に最適。

■テート・モダン
🚇地下鉄ブラックフライアーズ駅 Blackfriars下車
✉Bankside, SE1 9TG
☎(020)78878888
🌐www.tate.org.uk
🕐10:00～18:00
　（金・土10:00～22:00）
休12/24～26
料無料
館内撮影一部不可　フラッシュ不可

シェイクスピア当時の劇場を再現

シェイクスピア・グローブ・シアター
Shakespeare's Globe Theatre

Map P.72-73④B2
シティ周辺

当時の衣装について解説する

シェイクスピア・グローブ・シアターは、かつてシェイクスピア ☞P.605 自身が活躍したグローブ座のあった場所に、当時の劇場を復元してできた。つまり、シェイクスピアの時代とまったく同じ条件でシェイクスピア劇を観ることができるというわけだ。上演は4～10月中旬のみだが、当時の劇場や衣装、楽器などを紹介する展示、シアターツアーなどは、1年を通じて行われている。

■シェイクスピア・グローブ・シアター
🚇地下鉄ブラックフライアーズ駅 Blackfriars下車
✉Bankside, SE1 9DT
☎(020)79021500
🌐www.shakespearesglobe.com
🕐9:00～17:30
　上演は4～10月中旬のみ
休12/24·25
料展示＋シアター・ツアー£13.50
　学生£11
日本語のオーディオガイドもある
館内撮影一部不可　フラッシュ不可

外観はテューダー朝期の建築物を彷彿とさせる造りとなっている

血なまぐさい歴史の目撃者

世界遺産 ロンドン塔

シティの東にどっしり建つロンドン塔は、塔というよりは城塞といった感じの建築物。ウィリアム征服王（ウィリアム1世）☞ P.605の時代に完成し、以来900年以上に渡って、ロンドンの歴史を見つめ続けてきた。

ジュエル・ハウス
Jewel House

国王の即位のときに使われる王冠、宝珠、王錫といった宝器をはじめとして、数々の宝物が展示されている。なかでも「アフリカの星」と呼ばれるダイヤモンドは3106カラットもあるので要チェック。これらは動く歩道に乗って眺めるようになっている。

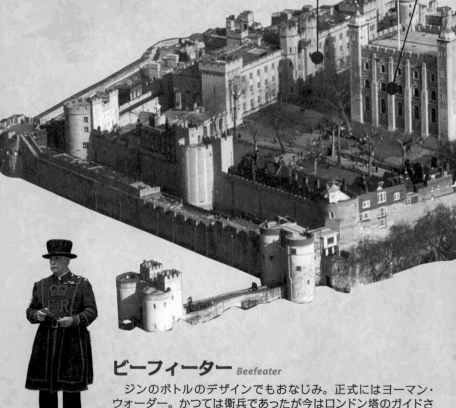

ビーフィーター *Beefeater*

ジンのボトルのデザインでもおなじみ。正式にはヨーマン・ウォーダー。かつては衛兵であったが今はロンドン塔のガイドさん。その昔は給料ではなく牛肉を支給されていたからビーフ・イーターというニックネームが付けられたとか。

ホワイト・タワー
White Tower

ホワイト・タワーはウィリアム1世 ☞P.605 が11世紀後半に最初に要塞として建造したものが基盤となっている。ロンドン塔は英国王室の宮廷としても使われていたが、もっぱら牢獄、拷問、処刑の場としての歴史を歩んできた。ここで処刑された歴史的人物は数知れず、最も悲惨といわれているのが、13歳で即位したエドワード5世 ☞P.606 と、弟のリチャードの暗殺。首謀者は彼らの叔父で、その後国王となったリチャード3世 ☞P.610 とうわさされた。そのほか、ヘンリー8世 ☞P.610 の離婚に反対したトマス・モア、そのヘンリー8世の2番目の妻のアン・ブーリン ☞P.605、5番目の妻のキャサリン・ハワードなどもここで処刑されている。アン・ブーリンの娘で、後にイギリスの女王となるエリザベス1世 ☞P.606 も、姉のメアリー1世の治世に、ロンドン塔に幽閉されたことがある。

ロンドン塔のカラス *The Ravens*

ロンドン塔で飼われているカラスはレイブンスと呼ばれている。チャールズ2世（在位1660～1685年）の時代にロンドン塔からカラスを駆除しようとしたことがあったが、「ロンドン塔からカラスがいなくなったとき、ロンドン塔、そしてイギリスそのものも消え去ってしまうだろう。」という予言がなされたため、駆除を取りやめたという。

チケット売り場
ウェルカム・センター Welcome Center
ショップ
ミドル・タワー 入口 Middle Tower
クイーンズ・ハウス Queen's House
ブラッディ・タワー Bloody Tower
マーティン・タワー Martin Tower
ジュエル・ハウス Jewel House 入口
ホワイト・タワー White Tower
聖ジョン礼拝堂 Chapel of St. John the Evangelist
入口
ニュー・アーマリーズ New Armouries
ウェイクフィールド・タワー Wakefield Tower

D A T A
■ロンドン塔
Map P.72-73④D2
🚇地下鉄タワー・ヒル駅Tower Hill下車
✉Tower Hill, EC3N 4AB
☎08444827777　🔗www.hrp.org.uk
🕐3～10月9:00～17:30（日・月10:00～17:30）
　11～2月9:00～16:30（日・月10:00～16:30）
最終入場は閉館の30分間前
🚫1/1、12/24～26　💷£22　学生£18.70
内部撮影不可

■タワー・ブリッジ

🚇地下鉄タワー・ヒル駅Tower Hill下車
✉Tower Bridge, SE1 2UP
☎(020)36272550
🔗www.towerbridge.org.uk
🕐4〜9月10:00〜17:30
　10〜3月9:30〜17:00
🚫12/24〜26 💷£9 学生£6.70

エンジン室の入口は南側の橋のたもと

■HMSベルファスト号

🚇地下鉄ロンドン・ブリッジ駅London Bridge下車
✉The Queen's Walk., SE1 2JH
☎(020)79406300
🔗www.iwm.org.uk
🕐夏期10:00〜18:00
　冬期10:00〜17:00
最終入場は閉館の1時間前
🚫12/24〜26 💷£16 学生£12.80

 ロンドンの楽器店街

ロンドンはロックの町。地下鉄のトッテナム・コート・ロード駅を少し南に行った所にデンマーク・ストリートという短い通りがあります。この通り沿いにはギターなどの楽器店が数多く並んでいます。楽器を模したロンドングッズや、イギリス洋楽の楽譜などを取り扱っている店もあります。音楽・楽器好きなら一見の価値あり。
（宮城県　tomo　'15春）

■ザ・ビュー・フロム・ザ・シャード

🚇地下鉄ロンドン・ブリッジ駅London Bridge下車
✉32 London Bridge, SE1 9SG
🔗www.theviewtheshard.com
🕐10:00〜19:00（金・土〜22:00）
最終入場は1時間30分前
🚫12/25 💷£29.95

72階の展望室では外の風をそのまま感じられる

ロンドンの玄関口とも言える
タワー・ブリッジ Tower Bridge
Map P.72-73④D3
ロンドン塔周辺

ヴィクトリア調の優雅さあふれるこの橋は、1894年に完成した。船が重要な交通機関だった頃は1日に50回ほど跳ね橋が上がっていたが、今では1日に2、3回のため、運がよくないと見られない。
　塔内には橋の仕組みや、ロンドンの橋の歴史の展示などがあり、上に架かるガラス張りの歩道橋からロンドン市内を一望できる。また、南岸にエンジン室があり、昔の水圧式と現在使用している電動式のエンジンが公開されている。

橋が上がったタワー・ブリッジ

世界中の戦場で活躍した
HMSベルファスト号
HMS Belfast
Map P.72-73④C3
ロンドン塔周辺

　タワー・ブリッジとロンドン橋のちょうど中間に停泊している巡洋艦。名前のベルファストは、建造された北アイルランドの町の名前。1936年に建造されたHMSベルファスト号は、第2次世界大戦、朝鮮戦争などで活躍。1965年に現役を退き、その後紆余曲折を経て、帝国戦争博物館の別館として、現在の場所に落ち着いた。船内では、20世紀中頃の巡洋艦の様子がよくわかるほか、船内での生活にもスポットを当てている。

タワー・ブリッジを背景にしたHMSベルファスト号

高さ244mの展望室から町を見下ろせる
シャード The Shard
Map P.72-73④C3
ロンドン塔周辺

　2013年に完成した高さ310mの超高層ビル。ガラス張りで尖塔型の建物はイギリスで最も高く、ヨーロッパでも最高峰。建築は関西国際空港も手がけたレンツォ・ピアノによる設計。

ザ・ビュー・フロム・ザ・シャード
The View from The Shard

　シャードの展望室は69階と72階にあり、72階では高さ244mからの眺めを堪能できる。

展望室から眺めたロンドン

ヴィクトリア女王が生まれた
ケンジントン宮殿
Kensington Palace

Map P.84-85⑩C2

ケンジントン周辺

ヴィクトリア女王誕生の地のため、宮殿の前には彫像が置かれている

ケンジントン・ガーデンズ内にある英国王室の宮殿。かつてはチャールズ皇太子と故ダイアナ妃の住居だった。

もともとノッティンガム・ハウスと呼ばれていたこの建物は、名誉革命で国王になったウイリアム3世とメアリー2世によって英国王室が買い上げ、その後建築家クリストファー・レン☞P.606の手によって宮殿へと改築された。ジョージ1世の治世にはさらなる改装が行われ、ほぼ現在見られるような建物になった。また、ヴィクトリア女王☞P.605は、ここで1819年5月24日に誕生している。

数多くの絵画が展示されているキングズ・ギャラリー

ジョージ1世によって改装された**ステート・アパートメント**は、宮殿観光の中心部分をなす部分。なかでも特筆すべきなのが**キューポラ・ルーム**Cupola Room。ヴィクトリア女王が洗礼を受けた部屋で、ステート・アパートメントのなかでもその贅沢さは群を抜いている。**キングズ・ギャラリー**King's Galleryには、王室コレクションの絵画が並べられており、こちらも必見だ。また、故ダイアナ妃やマーガレット王女が着用した衣装を展示する**モダン・ロイヤルズ**Modern Royalsもオープンした。

クロック・コート Clock Court

プリンセス・コート Princess Court

キューポラ・ルーム Cupola Room

ケンジントン宮殿（ステートアパートメント）

❶ クイーン・メアリーズ・ギャラリー Queen Mary's Gallery
❷ アン女王のダイニングルーム Queen Ann's Dining Room
❸ メアリー女王の私室 Queen Mary's Privy Chambre
❹ キャロライン女王の応接間 Queen Caroline's Drawing Room
❺ 謁見の間 Presence Chamber
❻ 王の大階段 King's Grand Staircase
❼ キングズ・ギャラリー King's Gallery
❽ ヴィクトリア女王の寝室 Queen Victoria's Bedroom
❾ 王の応接間 King's Drawing Room
❿ 王の私室 King's Privy Chambre

■ケンジントン宮殿
🚇地下鉄クイーンズウェイ駅Queensway下車
✉Kensington Palace State Apartments, Kensington Gdns., W8 4PX
☎08444827777
URL www.hrp.org.uk
⏰3〜10月10:00〜18:00
　11〜2月10:00〜17:00
最終入場は閉館の1時間前
🚫12/24〜26
💷£15　学生£12.40
　フラッシュ不可

メアリー女王の私室

豪華絢爛なキューポラ・ルーム

ヴィクトリア女王が着用したウエディングドレス

デパートとブランドショップが並ぶ
ナイツブリッジ〜キングズ・ロード
Knightsbridge, Sloane Street, King's Road

英国を代表するデパート、ハロッズがあることで有名なのがブロンプトン・ストリート。地下鉄ナイツブリッジ駅から南に延びるスローン・ストリートには、高級ブランドショップが並んでいる。さらに南に行くと、スローン・スクエアに出る。スローン・スクエアから南西に延びるキングズ・ロードには雑貨やカジュアルファッションの店が多い。

キングズ・ロードはパンク発祥の地でもある

ハイド・パーク
Hyde Park

ナイツブリッジ Knightsbridge

地下鉄
ナイツブリッジ駅

Ⓢ Harvey Nichols

Ⓢ Burberrys

Ⓢ Laura Ashley

Ⓢ BVLGARI
Ⓢ Yves Saint Laurent

スローン・ストリート
Pavilion Rd.

Ⓢ Harrods

Hans Cres.

Ⓢ Gap
Ⓡ Zia Teresa
Giorgio Armani Ⓢ
Prada Ⓢ

Beauchamp Pl.

ブロンプトン・ロード
Brompton Rd.

Brompton Rd.

Pont St.

Sloane St.

Cadogan Pl.

Walton St.

Cadogan Sq.

Milner St.

Moore St.

Cadogan St.

Ⓢ The Conran Shop

Draycott Av.

Sloane Av.

Peter Jones Ⓢ
スローン・スクエア
Sloane Sq. 地下鉄
スローン・スクエア駅

Body Shop Ⓢ
サーチ・ギャラリー
Saatchi Gallery P.152

Accessorize Ⓢ
Elystan Pl.
キングズ・ロード King's Rd.
Ⓢ Partirdges

ハロッズ
Harrods

1849年創業のヨーロッパを代表する百貨店。伝統に新しい感覚のファッションが加わり、ハロッズに行けば何でも揃うとまでいわれる。英国初のエスカレーターを設置したことでも有名。330以上の専門店が並び、豪華なエジプシャンホールなど、建物そのものが博物館のような百貨店だ。インフォメーションには日本人スタッフもいる。

✉87-135 Brompton Rd., SW1X 7XL
☎(020)77301234 URLwww.harrods.com
🕐10:00〜20:00（日11:30〜18:00）休12/25
💳ＡＤＪＭＶ

ハーベイ・ニコルズ
Harvey Nichols

有名ブランドから若手デザイナー、オリジナルのブランドまで揃っている。ロンドンの最新ファッションが1日でわかる便利なところ。インテリアや食品売り場、レストランも楽しめる。

✉109-125 Knightsbridge, SW1X 7RJ
☎(020)72355000 URLwww.harveynichols.com
🕐10:00〜20:00（日11:30〜18:00）
休12/25、イースターの日 💳ＡＤＪＭＶ

ピーター・ジョーンズ
Peter Jones

おしゃれなショップが多いスローン・スクエアに建つデパート。イギリスの人たちが日常的に利用する、カジュアルな品物が多い。

✉Sloane Sq., SW1W 8EL ☎(020)77303434
URLwww.johnlewis.com
🕐9:30〜19:00（水9:30〜20:00、日11:30〜18:00）
休12/25・26 💳ＡＤＪＭＶ

ツィア・テレーザ
Zia Teresa

ショッピングの帰りに寄りたいイタリアンレストラン。各種パスタは£9.95〜15.50。セットメニューの料理は月替わりで、時期によって異なるが、2品で£12.95〜、3品で£18.95。

✉6 Hans Rd., SW3 1RX ☎(020)75897634
URLwww.ziateresa.co.uk
🕐12:00〜23:00（日12:00〜18:00）
休無休 💳ＡＭＶ 店内不可

ローラ・アシュレイ
Laura Ashley

イギリスの田舎風の小さな花柄プリントやパステルカラーのコットン製品で有名。普遍的なデザインが人気で、インテリア用品、バス用品もある。

✉7-9 Harriet St., SW1X 9JS ☎08712231422
URLwww.lauraashley.com
🕐10:00〜18:00（日12:00〜18:00） 休12/25
💳ＡＭＶ

パートリッジ
Partridges

王室御用達の食料品店。オリジナル商品もあるが、手頃なおみやげから高級素材まで幅広い。

✉2-5 Duke of York Sq., SW3 4LY
☎(020)77300651 URLwww.partridges.co.uk
🕐8:00〜22:00 休無休 💳ＡＭＶ

コンラン・ショップ
The Conran Shop

コンラン卿がオーナーのインテリアショップ。日本（東京、大阪、名古屋、福岡）にも支店があ

✉Michelin House, 81 Fulham Rd., SW3 6RD
☎(020)75897401 URLwww.conran.co.uk
🕐10:00〜18:00（水・木10:00〜19:00、土10:00〜18:30、日12:00〜18:00）休12/25、イースターの日
💳ＡＤＭＶ

■ヴィクトリア&アルバート博物館
🚇地下鉄サウス・ケンジントン駅South Kensington下車
✉Cromwell Rd., South Kensington, SW7 2RL ☎(020)79422000
🔗www.vam.ac.uk
🕐10:00～17:30（金10:00～22:00）
📅12/25 💴無料、企画展は有料
館内撮影一部不可　フラッシュ一部不可

Key Person
ウィリアム・モリス

アーツ・アンド・クラフツ運動の主導者として有名なウィリアム・モリスは多彩な才能に恵まれ、様々な分野で活躍した天才。1834年にロンドンに生まれ、聖職者となるためにオックスフォードで学んだが、在学中に訪れたフランスで芸術家となることを志す。彼の生きた時代は産業革命によって商品を大量生産することが可能になり、昔ながらの職人がその職を失っていく傾向にあった。彼はその状況を危惧し、モリス商会を設立して、中世から続く「生活と芸術の一体化」を目指した。植物の模様を施した壁紙や中世を思わせるステンドグラスなど、モダンアートに影響を与える作品を残している。

ウィリアム・モリスがデザインした緑の部屋

世界の装飾美術が集結
ヴィクトリア&アルバート博物館
Victoria & Albert Museum

Map P.80-81⑧C2
ケンジントン周辺

装飾美術を中心に、世界各地の秀逸なデザインをもつ芸術作品を多数収蔵した博物館。展示物は4万点を超すほど規模が大きいので、プランを立てて回ったほうがいい。

代表的な展示物は、各時代のトップ・モード・ファッションを並べたドレス・コレクションや、中近東、インド、東アジアの美術品が並べられた東洋コレクション、アーツ・アンド・クラフツ運動の旗手として活躍したウィリアム・モリスがデザインした「緑の部屋Morris Room」など。企画展のテーマも興味深いものばかりだ。

ドレス・コレクション

キャスト・コートに移築された中世の建築物

ミンバル（モスク内にある説教壇）

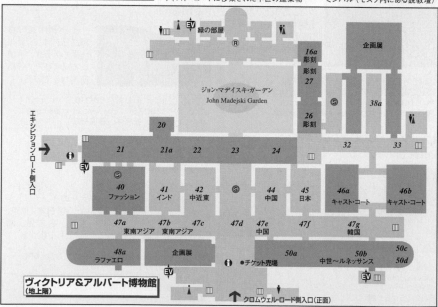

ヴィクトリア&アルバート博物館
（地上階）

恐竜ファンならずともおもしろい

Map P.80-81⑧B1
ケンジントン周辺

自然史博物館
The Natural History Museum

恐竜の化石標本が置けるほど広大なヒンツェ・ホール

■自然史博物館
🚇地下鉄サウス・ケンジントン駅South Kensington下車
✉Cromwell Rd., South Kensington, SW7 5BD
☎(020)79425000
🔗www.nhm.ac.uk
🕐10:00～17:50　休12/24～26
料無料、企画展は有料

大聖堂のような壮麗な外観

ヴィクトリア＆アルバート博物館のすぐ隣。恐竜ブームのおかげもあり、ロンドンの数ある博物館のなかでも屈指の人気を誇っている。建物はアルフレッド・ウォーターハウスによる設計だ。

館内はテーマごとに4つに色分けされている。

ティラノサウルスの模型は上下に動いたり、咆哮したりと大迫力！

レッドは地質や地球そのものにスポットを当てており、グリーンはエコロジーや進化について、ブルーは恐竜やクジラなどの大型生物を含むさまざまな種類の動物や進化についてがそれぞれテーマになっている。オレンジのゾーンは最新の生物学研究に触れることができるダーウィン・センター Darwin Centreと夏期のみオープンのワイルド・ライフ・ガーデンWild Life Gardenがある。

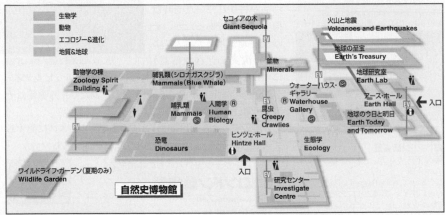

生物学
動物
エコロジー＆進化
地質＆地球

動物学の棟
Zoology Spirit Building

哺乳類（シロナガスクジラ）
Mammals（Blue Whale）

哺乳類
Mammals

人間学
Human Biology

昆虫
Creepy Crawlies

ヒンツェ・ホール
Hintze Hall

恐竜
Dinosaurs

生態学
Ecology

セコイアの木
Giant Sequoia

鉱物
Minerals

ウォーターハウス・ギャラリー
Waterhouse Gallery

火山と地震
Volcanoes and Earthquakes

地球の至宝
Earth's Treasury

地球研究室
Earth Lab

アース・ホール
Earth Hall

地球の今日と明日
Earth Today and Tomorrow

入口

ワイルドライフ・ガーデン（夏期のみ）
Wildlife Garden

入口

研究センター
Investigate Centre

自然史博物館

あらゆる科学をおもしろく解説する

Map P.80-81⑧B1
ケンジントン周辺

科学博物館 Science Museum

各階ごとに展示のテーマが異なる

自然史博物館のすぐ北に隣接している。数学、物理学、化学、エンジニアリング、輸送、鉱物学、通信といったあらゆる分野の「科学」に関する博物館。子供たちの間で特に人気が高く、土・日曜は親子連れが多い。

■科学博物館
🚇地下鉄サウス・ケンジントン駅South Kensington下車
✉Exhibition Rd., SW7 2DD
☎(020)79424000
🔗www.sciencemuseum.org.uk
🕐10:00～18:00
　最終入場は閉館の45分前
休12/24～26
料無料、企画展は有料

最先端の科学を体験できる

■マダム・タッソーろう人形館
🚇地下鉄ベーカー・ストリート駅Baker
St.下車
✉Marylebone Rd., NW1 5LR
☎08718943000
URLwww.madametussauds.com
🕐9～6月9:30～17:30
　（土・日・祝9:00～18:00）
　7・8月8:30～19:00
休12/25　料£30
いつも長い列ができているので、早めに
行くか、インターネットをとおして予約し
て行ったほうがいいだろう。ウェブサイト
でチケットを予約すると、時間帯によっ
て割引が適応されることもある。

ドーム型の建物が目印

■シャーロック・ホームズ博物館
🚇地下鉄ベーカー・ストリート駅Baker
St.下車
✉221B Baker St.,NW1 6XE
☎(020)72243688
URLwww.sherlock-holmes.co.uk
🕐9:30～18:00　休12/25　料£10

おみやげコーナーも充実！

■ロンドン動物園
🚇地下鉄カムデン・タウン駅Camden
Town下車
✉Outer Circle, Regent's Park,
NW1 4RY　☎(020)77223333
URLwww.zsl.org/zsl-london-zoo
🕐2月下旬～3月下旬、9月上旬～10月下旬
　10:00～17:30
　3月下旬～9月上旬10:00～18:00
　10月下旬～11月下旬10:00～17:00
　11月下旬～2月下旬10:00～16:00
最終入場は閉園の1時間前
休12/25　料£20～24.30
　学生£17.72～21.87

映画『ハリー・ポッターと賢者の石』で使われ
たのは爬虫類館

古今東西の有名人が勢揃い
マダム・タッソーろう人形館
Madame Tussaud's

Map P.76-77⑥C3
マリルボン周辺

　ろう人形作家タッソー夫
人が1835年にロンドンに創
設したろう人形館。ヘンリ
ー8世 P.610 から現在のロ
イヤルファミリーまで、世界
中の有名人に一度に会える
愉快なところ。**スクリーム！
Scream!!**は処刑や拷問を再
現する恐怖の部屋。

ビートルズのメンバーと記念撮影

ホームズファン必見
シャーロック・ホームズ博物館
The Sherlock Holmes Museum

Map P.76-77⑥B3
マリルボン周辺

　ホームズとワトソンが下
宿をしていたというベーカ
ー街221Bを再現した博物
館。ベーカー街221Bは、
作品が書かれていた当時は
架空の住所であったが、そ
の後番地が増えたことによ
って、現実に存在するよう

ホームズの下宿を忠実に再現

になった。もっとも実際は、アビー・ナショナル・ビルディン
グAbbey National Buildingがそこにあたり、博物館はそ
こより少し南に位置している。
　1階部分にはみやげ物からDVDまで、ホームズに関する
グッズもいっぱい。ファンならぜひ訪れてみたい。

リージェンツ・パークの中にある
ロンドン動物園
London Zoo

Map P.76-77⑥C1
リージェンツ・
パーク周辺

　1828年に動物の研究を
目的として開園された、近
代的な動物園の元祖。一
般に開放されるようになっ
たのは、1847年になってか
らのことだ。いっとき財政
難により閉鎖の危機に陥っ
たが、市民の援助により立
ち直ったという経緯がある。
爬虫類館は映画『ハリー・
ポッターと賢者の石』の撮
影にも使われた。

ゴリラは動物園の人気者

ガーデニング大国イギリス最大のイベント

チェルシー・フラワー・ショー

エリザベス女王が総裁の英国王立園芸協会（RHS）が主催するチェルシー・フラワー・ショーは初夏のロンドンを代表するイベント。植物のスペシャリストによる作品やニュープラントといわれる新種の花も発表される。ガーデニングの本場で最新トレンドをチェックしよう！

東南アジアの寺院をモチーフとした作品

「騎手の勝負服」をテーマにしたフラワーアレンジメント

オーストラリアからの参加作品

イギリス最大規模の花と緑の祭典　チェルシー・フラワー・ショーは、毎年5月下旬に5日間、ロンドンのチェルシー王立病院で行われる、150年以上の歴史をもつフラワーショー。開催期間中には、イギリス王室のメンバーをはじめとする多くの著名人も足を運び、世界中の植物やガーデニング愛好家など、延べ15万人以上が来場する。

会場はふたつ　会場は「グレート・パビリオン」と「ガーデン」のコーナーに分けられ、各部門ごとに賞が決定される。賞は公開日前日に決定。期間中、受賞作品の前には多くの人だかりができる。

グレート・パビリオン　広いテント内では厳正なる選考を通過したフラワーアレンジメントや盆栽など、植物の専門家による作品を紹介。

ほかにも「ニュープラント」とも呼ばれるバラやチューリップなどの新品種も紹介されている。

ガーデン　ガーデンデザイナーによる作品発表の場で、ショー部門や一般部門など各ジャンルに分かれて展示されている。世界各国から多くの団体や企業が参加。日本からも石原和幸氏が2004年より出展し、2015年には7個目のゴールドメダルを獲得した。

■チェルシー・フラワー・ショー
（会場：チェルシー王立病院）　**Map P.80-81⑧D3**
🚇地下鉄スローン・スクエア駅Sloane Square下車
✉Royal Hospital, Chelsea, SW3 4SL
☎08443387502　URLwww.rhs.org.uk
🕐5/19～23 8:00～20:00（最終日8:00～17:30）
💷£59、15:30入場£37、17:30入場£31
※最初の2日間はRHSメンバーのみの公開となる
※入場券はオンライン購入のみだが、事前に完売となる場合がほとんど。早めに予約しよう

時間があったら
行ってみよう！

ロンドン
その他の見どころ

ウェストミンスター周辺

バンケティング・ハウス
Banqueting House

16、17世紀に英国王室の宮殿として使われたホワイトホール宮殿のなかで、火事で焼失を免れた建物。最大の見どころは、何といってもルーベンスによる大天井画。

Map P.70-71③B2
🚇地下鉄チャリング・クロス駅Charing Cross／ウェストミンスター駅Westminster下車
✉Whitehall, SW1A 2ER
☎(020)31666155　URL www.hrp.org.uk
🕐10:00〜17:00　休12/25・26、1/1
※上記以外にも不定期あり
料£6　学生£5　フラッシュ不可

ウェストミンスター周辺

ナイチンゲール博物館
Florence Nightingale Museum

セント・トーマス病院はナイチンゲールがクリミア戦争従軍後に看護学校を創設した病院。ナイチンゲールの生涯と彼女の業績に関する展示がされている。

Map P.70-71③C3
🚇地下鉄ウォータールー駅Waterloo下車
✉St. Thomas' Hospital, 2 Lambeth Palace Rd., SE1 7EW
☎(020)76200374
URL www.florence-nightingale.co.uk
🕐10:00〜17:00　休聖金曜、12/25・26
料£7.80　学生£4.80　フラッシュ不可

ウェストミンスター周辺

ハウスホールド騎兵隊博物館
Household Cavalry Museum

ホース・ガーズ（P.120）に併設された博物館。騎兵隊の歴史などを解説している。

Map P.70-71③B2
🚇地下鉄チャリング・クロス駅Charing Cross／ウェストミンスター駅Westminster下車
✉Whitehall, SW1A 2AX　☎(020)79303070
URL www.householdcavalrymuseum.co.uk
🕐4〜10月10:00〜18:00　11〜3月10:00〜17:00
休12/24〜26、聖金曜日
料£7　学生£5　フラッシュ不可

バッキンガム宮殿周辺

アプスリー・ハウス
Apsley House

ワーテルローの戦いでナポレオンを破ったことで知られるウェリントン公爵 ☞P.606 が住んでいた屋敷。ケンジントン・ガーデンズ方面からロンドン中心部に来るときの最初の建物だったことから、ナンバー・ワン・ロンドンとも呼ばれている。内部はウェリントン公爵の生涯にスポットを当てた展示がされているほか、彼が国王から賜った絵画などのコレクションがあり、見応えがある。

Map P.66-67①A3
🚇地下鉄ハイドパーク・コーナー駅Hide Park Corner下車
✉149 Picadilly, W1J 7HT　☎(020)74995676
URL www.english-heritage.org.uk
🕐4/20〜11/1 11:00〜17:00
　11/2〜3/24 10:00〜16:00
休4/20〜11/1の月・火、11/2〜3/24の月〜金、1/1、12/24〜26・28・31
料£9.30　学生£8.30
内部撮影不可

ピカデリー・サーカス周辺

ナショナル・ポートレート・ギャラリー
National Portrait Gallery

ナショナル・ギャラリーに隣接している、肖像画に特化した美術館。イギリスを代表する偉人の肖像画が9000点以上展示されている。
3階はテューダー朝から18世紀の王侯貴族、2階はおもにヴィクトリア朝など20世紀の人物、1階はビートルズなどの現代の著名人の絵画を集めている。

Map P.70-71③B1
🚇地下鉄チャリング・クロス駅Charing Cross下車
✉St. Martin's Pl., WC2H 0HE
☎(020)73060055　URL www.npg.org.uk
🕐10:00〜18:00（水・金10:00〜22:00）
休12/24〜26　料無料、企画展は有料
オーディオガイド（日本語あり）£3
内部撮影一部不可　フラッシュ不可

ピカデリー・サーカス周辺

王立芸術院
Royal Academy of Arts

1768年に創設されたイギリス最初のアート・スクール。ここの企画展は内容が充実していることで知られており、毎回話題になる。

Map P.66-67①B2
🚇地下鉄ピカデリー・サーカス駅Piccadilly Circus 下車
✉Burlington House, W1J 0BD
☎(020)73008000　URLwww.royalacademy.org.uk
🕐10:00〜18:00（金10:00〜22:00）
最終入場は閉館の30分前　🛑12/24〜26
💰展示により異なる　内部撮影不可

オックスフォード・サーカス周辺

ウォレス・コレクション
The Wallace Collection

サー・リチャード・ウォレスのコレクション。ヨーロッパの絵画、家具、調度品から東洋の武具まで、コレクションの範囲は幅広く、それぞれ貴重なものばかり。ここではイギリスの絵画はもちろんのこと、イタリア・ルネッサンス、フランドル絵画など、世界の超一級品に出合える。

Map P.66-67①A1
🚇地下鉄ボンド・ストリート駅Bond St.下車
✉Hertford House, Manchester Sq., W1U 3BN
☎(020)75639500
URLwww.wallacecollection.org
🕐10:00〜17:00　🛑12/24〜26　💰無料
フラッシュ不可

オックスフォード・サーカス周辺

ヘンデル・ハウス博物館
Handel House Museum

『メサイア』の作曲者として知られ、「音楽の母」とも呼ばれるヘンデルが、1723〜1759年まで生活していた家を利用した博物館。

Map P.66-67①A2
🚇地下鉄ボンド・ストリート駅Bond Street下車
✉25 Brook St., W1K 4HB　☎(020)74951685
URLwww.handelhouse.org
🕐10:00〜18:00（木10:00〜20:00、日12:00〜18:00）
🛑月・祝、聖金曜、12/24〜26
💰£6.50　学生£5.50　内部撮影不可

大英博物館周辺

大英図書館
The British Library

館内の豊富なコレクションで有名。『マグナ・カルタ』☞P.610の原本、グーテンベルクの活版印刷によって刷られた聖書、リンディスファーン島で作られた装飾聖書、さらにビートルズの自筆の楽譜など、貴重な本、文書などを揃えている。毎年300万点の書籍が届き、2015年6月時点の蔵書数は1億5000万点以上。

Map P.74-75⑤B1
🚇地下鉄キングズ・クロス／セント・パンクラス駅
King's Cross ／ St. Pancras下車
✉96 Euston Rd., NW1 2DB
☎(020)74127332　URLwww.bl.uk
🕐月・水〜金9:30〜18:00　火9:30〜20:00
　土9:30〜17:00　日・祝11:00〜17:00
🛑1/1, 12/25　💰無料
内部撮影不可

大英博物館周辺

ディケンズの家
The Charles Dickens Museum

『クリスマス・キャロル』の作者として日本でも有名なチャールズ・ディケンズ☞P.608が1837年〜1939年まで住んでいた家。『ニコラス・ニックルビー』や『オリバー・ツイスト』といった作品が、この家で書かれた。

Map P.74-75⑤C2
🚇地下鉄ラッセル・スクエア駅Russell Square下車
✉48 Doughty St., WC1N 2LX
☎(020)74052127　URLwww.dickensmuseum.com
🕐10:00〜17:00　🛑12/24〜26、1/1
💰£8　学生£6　フラッシュ不可

大英博物館周辺

ジョン・ソーン博物館
Sir John Soane's Museum

18〜19世紀にかけてのイギリスを代表する建築家、ジョン・ソーンSir John Soaneの家が博物館になったもの。彼はイングランド銀行Bank of Englandなどの設計で知られている。

Map P.74-75⑤C3
🚇地下鉄ホーバン駅Holborn下車
✉12-14 Lincoln's Inn Fields, WC2A 3BP
☎(020)74052107　URLwww.soane.org
🕐10:00〜18:00　🛑日・月、12/24〜26、1/1、イースター　💰無料　内部撮影不可

大火記念塔
The Monument

1666年9月2日に起きたロンドン大火の記念碑で、クリストファー・レン ☞ P.606 の作品のひとつ。出火した地点から202フィート（60m）離れた所に高さ202フィートの大火記念塔が建っている。311段の階段で上に上がることもできる。

Map P.72-73④C2
🚇地下鉄モニュメント駅Monument下車
✉Monument St., EC3R 8AH
☎(020)36272532　URLwww.themonument.info
🕐夏期9:30〜18:00　冬期9:30〜17:30
最終入場は閉館の30分前　休12/24〜26
料£4　学生£2.70

デザイン・ミュージアム
Design Museum

家具や建築、工業製品など、さまざまなテーマにわたって現代のデザインを紹介する博物館。企画展も頻繁に行われている。

Map P.72-73④D3
🚇地下鉄タワー・ヒル駅Tower Hill下車
✉28 Shad Thames, SE1 2YD
☎(020)74036933　URLdesignmuseum.org
🕐10:00〜17:45　休12/25·26
料£12.40　学生£9.50（博物館への寄付を含む）
フラッシュ不可

ホワイトチャペル・ギャラリー
Whitechapel Gallery

現代のアーティストたちの作品が多く、時代の勢いを感じさせてくれる。展示はすべて企画展で、季節によって内容が異なる。

Map P.72-73④D1
🚇地下鉄オールドゲート・イースト駅Aldgate East下車
✉77-82 Whitechapel High St., E1 7QX
☎(020)75227888
URLwww.whitechapelgallery.org
🕐11:00〜18:00（木11:00〜21:00）
休月・祝　料無料　内部撮影不可

アルバート公記念碑
Albrt Memorial

ロイヤル・アルバート・ホールに向かい合うようにして建つ高さ53mの記念碑。ヴィクトリア女王 ☞ P.605 の夫アルバート公を記念したもので、彼の没後15年経った1876年に完成した。ネオ・ゴシックの美しい搭状の記念碑は、モザイクやさまざまな彫刻で装飾されており、中央にはアルバート公の像が座っている。像のひざ部分に置かれている本は1851年に開かれたロンドン万国博覧会のパンフレット。周辺にあるロイヤル・アルバート・ホール、ヴィクトリアアンドアルバート博物館、自然史博物館、科学博物館は、いずれも万国博覧会が挙げた利益によって建てられたものである。

Map P.82-83⑨B2
🚇地下鉄サウス・ケンジントン駅South Kensington下車
✉South Carriadge Dri., SW7
🕐随時　休無休　料無料

サーチ・ギャラリー
Saatchi Gallery

ロンドンを代表する現代芸術に特化した美術館。展示はほとんどが企画展で、さまざまなアーティストの作品が見られる。

Map P.80-81⑧D2
🚇地下鉄スローン・スクエア駅Slaone Square下車
✉Duke of York's HQ, King's Rd., SW3 4RY
☎(020)78113085
URLwww.saatchigallery.com　🕐10:00〜17:00
休12/25　料無料

国立陸軍博物館
The National Army Museum

イギリス陸軍に関する博物館。中世から現代にいたるまでの陸軍の歴史がよくわかる。

Map P.68-69②A3
🚇地下鉄スローン・スクエア駅Sloane Square下車
✉Royal Hospital Rd., SW3 4HT
☎(020)78816606　URLwww.nam.ac.uk
※2015年3月現在閉鎖中。再開は2016年の予定

ピムリコ周辺

テート・ブリテン
Tate Britain

17～19世紀の英国絵画、20世紀の英国絵画とターナーコレクションの3部門に分かれている。特にターナーはイギリスが世界に誇る画家であり、世界最大の収蔵点数を誇る。ミレーなどのラファエル前派、ウイリアム・ブレークの作品なども秀逸だ。企画展も定評がある。

Map P.68-69②D3 🚇地下鉄ピムリコ駅Pimlico下車
✉Millbank, SW1P 4RG
☎(020)78878888　URLwww.tate.org.uk
🕐10:00～18:00　🕐12/24～26
🎫無料、企画展は有料
一部撮影不可　フラッシュ不可

ランベス周辺

庭園博物館
Garden Museum

14世紀に建てられた教会を利用した博物館。館内は世界中の珍しい植物や品種改良された植物であふれている。

Map P.70-71③C3 🚇地下鉄ウォータール一駅Waterloo下車
✉Lambeth Palace Rd., SE1 3LF
☎(020)74018865　URLgardenmuseum.org.uk
🕐10:30～17:00（土10:30～16:00）
🕐祝、毎月の第1月曜（バンクホリデイは除く）
🎫£7.50　学生£3　内部撮影不可

ランベス周辺

帝国戦争博物館
Imperial War Museum

かつて病院だった建物を利用している博物館。コレクションの中心は、第1次・第2次世界大戦期のもので、中東で活躍したT・E・ロレンス関連の写真などを見ることができる。また、吹き抜けの大ギャラリーでは、陸、海、空の兵器が展示されており迫力がある。

Map P.70-71③D3 🚇地下鉄ランベス・ノース駅Lambeth North下車
✉Lambeth Rd., SE1 6HZ
☎(020)74165000　URLwww.iwm.org.uk
🕐10:00～18:00　🕐12/24～26
🎫無料　一部撮影不可　一部フラッシュ不可

ウォータール一周辺

ヘイワード・ギャラリー
Hayward Gallery

サウスバンクにある文化施設のひとつで、ガーディアン紙から「ロンドンで最も完璧なギャラリー」という評を受けたこともある。

Map P.70-71③C2 🚇地下鉄ウォータール一駅Waterloo下車
✉Belvedere Rd., SE1 8XX
☎08448479910
URLwww.southbankcentre.co.uk
🕐11:00～17:00（月12:00～17:00、木・金11:00～21:00）
🕐12/25・26、1/1
🎫企画展によって異なる　内部撮影不可

セント・ジョンズ・ウッド周辺

アビー・ロード
Abbey Road

ビートルズがアルバム『アビー・ロード』のジャケット写真を撮影したことで一躍有名になった通り。多くの旅行者がここで写真撮影に挑戦している。

Map P.76-77⑥A1外 🚇地下鉄セント・ジョンズ・ウッド駅St. Johns Wood下車
✉3 Abbey Rd., NW8 9AY（アビー・ロード・スタジオ）
URLabbeyroad.com

クラパム・コモン周辺

倫敦漱石記念館
Soseki Museum In London

1984年に漱石第5の下宿の斜め向かいに日本以外で最初に開館した日本文学館。館内には、漱石がロンドン留学時に愛読していた『パンチPunch』などの雑誌をはじめ、さまざまな資料が揃っており、漱石ファンなら、ぜひ訪れたい。

Map P.68-69②B3外 🚇地下鉄クラパム・コモン駅Clapham Common下車
徒歩約10分
✉80B The Chase, SW40NG
☎(020)77208718　URLsoseki.intlcafe.info
🕐11:00～17:00（日14:00～17:00）
最終入場は16:30　🕐月・火・木・金、10～1月
🎫£4　学生£3

シアター・演劇ガイド

London Theatre Guide

ロンドンは、芝居やミュージカルの本場。チケットの料金もそれほど高くないので、ぜひこの機会に観劇を楽しみたい。人気の演目は予約が必要だが、多くは当日に行って観ることができる。

レスター・スクエアにあるチケッツ

■ソサイエティ・オブ・ロンドン・シアター
TEL(020) 75576700
URL www.officiallondontheatre.co.uk

情報収集　まずは、どこでどんな公演が行われているかをチェック。情報誌で最もポピュラーなのは、『タイムアウト Time Out』。また、英国政府観光庁が発行するロンドン情報誌『ロンドン・プランナー London Planner』や、ソサイエティ・オブ・ロンドン・シアターが発行する『オフィシャル・ロンドン・シアター・ガイド The Official London Theatre Guide』といった冊子も基本的な情報はおさえている。なお、これらの情報誌は無料で入手可能。

チケット購入ガイド

日本で購入

人気が高い演目などは、日本でロンドンのミュージカルを扱うチケット代理店を通じて事前に予約するほうが安心。手数料と時間はかかるが、最も確実な方法だ。

日本にあるチケット代理店

●ワールドプレイガイド
TEL(03)5775-5560
URL www.w-pg.com
圏10:00～17:00
休土・日・祝、年末年始

●ワールドチケットぴあ
URL www.wt-pia.jp
Mail info@wt-pia.jp
(問い合わせはeメールのみ)

前日まで

各劇場のボックスオフィス

劇場のボックスオフィスに直接行けば、座席表を見ながら購入できる。また、ある程度の英語力が必要になるが、電話でも購入が可能。チケットの受け取りはボックスオフィスで行う。

ウェブサイト

チケットマスターなどのチケット予約サイトでは公演によって座席指定も可能。チケットの受け取りは、各劇場のボックスオフィスで予約に使用したクレジットカードを提示して受け取る。

プレイガイド

予約手数料がかかるが、列に並んだり、ボックスオフィスまで行く手間を考えると、利用価値は高いといえる。

●チケットマスター
URL www.ticketmaster.co.uk
●シー・チケッツ
URL www.seetickets.com

現地で購入／当日に購入

チケッツ tkts

レスター・スクエアの南側にあるチケットオフィス。売れ残った当日券を半額で販売している(一部25%引きや正規料金のものもある)。人気の高い公演のチケット入手は当然難しいが、朝早く並べば手に入るかもしれない。なお、手数料£3(割引なしのフル・プライス・チケットは無料)が含まれている。

■チケッツ (tkts)
Map P.66-67①C2
地下鉄レスター・スクエア駅Leicester Square下車
URL www.tkts.co.uk
圏10:00～19:00 (日11:00～16:30)
休12/25
CC M V

当日券

劇場によっては一定数の座席を当日券として確保しており、公演当日にボックスオフィスで販売している。どうしても観たい公演がある人は、早めに並んで手に入れよう。劇場によっては枚数制限があることも。

リターンチケット

チケットが売り切れでも、当日キャンセルされたチケットが再びボックスオフィスで販売されるのを狙って買うという方法がある。販売時間は劇場により異なり、人気の演目では販売の数時間前から行列ができる。

スタンバイチケット

多くの劇場では、開演の直前になると売れ残ったチケットをボックスオフィスで割安で売り出すスタンバイというシステムがある。販売開始時間は劇場によって多少の違いはあるが、だいたい開演の1時間30分から45分前ぐらいから。また、購入には学生や未成年、60歳以上といった制限が設けられており、これも劇場ごとに異なっている。購入時には学生証や身分証明証の提示を求められる。

ロンドンのおもな劇場、コンサートホール

ナショナル・シアター
National Theatre

1976年に建てられた国立劇場。中には、大劇場のオリヴィエOlivier、中劇場のリトルトンLytteltonのほか、小劇場のコテスローCottesloeの3つの劇場からなり

テムズ河沿いにあるナショナル・シアター

立っている。スケジュールは日替わりなので、情報誌やウェブサイトで確認を。前売券の売り場は、正面西側の入口から入った所にある。

Map P.70-71③C1・2
🚇地下鉄ウォータールー駅Waterloo下車
✉South Bank, SE1 9PX
☎(020) 74523000　URLwww.nationaltheatre.org.uk
●バックステージツアー
🕐見学を希望する場合は事前にウェブサイトから予約しよう
休不定期　料£9　学生£8
内部撮影不可

バービカン・センター
Barbican Centre

かつてはロイヤル・シェイクスピア・カンパニーRoyal Shakespeare Company（RSC）のロンドンでの本拠地だった。中には、バービカン・シアターBarbican Theatreという大劇場とザ・ピットThe Pitという小劇場がある。バービカン・シアターで上演されるのは現代劇が中心。ザ・ピットでは実験劇などが上演されている。

バービカン・ホール
Barbican Hall

バービカン・センター内にあるコンサートホールで、ロンドン交響楽団とBBC交響楽団が本拠地としている。クラシックだけでなく、ジャズやロック、ソウルといった現代音楽のコンサートも開かれる。

Map P.72-73④B1
🚇地下鉄ムーアゲイト駅Moorgate、またはバービカン駅Barbican下車
✉Silk St., EC2Y 8DS　☎(020) 76388891
URLwww.barbican.org.uk

シェイクスピア・グローブ・シアター
Shakespeare's Globe Theatre

シェイクスピアの時代に、実際にシェイクスピア劇が演じられていたグローブ座を、当時の場所に当時の建築様式で復元した劇場。当時の環境と演出でシェイクスピア劇が楽しめる。上演は、4月～10月中旬。

Map P.72-73④B2
アクセス、シアターツアーの詳細はP.139参照

ロイヤル・オペラ・ハウス
Royal Opera House

オペラは世界的に有名な指揮者や歌手が連日登場し、バレエは、世界の一流カンパニーである英国王立バレエ団によって、クラシックから現代作品まで幅広いレパートリーが上演される。

Map P.66-67①D2
🚇地下鉄コヴェント・ガーデン駅下車
✉Bow St., Covent Garden, WC2E 9DD
☎(020) 73044000　URLwww.roh.org.uk
●バックステージツアー
🕐1日2～6便
※日によって開催されない回もあり、要確認
休不定期　料£12　学生£11　内部撮影不可

ロイヤル・アルバート・ホール
Royal Albert Hall

1870年に建てられた歴史あるホール。ここで毎年7月中旬～9月中旬に、1895年以来の歴史をもつヘンリー・ウッド・プロムナード・コンサート

イギリスで最も有名なコンサートホール

Henry Wood Promenade Concert（略称プロムスProms）というイベントが行われる。期間中には、ロンドンの5大オーケストラをはじめ、さまざまなコンサートが毎日開かれる。

Map P.82-83⑨B3
🚇地下鉄サウス・ケンジントン駅South Kensingtonまたはナイツブリッジ駅Knights-bridge下車
✉Kensington Gore,SW7 2AP
☎08454015045　URLwww.royalalberthall.com
●プロムス　URLwww.bbc.co.uk/proms
※2015年は7/17～9/12

ロイヤル・フェスティバル・ホール
Royal Festival Hall

サウスバンク・センター・コンプレックスSouthbank Centre Complex内にある、ロンドンを代表するホール。ロンドン交響楽団、フィルハーモニア管弦楽団、

おもにクラシックのコンサートが開催される

ロンドン・フィルハーモニー管弦楽団などの公演が中心。一流演奏家の出演も多い。

Map P.70-71③C2
🚇地下鉄ウォータールー駅Waterloo下車
✉Belvedere Rd., SE1 8XX
☎(020) 79604200　URLwww.southbankcentre.co.uk

ロンドンで公演中の人気ミュージカル

オペラ座の怪人
The Phantom of the Opera

映画で予習 | 英語力 高

TEL 08444122707
URL www.thephantomoftheopera.com
㋐ 月〜土19:30〜、マチネ木・土14:30〜
● 25年以上もの長きにわたって人気を保ち続けている傑作。19世紀末にパリのオペラ座で、クリスティーヌという若手歌手にファントム(怪人)が恋をする物語。

ハー・マジェスティーズ・シアター Her Majesty's Theatre
Map P.66-67 ①C2 ✉Heymarket, SW1Y 4QR
🚇地下鉄ピカデリー・サーカス駅Piccadilly Circus下車

ウィキッド
Wicked

原作で予習 | 英語力 高

TEL 08448713001
URL www.wickedthemusical.co.uk
㋐ 月〜土19:30〜、マチネ水・土14:30〜
● 『オズの魔法使い』の物語で語られなかった秘密を、西の悪い魔女エルファバの視点から描いたミュージカル。

アポロ・ヴィクトリア・シアター Apollo Victoria Theatre
Map P.68-69 ②B2
✉Wilton Rd., SW1V 1LL
🚇地下鉄ヴィクトリア駅Victoria下車

レ・ミゼラブル
Les Misérables

映画で予習 | 英語力 高

TEL 08444825160 URL www.lesmis.com
㋐ 月〜土19:30〜、マチネ水・土14:30〜
● 現在ウエスト・エンドで最も長く続いているミュージカル。原作はヴィクトル・ユゴーの小説『ああ無情』。トレヴァー・ナンの力強い舞台演出が魅力。

クイーンズ・シアター Queen's Theatre
Map P.66-67 ①C2
✉51 Shaftesbury Av., W1D 6BA
🚇地下鉄レスター・スクエア駅Leicester Square下車

チャーリーとチョコレート工場
Chalie and the Chocolate Factory

映画で予習 | 英語力 高

TEL 08448588877
URL www.charlieandthechocolatefactory.com
㋐ 月〜土19:30〜、マチネ水・土14:30〜
● ジョニー・デップ主演の映画でおなじみ。ロアルド・ダール原作の『チョコレート工場の秘密』のミュージカル版。

シアター・ロイヤル・ドゥルーリー・レーン Theatre Royal Drury Lane
Map P.66-67 ①D2
✉Catherine St., WC2B 5JF
🚇地下鉄コヴェント・ガーデン駅Covent Garden下車

ライオン・キング
The Lion King

映画で予習 | 英語力 低 | ファミリー向け

TEL 08448713000 URL www.thelionking.co.uk
㋐ 火〜土19:30〜、マチネ水・土・日14:30〜
● ディズニー映画でおなじみ。アフリカのサバンナを彷彿とさせる舞台や音楽、衣装のセンスがユニークで見応えがある。

ライシアム・シアター Lyceum Theatre
Map P.70-71 ③C1
✉21 Wellington St., WC2E 7RQ
🚇地下鉄コヴェント・ガーデン駅Covent Garden下車

マンマ・ミーア!
Mamma Mia!

映画で予習 | 音楽を予習 | 英語力 高

TEL 08444825137 URL www.mamma-mia.com
㋐ 月〜土19:45〜、マチネ木・土15:00〜
● ギリシアの小さな島を舞台に、結婚式直前に繰り広げられる母と娘のドタバタを描いた心あたたまる作品。劇中曲はすべてアバのヒット曲。映画化もされた。

ノヴェロ・シアター Novello Theatre
Map P.70-71 ③C1
✉Aldwych, WC2B 4LD
🚇地下鉄コヴェント・ガーデン駅Covent Garden下車

ビリー・エリオット
Billy Elliot

映画で予習 | 英語力 高

TEL 08442485000 URL billyelliotthemusical.com
㋐ 月〜土19:30〜、マチネ水・土14:30〜
● 映画『リトル・ダンサー』のミュージカル版。イギリス北部の貧しい地域出身のビリー少年が王立バレエ学校を目指し奮闘するストーリー。

ヴィクトリア・パレス・シアター Victoria Palace Theatre
Map P.68-69 ②B2
✉Victoria St., SW1E 5EA
🚇地下鉄ヴィクトリア駅Victoria下車

ミス・サイゴン
Miss Saigon

英語力 高 | シニア向け

TEL 08444825155 URL www.miss-saigon.com
㋐ 月〜土19:30〜、マチネ水・土14:30〜
● ベトナム戦争末期、17歳の少女キムと戦争に疲れたアメリカ軍兵士クリスの恋を描く。2014年5月からは初演25周年を記念して再びロンドンに戻ってきた。

プリンス・エドワード・シアター Prince Edward Theatre
Map P.66-67 ①C2
✉Old Compton St., W1D 4HS
🚇地下鉄レスター・スクエア駅Leicester Square下車

ウォー・ホース
War Horse

映画で予習 | 英語力 高

TEL 08444124654
URL www.warhorseonstage.com
㋐ 月・水〜土19:30〜(火19:00〜)、マチネ木・土14:30〜
● 世界的に大ヒットした映画『ウォー・ホース』のミュージカル版。少年と馬の友情を描いた感動作。

ニュー・ロンドン・シアター New London Theatre
Map P.66-67 ①D1
✉Drury Lane, WC2B 5PF
🚇地下鉄ホルボーン駅Holborn下車

レット・イット・ビー
Let it be

音楽を予習 | 英語力 低 | シニア向け

TEL 08444829673 URL www.letitbelondon.com
㋐ 月〜土 (8/17以降は水〜月)19:30〜、マチネ土・日15:30〜
● ビートルズのヒット曲が満載のミュージカル。2012年にビートルズのデビュー50周年を記念して公開された。

ギャリック・シアター Garrick Theatre
Map P.66-67 ①C2
✉2 Charing Cross Rd., WC2H 0HH
🚇地下鉄チャリング・クロス駅Charing Cross下車

ウェストエンド最高峰の舞台を

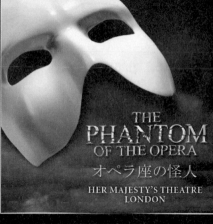

THE PHANTOM OF THE OPERA
オペラ座の怪人
HER MAJESTY'S THEATRE LONDON

Les Misérables
レ・ミゼラブル
QUEEN'S THEATRE | LONDON

全世界で1億人以上の観客動員数を誇る、キャメロン・マッキントッシュ珠玉の作品「オペラ座の怪人」は、史上最も高収益を上げたミュージカルとしても知られています。数々の賞を受賞した「オペラ座の怪人」は、初演以来29年目という節目を迎えてもなお、公演回数1万1000回を超え、日々観客を魅了し続けています。

世界屈指の人気を誇るミュージカルが、ついにブロードウェイのインペリアル劇場に降臨。大絶賛を集める新しいプロダクションは、観客を虜にするでしょう。19世紀フランスを背景に展開される「レ・ミゼラブル」は、悲嘆、情熱、そして人間の精神の強さを描いた、心を捉えて離さないストーリー展開となっています。「ワン・デイ・モア」待たないで！

DISNEP PRESENTS
THE LION KING
LYCEUM THEATRE, LONDON

MISS Saigon
ミス・サイゴン
PRINCE EDWARD THEATRE, LONDON

劇場ミュージカルの常識を覆す、見事な芸術性、心を打つ音楽、そして軽快な振り付けは、ステージ上で繰り広げられていることが信じられない、神秘的とも言える世界を体験させてくれます。数々の賞を受賞した、この優れた作品は、ブロードウェイのミンスコフ劇場で上演されています。

今や古典ミュージカルとなった「ミス・サイゴン」は、2015年のワッツオンステージ・アワード（WHATSONSTAGE AWARDS、舞台劇対象の授賞式）で「ベスト・ショー」賞をはじめ9部門を総ナメにするなど、史上最も高く評価されたミュージカルとなっています。「ミス・サイゴン」は、ロンドンのプリンス・エドワード劇場における「回帰」公演2年目を迎えました。

ロンドンの
ショッピングエリアとマーケット

ロンドンは買い物天国。有名ショッピング・ロードでは世界に名だたるブランドショップが並んでいる。ロンドンでは年に2回大きなセールが行われる。夏は6月末から7月下旬、冬はクリスマスのあとから1月下旬まで。雑貨やアンティークなど、個性豊かなマーケットも各地で開催されている。

若者でにぎわうにぎやかなマーケット
カムデン・ロック・マーケット
Camden Lock Market

`食料品` `骨董品` `古書` `スポーツ` `カジュアルファッション` `アクセサリー`

カムデン・タウン駅を降りて、リージェンツ運河を越えた所。若者に人気の高いマーケットで、数え切れないほどの店が通りを埋め尽くしている。小物や本、衣類、食料品など何でもある。いつも混み合っているので、スリには注意しよう。

ユニークな雑貨が数多く揃う

Map P.76-77⑥D-1外
🚇地下鉄カムデンタウン駅
🕐10:00 〜 18:00　🌐www.camdenlock.net

イギリスを代表する骨董市
ポートベロー・マーケット
Portbello Market

`食料品` `インテリア` `骨董品` `古着` `アクセサリー` `靴`

掘り出し物を求める観光客だけでなく、アンティークディーラーたちも足を運ぶロンドン最大のアンティークマーケット。ノッティング・ヒル・ゲート駅の周辺がアンティーク市で、近くには生鮮食料品の市場や、がらくた市もある。

アンティーク好きは必見

Map P.84-85⑩B1
🚇地下鉄ノッティング・ヒル・ゲート駅
🕐月〜水9:00 〜 18:00、木9:00 〜 13:00、
金・土9:00 〜 19:00
🌐www.portobellomarket.org

リージェンツ・パーク

ハイド・パーク

ハロッズやハーベイ・ニコルズがある
ナイツブリッジ〜キングズ・ロード
Knightsbridge 〜 King's Road

街歩きMAP→P.144

ナイツブリッジ　有名なデパート、ハロッズがあるエリア。スローン・ストリートには、最新モードの発信基地として有名なハーベイ・ニコルズHarvey Nicholsもある。
キングズ・ロード　パンク発祥の地として有名だが、ハビタHabitatなどおしゃれな生活雑貨のショップでも有名。カジュアル系のショップも点在している。

ロンドンで最も有名なデパート、ハロッズはナイツブリッジにある

おもしろ雑貨とアンティーク
スピタルフィールズ・マーケット
Spitalfields Market

食料品 カジュアルファッション アクセサリー 骨董品 アート インテリア

ヴィクトリア朝時代の倉庫内で行われている。衣類やハンドメイドのアクセサリーをはじめ、絵画、CD、食料品までジャンルはさま

広大な倉庫に店が乱立する

ざま。また、テイクアウエイの屋台などもあり、イートインのスペースで食事もできる。平日も店は出ているが、出店数が多くなる金曜が狙い目。

Map P.72-73④D1
🚇地下鉄リヴァプール・ストリート駅
🕐10:00 〜 17:00(日9.00 〜)
🔗www.spitalfields.co.uk

今も昔も多くのショップが並ぶ
コヴェント・ガーデン
Covent Garden

街歩きMAP→P.134

カジュアルファッション 靴 貴金属 アクセサリー コスメ 書籍

ロンドンの最新トレンドを知るならここ。ザ・マーケットThe Marketと呼ばれるモールがあり、アンティークやハンドメイドのアクセサリーなどを販売している。ニール・ストリートをはじめ、周辺にもおしゃれなショップが多い。

食材が自慢のグルメ市場
バラ・マーケット
Borough Market 食料品

サウスバンクにある、ロンドンでも屈指の歴史を誇る古い市場。良質なイギリス産チーズやリンゴ酒、手作りのスイーツなど、オーガニックの生鮮食品を扱う。イギリスはもとより、ヨーロッパ中からさまざまな食材が集まる。

Map P.72-73④B3
🚇地下鉄ロンドン・ブリッジ駅
🕐水・木10:00 〜 17:00、
金10:00 〜 18:00、土8:00 〜 17:00
🔗boroughmarket.org.uk
16:00以降は少々品薄になりますが、値引きを始めるので、店の人達とのやり取りがおもしろい。
（福岡県　summer 様 '14夏）

手作りのケーキやオーガニック食品を手に入れよう

テムズ川

カジュアルファッションの最先端
オックスフォード・ストリート周辺
Oxford Street、Regent Street

街歩きMAP→P.128

オックスフォード・ストリート　ロンドンの中心部を東西に貫く目抜き通りで、ヨーロッパ屈指のショッピングストリート。有名デパートからファストファッションのショップまでが並ぶ。
リージェント・ストリート（北側）　老舗デパートのリバティがある高級ショッピング街。ファッション関係の有名ショップがずらりと並ぶ。
マウント・ストリート　高級住宅街のメイフィアにある。話題のブティックが続々オープンしている、ロンドンで最も注目されているストリート。

ロンドンのへそ
ピカデリー・サーカス周辺
Picadilly Circus

街歩きMAP→P.126

リージェント・ストリート（南側）　ピカデリー・サーカスの西側から美しい弧を描く通りはロンドンを代表する風景。カジュアルや高級ブランドのショップやカフェなどが軒を連ねている。
ピカデリー　ピカデリー・サーカスから南西に延びる通り。ウォーターストーンズやハッチャーズ（→P.127）といった大きな書店がある。
ジャーミン・ストリート　ピカデリーの南にある短い通り。王室御用達など、老舗ショップのほか画廊などが点在している。

ロンドンでは、ユースホステルから最高級ホテルまで、あらゆる種類の宿が揃っているが、イギリスのほかの町に比べて全般的に値段は高め。また、夏期は混み合うので、予約しておいたほうがいいだろう。おもにホテル街と呼ばれるのはパディントン駅、キングズ・クロス駅、ヴィクトリア駅、アールズ・コート駅で中級ホテルやホステルが並ぶ。

パディントン駅～ハイド・パーク周辺

・ヒースロー空港に近い
・コッツウォルズ方面への列車が発着する
・夜は静か

　小規模な中級ホテルが多く、ホステルの数が少ないのが特徴。季節にもよるが中心部に近い割に宿泊費が安いことから旅行者に人気のエリアだ。ヒースロー・エクスプレスが発着するパディントン駅から近いので帰国する前の日はここで宿泊すれば安心。ただし、レストランの数はあまり多くない。

ヴィクトリア駅東側

・国会議事堂やバッキンガム宮殿に近い
・南海岸方面の列車が発着する
・ホテルの部屋はシンプル

　ヴィクトリア駅周辺はロンドンの中心部に最も近いホテル街。駅の東側には規模の小さい高級ホテルや中級ホテルが並んでいる。基本的に部屋は小さくてシンプルだが、料金が低く設定されている宿が多いのが魅力。ただし、ヴィクトリア周辺はレストランが少ないので、食事はあまり期待できない。

キングズ・クロス駅～大英博物館周辺

・大英博物館に近い
・エディンバラ、ヨーク方面への列車が発着する
・ホステルが多い

　キングズ・クロス駅はロンドンの北の玄関口ともいえる。駅から少し離れれば、中級ホテルが点在する。ホステルが多く、節約型のバックパッカーにおすすめ。少し料金は上がるが、大英博物館の周辺にもホテルやホステルがいくつか並んでいる。周囲はレストランの数も多い上に中心部まで徒歩圏内なので狙い目。

アールズ・コート駅～グロスター・ロード

・ケンジントンやナイトブリッジに近い
・ヒースロー空港への地下鉄が発着する
・中心部から少し遠い

　他のエリアに比べて中心部から離れているので、ホテルの料金は比較的安くなっている。とはいえ、ピカデリー・サーカスまでは地下鉄ピカデリー線で1本なので、観光にはあまり支障がないだろう。アールズ・コート駅からバークストン通りBarkston St.に入ると、ホテルが何軒も並んでいる。

ロンドンの高級・大型ホテルリスト

アンダーズ・リヴァプール・ストリート
Andaz Liverpool Street
Map P.72-73④C1

✉40 Liverpool St., EC2M 7QN
TEL(020) 79611234
URL london.liverpoolstreet.andaz.hyatt.com

ソーホー
Soho
Map P.66-67①C2

✉4 Richmond Mews, W1D 3DH
TEL(020)75593000
URL www.firmdalehotels.com

ヘイマーケット
Haymarket
Map P.66-67①C2

✉1 Suffolk Pl., SW1Y 4HX
TEL(020)74704000
URL www.firmdalehotels.com

カヴェンディッシュ
Cavendish
Map P.66-67①C3

✉81 Jermyn St., St. James's,
SW1Y 6JF TEL(020)79302111
URL www.thecavendish-london.co.uk

スレッドニードルズ
Threadneedles
Map P.72-73④C2

✉5 Threadneedle St., EC2R 8AY
TEL(020)76578080
URL www.hotelthreadneedles.co.uk

ナンバー・ファイブ・マドックス・ストリート
No.5 Maddox Street
Map P.66-67①B2

✉No.5 Maddox St., W1S 2QD
TEL(020) 76470200 FAX(020) 76470300
URL www.living-rooms.co.uk

カンバーランド
Cumberland
Map P.78-79⑦D3

✉Great Cumberland Pl., W1H 7DL
TEL08713769014 FAX08713769114
URL www.guoman.com

デュークス
Dukes
Map P.66-67①B3

✉St. James's Pl., SW1A 1NY
TEL(020)74914840 FAX(020)74931264
URL www.dukeshotel.com

マイルストーン
Milestone
Map P.84-85⑩C3

✉1 Kensington Court, W8 5DL
TEL(020)79171000
URL www.milestonehotel.com

キャピタル
Capital
Map P.82-83⑨C3

✉22-24 Basil St., SW3 1AT
TEL(020)75895171 FAX(020)72250011
URL www.capitalhotel.co.uk

パーク・タワー・ナイツブリッジ
Park Tower Knightsbridge
Map P.68-69②A1

✉101 Knightsbridge, SW1X 7RN
TEL(020)72358050 FAX(020)72358231
URL www.theparktowerknightsbridge.com

ランガム
Langahm
Map P.66-67①B1

✉1C Portland Pl., Regent St., W1B 1JA
TEL(020)76361000 FAX(020)73232340
URL www.langhamhotels.com

コヴェント・ガーデン
Covent Garden
Map P.66-67①D2

✉10 Monmouth St., WC2H 9HB
TEL(020)70001000
URL www.firmdalehotels.com

バリオーニ
Baglioni
Map P.80-81⑧A1

✉60 Hyde Park Gate, SW7 5BB
TEL(020)73685700
URL www.baglionihotels.com

ルッカリー
Rookery
Map P.72-73④A1

✉12 Peter's Ln., EC1M 6DS
TEL(020)73360931 FAX(020)73360932
URL www.rookeryhotel.com

コンノート
Connaught
Map P.66-67①A2

✉Carlos Pl., Mayfair, W1K 2AL
TEL(020)74997070
URL www.the-connaught.co.uk

フォーティー・ワン
41
Map P.68-69②B2

✉41 Buckingham Palace Rd., SW1W 0PS
TEL(020)73000041
URL www.41hotel.com

ローズウッド
Rosewood
Map P.74-75⑤C3

✉252 High Holborn, WC1V 7EN
TEL(020)77818888
URL www.rosewoodhotels.com

ゴーリング
Goring
Map P.68-69②B2

✉Beeston Pl., SW1W 0JW
TEL(020)73969000 FAX(020)78344393
URL www.thegoring.com

ブレイクス
Blakes
Map P.80-81⑧B2

✉33 Roland Gdns., SW7 3PF
TEL(020)73706701 FAX(020)73730442
URL www.blakeshotels.com

ロンドン・ブリッジ
London Bridge
Map P.72-73④C3

✉8-18 London Bridge St., SE1 9SG
TEL(020)78552200 FAX(020)78552233
URL www.londonbridgehotel.com

サンダーソン
Sanderson
Map P.74-75⑤A3

✉50 Bernards St., W1T 3NG
TEL(020)73001400
URL www.morganshotelgroup.com

フレミングス・メイフェア
Flemings Mayfair
Map P.66-67①B3

✉7-12Half Moon St., Mayfair, W1J 7BH
TEL(020)74990000 FAX(020)74991817
URL www.flemings-mayfair.co.uk

ワン・オルドウィッチ
One Aldwych
Map P.70-71③C1

✉1 Aldwych, WC2B 4BZ
TEL(020)73001000
URL www.onealdwych.com

日本からホテルへの電話（詳しい電話のかけ方は P.8 もご参照ください）
国際電話会社の番号 ＋ 010 ＋ 国番号44 ＋ 最初の0を除いた掲載の番号

最高級 197室 クラリッジ Claridge's

Map P.66-67 ① A2・B2　⊖ボンド・ストリート駅 Bond Street

全室	全室	全室	全室	なし	無料
TV			P	Wi-Fi	

⊠Brook St., W1K 4HR
TEL(020)76298860
FAX(020)74992210
URLwww.claridges.co.uk
⑤Ⓦ🛏🚿£840〜
ⒸⒶⒹⒿⓂⓋ

イギリス貴族、名士たちをはじめ、世界中の上流階級の人たちに愛されている、ロンドンを代表するホテル。1812年創業で、200年近くの伝統に裏打ちされたサービスはさすがに洗練されている。朝食は£45。

Recommended

1837年の創業の老舗
ブラウンズ Brown's Hotel

最高級 117室

Map P.66-67 ① B2
⊖グリーン・パーク駅Green Park

全室	全室	希望者	全室	なし	無料
TV			P	Wi-Fi	

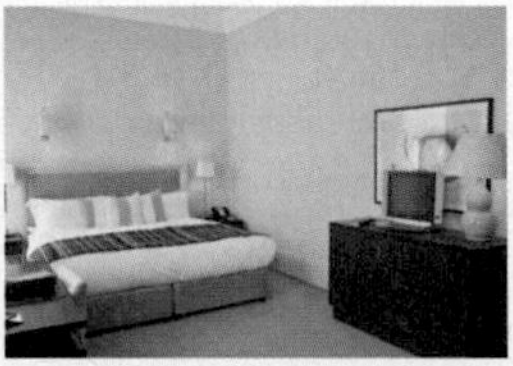

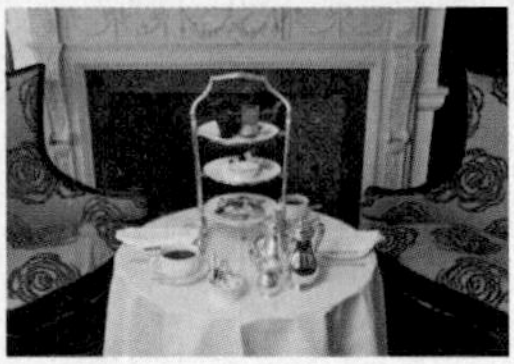

⊠Albemarle St., W1S 4BP
TEL(020)74936020　FAX(020)74939381
URLwww.roccofortehotels.com
⑤🛏🚿£480　Ⓦ🛏🚿£520
ⒸⒶⒹⒿⓂⓋ
レストラン圈7:00〜23:00

グラハム・ベルがイギリスで最初の電話をかけ、キップリングが『ジャングル・ブック』を執筆、アガサ・クリスティーが『バートラム・ホテルにて』のモデルにするなど、数多くの逸話に彩られたホテル。朝食は£24.50〜31.50。
レストラン 館内にある『イングリッシュ・ティー・ルーム』(→P.59)はトップ・ロンドン・アフタヌーン・ティーに選ばれたことがある。

最高級 250室 ドーチェスター Dorchester

Map P.66-67 ① A3　⊖ハイド・パーク・コーナー駅 Hyde Park Corner

全室	全室	希望者	全室	有料	無料
TV			P	Wi-Fi	

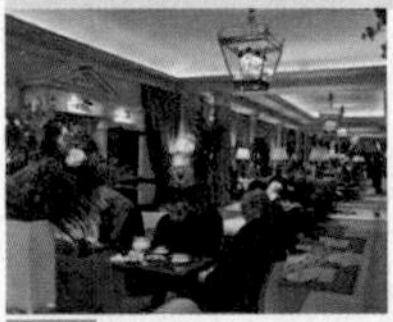

⊠53 Park Ln., W1K 1QA
TEL(020)76298888
FAX(020)76298080
URLwww.thedorchester.com
⑤🛏🚿£450〜
Ⓦ🛏🚿£550〜
ⒸⒶⒹⒿⓂⓋ

18世紀にドーチェスター伯爵によって建てられ、20世紀の初めには、アメリカ大使館としても使われていたという由緒正しい建物。各国の王族や、ハリウッドの俳優も滞在したことがあり、内装は豪華絢爛。朝食は£38。

一流ホテルのサービスでおいしい食事とワイン (2杯)が楽しめる3品のコースランチがおすすめ。(千葉県　吉田隆　'14夏)

最高級 137 リッツ The Ritz

Map P.66-67 ① B3　⊖グリーン・パーク駅 Green Park

全室	全室	全室	全室	なし	無料
TV			P	Wi-Fi	

⊠150 Piccadilly, W1J 9BR
TEL(020)74938181
FAX(020)74932687
URLwww.theritzlondon.com
⑤🛏🚿£400
Ⓦ🛏🚿£500
ⒸⒶⒹⒿⓂⓋ

フランス風のエレガントな建物が目を引く最高級ホテル。1906年に開業し、100年以上の歴史を誇る。イギリス王室も御用達。客室はアンティークの高級家具で装飾され、贅沢この上ない。朝食は£36。

最高級 210室 バークレー Berkley

Map P.68-69 ② A1　⊖ハイド・パーク・コーナー駅 Hyde Park Corner

全室	全室	なし	全室	有料	無料
TV			P	Wi-Fi	

⊠Wilton Pl., Knightsbridge, SW1X 7RL
TEL(020)72356000
FAX(020)72354330
URLwww.the-berkeley.co.uk
⑤🛏🚿£720
Ⓦ🛏🚿£840
ⒸⒶⒹⒿⓂⓋ

ショッピングにも観光にも便利なナイツブリッジにあり、100年以上の歴史を誇る。カラメル・ルームCaramel Roomで13:00〜17:00に楽しめるアフタヌーンティーの人気が高い。朝食は£30〜で、和食£30〜もある。

日本からホテルへの電話 (詳しい電話のかけ方は P.8 もご参照ください)
国際電話会社の番号 ＋ 010 ＋ 国番号44 ＋ 最初の0を除いた掲載の番号

高級 192室 ダブリュー W Hotel Leicester Square

Map P.66-67 ① C2 ●レスター・スクエア駅 Leicester Square

TV 全室 | 全室 | なし | 全室 | なし | Wi-Fi 有料

⊠10 Wardour St., W1D 6QF
TEL(020) 77581000
FAX(020) 77581001
URL www.wlondon.co.uk
⑤W ⚡📶➡🔌 £300～
CC A D J M V

ソーホー、中華街のそばにあり、夜遊びしても歩いて帰れる。内装はスタイリッシュにまとめられており、効果的な照明の配置もあって近未来的な雰囲気すら漂っている。サウナやフィットネスなどの設備も充実。朝食は£29。

Recommended

ソーホーの隠れ家的ホテル
ハズリッツ Hazlitt's

高級 Map P.66-67 ① C2 **30室**

●トテナム・コート・ロード駅 Tottenham Court Road

TV 全室 | 全室 | 希望者 | 全室 | なし | Wi-Fi 無料

⊠6 Frith St., W1D 3JA
TEL(020) 74341771
FAX(020) 74391524
URL www.hazlittshotel.com
⑤📶➡🔌 £225
W📶➡🔌 £295
CC A D J M V

ソーホー・スクエアのすぐ南にある。ホテル名は19世紀に活躍し、ここに住んでいたイギリスの作家ウイリアム・ハズリットWilliam Hazlittに由来する。建物は18世紀末に建てられ、当時の雰囲気を大切にしている。朝食（コンチネンタルが£11.95）は客室で取る。全体的にバスタブ付きの客室が多め。

高級 239室 チャリング・クロス Charing Cross

Map P.66-67 ① D2 ●チャリング・クロス駅 Charing Cross

TV 全室 | 全室 | 全室 | 全室 | なし | Wi-Fi 無料

⊠The Strand,, WC2N 5HX
TEL08713769012
URL www.guoman.com
⑤W⚡📶➡🔌 £222～
CC A D J M V

チャリング・クロス駅に併設している、1865年創業という伝統あるホテル。ヴィクトリア朝時代を思わせる格調の高さと最新の設備が見事に調和している。館内にあるレストラン&バーではアフタヌーン・ティーも楽しめる。

Recommended

タウンハウスを改装した
ドゥランツ Durrants Hotel

高級 Map P.66-67 ① A1 **92室**

●ボンド・ストリート駅 Bond Street

TV 全室 | 全室 | 全室 | 全室 | 有料 | Wi-Fi 無料

⊠26-32 George St., W1H 5BJ
TEL(020) 79358131
URL www.durrantshotel.co.uk
⑤📶➡🔌 £195～
W📶➡🔌 £250～ CC A M V
レストラン圏12:00～15:00 18:00～22:15
ジョージ王朝様式のタウンハウスを利用している高級ホテル。ホテル全体がアンティークの家具や絵画などで格調高く装飾されている。アメニティはロクシタンを使用。朝食は£20前後。
レストラン 新鮮な素材を使用した料理と豊富なワインが楽しめる。

Recommended

伝統とモダンを組み合わせたプチホテル
サムナー The Sumner

高級	20室

Map P.78-79 ⑦ D3
🚇 マーブル・アーチ駅 Marble Arch

TV				P	Wi-Fi
全室	全室	なし	全室	なし	無料

✉ 54 Upr. Berkeley St., W1H 7QR
☎ (020)77232244
FAX 08707058767
URL www.thesumner.com
Ⓢ Ⓦ 🛏 £180〜200
CC Ⓐ Ⓜ Ⓥ

　1830年代に建てられたジョージ王朝様式の建物を利用した全20室の小規模なホテル。2008年にロンドンのベスト・スモール・ホテル・アワード、2009年にロンドンのベストB&Bに輝いている。毎年改装されている客室は、それぞれ内装のテーマカラーが異なり、機能的にまとめられている。館内にレストランはないが、朝食専用のダイニングルームはある。

高級	107室

チェスターフィールド Chester Field

Map P.66-67 ① B3　🚇 グリーン・パーク駅 Green Park

✉ 35 Charles St., W1J 5EB
☎ (020)74912622
FAX (020)74914793
URL www.chesterfieldmayfair.com
Ⓢ 🛏 £350〜
CC Ⓐ Ⓓ Ⓙ Ⓜ Ⓥ

TV				P	Wi-Fi
全室	全室	全室	全室	有料	無料

　部屋の豪華さもさることながら、レストランやバーも非常に高い格式を感じさせる高級ホテル。コンサバトリーで楽しむ伝統的アフタヌーンティーがおすすめ。レストランも併設している。朝食は£22.50。

高級	48室

ロイヤル・パーク Royal Park

Map P.78-79 ⑦ B3　🚇 パディントン駅 Paddington、ランカスター・ゲート駅 Lancaster Gate

✉ 3 Westbourne Ter., W2 3UL
☎ (020)774796600
FAX (020)74796601
URL www.theroyalpark.com
Ⓢ Ⓦ 🛏 £142.80〜238.80
CC Ⓐ Ⓙ Ⓜ Ⓥ

TV				P	Wi-Fi
全室	全室	なし	全室	有料	無料

　パディントン駅とランカスター・ゲート駅のちょうど中間あたりに位置しており、ハイド・パークにもすぐという絶好の立地。ゲストラウンジ、ミーティングルームなど、公共スペースは充実している。朝食は£13.95。

高級	22室

アビー・コート The Abbey Court Hotel

Map P.84-85 ⑩ B1　🚇 ノッティング・ヒル・ゲイト駅 Notting Hill Gate

✉ 20 Pembridge Gdns., W2 4DU
☎ (020)72217518
FAX (020)77920858
URL abbeycourthotel.co.uk
Ⓢ Ⓦ 🛏 £135〜
CC Ⓐ Ⓓ Ⓙ Ⓜ Ⓥ

TV				P	Wi-Fi
全室	全室	全室	全室	なし	無料

　1850年に建てられたヴィクトリア朝様式の屋敷を利用したホテル。小規模だが、部屋によって内装が異なり、家具やカーテンなど、細かいところにも配慮が見られる。レセプションにはバーも併設。

高級	34室

サンクチュアリー・ハウス The Sunctuary House

Map P.68-69 ② D1　🚇 セント・ジェームズ・パーク駅 St. Jame's Park

✉ 33 Tothill St., SW1H 9LA
☎ (020)77994044
FAX (020)77993657
URL sanctuaryhousehotel.co.uk
Ⓢ Ⓦ 🛏 £99〜144
CC Ⓐ Ⓓ Ⓜ Ⓥ

TV				P	Wi-Fi
全室	全室	全室	なし	なし	無料

　ウェストミンスター寺院のすぐ近くに位置するホテル。客室の広さは料金によって異なり、スーペリア・ルームは設備も豪華になる。1階のバーはフラーズ・ブリュワリー(→P.63)からビールを仕入れており、エールの種類も豊富。

美術館のような内装
モンタギュー・オン・ザ・ガーデンズ
Montague on the Gardens

高級　　100室
Map P.74-75 ⑤ B3
ホルボーン駅 Holborn

全室　全室　全室　全室　有料　無料

✉15 Montague St., WC1B 5BJ
TEL(020)76371001　FAX(020)76372516
URLwww.montaguehotel.com
S▯▯▯▯ £150〜
W▯▯▯▯ £250〜
CC A D J M V
レストラン圏12:30〜14:30　17:00〜22:00
（日13:00〜14:30　17:30〜21:30）
　豪華でクラシカルな装飾が魅力の
タウン・ハウス・ホテル。美しい庭園に
面しており、ほとんどの部屋からは庭
園を眺めることができる。アフタヌー
ンティーも人気が高い。客室は最新の
設備を備え、部屋ごとに独自の装飾
がなされている。朝食は£18〜20。
レストラン　館内にはビストロとグリ
ル・レストランがある。

数々の賞を獲得した個性派ホテル
ウィンダミア　**Windermere Hotel**

高級　　19室
Map P.68-69 ② B3
ヴィクトリア駅 Victoria

全室　全室　全室　全室　なし　無料

✉142-144 Warwick Way, SW1V 4JE
TEL(020)78345163　FAX(020)76308831
URLwww.windermere-hotel.co.uk
S▯▯▯▯ £155　W▯▯▯▯ £205
CC A J M V
　周辺の宿に比べて全体的に高級感
が漂う。部屋の大きさや設備は部屋ご
とに異なり、値段もさまざま。バスタ
ブ付きの部屋などもある。

インテリアのセンスが光る
エイチ・テン　**H 10**

高級　　177室
Map P.70-71 ③ D3
ランベス・ノース駅 Lambeth North

全室　全室　全室　全室　なし　無料

✉284-302 Waterloo Rd., SE1 8RQ
TEL(020)79284062　FAX(020)79282264
URLwww.h10hotels.com
S▯▯▯▯ £109〜
W▯▯▯▯ £129〜
CC A D M V
レストラン圏18:00〜22:30
　スペイン資本のおしゃれなホテル。
客室はモノトーン調の内装でまとめら
れ、ウッドフロアを使用している。シャ
ードが見える客室や、バスタブ付きの
客室は全体の半数ほど。ウエルカムド
リンクとして、スペイン産のスパークリ
ングワインもある。
レストラン＆バー　地中海料理を得意
としており、屋上にはバーも併設。

ポップなカラーに包まれている
ナンバー・シックスティーン Number 16

高級　41室
Map P.80-81 ⑧ B2

● サウス・ケンジントン駅 South Kensington

TV　全室　全室　なし　一部　なし　Wi-Fi 無料

✉ 16 Sumner Pl., SW7 3EG
TEL (020) 75895232
FAX (020) 75848615
URL www.firmdalehotels.com
Ⓢ £180〜
Ⓦ £280〜
CC Ⓐ Ⓓ Ⓜ Ⓥ

　優雅で美しい白亜の建物を改装したホテル。部屋はそれぞれ異なるインテリアで、外観とは違い、モダンイングリッシュのデザインと機能性がうまく組み合わされている。噴水がある美しい裏庭が自慢で、天気がよければここでアフタヌーン・ティーを楽しむことができる。朝食は別料金で£18。バスタブ付きの客室もある。

高級　13室
アスター・ハウス Aster House
Map P.80-81 ⑧ B2　● サウス・ケンジントン駅 South Kensington

TV　全室　全室　全室　全室　なし　Wi-Fi 無料

✉ 3 Sumner Pl., SW7 3EE
TEL (020) 75815888
FAX (020) 75844925
URL www.asterhouse.com
Ⓢ £180
Ⓦ £240〜375
CC Ⓐ Ⓜ Ⓥ

　静かな環境に、おしゃれなホテルが並ぶサムナー・プレイスにある高級B&B。豊富な受賞歴を証明するように、スタッフの応対も親切で居心地がよい。朝食はビュッフェスタイルで種類も豊富。

高級　58室
パークシティ The Parkcity
Map P.80-81 ⑧ A2　● アールズ・コート駅 Earls Court

TV　全室　全室　全室　全室　なし　Wi-Fi 無料

✉ 18-30 Lexham Gdns., W8 5JE
TEL (020) 73417090
FAX (020) 78350189
URL www.parkcitylondon.com
Ⓢ Ⓦ £90〜
CC Ⓐ Ⓜ Ⓥ

　ヴィクトリア朝様式のタウンハウス・ホテル。7軒ぶんの家をホテルとして利用しているので、広々としており、レストラン、バー、フィットネスセンターも併設。客室の内装は近代的かつ機能的にまとめられている。朝食は£10.95。

高級　50室
ゴア The Gore Hotel
Map P.80-81 ⑧ B1　● サウス・ケンジントン駅 South Kensington

TV　全室　希望者　全室　全室　なし　Wi-Fi 有料

✉ 190 Queen's Gate, SW7 5EX
TEL (020) 75846601
URL www.gorehotel.com
Ⓢ £210〜
Ⓦ £280〜
CC Ⓐ Ⓓ Ⓙ Ⓜ Ⓥ

　1894年創業の老舗ホテル。ローリング・ストーンズの記者会見が行われたことでもよく知られている。客室はモダンなタイプやアンティーク家具が多く置かれたテューダールームなど、どの部屋も個性的。

高級　12室
レヴィン The Levin Hotel
Map P.80-81 ⑧ D1　● ナイトブリッジ駅 Knightsbridge

TV　全室　全室　全室　全室　なし　Wi-Fi 無料

✉ 28 Basil St., SW3 1AS
TEL (020) 75896286
URL www.thelevinhotel.co.uk
Ⓢ £224
Ⓦ £265
CC Ⓐ Ⓓ Ⓙ Ⓜ Ⓥ

　ハロッズの裏側にあるので買い物にも便利。1930年代の雰囲気をテーマにインテリアにもこだわったブティック・ホテル。寝室のリネンはエジプト産の綿が使用されている。館内にはワインバーも併設。

コストパフォーマンスの優れた宿
カーディフ Cardiff Hotel

中級 62室

Map P.78-79 ⑦ C3
🚇 パディントン駅 Paddington

📺 全室　🛁 全室　🧼 全室　□ なし　P なし　📶 Wi-Fi 無料

✉ 5/7/9 Norfolk Sq., W2 1RU
☎ (020) 77239068
URL www.cardiff-hotel.com
S 🛁➡□ £45〜
W 🛁➡□ £75〜　CC J M V

家族経営のホテルで、55年以上の長い歴史を誇っている。部屋は少し簡素だが清潔。スタッフも親切で観光の相談にも乗ってくれる。

中級 50室
アシュレイ Ashley Hotel
Map P.78-79 ⑦ C3
🚇 パディントン駅 Paddington

✉ 13-17 Norfolk Sq., W2 1RU
☎ (020) 77233375
URL www.ashleylondon.co.uk
S 🛁➡□ £49〜
W 🛁➡□ £59〜
CC A M V

📺 全室　🛁 全室　🧼 全室　□ なし　P なし　📶 Wi-Fi 無料

パディントン駅からも近く、好立地。ヴィクトリア朝時代の建物を改装したホテル。客室はシンプルで清潔に保たれている。エレベーターはないので低層階を希望する場合は事前にリクエストしよう。朝食はコンチネンタル形式。

中級 73室
セント・デイビッズ St. David's Hotels
Map P.78-79 ⑦ C3
🚇 パディントン駅 Paddington

✉ 4-20 Norfolk Sq., W2 1RS,
☎ (020) 77233856
URL www.stdavidshotels.com
S 🛁➡□ £45　S 🛁➡□ £75
W 🛁➡□ £80
CC A M V

📺 全室　🛁 全室　🧼 全室　□ なし　P なし　📶 Wi-Fi 有料

ノーフォーク・スクエアに面した家族経営のホテル。客室はコンパクトにまとめられており、機能的な造り。フロントには旅行者向けに地図も置いてある。無線LANは1日£3。

ロンドンなのにエスニックな香りが漂う
ニュー・リンデン The New Linden Hotel

中級 51室

Map P.78-79 ⑦ A3
🚇 ベイズウォーター駅 Bayswater

📺 全室　🛁 全室　🧼 全室　□ 全室　P なし　📶 Wi-Fi 無料

✉ 58-60 Leinster Sq., W2 4PS
☎ (020) 72214321
FAX (020) 77273156
URL www.newlinden.co.uk
S 🛁 ➡□ £67〜105
W 🛁 ➡□ £95〜135
CC A M V

ベイズウォーターにあるブティックホテル。ラウンジには黄金の仏像が置いてあり、エキゾチックな雰囲気。各部屋はそれぞれ異なるデザインで装飾されており、設備もフラットテレビなど最新のものを設置している。

中級 40室
ガーデン・コート Garden Court Hotel
Map P.78-79 ⑦ A3
🚇 ベイズウォーター駅 Bayswater

✉ 30-31 Kensington Gardens Sq., W2 4BG
☎ (020) 72292553
FAX (020) 77272749
URL www.gardencourthotel.co.uk
S 🛁 ➡□ £70
W 🛁 ➡□ £125　CC M V

🛗 📺 全室　🛁 全室　🧼 全室　□ なし　P なし　📶 Wi-Fi 無料

60年近い歴史がある宿。周囲は住宅街なので静かな環境。ロンドン中心部へのアクセスもよく、好立地といえる。建物は伝統的な外観だが、内部は近代的な造り。

メリディアナ Hotel Meridiana

中級 25室

Map P.74-75 ⑤ B1　⊖キングズ・クロス / セント・パンクラス駅 King's Cross/St. Pancras

📺 全室　🔨 全室　🧴 全室　📱 なし　P なし　📶Wi-Fi 無料

✉43-44 Argyle Sq., WC1H 8AL
TEL(020)77130144
FAX(020)77130187
URLwww.hotelmeridiana.co.uk
Ⓢ🔲 £45〜　🔲 £60〜
Ⓦ🔲 £60〜　🔲 £90〜
CCⒿⓂⓋ

セント・パンクラスにある家族経営のホテル。鉄道駅、地下鉄駅ともに近いので、観光に適した立地。部屋はシンプルで少々狭いが、清潔にされている。朝食はフルイングリッシュで、食事の間は暖炉の火をともしてくれる。

クレストフィールド The Crestfield Hotel

中級 58室

Map P.74-75 ⑤ B1　⊖キングズ・クロス / セント・パンクラス駅 King's Cross/St. Pancras

📺 全室　🔨 全室　🧴 全室　📱 なし　P なし　📶Wi-Fi 無料

✉2-4 Crestfield St., WC1H 8AT
TEL(020)78370500　FAX(020)78331837
URLwww.crestfieldhotel.co.uk
Ⓢ🔲 £60〜100
Ⓦ🔲 £70〜120
CCⓂⓋ

キングズ・クロス駅を出て徒歩3分ほど。好立地なので人気も高く、夏期は予約したほうが無難。立地がよい分、客室は少し狭いが料金も低く設定されている。朝食はコンチネンタル形式。

チューン Tune Hotel

中級 95室

Map P.74-75 ⑤ C1　⊖キングズ・クロス / セント・パンクラス駅 King's Cross/St. Pancras

📺 全室　🔨 全室　🧴 なし　📱 全室　P なし　📶Wi-Fi 有料

✉324 Gray's Inn Rd., WC1X 8BU
TEL(020)77132050
URLtunehotels.com
ⓈⓌ🔲 £80〜
CCⒶⒹⓂⓋ

格安航空会社エアアジア系列のホテル。客室は安く設定されているが、テレビやドライヤー、タオル、歯ブラシなどはすべて別料金。無線LANは1日£4。ロンドン市内にもいくつか支店がある。

Recommended

伝統的な建築物にモダンな内装を施した
ハーリングフォード Harlingford Hotel

中級 43室
Map P.74-75 ⑤ B2
⊖ラッセル・スクエア駅 Russell Square

📺 全室　🔨 全室　🧴 全室　📱 なし　P なし　📶Wi-Fi 無料

✉61-63 Cartwright Gdns., WC1H 9EL
TEL(020)73871551　FAX(020)73874616
URLwww.harlingfordhotel.com
Ⓢ🔲 £93　Ⓦ🔲 £124
CCⓂⓋ

建物は1807年に建てられたそうだが、現代的なデザインを取り入れたホテル。部屋は白を基調とし、ところどころに紫色をあしらってあり、おしゃれ。

アロスファ Arosfa

中級 17室

Map P.74-75 ⑤ A2　⊖ラッセル・スクエア駅 Russell Square

📺 全室　🔨 全室　🧴 全室　📱 なし　P なし　📶Wi-Fi 無料

✉83 Gower St., WC1E 6HJ
TEL(020)76362115
FAX(020)73235141
URLwww.arosfalondon.com
Ⓢ🔲 £88
Ⓦ🔲 £130
CCⓂⓋ

大英博物館の北、B&Bが軒を連ねるガワ・ストリート沿いにある。部屋は清潔で、ラウンジにはゲスト用のPCが置いてあり、設備はしっかりしている。コストパフォーマンスに優れているので、当然人気が高い。

ユーロ Euro

中級 31室

Map P.74-75 ⑤ B2　⊖ラッセル・スクエア駅 Russell Square

📺 全室　🔨 全室　🧴 全室　📱 なし　P なし　📶Wi-Fi 無料

✉53 Cartwright Gdns., WC1H 9EL
TEL(020)73874321　FAX(020)73835044
URLwww.eurohotel.co.uk
Ⓢ🔲 £75
Ⓢ🔲 £105
Ⓦ🔲 £140
CCⒶⓂⓋ

小さな公園に面した静かな環境に立地。室内には明るい色調の木彫の家具が置かれている。一部バスタブ付きの部屋もあり、ゆったりとした造りが自慢。ラウンジは広く、レトロなポスターが飾られており、ちょっとおしゃれ。

キングズ・クロス駅に近くて便利。ラッセルスクエア駅前には24時間営業のTescoもあります。(神奈川県　パンチ　'14夏)

19世紀の建物を改装した

クレッセント Crescent Hotel

中級　27室
Map P.74-75 ⑤ B2
⊖ ラッセル・スクエア駅 Russell Square

TV	ドライヤー	🔖	金庫	P	🛜 Wi-Fi
全室	全室	全室	なし	なし	無料

✉49-50 Cartwright Gdns., WC1H 9EL
TEL(020) 73871515　FAX(020) 73832054
URL www.crescenthoteloflondon.com
⑤ £59　　£67
⑤ £100　W £125
Ⓒ Ⓙ Ⓜ Ⓥ

1956年創業の家族経営のホテル。客室のタイプは色々あり、庭園が眺められる部屋もある。

中級 45室
セント・アセンズ St. Athans Hotel
Map P.74-75 ⑤ B2　⊖ ラッセル・スクエア駅 Russell Square

TV	ドライヤー	🔖	金庫	P	🛜 Wi-Fi
一部	なし	なし	なし	なし	無料

✉20 Tavistock Pl., WC1H 9RE
TEL(020) 78379140　FAX(020) 78338352
URL www.stathanshotel.com
⑤ £50
W £65～68
W £80～98
Ⓒ Ⓐ Ⓙ Ⓜ Ⓥ (手数料1.5%別途)

ラッセル・スクエア駅から徒歩5分ほど。部屋は清潔にされているが、全体的に狭く、設備も非常にシンプルで、流し台とコップくらいしか置かれていない。地下にはコーヒーハウスも併設されている。

中級 34室
ラスキン Ruskin Hotel
Map P.74-75 ⑤ B3　⊖ ホーバン駅 Holborn

エレベーター	TV	ドライヤー	🔖	金庫	P	🛜 Wi-Fi
あり	なし	全室	全室	なし	なし	無料

✉23 Montague St., WC1B 5BH
TEL(020) 76367388　FAX(020) 73231662
URL ruskinlondon@aol.com
⑤ £75
W £95
W £145
Ⓒ Ⓙ Ⓜ Ⓥ

大英博物館の隣の通りにある。テレビラウンジは美しく装飾されており、壁にはフレスコ画が描かれている。古くからあるホテルだが改装済。一部ガーデンビューの部屋もあるので、事前に問い合わせてみよう。

中級 21室
モーガン Morgan Hotel
Map P.74-75 ⑤ B3　⊖ トテナム・コート・ロード駅 Tottenham Court Road

TV	ドライヤー	🔖	金庫	P	🛜 Wi-Fi
全室	全室	全室	なし	なし	無料

✉24 Bloomsbury St., WC1B 3QJ
TEL(020) 76363735
FAX(020) 76363045
URL www.morganhotel.co.uk
⑤ £115
W £140
Ⓒ Ⓜ Ⓥ

大英博物館の近くにあるホテルで、35年近くにわたって旅行者を受け入れてきた。各部屋にはエアコンが完備されている。無線LANはほとんどの部屋で利用可能だが、一部つながらない部屋もあるので注意。

中級 17室
B+Bベルグラヴィア B+B Belgravia
Map P.68-69 ② B2　⊖ ヴィクトリア駅 Victoria

TV	ドライヤー	🔖	金庫	P	🛜 Wi-Fi
全室	全室	希望者	なし	なし	無料

✉64-66　Ebury St., SW1W 9QD
TEL(020) 72598570
FAX(020) 72598591
URL www.bb-belgravia.com
⑤ £120
W £140
Ⓒ Ⓐ Ⓜ Ⓥ

ヴィクトリア駅から徒歩約5分の便利な立地。入口は大きな看板などがないので、わかりにくい。白を基調とした客室は清潔感にあふれ、設備的にも申し分ない。宿泊者には無料で自転車のレンタルも行っている。

中級 25室
シェリフ Sheriff Hotel
Map P.68-69 ② B3　⊖ ヴィクトリア駅 Victoria

TV	ドライヤー	🔖	金庫	P	🛜 Wi-Fi
全室	全室	全室	なし	なし	無料

✉115 Warwick Way, SW1V 4HT
TEL(020) 78340134　URL www.sheriffhotel.com
⑤ £60～90
W £80～130　Ⓒ Ⓐ Ⓓ Ⓜ Ⓥ

部屋によってテーマカラーが異なり、インテリアの色が統一されている。朝食はコンチネンタル形式。

数年前に改装したそうで、シンプルできれいでした。スタッフも親切。(千葉県　marco　'14春)

中級 30室 エンリコ Enrico Hotel

Map P.68-69 ② B3 ●ヴィクトリア駅 Victoria

TV [全室] 🌀[全室] 🏷[全室] 📦[なし] 🅿[なし] 📶Wi-Fi 一部無料

✉77-79 Warwick Way, SW1V 1QP
☎(020)78349538　FAX(020)72339995
URL www.enricohotel.com
S 🚿 📺 🔌 £37～
W 🚿 📺 🔌 £45～
W 🛁 🚿 📺 🔌 £61～
CC M V(手数料別途)

ヴィクトリア駅周辺のB&B街の一角にある。料金的に抑えられているので、部屋は少し狭く、設備は最低限。スタッフの対応も親切と評判なので、日本人旅行者に人気。無線LANを利用する人はダイニングルームの近くを希望しよう。

中級 44室 スタンレー・ハウス Stanley House

Map P.68-69 ② C2 ●ヴィクトリア駅 Victoria

TV [全室] 🌀[全室] 🏷[なし] 📦[なし] 🅿[なし] 📶Wi-Fi 無料

✉19-23 Belgrave Rd., SW1V 1RB
☎(020)78345042　FAX(020)78348439
URL www.londonbudgethotels.co.uk
S 🚿 📺 🔌 £50
W 🛁 🚿 📺 🔌 £65
CC M V

ベルグレイブ通りにある、家族経営の中級ホテル。ヴィクトリア駅近くにもかかわらず、この料金設定は魅力的。客室は機能的な造りでコンパクトにまとめられ、清潔にされている。

中級 105室 イージーホテル・ヴィクトリア Easyhotel Victoria

Map P.68-69 ② B2 ●ヴィクトリア駅 Victoria

TV [全室] 🌀[希望者] 🏷[全室] 📦[なし] 🅿[なし] 📶Wi-Fi 無料

✉34-40 Belgrave Rd., SW1V 1RG
☎(020)78341379
FAX(020)78344912
URL www.easyhotel.com
S 🛁 W 🚿 📺 🔌 £52～
CC M V

格安航空会社のイージージェットで知られるイージーグループが経営するホテル。部屋はきれいだが、非常にシンプル。テレビやドライヤーを利用する場合は別料金。

中級 16室 メルボーン・ハウス Melbourne House Hotel

Map P.68-69 ② C3 ●ピムリコ駅 Pimlico

TV [全室] 🌀[全室] 🏷[全室] 📦[なし] 🅿[なし] 📶Wi-Fi 無料

✉79 Belgrave Rd., SW1V 2BG
☎(020)78283516
FAX(020)78287120
URL www.melbournehousehotel.co.uk
S 🚿 📺 🔌 £105
W 🚿 📺 🔌 £110
CC M V

ピムリコ駅から徒歩5分ほど。部屋はシンプルで機能的。改装を行ったばかりのため、どの部屋も清潔で料金を考えると魅力的といえる。人気が高いので事前に連絡を取ってから訪れるのがよいだろう。

中級 16室 マラントン・ハウス Maranton House Hotel

Map P.80-81 ⑧ A2 ●アールズ・コート駅 Earl's Court

TV [全室] 🌀[全室] 🏷[全室] 📦[なし] 🅿[なし] 📶Wi-Fi 無料

✉14 Barkston Gdns., SW5 0EN
☎(020)73735782
FAX(020)72449543
URL www.marantonhousehotel.com
S 🚿 📺 🔌 £70～
W 🚿 📺 🔌 £90～
CC A D M V

小規模な家族経営のホテル。赤れんがが特徴的なジョージ王朝様式の建物を利用しており、いたるところに花が飾られている。バスルームが広く、アメニティも充実している。レセプションは23:30～翌8:00の間は閉鎖。

Recommended

長期滞在に便利なキッチン付き
ナドラー The Nadler Kensington Hotel

中級　65室
Map P.80-81 ⑧ A2 ●アールズ・コート駅 Earl's Court

🛗 TV [全室] 🌀[希望者] 🏷[全室] 📦[全室] 🅿[なし] 📶Wi-Fi 無料

✉25 Courtfield Gdns., SW5 0PG
☎(020)72442255　FAX(020)72442256
URL www.thenadler.com
S W 🛁 📺 🔌 £155～
CC A M V

客室には小さいながらもキッチンが付いており、電子レンジと冷蔵庫も完備されているので、長期の滞在におすすめ。朝食は£8.50(要予約)。

日本からホテルへの電話（詳しい電話のかけ方は P.8 もご参照ください）
国際電話会社の番号 ＋ 010 ＋ 国番号44 ＋ 最初の0を除いた掲載の番号

ロンドンのホステル、ユースホステル

YHAロンドン・セントラル YHA London Central
Map P.76-77 ⑥D3　ベッド数309
グレート・ポートランド・ストリート駅
⊠104 Bolsover St., W1W 5NU
TEL(020)73501173　URLwww.yha.org.uk
D £15〜32　SW £52〜75　CC M V

YHAオックスフォード・ストリート YHA Oxford Street
Map P.66-67①C2　ベッド数102
オックスフォード・サーカス駅
⊠14 Noel St., W1F 8GJ　TEL(020)77341618
URLwww.yha.org.uk
D £17〜35　W £60〜80　CC M V

YHAロンドン・セント・ポールズ YHA St.Pauls
Map P.72-73 ④A2　ベッド数211
セント・ポールズ駅
⊠36 Carter Ln., EC4V 5AB
TEL(020)72364965　URLwww.yha.org.uk
D £16〜30　S £30〜33　W £60〜70　CC M V

YHAセント・パンクラス YHA St. Pancras
Map P.74-75 ⑤B1　ベッド数186
キングス・クロス／セント・パンクラス駅
⊠79-81 Euston Rd., NW1 2QE
TEL(020)73889998　URLwww.yha.org.uk
D £15〜　W £70〜90　CC J M V

YHAアールズ・コート YHA Earls Court
Map P.80-81 ⑧A2　ベッド数186
アールズ・コート駅
⊠38 Bolton Gdns., SW5 0AQ
TEL08453719114　URLwww.yha.org.uk
D £15〜　SW £45〜70　CC M V

アスター・ミュージアム Astor Museum
Map P.74-75 ⑤B3　ベッド数120
ホーバン駅
⊠27 Montague St., WC1B 5BH
TEL(020)75805360　URLwww.astorhostels.co.uk
D £20〜　SW £50〜　CC M V

アスター・ハイド・パーク Astor Hyde Park
Map P.80-81 ⑧B1　ベッド数165
グロスター・ロード駅
⊠191 Queens Gate, SW7 5EU
TEL(020)75810103　URLwww.astorhostels.co.uk
D £14〜26　SW £90〜100　CC M V

アスター・ヴィクトリア Astor VIctoria
Map P.68-69②C3　ベッド数200
ピムリコ駅
⊠71 Belgrave Rd., SW1V 2BG
TEL(020)78343077　URLwww.astorhostels.co.uk
D £17〜24　S £49　W £80　CC M V

イクイティ・ポイント Equity Point
Map P.78-79 ⑦B2　ベッド数400
パディントン駅
⊠100-102 Westbourne Ter., W2 6QE
TEL(020)70878001　URLwww.equity-point.com
D £14〜28　SW £66〜72　CC M V

キーストーン・ハウス Keystone House Hostel
Map P.74-75 ⑤C1　ベッド数140
キングス・クロス／セント・パンクラス駅
⊠272-276 Pentonville Rd., N1 9JY
TEL(020)78376444　URLwww.keystone-house.com
D £16〜　SW £52〜　CC M V

ジャーニーズ Journeys King's Corss Hostel
Map P.74-75 ⑤C1　ベッド数348
キングス・クロス／セント・パンクラス駅
⊠54-58 Caledonian Rd., N1 9DP
TEL(020)78333893　URLwww.journeys.hostel.com
D £10〜35　SW £50〜80　CC M V

クリンク78 Clink 78
Map P.74-75 ⑤C1　ベッド数600
キングス・クロス／セント・パンクラス駅
⊠78 King's Cross Rd., WC1X 9QG
TEL(020)71839400　URLwww.clinkhostel.com
D £13〜40　SW £50〜100　CC M V

マイニンガー Meiniger Hostel
Map P.80-81 ⑧B2　ベッド数250
サウス・ケンジントン駅
⊠65-67 Queen's Gate, SW7 5JS
TEL(020)33181407　URLwww.meininger-hostels.com
D £14〜　S £72〜　W £78　CC A M V

ウォルラス The Walrus
Map P.70-71③C3　ベッド数70
ランベス・ノース駅
⊠172 Westminster Bridge Rd., SE1 7RW
TEL07545589214 (携帯)　URLwww.walrussocial.com
D £18.50〜　W £60〜　CC M V

ロンドン・アイ London Eye Hostel
Map P.70-71③C3　ベッド数115
ランベス・ノース駅
⊠73 Lambeth Walk., SE11 6DX
TEL(020)75823088　URLwww.londoneyehostel.com
D £15　W £75〜　CC M V

ディスティネーションズ Destinations Hostel
Map P.72-73 ④B3　ベッド数20
ロンドン・ブリッジ駅
⊠65 Union St., SE1 1SG
TEL(020)74079717
D £28〜40　SW £54〜70　CC A M V

ロンドンでは東京やパリのように世界中の料理が味わえる。レストランの数と種類も豊富だ。

中華街 ソーホー Map P.66-67 ① C2 にあり、高級店からビュッフェ専門店まで並ぶ。その数は100を超えるとか。

レスター・スクエア ロンドンでレストランが最も多いのはレスター・スクエア周辺。イタリアンからフレンチ、中華料理までバラエティ豊か。

ソーホーの中華街

インド料理 ロンドンではインドからの移民が多いため、本格的なインド料理が味わえる。インド料理店はブリック・レーンBrick Ln. Map P.72-73 ④ D1 周辺に多い。

モダン・ブリティッシュ カリスマ・シェフの活躍や料理番組によって最近はフランス料理やアジア料理などのエッセンスを取り入れたモダン・ブリティッシュを出す店も増えてきた。

Map P.66-67 ① D2　⊖コヴェント・ガーデン駅 Covent Garden　英国料理

ルールズ Rules

伝統的な英国料理が楽しめる、1798年創業の老舗。今までさまざまな有名人が訪れている。私有の狩猟場も所有しており、伝統的な狩猟肉料理なども楽しめる。店内は美術品でいっぱい。要予約。

✉35 Maiden Ln., WC2E 7LB　☎(020)78365314
URLwww.rules.co.uk　🕐12:00～23:45（日～22:30）
🈵無休　💳ADMV　📶店内可

Map P.66-67 ① D2　⊖コヴェント・ガーデン駅 Covent Garden　英国料理

シンプソンズ・イン・ザ・ストランド
Simpson's-in-the-Strand

伝統的イギリス料理の雰囲気が楽しめる店として定評がある。内装やサービスの仕方など、すべてが格調高い。

✉100 Strand, WC2R 0EW　☎(020)78369112
URLwww.simpsonsinthestrand.co.uk
🕐7:15～10:30　12:00～14:45　17:45～22:30（土12:00～14:45　17:00
～22:30、日12:00～21:00）　🈵無休　💳ADJMV　📶不可

Map P.66-67 ① B3　⊖グリーン・パーク駅 Green Park　英国料理　モダン・ブリティッシュ

クアグリノース Quaglino's

サー・テレンス・コンランがプロデュースしたレストラン。料理はシーフードを中心としたモダンブリティッシュ。ディナーの目安は飲み物なしで£40～50。

✉16 Bury St., SW1Y 6AJ　☎(020)79306767
URLwww.quaglinos-restaurant.co.uk
🕐12:00～15:00　17:30～23:00（金・土12:00～15:00　17:30～
翌3:00）　🈵日　💳ADJMV　📶店内可

Map P.66-67 ① B3　⊖グリーン・パーク駅 Green Park　英国料理　オイスター・バー

グリーンズ Green's

ロブスター、カニなどのシーフードに定評がある老舗。オイスターは6個で£18～。メインは£25～35。17:30～19:00は£25（2品）、£28（3品）のセットメニューあり。

✉36 Duke St., St. James's, SW1Y 6DF　☎(020)79304566
URLwww.greens.org.uk　🕐11:30～15:00　17:30～23:00
🈵日　💳ADJMV　📶店内可

Map P.66-67 ① C2　⊖ピカデリー・サーカス駅 Piccadilly Circus　英国料理　オイスター・バー

ベントレーズ Bentley's

1916年創業という老舗の英国料理店。1階がオイスターバー、2階がグリルレストランになっている。産地を選べるカキは3個£9.50～。

✉11-15 Swallow St., W1B 4DG　☎(020)77344756
URLwww.bentleys.org　🕐11:30～24:00（日～22:00）
🈵日　💳AMV　📶店内可

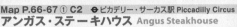

Map P.74-75 ⑤ A3　 グージ・ストリート駅 Goodge Street

英国料理
シーフード

ボニー・ガル Bonnie Gull Seafood Shack

新鮮な魚介類を毎日市場から取り寄せているレストラン。素材によってメニューを作成するので、2日に一度すべてのメニューが変わる。メインは1品£15〜25程度。

✉21A Foley St., W1W 6DS　☎(020)74360921
URL www.bonniegull.com
⏰12:00〜15:00　18:00〜22:00（日12:00〜16:00　18:00〜22:00）　無休　CC A J M V　店内可

Map P.66-67 ① C2　 ピカデリー・サーカス駅 Piccadilly Circus

英国料理
ステーキ

アンガス・ステーキハウス Angus Steakhouse

50年以上の歴史を誇るステーキハウス。アンガス地方から直送された牛肉を使用しており、ステーキは£17.50〜27。ロンドン市内に支店が6つある。

✉21 Coventry St., W1D 7AE　☎(020)78391059
URL www.angussteakhouse.co.uk
⏰10:00〜翌1:00　無休　CC A D J M V　店内可

Map P.72-73 ④ C3　 ロンドン・ブリッジ駅 London Bridge

英国料理
朝食

マイ・ティー・ショップ My Tea Shop

創業1933年の老舗。現在のオーナーは5代目で、一家はロンドン・ブリッジ駅の下でずっと朝食を提供し続けてきたそうだ。朝食メニューは豊富で£5.95〜9.95。ブラック・プディングやチーズなどのトッピングは各£1。

✉23 Duke St., SE1 2WE
☎07572151944（携帯）　⏰6:30〜15:30（土・日8:00〜15:30）
無休　CC不可　不可

Map P.72-73 ④ A3　 ブラックフライヤーズ駅 Blackfriars

英国料理
カフェ

テート・モダン Tate Modern

テート・モダンの最上階にある、カフェ＆レストラン。テムズ河とセント・ポール大聖堂を眺められる。ランチは12:00〜15:00。ディナーは金・土曜のみ。

✉Bankside, SE1 9TG　☎(020)78878888
⏰月〜木12:00〜15:00、金・土12:00〜15:00　15:30〜16:45
18:00〜21:45、日12:00〜15:00 15:30〜16:45　無休
CC A D J M V　店内可

Map P.66-67 ① A1　 ボンド・ストリート駅 Bond Street

英国料理
ファストフード

ゴールデン・ハインド Golden Hind

1914年創業の、ロンドンでも屈指の人気を誇るフィッシュ＆チップス・レストラン。メインは£6.80〜12。オーナーがギリシア出身でメニューのなかにはグリーク・サラダ£4などもある。アルコール類は出さないが、近所で買って持ち込むのは可。

✉73 Marylebone Ln., W1U 2PN　☎(020)74863644
⏰12:00〜15:00　18:00〜22:00
土のランチ、日　CC A D J M V　不可

ロンドンのB級グルメ、ウナギパイの老舗
エム・マンゼ M.Manze

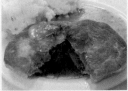

英国料理 ④　ファストフード
Map P.72-73 ④ D3 外
 ロンドン・ブリッジ駅 London Bridge

✉87 Tower Bridge Rd, SE1 4TW
☎(020)4072985
URL www.manze.co.uk
⏰月11:00〜14:15、火・水・木10:30〜14:15、金10:00〜14:30、土10:00〜15:00
日　CC不可　不可

1891年創業の老舗。かつてウナギのパイはロンドンっ子に人気があったが、現在は食べられる店が少なくなってしまった。ウナギのパイとマッシュポテトのセットは£3.70〜と激安。

ベルギー・ビールで頂くムール貝
ベルゴ Belgo Centraal

ベルギー料理　シーフード

Map P.66-67 ① D2
🚇 コヴェント・ガーデン駅 Covent Garden
✉50 Earlham St., WC2H 9LJ
☎(020)78132233
🌐www.belgo-restaurants.co.uk
🕐12:00～23:30（日～22:30）
🈡無休　💳AMV　📶店内可

　ムール貝とベルギー・ビールを味わ
える若者に人気のレストラン。特にムー
ル貝（£12.95）は白ワイン蒸しや
クリーム蒸しなど、メニューも豊富。ベ
ルギーのヒューグ醸造所で作られたオ
リジナルのビールが置いてある。

Map P.66-67 ① A1　🚇 ボンド・ストリート駅 Bond Street

フランス料理

ロートル・ピエ L'Autre Pied

　2008年のオープン以来、数々の賞を受賞している人気
のフランス料理店。メインは£28～36。平日はランチとプ
レ・シアター（18:00～19:00）に2品£24、3品£29のセッ
トメニューがある。

✉5-7 Blandford St., W1U 3DB　☎(020)74869696
🌐www.lautrepied.co.uk　🕐12:00～14:30　18:00～22:30(日
12:00～15:30)　🈡無休　💳AMV　📶店内可

Map P.66-67 ① B2　🚇 レスター・スクエア駅 Leicester Square

イタリア料理

ストックポット The Stockpot

　ソーホーにありながら、安くイタリア料理が食べれるお
店。メニューはスパゲティ£4.95～6.40やリゾット£6.10
～6.50などが中心。人気があるため回転率もよく、スタッ
フもテキパキと働いている。

✉18 Old Compton Rd., W1D 4TN　☎(020)72871066
🕐11:30～23:00（土11:30～23:00、日12:00～23:00)
🈡無休　💳不可　📶不可

Map P.78-79 ⑧ A3　🚇 ベイズウォーター駅 Bayswater

ギリシャ料理

サントリーニ Santorini

　地元で人気のギリシア料理の専門店。メニューは魚卵の
サラダ、タラモサラタ£3.85や串焼きのスブラキ£10.75～
13.25などがメイン。サービス料10％別途。

✉10-12 Moscow Rd., W2 4BT　☎(020)77277112
🕐12:30～23:00　🈡無休
💳ADMV　📶不可

Map P.66-67 ① A1　🚇 ボンド・ストリート駅 Bond Street

スペイン料理

ラ・タスカ La Tasca

　スペイン料理のチェーン店でイギリス全土に支店がある。
小皿料理のタパスは£3.95～5.95で、何人かで行って色々
オーダーするのにぴったり。赤ワインをソーダやジュースで
割ったサングリアもある。

✉30-34 James St., W1U 1ER　☎(020)74863314
🌐www.latasca.co.uk　🕐11:00～23:00
🈡無休　💳ADJMV　📶店内可

Map P.66-67 ① C1　🚇 トテナム・コート・ロード駅 Tottenham Court

ハンガリー料理

ガイ・ホサール Gay Hussar

　1953年創業。60年近く伝統的なハンガリー料理の味
を守り続けてきた名店。ランチは2品£21、3品£25。メイ
ンは£13.50～19。ワインはハンガリー産を10種類ほど揃
えている。

✉2 Greek St., W1D 4NB　☎(020)74370973
🌐gayhussar.co.uk　🕐12:15～14:30　17:30～22:45
🈡日　💳MV　📶店内可

日本料理

Map P.66-67 ① B2　🚇グリーン・パーク駅 Green Park

ノブ・バークレー・ストリート Nobu Berkley St.

カリスマシェフ、松久信幸氏が国際展開する創作和風レストランのロンドン支店。独創的な料理の数々は見た目にも美しく洗練された味。ランチのお寿司は£3.50～9.75。

✉15 Berkley St., W1J 8DY　☎(020)72909222
🌐www.noburestaurants.com
🕐12:00～14:30 18:00～翌1:00（木～土18:00～翌2:00、日18:00～24:00）　休日のランチ　💳AMV　📶店内可

日本料理

Map P.66-67 ① D1　🚇トテナム・コート・ロード駅 Tottenham Court

あべの Abeno

大英博物館のすぐ近くにあるお好み焼き店。メニューの中心はお好み焼きや焼きそば、鉄板焼きなど。オーガニック食材を使用している。ランチは£12.50～13.50（平日限定）。レスター・スクエア駅のすぐ近くにも支店がある。

✉47 Museum St., WC1A 1LY　☎(020)74053211
🌐www.abeno.co.uk　🕐12:00～22:00
休12/24～26　💳MV　📶不可

日本料理

Map P.66-67 ① C2　🚇ピカデリー・サーカス駅 Piccadilly Circus

一点張 Ittenbari

ピカデリー・サーカスにある。大阪のラーメン店が監修したラーメンは種類豊富で、ムール貝と地元の野菜などを煮込んだスープを使った塩ラーメン（写真、£8.90）がおすすめ。替え玉は£1.50。手作り餃子£5も人気。

✉84 Brewer St., W1F 9UB　☎(020)72871318
🕐12:00～翌2:30（日12:00～22:00）　休無休
📶不可

日本料理

Map P.66-67 ① D1　🚇トテナム・コート・ロード駅 Tottenham Court

ココロ Cocoro

ラーメンと和風カレーを専門とした日本食レストラン。店の一番人気は特上ロブスター味噌ラーメン£18。他にも巻き寿司やたこ焼きなども用意している。

✉25 Coptic St., WC1A 1NT　☎(020)74360550
🌐www.cocororestaurant.co.uk　🕐12:00～15:00　18:00～22:30（土～22:00）　💳JMV　📶店内可

中華料理
四川料理

Map P.66-67 ① C2　🚇レスター・スクエア駅 Leicester Square

バー・シュ Bar Shu

ソーホーの中華街の少し北にある四川料理レストラン。どの料理も唐辛子をふんだんに使っており、辛いものが好きな人にはたまらないだろう。メニューは写真付きで注文もしやすい。

✉28 Frith St., W1D 5LF　☎(020)72878822
🌐www.barshurestaurant.co.uk
🕐12:00～23:00　休無休　💳AMV　📶不可

アレンジを加えた点心が人気
ピンポン Ping Pong

中華料理　　飲茶
Map P.70-71 ③ C2
🚇ウォータールー駅 Waterloo

✉Festival Ter., SE1 8XX
☎(020)79604160
🌐www.pingpongdimsum.com
🕐11:00～24:00（日～23:00）
休無休　💳ADMV　📶店内可
ロンドン市内に支店を持つおしゃれな飲茶チェーン店。点心は本格的なものから、アレンジを加えたフュージョン系まで種類も豊富にそろえている。花茶£3.25も人気。平日のランチはセットメニューも用意している。

Map P.66-67 ① D1　　⊖トテナム・コート・ロード駅 Tottenham Court

ビビンバブカフェ Bibimbabcafe

大英博物館の近くにある韓国料理店。店のおすすめはビビンバで£6～10と値段もお手頃。他にも韓国風のり巻きや冷麺、チャプチェなども用意しており、テイクアウエイも可能。店の向かいには同経営の韓国食材ショップとフィッシュ＆チップスの店がある。

⊠37 Museum St., WC1A 1LP　℡(020)74048880
URLwww.bibimbabcafe.com　圏10:00～20:00
㊅12/24·25、1/1　CCAMV　⊛不可

Map P.66-67 ① A1　　⊖ボンド・ストリート駅 Bond Street

チャオプラヤー・イート・タイ Chaopraya Eat-Thai

入口は小さいが、地下に大きなスペースが広がる本格タイ料理のレストラン。トムヤムクンなど各種スープをはじめ、タイ風春巻きや麺類、タイカレーがある。ベジタリアン・メニューも豊富。12:00～15:00（土・日～17:00）にはランチメニュー£8.95～15.95もある。

⊠22 St. Christopher's Pl., W1U 1NP
℡(020)74860777　圏12:00～15:00　18:00～23:00（土・日12:00～22:30）　㊅無休　CCAJMV　⊛店内可

ロンドンを代表するインド料理店
チョール・ビザール Chor Bizarre

Map P.66-67 ① B2
⊖グリーン・パーク駅 Green Park
⊠16 Albemarle St., W1S 4HW
℡(020)76299802
URLwww.chorbizarre.com
圏12:00～15:00　18:00～23:00
㊅無休　CCADJMV　⊛不可

ブラウン・ホテルの向かいにあるインド料理レストラン。過去に数々の賞を受賞しており、芸能人が愛用する店としても有名。予算は飲み物を含まないで、ひとり£30程度。サービス料12.5%別。

Map P.80-81 ⑧ B2　　⊖グロスター・ロード駅 Gloucester Road

ボンベイ・ブラッスリー Bombey Brasserie

25年以上の歴史を誇る高級インド料理レストラン。料理はもちろん、内装も凝っている。メインは£16～24で、チキンを使ったビルヤーニが£17。土・日はビュッフェ£31も行っている。

⊠1 Courtfield Rd., SW7 4QH　℡(020)73704040
URLwww.bombayb.co.uk　圏12:00～14:30　18:00～23:30
㊅無休　CCADJMV　⊛不可

野菜とお米で食べるカレー
チェッティナードゥ Chettinad

Map P.66-67 ① C1
⊖トテナム・コート・ロード駅 Tottenham Court
⊠16 Percy St., W1T 1DT
℡(020)35561229
URLwww.chettinadrestaurant.com
圏12:00～15:00　17:30～23:00
（金～日12:00～22:30）
㊅無休　CCMV　⊛不可
南インド料理専門店。素材はインドから直輸入している。おすすめのメニューはココナッツをふんだんに使ったテンガーリー・コーリー・クゥランブゥ£8.75（写真）。サービス料12.5%別。

色々なメッザ（前菜）が楽しめる
ファイルーズ Fairuz

レバノン料理

Map P.66-67 ① A1
⊖ボンド・ストリート駅 Bond Street
✉3 Blandford St., W1U 3DA
℡(020)74868108
URL www.fairuz.uk.com
🕐12:00～22:00
🈺無休 💳ⒶⓂⓋ 📶店内可

　2階建ての小さなレバノン料理店。メッザ（前菜）を得意としており、セットは£19.95～25（2名よりオーダー可能）。ランチは14種類のメニューから選べて£8.95～15.95とお得だ。サービス料12.5％別。

Map P.76-77 ⑥ C3　⊖ベーカー・ストリート駅 Baker Street

トルコ料理

トプカプ Topkapi

　40年以上の歴史を誇る老舗。本格的なトルコ料理が堪能できる。平日限定のランチは2品で£7.50。3品のコースメニューはトルココーヒーまで付いて£25。
✉25 Marylebone High St., W1U 4PH
℡(020)74861872　🕐12:00～23:30
🈺無休 💳ⒶⒹⒿⓂⓋ(£10以上) 📶店内可

パスタ＆ご飯の「コシャリ」が食べられる
アリ・ババ Ali Baba

エジプト料理

Map P.76-77 ⑥ B3
⊖ベーカー・ストリート駅 Baker Street
✉32 Ivor Pl., off the Gloucester Pl., NW1 6DA
℡(020)7237474
🕐12:00～24:00　🈺無休　💳不可
📶不可
　マリルボンにある1979年創業の老舗。本場のエジプト料理を味わうならここ！　エジプト定番のファストフード、コシャリ£6（写真）が人気。ケバブやメッザ（前菜）などのメニューも充実している。

Map P.66-67 ① C2　⊖レスター・スクエア駅 Leicester Square

ブラジル料理

プレト Preto West End

　ブラジル料理専門店。肉の塊に岩塩をかけて焼き上げたシュラスコと呼ばれる肉料理を出している。ブラジル料理のビュッフェは£14.95、シュラスコ付きで£19.95。
✉73 Shaftesbury Av., W1D 6LN
℡(020)72875995　URL rodiziopreto.co.uk
🕐12:00～23:30　🈺無休　💳ⒶⒹⓂⓋ 📶不可

名物ジンジャー・ビールと一緒に料理を楽しむ
アフリカン・キッチン・ギャラリー
African Kitchen Gallery

カリブ料理　　アフリカ料理

Map P.74-75 ⑤ A1
⊖ユーストン駅 Euston
✉102 Drummond St., NW1 2HN
℡(020)73830918
🕐12:00～15:00 18:00～22:30
🈺無休　💳ⓂⓋ 📶不可
　アフリカとカリブの料理を出している。なじみの薄い料理かもしれないが、アフリカ風シチューなどはスパイスたっぷりでおいしい。自家製のジンジャー・ビールは1杯£3.50。店内にはアフリカから取り寄せた工芸品が飾られている。

177

Map P.66-67① A3　⊖ハイド・パーク・コーナー駅 Hyde Park Corner

ハード・ロック・カフェ Hard Rock Caffe

　世界中に支店があるハード・ロック・カフェの記念すべき1号店。店内には数々のロックミュージシャンの楽器が飾られている。メニューはハンバーガーなどが中心。隣の建物は、系列のショップ兼ロックミュージアムになっている。

⊠150 Old Park Ln., W1K 1QZ　℡(020)75141700
URLwww.hardrock.com　圏11:30～23:00（土11:00～23:00）
㊡無休　CCAMV　♠店内可

Map P.72-73④ D3　⊖タワー・ヒル駅 Tower Hill

ディケンズ・イン Dickens Inn

　セント・キャサリンズ・ドック内にある、19世紀のかつてのイン（パブ兼宿屋）を利用したレストラン。3階建てで、1階がパブ、2階はピッツェリア、3階が英国料理レストランとそれぞれなっており、さまざまな料理が楽しめる。

⊠St. Katharine's Dock, E1W 1UH　℡(020)74882208
URLwww.dickensinn.co.uk　圏11:00～23:00（金・土11:00～24:00、日11:00～20:30）㊡無休　CCAMV　♠店内可

ホームズの部屋を眺めながらビールが飲める
シャーロック・ホームズ Shrlock Holmes

Map P.70-71③ B2
⊖チャリング・クロス駅 Charing Cross
⊠10 Northumberland St., WC2N 5DB
℡(020)79302644
URLwww.sherlockholmespub.com
圏11:00～23:00（金・土11:00～24:00）
㊡無休　CCADMV　♠店内可

　チャリング・クロス駅とエンバンクメント駅のちょうど中間にある。1階はパブになっており、2階にはレストランとシャーロック・ホームズの部屋を再現した展示室がある。ホームズのファンならぜひ訪れたい場所だ。

Map P.66-67① D2　⊖チャリング・クロス駅 Charing Cross

ハープ The Harp

　ロンドンを代表するパブで、エールや伝統パブなどを保存する団体CAMRAが選ぶ「ナショナル・パブ・オブ・ザ・イヤー」に輝いたことがある。ロンドンやイギリス各地のエールを数多く揃えている。ホットドッグ£2.50も人気。

⊠47 Chandos Pl., WC2N 4HS
℡(020)78360291　URLwww.harpcoventgarden.com
圏10:00～23:30（日12:00～22:30）㊡無休　CCMV　♠店内可

Map P.72-73④ A2　⊖ブラックフライアーズ駅 Blackfriars

オールド・チェシャー・チーズ Ye Olde Cheshire Cheese

　1667年創業という老舗パブ。かのチャールズ・ディケンズも常連だったといい、『二都物語』の中にもこのパブを登場させている。彼が好んで座っていたのは1階の暖炉の右側だったそうだ。漆黒の家具も歴史を感じさせる。

⊠145 Fleet St., EC4A 2BU
℡(020)73536170　圏11:30～23:00（土12:00～23:00）
㊡日　CCADJMV（手数料別途）　♠不可

Map P.70-71③ D2　⊖ウォータールー駅 Warterloo

クバーナ Cubana

　店内はラテン音楽が流れ、まるでカリブ海のビーチにいるようににぎやか。カリブ料理のほか、カクテルの種類も豊富。

⊠48 Lower Marsh, SE1 7RG
℡(020)79288778　URLcubana.co.uk
圏12:00～翌1:00（金・土～翌3:00、日～23:00）㊡無休
CCAMV　♠店内可

ワインバー

Map P.76-77 ⑥ C3　◆ベーカー・ストリート駅 Baker Street

ラ・フロマージュリー　La Fromagerie

チーズ専門店に併設されたワインバー。メニューには厳選されたチーズとそれに合うワインが記されている。チーズの盛り合わせは£8.75～13.75。チーズは匂いが漏れないよう、ガラス扉に閉ざされたチーズ室内で販売されている。

⊠2-6 Moxon St., W1U 4EW　TEL(020)79350341
URLwww.lafromagerie.co.uk　圏8:00～19:30（土9:00～19:00、日10:00～18:00）休無休 CCADMV ◆店内可

カフェ
バラエティ

Map P.66-67 ① C2　◆ピカデリー・サーカス駅 Piccadilly Circus

フィフス・ビュー　5th View

書店Waterstone'sの5階にある地元の人おすすめのカフェレストラン。窓際の席からはセント・ジェイムスの景色を楽しめる。メニューはサラダや各種サンドイッチなどがあり、予算は£20～。

⊠203-205 Piccadilly, W1J 9LE　TEL(020)78512433
URLwww.5thview.co.uk　圏9:00～21:00（日12:00～18:00）
休無休 CCADMV ◆店内可

カフェ
パンケーキ

Map P.84-85 ⑩ C3　◆ハイ・ストリート・ケンジントン駅 High Street Kensington

マイ・オールド・ダッチ　My Old Dutch

オランダ風パンケーキの専門店。パンケーキは30種類あり、£6.95～10.95。モチモチした薄皮の上に具がたっぷりと載っており、どれもボリュームたっぷり。

⊠16 Kensington Church St., W8 4EP　TEL(020)79376090
URLwww.myolddutch.com　圏10:00～23:00（土・日9:00～22:00）
休無休 CCMV ◆店内可

カフェ
ベーカリー

Map P.66-67 ① C1　◆トテナム・コート・ロード駅 Tottenham Court Circus

ノルディック・ベーカリー　Nordic Bakery

スタイリッシュな雰囲気の北欧風カフェ。店内には北欧出身のアーティストがデザインした家具が置いてある。全粒粉を使った北欧式パン各種やサンドイッチを出す。

⊠14 Golden Sq., W1F 9JG　TELなし
URLwww.nordicbakery.com　圏8:00～20:00（土9:00～19:00、日10:00～17:00）休無休 CCADMV ◆店内可

カフェ
ケーキ

Map P.70-71 ③ C1　◆コヴェント・ガーデン駅 Covent Garden

プリムローズ・ベーカリー　Primrose Bakery

コヴェント・ガーデンの近くにある小さなカップケーキのお店。日替わりのカップケーキ£1.50～2.70が好評で子供だけではなく、幅広い世代から支持を受けている。

⊠42 Tavistock St., WC2E 7PB　TEL(020) 78363638
URLwww.primrose-bakery.co.uk　圏10:00～19:30（日12:00～17:00）休無休 CCAMV ◆店内可

カフェ

Map P.66-67 ① C2　◆ピカデリー・サーカス駅 Piccadilly Circus

カフヴェ・デュンヤス　Kahve Dünyası

トルコで大人気のコーヒー・チェーンのロンドン支店。サーレップ（ラン科植物の根の粉末）粉入りのコーヒー£3.25～やトルコ風パイのボレキ£4.95～などが楽しめる。

⊠Unit 3, 200 Piccadilly, W1J 9HU　TEL(020) 72879063
URLwww.kahvedunyasi.co.uk　圏7:30～22:00（日9:00～21:30）休無休 CCAMV ◆店内可

ティールーム

Map P.84-85 ⑩ C2　◆クイーンズウェイ駅 Queensway

オランジュリー　Orangery

ケンジントン・ガーデンズ内、ケンジントン宮殿のすぐ北にある。店内は大きな窓で光が取り入れられ、明るい雰囲気。ゆったりした空気のなかで楽しむアフタヌーンティーセット£26が人気。ランチは前菜とメインで£25前後。

⊠Kensington Palace, W2 4RU　TEL(020)731666113
圏夏期10:00～18:00　冬期10:00～17:00
休無休 CCAMV ◆不可

日帰りで郊外へ出かけよう
ロンドン近郊
Days out from London

ロンドン近郊 コルチェスター
ロンドン ●　チャタム
ウィンザー ●
ブー・カントリー

人口	市外局番
817万3900人	020 ほか
グレーター・ロンドンほか Greater London	

テムズ河を越えるエミレーツ・エア・ライン

　ロンドンの近郊には、ロンドン中心部とは異なる魅力が満ちあふれている。英国王室の宮殿があるウィンザーやハンプトン・コート・パレス、ユネスコの世界遺産にも登録されている河港都市グリニッジ、そして世界中に存在する植物の8分の1を収集している世界屈指の植物園キュー・ガーデンズなど、いずれも見応え充分だ。

ロンドン近郊
観光ハイライト

ヒーヴァー城 (→ P.191)

グリニッジ (→ P.182)

キュー・ガーデンズ (→ P.186)

ロンドン近郊
エリア内の交通

地下鉄と鉄道

どの町や見どころもロンドン中心部から、地下鉄や列車などで日帰りで訪れることは可能。しかし、放射状に点在しており、1日に数ヵ所の観光スポットを回るのは現実的ではない。**ロンドン発のツアー** P.112 を利用すると、効率的に回ることができる。

遊覧船

夏期はロンドン中心部から**リバー・ボート** P.108 が運航している。テムズ河をクルーズしながら、グリニッジやキュー・ガーデンズ、ハンプトン・コート・パレスに行くこともできる。

Information
近郊の旅に便利なチケット

オイスター・カード（→P.100）
グリニッジ、ドッグランズはゾーン2。ウィンブルドン、キュー・ガーデンズはゾーン3にある。ピークとオフピークで料金は異なるが£10前後で1日乗り放題となる。

ブリットレイルロンドンプラスパス（→P.579）
ロンドンの地下鉄等は適用外だが、ケンブリッジやバース、ストラットフォード・アポン・エイヴォンなどのほか、カンタベリーやポーツマスなどロンドン周辺と南部の鉄道が乗り放題になる。またヒースロー・エクスプレスの往復券も付く。イギリスでの購入はできないので「地球の歩き方 旅プラザ」（→P.579）などで出発前に購入しよう。

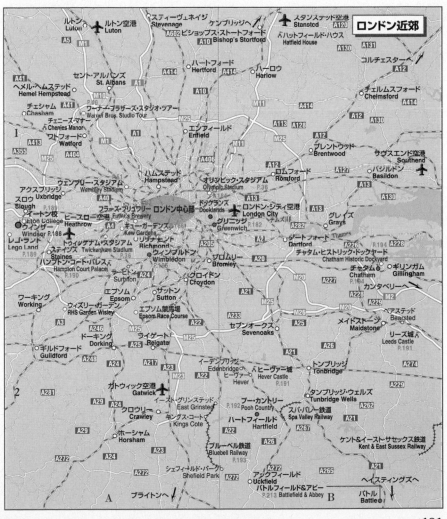

ロンドン近郊

旧王立海軍学校はクリストファー・レンの傑作が並ぶ

7つの海を支配した大英帝国の象徴

グリニッジ *Greenwich*

　世界標準時の軸として有名なグリニッジは、世界の海を支配した大英帝国の栄光を今に伝える町。19世紀には海軍学校が開かれるなど、大英帝国の発展に貢献した。旧天文台をはじめ、大建築家クリストファー・レン P.606 による王立海軍学校などが世界遺産に登録されている。

歩き方　町歩きのスタート地点はカティー・サーク号が置かれている**カティー・サーク・ガーデンズ**Cutty Sark Gdns.という広場。カティー・サーク・ガーデンズのすぐ東は**旧王立海軍学校**があり、❶はこの中にある。

　旧王立海軍学校のすぐ南に面した建物は、**国立海洋博物館**、さらにこの南には、グリニッジ・パークGreenwich Parkが広がっており、小高い丘の上には有名な**旧天文台**が建っている。ここからの眺めはすばらしく、旧王立海軍学校やテムズ河、ドックランズやThe O2（旧ミレニアム・ドーム）を見渡すことができる。

交通情報　鉄道　グリニッジ駅からカティー・サーク・ガーデンズまでは徒歩15分ほどの距離にある。

DLR　カティー・サーク号の目の前にあるカティー・サーク駅で下車すると近い。

テムズ川のリバーボート　夏期にはロンドン中心部からリバー・ボート P.108 が出航している。

■ロンドンからグリニッジへ
🚊チャリング・クロス駅からウォータールー・イースト駅、ロンドン・ブリッジ駅経由でウォータールー下車
所要：約15分
🚈ドックランズ・ライト・レイルウエイ（DLR）でカティー・サークCutty Sark駅下車
🚢エンバンクメント・ピアからタワー・ミレニアム・ピアなどを経由してグリニッジ・ピア下船
所要：約40分

グリニッジ・ピア

グリニッジ

❶の入り口は西側にある

■旧王立海軍学校
⊠Old Royal Naval College, SE10 9NN
℡(020)82694747
URLwww.ornc.org
　　日曜のみ礼拝堂12:30〜17:00
困12/24〜26　囲無料
●ガイドツアー
困12:00、13:00発
所要:1時間　囲£6

旧王立海軍学校
世界遺産　クリストファー・レンの傑作が並ぶ　Map P.182B1
The Old Royal Naval College

クリストファー・レン P.606 が設計したバロック様式の建物が並ぶ旧王立海軍学校。美しい建物が規則正しく、整然と並ぶのは壮観だ。この建物は、本来は病院として建てられたもので、その後1873年からは王立海軍学校として使用され始め、現在は大学となっている。

天井画が美しいペインティド・ホール

　内部を見学できるのは、ドームのあるふたつの建物内にあるペインティド・ホールPainted Hall、礼拝堂Chapel、そしてスティーブン・ローレンス・ギャラリー Stephen Lawrence Galleryの3箇所。

ペインティド・ホールと礼拝堂は、このふたつの建物内にある

■旧天文台
⊠Greenwich Park, SE10 8XJ
URLwww.rmg.co.uk
困10:00〜17:00　最終入場16:30
困12/24〜26
囲無料(子午線のある中庭は£9.50、学生£7.50)
館内撮影一部不可 フラッシュ一部不可

旧天文台
世界遺産　世界の時刻を決めていた　Map P.182B2
Old Royal Observatory

天文台の前にある時計

グリニッジといって真っ先に思い浮かぶのがグリニッジ標準時。経度0は、ここグリニッジにある天文台を中心に決められた。つまり、ここに立てば片足は東半球、片足は西半球ということになる。同じ敷地内には、最新型のプラネタリウムもあり、こちらは有料。

■国立海洋博物館
⊠Park Row, SE10 9NF
℡(020)88584422
URLwww.rmg.co.uk
困10:00〜17:00
困12/24〜26　囲無料
館内撮影一部不可 フラッシュ一部不可

■クイーンズ・ハウス
⊠Park Row, SE10 9NF
URLwww.rmg.co.uk
困10:00〜17:00
困12/24〜26　囲無料

国立海洋博物館とクイーンズ・ハウス
世界遺産　英国海事史を語る　Map P.182B1〜2
The National Maritime Museum & Queens House

旧王立海軍学校の南側、グリニッジ・パークとの間にある。英国海軍史のすべてがわかるといっても過言ではないほどの充実の内容を誇る博物館。西隣にある建物は、クイーンズ・ハウスQueen's House。パッラーディオ様式のファサードが印象的な美しい建物。中にはイギリス海軍に関するさまざまな絵画が飾られている。

クイーンズ・ハウス

広大なスペースの国立海洋博物館

183

■カティー・サーク号

⬚Cutty Sark Clipper Ship, King William Walk, SE10 9HT
☎(020)83126608
URL www.rmg.co.uk
🕙10:00～17:00　休12/24～26
料£13.50　学生£11.50

町の中心にあるカティー・サーク号

■エミレーツ・エア・ライン

🚇地下鉄ノース・グリニッジ駅North Greenwichまたはドックランズ・ライト・レイルウエイ(DLR)ロイヤル・ヴィクトリア駅Royal Victoria下車
☎03432221234　URL www.tfl.gov.uk
🕙4～9月7:00～22:00
（金7:00～23:00、土8:00～23:00、日9:00～22:00）
10～3月7:00～20:00
（土8:00～20:00、日9:00～20:00）
休無休
料£4.50（オイスター・カード利用£3.40）

かつて世界最速を誇った帆船
カティー・サーク号 Cutty Sark

Map P.182A1
グリニッジ

カティー・サーク号は、1869年に建造され、当時としては世界最速を誇った大型快速帆船。中国の紅茶や、オーストラリアの羊毛などを運ぶ運搬船として、インド航路で活躍し、1954年に今の場所に落ち着いた。

以来博物館として現役当時の航海の様子を今に伝えていたカティ・サーク号だったが、2007年に火災に遭い、船体に多大な被害が出た。2500万ポンドを投じ、修理が行われていただけに残念なできごとだった。一方で、修理中のため多くの部品が船から取り外されていたため、被災を免れた部品が数多くあったことは不幸中の幸いだった。

90m上空からテムズ河を眺める
エミレーツ・エア・ライン
Emirates Air Line

Map P.181B1外
グリニッジ

2012年に開業した、テムズ両岸を結ぶケーブルカー。グリニッジの北東約2.5km、The O2の近くにあるエミレーツ・グリニッジ・ペニンシュラEmirates Greenwich Peninsulaと対岸のエミレーツ・ロイヤル・ドックスEmirates Royal Docksを

高さ90mからの眺めは迫力満点

結んでおり、約1.1kmの距離を5～10分かけて進む。最高到達点は約90mあり、テムズ河やグリニッジ、ドックランズの風景を堪能することができる。

カナリー・ウォーフ駅前のオフィス街

■ロンドンからドックランズへ

🚇起点となるカナリー・ウォーフ駅までは地下鉄モニュメント駅やバンク駅、タワー・ヒル駅からドックランズ・ライト・レイルウエイ(DLR)でつながっている。地下鉄ジュビリー・ラインなら直通で行くことができる。

ロンドン中心部から最短10分
ロンドンの東に広がる再開発地域
ドックランズ Docklands

ロンドン塔の東、セント・キャサリンズ・ドックからグリニッジへと続く地域は、ドックランズと呼ばれる地域。かつては閉鎖されたドックが建ち並ぶ地域であったが、再開発の結果、ロンドンでも最先端の地域へと大きく様変わりした。ドックランズの中心は、高層ビルが並ぶオフィス街のカナリー・ウォーフCanary Wharf。建築家ノーマン・フォスターがデザインしたカナリー・ウォーフ地下鉄駅もここにある。

カナリー・ウォーフ地下鉄駅

テニスの聖地

ウィンブルドン *Wimbledon*

テニスの聖地といえばやはりウィンブルドン。毎年6月に行われる全英オープンのために、深夜までテレビ観戦する人も少なくないはず。ロンドン南西部に位置するウィンブルドンの町にはウィンブルドン・ローン・テニス博物館など、テニスファン必見の見どころがある。

歩き方 ウィンブルドンの中心部は地下鉄や鉄道が発着するウィンブルドン駅だが、全英オープンが開かれるテニス競技場は2kmほど北にある。

交通情報 ウィンブルドン・ローン・テニス博物館に行くなら、地下鉄ディストリクト・ラインのサウスフィールズ駅でバスに乗り換える。ウィンブルドンの駅からだと少し遠い。

ウィンブルドン・ローン・テニス博物館

■ロンドンからウィンブルドンへ
🚇地下鉄ディストリクト・ラインでサウスフィールズ駅Southfields下車、バス493番に乗り換え。もしくはウォータールー駅からプトニー駅Putneyで下車、バス39番に乗り換え。

最新技術を駆使したテニスの殿堂 **Map P.185**

ウィンブルドン・ローン・テニス博物館
Wimbledon Lawn Tennis Museum

ウィンブルドン

テニスの歴史に始まり、時代を通じての道具や衣装の変化など、さまざまな視点からテニスの魅力を紹介している。

最新技術を駆使した展示 巨大スクリーンやタッチパネルなど、いずれも最新の技術を駆使しており、例えば1980年代の男子更衣室を復元した部屋を、往年のトッププレイヤーで現在は解説者として活躍中のジョン・マッケンローがゴーストとして案内してくれたり、歴代のチャンピオン・トロフィーなども展示されている。また、展示の中には歴代の選手たちが着たテニスウェアが並ぶコーナーもある。

センターコートを見られるツアー 約1時間半のツアーでは、全英オープンの決勝戦が行われるセンターコートを眺めたり、選手が会見をするプレスルームなどが見学ルートに組み込まれている。

■ウィンブルドン・ローン・テニス博物館
✉Church Rd., SW19 5AE
☎(020)89466131
URL www.wimbledon.com
🕐10:00〜17:00
最終入場は閉館の30分前
※大会中はツアーや博物館が見学できない日もある。
休1/1、12/24〜26
料£12 学生£10
オーディオガイド込み(日本語あり)
●ガイドツアー
🕐10:00〜17:00
料£22 学生£19
(博物館入場料込み)

ウィンブルドン

地下鉄サウスフィールズ駅
Southfields

Brookwood Rd.

Albert Dr.

Wimbledon Park Rd.

Bathgate Rd.

ウィンブルドン公園
Wimbledon Park

地下鉄ウィンブルドン・パーク駅
Wimbledon Park

Melrose Av.

ウィンブルドン・ローン・テニス博物館
Wimbledon Lawn Tennis Museum

Church Rd.

Home Park Rd.

Arthur Rd.

ウィンブルドン駅へ

館内の随所にタッチパネルが置かれており、より詳しい説明を聞くことができる

詳細ガイド

世界に冠たる植物園
世界遺産 キュー・ガーデンズ

世界各国の植物が植えられ、四季折々の花が咲き乱れている園内は、どの季節に訪れてもすばらしい。2009年には開園250年を迎えた。現在4万種以上もの植物が育てられ、植物標本の数は700万点以上。名実ともに世界最大の植物園。敷地内にはレストランやカフェも複数あり、1日のんびりできる。

植物園の成り立ち

正式名はキュー王立植物園 Royal Botanic Gardens, Kew。1759年に、ジョージ3世の母后プリンセス・オーガスタが庭師のW. アイトンに命じて造らせたのが始まり。その後、キャプテン・クックに随行して世界各地を旅行し、さまざまな植物を収集したバンクスのコレクションが加わり、いっそう充実した。

シャーロット王妃のコテージ
Queen Charlotte's Cottage

スイレン池
Waterlily Pond

サックラー・クロッシング
Sackler Crossing

Japanese Gateway

進化館
Evolution House

パゴダ
Chinese Pagoda

温室
Temperate House
(閉鎖中)

King William's Temple

地下鉄
リッチモンド駅へ (約1km)

R Pavillion

ライオン門
Lion Gate

ヴィクトリア門
Victoria Gate

園内の移動に便利な
キュー・エクスプローラー

広大な敷地を効率よく回ろうという人は、入場券の購入時に、キュー・エクスプローラー Kew Explorerという観光列車のチケットも購入しておくとよいだろう。キュー・エクスプローラーは、園内を40分

ほどで1周し、途中8つの停留所に停まる。乗車券は1日有効なので、何度でも乗り降りできる。

キュー・ガーデンズのシンボル、パームハウス

十重の塔
パゴダ
Chinese Pagoda

園内の最も南西部に位置するパゴダ (仏塔) は50mほどの高さを誇る塔。1762年に完成し、かつては80体もの黄金の竜の像があった。最上階まで253段もあるので登るのはちょっと大変だが、展望室からの眺めはすばらしい。

園内で最も古い建物
キュー・パレス
Kew Palace

　キュー・ガーデンズは英国王室の領地だったことから、キュー・パレスKew Palaceという王室の館が現在もその敷地内に建っている。館が建てられたのは1631年で、キュー・ガーデンズ内でも最も古い。ジョージ3世の治世期である1802年の改築によって現在のような姿になった。館内の展示では、ジョージ3世とその妻シャーロットや家族の生活やイギリスの政治との関わり合いなどが解説されている。

族の家
House

ブレントフォード門
Brentford Gate

Climbers &
Cleepers

cess Walk

R White Peaks

キュー・パレス
Kew Palace

スイレン館
Waterlily House

ーム・ハウス
Palm House

Broard Walk

R Orangery

ナッシュ
Nash
Conservatory

エリザベス門
Elizabeth Gate

プリンス・オブ・ウェールズの温室
Prince of Wales Conservatory

「植物と人」の展示
Plants + People Exhibition

Davies
Alpine House

キュー・ガーデン・ギャラリー
Kew Garden Gallery

リバーボート・キュー・ピアへ

R Newens

三角形が重なったデザイン
プリンセス・オブ・
ウェールズの温室
Princess of Wales Conservatory

　1982年に故ダイアナ妃によって建てられた温室。おもにアメリカ大陸から来たサボテンやアジアの睡蓮などが展示されている。

メイズ・オブ・オナーの元祖
ニューウェンズ
Newwens

　正門から徒歩5分ほどの位置にあるカフェ。ベイクドチーズケーキのようなメイズ・オブ・オナー（持ち帰りOK）というケーキの元祖として有名店。

⊠288 Kew Rd., Kew Gardens, Surrey, TW9 3DU
TEL(020)89402752
URLwww.theoriginalmaidsofhonour.co.u
圏8:30〜18:00　困無休　CC⎰J⎰M⎰V　⚲店内可

DATA
■キュー・ガーデンズ　Map P.181A1
🚇地下鉄ディストリクト・ライン、キュー・ガーデンズ駅 Kew Gardens下車
🚢ウェストミンスター・ミレニアム・ピア発、キュー・ピアで下船
4月上旬〜9月の運航、1日4便　所要:約1時間30分
⊠Royal Botanic Gardens Kew,
Richmond, Surrey, TW9 3AB
TEL(020)83325655　URLwww.kew.org
圏3/29〜8/31 10:00〜18:30（土・日・祝9:30〜19:30）
　9/1〜10/24 9:30〜18:00
　2/7〜3/28 9:30〜17:30
　10/25〜2/6 9:30〜16:15
最終入場は閉館の30分前
困12/24・25　園 £15　学生£14
●キュー・エクスプローラー
圏11:30〜16:30の1時間おき　園 £4.50
●キュー・パレス
TEL(020)31666000　URLwww.hrp.org.uk
圏10:00〜17:30　困9/27〜4/1　園 £6　学生£4.50
※キュー・パレスのみの場は不可
内部撮影不可

187

広大な敷地面積を誇るウィンザー城

英国の品格と伝統を体現する町

ウィンザー *Windsor*

現在使われている王室の居城としては、世界最大の規模を誇るウィンザー城。ウィリアム征服王 P.605 が1066年にイングランドを征服して以来、900年以上の長きにわたり、城塞や英国王室の宮殿として使われている。ウィンザーの町は、そんなウィンザー城の周りに広がる城下町。ロイヤルタウンと呼ぶにふさわしい優美さを感じさせる町だ。現在の英国王室はウィンザー王朝。この名称からも英国王室とこの町とのつながりがいかに深いかがわかるだろう。

歩き方 ウィンザーには**セントラル駅、リバーサイド駅**のふたつの鉄道駅がある。どちらも町の中心部に位置しているが、❶はセントラル駅のすぐ近くにあるので、こちらに到着したほうが便利。ウィンザー城の入口はキャッスル・ヒルCathle Hillを上った所にある。

もうひとつの見どころ、イートン校は、町の中心部から徒歩10分ほどの所。テムズ河に架かる橋、ウィンザー＆イートン・ブリッジを渡り、そのまま真っすぐ進むとある。途中の道は、石畳が敷き詰められた雰囲気のよい通りだ。

■ロンドンからウィンザーへ

🚃パディントン駅からスロウSloughで乗り換え、セントラル駅Central下車。直通もある。1時間に2〜3便。
所要：約35分
🚃ウォータール一駅発1時間に2便。リバーサイド駅Riverside下車。
所要：約55分
🚌バッキンガム・パレス・ロードのグリーンライン・コーチステーションから701、702番が1時間に1便程度の運行。
所要：約1時間

---

i ウィンザー
Tourist Information Centre

Map P.188左
✉The Old Booking Hall, Windsor Royal Shopping SL4 1PJ
☎(01753)743900
URL www.windsor.gov.uk
🕐夏期10:00〜17:00
冬期10:00〜16:00 休12/25·26

❶はショッピング・センター内にある

英国王室の居城

	Map P.188右
## ウィンザー城 Windsor Castle	ウィンザー

ウィンザーの町を見下ろすように建つウィンザー城は、1066年から900年以上にも及ぶ長い間、英国王室の居城として使われ続けている由緒正しき城。

空から眺めたウィンザー城

現在見学することができるのは、ステート・アパートメント、クイーン・メアリー人形館、そして聖ジョージ礼拝堂の3ヵ所。

ウィンザー城

聖ジョージ礼拝堂
St Gerorge's Chapel
アルバート記念礼拝堂
中庭
ラウンドタワー
ステート・アパートメント
State Apartment
上庭
下庭
迎賓棟
出口
入口

①オーディオガイド貸出 ⑤ノルマン門
②エドワード3世像 ⑥ヘンリー3世塔
③ウィンザー城の解説展示 ⑦ヘンリー8世門
④クイーン・メアリー人形館

ウィンザー

0 200m

イートン校
Eton College P.189
High St.
ウィンザー＆イートン・ブリッジ
リバーサイド駅
Riverside Staion
テムズ河
Barry Av.
Thames Av.
Thames St.
ウィンザー城
Windsor Castle P.188
セントラル駅
Central Staion
Castle Hill
ギルドホール
Windsor Royal Shopping
High St.
Victoria St.

ステートアパートメント

内部はさすがに豪華で、あちこちに王室所蔵の絵画や装飾品が飾られている。なお、公式行事で使用中の時は入場できないので事前に確認しておこう。

中央部にあるラウンド・タワー

聖ジョージ礼拝堂

聖ジョージ礼拝堂は立派なゴシック様式の礼拝堂。ヘンリー8世 📖P.610 をはじめとする英国王室の墓所でもある。なお、日曜は入場できないので注意しよう。

 英国屈指のエリート校

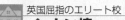

イートン校 Eton College

Map P.188左
ウィンザー

イートン校の校舎

15世紀にヘンリー6世 📖P.609 によって建てられたパブリックスクール(イングランドでは、公立学校ではなく、全寮制私立学校のこと)。ここはそんなパブリックスクールのなかでも英国随一の名門校として知られており、ウォルポール、グラッドストンをはじめとして、過去19人もの英国首相を輩出。現在も11歳から18歳までの約1300人の生徒がこの学校で学んでいる。

門をくぐると、まず目につくのが中央にある創設者ヘンリー6世の像。右側にあるゴシック様式の礼拝堂は、同じくヘンリー6世の命によって建てられたが、建造中に王が廃位されたため、計画は大幅に縮小されることになった。礼拝堂内部には中世に描かれた壁画も残る。構内には博物館もあり、学校の歴史や学校生活に関する展示がされている。

レゴ・ブロックのテーマ・パーク

Map P.181A1
ウィンザー近郊

レゴランド・ウィンザー
Legoland Windsor

レゴランドのホテル

イギリス国内でも1、2位を争うほど人気のあるテーマ・パーク。レゴ・ブロックで再現されたビッグ・ベンやロンドン・アイ、セント・ポール大聖堂などが並ぶ。園内はいくつかのエリアに分かれており、ウォーターコースターや巨大迷路などアトラクションも豊富に揃う。

■ウィンザー城
✉Windsor, SL4 1NJ
🌐www.royalcollection.org.uk
🕐3〜10月9:45〜17:15
　11〜2月9:45〜16:15
最終入場は閉館の1時間15分前
🗓4/28、6/15
ステート・アパートメントは4/14・26・27、5/19、6/14・16・25、7/14・17、10/16、11/25、12/4・8は入場不可
聖ジョージ礼拝堂は日曜と6/12・15は入場不可
ロイヤル・ファミリーや国賓滞在中、国家行事があるときなどは、内部見学が制限または閉鎖される(特に6・12月)。
💷£19.20　学生£17.50(ステート・アパートメントが閉鎖されているときは£10.40、学生£9.40)
館内撮影一部不可　フラッシュ部不可

■イートン校
✉Eton High St., SL4 6DW
☎(01753)370100
🌐www.etoncollege.com
※2015年6月現在、見学ツアーは校舎改装のた休止中。再開は2015年後半もしくは2016年以降になる予定。

イートン校の正門

■レゴランド・ウィンザー
✉Winkfield Rd., SL4 4AY
🌐www.legoland.co.uk
🕐3月中旬〜7月中旬・9月〜11月上旬
　10:00〜17:00
　(土・日など18:00に閉まる日もある)
　7月中旬〜8月10:00〜19:00
🗓11月上旬〜3月上旬(3〜5月と9・10月の平日は閉館する日もあるので事前に確認しよう)
💷1日券£48(インターネット予約で£36)

詳細ガイド

自然に囲まれた
ロンドン近郊の名城巡り

ロンドンから一歩離れるとそこには王侯貴族が愛した美しい宮殿や城、そして自然が広がっている。博物館巡りや、買い物の手を休めて緑あふれるロンドン郊外でリフレッシュしよう。

美しい庭園に囲まれた宮殿
ハンプトン・コート・パレス
Hampton Court Palace

ハンプトン・コート・パレスは、広大な庭園に囲まれたれんが造りの宮殿。

クロック・コート　入って最初の広場が、ベース・コートBase Court。さらにもうひとつの門をくぐるとクロック・コートClock Courtがある。オーディオガイドを貸し出す❶もここにある。

ヘンリー8世の時計　クロックコートの名前の由来であるヘンリー8世 P.610 の時計。テムズ河の潮の干満までわかるようになっている、当時最先端を誇った大時計だ。

ヘンリー8世の時計

厨房　時計を背にして左は、1000人以上の食事を調理できたというテューダー朝期の厨房だ。

ステート・アパートメント　宮殿の建物内部は、いくつかの部門に分かれており、中世の服装をしたガイドが案内してくれるツアーが定期的に行われている。そのなかでも最大の見どころは、ヘンリー8世のステート・アパートメントHenry VIII's State Apartment。そのほか宮殿内には、王立礼拝堂Chapel Royalやウイリアム3世のキングス・アパートメントKings Apartmentなど、見どころ満載。

庭園　美しく造園された庭園に取り囲まれている。宮殿内の見学に疲れたら、美しい庭園を眺めながらひと休みするのもいいだろう。

入口
庭園迷路
駐車場
バラ園
入口
チケット売り場
ヘンリー8世の
ステート・アパートメント
王立礼拝堂
厨房
宮殿入口
リバーボート
乗り場
ヘンリー8世の時計
クロックコート
テムズ川
ポンド・ガーデン
Pond Garden
ハンプトンコート駅
プリヴィ・ガーデン
Privy Garden
大噴水庭園
Great Fountain Garden

190

多くの逸話に彩られたテューダー朝の城
ヒーヴァー城
Hever Castle

ヒーヴァー城はエリザベス1世 P.606 の母として知られるアン・ブーリン P.605 が生まれ育った城。彼女の処刑後は、英国王室に没収されたが、ヘンリー8世 P.610 が5番目の妻アン・オブ・クリーブスと離婚したのを機に、彼女の所有になった。その後何度も所有者が代わり、すっかりうち捨てられていたが、20世紀になってアメリカ人の富豪の手に渡り、莫大な予算を使って、テューダー朝時代の雰囲気に極力近づける形で修復された。

城自体はもちろん、広大な庭園には、迷路やイタリア式庭園、ローズガーデン、池など見どころが多い。夏期には、日によって馬上槍試合のトーナメントなども行われる。

「世界で最も愛らしい城」
リーズ城
Leeds Castle

「世界で最も愛らしい城」と評されたこともあるリーズ城。その歴史はとても古く、ノルマン征服後に作られた検地書、ドゥームズデイ・ブック P.608 にも記録されている。本来は要塞として建てられたが、ヘンリー8世 P.610 は、最初の妻キャサリン・オブ・アラゴン P.606 のために、この要塞を宮殿へと改築した。

入口を入るとしばらく散歩道が続き、城へは7～8分ほどかかる。途中さまざまな鳥を見かけ、何とものどかな雰囲気だ。城は大きくはないが、内部は豪華。あちこちに鳥の絵が飾られている。敷地は広く、城の背後には庭園をはじめ、レストランや鳥園、迷路などが広がっている。

ＤＡＴＡ

■ハンプトン・コート・パレス　Map P.181A2
🚃ウォータールー駅発ハンプトン・コート駅下車。サービトンSurbitonで乗り換えの便が多い。
1時間に2便程度　所要：約35分
🚢ウェストミンスター・ミレニアム・ピア発、キュー・ピア、リッチモンド・ピア経由ハンプトン・コート・ピア行き
4月上旬～9月の運航　1日2便　所要：約3時間
✉East Molesley, Surrey, KT8 9AU
☎08444827777 🌐www.hrp.org.uk
🕐3月下旬～10月下旬10:00～18:00
　10月下旬～3月下旬10:00～16:30
最終入場は閉館の1時間前
🚫12/24～26 💷£19.30　学生£16
オーディオガイド込み(日本語あり)
館内撮影一部不可　フラッシュ不可

■ヒーヴァー城　Map P.181B2
🚃ロンドン・ブリッジ駅から1時間に1便、イースト・クロイドンEast Croydonで乗り換え、イーデンブリッジ・タウン駅Edenbridge Townで下車してタクシーに乗るか、ヒーヴァー駅Heverで下車し、約30分歩く。
✉Hever, TN8 7NG

☎(01732)865224
🌐www.hevercastle.co.uk
🕐3/28～10/23 10:30～18:00　最終入場16:30
　10/24～11/27 10:30～16:30　最終入場15:00
城の見学は12:00～
🚫11/4～27の月・火、11/28～3/27
💷城と庭£16　庭£13.50
　内部撮影不可

■リーズ城　Map P.181B2
🚃🚌ヴィクトリア駅からアシュフォードAshford行きの列車でメードストン駅Maidstoneまで約1時間。1時間に2便ほど。ここで13番バスに乗り換えて約15分。2時間に1便ほど(土・日運休)。
✉Maidstone, Kent, ME17 1PL
☎(01622)765400
🌐www.leeds-castle.com
🕐4～9月10:30～18:00　最終入場16:30
　10～3月10:30～17:00　最終入場15:00
🚫11/7・8、12/25 💷£24　学生£21
　館内撮影一部不可　フラッシュ不可

「クマのプーさん」のふるさと
プー・カントリー
Pooh Country

橋へ向かうフットパスを示す表示

『クマのプーさんWinnie-the-Pooh』に描かれた世界が現前するのがプー・カントリー。クリストファー・ロビンが駆け巡った「百町森100 Acre Woods」が広がる。

起点となるハートフィールドHartfield村から子供に戻ったつもりでゆっくり歩いてみよう。

ハートフィールド
拡大図右

ハートフィールドのバス停
タンブリッジ・ウェルへ
Pooh Corner Ⓢ

N
0　　500m　B2110
B2026

イースト・グリンステッド駅へ

プーの棒落とし橋
Pooh Bridge

駐車場

砂のくぼみ
Rob's Sandypit

ギルズ・ラップ
Gills Lap

駐車場
魔法の場
Enchanted Place

駐車場

百町森
100 Acre Woods

駐車場

ノース・ポール
North Pole

旧鉄道駅

タンブリッジ・ウェルへ
Castlefields

The Anchor Inn
聖母マリア教会
Spar Ⓢ　H R　Church of
Virgin Mary
Church St.

High St.

Pooh Corner Ⓢ

N
0　　100m

プーの
棒落とし橋へ

ハートフィールド
拡大図

おすすめルート

ハートフィールドのバス停
↓
プーの棒落とし橋
↓
プー・コーナー

プーさんといえば、やはりハチミツが定番だ

プー・コーナー
Pooh Corner

「プーさん」の聖地的存在のショップ。ハートフィールドには観光案内所がないので、ここで資料を揃えよう。店が忙しくなければ質問に応じてくれる。

✉High St., TN7 4AE　☎(01892)770456
URLwww.pooh-country.co.uk
⊚10:00〜16:30（土9:00〜17:00、日10:30〜17:00）
休火　CC M V

■ロンドンからハートフィールドへ
🚌🚃ヴィクトリア駅からイースト・グリンステッド駅East Grinsteadへ1時間に2便程度、所要約1時間。駅を出てすぐ左にある幹線道路からメトロバスMetro Bus291番に乗り、所要25分程度。月〜金6:23〜18:15（土6:31〜18:10）にほぼ1時間おきに便はある。日曜は4便のみ。
🚌🚃チャリング・クロス駅からタンブリッジ・ウェル駅Tunbridge Wellへ1時間に3便程度、所要約1時間。メトロバス291番に乗り、所要20分。月〜金7:33（学期内7:20）〜19:16（土7:29〜19:16）にほぼ1時間おきに便はある。日曜は4便のみ。

プーの棒落とし橋
Pooh Bridge

　A.A.ミルンの『プー横丁にたった家』に登場する橋のモデルで、プーが考案した「棒落とし」というゲームが行われた場所とされている。絵本のようにここで棒落としをプレイする旅行者もたまに見かけるが、周辺の木々を折るのはマナー違反なので要注意。

橋は何度か改修され、現在の形になった

百町森
100 Acre Woods

　劇中で『クマのプーさん』が住んでいるのは百町森（100エーカーの森と呼ばれることが多い）。ミルンは1924年夏にアッシュダウンの森の近くに別荘を建て、息子であるクリストファーを連れてきたそうだ。物語が有名になると、森の一部は「百町森」と呼ばれるようになった。

百町森には物語に登場する場所が多く点在する

ブルーベル鉄道
Bluebell Railway

シェフィールド・パーク駅併設のショップは鉄道ファンなら必見

扉の真ん中にある革のベルトは窓の開閉に使う

　1967年に廃線となってしまった鉄道をブルーベル鉄道が引き継ぎ、蒸気機関車のみを運行させている。数あるイギリスの保存鉄道のなかでも屈指の人気を誇る。
　始発駅のイースト・グリンステッド駅で切符を買ったら蒸気機関車に乗車。次の停車駅のキングズコート駅は1950年代初頭の駅をイメージしたあたたかい雰囲気。その次のホーステッド・キーンズは、鉄道がまだ繁栄を謳歌していた1930年代の駅舎の雰囲気を残している。この駅の近くには蒸気機関車の撮影ポイントがあるので、多くの鉄道ファンが乗り降りする。
　シェフィールド・パーク駅は最大の駅で、グッズショップや小さな博物館、パブが併設されている。駅前にはナショナルトラストが管理する美しい庭園もある。

入線してきた蒸気機関車

4～10月は毎日3～7便あるほか、シーズンオフの冬期も週末は運行。イベントも頻繁に行われるので詳細なスケジュールはウェブサイトで確認を。
🚌メトロバス270番がイースト・グリンステッド～ホーステッド・キーンズHorseted Keynes間を結ぶ。
TEL(01825)720800
URLwww.bluebell-railway.com
種類に応じて£10.50～25.50

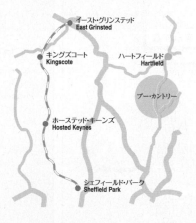

テムズ河での練習船として活躍したHMSガネット号

■ロンドンからチャタムへ
🚃ヴィクトリア駅から1時間に2便程度、所要約50分。チャリング・クロス駅から1時間に2便程度、所要約1時間20分。

■チャタム・ヒストリック・ドックヤード
✉The Historic Dockyard, Kent ME4 4TE
☎(01634)823800
🌐www.thedockyard.co.uk
🕐3/29〜10/24 10:00〜18:00
　2/14〜3/28、10/25〜11/29
　10:00〜16:00
🚫11/30〜2/13
💷£19　学生£16.50
館内撮影一部不可　フラッシュー不可

第二次世界大戦で活躍したHMSキャヴァリアー号の船内

英国海軍の最大の造船所があった

チャタム　*Chatham*

　かつて世界の海を制していた英国海軍。その船はロンドンからテムズ河沿いに東に位置する町、チャタムで造られていた。

歩き方　鉄道駅からヒストリック・ドックヤードまでは徒歩で約15分ほど。バスも運行されているが、徒歩でも十分。

英国海軍最大の造船所だった
チャタム・ヒストリック・ドックヤード
Chatham Historic Dockyard

Map P.181B2
チャタム

　チャタムに王立造船所が造られたのはエリザベス1世 ▶P.606 の時代の16世紀。17世紀までは英国最大の修繕基地として活躍したが、戦いの舞台が大西洋に移っていくと、18世紀以降は軍艦の造船所としてその名をはせることとなる。

　1984年に工廠は閉鎖され、現在はヒストリック・ドックヤードとして観光客に開放されている。英国海軍歴代の軍艦や潜水艦などが並べられており、海事博物館では船のミニチュアなどが置かれている。敷地内に残るドックや宿舎はジョージ王朝様式に造られたもので、保存状態も良好。これらは世界遺産に申請されたこともある。

文献に出てくる英国最古の町

コルチェスター Colchester

書物に名前が出てくる町としては、英国最古といわれるコルチェスター。その歴史はケルトの時代にまで遡る。その後ローマ時代にはブリテン島の支配の拠点として、城壁や神殿が造られた。60年にはローマの支配に対してブリトン人のボアディキア女王 ☞ P.610 が反乱を起こしている。

歩き方 コルチェスター北駅North Stationにはロンドンやイプスウィッチからの列車が到着し、一部の列車はタウン駅まで行く。北駅から町の中心へは、ノース・ステーション・ロードNorth Station Rd.を南へ10分。城壁内に入ってしばらく行くとコルチェスター城が見えてくる。

コルチェスター中心部を囲む城壁

■ロンドンからコルチェスターへ
🚃 リヴァプール・ストリート駅から頻発
所要：45分～1時間

コルチェスター北駅

ローマの神殿の跡に建てられた

コルチェスター城 Colchester Castle

Map P.195
コルチェスター

ノルマン朝時代の11世紀に建てられた

ローマ時代、この地にはローマ支配の象徴、クラウディウス神殿が建っていた。反乱を起こしたボアディキア女王 ☞ P.610 は、コルチェスターを攻撃した際、神殿の中に逃げ込んだ住民ともども焼き払ったと伝えられる。

1076年、ウィリアム征服王 ☞ P.605 は町に残っていたローマ時代の石材の転用を命じ、神殿跡の上にコルチェスター城を築いた。中世には牢獄として使用されたこともあるこの城は、現在は博物館として、この地で発掘されたさまざまな物品を展示している。

i コルチェスター
Tourist Information Centre

Map P.195
✉Hollytrees Museum, Castle Park, CO1 1UG
☎(01206)282920
URLwww.visitcolchester.com
🕐4～10月9:30～17:00
11～3月10:00～17:00 🅷日
宿の予約:1泊目の宿泊料金の10%(デポジット)

■市内ウォーキングツアー
所要90分のウォーキングツアー。コルチェスター城をはじめ、イギリス最大のローマ時代の城門や童謡で知られる『きらきら星』誕生の地などを回る。
🕐土11:00～ 7・8月は毎日11:00～
🅷12～2月 🅵£4.10
集合場所は❶の前。事前に❶で予約しておこう。

■コルチェスター城
✉Castle Palk, CO1 1TJ
☎(01206)282939
URLwww.cimuseums.org.uk
🕐10:00～17:00 (日11:00～17:00)
🅷無休
🅵£7.50 学生£4.75
ガイドツアー£2.80
城内撮影不可

■ファーストサイト (美術館)
✉Lewis Gardens, High St., CO1 1JH
☎(01206)577067
URLwww.firstsite.uk.net
🕐10:00～17:00
🅷月
🅵展示内容により異なる
館内撮影不可

イギリス考古学史上最大の発見といわれる
サットン・フー Sutton Hoo

イプスウィッチの郊外には、7世紀の墳墓サットン・フー Sutton Hooがある。サットン・フーは中世イギリスに関する考古学上最大の発見といわれており、ここで見つかった副葬品は、大英博物館のアングロ・サクソン時代の展示の中心に据えられている。

サットン・フーに埋葬されている人物はサクソン王レッドウォルドと考えられており、船型の墳墓に埋葬されていた。ビジターセンターでは、墓の復元や豊富な資料、発掘品などをとおして、アングロ・サクソン時代の生活や文化を紹介している。

1939年に発掘された古墳。内部に船型の墓があった

副葬品の仮面

ビジターセンターの船型墳の墓復元展示

エリア内はフットパスに沿って歩こう

■■ロンドンからイプスウィッチへの行き方
🚃リヴァプール・ストリート駅から1時間に2〜3便・所要約1時間20分

■イプスウィッチからサットン・フーへ
🚃イプスウィッチから1時間に1便程度、約20分でメルトンMelton駅下車。ここから徒歩約40分。駅からタクシーなら所要10分、£15ほど。
🚌バスステーションから65番のバスが1時間に1便ほど出ている。メルトン駅の次のWilford Bridge下車、徒歩30分ほど。帰りはメルトン駅まで歩く。

■サットン・フー・ビジターセンター
✉Tranmer House, Sutton Hoo, Woodbridge, Suffolk, IP12 3DJ
☎(01394)389700　URLwww.nationaltrust.org.uk
🕙10:30〜17:00　💷£7.90

南海岸地方

Southern Coast

詳細ガイド 見どころビジュアルガイド

Town Walk 町歩きガイド

写真：世界遺産ジュラシック・コースト（P.242）

カンタベリー大聖堂 P.202
英国国教会の総本山。世界遺産にも登録
されている

ライ P.210
丘の上に古風な家々が並ぶ小さな町。古
風なカフェやパブでのんびりしよう

**ポーツマス・ヒストリック・
ドックヤード** P.224
英国海軍の基地内にあり、博物館や現役
を引退した軍艦が並んでいる

白い崖とリゾートタウンが続く

南海岸地方

　イギリス海峡に沿って続く南海岸は、美しい海岸線が続き
リゾート地や港町としてのにぎわいを見せる地域。
白亜の壁が美しい南東部　自然の見どころといえば、**セブン・
シスターズ** P.215 が最も有名だが、**ドーヴァー** P.207 の郊外にあ
るホワイト・クリフでも美しい断崖が眺められる。また、**カンタ
ベリー** P.200、**ライ** P.210 など歴史的町並みがあるのも魅力。お
しゃれなショップが多い**ブライトン** P.218、タイタニック号の出
港地として知られる**サウサンプトン** P.231 などの港町もある。
コンウォール半島　南西部のコンウォール半島は、イギリス
有数のリゾートとして有名な地域。世界遺産の**イングリッシュ・
リヴィエラ** P.244 や**ペンザンス** P.256 などが代表的な町で夏は
多くのリゾート客で賑わう。

主要都市＆見どころハイライト

■ロンドン P.65
カンタベリー P.200
ドーヴァー P.207
ウィンチェスター P.235
ヘイスティングズ P.212
サウサンプトン P.231
ポーツマス P.222
ブライトン P.218
セブン・シスターズ P.215
ダートムーア
国立公園 P.248
エクセター P.239
ワイト島 P.227
コーンウォール半島
トーキー P.245
プリマス P.251
ペンザンス P.256

南海岸地方

ジュラシック・コースト P.242
化石が多く発掘されている海岸。ダートル・ドアなどユニークな奇岩が多く並ぶ

おすすめアクティビティ

白亜の絶壁を歩く
セブン・シスターズをウオーキング
walk　詳細記事 P.217

ロンドンから日帰りでウオーキングを楽しむなら、おすすめはセブン・シスターズ。白亜の崖の上を歩く絶景コースと崖の下を歩くコースもある。

シャーロック・ホームズ・シリーズの人気作
『バスカヴィル家の犬』の舞台を訪ねて
walk　グリムスポンド→ Map P.248A1

コナン・ドイル作『シャーロック・ホームズ』シリーズの中でも、抜群の人気を誇るのが『バスカヴィル家の犬』。作中で魔犬が住む沼地として登場するのが、現在のダートムーア国立公園。小説の舞台ともなった場所をウオーキングで訪れることもできる。ポストブリッジ近郊にあるグリムスポンドGrimspoundにはホームズが潜伏したというストーン・サークルが残っており、ファンもよく訪れる。

DATA　プリマスから43、83番バスでタヴィストックTavistockへ行き、98番のバスに乗り換えてポストブリッジへ（週6便、日帰り不可）。グリムズポンドのストーンサークルへはポストブリッジから徒歩で約1時間30分。

セント・マイケルズ・マウント P.257
ペンザンスの郊外に浮かぶ小さな島。潮が引いた時は歩いて渡ることもできる

ご当地グルメ

首相も大好き。英国伝統の惣菜パイ
コーニッシュ・パスティ
gourmet　*Cornich Pastry*

南西部のコンウォール半島に伝わるパイ。炭鉱で働いていた労働者が坑道で作業しながらでも食べられるように造られたとか。中身は牛肉、ジャガイモ、タマネギ、ルタバガ（カブに似た根菜）など。スーパーや鉄道駅のスタンドでもよく売られており、おやつや軽食にぴったり。

ムニエルで食べるのが美味しい
ドーヴァー・ソール *Dover Dole*
gourmet　食べられるお店 P.209

セブン・シスターズ P.215
白亜の断崖が7つ並ぶことから名付けられた。海岸沿いはフットパスになってる

ハーブをふんだんに使った香草焼き

日本では「シタビラメ」としてもよく知られているウシノシタ科に属する魚。ドーヴァー付近が産地で、ムニエルや香草焼きの食材としてレストランでは人気。食べられる季節はおもに夏。

コーニッシュ・パスティ

イギリス最大の巡礼地
カンタベリー
Canterbury

町の象徴、カンタベリー大聖堂

人口	市外局番
15万1145人	01227
ケント州 Kent	

　カンタベリーは英国国教会の総本山、カンタベリー大聖堂があることで知られる英国最大の巡礼地。ロンドンから100kmほど離れたカンタベリーへの巡礼は、今なら鉄道で1時間10〜40分だが、昔は徒歩で2〜3日の旅程。14世紀の作家、ジェフリー・チョーサーの代表作『カンタベリー物語』も、ロンドンからカンタベリーへと向かう巡礼の一団が、道すがら奇想天外な話を一人ひとり語っていくという内容であった。

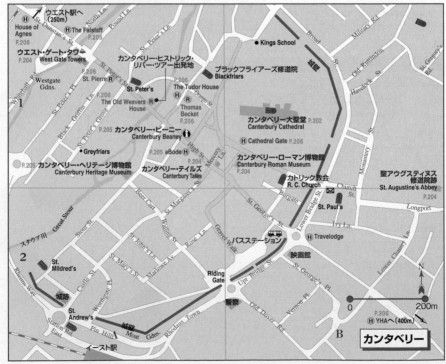

ウエスト駅へ (250m)

House of Agnes P.206

The Falstaff P.205

ウエスト・ゲート・タワー P.204 West Gate Towers

Westgate Gdns.

St. Pierre R P.206

St. Peter's P.206

The Old Weavers House R P.205

カンタベリー・ヒストリック・リバー・ツアー出発地 P.206

The Tudor House

Thomas Becket P.206

Kings School

ブラックフライアーズ修道院 Blackfriars

カンタベリー・ビーニー P.205 Canterbury Beaney

Greyfriars

aBode P.204

P.205 カンタベリー・ヘリテージ博物館 Canterbury Heritage Museum

カンタベリー・テイルズ Canterbury Tales

カンタベリー大聖堂 P.202 Canterbury Cathedral

Cathedral Gate P.206

カンタベリー・ローマン博物館 Canterbury Roman Museum P.204

カトリック教会 R. C. Church

St. Paul's

聖アウグスティヌス修道院跡 St. Augustine's Abbey P.204

バスステーション

Travelodge

映画館

St. Mildred's

城跡

St. Andrew's

城跡

Riding Gate

警察

P.206 YHAへ (400m)

0　　　200m

カンタベリー

イースト駅へ

歩き方

西のウエスト・ゲート・タワー Map P.200A1 と東のバスステーション Map P.200B2 を結ぶ通りが町の目抜き通り。通りの名前は西からセント・ピーターズ・ストリートSt Peter's St.、ハイ・ストリートHigh St.、セント・

大聖堂への門があるバーゲート

ジョージズ・ストリートSt George's St.と変わる。町の中心は❶があるハイ・ストリートの周辺。

交通情報

カンタベリーには、イースト駅とウエスト駅のふたつの鉄道駅がある。

イースト駅 町の中心へ行くには、陸橋を渡り、キャッスル・ストリートを真っすぐ進む。

カンタベリー・イースト駅

ウエスト駅 ウエスト駅からの場合、まず、南へ進み、セント・ダンスタンズ・ストリートSt. Dunstan's St.に出たら、左折、200mほど進むとウエスト・ゲート・タワーにいたる。

バスステーション 町の東側、城壁の近くにある。少し北西に進むと、すぐに町の中心だ。

Access Guide カンタベリー

ロンドンから

所要:1時間10～40分

🚆 セント・パンクラス駅から6:40～23:12
月～土 (土6:37～22:37)の1時間に1～2便
チャリング・クロス駅から6:36～23:10
(土6:06～23:40)の1時間に1～2便
日 セント・パンクラス駅から8:37～
23:12の1時間に1便
チャリング・クロス駅から8:10～
21:42の1時間に1便

所要:2時間
🚌 7:30～23:30の1時間に1便

ドーヴァーから

所要:約30分

🚆 4:30～22:06(土5:22～22:06)の1時
月～土 間に1便
日 7:05～21:05の1時間に1便

所要:45分
🚌 4:50～20:00の1～3時間に1便 月～金 5:05～20:00の1～3時間に1便 土日

ℹ カンタベリー Tourist Information Centre

Map P.200A1
✉18 High St., CT1 2RA
☎(01227)862162
🌐www.canterbury.co.uk
🕐9:00～17:00
(木9:00～19:00、日10:00～17:00)
休12/25・26

現代に残る、中世の町並み

day out
木骨造りの家々が並ぶ
チラム村で中世の雰囲気を味わう

カンタベリーからバスで約25分、チラム村Chilham Villageはふらっと訪ねると中世にタイムスリップしてしまったような感覚に襲われる村だ。村の歴史は古く紀元前にまで遡るが、中世荘園の形式をそのまま残している。中世荘園とは、城主の領地の門の外が広場となっており、その周りに家が集まる村のこと。広場を囲んで建つ木骨造りの家は、中世に建てられ、現在はパブやアンティークショップ、みやげ物屋などになっている。お茶を楽しんだりして、中世の建物の中で、その気分を味わってみたい。

チラム城の庭園は、イギリスで最も有名な庭師が手入れをしているという(入場不可)。ヘンリー2世によって建てられた城砦とジャコビアン様式の邸宅もこの村のもつ長い歴史を物語っている。城と反対側には聖メアリー教会St. Mary's Churchが建っており、ここから10分ほど歩くと小さな湖や川、水車小屋などもある。

■チラム村への行き方
🚆ウエスト駅発、1時間に1便程度　所要:10分
駅から広場までは徒歩で所要15分
🚌バスステーションの乗り場B5から1、1A番のアシュフォードAshford行き。1時間に1便(日曜運休)。所要:25分

英国を代表する大聖堂

世界遺産 カンタベリー大聖堂

カンタベリー大聖堂は英国国教会の総本山であり、また、さまざまな歴史的事件の舞台となったところでもある。建築物としての美しさもこの大聖堂の魅力で、知れば知るほど興味が尽きない見どころといえるだろう。

❶ トーマス・ベケットが
暗殺された部屋
Martyrdom

聖職者の特権をめぐって時の国王ヘンリー2世と対立したカンタベリー大司教のトーマス・ベケット P.609 は、国王の軽率な言葉がもとで、国王の配下によって、頭に傷を受けて殺害されてしまう。今も暗殺された場所には、3本の剣が飾られている。トーマス・ベケットの死後、さまざまな奇跡が起き、彼の遺骨は不治の病を治すと崇拝されるようになり、イギリス屈指の巡礼地としてにぎわうようになったのだ。

カンタベリーの歴史

カンタベリーはローマ以前からの歴史をもつが、キリスト教と強いつながりをもつよう になったのは6世紀になってのこと。この時期にイングランド布教に訪れた聖アウグスティヌスがカンタベリーを中心に布教活動を行ったため、ここにイングランド全体を統括する大司教座がおかれたのだ。

その後カンタベリーは大司教座の町として発展していったが、12世紀に大司教トーマス・ベケット P.609 がこの地で殉教したことで、さらに巡礼地としての名を高めた。16世紀に英国国教会が設立されてからは、カンタベリー大聖堂は英国国教会の総本山としての役割を担うようになり、現在にいたっている。

回廊
Cloister

身廊
Nave

入口

出口

DATA
■カンタベリー大聖堂 Map P.200B1
✉The Precincts, CT1 2EH
☎(01227)762862
🌐www.canterbury-cathedral.org
🕐夏期9:00～17:30（日12:30～14:30）
　冬期9:00～17:00（日12:30～14:30）
🚫基本的には無休だが、儀式などで入場不可になる時間帯もある。上記電話番号で確認を。
💷£10.50　学生£9.50
館内撮影一部不可　フラッシュ部不可

❷地下礼拝堂 *Crypt*

　トーマス・ベケット☞ P.609が暗殺された部屋から裏に回ると、大聖堂の最も古い部分である地下礼拝堂へとたどり着く。11世紀のロマネスク様式で造られており、神秘的な空間が広がっている。東側の礼拝堂にはかつてトーマス・ベケットの墓があったという。

❸トリニティー・チャペル
Trinity Chapel

　12〜16世紀までトーマス・ベケット☞ P.609の聖堂が置かれていた場所。奥の聖堂はベケット・クラウンBecket's Crownとも呼ばれる。聖堂の周りにあるステンドグラスにはトーマス・ベケットの奇蹟が描かれている。周辺にはエドワード黒太子とヘンリー4世の墓などが並ぶ。

❹聖歌隊席 *Quire*

　ミサの時には聖職者たちが座る場所。12世紀に大火事があり、ほとんどが崩壊してしまった。現在はゴシック様式の壮麗な造りとなっており、西側の豪華な大理石製の門は14世紀に造られたもの。

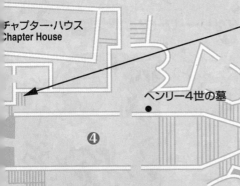

地下礼拝堂
Crypt

チャプター・ハウス
Chapter House

❷

ヘンリー4世の墓

❹

❸

エドワード黒太子の墓

■聖アウグスティヌス修道院跡
⊠Monastery St., CT1 1PF
℡(01227)767345
URLwww.english-heritage.org.uk
開4～9月10:00～18:00
　10/1～11/3 10:00～17:00
　11/4～3/31 10:00～16:00
困11/4～3/31の月～金、10/1～11/3の
　月・火、1/1、12/24～26
料£5.20　学生£4.70

イギリスを代表する修道院だった

■カンタベリー・テイルズ
⊠St. Margaret's St., CT1 2TG
℡(01227)479227
URLcanterburytales.org.uk
開11～2月10:00～16:30
　3～6・9・10月10:00～17:00
　7・8月9:30～17:00
困1/1、12/25・26
料£8.95　学生£7.50
日本語音声ガイドあり

■ウエスト・ゲート・タワー
※2015年3月現在閉鎖中。再開時期は
未定。

カンタベリーの正面玄関的な役割

■カンタベリー・ローマン博物館
⊠Butchery Ln., CT1 2JR
℡(01227)785575
URLwww.canterbury.co.uk/museums
開10:00～17:00
困12/25・26、1/1
料£8　学生£6

聖アウグスティヌス修道院跡
イギリスのキリスト教布教の拠点のひとつ　Map P.200B1～2

St. Augustine's Abbey

　6世紀に聖アウグスティヌスによって建てられた修道院。イギリスのキリスト教布教に非常に重要な役割を果たした。幾度も改築などを繰り返したが、ヘンリー8世☞P.610による修道院解散☞P.608により建物は解体。ほとんど廃墟となってしまっているが、ビジターセンターにはこの地での発掘品などが展示されている。

カンタベリー・テイルズ　Canterbury Tales
『カンタベリー物語』の世界を再現　Map P.200A1

『カンタベリー物語』の世界へ

　ジェフリー・チョーサーの傑作『カンタベリー物語』の世界を、ろう人形やセットを使って再現したアトラクション。音声ガイドに従って、ロンドンからカンタベリーまでの巡礼の道すがら、騎士や修道士、バース出身のご婦人など、さまざまな階層の人が、自分の知っている奇想天外な話を披露してゆくという設定。

ウエスト・ゲート・タワー　West Gate Towers
堂々とした姿の町の入口　Map P.200A1

　町の西の玄関ともいうべき位置にある立派な門。かつてロンドンからの巡礼者は皆この門をくぐり、カンタベリー大聖堂へと向かっていった。塔の内部は小さな博物館となっており、頂上からは町の様子を一望することができる。

カンタベリー・ローマン博物館
カンタベリーの地下に広がるローマ世界　Map P.200B1

Canterbury Roman Museum

旧市街に突如現れるローマ神殿風の博物館

　町の東、ショッピングセンターのすぐ近くにある。入口は小さいが、ローマ風の門をくぐり下の階へ行くと、広大な展示スペースが広がっている。館内ではローマ時代の生活を多様な発掘物や人形、さらにビデオなどを使って説明してくれる。ローマ時代の家のモザイクなどもあり必見。

歴史的建築物としても見応えがある　　Map P.200A1

カンタベリー・ヘリテージ博物館
Canterbury Heritage Museum

石器時代から現代までの町の歴史全般をカバーしており、充実した内容の博物館。中世に病院だった建物を利用しており、樫の木で造られた屋根部分の細工など、歴史的建築物としても見応えがある。

病院だった建物が博物館となっている

■カンタベリー・ヘリテージ博物館
✉Stour St., CT1 2NR
☎(01227)475202
URLwww.canterbury.co.uk/museums
⏰11:00〜17:00
休3/26〜9/28の月・火、1/5〜2/14と2/24〜3/25と9/29〜10/24と11/3〜12/19
料£8　学生£6

■カンタベリー・ビーニー
✉18 High St., CT1 2RA
☎(01227)862162
URLwww.canterbury.co.uk/museums
⏰9:00〜17:00
（木9:00〜19:00、日10:00〜17:00）
休12/25・26

ヴィクトリア王朝様式の建物が印象的な　　Map P.200A1

カンタベリー・ビーニー　Canterbury Beaney

ハイ・ストリートに面して建つヴィクトリア王朝様式の美しい建築物。1899年から博物館兼図書館としてカンタベリーの人々に愛されて続けてきた。アートギャラリーも併設されている。

カンタベリー・ビーニーのアートギャラリー

HOTEL　　　　　　　　RESTAURANT

宿泊施設はバラエティに富んでおり、数も多い。B&Bは城壁内にも点在しているが、セント・ダンスタンズ・ストリートSt. Dunstan's St.周辺に点在する。レストランやパブは、セント・ジョージズ・ストリートからセント・ピーターズ・ストリートへと続くエリアに多い。

Recommended

モダン・ブリティッシュを楽しむなら
アボード　aBode Canterbury

高級　　72室
Map P.200A1

👤	📺	🍴	📞	📠	Ｐ	📶 Wi-Fi
	全室	全室	全室	全室	有料	無料

✉30-33 High St. CT1 2RX
☎(01227)766266　FAX(01227)7451512
URLwww.abodehotels.co.uk
S🛁£75　W🛁£88
CCADMV

クラシカルな雰囲気も残しつつ、内装はスタイリッシュ。1階にはBBCの料理番組にも出演しているマイケル・ケインズ氏の手がける、モダンな内装のレストラン・バーもある。

Recommended

かつての駅馬車宿を改装した
フォルスタッフ　The Falstaff Hotel

中級　　46室
Map P.200A1

📺	🍴	📞	📠	Ｐ	📶 Wi-Fi
全室	全室	全室	一部	無料	無料

✉8-10 St. Dunstan's St., CT2 8AF
☎(01227)462138　FAX(01227)463525
URLwww.thefalstaffincanterbury.com
S🛁£69〜89
W🛁£89〜109　CCADMV

15世紀に駅馬車宿（コーチング・イン）として造られた建物を利用したホテル。天蓋付きのベッドがある客室や中庭を見下ろせる客室もある。バーやラウンジなどが併設されている。

中級 25室 Map P.200B1

カシードロ・ゲート Cathedral Gate

TV 全室 / 🛁 全室 / 🧴 全室 / 📻 なし / P なし / 🛜 Wi-Fi 無料

✉ 36 Burgate, CT1 2HA
☎ (01227)464381
🌐 www.cathgate.co.uk
🛏 S W 🛁📺📻 £65〜81.50
🛏 S W 🛁📺📻 £75〜125
💳 J M V

レセプションは階段を上った2階にある。部屋によって広さが違い、料金も異なる。窓から大聖堂が見える部屋もあるのでリクエストしてみよう。

ゲストハウス 16室 Map P.200A1

ハウス・オブ・アグネス House of Agnes

TV 全室 / 🛁 全室 / 🧴 全室 / 📻 なし / P 無料 / 🛜 Wi-Fi 無料

✉ 71 St. Dunstan's St., CT2 8BN
☎ (01227)472185
🌐 www.houseofagnes.co.uk
🛏 S W 🛁📺📻 £85〜130
💳 A M V

13世紀に建てられたインを利用した宿。部屋の名前は世界の都市名となっており、内装も異なる。朝食は地元産の食材でソーセージも自家製。

ゲストハウス 7室 Map P.200A1

テューダー・ハウス The Tudor House

TV 全室 / 🛁 希望者 / 🧴 全室 / 📻 なし / P なし / 🛜 Wi-Fi 無料

✉ 6 Best Ln., CT1 2JB
☎ (01227)765650
🌐 www.tudorhousecanterbury.co.uk
🛏 S 🛁📺📻 £35〜　🛏 W 🛁📺📻 £59〜
🛏 W 🛁📺📻 £70〜
💳 M V

建物自体は500年前のテューダー朝時代に建てられた。部屋の大きさや設備は若干異なる。暖炉の備わったダイニングルームがオーナーの自慢。

ユース ベッド数74 Map P.200B2 外

YHAカンタベリー YHA Canterbury

TV なし / 🛁 なし / 🧴 なし / 📻 なし / P 無料 / 🛜 Wi-Fi 有料

✉ Ellerslie, 54 New Dover Rd., CT1 3DT
☎ (01227)462711
🌐 www.yha.org.uk
🛏 D 📺📻 £10〜20
💳 M V

町の中心部から1kmほど南東、セント・ジョージズ・プレイスをずっと直進した右側にある。レセプションが開いているのは7:30〜10:00、15:00〜23:00。

Map P.200A1 英国料理

オールド・ウィーバーズ・ハウス The Old Weavers House

15世紀に建てられた古い家を利用した店。メニューは伝統的英国料理やパスタやピザなどのイタリア料理が中心。カンタベリー・クリーム・ティー Canterbury Cream Teaは£4.75。

✉ 1 St. Peter's St., CT1 2AT　☎ (01227)464660
🕐 9:00〜23:00　休無休　💳 A D M V　📶店内可

Map P.200A1 ダイニングパブ

トーマス・ベケット Thomas Becket

白い壁に黒い木材が露出した内装や、天井に飾られた真鍮製のヤカンなどが古きよきパブの雰囲気を出している。パブフードはロースト・ハムやフィッシュ&チップスなどがメインで£8.95〜12。

✉ 21 Best Ln., CT1 2JB　☎ (01227)464384
🕐 10:00〜24:00　休無休
💳 M V　📶店内可

Map P.200A1 カフェ ケーキ

サン・ピエール St. Pierre

地元で人気のフランス風カフェ。店内は老若男女問わずケーキをほおばる人でいっぱい。他にも種類豊富なサラダ£5.90やキッシュは£4、パニーニ£5.20など、メニューの幅は広い。

✉ 41 St. Peter's St., CT1 2BG
☎ (01227)456791　🕐 8:00〜18:00（日9:00〜17:00）
休無休　💳 M V（£10以下は手数料別途）　📶不可

イギリスと大陸の架け橋
ドーヴァー
Dover

ドーヴァーの東側に広がる白亜のホワイト・クリフ

人口	市外局番
11万1674人	01304
ケント州 Kent	

ブリテン島で最も大陸と近い場所にある港町、ドーヴァー。はるか昔から、ここはイギリスと大陸を結ぶ町として栄えてきた。1992年にこの地で発見された青銅器時代の船は、現在知られているなかで最も古い海洋船だ。いかにドーヴァーが海と密接なつながりがあったかがわかる。

歩き方

町の中心は、マーケット・スクエアMarket Sq.で、そこからタウンホールへと続く道はショップが多く、メインストリートとなっている。マーケット・スクエアをさらに南に進んでいくと、海岸沿いの道路に出る。

交通情報

鉄道駅 ドーヴァー・プライオリー駅がメイン・ターミナル。

ドーヴァー Tourist Information Centre

Map P.207A
Market Sq., CT16 1PB
(01304)201066
www.whitecliffscountry.org.uk
圆9:30〜17:00（日10:00〜15:00）
困10月下旬〜4月上旬の日曜、12/25・26、1/1
宿の予約:手数料£3＋1泊目の宿泊料金の10%（デポジット）

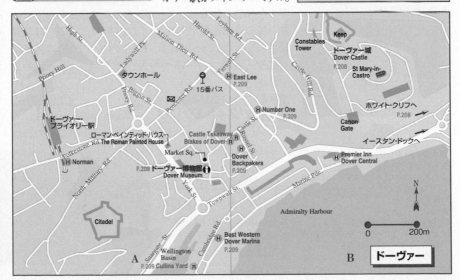

所要:1時間10～50分

月
～
土
セント・パンクラス駅から7:22～22:37
（土6:37～22:12）の1時間に1～2便
チャリング・クロス駅から5:30～23:40
（土7:40～23:40）の1時間に1～2便

日
セント・パンクラス駅から8:37～
23:12の1時間に1便
チャリング・クロス駅から8:03～
21:03の1時間に1便

所要:2時間15～30分

月
～
土
7:30～23:30の1時間に1便

所要:約30分

月
～
土
5:37～23:48（土6:42～23:17）の1時
間に1便

日
8:58～23:58の1時間に1便

■ドーヴァー城
ステージコーチ社の15番が中心部の
バス停のスタンドBから発着している。
✉Castle Hill, CT16 1HU
☎(01304)211067
URLwww.english-heritage. org.uk
🕐3月下旬～7・9月10:00～18:00
　8月9:30～18:00
　10/1～11/1 10:00～17:00
　11/2～3月下旬10:00～16:00
🚫11/2～2/14と2/20～3月下旬の月～
金、1/1、12/24～26
💷£17.50　学生£15.80
館内撮影一部不可　フラッシュ一部不可

■ドーヴァー博物館
✉Market Sq., CT16 1PB
☎(01304)201066
URLwww.dovermuseum.co.uk
🕐9:30～17:00（日～15:00）
🚫10～3月の日曜、1/1、12/25·26
💷£4　学生£2.75

青銅器時代の船

■ホワイト・クリフ
徒歩だと町の中心部から30分くらい。イ
ースタン・ドック近くの断崖の下に小道が
あり、東へ進むとビジターセンターにたど
り着く。
●ビジターセンター
✉Upper Rd., CT16 1HJ
🕐3/2～7/12、9/7～11/1 10:00～17:00
　7/13～9/6 10:00～17:30
　11/2～3/1 11:00～16:00
🚫12/24·25　💷無料

イースタン・ドック

フェリーターミナル　フランスのカレーやダンケルク行きのフェリーはイースタン・ドックから発着している。フェリーターミナルへのシャトル・バスはドーヴァー・プライオリティ駅から発着する。

イギリスの鍵　　　　　　　Map P.207B
ドーヴァー城 Dover Castle

　大陸から最短の距離にあり、常に大陸からの脅威にさらされてきたドーヴァーの防御の中心をなしたのがドーヴァー城だ。この城が落ちることは、イギリス全土に脅威が広がることを意味し、ドーヴァー城は「イギリスの鍵」と呼ばれ、イギリスの防御の最前線であり続けた。

イギリス防衛の要

　敷地内には1世紀にローマ人によって建てられたファロスPharosという灯台をはじめ、地下トンネルなど、数々の見どころがある。地下のトンネルは中世に掘られたものと、第2次世界大戦のときに掘られたものがあり、後者には戦時中海軍の司令部がおかれていた。

青銅器時代のボートは必見　　　Map P.207A
ドーヴァー博物館 Dover Museum

　町の中心、マーケット・スクエアに面している博物館。石器時代から第2次世界大戦までのドーヴァーに関するさまざまな品物を収蔵し、ドーヴァーの歴史に光を当てている。特に青銅器時代の船は、この種のものとしては世界最古のものでたいへん貴重。館内では、この船の発掘から保存、展示にいたるまでの過程をビデオで詳しく説明している。

町の東に広がる白亜の断崖　　　Map P.207B外
ホワイト・クリフ The White Cliffs of Dover

　イースタン・ドッグから北を眺めると、白い断崖が目の前いっぱいに広がるのがわかるだろう。セブン・シスターズほどの規模ではないが、ドーヴァーも美しい断崖が有名。断崖一帯はナショナル・トラストが管理しており、沿岸はウオーキングコースになっている。

断崖に沿って延びるウォーキングコース

HOTEL　　　　　　　　　RESTAURANT

　B&Bはプライオリー駅のそばの道、フォークストン・ロードFolkestone Rd.とドーヴァー城近くに多いが、中・高級はレストランは少ない。マーケット・スクエアの周辺と海岸沿いなどのエリアに多い。ドーヴァー海峡で獲れたドーヴァー・ソール（舌ビラメ）が名物。

 Recommended

目の前に海峡が広がる
ドーヴァー・マリーナ
Best Western Dover Marina Hotel

高級　　81室
Map P.207A

⊠Dover Waterfront, CT17 9BP
TEL(01304)203633
URLwww.dovermarinahotel.co.uk
S £55～
W £65～
CC A M V

　通りに沿って美しいカーブを描く建物を利用したホテル。目の前にはドーヴァー海峡が広がり、ドーヴァーでも屈指の好立地に建つ。朝食はビュッフェ形式で£12.95。

ゲストハウス　4室　Map P.207A

イースト・リー East Lee Guses House

⊠108 Maison Dieu Rd., CT16 1RT
TEL(01304)210176
URLwww.eastlee.co.uk
S £50～60
W £70～80
CC M V(手数料£2別途)

　19世紀に建てられたヴィクトリア様式のタウンハウスを利用している。部屋ごとに内装や広さが異なるが、高級感ある造り。オーナー夫妻も親切。

ゲストハウス　4室　Map P.207B

ナンバー・ワン Number One Guest House

⊠1 Castle St., CT16 1QH
TEL(01304)202007
URLwww.number1guesthouse.co.uk
S £35～40
W £55～70
CC M V

　町の中心部にあり、観光には便利な立地。ジョージ王朝様式の建物を利用している。朝食は自分の部屋まで運んできてくれる。駐車場代は1日£3。

ホステルベッド数25　Map P.207B

ドーヴァー・バックパッカーズ
Dover Backpakers

⊠Rusell St., CT16 1PY
TEL(01304)202108
D £15～
S W £40～
CC M V

　中心部にある小さなホステル。1階はパブになっており、ここがレセプション兼ラウンジにもなっている。朝食はコンチネンタル。

 Recommended

イギリス屈指のシーフードレストラン
カリンズ・ヤード Cullins Yard

シーフード　英国料理
Map P.207A

⊠49 Chapel St., TR18 4AF
TEL(01736)363093
URLwww.cullinsyard.co.uk
10:00～23:00
無休　CC A M V　店内可

　ドーヴァー・マリーナ・ホテルから150mほど西に位置する。イギリスのシーフードレストランのベスト50にも選ばれたことがある。日替わりメニューが用意されており、取れたての魚介類が楽しめる。夏期はドーヴァー・ソールを置いてある日もある。

Town Walk

中世の世界へタイムスリップ
ライ
Rye

かわいらしい建物が並ぶライの町並み

❶も兼ねるライ・ヘリテージ・センター

れんが造りのかわいらしい建物に石畳の路地……。古い物語の世界にでも迷い込んでしまったかのようなライはイギリスで最も美しい町のひとつに挙げられる。

聖メアリー教会が町の中心。教会の裏側にあたる**チャーチ・スクエア**Church Sq.や**ウォッチベル・ストリート**Watchbell St.、**マーメイド・ストリート**Mermaid St.にかけては、特に見逃せない通り。しっくいの壁の木造家屋は、落ち着いたテューダー朝様式と、イタリア建築の流れを汲む優美なジョージ王朝様式がほどよく交ざり、見事な調和を見せている。**ハイ・ストリート**周辺の小さな路地にはギャラリーやアンティーク店、雑貨店、インテリアショップなどが軒を連ねる。

[地図：ライ市街図]
Rope Walk / Tower St. / Fishmarket Rd. / ランドゲート Landgate / 鉄道駅 / H Regent / High Cinqueport St. / S Jempsons (スーパーマーケット) / R The Ambrette at Rye / オールド・グラマー・ハウス Old Glammer House / ライ・アート・ギャラリー Rye Art Gallery / ライ・キャッスル博物館 Rye Castle Museum / R La Maison / Lion St. / Market St. / East St. / タウンホール Town Hall / Ferry Rd. / Rye Windmill / Cinque Ports St. / Wish St. / Wish Ward / High St. / Simon the Pieman / The Fletcher's House / Tea Room R / 聖メアリー教会 Church of St. Mary / ファーマーズ・マーケット Farmers Market / The Mermaid Inn / Mermaid St. / ライ・ヘリテージ・センター Rye Heritage Centre ❶ / ラム・ハウス Lamb House / Church Sq. / イプラ・タワー Ypres Tower / Strand Quay / The Strand / The Hope Anchor / ウォッチベル・ストリート Watchbell St. / ティリンガム川 River Tillingham / South Undercliff / N / 0 100m

聖メアリー教会
Church of St. Mary

[教会の時計塔の写真]

イギリス最古という時計塔

教会の最も古い部分は1150年頃のもの。教会に入って視線を上に移せば、巨大な振り子が揺れているのがわかるが、これは1377年のフランスの侵略の際にももちこたえた、イギリス最古の時計だそうだ。塔に上ることもでき、ここからライの町並みを見下ろせる。ステンドグラスも見事。

📧Church Sq., TN31 7HF
☎(01797)224935
🌐www.ryeparishchurch.org.uk
🕐4〜10月9:30〜17:30 11〜3月9:30〜16:30
📅12/25 💷無料 塔£3 フラッシュ不可

イプラ・タワー
Ypres Tower

1249年、フランスの侵略に備えて建設された塔。近くのイースト・ストリートには関連の遺物や資料を展示するライ・キャッスル博物館がある。

☎(01797)227798
🌐www.ryemuseum.co.uk
🕐4〜9月10:30〜13:00 14:00〜17:00
　10〜3月10:30〜15:30
📅無休 💷£3 学生£2.50

[イプラ・タワーの写真]

重厚な造りのイプラ・タワー

ファーマーズ・マーケット
Farmers' Market

チーズの屋台

ティリンガム川沿いの駐車場にて、地元の野菜やチーズなどの乳製品、パンやケーキなどが販売される。

🕐夏期の水10:00〜13:00　冬期の水10:00〜12:00

フレッチャーズ・ハウス
The Fletcher's House Tea Room

聖メアリー教会の目の前にある。17世紀の劇作家、ジョン・フレッチャーの生家をカフェとしている。スコーン付きの紅茶メニュー、ライ・クリームティー（写真、£5.75）が人気。

✉2 Lion St., TN31 7LB　☎(01797)222227
🕐10:00〜17:00（土10:00〜18:00）　休無休　CC MV

マーメイド・イン
The Mermaid Inn

1420年に建てられたという、木組みの趣ある建物。バスタブがない部屋も7室ある。天蓋付きベッドのある部屋は8室。併設のパブはいつもにぎわっている。

✉Marmaid St., TN31 7EY
☎(01797)223065　URLwww.mermaidinn.com
S🛁🚿📞🛏£90　W🛁🚿📞🛏£150〜220
CC AMV

📺 全室　💇 全室　🧴 全室　🗄 全室　P無料　📶Wi-Fi 有料

■ライへの行き方
●ロンドンから
チャリング・クロス駅からヘイスティングズ経由、またはセント・パンクラス駅からアシュフォード経由で行く
所要:1時間15分〜2時間10分
●ドーヴァーから
🚂アシュフォード経由、所要約1時間10分
🚌102番が1時間に1便程度。所要約2時間
●ヘイスティングズから
🚂1時間に1便程度。所要約20分
🚌100、344番がそれぞれ1時間に1便程度（土・日減便）
所要:約50分
■ライの❶
ライ・ヘリテージ・センター内にインフォメーション・ポイントがある。地図やパンフレットなどはここで手に入るが、詳細な観光案内業務は行っていない。

ライ・ヘリテージ・センター
Rye Heritage Centre

ライの町並みを再現した模型を使ったサウンド＆ライト・ショーを行っているほか、町巡りのオーディオガイドも貸し出している。

✉Strand Quay, TN31 7AY
☎(01797)226696　URLwww.ryeheritage.co.uk
🕐4〜9月10:00〜17:00　10〜3月10:00〜16:00
休1〜2月の月〜金　料サウンド＆ライト・ショー£3.50
オーディオガイド£4

アンブレット
The Ambrette at Rye

地元で人気のレストラン。料理にはインドテイストが加えられている。ランチは£10.95〜20.95。ラフな格好での入店は避けよう。

✉6 High St., TN31 7JE
☎(01797)221504　URLwww.theambrette.co.uk
🕐11:30〜14:30　18:00〜21:30（金〜日17:30〜22:00）　休月　CC MV

ホープ・アンカー
The Hope Anchor

高台の上、見晴らしのよい場所に建つプチホテル。一つひとつの部屋に名前がつけられており、広さや内装もかなり異なる。バスタブなしの部屋もいくつかある。

✉Watchbell St., TN31 7HA
☎(01797)225057　URLwww.thehopeanchor.co.uk
S🛁🚿📞🛏£95　W🛁🚿📞🛏£120〜170　CC AMV

📺 全室　💇 全室　🧴 全室　🗄 なし　P無料　📶Wi-Fi 無料

ライ・ウィンドミル
Rye Windmill

小麦を挽くために使われてきた風車小屋を利用したB&B。£170の天蓋付きベッドの部屋はれんが造りで風情たっぷり。週末は2泊以上から。

✉Off Ferry Rd., TN31 7DW
☎(01797)224027　URLwww.ryewindmill.co.uk
S🛁🚿🛏£55〜170　W🛁🚿🛏£80〜170
CC MV

📺 全室　💇 全室　🧴 全室　🗄 なし　P無料　📶Wi-Fi 無料

イギリス史にその名を残す古戦場

ヘイスティングズ
Hastings

ロンドン

ヘイスティングズ

丘の上から眺めたヘイスティングズの街並み

人口	市外局番
9万254人	01424

イースト・サセックス州
East Sussex

　1066年、当時のイングランド王ハロルド2世はここヘイスティングズ近郊でフランスのノルマンディー公ウィリアム（ギョーム2世）☞P.605を迎え撃った。ウィリアムはこの戦いに勝利し、ノルマン王朝の初代国王、ウィリアム1世として即位した。この結果イングランドはノルマン王朝に支配されることとなり、あらゆる面においてフランスの影響を受けることになる。

　現在は、ウィリアムが建てたといわれるヘイスティングズ城の廃墟が残るのみだが、新市街の中心から小高い丘陵に城壁跡がはっきりと眺められ、新旧入り交じった独特の魅力があふれる町だ。

ヘイスティングズ
Tourist Information Centre

Map P.212A
✉Aquila House, TN34 3UY
☎(01424)451111
URLwww.visit1066country.com
圓夏期9:00～17:00
　冬期9:00～17:00
　(土10:00～16:00、日11:00～16:00)
圏無休

歩き方

城のある丘と市街を結ぶケーブルカー

　町の南部には長いビーチが続き、海岸線に沿って東側に旧市街、西側に新市街と分かれている。

　鉄道駅から中心街へ続く道が**ハブロック・ロード** Havelock Rd.。新市街の目抜き通りが遊歩道のケ

ヘイスティングズ

0 ── 200m

鉄道駅

バス発着所

Priory Meadow
(ショッピングセンター)

ロンドン行きバス

タウンホール

ヘイスティングズ博物館&美術館へ(200m)

H The Chatsworth P.214
H Alexander's P.214 Carlisle Pde.

P.214 聖クレメントの洞窟
Smugglers Adventure
in St. Clement's Caves

Wellington Gdns.

West Hill Café

ウエスト・ヒルクリフ鉄道

ヘイスティングズ城
Hastings Castle P.213

Lathams Brasserie P.214

Pelham Arc.

Pelham Pl. Marine Pde.

H Jenny Lind

R Judges Bakery P.214

East Hill Cliff Railway

Rock-A-Nore Rd.

Boating Lake

ミニチュア鉄道

漁師の網小屋
フィッシャーマンズ博物館

水族館

A

B

ンブリッジ・ロードCambridge Rd.。旧市街の中心はジョージ・ストリートGeorge St.とハイ・ストリートHigh St.。ジョージ・ストリートには、ヘイスティングズ城へ上るためのケーブルカー、ウエスト・ヒル・クリフ鉄道の乗り場がある。

交通情報

鉄道駅 鉄道駅は町の北西にある。鉄道駅から新市街へは徒歩約5分、旧市街へは約10分。

 頂上の眺望から11世紀の戦いをしのぶ　　　　Map P.212A・B

ヘイスティングズ城 Hastings Castle

朽ち果てた廃墟が歴史を語る

ウィリアム1世 P.605 が建設したとされる城。13世紀の嵐で城の本丸部分が滑落し海に沈んだため、今ではわずかな城壁跡と教会の跡が残るだけ。敷地内にある中世テント風の小屋では、町の歴史を説明する映画を上映している。

Access Guide ヘイスティングズ

ロンドンから

所要約2時間

月～土 ヴィクトリア駅から
5:32 6:47～22:47の1時間に1～2便
日 9:47～21:47の1時間に1便

ドーヴァーから

101～100番　所要:約2時間45分

月～土 6:50 7:40 8:35 9:37～15:37の1時間に1便 16:42 17:40 18:45
日 7:32 9:32 11:32 13:32 15:32 16:32 17:50

乗り換え情報

●ドーヴァーから
アシュフォード・インターナショナル駅で乗り換え。所要時間1時間40分

■ヘイスティングズ城
URL www.discoverhastings.co.uk
開10:30～17:00（入場は閉場の1時間前まで）
休11月～3月下旬
料 £4.50　学生£4.10

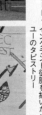 "天 (10) 下取り、ロロ (66) の子孫がウィリアム"

1066 ヘイスティングズの戦い

1066年、ロロを始祖とするノルマンディー公ウィリアムが、サクソン人最後の王ハロルド2世を破った戦い。ヘイスティングズに上陸したウィリアムはいち早く攻撃することでハロルドの陣形を崩し、自軍を勝利に導いた。戦後ウィリアムはイングランド王に即位し、現在に続くイギリス王家の祖となった。

実際の戦場となったのが、ヘイスティングズ近郊のバトル。戦場とウィリアム1世が建てた修道院跡はオーディオガイド（日本語あり）で説明を聞きながら見学ができる。

■バトルフィールド&アビー
ヘイスティングズ駅から、ロンドン・チャリングクロス駅方面への電車に乗り、所要15分のバトル駅で下車、徒歩10分
⊠High St., Battle, TN33 0AD
TEL(01424)775705
URL www.english-heritage.org.uk
開3月下旬～9月10:00～18:00
10月～11/1 10:00～17:00
11/2～3/24 10:00 -16:00
休11/2～2/14と2/20～3/24の月～金、
1/1, 12/24～26　料 £8.30　学生£7.50

修道院の入口にあるゲート・ハウス

ハウス

イングランド征服を描いたバイユーのタペストリー

人形を使った洞窟内の展示

スリル満点のアトラクションが人気　Map P.212B

聖クレメントの洞窟 St. Clement's Caves

　ヘイスティングズ城の北端にある洞窟で、18世紀には密輸品の保存場所として利用され、第2次世界大戦中は防空壕にも使われていた。自然にできた洞窟に何世紀にもわたって人の手が加わり、5157㎡もの広さに拡大された。現在は音楽やビジュアル効果を駆使したスマグラーズ・アドベンチャー Smugglers Adventureというアトラクションとして利用されている。

HOTEL   RESTAURANT

　ヘイスティングズのホテルは、海沿いのホワイト・ロックや、鉄道駅近くのケンブリッジ・ガーデンズCambridge Gdns.周辺、旧市街ならハイ・ストリート沿いに多い。レストランはジョージ・ストリート周辺に多い。

中級　6室　Map P.212A

チャッツワース The Chatsworth Hotel

⊠Carlisle Pde., TN34 1JG
☎(01424)720188
FAX(01424)445865
URLwww.chatsworthhotel.com
⑤⑩Ⓦ🚿🚽💻£50～80
ⒸⒸⒶⒹⒿⓂⓋ

TV（全室）　🚿（全室）　🧴（全室）　💻（なし）　🅿（なし）　🚗　📶Wi-Fi（一部無料）

海の目の前に建ち、半分ほどの部屋はシービューで設備も整う。併設するレストランは、イングランド南部を代表するインド料理店。朝食は£7。

ゲストハウス　13室　Map P.212A

アレクサンダーズ Alexander's

⊠2 Carlisle Pde., TN34 1JG
☎(01424)717329
URLwww.alexandershotelhastings.co.uk
⑤🚿🚽💻£42.50
Ⓦ🚿🚽💻£75～80
ⒸⒸⒶⒹⒿⓂⓋ（手数料5%別途）

TV（全室）　🚿（全室）　🧴（全室）　💻（なし）　🅿（なし）　📶Wi-Fi（無料）

町の中心から徒歩5分ほどの便利な立地。海が見える部屋も6室あり、青と白のさわやかな内装。別料金の朝食£9はフルイングリッシュ。

イン　6室　Map P.212B

ジェニー・リンド Jenny Lind

⊠69 High St., TN34 3EW
☎(01424)421392
URLwww.jennylindhastings.co.uk
⑤🚿🚽💻£45
Ⓦ🚿🚽💻£80
ⒸⒸⓂⓋ

TV（全室）　🚿（全室）　🧴（全室）　💻（なし）　🅿（なし）　📶Wi-Fi（無料）

1階はダイニングパブになっているが、全6室中5室は3階にあり、パブの騒音が届きにくい。パブではヘイスティングズ・ブリュワリーのビールが楽しめる。

Map P.212B

英国料理
シーフード

レイサムズ・ブラッスリー Lathams Brasserie

　旧市街にあるおしゃれな雰囲気の店。ランチメニューはポーチド・ハドック（写真）やビーフストロガノフ、パスタなど種類も豊富で、£8～12と値段も手頃。ディナーの予算はドリンク抜きで£25ほど。
⊠63 George St., TN34 3EE　☎(01424)434960
URLwww.lathamsbrasserie.co.uk
圓12:00～22:00　圀月、冬期の火　ⒸⒸⓂⓋ　📶店内可

Map P.212B

ベーカリー
デリカテッセン

ジャッジス・ベーカリー Judges Bakery

　1826年創業の老舗ベーカリー。毎朝焼き上げられる食パンやバゲットのほか具だくさんのツナサンドやスコッチエッグなどが並ぶ。ゲンコツ大のスコーンは£1～。テイクアウエイして、海岸でランチを取るのもおすすめ。
⊠51 High St., TN34 3EN　☎(01424)722588
圓7:45～17:30（土7:45～18:00、日8:45～17:00）
圀無休　ⒸⒸⓂⓋ　📶不可

日本からホテルへの電話（詳しい電話のかけ方はP.8もご参照ください）
国際電話会社の番号 ＋ 010 ＋ 国番号44 ＋ 最初の0を除いた掲載の番号

海峡の陽光を浴びて光り輝く白亜の壁

セブン・シスターズ
Seven Sisters

ロンドン

セブン・シスターズ

非居住地域	市外局番 01323
イースト・サセックス州 **East Sussex**	

セブン・シスターズは人気のウオーキングコースのひとつ

　7つの頂をもつ白亜の断崖、セブン・シスターズは、イーストボーンとシーフォードの間、カックミア川の河口付近にある。この周辺はサウス・ダウンSouth Downと呼ばれ、海岸線には白亜の断崖がところどころ見られるが、そのなかでも絶景として知られているのがセブン・シスターズだ。また、断崖の周辺は手つかずの自然が残る地域として、セブン・シスターズ・カントリー・パークに指定されており、野鳥や植物も保護の対象となっている。

セブン・シスターズ 起点となる町

　セブン・シスターズの断崖への最寄りの町はイーストボーン。鉄道とバスを乗り継げばロンドン P.05 やブライトン P.218 からの日帰りも可能。

起点の町

イーストボーン
Eastbourne

　イーストボーンはロンドンや周辺の町からのアクセスもよく、観光の起点としてピッタリ。

交通情報　ブライトン方面への12、12A、12Xのバスがセブンシスターズのビジターセンターへ行く。日曜、祝日のみ（7・8月は毎日）運行の13Xは、これに加えてビーチーヘッドも経由する。

The Avenue

Warf Rd.

12

12A

The Enterprise
Shopping Centre

Upperton Rd.

12X

鉄道駅

N

Globe Rd.

13X

イーストボーン　0　　　　100m

イーストボーンの鉄道駅

Access Guide
イーストボーン

ロンドンから

所要：1時間30分

ヴィクトリア駅から5:32〜22:46の1時間に2便

ヘイスティングズから

所要：30分

月〜土	5:08〜23:32の1時間に2〜3便
日	8:22〜23:32の1時間に2便

99番　所要：約1時間

月〜土	6:23〜20:55、1時間に1〜3便程度運行。98番バスもあるが所要2時間
日	8:22〜18:22の毎時22分発。98番バスも所要約1時間、10:49〜16:49の毎時49分発

ブライトンから

所要：30〜40分

月〜土	5:12〜23:36の1時間に1〜3便
日	7:06〜23:39の1時間に1便

12、12X番　所要：約1時間15分

時刻表→P.216

崖の上より崖の下を歩こう

セブンシスターズの崖は近くで見ると相当巨大。崖の上からの景色は正直面白くありません。崖の下を歩くコースをおすすめします。　　　（東京都　Chiro　'14春）

■シティ・サイトシーイング
City Sightseeing
URLwww.city-sightseeing.com
3月中旬～10月下旬
圍£10（24時間有効）　始発はイースト
ボーン・ピアEastbourne Pier

シーフォードの海岸線

ブライトン&ホーヴ社Brighton & Hoveが運行。片道、往
復券のほか、1日券もあり、ブライトンまで行く人は便利。

観光バス　市内の見どころを巡り、ビーチー・ヘッドまで
行くシティ・サイトシーイング社のバスが3月下旬～10月下旬
に運行。ビーチーヘッド、バーリング・ギャップ、セブン・シ
スターズ・シープ・センターへ行く。

シーフォード　セブン・シスターズを挟んでイーストボーン
の反対側にあるシーフォードからは、セブン・シスターズが
がよく見えるホープ・ガープHope Gapeへ徒歩で行くこと
が可能。東へまっすぐ進み、所要30分ほど。

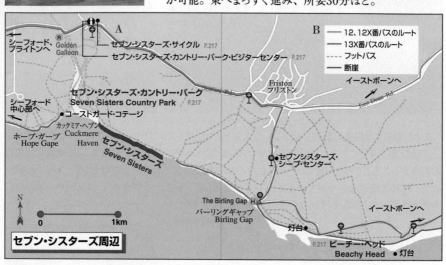

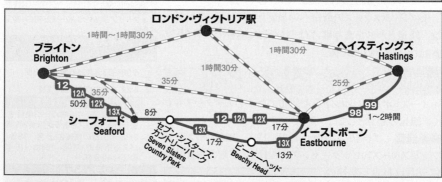

バス路線番号	路線詳細・運行頻度
12/12A 12X	ブライトン→シーフォード→セブン・シスターズ・カントリー・パーク→イーストボーン **ブライトン**5:17～23:18の5～30分毎、日7:11～23:18の15～30分毎 **イーストボーン**5:51～23:08の5～30分毎、日8:00～23:13の15～30分毎
13X	ブライトン→シーフォード→セブン・シスターズ・カントリー・パーク→ビーチー・ヘッド→イーストボーン 日・祝のみの運行（7・8月は毎日運行） **ブライトン**9:40～17:40の毎時40分発 **イーストボーン**10:30～18:30の毎時30分発

7人の姉妹の7人岬　　　　　　　　**Map P.216A**

セブン・シスターズ・カントリー・パーク
Seven Sisters Country Park

バス停から断崖へ　バスが到着するのはセブン・シスターズ・カントリー・パークの駐車場付近のバス停。この周囲にはビジターセンターやレンタサイクルショップ、レストランなどが完備されている。セブン・シスターズの断崖へはさらに30分ほど歩かなければならない。

絶景のフットパス　崖の上を歩くコースと崖の下の海岸を歩くコースがある。干潮時には崖の下を歩くのがおすすめ。鋭くとがった石もあるので、けがをしないように気をつけよう。

シーフォードヘッドからの眺め

チョークの断崖　垂直に切り立ったセブン・シスターズの断崖は白亜（英語でチョークChalk）でできている崖。白亜とは泥質の石灰岩の一種。日本では白墨として知られ、以前はチョークの原材料に使用されていた。この白亜の崖は毎年30〜40cmというスピードで後退している。これは波が崖の根元部分を浸食し、アンバランスになった崖の上部が、豪雨のあとなどに崩れ落ちることが原因とされている。

迫力満点の断崖　　　　　　　　**Map P.216B**

ビーチー・ヘッド　Beachy Head

　イーストボーンの南西約5kmにあるビーチー・ヘッドBeachy Headの岬にもセブン・シスターズに負けない白亜の絶壁があり、高さは約175m。沖合には小さな灯台も見える。夏期のみイーストボーンから観光バスが出る。

そそり立つ白亜の絶壁は圧巻だ

■**セブン・シスターズ・カントリー・パーク・ビジターセンター**
⊠ Seven Sisters Country Park, Seaford, BN25 4AD
℡(01323)482670
URLwww.sevensisters.org.uk
㋖3月11:00〜16:00
　4〜9月10:00〜16:30
㋺3月の月〜金、10〜2月

■**セブン・シスターズ・サイクル**
　（レンタサイクル）
⊠Seven Sisters Country Park, Seaford, BN25 4AD
℡(01323)870310
URLfristoncycles.co.uk
㋖10:00〜日没　冬期の月曜
㋺2時間£12〜　4時間£25〜
　1日£30〜
　（いずれも26インチ自転車の場合）

Information
セブン・シスターズ周囲の動植物
セブン・シスターズの断崖周辺ではアジサシTernや、フルマカモメFulmar、タヒバリなどの野鳥を見ることができる。また、砂利の浜にも、キャベツの野生種や黄色い花がきれいなツノゲシといった貴重な植物が見られる。

動植物の観察も楽しい

■**ビーチー・ヘッド**
🚌イーストボーンからX13番のバス、またはシティ・サイトシーイング社のバスで行く。徒歩で行けば所要1時間ほど

ビーチー・ヘッド

シーフォード・クリフの一部はゴルフ場になっている。スリリングなコースを巡るのもまた楽しい

ブライトン
Brighton

ブライトン・ピアの夕暮れ

人口	市外局番
27万3369人	01273

イースト・サセックス州
East Sussex

　ロンドンからわずか85km、イギリス海峡に面した人気のリゾートタウン。リゾート地としての歴史はイギリスで最も古く、1750年代頃からすでにロンドンの上流階級の人々の保養地としてにぎわっていた。ビーチ沿いにはプロムナード（遊歩道）が続き、瀟洒なリゾートホテルが軒を連ねる。とりわけロンドンの人々にとっては幼少の頃から慣れ親しんだ海辺の町として特別の思い入れがあるようで、夏の週末ともなると太陽と海を求めて多くの人が集まる。

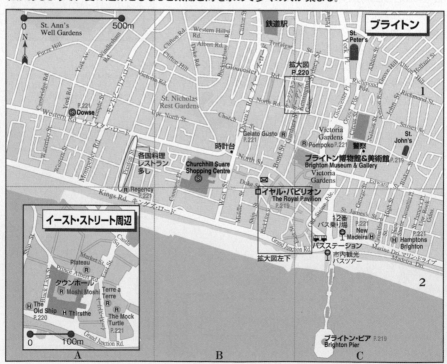

👣 歩き方

町の中心は鉄道駅から南へ延びる目抜き通りの**クイーンズ・ロード**Queen's Rd.から海にかけての東側一帯。タウンホールの北側にある**マーケット・ストリート**Market St.や、**イースト・ストリート**East St.周辺に雰囲気のいいレストランやパブが集まる。

ブライトン・ピア周辺

ブライトン・ピアBrighton Pierは

ブライトンの海岸

長さ536mの桟橋。小さな遊園地やゲームセンター、カフェテリアがある。ブライトン・ピアから東側にかけては手頃なゲストハウスが並び、マリン・ドライブと並行して北側にあるセント・ジェイムス・ストリートSt. James's St.は、安いレストランや雑貨店などが並ぶ庶民的な地域。ブライトン・ピアからプロムナードを東へ約2kmほど行くとヨットが停泊するブライトン・マリーナがあり、ビストロやパブ、ブティックなどが並ぶ。

バスステーションは、海沿いのマリン・ドライブから少し入ったオールド・ステインOld Steineにある。

🏠 贅を尽くしたきらびやかな豪邸　　　`Map P.218B2`

ロイヤル・パビリオン The Royal Pavilion

洋の東西の様式が融合した建物

国王ジョージ4世が40年の歳月をかけて建てた離宮。このロイヤル・パビリオンとともに、ブライトンはリゾートの町としての地位を築いてきた。

1783年、まだ皇太子だったジョージ4世は初めて訪問したブライトンの町をいたく気に入り、小さな農家の屋敷を買い取って古典様式の離宮建設を計画した。1802年、最初にできあがった離宮は中国風の装飾を施したものだったが、1815年から22年にかけて建築家ジョン・ナッシュに依頼し、増築を行って今の離宮が完成した。

外観にはインド様式を取り入れていて、バンケットホール（宴会場）、大厨房、音楽の間、寝室などオリエンタル趣味とヨーロッパ建築が融合したユニークな造り。特にバンケットホールの内装は一見の価値あり。中央の食卓に飾られた食器類、竜が体をくねらせるシャンデリア、壁面に描かれた中国画や彫刻など、贅を尽くした徹底ぶりだ。敷地内にはブライトン博物館＆美術館もある。

Access Guide
ブライトン

ロンドンから

	所要:1時間35分
月〜土	セント・パンクラス駅から3:54〜23:54、1時間に1〜2便
日	7:10〜23:10、1時間に1〜2便

	所要:1時間5〜20分
月〜日	ヴィクトリア駅から4:00〜23:32、1時間に1〜2便

ポーツマスから

	所要:1時間20〜50分
月〜土	5:33〜22:44、1時間に1便程度
日	7:14〜21:14、1時間に1便程度

ℹ️ ブライトン
Tourist Information Centre
TEL(01273)290337
URL www.visitbrighton.com
ツーリストインフォメーションセンターはないが、博物館やアトラクションのレセプションなどにインフォメーション・ポイントがあり、地図など資料の入手が可能。

■ブライトン・ピア
`Map P.218C2`
✉ Madeira Dri., BN2 1TW
URL www.brightonpier.co.uk
🕐 10:00〜22:00（季節や天候によって営業時間は変動）
休 12/25
内部撮影不可

■シティ・サイトシーイング
TEL(01273)886200
URL www.city-sightseeing.com
4月〜9月の毎日、10月の週末に運行、10:30〜17:30の30〜60分おきに出発
料 £11　学生£8
ブライトン・ピア、ロイヤル・パビリオン、鉄道駅、ブライトン・マリーナなどを回る。1周約50分

Information
ブライトン博物館＆美術館
Brighton Museum & Art Gallery
ロイヤル・パビリオンの敷地内にある。アールヌーボー＆アールデコ様式の家具のほか、ブライトンの町の人々が使っていた生活道具など多数を展示している。

`Map P.218C1`
✉ Royal Pavilion Gdns., BN1 1EE
TEL(01273)290700
URL brightonmuseums.org.uk
🕐 10:00〜17:00
休 月、1/1、12/25・26　料 無料
館内撮影一部不可　フラッシュ一部不可

■ロイヤル・パビリオン
✉ The Royal Pavilion, BN1 1EE
URL brightonmuseums.org.uk
🕐 4〜9月9:30〜17:45
　 10〜3月10:00〜17:15
最終入場は閉館の45分前
休 12/25・26
料 £11　学生£9
内部撮影不可

ブライトンで一番のお洒落通り
ケンジントン・ガーデンズ
Kensinton Gardens

駅からロイヤル・パビリオンへのルートはさまざまなお店が集まる楽しいエリア。なかでも、ケンジントン・ガーデンズにはお洒落なカフェやパブが集まる人気の通り。

Gloucester Rd.
Inhouse Space Ⓢ
遊び心のあるアイテムが揃う
Ⓢ Junkfunk
中東料理とイタリアンがメイン
White Rabbit
ベジタリアン・カフェ
Ⓡ Iydea
ネイティブ・アメリカン・グッズ
Two Feathers
Upr. Gardener St.
Kensington Gdns.
Kensington St.
ベジタリアン料理店
Ⓡ Wai Kika Moo Kau
フレーム(額縁)専門店
Ⓢ Framework
Appendage Ⓢ
楽器店
Ⓢ Gak
フレンチとワインが自慢
Ⓡ Cafe Délic
Robert St.
N
North Rd.
Infinity Foods Ⓢ
0   50m

インハウス・スペース
Inhouse Space

ブライトンのアーティストの作品が多く並ぶショップ。おもにインテリア関連のアイテムが並べられている。ポストカードやマグカップなどがかわいらしいので、気軽に立ち寄ってみて。

✉28 Gloucester Rd., BN1 4AQ
☎(01273)682845　URLwww.inhousespace.com
🕐10:30〜18:00(日11:00〜17:00)　休無休　ⒸⒶⓂⓋ

アペンデイジ
Appendage

イギリス各地の60人以上のアーティストのアイテムが揃うジュエリーと雑貨の店。個性的なデザインを中心に揃えているので、他ではなかなかお目にかかれないかも？店員さんもとても気さく。

✉36 Kensington Gdns., BN1 4AL
☎(01273)605901　URLwww.inhousespace.com
🕐10:00〜17:30(土10:00〜18:00、日11:00〜17:00)
休無休　ⒸⒶⓂⓋ

インフィニティ・フーズ
Infinity Foods

オーガニック食品を中心としたスーパーマーケット。郊外に農園を持ち、野菜類はすべてそこで育てている。小麦粉やナッツ類、シリアルなどは独自ブランドのものを販売している。

✉25 North Rd., BN1 1YA
☎(01273)603563　URLwww.infinityfoods.co.uk
🕐9:30〜18:00(日11:00〜17:00)　休無休
ⒸⓂⓋ

HOTEL　　RESTAURANT　　SHOP

宿の数は多いが、夏期はどこも満室になるので早めの予約を。海辺沿いのキングズ・ロードKings Rd.とマリン・ドライブMarine Dri.には、リゾートホテルが集中。B&Bはニュー・ステインNew Steineに多い。レストランはマーケット・ストリート周辺に集中している。

高級　154室　Map P.218A2

オールド・シップ　The Old Ship Hotel

✉Kings Rd., BN1 1NR
☎(01273)329001
FAX(01273)820718
URLwww.oldshiphotel-brighton.co.uk
Ⓢ￥￥ £87〜　Ⓦ￥￥ £96〜
£　ⒸⒶⒿⓂⓋ

📺 TV 　　　　　　　Ⓟ 📶Wi-Fi
全室　全室　全室　なし　なし　無料

16世紀から続く町で最古の老舗。客室の家具や調度品も高級感にあふれている。シービューの客室は25室ある。朝食は£14.95。

日本からホテルへの電話(詳しい電話のかけ方はP.8もご参照ください)
国際電話会社の番号 ＋ 010 ＋ 国番号44 ＋ 最初の0を除いた掲載の番号

ブライトン

中級　34室　Map P.218C2

ニュー・マデイラ New Madeira Hotel

TV 全室　🛏 全室　🧴 全室　🔒 なし　P 有料　📶 Wi-Fi 無料

⊠19-23 Marine Pde., BN2 1TL
TEL(01273)698331
FAX(01273)606193
URLwww.newmadeirahotel.com
S £45〜75
W £55〜125　CC M V

海からの潮風が心地よい海岸沿いに建ち、大半の客室はシービュー。一部の客室はバスタブ付き。夏期の週末は最低2泊以上。朝食は£7.95。

ゲストハウス　13室　Map P.218C2

ハンプトンズ・ブライトン Hamptons Brighton

TV 全室　🛏 希望者　🧴 全室　🔒 なし　P なし　📶 Wi-Fi 無料

⊠3 New Steine, BN2 1PB
TEL(01273)675436
FAX(01273)602603
URLwww.hamptonsbrighton.com
S £40〜　S £45〜
W £50〜　W £80〜
CC D J M V

ニュー・ステインにあるゲストハウス。町の中心だが、周辺はわりと静か。内装は白を基調に、赤と黒をあしらい、ヨーロッパモダンの雰囲気を醸し出している。

Map P.218A2　　シーフード

リージェンシー The Regency Restaurant

1930年創業の伝統あるシーフードレストラン。海岸沿いにあり、テラス席が気持ちいい。フィッシュ&チップスは£7.25〜、ドーヴァー・ソールは£17.95。カキ12個£12.95など。
⊠131 King's Rd., BN1 2HH　TEL(01273)325014
URLwww.theregencyrestaurant.co.uk
8:00〜24:00　無休　CC A M V 不可

Map P.218C1　　日本料理

ぽんぽこ食堂 Pompoko

地元の人や外国人留学生に人気の食堂。メニューは親子丼やうなぎ丼（写真、£8.50）などの丼ものやカレー類が中心で、価格は£4.80〜8.50。注文は先払い方式。
⊠110 Church St., BN1 1UD　TEL07796001927（携帯）
URLwww.pompoko.co.uk　11:30〜23:00
無休　CC不可 不可

Map P.218A2　　ティールーム

モック・タートル The Mock Turtle Restaurant

バスステーション近くにある小径のプール・バレーにある。人気が高く、いつもたくさんの客でにぎわっている。クリーム・ティーは£6、フィッシュ&チップスは£6.95。自家製ケーキも人気がある。
⊠83 Hanover St., EH2 1EE　TEL(0131)2263090
12:00〜22:00　日・月　CC A M V 不可

Map P.218B1　　ジェラート カフェ

ジェラート・グスト Gelato Gusto

イタリアで修業したオーナーがオープンしたジェラート専門店。ジェラートは大中小サイズが選べて£2.50〜。写真のジェラート・バーガー£3.50といった変わり種もある。
⊠2 Gardner St., BN1 1UP　TEL(01273)673402
URLwww.gelatogusto.com　11:30〜18:00
（土・日11:00〜18:00）　無休　CC A M V 店内可

Map P.218A1　　ジュエリー 雑貨

ダウス Dowse

英国全土から集めたおしゃれな雑貨を取り扱うショップ。オーナー自身もアルミを使ったジュエリーを製作するデザイナーで、自身の作品も並べられている。
⊠52 Church St., M4 1PW　TEL(0161)8390718
URLwww.afflecks.com　10:30〜18:00（土10:00〜18:00、日・祝11:00〜17:00）　12/25・26、1/1　CC M V

ポーツマス
Portsmouth

人口	市外局番
20万5056人	023

ハンプシャー州
Hampshire

スピンネーカー・タワーが印象的なポーツマス・ハーバー

15世紀末に王立造船所ができて以来、イギリスの軍港として発展してきた町。広大な海軍基地はポーツマス・ヒストリック・ドックヤードPortsmouth Historic Dockyardと呼ばれるアトラクションとしても利用されている。また、近年はウオーターフロントの再開発が進んでおり、複合レジャー施設ガンワーフ・キーズGunwharf Quaysは、連日多くの人でにぎわっている。

Access Guide
ポーツマス
ロンドンから

🚄 所要：2時間20分

月〜土 ウォータールー駅から5:00〜23:45、30分に1便程度

日 8:00〜23:30、30分に1便程度

🚌 所要：1時間40分〜3時間5分

月〜土 8:30 10:30 11:30 12:30 14:30 16:30 17:30 19:30 20:30

日 上記に加え7:00 15:30 22:30

サウサンプトンから

🚄 所要：約50分

月〜土 6:21〜23:05、1時間に2〜3便

日 6:35〜23:08、1時間に1〜2便

🚌 所要：約45分

月〜土 6:35〜21:05、2時間に1〜3便程度

日 6:50〜21:05、2時間に1〜3便程度

ℹ️ ポーツマス
Tourist Information Centre

Map P.222-2
✉ Clarence Esplanade, Southsea, PO5 3NT
☎(023)92826722
🌐www.visitportsmouth.co.uk
🕐10:00〜17:30（冬期〜17:30）
休12/24〜26、1/1 宿の予約：手数料£2.50＋1泊目の宿泊料金の10%（デポジット）

P.223 チャールズ・ディケンズの生家
Charles Dicken's Birthplace Museum

海軍基地
HM Naval Base

Cascades S.C.
（ショッピングセンター）

ポーツマス・ヒストリック・ドックヤード
Portsmouth Historic Dockyard P.224

ポーツマス＆サウスシー駅

Ship Leopard

ギルドホール

Gunwharf Quays
（ショッピングセンター）

Express Gunwharf Quays

ポーツマス・ハーバー駅

スピンネーカー・タワー
Spinnaker Tower P.223

ポーツマス都市博物館

The Spice Island Inn P.226

Fortitude Cottage P.226

旧市街

オールド・ポーツマス

Holiday Inn

N

0 500m

Rancho P.226

遊園地

P.226 Queen's

Kashmir Meat & Barrel

P.226 Ashby's

ポーツマス

1 ゴスポート（対岸の町）行き渡し船

2 ワイト島行き高速フェリーターミナル（Fast Cat）

3 ワイト島行きカーフェリー乗場（ワイトリンク）

4 ワイト島行きホヴァークラフトターミナル

サウスシー
Southsea

水族館
ディー・デイ博物館
D-Day Museum

Pyramids Centre

サウスシー城
Southsea Castle

ポーツマス

海側から見たオールド・ポーツマス

歩き方

旅行者が移動するメインのエリアは、大きく分けると、**海軍基地**周辺と、古い港やビーチがある**オールド・ポーツマス**周辺、ショッピング街が広がる**ポーツマス&サウスシー駅**周辺の3つ。

オールド・ポーツマス　港町としての風情を楽しむなら、オールド・ポーツマスの**ブロード・ストリート**Broad St.から海沿いに南へ続く遊歩道を歩こう。その先には小さな遊園地やワイト島行きホヴァークラフトターミナルがある。

サウスシー　水族館やサウスシー城などがあり、ホテルもたくさんあるリゾートエリア。**オズボーン・ロード**Osborne Rd.周辺には雰囲気のあるバーやレストランも多い。

ワイと島とポーツマスを結ぶカーフェリー

交通情報

ポーツマスの鉄道駅はふたつ。終点のメインターミナルは、海軍基地や港に近い**ポーツマス・ハーバー駅**Portsmouth Harbour。そのひとつ手前には中心街にある**ポーツマス&サウスシー駅**Portsmouth & Southseaがある。ポーツマス&サウスシー駅からはオールド・ポーツマスを経由してサウスシーへ行く700番のバス（日曜は23番バス）を利用すると便利。

ポーツマス&サウスシー駅

ポーツマスのランドマーク　　Map P.222-1
スピンネーカー・タワー　Spinnaker Tower

アウトレット・ショッピング・センターのガンワーフ・キーズ内にある、高さ170mの塔。高さ100～110mの場所は、3階にわたる展望デッキになっており、ポーツマスの町を一望することができる。1番下の階にあるデッキの中央は、ガラス張りになっていて真下が見とおせるようになっている。

また、ガンワーフ・キーズには90店以上のアパレルブランドや、30店以上の飲食店が出店している。

ライトアップされたスピンネーカー・タワー

■スピンネーカー・タワー
✉Gunwharf Quays, PO1 3TT
☎(023)92857520
🌐www.spinnakertower.co.uk
🕐9～7月　10:00～18:00
　8月　　10:00～18:30
最終入場は閉館30分前
休12/25　料£9.50　学生£8.50

偉大な文豪が生を授かった　　Map P.222-1
チャールズ・ディケンズの生家
Charles Dicken's Birthplace Museum

イギリスを代表する文豪チャールズ・ディケンズ☞P.608の生家。1812年にディケンズはこの家で生まれ、3歳になるまで住んでいた。現在は博物館になっており、部屋の装飾や家具はディケンズが生まれた当時のものを再現している。ディケンズが執筆中に利用していたインク入れやペーパーナイフ、筆記道具類ほか、生活道具が展示されている。

■チャールズ・ディケンズの生家
✉393 Old Commercial Rd., PO1 4QL
☎(023)92827261
🌐www.charlesdickensbirthplace.co.uk
🕐10:00～17:30
最終入場は閉館の30分前
休月～木、9/28～3/31
料£4.20　学生£3.70
　フラッシュ不可

生家にある天蓋付きのベッド

223

華々しい英国海軍の歴史を語る海軍基地

ポーツマス・ヒストリック・ドックヤード

イギリス海軍基地内にあるポーツマス・ヒストリック・ドックヤードは、イギリス海軍の歴史に触れられる、さまざまな展示やアトラクションが整っている。なかでも、ネルソン提督 ☞P.609 がトラファルガーの海戦で乗船した HMS ヴィクトリー号や、世界初の鉄製甲板戦艦 HMS ウォーリアー1860 号など、海軍史にその名を残す名艦は必見だ。

⚓ ❶ ネルソン提督の旗艦
HMSヴィクトリー号
HMS Victory

1805年10月21日に行われたトラファルガーの戦いは、ナポレオン戦争最大の海戦である。イギリスはこの海戦の勝利によって、フランス軍の英国本土侵攻を不可能にした。HMSヴィクトリー号は、この戦いを指揮したネルソン提督 ☞P.609 の旗艦として使われた軍艦で、ネルソンが戦闘の途中、フランス軍に狙撃され、後に亡くなったのももちろんこの船の上でだ。

メアリー・ローズ博物館
The Mary Rose Museum ❹

HMSヴィクトリー号
HMS Victory ❶

❸

❸

王立海軍博物館
National Museum
Royal Navy Portsmouth

ドックヤード・アプレンティス
The Dockyard Apprentice

The Georgian
Tea Room ❘R❘
P.226

❺ アクション・ステーションズ
❼ Action Stations

造船技術
遺産センター
Boatbuilding &
Heritage Skills Centre
(2015年7月オープン予定)

ハーバー・ツアー
Harbour Tours ❻

チケット売り場 ●

HMSウォーリアー1860号
HMS Warrior 1860 ❷

N

0   100m

🄳🄰🅃🄰

■ ポーツマス・ヒストリック・ドックヤード
✉Victory Gate, HM Naval Base, PO1 3LI
☎(023)92834837
URLwww.historicdockyard.co.uk
開夏期10:00〜17:30 冬期10:00〜17:00
最終入場は閉館1時間前
休12/24〜26、海軍行事の日(❶やウェブサイトで確認)
料各アトラクション£9〜18
全アトラクション共通券£32(各アトラクションに1回ずつ入場可能。1年間有効)
館内撮影一部不可 フラッシュ一部不可

■各アトラクションの閉場時間
●HMSヴィクトリー号 17:30(冬期17:00)
●HMSウォーリアー1860号
17:30(冬期17:00)
●王立海軍博物館 17:30(冬期17:00)
●メアリー・ローズ博物館 17:30(冬期16:45)
●ドックヤード・アプレンティス 17:30(冬期17:00)
●ハーバー・ツアー
日によって変動あり(夏期は通常16:00が最終)
●アクション・ステーションズ 17:30(冬期17:00)

② 近代の軍艦の元祖
HMSウォーリアー1860号
HMS Warrior 1860

ドックヤードの切符売り場の奥にある。1859年に建造されたフランスの装甲艦グロワール号に対抗して1860年に造られた。グロワール号が木造に鉄板の装甲を施したのに対して船全体が鉄製で、大きさ、スピードともに、当時世界最高を誇った。近代的な軍艦の元祖ともいわれている名艦だ。

③ イギリス屈指の海事博物館
王立海軍博物館
National Museum Royal Navy Portsmouth

1911年に建てられた博物館で、イギリスにある多くの海洋博物館のなかでも、特に充実した展示物がある。博物館は3つの建物からなっており、幅広い展示がされているが、特に見応えがあるのは、**トラファルガー・エクスペリエンス**Trafalgar Experienceというコーナー。ここでは、トラファルガーの戦いがどのように行われたかを、映像と音声、実物大の模型などをとおして、臨場感豊かに解説してくれる。

④ 400年間沈んでいた軍艦
メアリー・ローズ博物館
Mary Rose Museum

木材を集めてメアリー・ローズ号を再現している

メアリー・ローズ号は16世紀にヘンリー8世 ☞ P.610 の時代に造られた軍艦。長い間海底に沈んでいたが、1982年に引き上げられ、緻密な復元作業の後、2013年に博物館として公開された。眺めのいいカフェも併設されている。

⑤ ポーツマスの歴史を知ろう
ドックヤード・アプレンティス
The Dockyard Apprentice

レストランも併設するドックヤード・アプレンティス

鋳鉄やマスト作り、旗作りなど、造船関連の展示をしているアトラクション。入ってすぐの所にあるタッチパネルのスクリーンでは、13世紀から現在までのポーツマスの歴史を解説している。まず最初にここで解説を聞いておこう。

⑥ 間近で軍艦が見られる
ハーバー・ツアー
Harbour Tours

ハーバー・ツアーの出発場所。時刻表は入口で確認できる

ボートに乗ってポーツマス湾を巡る45分間のツアー。ポーツマスは現在も英国海軍の重要な拠点であることから、ツアーの途中で、現役の軍艦なども見ることができる。

⑦ 海軍のテクノロジーを体感できる
アクション・ステーションズ
Action Stations

数百年の伝統を誇る海軍訓練の体験ができる

現在の英国海軍のもつ技術を紹介するとともに、一般の人々にも体験できるようにしたアトラクション。ヘリコプターのシミュレーターやウオール・クライミングの設備がある。

ホテルの数はそれほど多くないので、宿泊するなら早めに予約をしよう。食事は、ガンワーフ・キーズ内や、サウスシーのオズボーン・ロードOsborne Rd.、エルム・グローブElm Grove沿いに各国の料理店が軒を連ねている。

高級　74室　Map P.222-2

クイーンズ Queen's Hotel

TV 全室 / 全室 / 全室 / 一部 / P 有料 / Wi-Fi 無料

✉Clarence Pde., PO5 3LJ
TEL(023)92822466
URLwww.queenshotelportsmouth.com
⑤£65〜170
Ⓦ£95〜170
CC A M V

エントランスホールは宮殿のような造り。客室は広めに設計されており、シービューの部屋は£10プラス。朝食はフルイングリッシュ£10（要事前予約）。

B&B　8室　Map P.222-2　オールド・ポーツマス

フォーティトゥード・コテージ Fortitude Cottage

TV 全室 / 無料 / 全室 / 全室 / 無料 / Wi-Fi 無料

✉47-51 Broad St., PO1 2JD
TEL(023)92823748
URLwww.fortitudecottage.co.uk
⑤Ⓦ£99〜150
CC M V

オールド・ポーツマスにある数少ないB&B。ほとんどの客室からは海を眺めることができる。朝食はフルイングリッシュ以外にもスモークサーモンも選ぶことができる。

イン　7室　Map P.222-2　サウスシー

アシュビーズ Ashby's Gastropub & Boutique Hotel

TV 全室 / なし / 全室 / なし / 無料 / Wi-Fi 無料

✉4 Auckland Rd. West, PO5 3NY
TEL(023)92823497
URLwww.ashbys-hotel.com
⑤£54〜74
Ⓦ£59〜89
CC M V

オズボーン・ロードの南側の小径を入った所にあり、大きな駐車場が目印。客室は広めの造り。一部バスタブ付きの部屋もある。1階のパブでは食事もできる。

Map P.222-2　サウスシー

ステーキ

ランチョ Rancho

アルゼンチン産牛肉を使用したステーキは3種類（225g、300g、400g）から選ぶことができる。月〜金のランチ（右写真）には2品£9.95、3品£10.95のセットメニューや、水曜夜限定のスペアリブ食べ放題£14.95がある。

✉61 Osborne Rd., PO5 3LS　TEL(023)92737235
URLwww.ranchosteakhousesouthsea.co.uk
圏12:00〜14:00　17:00〜23:00（土12:00〜23:00、日12:00〜21:00）　㊡無休　CC M V　⊘不可

Map P.222-2　オールド・ポーツマス

ダイニングパブ

スパイス・アイランド・イン
The Spice Island Inn

1階がカジュアルなパブで、2階がフレイム・グリルFlame Grillというレストラン。港を行き来するフェリーを眺めながらくつろげる。メインは£7.95〜12.15。サンデー・ロースト£8.95も好評。地元産のエールも置いてある。

✉1 Bath Sq., PO1 2JL　TEL(023)92870543
圏11:00〜23:00　レストラン金・土・日12:00〜22:00（夏期はほぼ毎日）　㊡無休　CC M V　⊘店内可

Map P.224　ヒストリック・ドックヤード

カフェ

ジョージアン The Georgian Tea Room

ドックヤードの中にある。見学途中に一服するのにぴったり。カフェのほかはサンドイッチやラップ、サラダのような軽食が中心。11:30〜15:30限定のランチメニュー£4.25〜7.25、アフタヌーン・ハイティーは£14.95。

✉Storehouse 9, Portsmouth Historic Dockyard, PO1 3PX
TEL(023)92732006　URLwww.georgian-tearooms.co.uk
圏10:00〜17:00　㊡12/25　CC J M V　⊘店内可

日本からホテルへの電話（詳しい電話のかけ方はP.8もご参照ください）
国際電話会社の番号 ＋ 010 ＋ 国番号44 ＋ 最初の0を除いた掲載の番号

ソレント海峡に浮かぶリゾートアイランド
ワイト島
Isle of Wight

ウエスト・カウズの港

ロンドン

ワイト島

人口	市外局番
13万8265人	01983
ワイト島	
Isle of Wight	

緑豊かな自然に囲まれ、夏ともなれば多くの観光客でにぎわうリゾートの島。サンダウンやシャンクリンといった海沿いの町にはホテルが並ぶ。島の西部には石灰岩の尖塔が突出した景勝地のニードルズがある。

ワイト島 起点となる町

ワイト島へのアクセスがいいのはポーツマス P.222 とサウサンプトン P.231 。ポーツマスからの便はライドに、サウサンプトンからの船はカウズに着く。

交通の起点 ライド港
Ryde

ポーツマスからの高速フェリーとホヴァークラフトが到着するのはライド。高速フェリーはライドのフェリー乗り場ピア・ヘッドPier Headに、ホヴァークラフトは直接ライドの町のエスプラネイド駅Esplanade Station前に到着する。ピ

ワイト島

0 ─ 10km

Access Guide
ライド港（ワイト島）
ポーツマスから

🚗 所要:22分（高速フェリー）

月～土 ポーツマス・ハーバー発、5:15～22:45、1時間に1～2便、冬期減便

日 7:15～19:15の毎時15分 20:20 21:20 22:45

🚗 所要:10分（ホヴァークラフト）

月～日 サウス・シー発、6:30～22:00 1時間に1～3便、冬期減便

Access Guide
イースト・カウズ港（ワイト島）
サウサンプトンから

🚢 所要:約1時間（カーフェリー）

月～日 24時間運行 1～2時間に1便（日中は毎正時発）

日 5:45～22:30 1～2時間に1便

Access Guide
ウエスト・カウズ港（ワイト島）
サウサンプトンから

🚢 所要:25分（フェリー）

月～土 6:45～23:00（金・土～23:45）1時間に1～2便

日 8:45～22:45の毎時45分発

乗り換え情報

●ロンドンから

🚃🚌🚗 起点となるのはウォータールー駅。ポーツマス・ハーバー→ライド、サウサンプトン中央駅→（シティリンクバス）→タウン・キー→ウェスト・カウズの2ルートがあり、いずれもチケットは通しで買える。いずれも1時間に1便出ており、2時間あまりでワイト島に着く。

ライド

ポーツマスへ（高速船）
ピア・ヘッド
Pier Head

ポーツマスへ（ホヴァークラフト）

N

エスプラネード
Esplanade

Kasbah H
Bay Royal Esplanade

0　　200m

ピア・ヘッドに乗り入れる列車

ア・ヘッドからライドの町までは桟橋を歩いて10分ほど。

交通情報　ピア・ヘッドには鉄道駅があり、直接サンダウンやシャンクリンを目指すことができる。駅前のバスターミナルからはワイト島各地にバスが出ている。

交通の起点　カウズ港　Cowes

サウサンプトンへ
H The Fountain Inn
ウェスト・カウズ

N

High St.
Birmingham Rd.

H Westbourne House

H Duke of York
P.230
イースト・カウズ

Mill Hill Rd.
Medina Rd.

メディナ川
River Medina

0　　200m

サウサンプトンからの船便が着く。メディナ川River Medinaを挟んで**イースト・カウズ**East Cowesと**ウェスト・カウズ**West Cowesに分かれている。カウズの中心があるのはウェスト・カウズの港周辺で、レストランやショップはこの周辺に多い。

起点の町　サンダウン　Sandown

町の中心はビーチ沿いのエスプラネイド通りEaplanadeで、リゾートホテルやカフェが並んでいる。ライドからのバスが到着するのは、ハイ・ストリートHigh St.。鉄道駅は約1km西へ離れた場所にある。

起点の町　ニューポート　Newport

ワイト島の中心の町だけあって、規模は比較的大きいが、歩いて回れる範囲。町の中心はハイ・ストリートHigh St.とジェイムス・ストリートJames St.周辺。バスステーションはサウス・ストリートSouth St.にあり、島の各地へとつなぐターミナルとなっている。

ニューポートのギルドホール

---

i　ワイト島　Tourist Information Centre

URLwww.visitisleofwight.co.uk
公営の**i**はないが、業務委託を受けたインフォメーション・ポイントがある。
●ライド (Kollective Gifts)
⊠10 Esplanade, PO33 2DY
●カウズ (Valu 4 U)
⊠Castle St., East Cowes, PO32 6RD
●ニューポート (IW County Press Shop)
⊠123 Pyle St. PO30 1ST
●サンダウン (The Holiday Shop)
⊠37 High St., PO36 8DE

ニューポート

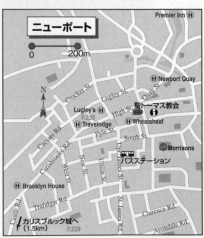

0　　200m

N

Premier Inn H

H Newport Quay

Crocker St.
Lugley St.
Quay St.
High St.
聖トーマス教会

Lugley's H
P.230

H Travelodge
Pyle St.
H Wheatsheaf

Caesars Rd.
South St.

(S) Morrisons

Cumberbrook Rd.
West St.
New St.
Union St.

H Brooklyn House

Castle Rd.
Trafalgar Rd.
St. James St.
Clarence Rd.
Avondale Rd.

カリスブルック城へ
(1.5km)　P.229

サンダウン

Carter St.

鉄道駅

Grove Rd.
Grove Rd.
Broadway
Avenue Rd.

Station Av.
ライド方面
Victoria Rd.

Sandhill
Leeds St.
Station Av.
ライド方面

H Wighthill

Nunwell St.
Grafton St.
York Rd.
ニューポート方面

H Chad Hill
ライド方面
(R) Lee's
Melville St.

H Melville Hall
P.230
ライド方面

ニューポート方面
H Trouville

N

Esplanade
High St.

H Royal Pier
P.230

0　　200m

ピア（埠頭）

228

ワイト島
エリア内の交通

鉄道

ライドのピア・ヘッド〜サンダウン〜シャンクリン間には鉄道があり、かつてロンドン地下鉄で活躍した列車がいまも現役で活躍している。

バス

島内のおもな交通手段はサザン・ヴェクティス社Southern Vectisのバス。ニューポートを拠点に、各町へバスが出ている。ライドからも出ているが、ニューポートからのほうが便数が多い。ニューポートかライドのバス乗り場で、時刻表付きのルートマップを入手してから回るといい。

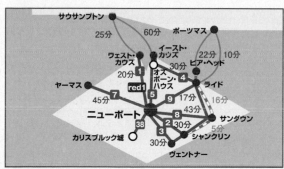

■サザン・ヴェクティス・バス
TEL08712002233
URLwww.islandbuses.info
1日券£10、2日券£15があり、乗車時に購入する。以下のおもな路線の時刻はいずれも平日のもの。日曜は減便する
●1番（ニューポート〜ウェスト・カウズ）
red1番（ニューポート〜ウェスト・カウズ・フェリー乗り場）
1番とred1番は交互に5:00〜翌0:30に1時間に2〜6便運行、所要20分
●2・3番（ニューポート〜シャンクリン〜サンダウン〜ライド）
6:25〜18:15に1時間に2便程度、ライドまで1時間15〜30分
●4番（ライド〜イースト・カウズ）
6:35〜22:09に1時間に1便程度、所要20〜30分
●5番（ニューポート〜イースト・カウズ）
5:10〜0:35に1時間に2〜3便、所要15分
●8番（ニューポート〜サンダウン〜ライド）
6:30〜22:40に1時間に1〜2便、ライドまで約1時間40分
●9番（ニューポート〜ライド）
5:10〜0:35に1時間に3〜6便、所要20分

サザン・ヴェクティス社のバス

ヴィクトリア女王の別荘   Map P.227
オズボーン・ハウス Osborne House

ヴィクトリア女王 P.605 と夫アルバート公の別荘だった建物。王室の保養地となっていたようで、ヴィクトリア女王はここで82年の生涯を終えた。居間やダイニングルームは豪華な内装や調度品がすばらしく、ロイヤル

美しい庭園が広がる

ファミリーの写真や肖像画が収蔵されている。

美しい田園風景のなかにある   Map P.227
カリスブルック城 Carisbrooke Castle

12世紀にイザベラ・ド・レドバーズIsabella de Redversが所有していたが、ピューリタン革命後にチャールズ1世 P.608 が幽閉されていた場所として有名になった。広大な敷地内の庭園には、チャールズ1世没後250年を記念して1904年に建てられた聖ニコラス教会や、チャールズ1世に関する歴史を紹介する博物館などがある。城壁の見張り台からは田園風景が眺められる。

■オズボーン・ハウス
ライドから4番で10分、ニューポートから5番で約10分のオズボーン・ハウス・ゲートで下車
TEL(01983)200022
URLwww.english-heritage.org.uk
開4〜9月10:00〜18:00
　10/1〜11/1 10:00〜17:00
　11/2〜3/31 10:00〜16:00
休11/2〜3/24の月〜金、1/1、12/24〜26 料£14.30 学生£12.90
※2015年11月からの冬期は上階を閉鎖し、£10.60 学生£9.50となる予定

■カリスブルック城
ニューポートから、38番で約5分。キャッスル・ヒルCastle Hillで下車。
TEL(01983)522107
URLwww.english-heritage.org.uk
開4〜9月10:00〜18:00
　10/1〜11/1 10:00〜17:00
　11/2〜3/31 10:00〜16:00
休11/2〜3/31の月〜金、1/1、12/24〜26 料£8 学生£8.30

カリスブルック城

■ワイト島蒸気鉄道

TEL(01983)882204
URLwww.iwsteamrailway.co.uk
圆6～9月はほぼ毎日運行
スモールブルーク発11:02～16:19に5～6便
圏1等£17 3等£12

切符をもぎる車掌さん

島を駆け巡る古きよき保存鉄道
ワイト島蒸気鉄道 Isle of Wight Steam Railway

ワイト島蒸気鉄道は1971年以来、有志によって運営されている保存鉄道。スモールブルック・ジャンクション駅Smallbrook Junctionからワットン駅Woottonまでの約8kmを約1時間で結んでいる。スモールブルーク・ジャンクション駅まではライ

車窓からのんびりとした島の風景を楽しもう

ドからの鉄道で行くことが可能。途中のヘヴン・ストリート駅には小さな博物館も併設されている。

HOTEL

観光の起点にするならニューポート、ビーチでマリンスポーツを楽しむならサンダウンやシャンクリンのホテルに。西部には小さなB&Bが点在しており、家庭的なもてなしが受けられる。

中級 30室 Map P.228 右下 サンダウン

メルヴィル・ホール Melville Hall Hotel

TV 全室 / 希望者 / 全室 / P 無料 / Wi-Fi 有料

✉Melville St., Sandown, PO36 9DH
TEL(01983)400500
FAX(01983)407093
URLwww.melvillehall.co.uk
S £65～150
W £75～150 CC M V

サンダウン駅近く。スイミングプールやスパ施設が完備した街で最も高級感のあるホテル。週末滞在はひとり£10追加。スパの利用は£9.50。

中級 14室 Map P.228 右下 サンダウン

チャド・ヒル Chad Hill Hotel

TV 全室 / 全室 / 全室 / なし / P 無料 / Wi-Fi 無料

✉7 Hill St. Sandown, PO36 9DD
TEL(01983)403231
URLwww.chadhillhotel.co.uk
S £32～
W £64～
CC M V

駅も近く、ニューポート方面のバスも近くを通り便利。奥まったところにあるツタの絡まる建物。静かな環境でゆったりと過ごせる。

中級 65室 Map P.228 右下 サンダウン

ロイヤル・ピア Royal Pier Hotel

TV 全室 / 希望者 / 全室 / なし / なし / Wi-Fi ロビー周辺 無料

✉Pier St., Sandown, PO36 8JP
TEL(01983)403187 FAX(01983)408155
URLwww.royalpier.com
S £32.50～44.50
W £65～89
CC M V

エントランスのテラスから海が一望できる好立地。館内には屋内プールとジャクージもある。海が見える部屋はひとり£5追加。冬期もオープン。

ゲストハウス 6室 Map P.228 左下 ニューポート

ラグリース Lugley's Restaurant Hotel

TV 全室 / 全室 / 全室 / なし / なし / Wi-Fi 無料

✉33 Lugley St., Newport, PO30 5ET
TEL(01983)822994
S W £60～110
CC D M V

客室のデザインをオーナー自らが手がける高級ゲストハウス。併設のレストランも評判で宿泊客以外の利用も多い。チェックインもレストランへ。

イン 13室 Map P.228 上 カウズ

デューク・オブ・ヨーク The Duke of York

TV 全室 / 全室 / 全室 / なし / なし / Wi-Fi 無料

✉Mill Hill Rd. Cowes, PO31 7BT
TEL(01983)295171
URLwww.dukeofyorkcowes.co.uk
S £59～
W £79～
CC M V

ウェスト・カウズからイースト・カウズに向かう途中にある。1階はパブになっており、地元で取れたシーフードのグリルも人気がある。

タイタニック号が出港した港町
サウサンプトン
Southampton

クイーン・エリザベス2世号

ロンドン
サウサンプトン

人口	市外局番
23万6882人	023
ハンプシャー州 Hampshire	

イギリス最古の貿易港であり、現在でも巨大な商船が行き来する活気のある港町。中世には貿易で潤い、外敵に備えて市街地を囲む城壁が築かれた。現在でもバーゲートBargateと呼ばれる大きな門が中世の姿のまま残されている。また、1912年4月10日に豪華客船タイタニック号がニューヨークへ向けて出港した港としても知られている。

👣 歩き方

バーゲート

サウサンプトンの町は、バーゲートを挟んで北側が**新市街**、南側で港周辺の地域が**旧市街**に分かれている。

新市街 アバブ・バー・ストリートAbove Bar Stが新市街のメイン・ストリート。レストランやパブなどが並ぶが、ショッピングセンター内のほうが店舗も多く、にぎやかだ。

旧市街 バーゲートを南に抜けると旧市街に入る。新旧の建築物が混在し、ときおり城壁跡が姿を現す。ハイ・ストリートHigh St.と交差するバーナード・ストリートBernard St.からオックスフォード・ストリートOxford St.に入ると、しゃれたレストランやパブが集中している。

タウン・キー・マリーナ
ワイト島からの船のほか、大型客船なども発着するターミナル。かつてはタイタニック号も出航した。再開発地区でもあり、クラフトブリュワリーもある。

タイタニック号記念碑は港の入口にある

Access Guide
サウサンプトン
ロンドンから
🚄	所要:約1時間30分
月〜土	ウォータールー駅から5:30〜翌0:05 30分に1便程度
日	7:54〜22:54 30分に1便程度

ウィンチェスターから
🚄	所要:約25分
月〜土	5:59〜翌1:13 1時間に2〜4便程度
日	8:08〜翌1:13 30分に1便程度

旧市街を取り囲む城壁も一部残っている

ℹ️ サウサンプトン
Tourist Information Centre
URLwww.discoversouthampton.co.uk
2015年4月現在、サウサンプトンには公営の❶はない。パンフレットや町の地図は、図書館、メルキュール・ドルフィン・ホテル、タウン・キーのダンシング・マン・ブリュワリーなどにあるツーリスト・インフォメーション・ポイントでもらえる。

鉄道駅とタウン・キーを結ぶシティリンクバス。通常の運賃は£1だが、フェリーと鉄道のチケットを持っていれば無料で乗れる

🚉 交通情報

鉄道駅 サウサンプトン中央駅にはロンドンやウィンチェスター、ブライトンなどからの便が発着。旧市街へは徒歩10分ほど。

フェリーターミナル ワイト島のイースト・カウズやウェスト・カウズへの便はタウン・キーにあるレッド・ファンネル・ターミナルが起点。ターミナルはふたつあるので、自分がどちらのターミナルから出るのか確認しておこう。鉄道駅とはシティリンクバスCityLinkで結ばれている。

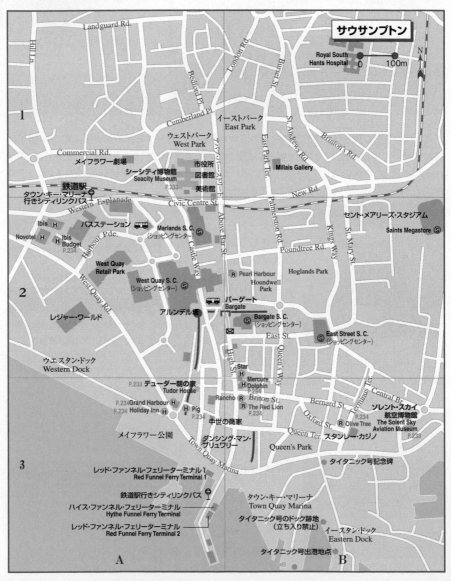

サウサンプトン

Royal South Hants Hospital 0   100m N

Landguard Rd.
Hill Ln.
Bedford Pl.
Cumberland Pl.
London Rd.
Burser Rd.
St. Andrew's Rd.
Brinton's Rd.

イーストパーク East Park
ウェストパーク West Park
St. Park Ter.
Millais Gallery

Commercial Rd.
メイフラワー劇場
シーシティ博物館 Seacity Museum P.233
市役所 図書館 美術館
New Rd.
鉄道駅
タウン・キー・マリーナ 行きシティリンクバス
Western Esplanade
Civic Centre St.
Above Bar St.
Palmerston Rd.
King's Way
St. Mary St.
セント・メアリーズ・スタジアム
Saints Megastore

Ibis H
バスステーション
Harbour Pde.
Novotel H
Ibis Budget P.234 H
Marlands S.C. (ショッピングセンター) S
Castle Way
Poundtree Rd.

West Quay Retail Park
West Quay S.C. (ショッピングセンター) S
West Quay Rd.
Pearl Harbour R
Hoglands Park
Houndwell Park

レジャー・ワールド
バーゲート Bargate
アルンデル塔
Bargate S.C. (ショッピングセンター) S
East St.
Queen's Way
East Street S.C. (ショッピングセンター) S

ウエスタン・ドック Western Dock
P.233 テューダー朝の家 Tudor House
High St.
Star
Mercure Dolphin H P.234
Rancho R
Briton St.
The Red Lion R P.234
Bernard St.
Terminus Rd.
Central Br.
ソレント・スカイ 航空博物館 P.234 The Solent Sky Aviation Museum P.233

P.234 Grand Harbour H
P.234 Holiday Inn H
Pig R P.234
中世の商家
Oxford St.
Olive Tree R
Queen Ter.
スタンレー・カジノ

メイフラワー公園
Town Quay Marina
ダンシング・マン・ブリュワリー
Queen's Park
タイタニック号記念碑

1
2
3
A
B

レッド・ファンネル・フェリーターミナル1 Red Funnel Ferry Terminal 1
鉄道駅行きシティリンクバス
ハイス・ファンネル・フェリーターミナル Hythe Funnel Ferry Terminal
レッド・ファンネル・フェリーターミナル Red Funnel Ferry Terminal 2
タウン・キー・マリーナ Town Quay Marina
タイタニック号のドック跡地（立ち入り禁止）
イースタン・ドック Eastern Dock
タイタニック号出港地点

232

シーシティ博物館 Seacity Museum

タイタニック関連の展示が充実　Map P.232A1

タイタニック号の客室を人形を使って再現

2012年にオープンした博物館。展示は、タイタニック関連、サウサンプトンの歴史、企画展の3つに分けられる。

注目の展示品は、タイタニック関連に集中している。1/25スケールのタイタニック号やタイタニック号とともに海へと消えていったエドワード・ジョン・スミスEdward John Simth船長の英国海軍軍刀、沈没事故の生存者だったシドニー・セドゥナリー Sidney Sedunary乗務員が航行時に携帯していた懐中時計などが人気。

サウサンプトンの歴史コーナーでは、石器時代、ローマ時代、中世にサウサンプトン周辺で発掘されたものを中心とする展示になっている。

テューダー朝の家 Tudor House

サウサンプトンの歴史に触れられる　Map P.232A3

1492年に建てられた、サウサンプトンを代表する歴史的建築物。館内には当時の旧市街の模型や、テューダー朝から現在にいたるまでの生活道具が展示されている。ガーデンビューのカフェも人気。

旧市街に残る中世の商家

また、この近くには中世の商家Medicval Marchant's Houseも残されており、こちらにも展示がある。昔ながらのサウサンプトンの風情を味わうことができる。

ソレント・スカイ航空博物館
The Solent Sky Aviation Musueum

かつての空の英雄が一堂に会する　Map P.232B3

飛行機がところ狭しと並ぶ

サウサンプトンは航空機産業も盛んで、昔から多くの航空機や軍用機が開発されてきた。その歴史を紹介するのがここ。

第2次世界大戦で活躍し、今でも絶大な人気を誇る伝説の名機スピットファイアSpitfireの展示をはじめ、当時世界最大といわれた飛行艇S25 Sandringham(1943年型)は機内も見学できる。

■シーシティ博物館
⊠Havelock Rd., SO14 7FY
TEL(023)80833007
URLseacitymuseum.co.uk
圃10:00〜17:00　※入場は16:00まで
圍12/25・26、1/1
圖£6.50　学生£4.50（常設展のみ）

シーシティ博物館。時計塔が目印

■テューダー朝の家
⊠Bugle St., SO14 2AD
TEL(023)80834242
URLwww.tudorhouseandgarden.com
圃10:00〜15:00（土・日〜17:00）
※入場は閉館30分前まで
圍12/24〜1/1
圖£4.75　学生£3.75

典型的なチューダー様式の木組みの家

■中世の商家
Map P.232A3
⊠58 French St., SO14 2AT
TEL(023)80221503
URLwww.english-heritage.org.uk
圃12:00〜17:00　※入場は16:30まで
圍4〜9月の月〜土、10〜3月
圖£4　学生£3.60

■ソレント・スカイ航空博物館
⊠Albert Rd. South, SO14 3FR
TEL(023)80635830
URLwww.solentskymuseum.org
圃10:00〜17:00（日12:00〜17:00）
圍月、12/25・26、1/1
圖£6.50　学生£5.50

大きな港町のわりにホテルが少なく、ヒル・レーンHill Ln.周辺にはB&Bがいくつかあるが満室のことが多い。旧市街の中級ホテルなら比較的空室を見つけやすい。オックスフォード・ストリートにはしゃれたレストランやカフェが多い。

Recommended

高級　12室　Map P.232A3　タウン・キー

📺 TV / 🛁 全室 / 💨 全室 / 📞 全室 / 🅿️ 無料 / 📶 Wi-Fi 無料

センスのいいインテリアが光るプチホテル
ピッグ The Pig-in the Wall

✉ West Esplanade, SO14 2AZ
☎ (023)80636900
URL www.thepighotel.com
Ⓢ Ⓦ £129〜　CC A D M V

城壁沿いに位置するホテル。カントリー風の内装にこだわっており、客室のアンティークもセンス抜群。
レストラン 落ち着いた空間で味わえる自然派食材を使った料理が人気。12:00〜19:00(夏期は延長)の営業。

高級　173室　Map P.232A3　タウン・キー

グランド・ハーバー Grand Harbour

✉ West Quay Rd., SO15 1AG
☎ (023)80633033
FAX (023)80633066
URL www.grandharbourhotel.co.uk
Ⓢ Ⓦ £154〜
CC A M V

全室 全室 全室 なし 無料 無料

モダンな外観が印象的な町を代表するホテル。客室からの眺めも美しい。屋内プールのあるスパ施設や、テラス席のあるレストランもある。

老舗　99室　Map P.232B3　旧市街

メルキュール・ドルフィン Mercure Dolphin

✉ 34-35 High St., SO14 2HN
☎ (023)80386460　FAX (023)80386470
URL www.dolphin-southampton.com
予約 00531-61-6353
Ⓢ Ⓦ £125〜
CC A J M V

全室 全室 全室 全室 無料 無料

サウサンプトンで最も古いホテルで、ヴィクトリア女王やネルソン提督も宿泊したという。宿泊だけではなくアフタヌーンティー£13.95も人気がある。

Map P.232A3　130室

ホリデイ・イン Holiday Inn Southampton
✉ Herbert Walker Ave., SO15 1AG
☎ 08719429073　FAX (023)80332510
URL www.hisouthamptonhotel.co.uk　予約 0120-056-658
Ⓢ Ⓦ £159〜　CC A J M V

全室 希望者 全室 なし 有料 有料

Map P.232A2　124室

アイビス・バジェット Ibis budget Southampton Centre
✉ Western Esplanade, 3 West Quay Rd., SO15 1RA
☎ (023)80227705　FAX (023)80220554
URL www.ibis.com
Ⓢ Ⓦ £50〜　朝食別　CC A M V

全室 全室 なし なし 有料 無料

Map P.232B3　オックスフォード・ストリート

地中海料理 シーフード

オリーブ・ツリー Olive Tree

大皿にたっぷりと盛られた魚介料理が中心で、グリルメニューやワインの銘柄も豊富。18:00までのランチは£10〜、ディナーの予約はひとり£20〜。サービス料12.50%別。
✉ 29 Oxford St., SO14 3DJ　☎ (023)80343333
URL www.olivetree.co.uk　🕐 12:00〜21:30
(金〜日12:00〜22:00)　🈚無休　CC A M V　📶不可

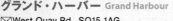

Map P.232B3　旧市街

パブ

レッド・ライオン The Red Lion

ヘンリー5世が法廷として使ったとの言い伝えがあるパブで、地元の人の憩いの場となっている。高い天井と古めかしいインテリアが印象的。全2室のゲストハウスも併設している。地元のエールも揃う。
✉ 55 High St., SO14 2NS　☎ (023)80333595
🕐 11:00〜23:00(日11:00〜22:30)　食事12:00〜14:00、18:00〜21:00(日曜〜17:00)　🈚無休　CC A M V　📶店内可

日本からホテルへの電話(詳しい電話のかけ方はP.8もご参照ください)
国際電話会社の番号 + 010 + 国番号44 + 最初の0を除いた掲載の番号

小川の流れるのどかな古都

ウィンチェスター

Winchester

イッチン川沿いは遊歩道になっている

人口	市外局番
11万6595人	01962
ハンプシャー州	
Hampshire	

ウィンチェスターはアングロ・サクソン時代には、ウェセックス王国の都としてロンドンと肩を並べるほど栄えた町。1554年には、英国女王メアリー1世とスペイン王フェリペ2世の結婚式がこの町で行われている。中世の雰囲気が漂うこの町には、ウィンチェスター大聖堂やウィンチェスター・カレッジなど歴史的建造物が数多く残っている。

歩き方

ウィンチェスターは、町の中心ハイ・ストリートHigh St.から南側に広がるウィンチェスター大聖堂Winchester Cathedralとウィンチェスター・カレッジ周辺、北側の市街地の3つに分けられる。

ウィンチェスター

0　N　200m

鉄道駅
ロイヤル劇場
ウェストゲート博物館
グレート・ホール
Great Hall & Round Table P.237
ロイヤル・グリーン・ジャケット博物館 P.237
H Winchester Royal P.238
P.238 Cafemonde
市立博物館 City Museum P.238
P.238 The Wessex
ウィンチェスター大聖堂 Winchester Cathedral P.236
バスステーション
St Johns
St. John's
P.238
ウィンチェスター・シティ・ミル Winchester City Mill
ギルドホール
アルフレッド大王の像
The Close
Kings Gate P.238
ウルブジー城跡 Wolvesey Castle P.237
Chesil Rectory P.238
St. Giles Hill
The Wykeham Arms H P.238
ジェーン・オースティンの家 P.242
ウィンチェスター・カレッジ Winchester College P.236
聖十字救貧院へ P.237

Access Guide
ウィンチェスター
ロンドンから

所要:約1時間10分
月〜土 ウォータールー駅から5:30〜翌0:05 30分に1便程度
日 7:54〜22:54 30分に1便程度

所要:2時間50分〜3時間10分
月〜土 8:30 10:30 12:30 14:30 16:30 18:30 20:30 23:30
日 上記に加え7:00

サウサンプトンから
所要:2時間10分
月〜土 5:54〜23:00 1時間に2〜4便程度
日 7:55〜22:34 30分に1便程度

i ウィンチェスター
Tourist Information Centre

Map P.235B2
✉Guildhall, High St., SO23 9GH
☎(01962)840500
URL www.visitwinchester.co.uk
開10:00〜17:00（日11:00〜16:00）
休10〜4月の日曜、12/25〜1/1
宿の予約：手数料£4+1泊目の宿泊料金の10%（デポジット）

アルフレッド大王 (849〜899)

イングランド七王国（ヘプターキー）時代最大の王とも呼ばれ、この時代を代表する人物。871年、ウェセックス王として即位。ヴァイキングの末裔であるデーン人と戦いながら、アングロサクソンの文化を保護した。彼のエピソードはその後もさまざまな形でさまざまな形で伝わり、イギリスの偉大な英雄としていまも慕われている。

アルフレッド大王の像

■ウィンチェスター大聖堂
✉1 The Close, SO23 9LS
☎(01962)857200
URL www.winchester-cathedral.org.uk
🕐9:00〜17:00（日12:30〜15:00）
🔒無休　💷£7.50　学生£4
ガイドツアーは月〜土の10:00〜15:00の1時間に1回。

ジェーン・オースティンの家

イギリスを代表する女流作家のジェーン・オースティンが、最晩年を過ごした家がウィンチェスター・カレッジのすぐそばに残されている。現在は私邸として使われており、内部の見学などはできない。

なお、サウサンプトンのメルキュール・ドルフィン・ホテル（→P.234）もまた、ゆかりの場所として知られている。彼女は18歳の誕生日をこのホテルで祝い、その後サウサンプトンに居を移したあとも何度もここで集まりを開いている。

ジェーン・オースティンが最晩年を過ごした家

■ウィンチェスター・カレッジ
✉College St., SO23 9NA
☎(01962)621209
URL www.winchestercollege.org
●見学ツアー
月・水・金・土10:45、12:00、14:15、15:30発　火・木10:45、12:00発
日14:15、15:30発
🔒12/25・26、1/1　💷£6　学生£5

ハイ・ストリートからイッチン川へ

❶はハイ・ストリートから東のイッチン川River Itchen方向へ進んだブロードウェイBroadwayにある。その向かいにバスステーション、さらに東へ進むとロータリーの手前にアルフレッド大王の像が建つ。イッチン川へ出て手前を右に曲がると、遊歩道が続き、ウルブジー城跡、ウィンチェスター・カレッジへと続く。

イギリス屈指の巡礼地だった
ウィンチェスター大聖堂 Winchester Cathedral
Map P.235A2・B2

アングロ・サクソン時代の648年に建設されたが、1079〜1404年と長い年月をかけて現在の形に再建された。奥行きが約170mと、ヨーロッパでも最長の身廊をもつ大聖堂である。

映画『ダ・ヴィンチ・コード』の撮影にも使われた

内装はゴシック様式だが、北翼廊と南翼廊、地下祭室はゴシック以前の建築様式であるノルマン様式になっており、建築の途中で様式を変更したことがうかがえる。

身廊の北側には『高慢と偏見』、『エマ』の作者として知られる作家ジェーン・オースティン P.607 の墓がある。南側には、彫刻家ウイリアム・ウォーカーの彫像やアイザック・ウォルトンの墓などもある。

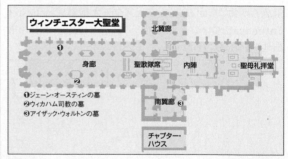

ウィンチェスター大聖堂

北翼廊
❶
身廊　聖歌隊席　内陣　聖母礼拝堂
南翼廊　❸
❶ジェーン・オースティンの墓
❷ウィカハム司教の墓
❸アイザック・ウォルトンの墓
チャプター・ハウス

イギリス最古のパブリックスクール
ウィンチェスター・カレッジ Winchester College
Map P.235A2・B2

イートン校に60年ほど先行し、1382年に開校したイギリスで最も歴史あるパブリックスクール。イートン校設立時には、ウィンチェスター・カレッジから職員が招かれた。カレッジ内の見学はガイド付きのツアーでのみ可能。ツアーでは、食堂や礼拝堂、クリストファー・レン P.606 が設計した多目的ホールなどを回る。

クリストファー・レン設計の多目的ホール

かつてのウィンチェスター大司教居城　**Map P.235B2**

ウルブジー城跡 Wolvesey Castle

　ウィンチェスター大聖堂とウィンチェスター・カレッジの間にある城跡。もともと12世紀に建てられたノルマン様式の城だったが、現在では破損がひどく、当時の雰囲気は、ところどころに置かれたプレートの解説でわずかに知ることができるくらい。

　エリザベス1世 P.606 の異母姉であるメアリー1世と、スペイン王フェリペ2世は結婚のときの朝食を城内のイースト・ホールEast Hallでとったという記録が残っている。

■ウルブジー城跡
⊠College St., SO23 8NB
URL www.english-heritage.org.uk
開10:00～17:00
休11/3～3/31　料無料

現在はわずかに残った遺構が点在している

アーサー王ゆかりの円卓がある　**Map P.235A1**

グレート・ホール Great Hall & Round Table

円卓は壁に飾られている

　ウエストゲート近くに、ウィンチェスター城の一部が残されており、その中にアーサー王 P.605 ゆかりの円卓がある。とはいってもアーサー王は実在したかどうかも不明な人物。円卓は実際のところ13世紀に造られたもので、16世紀のテューダー朝時代に彩色された。直径6m弱の円卓は、ダーツ板のように白と緑に色分けされ、中央にはテューダーのバラが描かれている。

■グレート・ホール
⊠Castle Av., SO23 8UJ
TEL(01962)846476
開夏期10:00～18:00
　冬期10:00～17:00
休12/24～26、1/1　料寄付歓迎

グレート・ホールの奥にある展示室では歴代のイングランド王を紹介している

12世紀以来現在まで続く貧救院　**Map P.235B2外**

聖十字救貧院 The Hospital of St. Cross

　イッチン川沿いのフットパスを約1.5kmほど歩いた所にある。12世紀に建設された英国最初の慈善施設で、貧しい人々に食事と宿を提供しており、現在でもここで生活している人もいる。人々が生活している所は入れないが、12世紀創建の教会や庭園、大広間などが見学できる。

■聖十字救貧院
⊠The Hospital of St. Cross,
SO23 9SD
TEL(01962)851375
URL www.stcrosshospital.co.uk
開4～10月9:30～17:00
　（日13:00～17:00）
　11～3月10:30～15:30
休11～3月の日曜　料£4　学生£3.50
館内撮影一部不可　フラッシュ一部不可

アングロ・サクソン時代の作品もある　**Map P.235A2**

市立博物館 City Museum

大聖堂のすぐ脇にある市立博物館

　大聖堂の中庭にある博物館。ローマ時代からアルフレッド大王 P.605 の時代、ノルマン時代から現在までのウィンチェスターの歴史を紹介。上階から時代順に展示されている。

　最上階では見事なモザイクをはじめ、ローマ時代の遺品を見ることができる。2階には650～1500年のウィンチェスターの町の模型が4つ展示されており、中世をとおして町がどのように発展したかがよくわかる。

■市立博物館
⊠The Square, SO23 9ES
TEL(01962)863064
開4～10月10:00～17:00
　（日12:00～17:00）
　11～3月10:00～16:00
　（日12:00～16:00）
休11～3月の月曜、12/25・26、1/1
料無料　フラッシュ不可

ローマ時代のモザイクも展示されている

■ウィンチェスター・シティ・ミル

⊠Bridge St., SO23 0EJ
TEL(01962)870057
URLwww.nationaltrust.org.uk
圃1/1〜2/16 11:00〜16:00
　2/17〜11/30 10:00〜17:00
　12/1〜24 10:30〜17:00
　12/27〜31 12:00〜16:00
困1/1〜2/16の木・金、12/25・26
園£4

ひきたて小麦の実演販売が見られる　　Map P.235B2

ウィンチェスター・シティ・ミル Winchester City Mill

イッチン川の水運を利用し、17世紀に作られた粉ひき所。現在も稼働しており、併設のショップではここで精製された小麦粉も販売している。土・日曜の11:00〜

精粉された小麦粉

15:00には精粉や料理の実演を見ることができる。

HOTEL　　　　　　　　　　　　　　　　　RESTAURANT

　小さな町なので、どこに泊まっても移動には困らない。レストランとショップはハイ・ストリートをはじめ、市立博物館近くの通りなどのエリアに、おしゃれな店が集中している。

高級　94室　Map P.235B2

ウェセックス Mercure Winchester Wessex Hotell

⊠Paternoster Row, SO23 9LQ
TEL(01962)861611
FAX(01962)849617
URLwww.mercure.com
ⓢⓔⓦ🅰🅱🅲🅳 £125〜
CCⒶⒹⓂⓋ

📺全室 🔌全室 🧴全室 🔒一部 🅿有料 📶Wi-Fi 無料

　多くのスーペリアルームからは大聖堂が見渡せる。ソファ、ベッド、リネン類などすべて上質でセンスよくまとめられている。朝食は£10。眺めのいいバーも併設されている。

中級　81室　Map P.235A1

ウィンチェスター・ロイヤル Winchester Royal Hotel

⊠St. Peter St., SO23 8BS
TEL(01962)840840
URLwww.sjhotels.co.uk
ⓢⓔⓦ🅰🅱🅲🅳 £95〜200
CCⒶⓂⓋ

📺全室 🔌全室 🧴全室 🔒なし 🅿有料 📶Wi-Fi 無料

　16世紀創建の館を利用し、1870年の創業。敷地内には、季節の花で彩られた庭がある。レストランは受賞歴があり、結婚式場として地元の人に利用されている。朝食は£10〜16.50。

イン　14室　Map P.235A2

ワイカム・アームズ The Wykeham Arms

⊠75 Kingsgate St., SO23 9PE
TEL(01962)853834
URLwww.wykehamarmswinchester.co.
uk ⓢ🅰🅱🅲🅳 £99〜191
ⓦ🅰🅱🅲🅳 £165〜191　CCⒶⓂⓋ
※14歳未満宿泊不可

📺全室 🔌全室 🧴全室 🔒なし 🅿なし 📶Wi-Fi 無料

　1755年の創業の宿で、地元のエールを楽しめるパブとレストランも兼ねる。朝食は食器にもこだわりジャムもえりすぐりの銘柄を使用。

Map P.235B2　　　　　　　　　　モダン・イングリッシュ
　　　　　　　　　　　　　　　　　　　　　　　フュージョン

チェシル・レクトリー Chesil Rectory

　1450年に建てられた歴史的建物を利用したレストラン。メニューは季節の素材を使い随時変わっていくが、フレンチやイタリアンの素材も使った英国料理。月〜土曜のランチは2品で£15.95、3品で£19.95のお得なコースもある。

⊠1 Chesil St., SO23 0HU　TEL(01962)851555
URLwww.chesilrectory.co.uk　圃12:00〜14:20　18:00〜21:30
（金・土12:00〜14:20　18:00〜22:00、日12:00〜15:00　18:00
〜21:30）　困無休　CCⒶⓂⓋ　📶不可

Map P.235A1〜2　　　　　　　　　　　　　　　　カフェ

カフェモンド Cafemonde

　カラフルな食器に盛られたメニューは、パニーニやバゲット、オーガニックの素材を使ったスイーツなどが£1.80〜。朝食£8.45も全日OK。スタッフも気さくで陽気な雰囲気。

⊠22 The Square, SO23 9EX　TEL(01962)877177
圃8:00〜18:00（日9:00〜17:00）　困無休
CCⓂⓋ（£5以上）　📶店内可

日本からホテルへの電話（詳しい電話のかけ方は P.8 もご参照ください）
国際電話会社の番号 ＋ 010 ＋ 国番号44 ＋ 最初の0を除いた掲載の番号

エクセ川沿いに広がる町

エクセター
Exeter

ロンドン

エクセター

人口	市外局番
11万7773人	01392
デヴォン州 Devonshire	

芝生に囲まれたエクセター大聖堂

　エクセターはデヴォン州の州都。エクセ川のほとりに広がるのどかな雰囲気の町だ。町の歴史は古く、2世紀頃にローマ軍の駐屯地として築かれ、イスカIscaと呼ばれた。中心部はローマ時代の城壁跡に囲まれている。エクセ川沿いのヒストリック・キーサイドは運河交易の港として18世紀に最も栄え、当時の面影を残す商館や家屋が続いており、川には野鳥が戯れ美しい川の景色を堪能できる。

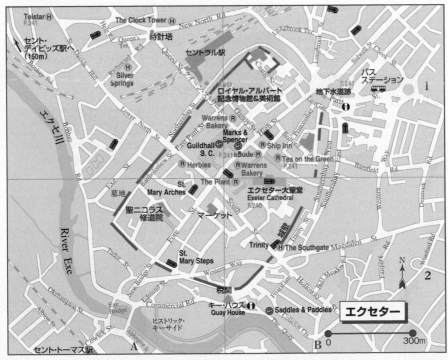

👣 歩き方

中心街 町の中心は、エクセター大聖堂。大聖堂を取り囲むように美しい芝生の公園と遊歩道が広がり、しゃれたカフェやレストランも並び、市民の憩いの場となっている。おもな見どころは**ハイ・ストリート**High St.付近に集中。

ヒストリック・キーサイド
中心街から南へ下ると、エクセ川の両岸に広がる**ヒストリック・キーサイド**Historic Quaysideへ出る。エクセ川に運河が築かれたのはローマ時代。その後、

ヒストリック・キーサイド

18世紀には毛織物の輸出拠点として、おおいに繁栄した。当時の面影を残すのがこのエリアで、その中心となったキー・ハウスQuay Houseはビジターセンターも兼ねており、運河の歴史をビデオで学べる。川沿いには白鳥などの水鳥が数多く、のんびりとしている。

🚋 交通情報

セント・デイビッズ駅
エクセターの町には全部で3つの鉄道駅があるが、多くの列車は町の北西にある**セント・デイビッズ駅**に停まる。

町の中心へは徒歩15分。駅前の大通りを渡って真っすぐ延びる急な坂道セント・クレメンズ・レーンSt. Cremens Ln.を上り、セント・デイビッズ・ヒルSt. Davids Hillに出る。そこからヘレ・ロードHele Rd.経由でクロック・タワーへ。クイーン・ストリートQueen St.を南東に行くと中心部に出る。

世界一長いアーチ型天井は必見　　**Map P.239B2**

⛪ エクセター大聖堂 Exeter Cathedral

12〜15世紀に建設され、850年以上も地元の人々に親しまれている大聖堂。

一歩中に入ると、まず丸天井の美しさに目を見張る。14世紀の装飾ゴシック様式で、左右対称の調和も見事だ。ひと続きになったアーチ天井としては世界一の長さを誇る。中央にある聖歌隊席の仕切りや、側面に施された楽人天使たちの緻密な彫刻、色鮮やかなステンドグラスなども見逃せない。

連なるアーチ型装飾は息をのむ美しさ

エクセター

エクセターの歴史を体感 Map P.239A1
ロイヤル・アルバート記念博物館＆美術館
Royal Albert Memorial Museum & Art Gallery

デヴォン州の自然史や、ローマ時代から現在にいたるエクセターの歴史を時代ごとに展示している。2階は地元アーティストの作品と、アジア、南米、南太平洋、エジプトなど世界中から集めた美術品が展示されている。

町の模型も展示されている

■ロイヤル・アルバート記念博物館＆美術館
⊠Queen St., EX4 3RX
TEL(01392)265858
URLwww.rammuseum.org.uk
圓10:00～17:00
休月 料無料
館内撮影一部不可 フラッシュ部不可

14世紀の原型をとどめる Map P.239B1
地下水道跡 Exeter's Underground Passages

エクセターの地下には水道跡が残されている。これは14世紀頃にエクセターの町に飲料水を供給する目的で造られたものだ。水道跡は人がやっと通れるくらいの狭さで、ガイドとともに見学する。入口でチケットを購入して、地下へ下りると、まずは地下水道の歴史や当時のエクセターの様子を紹介する展示がされているので、ガイドツアーが始まるまで各自で見学をし、その後ツアー（所要時間約35分）に参加する。

■地下水道跡
⊠2 Paris St., EX1 1GA
TEL(01392)665887
URLwww.exeter.gov.uk/passages
圓10～5月10:30～16:30
（土9:30～17:30、日11:30～16:00）
6～9月9:30～17:30（日10:30～16:00）
※最終ツアーは開館の1時間前
休10～5月の月曜、12/25・26、1/1
料£6 学生£5

地下水道跡の入口はビルの1階にある

HOTEL   RESTAURANT

エクセターの町には宿泊施設がそれほど多くないので、夏期は必ず予約を入れよう。安宿はセント・デイビッズ・ヒルやクロック・タワー周辺に集まっている。レストランはハイ・ストリート周辺に多い。ベジタリアン料理店ハービーズHerbiesも元客でにぎわう人気の店。

高級 53室 Map P.239B1
アボード aBode Exeter
⊠Cathedral Yard, EX1 1HD
TEL(01392)319955
FAX(01392)439423
URLwww.abodehotels.co.uk/exeter
S W £79～250
CC A M V

大聖堂の広場を見渡す場所にある。客室は重厚なヴィクトリア様式のインテリアで装飾されており、レストランやパブの雰囲気もよい。朝食は£11.50。

ゲストハウス 22室 Map P.239A1
テルスター Telstar Hotel
⊠77 St. Davids Hill, EX4 4DW
TEL&FAX(01392)272466
URLwww.telstar-hotel.co.uk
S £35 S £38～42
W £65 W £78～80
CC M V

セント・デイビッズ駅から徒歩5分の所にある。周囲はゲストハウスが並ぶエリアでその中では規模が大きい。朝食はベジタリアンメニューも選べる。

Map P.239B1
ティー・オン・ザ・グリーン Tea on the Green カフェ
エクセター大聖堂のすぐ脇にある。コーヒーや紅茶、チーズやアルコール類など、すべて地元産にこだわったカフェ。日替わりの食事メニューがあり、ひと皿£5～11程度。コーヒー豆やジャムなどの販売も行っている。
⊠1 Cathedral Yard, EX1 1HJ TEL(01392)428144
圓8:00～18:00 日9:00～16:00 休無休 CC M V 店内可

日本からホテルへの電話（詳しい電話のかけ方はP.8もご参照ください）
国際電話会社の番号 ＋ 010 ＋ 国番号44 ＋ 最初の0を除いた掲載の番号

恐竜が生息していた時代の地層が残る
世界遺産 ジュラシック・コースト

　ジュラシック・コーストは「ドーセット及び東デヴォン海岸」としてユネスコの世界遺産に登録されている。世界遺産のエリアは海沿いに153kmにもわたり、非常に広い。断崖は地層になっており、中生代に生息していた恐竜の化石が多く発見されている。この海岸で化石採集をしていた少女、メアリー・アニング（1799～1847年）は後に古生物学者になり、ロンドン地質学会の名誉会員になったほど。

最も古い地層
スイドマス
Sidmouth

　ジュラシック・コーストにはリゾートタウンが多いが、ここもそのひとつ。人々がのんびり休暇を過ごしている。町の両脇には美しい海岸が続く。このあたりの地層はジュラシック・コーストのなかでも最も古い三畳紀のもので、この時代に恐竜が生まれたという。

複雑な海岸線
ラドラン・ベイ
Ladram Bay

　スイドマスから続く三畳紀の海岸線のなかでも最も複雑で奇怪な景色が見られるのがここラドラン・ベイ。化石が埋もれているやわらかい砂岩が潮の満ち引きなどによって削り取られ、複雑な海岸線となっている。

ブリッジポート **Bridgeport**
ウエスト・ベイ **West Bay**
Charmouth
ライム・リージス Lyme Regis
シートン Seaton
ビア Beer
Penhay Bay
Golden Cap
エクセター **Exeter**
52A/B
X53
スイドマス **Sidmouth**
52B
52A
X53
899
ブランスコム Branscombe
ウエストン・マウス Weston Mouth
フッケン・ランドサイド Hooken Landside
チャーマス・ヘリテージ・コースト・センター Charmouth Heritage Coast Centre
Abbotsbury
Otterton
157
ハイ・ピーク High Peak
ラドラン・ベイ LadramBay
エクスマス **Exmouth**
オッター・エスチュアリー Otter Estuary
Dawlish

X53	おもなバスのルートと路線番号
52A	
899	

サウス・ウエスト・コースト・パス（海岸沿いのフットパス）

撮影スポット

白亜紀の地層
（1億4500万年～6500年前）

ジュラ紀の地層
（1億1950万年～1億3500万年前）

三畳紀の地層
（2億5000万年～2億年前）

化石を見るのなら!
チャーマス・ヘリテージ・コースト・センター
Charmouth Heritage Coast Centre

ジュラシック・コーストで発掘された化石を展示するビジターセンター。化石発掘ツアーなどのウォーキングツアーやイベントも行っている。

岩全体が恐竜のよう
ダードル・ドア
Durdle Door

恐竜が首を海の中に突っ込んでいるように見えるダードル・ドアのナチュラル・アーチは、まさにジュラシック・コーストという名を象徴するかのように見事だ。その近くにあるステイヤー・ホールは、浸食によって柔らかい石だけが削られて周辺の石灰岩だけが残り、お椀のような地形を造り出している。

DATA

■ジュラシック・コースト
ジュラシック・コーストは、東西155kmにもおよび、歩いて回るのは難しい。バスをうまく利用しよう。
URL www.jurassiccoast.com

■X53ジュラシック・コースト・バス
エクセターのバスステーションからライム・リージス、ウェスト・ベイ、ウェイマス、ウールを経由し、プールへと走る。
エクセター発　9:20 11:20 13:20 15:20※ 17:20※
プール発　9:30 11:30 13:30 15:30※ 17:30※※※
ライム・リージス～ウェイマス間は夏期増便あり
※ウェイマス行き　※※ライム・リージス行き
※※※ブリッジポート行き

■エクスマスからのジュラシック・コーストクルーズ
エクスマスから2時間30分ほどのクルーズ。海から海岸を眺めることができる。夏期の不定期に催行する(月4～6回程度)。詳しいスケジュールは以下のウェブサイトで。
URL www.stuartlinecruises.co.uk

●エクスマス
🚌エクセター・セントラル駅発、5:48～23:30に1時間に2便程度、日8:34～23:29に1時間に1便程度。

●スィドマス
🚌エクセターから52A、52Bのバスで所要約1時間。6:35～23:30(土6:55～23:35、日8:31～23:35)、1時間に1～2便運行。

●ラドラン・ベイ
🚌スィドマスから157番のバスでオッタートンOttertonへ、所要約30分、7:38～19:10に1時間に1便程度(日10:30 12:30 15:30 17:30発)、ここから海岸へ向かい、徒歩約30分。

●チャーマス・ヘリテージ・コーストセンター
🚌X53番バスでチャーマス下車、ロウアー・シー・レーンを海側へ10分ほど直進、海岸へ出たところに。
✉Lower Sea Lane, Charmouth, Dorset, DT6 6LL
☎(01297)560772　URL www.charmouth.org
🕐10:30～16:30　🗓11～3月の月・火　💰無料
化石ツアーは週末を中心に不定期催行、£7.50

●ダードル・ドア
🚌ウールから104番バス、8:55 12:48発(日曜運休)、所要20分、公園入口下車。

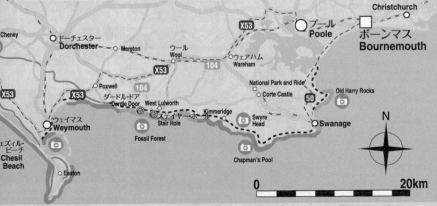

Christchurch

X53 ・ プール Poole ・ ボーンマス Bournemouth

Cheney

● ドーチェスター Dorchester　Morgton　ウール Wool　ウェアハム Wareham

National Park and Ride

X53　Poxwell　104　Corfe Castle　50　Old Harry Rocks

X53　ダードル・ドア Durdle Door　West Lulworth　Kimmeridge

ウェイマス Weymouth　ステイヤー・ホール Stair Hole　Swyre Head　Swanage

Fossil Forest

エズィル・ビーチ Chesil Beach　Easton　Chapman's Pool

N

0　20km

イギリス屈指の保養地
イングリッシュ・リヴィエラ
English Riviera

ロンドン
イングリッシュ・リヴィエラ

人口（トーキー） 6万2963人	市外局番 01803
デヴォン州 Devon	

高台に瀟洒な建物が並ぶトーキーの町並み

　イギリス南西部、デヴォン州の南岸は19世紀以来、貴族や富裕層が競って別荘を建てた人気の避暑地。ニースやカンヌ、モナコといった地中海のリゾート地リヴィエラにならい、イングリッシュ・リヴィエラとたたえられている。

イングリッシュ・リヴィエラ
テインマス
Teignmouth
0　　　5km
Shaldon
Combeinteignhead
Netherton
East Ogwell
ニュートンアボット
Newton Abbot
Stoketeignhead
Kingskerswell
Coffinswell
Maidencombe
Ipplepen
Babacombe
Hanbury's
P.247
Shiphay
Compton
Cockington
Marldon
トーキー
Torquay
P.245
トーキー博物館
Torquay Museu
P.247
Hope's
Nose
Blagdon
ペイントン
Paignton
P.247
ペイントン・ダートマス蒸気鉄道
Paignton and Dartmouth Steam Railway
トー湾
Tor Bay
Goodington
Stoke Gabriel
Berry
Head
ダート川 Galmpton
Churston
ブリクサム
Brixham
グリーンウェイ
Greenway
P.246
Sharkham
Point
Hillhead
Scababacombe
Head
ダートマス
Dartmouth
Kings Wear
ダートマス城
Dartmouth Castle
Bowden
Mew
Stone

イングリッシュ・リヴィエラ
エリアガイド

　観光のメインはトー湾Tor Bayやダート川River Dart。滞在の中心であるトーキーからブリクサムやダートマスへは12番のバスが頻発しているほか、ブリクサムへはクルーズでも行くことができる。

トーキーの浜辺

ずらりと船が並んだマリーナから眺めるトーキーの町並み

アガサ・クリスティゆかりの町であることを示す看板をあちこちで見かける

244

イングリッシュ・リヴィエラ
起点となる町

中心となる町はトーキーだが、**エクセター** P.239 から日帰りが可能。ダートムーアからも遠くないので、一緒に回るのも悪くはない。

起点の町
トーキー
Torquay

トーキーは「イングリッシュ・リヴィエラの女王」と呼ばれたこの地域の中心地で、海岸に沿ってそそり立つ崖の上には、白亜のヴィラが建ち並び、どこか町全体に品のよさが感じられる。

歩き方 鉄道駅は町の西に位置している。駅を出てしばらく進むと、海沿いの道に出るので、東へと進んでいこう。プリンセス・シアター Princess Theatreから南に延びている埠頭が、プリンセス・ピアPrincess Pier。町の中心はプリンセス・ガーデンズを過ぎたあたりで、❸もここにある。

12世紀に建てられた修道院跡　　　　Map P.245-A1
トア・アビー Torre Abbey Historic House & Gallery

修道院の跡を中心に、歴史的な建物が並ぶ。広大な庭園の一部は「アガサ・クリスティの庭Agatha Christie Potent Garden」として、彼女の作品に出てきた植物が残されている。ティールームでのアフタヌーンティーが人気。

Access Guide
トーキー
エクセターから
所要:50分

月〜土	セント・デイビッズ駅発セントラル駅 経由5:35〜22:35 1時間に2便程度
日	8:43〜21:55 1時間に1便程度

乗り換え情報
●プリマスから
🚆ニュートンアボットで乗り換え、所要約1時間

ℹ️ トーキー
Tourist Information Centre

Map P.245B2
✉5 Vaughan Pde., TQ2 5JG
☎08444742233
🔗www.englishriviera.co.uk
📅7・8月9:30〜17:00
　9・10月9:30〜16:00
　11〜6月10:00〜16:00　休日

🏛 トア・アビー
✉The King's Drive, TQ2 5JE
☎(01803)293593
🔗www.torre abbey.org.uk
📅10:00〜17:00　入場は16:00まで
休1・2月　3〜6月・10〜12月の月・火、
12/25・26　料£7.50

古城のようなトア・アビー

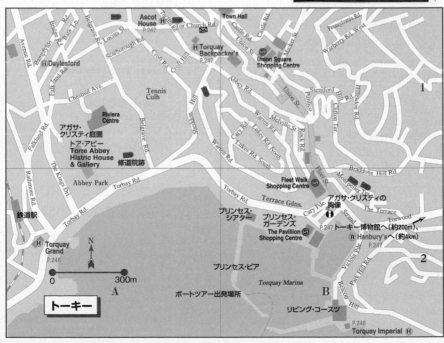

トーキー

A

B

N

0 ────── 300m

1

2

多くの人に愛されるミステリーの女王
アガサ・クリスティ
ゆかりの地を訪ねて

ミステリーの女王アガサ・クリスティ ☞ P.605 は1890年9月15日、フレデリック・アルバー・ミラー氏とクラリサ夫人の次女として、トーキーで生まれた。彼女は『邪悪の家』『書斎の死体』『五匹の子豚』など数々の小説で、町の名前を変えながらもトーキーとその周辺を舞台に選んでいる。『ABC殺人事件』では「なぜイギリス人が海を渡ってリヴィエラまで行くのか理解できない。世界中を旅したが、こんな美しいところはほかにない」と登場人物のひとりにこの地の魅力を語らせている。

小説に登場するホテルのモデルとなった
トーキー・インペリアル・ホテル
Torquay Imperial Hotel

設備も調ったリゾート・ホテル

『邪悪の家』と『書斎の死体』ではマジェスティック・ホテルという名前で、『スリーピング・マーダー』ではインペリアル・ホテルという実名のままで登場している。『邪悪の家』の記述通り海を見下ろしており、建物と海の間に庭園がある。

Map P.245B2
✉ Park Hill Rd., TQ1 2DG
☎ (01803)294301 FAX (01803)298293
URL www.thehotelcollection.co.uk
S W 🛁🚗📶 £45~85 CC A D J M V

結婚式の日に泊まった
トーキー・グランド・ホテル
Torquay Grand Hotel

1914年12月24日、アガサ・クリスティが最初の夫アーチボルド・クリスティと結婚した日に宿泊したホテル。ふたりは式をブリストル郊外のクリフトンで挙げた後、トーキーへ移動し、このホテルで1泊。翌日はアガサの親族とクリスマスを過ごした。

Map P.245A2
✉ Seafront TQ2 6NT ☎ (01803)296677
URL www.grandtorquay.co.uk
S 🛁🚗📶 £44~189
S 🛁🚗📶 £69~229 CC M V

トーキー駅のすぐ横にある老舗ホテル

アガサ・クリスティの別荘
グリーンウェイ *Greenway*

イギリス屈指の美しさともいわれる別荘

1938年から1959年までアガサ・クリスティと、夫で考古学者のマックス・マローワンの夏の別荘として利用されていた建物。
内部は当時の様子を再現する主旨で装飾がされており、アガサ・クリスティと家族の私物などを中心とした展示になっている。広大な庭園も見応えがある。

Map P.244-2
🚢 ダートマスDartmouthからフェリーが開館日に1日6~8便運航されている。
🚌 ペイントン駅から1日3~9便運行。11~2月は運休。3月も一部運休の日がある。
✉ Greenway, TQ5 0ES
☎ (01803)842382
URL www.nationaltrust.org.uk
🕐 10:30~17:00 休 月、2/16~3/31と4/17~7/21と9/18~11/3の火曜、11/4~2/15 £9.90 館内撮影不可

トーキー博物館 Torquay Museum

トーキーの総合博物館。自然史部門、アガサ・クリスティ ☞ P.605、エジプト関連などのコーナーに分かれている。最上階のエジプト展示の下の中2階にアガサ・クリスティのコーナーがあり、彼女の生涯や作品を紹介している。そのほか約4億年前のデヴォン紀の地層から発掘された化石や、19世紀の民家の復元なども見どころ。

■トーキー博物館
⊠529 Babbacombe Rd., TQ1 1HG
☎(01803)293975
URLwww.torquaymuseum.org
開10:00～16:00　※入場は16:00まで
休日、12/24～26、1/1
料£6.15　学生£4.50

幅広いジャンルの展示が自慢

ペイントン・ダートマス蒸気鉄道
Paington and Dartmouth Steam Railway

入線した蒸気機関車

トーキーから鉄道で南へ5kmほど行くと、ペイントンと呼ばれる小さなリゾートタウンに着く。ここから港町ダートマスまで蒸気機関車が走っている。この路線は海岸に沿って走ることで有名で、車窓から眺める海もまた格別だ。

■ペイントン・ダートマス蒸気鉄道
☎(01803)555872
URLwww.dartmouthrailriver.co.uk
開4～10月は毎日運行。3月もおおむね運行。10:00～16:30に3～9便
料往復£8.50

窓が広いので存分に景色が楽しめる

HOTEL　　　　　　RESTAURANT

人気のリゾート地だけあり、B&B、ホテルともに充実。B&B街は駅から北へ行ったアヴェニュー・ロードAvenue Rd.周辺にあり、中・高級のホテルの多くは海沿いにある。レストランは町の中心部に多く、別料金で夕食を出すB&Bも多い。

高級　10室　Map P.245A1

アスコット・ハウス Ascot House

⊠Tor Church Rd., TQ2 5UR
☎(01803)295142
URLwww.ascothousetorquay.co.uk
S🛁🛆🖥📺🚿£60～100
W🛁🛆🖥📺🚿£80～120
CC AMV

 📺 🍴 🔆 🖥 P Wi-Fi
全室 全室 全室 全室 無料 無料

1840年代に建てられたビクトリア様式の建物を利用したブティックホテル。全室スイートで、料金からするとかなり快適に過ごせる。

ホステル48ベッド Map P.245A1

トーキー・バックパッカーズ Torquay Backpacker's

⊠119 Abbey Rd., TQ2 5NP
☎(01803)299924
URLwww.torquaybackpackers.co.uk
D🖥📺£17～18
S🖥W🖥📺£38
CC MV

 📺 🍴 🔆 🖥 P Wi-Fi
なし なし なし なし なし 無料

リゾートエリアでは珍しいホステル。一部シャワー、トイレ付きの部屋もある。朝食はないが、キッチンが自由に使える。ランドリーもある。

Map P.244-1　ババクーム

ハンブリーズ Hanbury's

トーキーから4kmほど北東に位置するババクームの町にあるフィッシュ&チップス専門店。地元の人なら誰もが知っている有名店で、フィッシュ&チップスの大会での受賞歴もある。中心部からは11番バスで行ける。

フィッシュ&チップス

⊠Princes St., Babbacombe, TQ1 3LW　☎(01803)314616
URLwww.hanburys.net　開11:45～13:45（金・土～14:00）
17:30～21:00　休日　CC MV

ダートムーア国立公園
Dartmoor National Park

ヘイトア・ロックとダートムーア

人口	市外局番
3万4903人	01364 など

デヴォン州
Devon

ダートムーア国立公園は、エクセターとプリマスの間に位置し、広さ約770km²、標高は高い所で600mを超える。ムーアとは、木々がほとんど茂らず、岩肌がむき出しになった荒野のこと。ダートムーア国立公園内は、平坦な荒野から深い谷、沼地とたいへん起伏に富んでおり、さらにトアTorと呼ばれる奇岩や岩山が点在していて独特の景観を添える。この地は数々の小説の舞台として登場しており、シャーロック・ホームズ・シリーズ人気No.1の作品『バスカヴィル家の犬』や、アガサ・クリスティ ☞P.605 の多くの小説でも描かれている。

ダートムーア国立公園
エリアガイド

のどかな風景を眺めながら歩くのも楽しい

広いダートムーアのハイライトは、ニュートン・アボットの西側、**ヘイトアやウィディコム・イン・ザ・ムーア**の周辺と、プリマスの北東、**プリンスタウン、ポストブリッジ**方面。ウィディコムの村とポストブリッジは公共交通機関では結ばれていないが、8kmほどの距離なので、ダートムーアの景色を楽しみながら歩くのもいいかも。

ダートムーア国立公園
起点となる町

国立公園の入口となるのは**ニュートン・アボット**。夏の週末にはヘイトア方面にバスが出ている（下記参照）ほか、タクシーもおり起点として便利。ニュートン・アボットは**トーキー** P.245 や**エクセター** P.239、**プリマス** P.251 のいずれからもアクセスしやすい。ポストブリッジやプリンスタウンへは**タヴィストック**Tavistockからアクセスできる。

ダートムーア国立公園
エリア内の交通

人気のある国立公園だが、交通の便はよくない。どうしてもバスで回りたいなら、夏の土曜日にスケジュールを合わせよう。この日のみ運行する路線がかなりある。特に、ニュートン・アボットからヘイトア、ウィディコム・イン・ザ・ムーアへと走る271番ヘイトア・ホッパHaytor Hoppaは使い勝手がよい。また、タヴィストックからポストブリッジへ行く98番バスは1日1便の運行だが、夏期の土曜には48番、92番のバスがそれぞれ1便ずつプリマス〜エクセター間を走るので、うまく利用すればこちらも利用価値が高い。

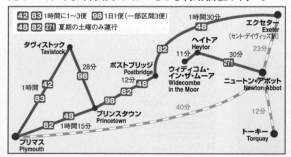

ダートムーアにはクラッパ・ブリッジと呼ばれるスタイルの橋がたくさん残されている。これはポストブリッジにあるクラッパ・ブリッジ

Information

日本人オーナーのB&B
ベリーウッドBerrywood

ウィディコム・イン・ザ・ムーアにある日本人女性が運営するB&B。3室あるうち、特に眺めのいいダブルルームが人気。キッチン付きの部屋は5人まで£80。ニュートン・アボット駅から£5で送迎もしてくれる。ヘイトアやハウンドトアへのガイドツアー可、ひとりにつき半日£25〜。
✉ Widecombe in the moor, TQ13 7TH
☎(01364)621302
📱079381018455（日本語OK）
🌐www.homestayengland.net
Ⓢ ⬜⬜⬜⬜⬜ £34　Ⓦ ⬜⬜⬜⬜⬜ £70〜
💳不可

Access Guide
ニュートン・アボット
トーキーから
所要：12分

🚆月〜土 6:08〜23:43（土6:18〜21:58）の1時間に1〜3便
日 9:54〜21:57の1時間に1便

プリマスから
所要：40〜45分

🚆月〜土 5:09〜21:25（土5:25〜21:44）の1時間に1〜3便
日 9:54〜21:15の1時間に1〜3便

エクセターから
所要：20分

🚆月〜土 6:42〜23:08（土6:56〜22:47）の1時間に1〜3便
日 9:04〜22:47の1時間に1〜3便

■カントリー・バス
☎(01626)833664
🌐www.countrybusdevon.co.uk
●271番（ニュートン・アボット〜ヘイトア
4/10〜10/31の土曜のみ運行
ニュートン・アボット発
　8:55、10:55、13:40、16:10発
ヘイトア発
　9:30、11:30、14:15、16:45発

ヘイトア・ロックから
ダートムーアを眺めてみよう！

左：ヘイトア・ロックをのぼると、すばらしい風景が広がる　右上：見る場所によってさまざまな表情を見せる
右下：ロープを使わないと上がれないルートもあり、ロッククライミングを楽しめる場所としても人気

ムーアに咲く美しい花

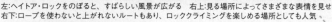

　トアと呼ばれる奇岩がたくさんあるダートムーアのなかでも、最も有名なのがこのヘイトア。大きな岩の頂がふたつ並んでいる。岩山を上るのはそれほど難しいことではないが、身軽で滑らない靴は絶対条件。

ハウンド・トアへ
廃線
採石場跡
Quarry
ニュートン・アボットへ
Moorlands Ⓗ
ヘイトア・ビジターセンタ
ヘイトア・ロック
Haytor Rock
ウィディコム・イン・ザ・ムーアへ
P.249 Ⓗ Berrywoodへ（約6.5km）
N
0　　　500m

ムーアランズ・ハウス
Moorlands House

　ヘイトアの麓にある100年以上の歴史をもつホテル。アガサ・クリスティ P.605 は幼少の頃から家族でダートムーアを何度か訪れていた。1917年に母親の強いすすめでここに滞在し、処女作『スタイルズ荘の怪事件』（1920年）を書き上げた。

■ヘイトア・ビジターセンター
✉Haytor Vale, TQ13 9XT
☎(01364)661520
🔗www.dartmoor.gov.uk
🕐3/26～9/28 10:00～17:00
　9/29～11/1 10:00～16:00
　11/5～2/28の木～日10:30～15:30
　3/1～3月中旬の木～日10:30～16:00
🚫11/2～3月下旬の月～水
※ポストブリッジにあるビジターセンターの支局。ポストブリッジの本局では展示も行っている。

■ムーアランズ・ハウス
全室ティー・コーヒーメーカー、テレビ、ドライヤー付き、無線LANは無料。併設のレストランでは地元の食材を使った料理が人気。
✉Haytor Vale, TQ13 9XT
☎(01364)661407
🔗www.moorlandshouse.co.uk
Ｓ £59～
Ｗ £69～
ＣＣ Ｍ Ｖ

瀟洒な港町でリゾート気分に浸る

プリマス
Plymouth

メイフラワー号が出航した場所には英米の国旗が掲げられている

人口	市外局番
25万6384人	01752
デヴォン州	
Devon	

　プリマスはコンウォール半島最大の港町。1577年にドレーク船長が世界周遊に出航、1588年のアルマダの海戦☞P.605ではイングランド海軍がスペイン無敵艦隊を撃退するために出航、17世紀には清教徒を乗せたメイフラワー号がアメリカ大陸を目指してプリマスの港から船出した。

歩き方

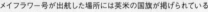
アルマダ・ウェイ

　観光エリアを大きく分けると、旧市街のバービカン、町の南側に広がるホーの丘、鉄道駅から南へ続くショッピング街のアルマダ・ウェイArmada Wayの3つ。❶はメイフラワー号出港記念碑の斜め向かいにある。

　また、タヴィストック・ロードTavistock Rd.は、プリマス大学があるせいか、学生向けのレストランやカフェ、雑貨店が目立つ。

交通情報

鉄道駅は町の北端にある

　鉄道駅　大通りのエクセター・ストリートExeter St.沿いにある。ホテル街のシタデル・ロードへは、ロイヤル・パレードRoyal Pde.からアルマダ・ウェイを歩いて約10分。

　市内バス　町なかと周辺の町へはファースト社とシティ・バスが運行している。鉄道駅のバス停は駅を出た道路の斜め向かいにあるが、バービカンへ直行のバスはなく、ロイヤル・パレードで乗り換える。

Access Guide
プリマス

ロンドンから
所要:約3時間40分

月〜金	パディントン駅から7:06〜20:35 1時間に1〜2便程度
土	7:30 9:06〜20:06 毎時06分発
日	8:00〜20:57 1時間に1便程度

エクセターから
所要:約1時間15分

月〜金	セント・デービッズ駅から6:28〜23:05 1時間に1〜3便程度
土	6:56〜22:47 1時間に1〜2便程度
日	9:04〜22:47 1時間に1〜2便程度

ペンザンスから
所要:約2時間

月〜金	5:05〜11:41 1時間に2〜3便 13:03〜20:18 1時間に1便程度 22:08
土	5:37〜17:40 1時間に1便程度 16:06 21:32
日	8:30〜9:48 11:00〜16:07 1時間に1〜2便 17:25 19:00 20:05 21:15

プリマス
Tourist Information Centre

Map P.253
✉3-5 The Barbican, PL1 2LR
☎(01752)306330
🕐4〜10月9:00〜17:00
　（日10:00〜16:00）
　11〜3月9:00〜17:00
　（土10:00〜16:00）
🚫11〜3月の日曜

■スミートンズ・タワー
圏3/30～9/30 10:00～16:30
　10/1～3/29 10:00～15:00
休日・月、12/25・26、1/1
料£2.80
■ロイヤル・シタデル（軍隊駐屯所）
URLwww.english-heritage.org.uk
ガイドツアーは5/6～3/29の火・木
14:30発　料£5　内部撮影不可

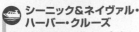

シーニック＆ネイヴァル・
ハーバー・クルーズ
1 hour Scenic & Naval Harbour Cruise

4～10月11:00 12:30 14:00 15:30発
所要：1時間　料£7.50
途中ホーの丘、ドレイク島などを通過し
て、軍艦や海軍造船所を間近に見てい
くクルーズ。

サウンド＆タマル・クルージング
Sound & Tomar Cruising
TEL(01752)253153
URLtamarcruising.com

地元の人々に親しまれている散歩道　　　　Map P.252A2

ホーの丘 Plymouth Hoe

ホーの丘から見たロイヤル・シタデル

　プリマスのランドマークである赤と白のスミートンズ・タワー Smeaton's Tower が建つ、芝生の美しい公園。町の南端の高台にあり、プリマス海峡を一望できる。タワーのそばにはドレイク船長の銅像が立っている。フランシス・ドレイクはイギリス人で初めて世界一周を果たした人物で、プリマスはその航海の発着地だった。また、その後はプリマスの市長になっており、プリマスとのゆかりが深かった。

　ホーの丘の東側には、1670年にチャールズ2世が建てた要塞、ロイヤル・シタデルRoyal Citadelがある。

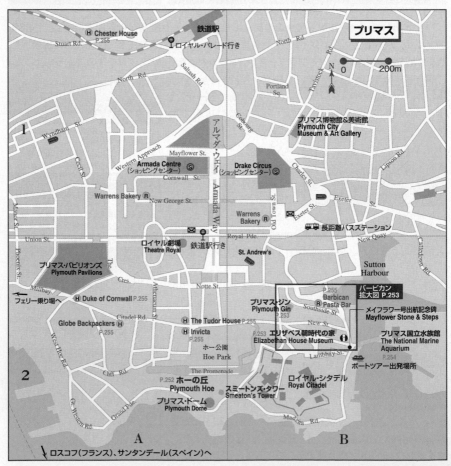

プリマス

0　　　200m

Town Walk ① プリマス
バービカン
Barbican
16～17世紀の繁栄をしのぶ歴史地区

メイフラワー号出航記念碑が建つ、旧市街のバービカンは、風情のある街並みが続く。また、ハーバー沿いには、新鮮な魚料理を出すレストランやカフェ、ブティック、雑貨店などが軒を連ねていて散策には絶好の場所。

バービカン・ハーバー

プリマス・ジン蒸溜所
Plymouth Gin Distellery

ボタンを使ったアクセサリ
Ⓢ Funky Poppy

Quay Rd.

Southside St

プリマス・メイフラワーの展示

Friars Ln
Pin Ln
Stokes Ln
White Ln

Ⓡ Barbican Pasta Bar
P.255

トルコ＆ギリシア料理
Ⓡ Shirley Valentine's Taverna

New St.

デヴォンシャークリームティーが人気
Tudor House Tea Room

Ⓡ エリザベス朝時代の家
Elizabeshan House

プリマス・メイフラワー
Plymouth Meyflower

The Barbican

さまざまな骨董が並ぶ
Ⓢ Parade Antiques Collector's Market

ℹ メイフラワー号
出航記念碑
Meyflower Stone
& Steps

雰囲気のいい店が多い

エリザベス朝時代の家
Elizabethan House Museum

1500年代後半に建くられた船長の家。奥には庭園も残っている。決して広くはない家だが、古い調度品などが残されており、当時の人々の暮らしぶりがうかがえる。

路地のなかにひっそりとたたずむ

✉32 New St., Barbican, PL1 2NA
☎(01752)304774　🕐10:00～17:00
🚫4/1～10/3の日・月、10/4～3/31　💷£2.80　学生£1.80

プリマス・メイフラワー
Plymouth Mayflower

ℹ の上階にある博物館。ここでは、メイフラワー号をはじめ、アメリカ移民の歴史資料を展示している。

✉3-5, The Barbican, PL1 2LR
☎(01752)306330
🕐10:00～16:00　🚫11～3月の日曜
💷£2　学生£1.50

プリマス・ジン
Plymouth Gin

イングランド最古で現役のジン蒸溜所。プリマス・ジンは、プリマスを拠点とする英国海軍に支持されたこともあって、かつては圧倒的なシェアを誇った。

煙突が蒸溜所のシンボル

蒸溜所では見学ツアー£7、テイスティングツアー£20、オリジナルのジンを配合できるツアー£40を行っている。

2階のバー、リフェクトリー The Refectory では25種類のカクテルを提供しており、1杯£7前後。希少品種のジンもある。

✉60 Southside St., PL1 2LQ
☎(01752)828988　🔗plymouthgin.com
●ツアー
🕐10:30～16:30（日11:30～15:30）通常の蒸溜所見学ツアーは毎時30分に出発、ほかのツアーは要予約
🚫無休　💷£7（見学ツアー）　📷館内撮影不可
●リフェクトリー（2階のバー）
🕐11:00～23:00
（金・土11:00～24:00、日12:00～16:30）
🚫無休

■プリマス国立水族館
⊠Rope Walk, Coxside, PL4 0LF
TEL08448937938
URLwww.national-aquarium.co.uk
開10:00〜17:00
最終入場は閉館の1時間前
休12/25・26
料£14.75　学生£11.50
フラッシュ不可

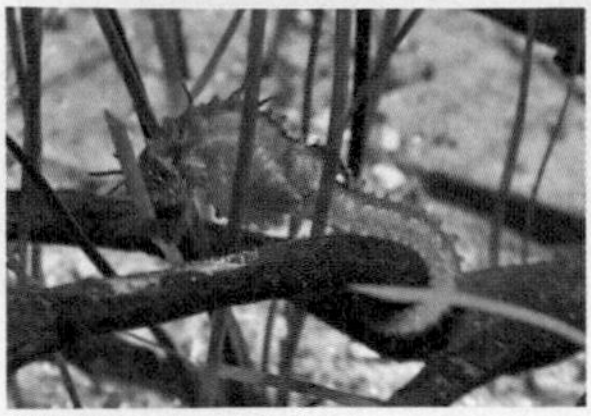
擬態するタツノオトシゴ

巨大水槽は圧巻　Map P.252B2
プリマス国立水族館 The National Marine Aquarium

ムーア（荒野）を流れる小川から海へと、順を追って淡水魚や海の生物を観察できる学習型の水族館。イギリス最大の水族館で、ヨーロッパ最深を誇る巨大な水槽はまるで深海を潜っているような気分にさせてくれる。近海に生息する魚たちを中心に、南太平洋のコーラルリーフフィッシュをはじめ、世界の海の魚や珍種ほか全4000種以上を飼育している。特に珍しいタツノオトシゴの水槽は必見。グッズショップも充実している。

近郊の見どころ　*Days out from Plymouth*　Map P.20C3
自然との共存を考える
エデン・プロジェクト Eden Project

■エデン・プロジェクト
🚗🚌エデン・プロジェクトの最寄り駅はセント・オーステルSt. Austell。そこからファースト社101番のバスに乗り換えて約20分。プリマスからセント・オーステルへは1時間に1〜2便程度、所要約1時間。ペンザンスからセント・オーステルへは1時間に1〜2便程度、所要時間約1時間。
⊠Bodelva, St. Austell, PL24 2SG
TEL(01726)811911
URLwww.edenproject.com
開夏期9:30〜18:00
　冬期9:00〜16:30
最終入場は閉館の1時間30分前
休12/24・25　料£25　学生£20
フラッシュ不可

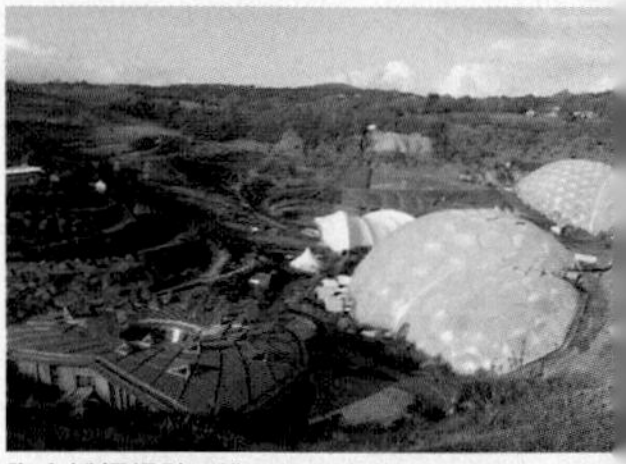
陶土採掘場跡に造られたかつてないスケールの植物園

エデン・プロジェクト（英語ではイーデン・プロジェクト）はプリマスとペンザンスのちょうど中間あたり、かつて陶土採掘場があった場所に2001年にオープンした21世紀型の植物園。

バイオーム　広大な敷地には、まるでゴルフボールをつなぎ合わせたような形をしたバイオームと呼ばれる巨大ドームが建つ。これらドームはふたつあり、大きいほうは熱帯雨林の温室。もうひとつは、地中海やアフリカ、カリフォルニアなど、温帯性気候の温室になっている。

イギリスで最も温暖な気候であるコンウォール半島にあるので、ドームの外にも多様な植物が育てられており、季節に応じてまったく違った印象を受ける。

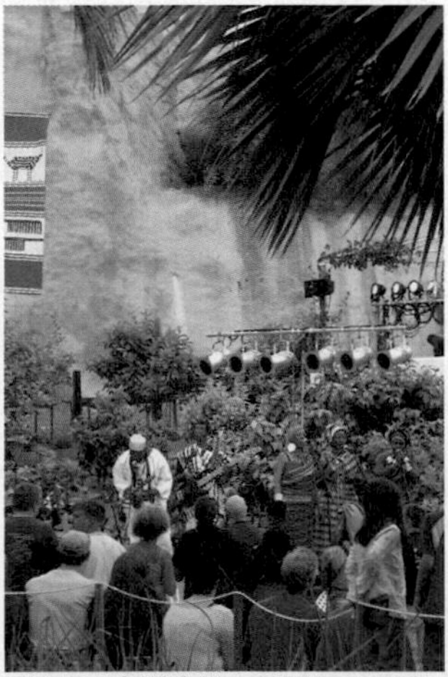
夏にはライブが開催され、冬にはアイスリンクが設置されるなど、さまざまなイベントが開かれており、季節に応じて違った楽しみを提供してくれる

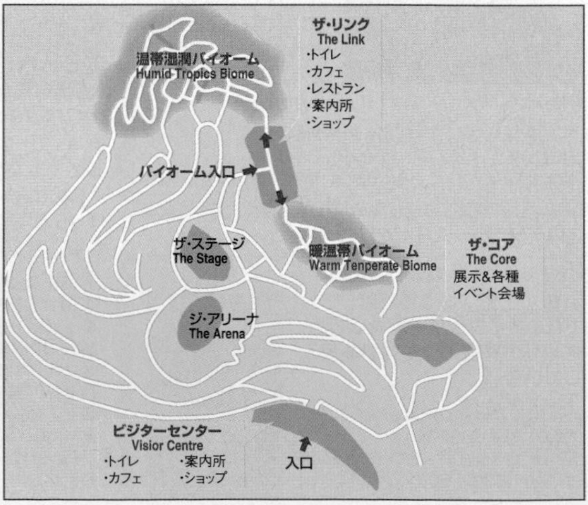

HOTEL 　　　　　　　　　RESTAURANT

　ホテル街はホー公園西側のシタデル・ロードやアセニューム・ストリートAthenaeum St.周辺。駅からシタデル・ロードへは1km以上離れている。歩いていくこともできるが、駅の西南側にあるバス停からホテルエリアの北にあるロイヤル・パレード行きのバスが頻発しているので、荷物が重いなら乗ってしまうのも手だ。レストランはバービカン周辺やロイヤル・パレード周辺に多い。

高級　72室　Map P.252A2

デューク・オブ・コンウォール The Duke of Cornwall

⊠Millbay Rd., PL1 3LG
TEL(01752)275850
FAX(01752)275854
URL www.thedukeofcornwall.co.uk
S £80〜
W £97〜
CC A M V

TV 全室　7 全室　🧴 全室　なし　P 無料　📶Wi-Fi 無料
🧍 全室

　19世紀に造られた重厚な建物を改装したホテル。150年前から使用されている舞踏室が自慢。客室はゆったりとした造り。ワンランク上のスーペリアルームには天蓋付きベッドがある部屋も。

中級　23室　Map P.252A2

インヴィクタ Invicta Hotel

⊠11/12 Osborne Pl., Lockyer St.,PL1 2PU
TEL(01752)664997 FAX(01752)664994
URL www.invictahotel.co.uk
S £70〜
W £100〜
CC J M V

TV 全室　7 全室　🧴 全室　全室　P 無料　📶Wi-Fi 無料

　ホテルが並ぶエリアにある。ビクトリア時代の建築を利用している。部屋によって色は違うがシックな装い。冬期は20%ほど割引になる。

ゲストハウス　10室　Map P.252A1

チェスター・ハウス Chester House

⊠54 Stuart Rd., PL3 4EE
TEL(01752)663706
URL www.chesterplymouth.co.uk
S £28　S £38
W £48
W £55 CC M V

TV 全室　7 希望者　🧴 全室　全室　P 全室　📶Wi-Fi 有料

　鉄道駅からは徒歩約10分ほど。オーナー夫人が手がけた内装は全室異なるコンセプト。手入れが行き届いた庭や地元食材を多く使った朝食も自慢。

B&B　8室　Map P.252A2

テューダー・ハウス The Tudor House Hotel

⊠105 Citadel Rd., PL1 2RN
TEL(01752)661557
URL www.tudorhouseplymouth.co.uk
S £25〜28
S £35〜40
W £55〜58　CC M V

TV 全室　7 希望者　🧴 全室　全室　P 無料　📶Wi-Fi 有料
🧍

　シタデル・ロードで20年以上続く老舗。周囲の宿のなかでも料金も安くて、部屋も清潔なので人気。地元素材にこだわった朝食はアレンジ可能。

ホステル　8室　Map P.252A2

グローブ・バックパッカーズ Globe Backpacker's

⊠172 Citadel Rd., PL1 3BD
TEL(01752)225158
URL exeterbackpackers.co.uk/plymouth
S £16〜
S W £35〜
CC M V

TV なし　7 なし　🧴 なし　なし　P なし　📶Wi-Fi 無料

　シタデル・ロードの西にある。朝食は出ないが、キッチンが付いている。スタッフがいるのは15:30〜23:00で、チェックインもなるべくこの時間に。

イタリア料理

Map P.252B2

バービカン・パスタ・バー Barbican Pasta Bar

　プリマスのベスト・レストランに選ばれたこともある人気店で地元の支持も厚い。メニューの中心はパスタとピザだが、各種グリル類なども出す。人気メニューはペンネのコルドンブルーで、値段はランチ£7.50、ディナー£10.25。16:00まで2品£9.95のセットもある。

⊠40 Southside St., PL1 2LE　TEL(01752)671299
URL www.barbicanpastabar.co.uk　⏰11:30〜22:30（金〜日11:30〜23:00）休無休 CC M V 📶店内可

日本からホテルへの電話（詳しい電話のかけ方は P.8 もご参照ください）
| 国際電話会社の番号 | ＋ | 010 | ＋ | 国番号44 | ＋ | 最初の0を除いた掲載の番号 |

陽光あふれる古の聖地

ペンザンス
Penzance

荒々しい断崖が続くランズエンド

人口	市外局番
1万9184人	01736
コーンウォール州 Cornwall	

　ペンザンスはコンウォール半島の先端、マイケル湾に面した小さな港町。ランズ・エンドやセント・アイヴスへもこの町が起点となる。年間をとおして温暖な気候に恵まれており、国内でも屈指のリゾート地として人気が高い。数日間の滞在であっても土地の暮らしが感じられ、何といっても人々があたたかい。ペンザンスとはコーンウォール語で「聖なる岬」を意味する。この地域は古くは聖地だったのだろうか、先史時代の遺跡も発見され、考古学者の注目を集めた。

Access Guide
ペンザンス

ロンドンから

所要:5時間30分〜8時間10分

月〜金　パディントン駅から7:06 9:06〜19:03 1時間に1便程度 23:45

土　7:30 9:06〜18:06 毎時06分発 23:45

日　8:00〜17:57 1時間に1便程度

プリマスから

所要:役2時間

月〜金　5:43〜22:46 (土〜21:19) 2時間に1〜3便

日　9:15〜21:40 1時間に1〜2便程度

歩き方

町は港の西側に広がっている。メインストリートは、町の北側のマーケット・ジュー・ストリートMarket Jew St.。鉄道駅方面からこの通りを歩いていくと、緩やかな坂道が続き5分もすると道路中央にマーケット・ビルデ

ペンザンス
Tourist Information Centre

Map P.256B1

✉Station Approach, TR18 2NF

☎(01736)335530

🌐www.visitcornwall.com

🕐夏期9:30〜17:00
　(土・日10:00〜14:00)
　冬期10:00〜16:00(土10:00〜14:00)

休日・月、12月下旬〜1月上旬

ィングMarket Buildingが見えてくる。そこから北へ延びるコーズウェイ・ヘッドCauseway Headは庶民的な商店街。一方南へ下っていくと、13世紀から続くチャペル・ストリートChapel St.へ出る。この周辺には由緒ある建物が多く残されていて散策には最適。3世代にわたって愛される老舗パブや、すてきなアンティーク店などが軒を連ねる。

イギリス版モン・サン・ミッシェル　　　**Map P.20A3**

セント・マイケルズ・マウント
St. Michael's Mount

　ペンザンスから東へ約5km、マラザイアンMarazionから約350m離れた沖合に浮かぶ小さな島。本土と島とは普段はボートでなければ行けないが、潮が引いたときには徒歩で渡ることもできる。

　山状の小島に建つ城は、フランスの世界遺産モン・サン・ミッシェルを彷彿させるが、実際にセント・マイケルズ・マウントとモン・サン・ミッシェルとはつながりが深く、12世紀から15世紀までの間、島はモン・サン・ミッシェル修道院の管理下におかれ、修道院として利用されてきた。15世紀以降は島の所有者がたびたび変わり、清教徒革命時のイングランド内乱では、王党派の要塞として、議会派を相手に戦闘が繰り広げられた。17世紀の中頃にセント・オーバン家に売却されると、要塞として利用されていた城は、住居として改装され、敷地内には海外からの珍しい植物を植えた庭園が造られるようになった。城へ上るときは岩道が続くので、履き慣れた靴で行こう。

■セント・マイケルズ・マウント

バスステーションからヘルストンHelston行き2番のバス（1時間に1便）で10分。マラザイアン・スクエアで下車。

マラザイアンの町から島までは満潮時のみボートが運航。片道£2。干潮時には島まで歩いて行ける。

TEL(01736)710507
URL www.stmichaelsmount.co.uk
城と庭園の共通券£11.50
●城
3/15～6/28、9/1～11/1 10:30～17:00
　6/29～8/31 10:30～17:30
土、11/2～3/14
£8.50　　フラッシュ不可
●庭園
4/20～7/1、9/3～9/25 10:30～17:00
　7/2～8/28 10:30～17:30
4/20～7/1の土・日、7/2～9/25の土～水、9/26～4/19　£5.50

マラザイアンへ

潮が引いているときのみ渡れる道
チケット売り場
庭園入口
ナショナル・トラストのショップ
映画館
チケット・チェックポイント
乳牛舎
城入口
0　　　　100m
N
セント・マイケルズ・マウント

干潮時は歩いて渡れる

上:満潮時はボートで島へ渡る
左:花咲く初夏のセント・マイケルズ・マウント

英国の産業革命を支えた
コンウォールと西デヴォンの鉱業景観
Cornwall and West Devon Mining Landscape

セント・ジャスト鉱山

16世紀からコンウォール地方では錫が採掘されていたが、銅の採掘が本格的に始まったのは18世紀になってから。そして、蒸気機関の発明によって、作業効率は格段に上がり、最盛期には世界で供給される銅の3分の2がここで採掘されていたという。

世界遺産に登録された物件は、ダートムーアから西の広大なエリアに広がり、構成遺産も数多い。

モアウェラム・キー
Morwellham Quay
プリマスからバスでタヴィストック（→P.249）へ行き、タクシーで約10分。日・祝日は187番バスも出る。西デヴォン銅鉱の中核的な施設として産業の近代化を牽引した。

タヴィストック
Tavistock

プリマス
Plymouth

レドルース
Redruth

① ペンザンス
Penzance

②

グウェンナップ・ピット Gwennap Pit
ペンザンスからレドルースへ行き、駅から2kmほど東へ歩く。メソジスト運動の創始者ジョン・ウェズレーが造った円形劇場。

ポルダーク鉱山 Poldark Mine
ペンザンスからレドルースに行き、37番バスで所要20分。コーンウォール地方で唯一完全な形で公開している鉱山。

ウェール・マーティン博物館 Wheal Martyn Museum
ペンザンスまたはプリマスからセント・オーステルSt. Austellへ行き、北へ3kmほど歩く。陶磁器の原料にもなるカオリナイト鉱の博物館として英国唯一、いまでも採掘が行われている。

①セント・ジャスト鉱山
St. Just Ming District

ランズ・エンドの北側のセント・ジャスト周辺には鉱山や産業遺産が集中している。ナショナル・トラストによって遊歩道が整備され、美しい海岸と鉱山が同時に楽しめる。

②カムボーン＆レドルース
Camborne & Redruth Mining District

レドルースの町の西側にある産業遺産群。ハートランドHartland、キング・エドワードKing Edward、イーストプールEast Poolといった鉱山が整備されている。

DATA
■鉱業景観のウェブサイト
URLwww.cornish-mining.org.uk
産業遺産の情報がひと通りまとまっており便利。ペンザンスやレドルースなどの❶では地図付きの資料を配布している。
■セント・ジャスト鉱山（レヴァント鉱山）
中心となるレヴァント鉱山へはペンザンスのバスステーションから7番、10番のバスを利用、所要約30分。
■カムボーン＆レドルース
ペンザンスから鉄道でレドルースへ、ここからハートランドおよびイーストプールへは18番バスで所要10分。キング・エドワードへはここから3kmほど南にある。

近郊の見どころ

Days out from Plymouth　　　　Map P.20A3
アートが息づく美しいリゾートタウン
セント・アイヴス
St. Ives

　彫刻家のバーバラ・ヘップワースや陶芸家のバーナード・リーチ、作家のヴァージニア・ウルフなど、多くの芸術家たちを魅了してきた美しい町。町は3つのビーチに囲まれ、美しい路地には小さなギャラリーやショップが並んでいる。ロンドンのテート・ギャラリーの分館、テート・セント・アイヴスTate St. Ivesもある。

🚃1時間に1便程度。通常はセント・アースSt. Erthで乗り換える。
所要：25〜50分
🚌16、16A、17番が1時間に1〜2便。所要：約30分

夏期は旅行者でにぎわう

近郊の見どころ

Days out from Penzance　　　　Map P.20A3
目の前には壮大な大海原と地平線が広がる
ランズ・エンド　Land's End

　ペンザンスからさらに西へ約16km、コンウォール半島の先端に位置するランズ・エンドは、断崖絶壁の海岸に絶えず強風が吹き付け、まさに名のとおり「地の果て」を思わせる風景が広がっている。

レジェンダリー・ランズ・エンド　Legendary Land's End

　ランズ・エンドにあるテーマパーク。園内にはマルチスクリーンでスペクタクルショーなどを見せるアトラクションがいくつかある。

ミナック・シアター　Minack Theatre　ランズ・エンドから
南東へ約5kmほど行った海岸沿いにある石造りの野外劇場。大海原をバックに周辺の断崖と溶け合う様は一見の価値がある。この劇場は、何とロウィーナ・ケイドRowena Cadeという女性が、断崖絶壁の岩を切り砕き50年もの歳月をかけて造り上げた。

■ペンザンスからランズ・エンドへ
🚌ペンザンスのバスステーションから、1、1A、300番のバスで終点ランズ・エンド下車。1〜2時間に1便、日曜は2〜3時間に1便。所要：1時間
■レジェンダリー・ランズ・エンド
TEL08717200044
URLwww.landsend-landmark.co.uk
開10:00〜　※閉館時間は時期により異なるので要確認
休12/24・25　料共通チケット£12
館内撮影一部不可　フラッシュ一部不可
■ミナック・シアター
🚌ペンザンスのバスステーションから、ランズ・エンド行き1Aか300番バスに乗り、ポースクァーノPorthcurno下車。月〜土は1日3便、日曜は1日2便。所要：約45分
✉Porthcurno, TR19 6JU
TEL(01736)810181
URLwww.minack.com
開4〜9月9:30〜17:30
　10〜3月10:00〜16:00
　4/7·9、6/8·10·12·17、9/19·27、
　5/19〜9/24の火・木　9:30〜11:30
休無休　料入場料£4.50
観劇チケット£9〜11.50
　フラッシュ不可
　劇の演目は、ペンザンスのホテルに置いてあるパンフレット、あるいはウェブサイトで確認。シアターのボックスオフィスでは当日券も販売している。

ミナック・シアター

ランズ・エンドに沈む夕陽

HOTEL　　　　RESTAURANT

　ホテルが集まるのは、チャペル・ストリートChapel St.や、モラブ・ロードMorrab Rd.など。部屋数も少なく、すぐに満室になるので早めに予約しよう。
　コーンウォールの名物といえばコーニッシュ・パスティ。町のあちこちで看板が見られる。パブやレストランでは手作りのものが食べられ、地元の人もそれぞれお気に入りの店があるそうだ。

中級　71室　Map P.256A2

クイーンズ　Queen's Hotel
✉The Promenade, TR18 4HG
TEL(01736)362371　FAX(01736)350033
URLwww.queens-hotel.com
S£71〜99
W£142〜250
CA M V

📺	🔌	📞	📦	🅿	🛜Wi-Fi
全室	全室	全室	なし	無料	無料

　マウント湾に向かい合うように建つ。客室数が多く、設備も整う。レストランは、地元産の厳選された食材を使った料理に定評がある。

コン・アモール Con Amore Guest House

⊠38 Morrab Rd., TR18 4EX
☎(01736)363423
URLwww.con-amore.co.uk
S £40
S £45
W £65〜70　CC M V

TV / 全室　全室　全室　なし　なし　Wi-Fi 無料

駅から歩いて10分ほど。客室の趣味もよく、ダイニングルームもおしゃれ。朝食はコンチネンタルやベジタリアンも選べる。朝食なしのプランは£5引き。

リンウッド Lynwood

⊠41 Morrab Rd., TR18 4EX
☎(01736)365871
URLwww.lynwood-guesthouse.co.uk
S £35
S £45
W £70〜80　CC J M V

TV / 全室　全室　全室　なし　なし　Wi-Fi 無料

モラブ・ロードにある受賞歴のあるゲストハウス。シーツにはまっさらなホワイトリネンを使ったりと清潔さにはこだわりがある。オーナー夫妻も親切。

ヨット・イン The Yacht Inn

⊠Green St., TR18 4AU
☎(01736)362787
URLwww.yachtinn.co.uk
S W £80〜95
CC M V

TV / 全室　希望者　全室　なし　有料　Wi-Fi 無料

港を見渡せる絶好の位置に建つ。海が見える部屋は若干高め。1階のレストランではシーフードが楽しめるほか、クラフトビールSt. Austellも各種ある。

ロングボート・イン The Longboat Inn

⊠Market Jew St., TR18 2HZ
☎(01736)364137
URLwww.longboatinn.co.uk
S £39.95〜49.95
W £54.95〜79.95
CC A M V

TV / 全室　希望者　全室　なし　なし　Wi-Fi 無料

ペンザンス駅前にある。客室はコンパクトにまとめられ、標準的な設備。1階のパブでは食事メニューが充実しており、地元のエールも取り扱っている。

Map P.256B1
パブ
ドリンクのみ

クラウン The Crown

　お店で醸造しているオリジナル・エール「Cornish Crown」が自慢のパブ。旦那さんがビールを造り、奥さんがお店を守っている。ドリンクのみの営業だが、テイク・アウエイの料理を持ち込むこともできる。

⊠1 Victoria Sq., TR18 2EP　☎(01736)351070
URLwww.thecrownpenzance.co.uk
圏12:00〜23:00　㊡無休　CC M V　⊛店内可

Map P.256B2
パブ

タークス・ヘッド・イン The Turks Head Inn

　1382年創業。現在の建物は1660年に改装したという、ペンザンス最古のパブ。店内はそれほど広くないが、インテリアは渋く、古きよきパブの雰囲気を醸し出している。料理（ランチ12:00〜14:30、ディナー18:00〜21:30）にも定評があり、日本人スタッフもいるので何かと安心。

⊠49 Chapel St., TR18 4AF　☎(01736)363093
URLwww.turksheadpenzance.co.uk
圏11:00〜23:00　㊡無休　CC M V　⊛店内可

Map P.256B1
ベーカリー
パスティ

ウォーレンズ Warrens Bakery

　ペンザンスを中心に、南海岸地方に広がるコーニッシュ・パスティのチェーン店。創業は1860年といい、「世界最古のコーニッシュ・パスティのベーカリー」を名乗っている。ワーフサイド・ショッピングセンターにも支店がある。

⊠10-11 Market Jew St., TR18 2HN　☎(01736)362746
圏8:30〜17:00　㊡日　CC不可　⊛不可

日本からホテルへの電話（詳しい電話のかけ方は P.8 もご参照ください）
国際電話会社の番号 ＋ 010 ＋ 国番号44 ＋ 最初の0を除いた掲載の番号

イングランド中央部

Central England

 見どころビジュアルガイド

Town Walk 町歩きガイド

写真：世界遺産バース旧市街（P.270）

ストーンヘンジ P.266
巨石が円を描くように並ぶ遺跡。建造方法など、多くが謎に満ちている

ローマン・バス P.272
ローマ人によって作られた大浴場。古代の一大保養地として栄えた

バイブリー P.300
「イングランドで最も美しい村」と讃えられ、木々の間にはちみつ色の家々が並ぶ

カースル・クーム P.301
コッツウォルズでも最も古い町並みが残されていると言われている

穏やかな自然と歴史ある町々

イングランド中央部

イギリス中央部は、大きく3つに分けられる。ロンドンの南西に位置する**ソールズベリ** P.264 と**バース** P.270 周辺エリア、**コッツウォルズ** P.281 や**バーミンガム** P.338 周辺のミッドランド、ロンドンの北東に広がる**ケンブリッジ** P.359 周辺のイースト・アングリアだ。

コッツウォルズ イングランド中央部の最大の見どころはなんといっても**コッツウォルズ** P.281。バース、ストラトフォード・アポン・エイヴォン、オックスフォードに囲まれた広大な丘陵地帯に小さい村が点在する。

学園都市 イギリスには世界に名だたる2つの大学、**ケンブリッジ** P.359 と**オックスフォード** P.317 がある。どちらも世界中から学生がやってくる町だが、立派な外観をもつキャンパスが多く、内部の装飾も美しい。

主要都市&見どころハイライト

P.266
古来から人々を魅了する不思議な遺跡
ストーンヘンジ

P.270
ローマ時代の温泉と世界遺産の町並み
バース

P.281
緑豊かな丘陵にかわいらしい村が点在する
コッツウォルズ

ストーク・オン・トレント P.350
ノッティンガム P.355
シュルーズベリー P.345
ミッドランド
P.370 ノーリッジ
イースト・アングリア
バーミンガム P.338
P.328 ストラトフォード・アポン・エイヴォン
ケンブリッジ P.359
コッツウォルズ P.281
オックスフォード P.317
ブリストル P.277
■ロンドン P.65
バース P.270
ソールズベリ P.264

イングランド中央部

262

クライスト・チャーチ P.320
大聖堂とカレッジを併せ持つ。映画『ハリー・ポッター』シリーズでもおなじみ

話題の見どころ

Topic
石作りの橋がシンボル
ブラッドフォード・オン・エイヴォン
Bradford-on-Avon

現在見られる橋は17世紀のもの

バースの南約13kmにある川沿いの小さな町。17世紀ころにコッツウォルズの村々と同じく羊毛業で発展した町で、現在も残る石作りの優美な町並みはその時期に作られたもの。町には700年前に建造されたサクソン教会や数々の賞を受賞したブリッジ・ティールームThe Bridge Tea Roomなど、楽しめるスポットも多い。

■ブラッドフォード・オン・エイヴォンへの行き方
🚌 バースから1時間に1〜2便。所要:約30分

シェイクスピアの生家 P.330
英国を代表する文豪の生まれた家。内部は16世紀当時のまま残されている

名産品・工芸品

handcraft
工場見学ができる
ボーンチャイナ Bone china
詳細記事 P.350

英国陶磁器の中でも人気があるのがボーンチャイナ。半透明で乳白色の輝く陶磁器のことを指し、ストーク・オン・トレントには世界を代表する工房が多く点在する。陶磁器が好きなら直営店やアウトレットをぜひ訪ねてみよう。

グラッドストーン・ポッタリー博物館 P.353

ご当地グルメ

gourmet
英国発祥のカレー料理
バルティ
詳細記事 P.340

中華鍋に似た丸い鉄鍋で炒めるように煮た、カレー料理。今ではイギリス中で食されているが、バーミンガムはバルティ発祥の地。バルティの店が多く集まるバルティ・トライアングルやバルティ・マイルは人気スポット。

バルティ P.340

ソールズベリ
Salisbury

ストーンヘンジ　●ロンドン
ソールズベリ●

人口	市外局番
11万4613人	01722

ウィルトシャー州
Wiltshire

町のどこからでも見ることができる大聖堂

　中世の雰囲気が漂うソールズベリの町のシンボルは天に向かってスッと伸びるソールズベリ大聖堂だ。この大聖堂は、英国最高の高さを誇り、チャプター・ハウスには、マグナ・カルタの4つの原本のうちのひとつが保管されている。また、ソールズベリは世界遺産ストーンヘンジへの起点ともなっている。

Access Guide
ソールズベリ

ロンドンから

🚄 所要：約1時間30分
月～土　ウォータールー駅から6:30〜23:40（土7:10〜23:40）の1時間に1便
日　ウォータールー駅から8:15〜23:35の1時間に1便

🚌 所要：2時間45分〜3時間
月～日　11:30　16:00　19:30

バースから

🚄 所要：約1時間
月～土　6:03〜22:23（土5:49〜22:23）の1時間に1便
日　9:27〜23:10の2時間に1便

サウサンプトンから

🚄 所要：30〜40分
月～土　6:46〜22:22（土6:53〜22:04）の1時間に1便
日　9:55〜22:57の1時間に1便

ℹ️ **ソールズベリ**
Tourist Information Centre

Map P.264
✉️ Fish Raw, SP1 1JH
☎ (01722)342860
URL www.salisburycitycouncil.gov.uk
🕐 9:00〜17:00（土10:00〜16:00、日・祝10:00〜14:00）
休 1/1、12/25・26
宿の予約:宿泊料金の10%（デポジット）

👣 歩き方

　町の中心は**マーケット・スクエア**Market Sq.で、ℹ️はこのすぐ近くにある。観光の中心となっている地域は、マーケット・スクエアから南へ5分ほど歩いたソールズベリ大聖堂周辺の**クロース**と呼ばれている場所。

　また、マーケット・スクエアからキャサリン・ストリートCatherine St.を南下し、セント・アンズ・ゲートSt. Ann's

ソールズベリ

Gateから大聖堂のほうへ入っていく道は、まるで中世にタイムスリップしたような雰囲気だ。

 交通情報 **鉄道駅** 中心部から少し離れており、中心部へ行くには駅を出てすぐ右折し、5分ほど真っすぐ進む。

ストーンヘンジへのツアーバス 鉄道駅からカナル・ストリート経由でストーンヘンジやオールド・セーラムを結ぶバス。通常ストーンヘンジの見学は予約が必要だが、このバスに乗れば予約なしでも見学できるので非常に便利。

マーケット・スクエア

町のランドマーク　　　　　　　　　Map P.264
ソールズベリ大聖堂 Salisbury Cathedral

壮麗な大聖堂の身廊

天に向かってそびえるソールズベリ大聖堂は、イギリスを代表する大聖堂のひとつ。塔の高さは123mあり、英国最高を誇る。

中世イギリスの大聖堂は、100年以上の年月をかけて建てられたり、改装工事を行ったりと、複数の建築様式が交ざってしまっているものがほとんど。そのなかでソールズベリ大聖堂は1220年から1258年と比較的短期間で完成されたため、建築のスタイルはイングランド初期ゴシック様式で統一されている。

最大の見どころは**チャプター・ハウス**Chapter House。ここにはマグナ・カルタ P.610の原本の4冊のうちの1冊が納められているほか、教会所有のさまざまな宝物が展示されている。また、チャプター・ハウスの壁に施された彫刻は、アダムとイブ、カインとアベル、ノアの箱船など、旧約聖書に題材を取っており、非常に完成度が高い。

■ストーンヘンジ・ツアーバス
TEL 08450727093
URL www.thestonehengetour.info
運行:冬期10:00～16:00に1時間毎
　　夏期9:30～17:00に30分～1時間毎
所要:約33分
運賃:£14（エーヴベリー、オールド・セーラムとの共通券あり）

バスはソールズベリ駅を出発し、ニュー・カナル・ストリートNew Canal St.を経由する

■ソールズベリ大聖堂
⊠33 The Close, SP1 2EJ
TEL (01722)555120
URL www.salisburycathedral.org.uk
開 9:00～17:00（日12:00～16:00）
休無休　料£7.50　学生£4.50
●チャプター・ハウス
開 4～10月9:30～16:30
　 11～3月10:00～16:30
料大聖堂の料金に込まれている
　内部撮影不可
●塔
開 1日1～5回ほどツアーでのみ見学可。
（時間については要確認）
料 £10　学生£8

ソールズベリ博物館
Salisbury Museum

予習として楽しめる

周辺地域における歴史と考古学に焦点を当てた博物館。ローマ時代や中世に関する展示もあるが、特にストーンヘンジとその周辺での発掘も豊富に収蔵している。

Map P.264
⊠The King's House, 65 The Close, SP1 2EN
TEL (01722)332151　URL www.salisburymuseum.org.uk
開 10:00～17:00（日12:00～17:00）
休 10～6月の日曜、12/25と26、1/1
料 £5　館内撮影一部不可　フラッシュ部不可

モンペッソン・ハウス
Mompesson House

トーマス・モンペッソン卿が建てた屋敷

1701年に建てられた美しい屋敷で、映画『いつか晴れた日に』の舞台ともなった。中は、美しい家具で装飾されており、18世紀に使われていたグラスのコレクションがある。

Map P.264
TEL (01722)420980
URL www.nationaltrust.org.uk
開 11:00～17:00　休木・金、11/2～3/13
料 £5.90　フラッシュ不可

謎に満ちた石柱群
世界遺産 ストーンヘンジ

ストーンヘンジは多くの謎を秘めた新石器時代の巨大環状列柱石。1986年には世界遺産に登録されており、年間1000万人が訪れるイギリスを代表する見どころだ。

ストーンヘンジ見学の流れ

① ソールズベリ駅前から出発するツアーバス（→ P.265）に乗る

② ビジターセンターに到着したら駐車場でチケットをもらう

③ 見学ツアーの時間までビジターセンター内で展示や映像を見る

④ ビジターセンターのショップ横からランドトレインに乗って出発

⑤ オーディオガイドでストーンヘンジを見学（30 ～ 40分）

⑥ ビジターセンターに戻ったら好きな時間にバスでソールズベリに戻る

ストーンヘンジはオーディオガイドを聞きながら順路に沿って見学する。日本語のオーディオガイドもある

ランドトレイン

ビジターセンター

駐車場

ソールズベリへ

ビジターセンター *Visitor Centre*

併設のカフェでは食事もできる

総工費はなんと約46億円。ビジターセンター最大のウリは360度スクリーンで楽しむストーンヘンジ。長い年月を経てストーンヘンジが変化してゆく過程や、日の出や日没の様子も見ることができる。

また、周辺の古代遺跡の展示のほか、ビジターセンター横の敷地では新石器時代の家屋を再現。さらにストーンヘンジに使われているものと同質の石材の展示や、石を運ぶ様子などを最新の研究成果のもとで再現している。

ビジターセンターにある360度スクリーンは臨場感にあふれる

新石器時代の人々の技術力に感動！

ビジターセンターとストーンヘンジを結ぶランドトレインへは入場券を提示して乗る

ストーンヘンジ *Stonehenge*

最も高い巨石は高さ7.3mある

ストーンヘンジは紀元前3000年からいくつかの段階をかけて建造されており、年代が下るごとに、だんだんとその規模が大きくなっていった。もともとは、円形の堀と塚という構造だったが、紀元前2900年頃には塚に沿って56本の木の杭が立てられ、現在巨石が置かれている位置にも木の祭壇が造られていたという。

ストーンヘンジの謎①
何のために作られた？

祭壇として使われたというのが一般的な説。現在のように石柱が並ぶ前は動物の骨が置かれていたり、環濠墓地として使われていたりと、時代によって用途はさまざまだったと言われている。しかし、神聖な場所として人々から崇められていたという点では共通だった。

ストーンヘンジ

巨大な大砂岩(Sersen)

ブルー・ストーンの石柱

ブルー・ストーンの石柱

組石(トリリトン)

かつての祭壇

組石(トリリトン)

組石(トリリトン)

● ヒール・ストーン

■ リンテル(まぐさ石)

■ 現在も直立している石柱

■ 現在は倒れてしまっている石柱

ストーンヘンジの謎②
遥か遠くから運ばれた石

祭壇の周りを囲むブルー・ストーンはストーンヘンジから約250km離れたウェールズのペンブローシャーから運んできたとされている。しかし、最近は氷堆石(モレーン)が遺跡の周りにも存在したという可能性が指摘されており、これらがどこから運ばれてきたかはまだ確証を得ていない。

DATA
■ストーンヘンジ
✉ Nr Amesbury, Wiltshire, SP4 7DE
☎ 08703331181
🔗 www.english-heritage.org.uk
🕐 3/16〜5/31、9/1〜10/15 9:30〜19:00
　 6〜8月9:00〜20:00
　 10/16〜3/15 9:30〜17:00
🚫 12/24・25
💷 £14.50　学生£13
※ストーンヘンジの見学は時間指定制で、事前にウェブサイトで要予約。ただし、ストーンヘンジ・ツアー・バスなどのツアーに参加する場合は予約は不要。

ストーンヘンジの謎③
古代の天文台？

夏至の日に北東にあるヒール・ストーンから直線の延長線上に太陽が昇り、ストーンサークルの中央に光が当たるようになっていることから、当時の人々は日食の時期を計算するための天文台としていたという説もある。

オールド・セーラム

オールド・セーラム
ストーンヘンジ・ツアー・バスが1時間に1～2便。所要16分
TEL(01722)335398
URLwww.english-heritage.org.uk
3/28～9/30 10:00～18:00
　10月10:00～17:00
　11/1～3/24 10:00～16:00
12/24～26、1/1
£4　学生£3.60

かつての繁栄の跡が残る

■エーヴベリー
ウィルツ＆ドーセット社Wiltz & Dorsetの2番でディヴァイゼズDevizesに行き、ファースト社Firstの49番に乗り換える。
所要:1時間30分
URLwww.english-heritage.org.uk
随時　無休　無料
●アレキサンダー・ケイラー博物館
TEL08703331181
10/26～3/24 10:00～16:00
　3/28～10/25 10:00～18:00
12/24～26・28
£4.40　フラッシュ不可

かつての町の中心　**Map P.264外**

オールド・セーラム　Old Sarum

　オールド・セーラムは、かつてこの地域の中心だった場所。ソールズベリが別名ニュー・セーラムと呼ばれるのは、オールド・セーラムの新市街であったことを示している。

　オールド・セーラムには旧石器時代から人が住んでいたことが発掘などからわかっているが、小高い丘の上という立地のため、町の発展が限界を迎え、ソールズベリ大聖堂が建築された13世紀頃に平地でより広いソールズベリへと集団移住した。現在廃墟となっているオールド・セーラムには、城塞や大聖堂、宮殿など、往時をしのぶ遺跡が残されている。また、丘の上にあるため、ここからソールズベリを一望できる。

世界遺産　もうひとつのストーンサークル　**Map P.285C4**

エーヴベリー
Avebury

　ストーンヘンジと並んで世界遺産に登録されているストーンサークル。紀元前26世紀頃に建設されたとされるが、青銅器時代には廃墟となってしまった。遺跡の近くには発掘品を展示するアレキサンダー・ケイラー博物館Alexander Keiller Museumがある。

のどかな風景に石柱が並ぶ

HOTEL　　　　　　　　　RESTAURANT

　B&Bは町の中心からちょっと外れた所に多い。特に北に延びるキャッスル・ロードCastle Rd.沿いには多くのB&Bが並ぶ。レストランやパブはマーケット・スクエア周辺に多い。

Recommended

13世紀の建築物を改装したホテル
ローズ・アンド・クラウン
The Legacy Rose & Crown Hotel

高級　　34室
Map P.264

TV　全室　全室　全室　受付　無料　無料　Wi-Fi

Harnham Rd., SP2 8JQ
TEL(01722)328615
FAX08444119047
URLwww.legacy-hotels.co.uk
SW £90～360
AMV
レストラン 7:00～21:30
　ソールズベリ大聖堂から南下し、川を越してすぐ。伝統感あふれる本館と近年建てられた新館から成る。バラの咲く美しい庭があり、川越しに大聖堂を眺めることができる。
レストラン ウォーター・フロント・レストランでは、エイヴォン川を眺めながらゆっくりと食事が楽しめる。アフタヌーン・ティーも好評だ。

ソールズベリ

川のせせらぎを聞きながら過ごす
オールド・ミル The Old Mill Hotel

高級　11室
Map P.264 外

📺 TV / ドライヤー / アメニティ / 冷蔵庫 / P / 📶Wi-Fi
全室　全室　全室　なし　無料　有料

✉ Town Path, SP2 8EU
☎ (01722) 327517
🌐 www.oldmillhotelsalisbury.co.uk
S 🛁➡ £105〜
W 🛁➡ £120〜　CC M V
レストラン 🕐 11:00〜23:00

　中心部からは遊歩道を使って約30分ほど。16世紀に紙工場として利用されていた建物を改装したホテルで、川の上に建つ。ソールズベリ大聖堂が眺められる部屋もある。
レストラン 建物の最も古い部分を利用しており、レストランの中央には水路が残る。ウィルトシャー産のハムなど、地元の素材を使った料理が中心。

中級　60室 Map P.264
レッド・ライオン・イン The Red Lion Hotel
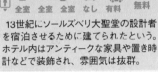

✉ 4 Milford St., SP1 2AN
☎ (01722) 323334　FAX (01722) 325756
🌐 www.the-redlion.co.uk
S 🛁➡ £80〜
W 🛁➡ £95〜
CC A M V

📺 TV / ドライヤー / アメニティ / 冷蔵庫 / P / 📶Wi-Fi
全室　全室　全室　なし　有料　無料

　13世紀にソールズベリ大聖堂の設計者を宿泊させるために建てられたという。ホテル内はアンティークな家具や置き時計などで装飾され、雰囲気は抜群。

中級　25室 Map P.264
シティ・ロッジ City Lodge

✉ 33 Milford St., SP1 2AP
☎ (01722) 326600
🌐 www.citylodge.co.uk
S 🛁➡ £49.95〜
W 🛁➡ £69.95〜
CC A M V

📺 TV / ドライヤー / アメニティ / 冷蔵庫 / P / 📶Wi-Fi
全室　全室　全室　なし　なし　無料

　便利な立地にあり、宿泊費がやや高めのこの町では手軽な料金。朝食は出していないが、周辺にはカフェやレストランが多い。

ユース　ベッド数60 Map P.264
YHAソールズベリ YHA Salisbury

✉ Milford Hill, Millford, SP1 2QW
☎ 08707706018　FAX 08707706019
🌐 www.yha.org.uk
D 🛁➡ £18〜
S 🛁➡ £25〜　W 🛁➡ £40〜
CC M V

📺 TV / ドライヤー / アメニティ / 冷蔵庫 / P / 📶Wi-Fi
なし　なし　なし　一部　無料　無料

　200年ほど前に建てられた一軒家を改装している。生ビールが飲めるバーやテレビラウンジ、キッチン、ランドリーなどが揃う。朝食は£4.99。

Map P.264
ビルズ Bill's
英国料理

　店内はレトロ調のインテリアが印象的。メニューは伝統的な英国料理からちょっとアレンジした創作料理まで幅広い。ボリューム満点のビルズ・バーガーは£9.95。
✉ 36 Blue Boar Row, SP1 1DA　☎ (01722) 334570
🌐 www.bills-website.co.uk 🕐 8:00〜23:00 (日9:00〜22:30)
休 無休　CC A D M V　📶 店内可

Map P.264
ナッグス1268 Nuggs 1268
カフェ

　マーケット・スクエアに面したカフェ。記録によると1268年から、この位置に建物があったそうだ。現在はカフェとして利用されており、メニューはサンドイッチやスープなどが中心。アルコール類も用意している。
✉ 51 Blue Boar St., SP1 1DA　☎ (01722) 416700
🕐 8:00〜17:30　休 無休　CC M V　📶 店内可

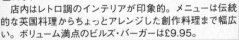

優雅な建築物に囲まれた温泉の町
バース
Bath

人口	市外局番
17万6016人	01225
バース&ノース・イースト・サマセット州	
Bath and North East Somerset	

「イングランド西部の灯火」と人々にたたえられてきたバース・アビー

　ローマ時代に温泉の町として栄えたバースは、イギリス有数の観光都市。18世紀には上流階級が集う高級リゾート地として栄え、数多くの有名人、著名人がこの町を訪れた。町は、この地域で採れたハチミツ色の石材で建てられた建築で埋め尽くされ、優雅なジョージ王朝の時代を現在に伝えている。

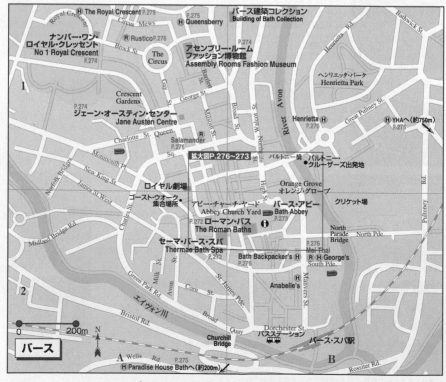

バース

Map labels:

The Royal Crescent P.275 · Queensberry · バース建築コレクション Building of Bath Collection · ナンバー・ワン・ロイヤル・クレッセント No 1 Royal Crescent P.274 · Rustico P.276 · アセンブリー・ルーム ファッション博物館 Assembly Rooms Fashion Museum · The Circus · Crescent Gardens · ヘンリエッタ・パーク Henrietta Park · ジェーン・オースティン・センター Jane Austen Centre P.274 · Henrietta · Salamander P.276 · 拡大図P.276～273 · バルトニー橋 · バルトニー・クルーザーズ出発地 · YHAへ(約750m) P.276 · ロイヤル劇場 · Orange Grove オレンジ・グローブ · ゴースト・ウオーク集合場所 · アビー・チャーチ・ヤード Abbey Church Yard · バース・アビー Bath Abbey P.273 · クリケット場 · P.272 ローマン・バス The Roman Baths · セーマ・バース・スパ Thermae Bath Spa P.272 · North Parade Bridge · Mai Thai P.276 · Bath Backpacker's P.276 · George's P.276 · Anabelle's · エイヴォン川 · バスステーション · バース・スパ駅 · Churchill Bridge · Paradise House Bathへ(約200m)

0　200m　N

270

歩き方

アビー・チャーチ・ヤード南のプロムナードは再開発され、ショッピングエリアとなっている

町の中心はバース・アビー、ローマン・バスなどの見どころが集中する**アビー・チャーチ・ヤード** Abbey Church Yard。レストランやカフェもこの周辺に多く点在している。

アセンブリー・ルームやロイヤル・クレッセントは町の北のほうに位置している。観光エリアは徒歩圏内だが、観光バスの利用も便利。

交通情報

バース・スパ駅 バースの鉄道駅はバース・スパ駅という。バスステーションも隣接しており、チッペナムやブリストル行きのバスが発着している。アビー・チャーチ・ヤードまでは徒歩で5分ほど。

観光バス シティ・サイトシーイングのバスはシティ・ルートとスカイライン・ルートのふたつのルートがあり、チケットは共通。シティ・ルートは町の中心を1周し、ロイヤル・クレッセントなど17のバス停に停まる。スカイライン・ルートは郊外の見どころを40～50分かけて回る。

ボートツアーはパルトニー橋から発着している

Access Guide
バース

ロンドンから

🚃	所要:約1時間30分
月〜土	パディントン駅から5:19〜23:30（土6:33〜23:30）の1時間に2便
日	パディントン駅から8:00〜23:37の1時間に1便

🚌	所要:約3時間
月〜土	7:30〜23:00の1時間に1便
日	7:30〜22:30の1時間に1便

ソールズベリから

🚃	所要:約1時間
月〜土	6:40〜21:31（土7:30〜22:04）の1時間に1便
日	9:40〜21:48の2時間に1便

ブリストルから

🚃	所要:約15分
月〜土	テンプル・ミーズ駅から5:29〜23:20（土5:35〜23:11）に頻発
日	テンプル・ミーズ駅から7:40〜23:22に頻発

バース
Tourist Information Centre

Map P.270B2
✉ Abbey Chambers, BA1 1LY
☎ 09067112000
（英国内から毎分50p課金）
🔗 visitbath.co.uk
🕐 9:30〜17:30（日10:00〜16:00）
🚫 12/25・26、1/1
宿の予約:宿泊料金の10％（デポジット）

ラグビーの試合が行われる日はパルトニー橋がライトアップされることも

■シティ・サイトシーイング
City Sightseeing
●シティ・ルート（6〜30分おき）
3月下旬〜5月、10・11月9:30〜17:30
6〜9月9:40〜18:30
3月上旬〜3月下旬、12月10:00〜17:00
1〜2月10:00〜15:00
●スカイライン・ルート（15〜60分おき）
3月下旬〜1月上旬10:30〜17:00
1月上旬〜3月下旬11:00〜16:00
🔗 www.city-sightseeing.com
🚫 12/25・26、1/1　🎫 £14　学生£11.50

現地発着ツアー
（コッツウォルズへのツアーは P.295 参照）

🚶 無料ウオーキングツアー Free Walking Tours of Bath
5〜9月10:30、14:00（火・木10:30、14:00、19:00　土10:30）
10〜4月10:30、14:00（土10:30）　所要:2時間　🎫無料
バースの町を巡る無料のウオーキングツアー。観光を始める前に参加してみるのもおすすめ。2000年にわたるバースの歴史をボランティアのガイドが説明してくれる。集合場所はアビー・チャーチ・ヤード。
☎ (01225) 477411　🔗 www.bathguides.org.uk

🚶 ゴースト・ウオーク Ghost Walks of Bath
木〜土20:00発　所要:1時間30分　🎫 £8　学生£6
夜のバースを巡りながら、怪談を聞くというウオーキングツアー。集合場所はロイヤル劇場横の小道を少し入っていったところにある看板。
☎ (01225) 350512　🔗 www.ghostwalksofbath.co.uk

🚶 ビザール・バース Bizarre Bath
4/1〜10/31 20:00
所要:1時間30分　🎫 £8　学生£5
町の知られざる歴史を冗談交じりに語ってくれる夜のウオーキングツアー。サリー・ランズ（→P.273）横のパブ、ハンツマン・イン Huntsman Inn 集合。
🔗 www.bizarrebath.co.uk

🚤 パルトニー・クルーザーズ
Palteney Cruisers
4月〜5月中旬、10月10:00〜16:40
5月中旬〜9月10:00〜17:20
所要:1時間　🚫 11〜3月　🎫 £8
パルトニー橋横から出発し、エイヴォン川を1時間かけて遊覧するボートツアー。
☎ (01225) 312900　🔗 www.bathboating.com

世界遺産「バース市街」の中枢
アビー・チャーチ・ヤード
Abbey Church Yard

バースはローマ時代から温泉町として知られている。中心部には温泉にまつわる見どころやレストランなどが多く集まっている。

今でも温泉水を飲むことができる

世界遺産
ローマ・バス
The Roman Baths

ローマ・バスの装飾にも注目

紀元前1世紀にローマ人によって建てられたこの大浴場は、アルプス以北で最も保存状態のよいローマ遺跡といわれている。中には、ミネルヴァ神（ギリシア神話のアテナと同一視される知恵と工芸、戦いの女神）の神殿もあるが、これはローマ時代には、温泉の効力が神の力と考えられていたことによる。ローマ人たちは各地で公共浴場を建設したが、中にプールまであるようなものは非常に珍しい。中世の間に大浴場の大部分は埋もれてしまったが、19世紀末の発見によって再び日の目を見るようになった。博物館内には、ミネルヴァの胸像やゴルゴンのレリーフ、人々が祈りを込めて温泉に投げ込んだ数々のコインなど、実にさまざまなものが保管されている。

✉Stall St., BA1 1LZ　☎(01225)477785
URLwww.romanbaths.co.uk
🕐3～6・9・10月9:00～18:00　7・8月9:00～22:00
11～2月9:30～17:30　入場は閉館の1時間前まで
🚫12/25・26　💰£14　学生£12.25
ファッション博物館との共通券あり

ロイヤル・パンプ・ルーム
Royal Pump Room

18世紀にこの町が上流階級の保養地として栄えていた頃の社交場。現在ではレストランとして使用されており、朝食からティータイムまで利用できる。

✉Stall St., BA1 1LZ　URLwww.romanbaths.co.uk
🕐夏期9:30～21:00　冬期9:30～17:00
🚫12/25・26　💳AMV　📶不可
温泉水はグラス1杯£0.50

セーマ・バース・スパ
Thermae Bath Spa

古いバースの町並みを一望しながら泳ぐ

伝統的な英国式スパ。地下にあるロイヤル・バスは天然温泉を利用したモダンな空間。そして、屋上にあるルーフ・スパではバースの町を一望しながらくつろぐことができる。各種マッサージも取り扱っている。

✉Hot Bath St., BA1 1SJ　☎(01225)331234
URLwww.thermaebathspa.com
🕐9:00～21:30　最終入場は19:00
🚫12/25・26、1/1　💰2時間£32～35
マッサージは時間やコースによって料金は異なる。
内部撮影不可

アビー・チャーチ・ヤードはいつも人でいっぱい！

Royal Pump Room R

ローマ・バス
The Roman Baths

Bath St.

Stall St.

セーマ・バース・スパ
Thermae Bath Spa

Beau St.

バース

バース・アビー
Bath Abbey

アーチが並ぶ天井

史上初の統一イングランドの王となったエドガー王が、993年に戴冠式を行った由緒ある教会。現在の教会は、1499年に建てられたもので、ヘンリー8世 P.610 の修道院解散直前に建てられた貴重なもの。内部は、柱から扇が広がるような形のアーチが天井を埋め尽くしており、非常に美しい。また、壁の80%は窓で覆われており、「イングランド西部の灯火」とたたえられるほどだ。西壁のファサードには「天国への梯子」が彫られている。

✉ Bath Abbey, BA1 1LT　☎ (01225)422462
🌐 www.bathabbey.org
🕐 9:00〜17:30
　（月9:30〜17:30、土9:00〜18:00、
　日13:00〜14:30　16:30〜17:30）
休 不定期　料 £2.50　学生£1
●塔
🕐 ツアーでのみ見学可（1時間おきに出発）
　4〜8月10:00〜17:00　9・10月10:00〜16:00
　11・12月11:00〜15:00　1〜3月11:00〜16:00
料 £6

バルトニー橋
バルトニー・
クルーザーズ
山発地

Grand Parade

High St.
Cheap St.

バース・アビー
Bath Abbey
ビー・チャーチ・ヤード
bey Church Yard

Pierrepont St.

York St.　Sally Lunn's
Acorn Ⓡ　Ⓡ　Ⓡ Huntsman Inn

Ⓗ The Abbey
P.275

Ⓡ Bath Bun

N

0　　　50m

サリー・ランズ
Sally Lunn's

1680年に建てられた、バースで最も古い建物を利用したティーハウス。サリー・ラン・バン（写真）の元祖として、バースの観光地のひとつにもなっている。朝食セットやハイティー、コースディナーなど幅広い食事を出す。地下は博物館も兼ねている。

✉ 4 North Parade Passage, BA1 1NX
☎ (01225)461634　🌐 www.sallylunns.co.uk
🕐 10:00〜21:30（金土10:00〜23:00）
🅒Ⓜ🆅　🛜店内可

バース名物サリー・ラン・バン

ブリオッシュ生地の大きなパン。17世紀にフランスからバースにやってきたサリー・ランという女性によって伝えられたとされているが、歴史的証拠は割と少ないようだ。とはいえ、19世紀初期にはサリー・ラン・バンを売り歩く行商人がいたという記録もあり、古くからバースの名物として知られていたようだ。

バース・バン
The Bath Bun

キャラウェイの実をのせてミルクと砂糖を使って焼き上げたバース・バンは18世紀にオリバー博士によって考案されたバースのもう一つの名物。このティー・ルームではバース・バンと一緒にアフタヌーン・ティーを楽しめる。

✉ 2 Abbey Green, BA1 1NW
☎ (01225)463928　🌐 www.thebathbun.co.uk
🕐 9:30〜17:00（日11:00〜14:00）　🅒不可
🛜不可

エイコーン
Acorn Vegetarian Kitchen

18世紀の建物を利用したベジタリアン・レストラン。メニューはコースになっており、2品で£24.50、3品で31.50。メインは野菜のローストやリゾットなど、素材そのもののおいしさを引き出した料理が自慢。メニューにはそれぞれの料理と合うワインも紹介している。

✉ 2 North Parade Passage, BA1 1NX
☎ (01225)446059
🌐 www.acornvegetariankitchen.co.uk
🕐 12:00〜15:00　17:30〜21:00　🅒ⒶⒹⓂ🆅　🛜不可

■アセンブリー・ルーム
⊠Bennett St., BA1 2QH
℡(01225)477789
圖3～10月10:30～18:00
　　11～2月10:30～17:00
㊡不定休　㊌無料
●ファッション博物館
URLwww.fashionmuseum.co.uk
圖3～10月10:30～18:00
　　11～2月10:30～17:00
㊡12/25・26　圉£8.25　学生£7.25
ローマン・バスとの共通券£18　学生
£15.50
　フラッシュ不可

ファッション博物館では各年代のドレスを展示

■ナンバー・ワン・ロイヤル・クレッセント
⊠No.1 Royal Cres., BA1 2LR
℡(01225)428126
URLno1royalcrescent.org.uk
圖10:30～17:30
㊡12月中旬～2月上旬
圉£9　学生£7
館内撮影一部不可　　フラッシュ不可

| 世界遺産 | 華やかだったバース社交界の象徴 | Map P.270A1 |

アセンブリー・ルーム
Assembly Rooms

社交の場であったアセンブリー・ルーム

　アセンブリー・ルームとは集会場のこと。1771年にジョン・ウッド（息子）☞P.607の設計によって建てられ、以来バースの社交界の中心地として、舞踏会やお茶会などが催された。第2次世界大戦の戦禍によって一度消失したが、忠実に復元された。地下にはファッション博物館があり、ここでは16世紀後半から現代までのさまざまな衣装、アクセサリーが展示されている。

| 世界遺産 | 美しい曲線を描く建築物 | Map P.270A1 |

ロイヤル・クレッセント
Royal Crescent

曲線を描くように建物が並ぶ

　クレッセントとは三日月の意味で、三日月のようにきれいな曲線を描いた建物が建ち並んでいる。1767年から74年にかけてジョン・ウッド（息子）☞P.607によって建てられたもので、バースを代表するパッラーディオ様式の建築物。家のなかのひとつは、**ナンバー・ワン・ロイヤル・クレッセント**No.1 Royal Crescentとして博物館になっている。内装は、建物が造られたジョージ王朝時代のもので統一されており、当時の生活をうかがい知ることができる。

---

info

偉大な女性作家が過ごした5年間
ジェーン・オースティンとバース

ファン必見の博物館

　『高慢と偏見』『エマ』などの作品で知られる英国を代表する小説家。18世紀後半の中流社会に生きる女性をテーマにした作品は日本でもファンが多い。

　彼女は1801年から5年間バースに滞在していた。中心部にあるジェーン・オースティン・センターでは、バースでの彼女の生活やバースが彼女に与えた影響などについての展示がされており、彼女に興味のある人はぜひ訪れたい。

■ジェーン・オースティン・センター
Map P.270A1
⊠40 Gay St., BA1 2NT　℡(01225)443000
URLwww.janeausten.co.uk
圖3/30～6/30、9/1～11/1 9:45～17:30
　7・8月9:00～18:00
　11/2～3/29 11:00～16:30（土9:45～17:30）
㊡12/24～26、1/1　圉£9　学生£8

HOTEL | RESTAURANT

　観光地だけあって宿の数は多いが、旧市街地区には大型ホテルやB&Bが少ない。夏の観光シーズンにはそれを上回る観光客が訪れるため、宿がいっぱいになってしまうことも多いので早めに予約を。レストランやカフェはアビー・チャーチ・ヤード周辺に多い。

Recommended

世界遺産の優雅な建物に泊まる
ロイヤル・クレッセント
The Royal Crescent Hotel

最高級　　　45室
Map P.270A1

✉16 Royal Cres., BA1 2LS
☎(01225)823333　FAX(01225)339401
URL www.royalcrescent.co.uk
⑤⑤W🛏🛏🛏🛏 £230〜4000
CC A D M V
レストラン圏19:00〜21:30

　ロイヤル・クレッセントの建物を利用したバース屈指の高級ホテル。館内は建設された18世紀当時のインテリアでまとめられ、バースゆかりの人物の肖像画が飾られている。奥には中庭が広がっている。
レストラン　ダワー・ハウスDower House RestaurantはAAAロゼットを受賞したこともあり、素材の味を最大限に活かしたメニューを提供する。
スパ　館内にはサウナやハマム、スチーム・ルームなどが併設しており、トリートメントのメニューも豊富。

Recommended

シックでモダンなデザインが特徴
クイーンズベリー　Queensberry Hotel

高級　　　29室
Map P.270A1

✉Russel St., BA1 2QF
☎(01225)447928
URL www.thequeensberry.co.uk
⑤SW🛏🛏🛏 £140〜440
CC A M V(手数料別途)

　部屋はそれぞれ独自にデザインされ、伝統的な建築物とモダンな設備がうまく組み合わされている。館内に併設している地中海料理レストラン、オリーブ・ツリーも人気。

中級　60室 Map P.273
アビー　The Abbey Hotel

✉North Parade, BA1 1LF
☎(01225)805706
URL www.abbeyhotelbath.co.uk
⑤SW🛏🛏🛏 £100〜
CC A M V

　バース・アビーの近くにある。客室は機能的。イギリスを代表する料理人が監修するレストランは、各種グルメ評価機関からの受賞歴もある。

ゲストハウス　12室 Map P.270A2 外
パラダイス・ハウス・バース　Paradise House Bath

✉86-88 Holloway, BA2 4PX
☎(01225)317723
URL www.paradise-house.co.uk
⑤SW🛏🛏🛏 £120〜185
CC A M V

　バース・スパ駅から南へ進み、トンネルをくぐり右折。バース・スパ駅のそばの歩道から坂を上って400mほど。客室は大きさや設備に応じて値段も異なる9室はバスタブ付き。

日本からホテルへの電話（詳しい電話のかけ方は P.8 もご参照ください）
国際電話会社の番号 ＋ 010 ＋ 国番号44 ＋ 最初の0を除いた掲載の番号

ヘンリエッタ・ハウス Henrietta House

中級　20室　Map P.270B1

✉ 33 Henrietta St., BA2 6LR
☎ (01225)632632
URL www.henriettahouse.co.uk
S ⬛ £85
W ⬛ £95〜165
CC A M V

📺 全室　🚿 全室　🏷 全室　なし　P 有料　📶 Wi-Fi 無料

ジョージ王朝様式の建物を利用したホテルで、家具のセンスもすばらしい。各部屋にはフルーツや手作りのクッキーが置かれている。朝食は10種のメニューから選べる。

YHAバース YHA Bath

ユース　ベッド数121　Map P.270B1 外

✉ Bathwick Hill, BA2 6LA
☎ (01225)465674
URL www.yha.org.uk
D ⬛ £10〜18
W ⬛ £45〜56　YH会員は−£3
CC J M V

📺 なし　🚿 希望者　🏷 なし　全室　P なし　📶 Wi-Fi 受付無料

町の中心から1kmほど東の坂の上にある。重い荷物を持っている人は18番またはU18のバスを使えば約8分で到着する。朝食は£4.99。

バース・バックパッカーズ Bath Backpacker's

ホステルベッド数62　Map P.270B2

✉ 13 Pierrepont St., BA1 1LA
☎ (01225)446782
URL www.hostels.co.uk
D ⬛ £13〜23
CC M V

📺 なし　🚿 なし　🏷 なし　一部　P なし　📶 Wi-Fi 受付無料

駅から徒歩5分ほどの便利な立地にあるホステル。宿泊費の高いバースではありがたい存在。客室はすべてドミトリーで個室はない。キッチンがあるので自炊派におすすめ。

ルースティコ Rustico Bistro

Map P.270A1　　イタリア料理

ロイヤル・クレッセントの近くにある。イタリア出身のシェフによる本格的な味を楽しめる。メニューはイタリア家庭料理や伝統料理が中心。「本日のおすすめ」は店内の黒板を確認しよう。予算はパスタが£8.95〜、メインが£14.95〜。

✉ 2 Margaret's Buildings Brock St., BA1 2LP
☎ (01225)310064　URL www.rusticobistroitaliano.co.uk
🕐 12:00〜14:30　18:00〜22:00　休 月　CC M V　📶 不可

マイ・タイ Mai Thai

Map P.270B2　　タイ料理

ジョージズ・ホテルの横にある、安くておいしいと評判の人気店。店内の席数が少ないためか、金・土曜は混み合うので予約がおすすめ。人気のタイカレーは10種類あり、£7.95〜8.75。

✉ 6 Pierrepont St., BA2 4AA　☎ (01225)445557
URL www.maithaibath.com　🕐 12:00〜14:00　18:00〜22:30
休 無休　CC A J M V（£10以上）　📶 店内可

Recommended

バースの地ビールを楽しもう！
サラマンダー The Salamander

パブ　　英国料理
Map P.270A1

✉ 3 John St., BA1 2JL
☎ (01904)428889
URL www.bathales.com/our-pubs
🕐 パブ11:00〜23:00（金・土〜24:00）
　レストラン12:00〜15:00　18:00〜21:30
休 無休　CC M V　📶 店内可

バース・エール社直営のダイニング・パブ。店内では醸造所直送の4種類のエールが常時楽しめるほか、瓶ビールも置いている。2階はレストランとなっており、ソーセージなどビールと合うメニューが多く揃う。

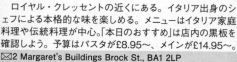

日本からホテルへの電話（詳しい電話のかけ方は P.8 もご参照ください）
国際電話会社の番号 ＋ 010 ＋ 国番号44 ＋ 最初の0を除いた掲載の番号

古さと新しさが交錯する貿易港

ブリストル

Bristol

英国を代表するエンジニア、ブルネルが設計したグレート・ブリテン号

ブリストル
グラストンベリー
ロンドン

人口	市外局番
42万8234人	0117
ブリストル市	
City of Bristol	

　エイヴォン川の河口に位置するブリストルは、かつては「ヨーロッパ中の船が集まる」、とうたわれたほどの港。1497年、ジョン・キャボットがこの港から出帆し、ニューファンドランド島を見つけて以来、北アメリカとの取引で、おおいに富を蓄えた。19世初頭には産業革命と奴隷貿易の廃止によりいっとき衰退したが、1841年にグレート・ウエスタン鉄道が開通すると、かつての勢いを取り戻し、現在でも英国を代表する港町である。

シティ・センターのフェリー乗り場周辺

👣 歩き方

　町の中心は、センター・プロムナードCentre Promenade周辺。❶はフェリー乗り場近くのイーシェッドE-Shed内にある。

バスステーション　Bond St.　**ブリストル**　N

クリフトン吊り橋へ P.279
（約900m）

ブリストル博物館&美術館
Bristol Museum & Art Gallery
Browns

Zerodegrees P.280

0　300m

Galleries
（ショッピングセンター）

キャッスル・パーク

1

センター・
プロムナード
Centre
Promenade

P.280 Brooks

ブリストル・
ヒポドローム

新議事堂

College
Green

Radisson
Blu P.280

テンプル・ミーズ
フェリー乗り場

シティ・センター
フェリー乗り場

ブリストル大聖堂
Bristol Cathedral

水族館
@ブリストル

クイーン・
スクエア

YHA
P.280

2

ホットウェルズのフェリー乗り場へ
（約200m）
グレート・ブリテン号 P.279
ss Great Britain

The Grove

Floating Harbour

P.278

テンプル・
ミーズ駅

Double Tree
P.280

M Shed

聖メアリー・レッドクリフ教会
St. Mary Redcliffe Church

A　B　C

ブリストル
Tourist Information Centre

Map P.277B2
✉ E-Shed, 1 Canons Rd., BS1 5TX
☎ (0117)9299205
🌐 www.visitbristol.co.uk
🕐 夏期10:00〜17:00 (日11:00〜16:00)
　冬期10:00〜16:00 (日11:00〜16:00)
🚫 12/25・26、1/1
宿の予約:手数料£3＋宿泊料金の10%
(デポジット)

ブリストル・テンプル・ミーズ駅

■シティ・サイトシーイング
City Sightseeing
☎ 07425788123
🌐 www.city-sightseeing.com
🕐 3月下旬〜10月10:00〜16:00
　(土・日〜16:45または17:00)
　11月〜3月中旬10:00〜16:00
🚫 11月〜1月下旬の月〜金、12月下旬
💷 £14　学生£12 (24時間有効)

■聖メアリー・レッドクリフ教会
✉ 12 Colston Pde., BS1 6RA
☎ (0117)9291487
🌐 stmaryredcliffe.co.uk
🕐 9:00〜16:00
🚫 無休　💷 寄付歓迎

🚈 交通情報

鉄道駅 イングランド中西部のメインターミナルでもあるテンプル・ミーズ駅Temple Meadsは町の東にある。町の中心までは約1km。徒歩で行くこともできるが、バスの便も多い。テンプル・ミーズ駅から徒歩で5分ほど西に行くと、聖メアリー・レッドクリフ教会がある。

バスステーション バスステーションは、町の北に位置している。鉄道駅同様、徒歩でも、市内バスでも町の中心へ行くことができる。市内バスは、8・9番がテンプル・ミーズ駅と、バスステーション、センター・プロムナードを結び、さらに町の西にあるクリフトン吊り橋付近まで行く。

観光バス ブリストル市内中心部の見どころのほか、クリフトン吊り橋、グレート・ブリテン号など、町の中心から少し離れた見どころに行ってくれるので便利。

✝ 「イングランドで最も美しく魅力的な教会」 Map P.277C2

聖メアリー・レッドクリフ教会
St. Mary Redcliffe Church

テンプル・ミーズ駅から町の中心部へ向かう途中にある。空に向かって伸びる尖塔が印象的な教会で、教区教会Parish Churchとしては国内最大の大きさを誇る。1574年にブリストルを訪れたエリザベス1世 P.606 は、この教会を「イングランドで最も美しく、魅力的な教区教会」と表現している。それを記念してか、教会内にはエリザベス1世の像も置かれている。

空に向かって伸びる尖塔が美しい

🚢 エイヴォン川クルーズ

🚢 テンプル・ミーズ〜シティ・センター巡回
Temple Meads-City Centre
9:50〜17:58の1時間に1便　所要:1周40分
💷 片道£1.50〜2.40　学生£1.30〜1.90、
　往復£2.50〜4　学生£2〜3.20、　1日券£6　学生£5
テンプル・ミーズからシティ・センター、グレート・ブリテン号を経由して再びテンプル・ミーズへ戻ってくる。途中で下船することもできる。

🚢 シティ・センター〜ホットウェルズ巡回
City Centre-Hotwells
10:00〜18:15の30分〜1時間に1便　所要:1周40分
💷 片道£1.50〜2.40　学生£1.30〜1.90、
　往復£2.50〜4　学生£2〜3.20、　1日券£6　学生£5
シティ・センターから西へ向かい、グレート・ブリテン号、ブリストル・マリーナを経由し、マーチャンツ・ブリッジの手前、ホットウェルズまで行き、折り返してくる。途中下船可能。

ブリストル・フェリー・ボート Bristol Ferry Boat Co.
☎ (0117) 9273416　🌐 www.bristolferry.com

史上初の鉄製外洋航行船　**Map P.277A2**

グレート・ブリテン号 ss Great Britain

ブリテン号は1843年にブルネルによって製作された史上初の鋼鉄製かつスクリュープロペラを備えた外洋航行船。

近代的な船の先駆的、記念碑的な存在であった。見学は船内はもちろん、本来は水につかっているスクリュー部分も可能。子供から大人まで誰でも楽しめるアトラクションとして、いくつもの賞を受賞している。

下から船を眺めることができる

ブリストルのシンボル　**Map P.277A1外**

クリフトン吊り橋 Clifton Suspension Bridge

グレート・ブリテン号と同じブルネルにより設計され、1864年に完成したエイヴォン渓谷に架かる橋。町の中心部からはやや離れているが、その美しい姿を見に訪れる人は絶えない。夜はイルミネーションに映し出される。橋の北側には、ビジターセンターがあり、ここでは橋の建造までの様子を説明したパネルの展示やDVDの上映が行われている。

エイヴォン渓谷に架かるクリフトン吊り橋

Day out from Bristol　**Map P.13A2**

近郊の見どころ 大地のエネルギーがあふれる小さな村

グラストンベリー

Glastonbury

グラストンベリーはストーンヘンジと並び、イギリスを代表するパワースポットとして知られている。古来から大地のエネルギーがあふれる場所とされる。伝説の王、アーサー王 ☞P.605 もこの地で埋葬されたという伝説が残る。数々の不思議な伝説から、村には神秘的な雰囲気が漂う。

グラストンベリー・アビー　Glastonbury Abbey

町の中心部にあるグラストンベリー・アビーには12世紀に修道院の地下からアーサー王 ☞P.605 の棺桶が発見された

という伝説が残っている。7世紀にはすでに宗教施設があったという記録があり、その後キリスト教会が建てられたが、16世紀になると修道院は解散する。現在は残骸が残るだけだが、敷地内には博物館がある。

現在は残骸だけが残っている

■グレート・ブリテン号

✉Great Western Dockyard, Gas Ferry Rd., BS1 6TY
☎(0117)9260680
URL www.ssgreatbritain.org
囲3/31〜10/25 10:00〜17:30
　10/26〜3/30 10:00〜16:30
　最終入場は閉館の1時間前
休12/24・25、1/1
料£14　学生£11

■クリフトン吊り橋

🚌センター・プロムナードから8・9番で約20分
☎(0117)9744664
URL www.cliftonbridge.org.uk
囲無休　休随時
料歩行者と自転車は無料
　自動車は£0.50
●ビジターセンター
囲10:00〜17:00
休12/25・26　料無料

ビジターセンターは橋の北側にある

■グラストンベリーへの行き方

🚌テンプル・ミーズ駅から376番バス。1時間に1便程度で、所要約1時間20分。途中ウェルズWellsで乗り換えになることもある。

🛈 **グラストンベリー**
Tourist Information Centre

Map P.279
✉9 High St., BA6 9DP
☎(01458)832954
URL www.glastonburytic.co.uk
囲夏期10:00〜16:00
　冬期10:00〜15:30　休日
宿の予約:手数料£3+宿泊料金の10%
（デポジット）

グラストンベリー

Church of St John the Baptist
High St.
グラストンベリー・アビー
Glastonbury Abbey
Well House Ln.
ウェルズ行きバス
Bere Ln. Chilkwell St.
Chalice Well
Rural Life Museum
トールの丘
Tor
Coursing Batch
N
0　400m

■グラストンベリー・アビー
✉Gatehouse, Magdalene St.,
BA6 9EL
☎(01458)832267
URL www.glastonburyabbey.com
🕐3〜5・9・10月9:00〜18:00
　6〜8月9:00〜20:00
　11〜2月9:00〜16:00
🚫12/25　£6.90　学生£6

トールの丘 Tor　村の南東にあるトールの丘はかつては海に浮かぶ島であったと伝えられており、不思議な力が秘められていると信じられてきた。丘の頂上にある聖マイケルの塔St. Michael's Towerは14世紀に建てられたもの。標高は158mだが周囲には何もないので、頂上からの眺めはすばらしい。

丘の頂上にある聖マイケルの塔

HOTEL　　　　　　　　　　　RESTAURANT

　ブリストルの町の中心部には、高級ホテルやチェーン系ビジネスホテルは多いが、手頃なゲストハウスやB&Bは少ない。レストランやパブは町の中心、センター・プロムナードやパーク・ロウPark Row周辺に多い。

中級　28室　Map P.277B1

ブルックス Brooks Gusethouse Bristol
✉St. Nicholas St., BS1 1UB
☎(0117)9300066
URL www.brooksguesthousebristol.com
[S][W]🚿🛁➡🖊 £85〜
[CC][A][D][M][V]

📺 🚰 🏷 💻 🅿 📶
全室　全室　全室　なし　なし　無料

セント・ニコラス・マーケットのすぐ近く。基本的にシンプルな内装だが、屋上にはキャンピング・カーを改装したレトロ・ロケットという個性的な部屋もある。

ユース　ベッド数137　Map P.277B2

YHAブリストル YHA Bristol
✉14 Narrow Quay, BS1 4QA
☎(0117)9221659　FAX(0117)9273789
URL www.yha.org.uk
[D]🚿🛁➡🖊 £12〜
[S]🚿🛁➡🖊 £30〜　[W]🚿🛁➡🖊 £50〜
[W]🚿🛁➡🖊 £60〜　[CC][M][V]

📺 🚰 🏷 💻 🅿 📶
なし　希望者　なし　全室　なし　無料

町の中心部にある絶好の立地。ひと部屋当たりのベッド数4〜6で、男女別。ランドリーやキッチンもあり、設備はととのっている。

| Map P.277B2 |
| 176室 |

ラディソン・ブル Radisson Blu
✉Broad Quay, BS1 4BY
☎(0117)9349500　FAX(0117)9175518
URL www.radissonblu.co.uk　予約00531-65-3648
[S][W] £140〜　　朝食別　[CC][A][M][V]

📺 🚰 🏷 💻 🅿 📶
全室　全室　全室　全室　有料　無料

| Map P.277C2 |
| 201室 |

ダブルツリー Double Tree by Hilton Hotel Bristol City Centre
✉Redcliffe Way, BS1 6NJ
☎(0117)9260041　FAX(0117)9230089
URL doubletree3.hilton.com　予約03-6679-7700
[S][W] £39〜　　朝食別　[CC][A][M][V]

📺 🚰 🏷 💻 🅿 📶
全室　全室　全室　なし　有料　有料

自家製ビールと窯焼きピザが絶品
ゼロディグリーズ Zerodegrees

ダイニングバー　　　ピザ
Map P.277B1
✉53 Colston St., BS1 5BA
☎(0117)9252706
URL www.zerodegrees.co.uk
🕐12:00〜24:00
🚫無休　[CC][A][D][J][M][V]　📶店内可
　ビール醸造設備のあるレストラン。店内で醸造されたできたてビールと、焼きたてピザを同時に楽しむことができる。平日16:00〜19:00はハッピーアワーで、ビールなどが割引きになる。メインはパスタが£9.95〜、ピザが£8.50〜。ビールは1パイント£3〜。

かわいらしい村が点在する
コッツウォルズ
Cotswolds

人口	市外局番
83万3100人	01242（チェルトナム）
グロスターシャー州ほか	
Gloucestershire	

芸術家ウィリアム・モリスが「英国一美しい」と称えたバイブリー

　イングランドでも屈指の美しさを誇るカントリーサイド、それがコッツウォルズ地方だ。淡い緑のなかで点々と白い羊たちが草をはむ、のどかな風景が続く。

　コッツウォルズの町を彩るのは、この地方で採れる石灰岩、ライムストーンLimestoneだ。北東部ではハチミツ色をしたこのライムストーンは、中部では黄金色となり、さらに南西に下るに従って真珠のような柔らかい白色へと変化してゆく。茅葺きの帽子をかぶった民家を眺めながら、のんびりとした時間を過ごすことこそが、コッツウォルズを旅する楽しみのひとつである。

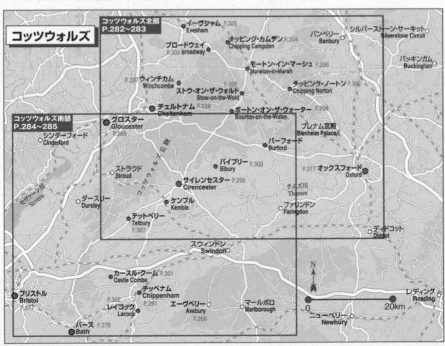

C

Foxcote
-ton springs
Withington
Colesbourne
A435
Rendcomb
dmancote
Bagendon
North Cerney
A429
Daglingworth
Coates
Statton
Baunton
サイレンセスター
Cirencester
P.290
Preston
Siddington
テムズ川水源
Source of The Thames
Somerford
Keynes
ケンブル
Kemble
xsey
stcourt
per Minety
kerton
everton
Callow Hill
ウートン・バセット
Wooten Bassett
A3102
Lyneham
Church End
Goatacre
Preston
Spirthill
Highway
erhill
A3102
ン
alne
Cherhill
A4
Blackland
A361
Netherstreet
wde
ディヴァイゼズ
Devizes

シプトン
Shipton
Hazleton
Compton Abdale
A40
Hampnett
ノースリーチ
Northleach
Yanworth
Eastington
Chedworth
Foss
Cross
Coln St. Dennis
Calmsden
Winson
Sunhill
アーリントン
Arlington
バイブリー
Bibury
バーンズリー・ハウス
Barnsley House
Meysey
Hampton
Driffield
Down
Ampney
コッツウォルド・ウォーター・パーク
Cotswold Water Park
Ashton Keynes
Leigh
Minety
Purton Stoke
スウィンドン&クリックレイド鉄道
Swindon & Cricklade Railway
B4019
Blundson
St. Andrew
ストラットン・セント・マーガレット
Stratton St. Margaret
Lydiard Millicent
Hook
スチーム（グレート・ウェストタン鉄道博物館）
Steam - Museum of th Great Western Railway
M4
A4289
North Wroughton
Elcombe
Wroughton
Broad
Town
A4361
バーベリー城
Barbury Castle
Winterbourne
Bassett
Berwick
Bassett
Winterbourne
Monkton
Yetesbury
エーヴベリー
Avebury
P.268
West Kennet
East Kennet
West
Overton
Bishop Cannings
Allington
Alton Priors
Huish
Oare

salperton
Cold Aston
A429
クラプトン・オン・ザ・ヒル
Clapton-on-the-Hill
Farmington
Sherborne
ウィンドラッシュ川
Windrush
Windrush
A40
Little
Barrington
Eastington
Aldworth
B4425
Westwell
コッツウォルド・
ワイルドライフ・パーク
Cotswold Wildlife Park
Hatherop
Quenington
Fyfield
Southrop
Fairford
A417
Little Faringdon
Whelford
Lechlade
Inglesham
Upper
Inglesham
A361
Hannington
Highworth
Seven Bridges
A419
South
Marshton
Bourton
P.309
スウィンドン
Swindon
A4312
Coate
A4259
Badbury
Chiseldon
A346
Upper Upham
Woodsend
Ogbourne
St. George
Ogbourne
St. Andrew
Ogbourne
Maizey
マールボロ
Marlborough
A4
Cadley
Clench
Common
A346
Durley
Wooton Rivers

Tibury
Fifield
D
Great
Rissington
A424
Great
Barrington
Windrush
バーフォード
Burford
P.307
A361
A4020
Shilton
Langford
B4020
Clanfield
Gfarton
A4095
Radcot
Eaton
Hastings
A417
Littleworth
Coleshill
A420
Fernham
Watchfield
Shrivenham
Ashbury
Oldstone
Bishopstone
Ashbury
Kingston
Warren
Upper
Lambourn
Lambourn
Baydon
M4
Lambourn
Woodlands
Aldbourne
Stocklane
Ramsbury
Knighton
Axford
Mildenhall
Hungerford
A4
Froxfield
Chisbury
Little Bedwyn
Great Bedwyn
Shalbourne
Ham
Wilton

Lyneham
Ascott-under-Wychwood
Chilson
Shipton-under-Wychwood
Leafield
Fordwell
1
Crawley
Curbridge
カータートン
Carterton
Lew
A4095
Kencott
Black Bourton
バンプトン
Bampton
P.35
Weald
テムズ川
Thames
2
Buckland
Hatford
Shellingford
B4508
Baulking
Uffington
Woolstone
B4507
3
B4001
Upper
Lambourn
Bockhampton
4
A4
A338

D

285

コッツウォルズ
観光ハイライトとエリアガイド

コッツウォルズは広いエリアに小さな町や村が点在している。ハチミツ色のコッツウォルズ・ストーンで作られた家々が並ぶ。時間があれば村のフットパスを歩いてみよう。美しい風景を眺めながら歩くというのもコッツウォルズの醍醐味。

ブロードウェイ
（→ P.305）

カースル・クーム（→ P.301）

ボートン・オン・ザ・ウォーター
（→ P.298）

バイブリー（→ P.300）

サイレンセスター
（→ P.290）

ウィンチカム
Winchcombe
P.297
バラ庭園で有名なシュードリー城があることで知られている

コッツウォルズ北部
コッツウォルズ丘陵に小さな町や村が多く点在している。ハチミツ色の家が並ぶ町並みを見るのなら北部がおすすめ。

モートン・イン・マーシュ
Morton-in-Marsh
P.290
ロンドンからの列車が到着するコッツウォルズ北部の玄関口

チェルトナム
Cheltenham
P.288
コッツウォルズ北中部のバス路線が発着する交通の起点

ストラトフォード・アポン・エイヴォン

イーヴシャム

ブロードウェイ

モートン・イン・マーシュ

ウィンチカム

ストウ・オン・ザ・ウォルド

チェルトナム

ボートン・オン・ザ・ウォーター

グロスター

ボートン・オン・ザ・ウォーター
Bourton-on-the Water
P.298
「コッツウォルズのヴェネツィア」と称され、川と橋とが織りなす町並みが美しい

サイレンセスター
Cirencester
P.290
コッツウォルズの中央部に位置しており、町にはホテルやB&Bが多い

バイブリー

サイレンセスター

テットベリー

スウィンドン

バイブリー
Bibury
P.300
伝統的な家屋が多く並び、コッツウォルズらしい風景が楽しめる村

カースル・クーム
Castle Combe
P.301
可愛らしい家々が並ぶ小さな村。マナーハウスがあることでも知られる

コッツウォルズ南部
石造りの古い家々が並ぶ村が多い。北部に比べて交通の便がよくないので、ツアーやレンタカーなどを利用するのも手。

レイコック
Lacock
P.302
郊外のレイコック・アビーは映画やテレビ番組でよく使用される

287

Access Guide
チェルトナム

ロンドンから

	所要:約2時間15分
月〜金	パディントン駅から7:36〜19:48の2時間に1便（土曜運休）
日	パディントン駅発16:27 18:27 20:27

	所要:2時間30分〜3時間
月〜日	7:30〜23:59の1〜2時間に1便

ヒースロー空港から

	所要:1時間30分〜2時間20分
月〜日	8:15 13:20 15:50 18:20 19:50 20:20 22:40 翌0:40

ブリストルから

	所要:約40分
月〜土	テンプル・ミーズ駅から6:27〜22:00（土6:15〜20:30）の1時間に2便
日	テンプル・ミーズ駅から9:15〜22:10の1時間に2便

バーミンガムから

	所要:45分〜1時間
月〜土	ニュー・ストリート駅から5:00〜22:09（土5:00〜21:12）に頻発
日	ニュー・ストリート駅から9:30〜22:12の1時間に2便

---

i チェルトナム
Tourist Information Centre

Map P.288左1
- Clarence St., GL50 3JT
- TEL(01242)237431
- URL www.visitcheltenham.com
- 9:30〜17:15
- 休 イースターの日、12/25・26、1/1
- 宿の予約：宿泊料金の10%（デポジット）

チェルトナムの見どころ
- ホルスト博物館➡ P.308
- チェルトナム美術館&博物館➡ P.308
- グロスターシャー・ウォーリックシャー鉄道 ➡ P.308

コッツウォルズ 起点となる町

起点となる町は多いが、北部を巡るならチェルトナムとストラトフォード・アポン・エイヴォン P.328 が交通の便がいい。南部を訪れるのならバース P.270 も起点となる。

起点の町 チェルトナム
Cheltenham

チェルトナムのプロムナード

かつては羊毛の取引が主産業の小さな村だったが、1715年に温泉が発見されると、チェルトナムは保養地として発展する。町にはギリシア・ローマ風の建物や並木通り、劇場などが次々と造られ、独特の雰囲気を醸し出している。

歩き方 町の中心を南北に走るのはプロムナードPromenade Map P.288左1〜2。プロムナードに面したインペリアル・ガーデンズImperial Gdns.に建つ大きな建物はタウンホールTown Hall。

南西に延びるモンペリエ・ストリートMontpellierSt.を中心としたモンペリエ地区は、おしゃれな界隈で、雰囲気のよい店やカフェ、レストランが多い。

交通情報 鉄道駅 駅から中心街まで歩くと20分ほどかかる。重い荷物を持っている場合は、バスで行こう。駅前からステージコーチ社の市内バスDに乗ると、5〜10分でハイ・ストリートHigh St.にあるスーパー Tesco前のバス停に到着する。逆に、町の中心からチェルトナム・スパ駅へは、ハイ・ストリートからBとDのバスに乗る。

バスステーション ロイヤル・ウェル・バスステーション Royal Well Bus Station Map P.288左1 には、ナショナル・エ

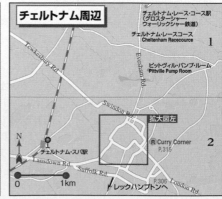

クスプレスの長距離バスをはじめ、サイレンセスターやグロスターなどコッツウォルズ中部へのバスも発着する。

ホテル チェルトナムの市内にはホテルやB&Bも多く、コッツウォルズ観光の起点としても便利な町。町の北、ピットヴィル公園周辺にB&Bやゲストハウスは多い。

起点の町

グロスター
Gloucester

グロスター・ドック

ローマ時代以来の歴史をもつ町で、中世に聖ピーター修道院として建てられたグロスター大聖堂とともに発展し、産業革命期には鉄道や運河を使った物流の要衝でもあった。ピーターラビットを生んだビアトリクス・ポターの童話『グロスターの仕立屋』の舞台としても知られ、最近では『ハリー・ポッターと賢者の石』の多くのシーンがグロスター大聖堂で撮影されたことでも知られる。

歩き方 駅やバスステーションは町の東側にあり、町の中心部の**ザ・クロス**The Crossまでは歩いて10分弱。ザ・クロスのあたりでは毎週金曜の午前中からファーマーズ・マーケットFarmers Marketsが開かれる。

❶はここから**サウスゲート・ストリート**Southgate St.に入ってすぐの所。さらに歩くとおしゃれに生まれ変わった船着場、**グロスター・ドック**Gloucester Docksに達し、グロスター運河博物館Gloucester Waterways Museumやショッピングセンターなどがある。逆にノースゲート・ストリートNorthgate St.を行くとグロスター大聖堂へと入る道がある。

ホテル チェルトナムに比べるとホテルの数は少なめ。中心部に中級ホテルが数軒ある程度。

Access Guide
グロスター
ロンドンから

	所要:約1時間50分
月〜金	パディントン駅から7:36〜19:48の2時間に1便（土曜運休）
日	16:27 18:27 20:27

	所要:3時間〜3時間30分
月〜日	7:30〜23:59の1〜2時間に1便

ヒースロー空港から

	所要:2時間15〜30分
月〜日	8:15 13:20 15:50 18:20 19:50 20:20 22:40 翌0:40

チェルトナムから

	所要:3時間〜3時間30分
月〜土	7:30〜23:59の1〜2時間に1便
日	7:30〜22:30の1〜2時間に1便

バーミンガムから

	所要:約1時間
月〜土	ニュー・ストリート駅から5:00〜20:30の1時間に2便
日	ニュー・ストリート駅から10:12〜19:30の1時間に1便

i **グロスター**
Tourist Information Centre

Map P.289A2
✉28 Southgate St., GL1 2DP
☎(01452)396572
🌐www.gloucester.gov.uk
🕐9:30〜17:00（月10:00〜17:00）
🚫日
宿の予約:手数料£2.50＋宿泊料金の10%（デポジット）

グロスターの見どころ
グロスター大聖堂➡ P.309
「グロスターの仕立屋」の家➡ P.308

Information
グロスター運河博物館
Gloucester Waterways Museum

ヴィクトリアン・ドックの倉庫として使われていた建物を改装した博物館。運河の歴史を学んだり、かつて使用されたボートなども展示されている。

Map P.289A2
✉Llanthony Warehouse, Docks, GL1 2EH
☎(01452)318200
🌐canalrivertrust.org.uk/gloucester-waterways-museum
🕐4〜9月10:00〜17:00
10〜3月
11:00〜16:00（日10:30〜16:00）
🚫12/25〜1/2
💷£5 学生£4.07

グロスター

キングスホルム・スタジアムへ
Gouda Way
Alvin St.
グロスター大聖堂
Gloucester Cathedral
P.309
Westgate St.
P.315
Comfy Pew 🍴
London Rd.
チェルトナムへ
「グロスターの仕立屋」の家
House of the Tailor of Gloucester
P.308
The Quay
Westgate St.
Quay St.
Northgate St.
Worcester St.
🛍 Debenhams
Barton St.
The Cross
🍴 New Inn P.311
📮 Kings Sq.
Station 🚉
鉄道駅
P.310
New County 🏨
❶
ギルドホール
Guildhall
Southgate St.
Kings Walk S.C.
🏨 Eastgate S.C.
Commercial Rd.
Russell St.
Stanton Rd.
グロスター・ドック
Gloucester Docks
⚓
グロスター
美術館&博物館
Brunswick Rd.
Clarence St.
Eastgate St.
N
P.289
グロスター運河博物館
Gloucester Waterways Museum
Parliament St.
0 200m
A B
1
2

Access Guide
モートン・イン・マーシュ
ロンドンから

🚂 所要:約1時間40分

月土 パディントン駅から5:45～21:48（土5:21～21:48）の1時間に1便

日 パディントン駅から8:03～21:42の1時間に1便

乗り換え情報

●チェルトナムから
🚂ウスター・シュラブ・ヒル駅Worcester Shrub Hill経由で約3時間

i モートン・イン・マーシュ Tourist Information Centre

Map P.290上
✉High St., GL56 0AZ
☎(01608)650881
🕐夏期 8:45～17:15
（月8:45～16:00、金8:45～16:45、土10:00～13:00）
冬期 8:45～17:15
（月8:45～16:00、金8:45～16:45、土10:00～12:30）
㊡日、12/25・26、1/1
宿の予約：手数料£2.50＋宿泊料金の10%（デポジット）

13世紀以来商業の町として発達してきた。毎週火曜にはコッツウォルズ最大級の青空市場が開かれる。

交通情報 鉄道がロンドン、オックスフォード方面とを結んでいる。イースト・ストリートのバス停は多くのバスが停車する。

ホテル 小さい町だが宿は多い。バス停周辺には高級感のあるホテルがあり、B＆Bはハイ・ストリートからストウ・ロードStow Rd.にかけてと、東のロンドン・ロードLondon Rd.に集中している。

モートン・イン・マーシュ

北部周遊の起点となるモートン・イン・マーシュ

ローマ時代に「コリニウム・ドブンノルムCorinium Dobunnorum」と呼ばれていた頃まで遡る。町の歴史は、コリニウム博物館で学ぶことができ、❶もコリニウム博物館内に設置されている。

マーケット・プレイスではコッツウォルズで最も規模の大きなマーケットが開かれる

歩き方 マーケット・プレイスMarket Pl.が町の中心で、商店やレストランはこの周囲に集まっている。

交通情報 バス停はマーケット・プレイス前のパリッシュ・チャーチの前にある。ここからはチェルトナム行きのバスや

Access Guide
サイレンセスター
ロンドンから

🚌 所要:約2時間20分

月～日 10:00～23:59の2時間に1便

チェルトナムから

🚌 所要:約40分

バス51番（時刻表→P.293）

i サイレンセスター Tourist Information Centre

Map P.290下A
✉Park St., GL7 2BX
☎(01285)654180
🕐4～10月10:00～17:00
（日14:00～17:00）
11～3月10:00～16:00
（日14:00～16:00）
㊡12/25・26、1/1
宿の予約：手数料£2.50＋宿泊料金の10%（デポジット）

サイレンセスターの見どころ

パリッシュ・チャーチ➡ P.309
コリニウム博物館➡ P.309

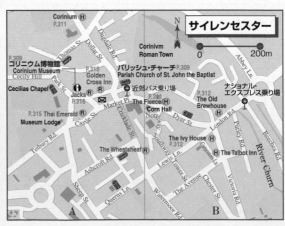

サイレンセスター

バイブリーなどの近郊へ行くバスが発着する。ナショナル・エクスプレスの長距離バスは町の東、ロンドン・ロード London Rd.沿いのバス停に停車するので要注意。

ホテル　ホテルはパリッシュ・チャーチ周辺に数軒並び、B&Bは町の東のヴィクトリア・ロード Victoria Rd.沿いに集中している。

Access Guide
チッペナム

ロンドンから
所要:約1時間20分
月〜土　パディントン駅から5:19〜23:30（土6:33〜23:30）の1時間に2便
日　パディントン駅から8:00〜23:37の1時間に1便

バースから
所要:約15分
月〜土　4:47〜22:01（土5:30〜22:30）の1時間に2便
日　7:45〜22:10の1時間に1便

i　**チッペナム**
Tourist Information Centre
Map P.291
✉ High St., SN15 3ER
☎ (01249)665970
🌐 www.chippenham.gov.uk
🕐 9:00〜16:30（土・祝9:30〜15:00）
休 日、12/25・26、1/1

起点の町　チッペナム
Chippenham

この地域では比較的大きな町で、1000年以上の歴史をもつ。中心には聖アンドリュー教会 St. Andrew's Church をはじめ、歴史的な建物も残る。

歩き方　町の中心はハイ・ストリート High St.。❶はこの通りから南に続くマーケット・プレイス Market Pl.にあり、商店が多いのはこの通り。さらに坂を上るとバスステーションがあり、カースル・クームやレイコック、バースなどからのバスが発着する。

ホテル　マーケット・プレイス周辺に数軒ある。B&Bはマーシュフィールド・ロード Marshfield Rd.と、それに続くブリストル・ロード Bristol Rd.沿いに多い。

町の中心にある聖アンドリュー教会

activity　ウォーキングを楽しもう！
コッツウォルド・ウェイを行く

コッツウォルズをゆっくりと満喫したい人は、ぜひウォーキングに挑戦してみよう。コッツウォルズには、数多くのウオーキングのコースが設定されており、❶では1時間程度のコースから数日かけて歩く長いコースまで、さまざまな種類のコースを紹介した本が販売されている。数あるコースのなかで最も長いのがコッツウォルド・ウェイという全長160kmにも及ぶコース。チッピング・カムデン（→P.304）をスタートして到着地のバースまでは、ブロードウェイ（→P.305）やシュードリー城（→P.297）など、見どころもたくさん。コースの途中には道標が立っており、わかりやすい。通常は踏破するには1週間ほどかかるが、すべてを回らなくても、時間の許す限り歩いてみるだけで充分楽しい。

コッツウォルド・ウェイの道標

■コッツウォルド・ウェイ
🌐 www.nationaltrail.co.uk/Cotswold

ブロードウェイ Broadway
チッピング・カムデン Chipping Campden
ウィンチカム Winchcombe
チェルトナム Cheltenham
ボートン・オン・ザ・ウォーター Bouton-on-the-Water
ペインズウィック Painswick
バイブリー Bibury
ウォットン・アンダー・エッジ Wotton-under-Edge
チッピング・ソドベリー Chipping Sodbury
カースル・クーム Castle Combe
レイコック Lacock
バース Bath
コッツウォルド・ウェイ

歩いて回るほどの時間はないけれど、バスでは行けないような小さな村を見たり、自分だけのとっておきの場所を発見したい、という人におすすめなのがサイクリング。丘陵地帯なので坂は多いが、だからこそ刻々と移り変わる景色も楽しいものになる。❶ではサイクリング・マップも販売している。また、サイクリングにもウオーキングと同じようなツアーがある。コッツウォルド・カントリー・サイクルズではガイドは付かないが、地図、荷物の移動、自転車のレンタルが付いている。シンプリー・コッツウォルズ'Simply Cotswolds のツアーなら2泊3日で£270（ふたりで参加した場合のひとりぶんの料金）。

コッツウォルド・カントリー・サイクルズ
URL www.cotswoldcountrycycles.com

コッツウォルズ エリア内の交通

🚆 鉄道

コッツウォルズ丘陵を迂回するように鉄道路線が走っているため、あまり便利ではないが、日曜にも運行しているのは強みだ。

🚌 バス

コッツウォルズを巡るバスの便は決して多くはないが、うまく利用すれば小さな町や村を訪ねながら回ることができる。

🚗 レンタカー

交通の便が悪い村も多いので、レンタカーの利用が便利。しかし、レンタカー会社は多くなく、チェルトナムやグロスターなどに数軒あるくらい。ロンドンから近いので、ヒースロー空港で借りるという手もある。

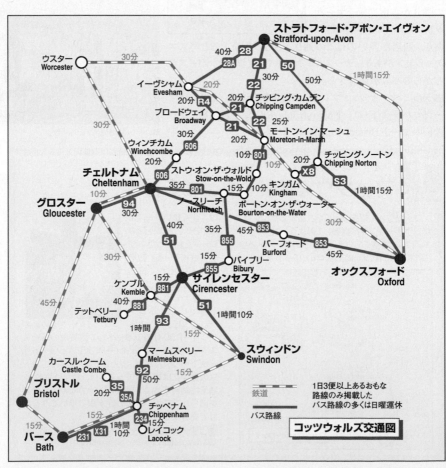

コッツウォルズ交通図

コッツウォルズ

バス路線番号	路線詳細・運行頻度
21 日曜運休	ストラトフォード・アポン・エイヴォン→チッピング・カムデン→ブロードウェイ→モートン・イン・マーシュ **ストラトフォード・アポン・エイヴォン発**9:10、12:10、15:05、17:10、19:10発 **モートン・イン・マーシュ発**9:28、12:28、16:37、18:40発
22 日曜運休	ストラトフォード・アポン・エイヴォン→チッピング・カムデン→モートン・イン・マーシュ **ストラトフォード・アポン・エイヴォン発**8:10、11:10、14:05、18:10発 **モートン・イン・マーシュ発**6:55、10:43、13:43、15:17（土15:27）、19:20発
28/28A 日曜運休	ストラトフォード・アポン・エイヴォン→イーヴシャム **ストラトフォード・アポン・エイヴォン発**5:55〜18:10（土7:00〜18:10）の1時間に2便 **イーヴシャム発**6:45〜19:02（土7:52〜19:02）の1時間に2便
801 日曜運休	モートン・イン・マーシュ→ストウ・オン・ザ・ウォルド→ボートン・オン・ザ・ウォーター→ノース・リーチ→チェルトナム **モートン・イン・マーシュ発**6:55〜17:10の1時間に1便 **チェルトナム発**7:45〜18:45（土9:45〜18:45）の1時間に1便
50	ストラトフォード・アポン・エイヴォン→チッピング・ノートン **ストラトフォード・アポン・エイヴォン発**9:10、14:10、17:25発（日8:20、10:20、12:20、13:50、17:50発） **チッピング・ノートン発**10:05、15:02、18:25発（日9:20、11:20、14:50、18:50発）
S3	オックスフォード→チッピング・ノートン **オックスフォード発**6:55〜23:45（土7:40〜23:45、日9:40〜19:40）の1時間に1便 **チッピング・ノートン発**6:30〜22:56（土6:05〜22:56、日8:15〜18:45）の1時間に1便
606 日曜運休	チェルトナム→ウィンチカム（一部ブロードウェイまで行く便もある） **チェルトナム発**7:15〜19:30（土8:15〜18:30）の1〜2時間に1便 **ウィンチカム発**6:55〜18:50（土9:08〜18:30）の1〜2時間に1便
51	チェルトナム→サイレンセスター **チェルトナム発**8:05〜22:10の1時間に1便（日10:10、12:10、14:10、16:10発） **サイレンセスター発**7:14〜18:24の1時間に1便、21:25、23:25発（日9:22、11:22、13:22、15:22、17:22発）
881 日曜運休	サイレンセスター→ケンブル→テットベリー **サイレンセスター発** 6:20、9:00、11:00、12:50、15:52、17:50発（土7:15、9:00、11:08、13:08、15:00、17:08発） **テットベリー発**7:30、9:40、11:50、14:00、18:45発（土7:47、10:05、11:55、14:05、15:57、18:05発）
855 日曜運休	サイレンセスター→バイブリー→ノース・リーチ **サイレンセスター発**10:45、12:45、15:45、17:30発 **ノース・リーチ発**7:40、10:00、12:00、14:00、16:00発
35/35A 日曜運休	チッペナム→カースル・クーム **チッペナム発**9:55、12:10、16:40発（土9:55、13:00、14:30、16:40発） **カースル・クーム発**7:54、10:21、12:36、17:06発（土9:06、10:23、13:39、15:09発）
234 日曜運休	チッペナム→レイコック **チッペナム発**7:40〜18:30（土8:00〜18:30）の1時間に1便 **レイコック発**7:18〜19:20（土7:28〜19:12）の1時間に1便、21:59発
92 日曜運休	チッペナム→マームズベリー **チッペナム発**9:05〜17:05の1時間に1便 **マームズベリー発**7:35〜17:10（土7:35〜18:10）の1時間に1便

コッツウォルズ
モデルルート

公共交通機関の便が悪いのでロンドンやバース発のツアー（→P.295）が便利。バスで回るならチェルトナムやバースが起点となる

（→P.295）

チェルトナム発 公共交通機関で巡る
コッツウォルズ北部 1 日コース

08:00 チェルトナム ➡ 🚌 ➡ **08:45** サイレンセスター **10:45** 🚌 ➡
10:59 バイブリー 　51番　　　　　　　　　　　　　　　　　855番

午前

プロムナード発のサイレンセスター行き51番のバスで終点下車。バイブリーへ行く前までに、コリニウム博物館とパリッシュ・チャーチを見学しよう。10:45発、855番のバイブリー行きのバスに乗り、スワン・ホテル前で下車。バイブリーはアーツ＆クラフツ運動の旗手ウィリアム・モリスが絶賛しただけあり、緑に包まれた美しい村。アーリントン・ロウで記念撮影したり、バイブリー・トラウト・ファーム内を散策したり思いおもいに過ごそう。バス停前のスワン・ホテルのカフェで昼食を取るのもおすすめ。

村々を結ぶバスはパリッシュ・チャーチ付近に停車する

13:00 バイブリー **14:34** ➡ 🚌 ➡ **13:59** ノース・リーチ **14:00** ➡ 🚌 ➡
　　　　　　　　855番　　　　　　　　　　　　　　　　　　801番
14:34 ボートン・オン・ザ・ウォーター **16:15** ➡ 🚌 ➡ **17:20** チェルトナム
　　　　　　　　　　　　　　　　　　　　801番

午後

855番のバスと801番のバスを乗り継いで、ボートン・オン・ザ・ウォーターへ向かう。真ん中にウィンドラッシュ川が流れるボートン・オン・ザ・ウォーターは、「コッツウォルズのヴェネツィア」といわれる、水辺の美しい村。川岸の緑に座り、あたりを見ているだけでも癒やされる心地がする。加えて村にはモデルヴィレッジやコッツウォルド自動車博物館などの見どころが数多くある。

水路に囲まれた美しい村

バース発公共交通機関で巡る
コッツウォルズ南部 1 日コース

09:13 バース ➡ 🚆 ➡ **09:24** チッペナム **10:15** 🚌 ➡ **10:28** レイコック
　　　　　　　　　　　　　　　　　　　　234番

午前

バース・スパ駅から鉄道でチッペナムへ。チッペナムは比較的大きな町だが、見どころはそれほど多くない。チッペナムからフロムFrome行き234番のバスに乗り、レイコックのジョージ・インGeorge Inn前で下車。レイコック最大の見どころのレイコック・アビーをじっくり時間を取って見学しよう。昼食はレイコックでとる。

レイコック・アビー

13:52 レイコック ➡ 🚌 ➡ **14:07** チッペナム **14:20** ➡ 🚌 ➡
　　　　　　　234番　　　　　　　　　　　　　　　　　　35 番
14:43 カースルクーム **16:40** ➡ 🚌 ➡ **17:39** チッペナム ➡ 🚆 ➡ **17:59** バース
　　　　　　　　　　　　　　35 番

午後

午後はチッペナム行きのバスに乗り、終点のマーケット・クロスMarket Crossで下車。カースル・クーム行きのバスは便数が少ないので遅れないように。カースル・クームは、昔ながらの家並みが美しい村。次のバスまで2時間近くあるので、のんびり過ごそう。時間に余裕があればフットパスでアッパー・カースル・クーム方面へウオーキングもおすすめ。

聖アンドリュー教会

コッツウォルズ 現地発着ツアー

近隣のバースやオックスフォードなどからツアーが出ているが、ロンドンからの日帰りツアーも人気。

バース発着

コッツウォルズ1日ツアー

火8:45、金8:30、日11:00発
所要6時間～8時間45分　£40　学生£38
バイブリーとカースル・クームは必ず訪れるが、行き先はその日によって変わる。

ストーンヘンジ&レイコック半日

月13:00発　所要5時間15分　£30　学生£27
人気のレイコック村にストーンヘンジが加わった半日バスツアー。ストーンヘンジの入場料は別途必要。

ライオン・ツアーズ Lion Tours
TEL07769668668　URLwww.liontours.co.uk
ツアーの集合場所はバースのホテル、アビー(→P.275)前。

コッツウォルズ

3～10月の水・土9:00発　所要8時間30分　£38
ミニバスで回る少人数限定の1日ツアー。行き先はその日によって変わるが、バイブリー、バーフォード、テットベリーなどへ行くことが多い。

ストーンヘンジとコッツウォルズの村々

毎日8:30発　所要9時間　£38
午前中はストーンヘンジとエーヴベリーのストーンサークルへ行き、午後はレイコックやカースル・クームといったコッツウォルズの村を巡る。ツアー料金にストーンヘンジの入場料は含まれていない。

エーヴベリーとカースルクーム、レイコック

4～10月の木・金11:00発　所要6時間30分　£30
エーヴベリーとコッツウォルズのカースル・クームやレイコックに行く半日ミニバスツアー。

マッド・マックス・ツアーズ Mad Max Tours
TEL07990505970　URLwww.madmaxtours.co.uk

モートン・イン・マーシュ発着

クラシック・コッツウォルズ

木10:00発　所要7時間　£70
モートン・イン・マーシュ駅発。7人までの少人数ツアー。ストウ・オン・ザ・ウォルドやボートン・オン・ザ・ウォーター、チッピング・カムデンなどを訪れる。最小催行人数は3人。

スペシャル・コッツウォルズサイクリングツアー

10:00発　所要6時間　£60
モートン・イン・マーシュ駅発。自転車、ヘルメット、雨具などは料金に含まれている。日本語が話せるガイドと一緒にチッピング・カムデンやブロード・カムデン、エブリントンなど、観光客に知られていない小さな村を巡る。

コッツウォルズ・アドベンチャーズ
Cotswolds Advemtures
TEL(01453) 790725
URLwww.cotswoldsadventures.jp

ロンドン発着

憧れのコッツウォルズ周遊1日観光ツアー

毎日8:00発　所要約10時間　£55
コッツウォルズのハイライトともいうべき、バーフォード、バイブリー、ボートン・オン・ザ・ウォーター、ブロードウェイの4つの村を日本語ガイドと一緒に巡るツアー。

2つの世界遺産　ストーンヘンジ、バースとコッツウォルズの村

火・土8:30発　所要10時間30分　£72
人気の世界遺産とコッツウォルズを1日で観光できるお得なプラン(ストーンヘンジは入場料込み)。午前中にストーンヘンジ見学し、午後はバースへと行く。昼食後はカースル・クーハへと移動。

[みゅう]MYU
TEL(020) 76305666(日本語可)　URLwww.myushop.net
ロンドンのヴィクトリア駅構内1番改札前集合。ピカデリーサーカス周辺で解散。予約オフィスはヴィクトリア駅裏のショッピング&イーティング・アーケード内。

よくばりコッツウォルズ1日観光

月・水・金・日8:00発　所要10時間　£54
バイブリー、テットベリー、ボートン・オン・ザ・ウォーター、ストウ・オン・ザ・ウォルドの4つの村を巡る欲張りなツアー。昼食はついていない。

オックスフォードとストラトフォード1日観光

木・土8:00発　所要10時間30分　£81
コッツウォルズの車窓を楽しみつつ、オックスフォードとストラトフォード・アポン・エイヴォンの見どころを観光する(入場料込み)。日本語ガイド付き。

マイバスツアー My Bus Tour
TEL(020) 79791191(日本語可)
URLwww.mybus-europe.jp
出発15分前に地下鉄グロースターロード駅横グロースターアーケード入口集合。

ストーンヘンジとバース、ストラトフォード、コッツウォルズの1日

火・木・土・日8:15発　所要12時間
£95　学生£85
世界遺産のストーンヘンジとバースに加え、ストラトフォード・アポン・エイヴォンを巡る(ストーンヘンジは入場料込み)。コッツウォルズは車窓からの観光。

ランチ付きコッツウォルズ1日

火・金・日8:15発　所要10時間　£82　学生£79
午前中はバーフォードを訪れ、お昼はバイブリーでランチ。午後はボートン・オン・ザ・ウォーターとストウ・オン・ザ・ウォルドを訪れる。

プレミアム・ツアーズ Premium Tours
TEL(020)77131311
URLwww.premiumtours.co.uk
ヴィクトリア・コーチ・ステーション集合。ヴィクトリア駅裏の【みゅう】でも予約可。

ロンドン発 憧れのコッツウォルズ 周遊1日観光ツアー

ロンドン出発

8:00にヴィクトリア駅構内にある1番線の改札口前に集合する。全員集合したら、駅の裏側にあるバスの停留所まで行く。8:10頃出発し、ロンドンからコッツウォルズまでは道路状況にもよるが、約2時間ほどで到着。

1番線改札口は駅構内の一番端にある

観光バスが待機している

バーフォード

コッツウォルズに到着したら、まずは骨董店など色々なお店が並ぶバーフォードへ。かつて羊毛業で栄えたコッツウォルズの町並みをよく残している。ここでは40分間の自由行動なので、お店巡りを満喫しよう。

坂に沿ってパブやショップが並ぶ

パブで休憩するのもいい

バイブリー

アーツ・アンド・クラフツ運動で知られるデザイナー、ウィリアム・モリスが称えたバイブリー。村にはトラウト・ファームがあり、マス（トラウト）料理は、この村の名物になっている。川の周辺を一周しながらゆっくりと景色を眺めよう。

アーリントン・ローがハイライト

スワン・ホテル（→P.300）

ボートン・オン・ザ・ウォーター

村の中心をウインドラッシュ川が流れるボートン・オン・ザ・ウォーターは、「コッツウォルズのヴェネツィア」とも呼ばれている。約90分ほどの自由行動なので、ここで昼食をとる。

川沿いでのんびりとしよう

水遊びも気持ちいい

ブロードウェイ

14:50頃に「コッツウォルズの宝石」とも呼ばれる美しい町、ブロードウェイに到着。はちみつ色のコッツウォルズ・ストーンで造られた家々が並んでいる。ロンドンへ到着するのは18:15頃。

ハチミツ色の建物が美しい

フットパスを歩くのもいいかも

協力[みゅう]MYU(→P.295)

Town
コッツウォルズ
Walk
①

バラに囲まれた美しい城がある
ウィンチカム
Winchcombe

チェルトナムから北東へ約8kmの丘の上にある小さな町。近郊にヘンリー8世の最後の妻、キャサリン・パーが住んでいたシュードリー城があることで知られる。町からシュードリー城までは気軽に楽しめるウォーキング・コースになっている。

聖ピーター教会が村の目印

民俗・警察博物館
Folk & Police Museum
鉄道駅へ
聖ピーター教会
St. Peter's Church
Wesley House P.312
White Heart Inn
村の全景が
撮れる
N
0　100m
イズボーン川
運がよければ、
白鳥などが
撮れるかも？
シュードリー城
Sudeley Castle

おすすめルート
シュードリー城
↓
ホワイト・ハート・イン

シュードリー城
Sudeley Castle

ウィンチカムの町から東へ1kmほど歩いた先にある美しい城。建設は12世紀に遡るとされるが、現在見られる姿になったのは15世紀。ヘンリー8世 P.610最後の妻キャサリン・パー P.606が住んでいた城であり、彼女が埋葬された礼拝堂もシュードリー城にある。

ウィンチカムのシンボル、シュードリー城

シュードリー城の周りには、手入れのよく行き届いた庭園がある。イチイの生け垣に囲まれたクイーンズ・ガーデンQueen's Gardenには、800種類以上のバラが植わっており、城内で最大の見どころとなっている。園内にはキジの飼育小屋もあり、世界中から集められた294種類のキジとその近縁種を保護している。

TEL(01285)602308　URL www.sudeleycastle.co.uk
圃10:00〜17:00　困11/2〜3/15
料£14.50　学生£13.50

ホワイト・ハート・イン
The White Hart Inn

ワインショップを併設したバー。金曜と土曜の18:00からはワイン・テイスティングも行われており、コッツウォルド・ブリュワリー（→P.299）のビールも用意している。上階はホテルになっており、S £40〜 W £70〜。

⊠High St., GL54 5LJ　TEL(01242)602359
URL www.whitehartwinchcombe.co.uk
圃8:00〜23:00（金・土〜24:00、日11:00〜22:30）
困無休　CC M V　⑅店内可

■ウィンチカムへの行き方
チェルトナムからバス606番（時刻表→P.293）
■ウィンチカムの❶
⊠Town Hall, GL54 5LJ　TEL(01242)602925
圃10:00〜16:00（日10:00〜15:00）
困冬期の月〜金

コッツウォルズのヴェネツィア
ボートン・オン・ザ・ウォーター
Bourton-on-the-Water

　ボートン・オン・ザ・ウォーターは、ウィンドラッシュ川のほとりの小さな町。川と橋と町並みがマッチしており、「コッツウォルズのヴェネツィア」と呼ばれている。美しい風景を眺めながら、パブやカフェでのんびりしたい。時間があれば、コッツウォルド自動車博物館や古い家並みを再現したモデル・ヴィレッジ、バードランドといった小さな見どころも訪れてみよう。

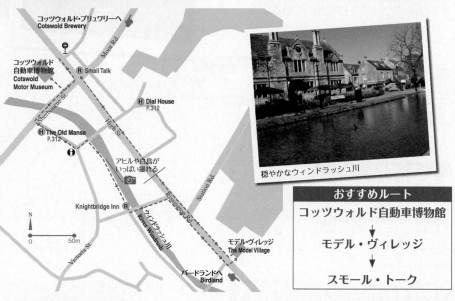

コッツウォルド・ブリュワリーへ
Cotswold Brewery

コッツウォルド
自動車博物館
Cotswold
Motor Museum

Ⓡ Small Talk

Moor Rd.

Ⓗ Dial House
P.312

Sherbourne St.

High St.

Ⓗ The Old Manse
P.312

アヒルや白鳥が
いっぱい撮れる

Station Rd.

Knightbridge Inn Ⓡ

Risington Rd.

ウィンドラッシュ川
River Windrush

N

0　　50m

Victoria St.

モデル・ヴィレッジ
The Model Village

バードランドへ
Birdland

穏やかなウィンドラッシュ川

おすすめルート
コッツウォルド自動車博物館
↓
モデル・ヴィレッジ
↓
スモール・トーク

スモール・トーク
Small Talk

　バス停に近く、待ち時間に便利。店内は磁器などが飾られていてかわいらしい内装。クリームティーは£4.10で、持ち帰りもできる。

✉Bourton-on-the-Water, GL54 2AP
☎(01451)821596　🕐10:00～16:15
🈺無休　🆑Ⓜ Ⓥ(£7.50以上)　📶不可

■ボートン・オン・ザ・ウォーターへの行き方
チェルトナム、モートン・イン・マーシュからバス801番（時刻表→P.293）
■ボートン・オン・ザ・ウォーターの❶
✉Vistoria St., GL54 2BU　☎(01451)820211
🕐夏期9:30～17:00
　　冬期9:30～16:00（日9:00～16:30）　🈺冬期の日
宿の予約手数料£3.50＋宿泊料金の10％（デポジット）

モデル・ヴィレッジ
Model Village

　1/9サイズのボートン・オン・ザ・ウォーターの家屋のレプリカが並べられている。まるで空中からボートンの村を眺めているよう。巨人になったつもりで写真撮影を楽しむのがここでの醍醐味。
　このレプリカを作ったのはすぐ前にあるイン、オールド・ニュー・インの店主。5年の歳月をかけて作り上げ、1937年にオープンした由緒正しき観光名所。

家のミニチュアが並ぶ

☎(01451)820467
🌐www.themodelvillage.com
🕐4～9月10:00～18:00　10～3月10:00～16:00
🈺12/25　💷£3.60

コッツウォルズ

コッツウォルド自動車博物館
Cotswold Motoring Museum

1960年代のクラッシック・カーや懐かしいおもちゃなどを展示している小さな博物館。7つのギャラリーに分かれており、スポーツ・カーや自転車のコーナーなど、テーマが異なっている。ショップには少年心をくすぐるグッズが多く並ぶ。

レトロな雰囲気が溢れる博物館

☎(01451)821255
URL cotswoldmotormuseum.co.uk
開10:00～18:00 休1月 £5.25

バードランド
Birdland Park and Gardens

ウィンドラッシュ川沿いにある小さな動物園。鳥類を専門としており、その数は50種類以上。人気はフラミンゴとペンギンのコーナー。毎日11:00と14:30にスタッフによるペンギンの餌付けが行われる。かなり間近で見られるのが魅力。

オウサマペンギンがいっぱい!

☎(01451)820480 URL www.birdland.co.uk
開4～10月10:00～18:00 11～3月10:00～16:00
休12/25 £8.95 学生£7.95

キングズブリッジ・イン
Kingsbridge Inn

橋のすぐそばにあるパブ。バーにはホブゴブリンの生ビールが置かれており、ウィンドラッシュ川を眺めながらエールが楽しめる。パブフードも充実しており、特にハンバーガー£7.95～12.95の種類が豊富。

✉Riverside, GL54 2BS ☎(01451)824119
URL www.kingsbridgepub.co.uk
開11:00～23:00
休無休 CC AMV ⊛店内可

コッツウォルド・ブリュワリー
The Cotswold Brewing Company

郊外にある小さなブリュワリー。中心部から行くにはムーア・ロードを北西に向かって歩き、大通りを越えた先にある。緑の建物が目印。イギリスでは珍しく、ラガーの種類が豊富。木曜と金曜の11:00からはツアー(要事前予約、£15)も行われる。

ラベルのデザインも秀逸

✉College Farm, Stow Rd., GL54 2HN
☎(01451)824488 URL cotswoldbrewing.com
開9:00～17:00 休土・日

---

walk 川と緑が織りなす美しいフットパス

ボートン・オン・ザ・ウォーターの水辺を歩く

コッツウォルズのヴェネツィアと称されるボートン周辺を歩くコース。フットパスは水辺の道が多いので、野鳥類も多く見られる。

起点となるのはウィンドラッシュ川

■コース詳細
スタート地点ハイ・ストリート
往復所要時間2時間30分～3時間
総延長8km

コッツウォルズ屈指の人気
バイブリー
Bibury

14世紀に建てられたアーリントン・ロウ

芸術家であり思想家でもあったウィリアム・モリスは、バイブリーを「イングランドで最も美しい村」と評した。その魅力は変わらず、今も多くの人が訪れる。周辺の牧草地を眺めながらのショートウオークも楽しい。

時間があればショートウォークを楽しもう！

バイブリー・トラウト・ファーム
Bibury Trout Farm
The Swan
P.313
River Coln
The Street
アーリントン・ロウを撮るならここがベスト
アーリントン・ロウ
Arlington Row
N
0 100m
P.313
H Bibury Court
聖メアリー教会
St. Mary's Church

バイブリー・トラウト・ファーム
Bibury Trout Farm

村の中心にある大きな養鱒場。4～10月にはマスが放流され、そばに流れるコーン川 River Colnに泳ぎ出していく。入口はおみやげコーナーになっており、ここで飼育されたマスの切り身や燻製なども売られている。レジの隣の扉からトラウト・ファームへと入れるのだが、必ずチケットを購入してから入場するように。

養鱒場というよりは庭園のような雰囲気

✉Bibury, GL7 5NL　☎(01285)740212
🌐www.biburytroutfarm.co.uk
🕐4～9月8:00～18:00　10月8:00～17:00
　11～2月8:00～16:00　🈡12/25　💴£3.95

■バイブリーへの行き方
サイレンセスター、ノースリーチからバス855番（時刻表→P.293）
■バイブリーの🛈
バイブリーには🛈がないので、サイレンセスターの🛈で情報を得ておこう。

おすすめルート
バイブリー・トラウト・ファーム
↓
アーリントン・ロウ
↓
聖メアリー教会
↓
スワン・ホテル

スワン・ホテル（→ホテルの詳細は P.313）
The Swan Hotel

バイブリー・トラウト・ファームの前にある人気のホテル。併設のカフェでは、ハイ・ティーが出され、バスツアーなどでもよく利用されている。

✉Bibury, GL7 5NW　☎(01285)740695
🌐www.cotswold-inns-hotels.co.uk
🕐7:30～21:30　🈡無休　💳ＡＭＶ　📶店内可

Town
Walk
コッツウォルズ
④

最も古い家並みが保存されている村
カースル・クーム
Castle Combe

カースル・クームは「最も古い家並みが保存されている村」として広く知られている。中心は14世紀に建てられたマーケット・クロスMarket Cross前。背後にあるのが、聖アンドリュー教会St. Andrew's Church。ここからザ・ストリートThe Street沿いに美しい家が並ぶ。川沿いの道は緑豊かな丘を登る人気のピクニックルート。

カースル・クームは丘に囲まれた静かな村

春や夏なら、マナーハウスの庭園を撮ってみよう！

アッパー・カースル・クームへ

Park Ln.

P.311
The Castle Inn
HR

The Manor House
P.313

聖アンドリュー教会
St Andrew's Church

マーケット・クロス
Market Cross

③
The White Hart

The Street

おすすめルート

マーケット・クロス
↓
マナー・ハウス
↓
ホワイト・ハート

可愛らしい家々を撮影するのなら、このあたりから

バイ・ザ・ブルック川

N

0　　　50m

ホワイト・ハート
The White Hart

マーケット・クロスにあるパブ。バスの待ち時間に使えて便利。ボードには日替わりメニューが書かれている。地ビールの種類も豊富。

✉Castle Combe, SN14 7HS　☎(01249)782295
🕐ドリンク11:00～23:00
　食事12:00～15:00　18:00～21:00
　（土・日12:00～21:00）
🈺無休　💳MV　📶店内可

■カースル・クームへの行き方
チッペナムからバス35、35A番（時刻表→ P.293）
■カースル・クームの❶
村には❶がないのでチッペナムの❶で情報を得ておこう。

キャッスル・イン （→ホテルの詳細は P.313）
Castle Inn

村の入口にあり、バスも目の前に停車するイン。1階はカフェ・バーになっている。クリームティー£5.85も出しており、休憩にもぴったりだ。バーでは、地元のエール、ペンデュラムPendulumも用意している。客室があるのは上階。

✉Castle Combe, SN14 7HN　☎(01249)783030
🌐www.castle-inn.info
🕐バー9:30～23:00
　レストラン11:30～15:00　18:00～21:00
🈺無休　💳MV　📶店内可

多くの映画の舞台になった村
レイコック
Lacock

古い建物が残るハイ・ストリート

村の象徴、レイコック・アビー Lacock Abbeyは、『ハリー・ポッターと賢者の石』のロケ地としても有名だ。

バス停があるウエスト・ストリートWest St.から、ハイ・ストリートHigh St.を直進すればレイコック・アビーの入口が見える。ハイ・ストリートに戻る途中でイースト・ストリートEast St.に入り、チャーチ・ストリートChurch St.で右折し、直進すれば聖シリアク教会St. Cyriac's Churchが右側に見える。

アビーは修道院解散後に邸宅として改装された

地図内の文字:
- Lacock Pottery P.314
- The Lacock Bakery
- 聖シリアク教会 St. Cyriac's Church
- Sign of Angel P.314
- Church St.
- King John's Hunting Lodge
- The George Inn
- Quintessentially English
- West St.
- East St.
- The National Trust Shop
- High St.
- フォックス・タルボット博物館 Fox Talbot Museum
- レイコック・アビー Lacock Abbey
- N
- 0　100m

■レイコックへの行き方
チッペナムからバス234番（時刻表→ P.293）
■レイコックの❶
村には❶がないのでチッペナムの❶で情報を得ておこう。

レイコック・アビー
Lacock Abbey

映画『ハリー・ポッター』ではホグワーツ魔法学校の回廊としてしばしば登場する

レイコック・アビーはもともと13世紀に女子修道院として建てられた。その後16世紀の修道院解散 ☞ P.608後は邸宅として改装されたが、南東の回廊Cloistersなどには修道院として使用されていた名残が現在でも残っている。また、この回廊は映画『ハリー・ポッター』のロケ地として使用されたこともある。

19世紀に写真技術の黎明期に活躍したフォックス・タルボットが購入する。邸宅は現在、アビー・ルームとして一般開放されており、当時使用されていた家具などが展示されている。そのほか敷地内には美しい庭園やフォックス・タルボットに関する展示が並ぶ博物館がある。

✉High St., SN15 2LG ℡(01249)730459 ℻www.nationaltrust.org.uk
🕐2月下旬～11月上旬10:30～17:30　11月上旬～2月下旬11:00～16:00
🚫12/25・26、1/1　💷£10.50　共通券£12.95入場券はフォックス・タルボット博物館で購入する　フラッシュ不可
●アビー・ルーム
🕐2月下旬～11月上旬11:00～17:00　11月上旬～2月下旬12:00～16:00
🚫火、11月上旬～2月下旬の月～金　💷共通券に含まれている　フラッシュ不可

キング・ジョンズ・ハンティング・ロッジ
King John's Hunting Kodge

13世紀に建てられた、レイコック最古の建物を利用しているティー・ルーム。ジョン王が狩りに出かけた時に利用されたと考えられているため、この名がつけられた。クリーム・ティーは£7.95。キング・ジョン・ロイヤル・アフタヌーン・ティー£18はボリュームたっぷり。

✉21 Church St., SN15 2LB
☎(01249)730313　URLkingjohnslodge.2day.uk
🕐10:30～17:30　休月・火　CC M V　📶店内可

レイコック・ベーカリー
The Lacock Bakery

チャーチ・ストリート沿いにあるパン屋さん。店内にはテーブルがあり、ここで軽く食事を取ることもできる。総菜パンであるコーニッシュ・パスティ£3.50～、自家製のケーキやパン£1.50～。各種ジャムやソースなども販売している。

✉8 Church St., SN15 2LB　☎(01249)730457
🕐9:30～17:00　休無休　CC M V　📶不可

ジョージ・イン
The George Inn

レイコックで最も古いパブ。創業は14世紀にまで遡るという。ランチタイムは12:00～14:30、ディナーは18:00～21:00。メインの料理はパブフードが中心で£9.95～。ウサギを使った料理もある。バス停が目の前にあるので、待ち時間にも便利。

✉4 West St., SN15 2LH　☎(01249)730263
🕐夏期11:00～23:00
　冬期11:00～15:00 18:00～23:00
　（土・日11:00～23:00）
休無休　CC M V　📶店内可

クィンテセンシャリー・イングリッシュ
Quintessentially English

ハンドメイドのオーガニック石けん専門店。伝統的な技法で作られた石けんはデザインも可愛らしく、花や植物などが調合されている。ショップ内には他にもオーガニックの化粧品や香水などが並ぶ。

✉West St., SN15 2LH　☎(01249)730100
URLwww.quintessentiallyenglish.co.uk
🕐10:00～17:00
休無休　CC M V

🚶walk　アビーを眺めながらゆっくりとお散歩
レイコックから川沿いの渓谷を歩く

聖シリアク教会を起点にレイコックの周辺を歩くコース。全体的に起伏の少ない緩やかな道を行くので初心者でも安心。

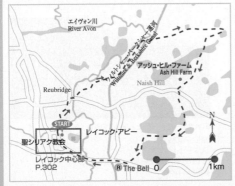

村の東に位置する聖シリアク教会

■コース詳細
スタート地点聖シリアク教会
往復所要時間：2時間30分～3時間
総延長：8.8km

Access Guide
チッピング・カムデン

ストラトフォード・アポン・エイヴォンから

🚌 所要:約30分

バス21、22番（時刻表→P.293）

モートン・イン・マーシュから

🚌 所要:1時間～1時間40分

バス21、22番（時刻表→P.293）

ℹ️ **チッピング・カムデン**
Tourist Information Centre

Map P.304

✉ The Old Police Station, High St.,
GL55 6HB

☎ (01386) 841206

🌐 www.chippingcampdenonline.org

夏期9:30～17:00
冬期9:30～13:00(金～日9:30～16:00)

休12/25・26

宿の予約:宿泊料金の10%（デポジット）

History
コッツウォルズのオリンピック
Cotswold Olympic Games

　チッピング・カムデンで最も有名なイベントはロバート・ドーヴァーズ・オリンピック・ゲームズRobert Dover's Olympic Games。近代オリンピックにヒントを与えたとされるロバート・ドーヴァーズによって1612年に初めて行われた。その後、約200年ほど続けられたが賭けと酒飲みのイベントに変化してしまい、1852年にその歴史は幕を閉じる。

　1963年にロバート・ドーバーズ・ゲームズ協会が発足すると、1966年に復活した。毎年スプリング・バンク・ホリデイ後の金曜(2015年は5月29日)に開催されている。

ハチミツ色の家が並ぶ
チッピング・カムデン
Chipping Campden

マーケット・ホール界隈

　中世に毛織物の町として栄えたチッピング・カムデンは「王冠の中の宝石」にたとえられる。ハチミツ色のコッツウォルド・ストーンの家々がハイ・ストリートHigh St.沿いに続く。

歩き方　バス は、乳製品の取引所として1627年に建てられた、マーケット・ホールMarket Hallの横に停車する。その正面にはℹがあり、東へ進むと聖ジェイムス教会St. James' Churchが見えてくる。

　ℹから西へ進むと交差点があり、北へ行くとコッツウォルド・ウェイCotswold Wayが始まる。大パノラマが広がるドーヴァーズ・ヒルDover's Hillはここから2kmほどのウオーキングだ。

聖ジェイムス教会

🚶 **walk**
近代オリンピック発祥の地を歩く
チッピング・カムデンからドーヴァーズ・ヒルへ

町の北西にはコッツウォルズの大パノラマが楽しめるドーヴァーズ・ヒルがあり、かわいらしいハチミツ色の家を眺めることができる。

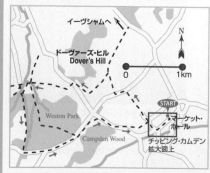

広大なドーヴァーズ・ヒルを歩くのがハイライト

■コース詳細
スタート地点:マーケット・ホール
往復所要時間:2時間～2時間30分
総延長:8km

コッツウォルズの小さな村

Map P.282B1

エイヴォン川のほとりにある小さな町
イーヴシャム
Evesham

イーヴシャム

```
0    100m
N  Bewley St.
High St.
Oat St.
ストラトフォード・
アポン・エイヴォンへ
Vine St.
エイヴォン川へ
S Riverside
S.C.
イーヴシャム・
パリッシュ教会
Evesham Parish Church
アルモニー
Almony
```

　イーヴシャムはコッツウォルズの北西側の入口にあたる町。ロンドンからモートン・イン・マーシュを経由して多くの列車が発着している。エイヴォン川ではボートや釣りなど多彩なレジャーが楽しめる。コッツウォルズ巡りの途中にぶらりと立ち寄るのにぴったりの町だ。

Access Guide
イーヴシャム
ストラトフォード・アポン・エイヴォンから
所要:約40分

バス28、28A番（時刻表→P.293）

アルモニーは8世紀にベネディクト派の修道院として作られ、14世紀に邸宅に改装された

コッツウォルズの小さな村

Map P.282B1

コッツウォルズの宝石
ブロードウェイ
Broadway

ハイ・ストリート沿いに小さな店が並ぶ

　ブロードウェイは、あたたかい色のコッツウォルド・ストーンで建てられた家並みがハイ・ストリート沿いに続く、典型的なコッツウォルズの町のひとつ。コッツウォルド・ウェイCotswold Wayを町から東南へ2km余り上った丘の上には、ブロードウェイ・タワー Broadway Towerがそびえている。ここからはイーヴシャム渓谷が一望できる。

Access Guide
ブロードウェイ
ストラトフォード・アポン・エイヴォンから
所要:2時間50分～3時間10分

バス21番（時刻表→P.293）

チェルトナムから
所要:約50分

月・土 10:00 15:00 16:30 17:45
※日曜運休

ℹ **ブロードウェイ**
Tourist Information Centre
地図外
✉ 14 High St., WR12 7AP
☎ (01386) 852937
🕐 10:00～17:00（日11:00～15:00）
🚫 12～2月の日、12月下旬～1月上旬

🚶 walk

塔を目指して丘を進む！
渓谷を見下ろすブロードウェイ・タワーへ

　はちみつ色の家並みが続くブロードウェイ。ここでは村の近くにある丘を歩いてみよう。丘の頂上にあるブロードウェイ・タワーからはイーヴシャム渓谷全体を眺めることができる。

```
START
The Lygon
Russel's R H Arms Hotel
P.315
ブロードウェイ
納屋
Barn
フィッシュ・ヒル・ピクニック・プレイス
Fish Hill Picnic Place
Broadway
Tower Country
Park
ブロードウェイ・タワー
Broadway Tower
N
R Rookery Barn
0        1km
```

ブロードウェイ・タワーの内部はショップと展示コーナーになっている

■コース詳細
スタート地点:リゴン・アーム・ホテル
　　　　　　Lygon Arms Hotel
往復所要時間:2時間30分
総延長:8km

Access Guide
ストウ・オン・ザ・ウォルド
モートン・イン・マーシュから
所要:約10分

801番（時刻表→P.293）

チェルトナムから
所要:約50分

801番（時刻表→P.293）

ホテルやインが並ぶマーケット・スクエア

Access Guide
チッピング・ノートン
ストラトフォード・アポン・エイヴォンから
所要:約50分

50番（時刻表→P.293）

オックスフォードから
所要:約1時間15分

S3（時刻表→P.293）

コッツウォルズの小さな村 　　　　　　　　**Map P.283C2**
アンティーク・マーケットの中心地
ストウ・オン・ザ・ウォルド
Stow-on-the-Wold

町の時代は先史時代にまで遡るが、12世紀には既にこの地でマーケットが開かれていたという。骨董品店の数はコッツウォルズの中でも最も多いことからアンティークを求めて訪れる観光客もちらほら。14世紀から続く馬市は年に一度開かれる。

コッツウォルズの小さな村 　　　　　　　　**Map P.283C2**
毛織物で栄えた町
チッピング・ノートン
Chipping Norton

13世紀初頭にジョン王から毛織物の取引の勅許を得てから、毛織物を扱う重要な町として発展してきた。町には旧毛織物工場Bliss Millや、15世紀に毛織物商人の豊富な財力により再建されたという聖メアリー教会St. Mary the Virgin Churchなどの見どころがある。毎週水曜には市場が開かれる。

コッツウォルズの中では規模の大きな町

---

walk 　悪魔のすみか（?）へ行ってみよう!
レックハンプトンから悪魔の煙突へ

　レックハンプトンはチェルトナムの南にある村。ここからコッツウォルズ丘陵を歩くハイキングコースがある。目指すは「悪魔の煙突」と呼ばれる奇妙な形の岩だ。この地下に悪魔が住んでいるとされ、岩はその煙突なのだと言い伝えられた。かつてはこの岩に上ってコインを置く習慣があったそうだが、現在は岩を保護するため禁止されている。

レックハンプトンからの眺め

■レックハンプトンへ の行き方
チェルトナムのノース・ストリートNorth St.のバス停から市内バスFが所要15分。オールド・バース・ロード下車。運行は6:45～18:15の30分おき。日曜は10:00～17:00の1日7便。オールド・バース・ロードOld Bath Rd.のバス停から直進し、ピルフォード・ロードPilford Rd.を右折するとフットパスが始まる

■コース詳細
スタート地点:レックハンプトンのピルフォード・ロード
往復所要時間:2時間
総延長:5km　高低差:多い

コッツウォルズの小さな村
Map P.283C3
坂道にかわいらしいお店が並ぶ
バーフォード
Burford

はちみつ色の家が段々上に並ぶ風景が印象的なバーフォード。14世紀から17世紀頃まで手織物取引で栄え、ハイ・ストリートHigh St.沿いには今でも当時の雰囲気を残した建物を見ることができる。現在はカフェやみやげ物店が並ぶ小さな町で、特に骨董品店が多いことでも知られる。

Access Guide
バーフォード
チェルトナムから
所要:約45分
月〜土　7:00　11:00　16:10　※日曜運休

オックスフォードから
所要:約45分
月〜土　9:00　12:45　18:00　※日曜運休

坂に沿ってパブやホテルが並んでいる

コッツウォルズの小さな村
Map P.284B2
チャールズ皇太子のお気に入り
テットベリー
Tetbury

サイレンセスターとバースを結ぶ道の途中にある。テットベリーの起源は、サクソン人が7世紀の後半にこの地に修道院を建てたことに始まる。中世をとおして羊毛の取引で栄え、ロンドンやバースから多くの人々がよい商品を求めて町にやってきたという。

現在のテットベリーは、アン王女、チャールズ皇太子などが別邸を構えていることでもよく知られている。ゴシック様式で建てられた聖メアリー教会、ロング・ストリートLong St.を中心とした古い町並みなど、小さいながらも歩いていて楽しい町だ。

Access Guide
テットベリー
サイレンセスターから
所要:約66分
バス881番(時刻表→P.293)

 テットベリー
Tourist Information Centre
Map P.307
⊠33 Church St., GL8 8JG
℡(01666) 503552
URLwww.visittetbury.co.uk
圏4〜10月10:00〜16:00
　11〜3月10:00〜164:00
圏11〜3月の日、12/25〜1/1
宿の予約:手数料£2.50+宿泊料金の10%(デポジット)

マーケット・プレイスが町の中心

コッツウォルズの小さな村
Map P.284B3
修道院とともに発展した
マームズベリー
Malmesbury

7世紀創設のマームズベリー・アビー Malmesbury Abbeyを中心に栄えた宗教都市。マーケット・クロス Market Crossには中世の名残が今でも残っている。また、日本でも人気の高いダイソン社の本社があることでも知られている。

町の中心に残るマームズベリー・アビー

Access Guide
マームズベリー
サイレンセスターから
所要:約50分
月〜土　7:55〜17:10 (土9:00〜17:10)の2時間に1便　※日曜運休

チッペナムから
所要:約50分
バス92番(時刻表→P.293)

『惑星』を作曲する際に使用したピアノ

「グロスターの仕立屋」の家では、グッズがい
っぱい

チェルトナム美術館&博物館
町の歴史を知るならここ
Cheltenham Art Gallery & Museum: The Wilson

Map P.288左1　チェルトナム

チェルトナム内外の美術
品や町の歴史、地誌の資料
などが展示され、企画展も
行われている。展示の目玉
はロバート・スコットの南極
探検（1910～1912年）に同
行したエドワード・ウィルソ
ンEdward Adrian Wilsonのコーナー。

ティアラのコーナーもある

ホルスト博物館
グスタフ・ホルストが生まれた
Holst Birthplace Museum

Map P.288左1　チェルトナム

グスタフ・ホルストは組曲『惑星』で有名な作曲家。数代
続いた音楽家の家系で、彼の父親アドルフもピアニスト、
オルガニストとして知られた。グスタフはここで1874年に生
まれ、7歳になるまで過ごした。1882年、グスタフを産ん
だ母クララが死に、家族は引っ越すことになった。
　現在、ここはホルストの資料を集めた博物館として公開
されている。また、生活していた当時のものを使って部屋
を再現しており、19世紀後半の生活スタイルがわかるよう
になっている。

グロスターシャー・ウォーリックシャー鉄道
コッツウォルズ北部を走る保存鉄道
Gloucestershire Warwickshire Railway

Map P.282A2～B2　チェルトナム

30年以上前までは現役
で使用されていた、コッツ
ウォルズを走る蒸気機関
車。チェルトナムのレース・
コース駅からウィンチカムの
鉄道駅を経由してトッディト
ンToddingtonを30分で結
ぶ。現在はバスで移動する

週末は観光客でいっぱいになる

ことが多いコッツウォルズだが、のんびりと汽車に揺られ
ながら美しい風景を眺めるというのもまたひと味違うはず。

「グロスターの仕立屋」の家
服を縫うネズミのお話でおなじみ
House of the Tailor of Gloucester

Map P.289A1　グロスター

ビアトリクス・ポターP.609が滞在し、『グロスターの仕立
屋』の舞台となった「グロスターの仕立屋」の家はグロスタ
ー大聖堂のすぐ脇にある。館内はみやげ物屋になってい
て、奥には物語を再現した部屋がある。

グロスター大聖堂

ハリー・ポッターで一躍有名に
グロスター大聖堂
Gloucester Cathedral

Map P.289A1
グロスター

塔の高さは130mほど

映画『ハリー・ポッターと賢者の石』でホグワーツ魔法学校として使われた大聖堂。もともと聖ピーター修道院の教会として11世紀後半に建てられたノルマン様式の建物だったが、後に何度も改築されて現在の形になった。16世紀の修道院解散 P.608 後に大聖堂となる。数々のステンドグラスや大聖堂ゆかりの人物を記念した彫像など、じっくり見学したい。

「コッツウォルズの至宝」を発見しよう！
コリニウム博物館
Corinium Museum

Map P.290A
サイレンセスター

「コッツウォルズの至宝の発見」がテーマ。サイレンセスターはローマ時代、イギリス第2の都市だっただけあって、当時の遺構が多く発見されている。館内の展示は先史時代から19世紀までのコッツウォルズの歴史をたどっており、人形などを使ってわかりやすく解説している。特にモザイクのコレクションは優美で当時の繁栄をうかがわせるようだ。

「コッツウォルズの大聖堂」とたたえられる
パリッシュ・チャーチ
Parish Church of St. John the Baptist

Map P.290A
サイレンセスター

ゴシック様式の壮麗な教会

町のどこからでもよく目立つサイレンセスターのシンボル的存在。中世に毛織物産業で潤ったコッツウォルズの村々では、その経済力を反映して、人口をはるかに上回る人を収容できる大きな教会が造られており、羊毛の教会を意味するウール・チャーチと呼ばれている。サイレンセスターの教会はそのなかでも最大のもので、内部には4つのチャペルがある。

鉄道ファンにはたまらない
スチーム（グレート・ウェスタン鉄道博物館）
Steam - Museum of the Great Western Railway

Map P.285C3
スウィンドン

スウィンドンの駅から約1kmほど西に位置する鉄道博物館。蒸気機関車が出来上がるまでをパネルや人形などを使い、順に追って分かりやすく説明してくれる。館内にはグレート・ウェスタン社が過去に使用していた車両も並ぶ。

■グロスター大聖堂
✉College Green., GL1 2LX
☎(01452)528095
🌐www.gloucestercathedral.org.uk
🕐7:00〜17:30
休無休　料寄付歓迎　写真撮影£3

回廊はステンドグラスから光が差し込み、ほのかに明るい

■コリニウム博物館
✉Park St., GL7 2BX
☎(01285)655611
🌐coriniummuseum.org
🕐4〜10月10:00〜17:00
（日14:00〜17:00）
11〜3月10:00〜16:00
（日14:00〜16:00）
休12/25・26、1/1
料£4.95　学生£3.30

ローマ時代のモザイク

■パリッシュ・チャーチ
✉Cosditch St., GL7 2AJ
☎(01285)659317
🕐夏期10:00〜17:00
冬期10:00〜16:00
休無休　料無料

■スチーム
🚃スウィンドン駅Swindonで下車し、徒歩15分。スウィンドンまではロンドン、バース、ブリストルなどから鉄道が頻発
✉Fire Fly Av., Swindon, SN2 2EY
☎(01793)466646
🌐www.steam-museum.org.uk
🕐10:00〜17:00
休12/24・25・26、1/1
料£8.50　学生£6.80

ブルネルの像と蒸気機関車

Recommended

チェルトナムを代表する大型ホテル
クイーンズ Queen's Hotel

高級　89室
Map P.288 左2　チェルトナム

📺 全室　🌀 全室　💎 全室　📱 受付　🅿 有料　📶 Wi-Fi 無料

✉The Promenade, GL50 1NN
TEL(01242)514754
FAX(01242)262538
URLwww.mercure.com
⑤🚿🛁🚽📶 £130〜
Ⓦ🚿🛁🚽📶 £140〜
CCADMV
レストラン🕐18:00〜20:00

　プロムナードの南端にある。中心部で最も大きく、町のシンボル的な存在だ。古い建物のため、館内の構造はややわかりにくいが、吹き抜けの階段を取り囲むように部屋がある。部屋自体の設備は新しくて快適。
レストラン ネーピア・レストランThe Napier Restaurantでは多彩な英国料理を楽しめる。ワインの種類も豊富。

高級　11室　Map P.288 左2　チェルトナム

ナンバー131 No. 131

✉131 Promnade, GL50 1NW
TEL(01242)822939
URLwww.no131.com
⑤Ⓦ🚿🛁🚽📶 £170〜
🌀£ CCAMV

📺 全室　🌀 全室　💎 全室　📱 なし　🅿 なし　📶 Wi-Fi 無料

ジョージ王朝時代の建物を改装したホテル。部屋もそれぞれ内装が異なり、レトロな雰囲気やモダンな雰囲気だったりと個性豊か。

大型　59室　Map P.288 左2　チェルトナム

ビッグ・スリープ The Big Sleep Hotel

✉Wellington St., GL50 1XZ
TEL(01242)696999
URLwww.thebigsleephotel.com
⑤Ⓦ🚿🛁🚽📶 £39〜80
CCAMV(手数料別途)

📺 全室　🌀 全室　💎 全室　📱 なし　🅿 有料　📶 Wi-Fi 無料

中心部に位置する大型ホテル。建物全体がパステル調でまとめられており、家具やベッドもモダンなデザインで統一されている。朝食はコンチネンタル。

中級　22室　Map P.288 左2　チェルトナム

セントラル Central Hotel

✉7-9 Potland St., GL52 2NZ
TEL(01242)582172
URLroomsbooked.com
⑤🚿🛁🚽📶 £22〜
Ⓦ🚿🛁🚽📶 £36〜 CCAMV

📺 全室　🌀 全室　💎 全室　📱 なし　🅿 無料　📶 Wi-Fi 無料

町の中心にあり、設備が充実している中級ホテル。系列のホテルはチェルトナム内に6つあり、部屋の設備や大きさはさまざま。

ゲストハウス　6室　Map P.288 左2　チェルトナム

アビー Abbey

✉14-16 Bath Pde., GL53 7HN
TEL(01242)516053
URLwww.abbeyhotel-cheltenham.com
⑤🚿🛁🚽□ £45〜46　⑤🚿🛁🚽□ £60〜69
Ⓦ🚿🛁🚽□ £87〜93　CCAMV

📺 全室　🌀 全室　💎 全室　📱 なし　🅿 なし　📶 Wi-Fi 無料

ハイ・ストリートの近くにある。周囲にはバーやショップが並び、何かと便利な立地。部屋によってファブリックの柄が異なる。

中級　35室　Map P.288A2　グロスター

ニュー・カウンティー The New County Hotel

✉44 Southgate St, GL1 2DR
TEL(01452)307000
URLwww.thenewcountyhotel.co.uk
⑤Ⓦ🚿🛁🚽□ £60〜
CCAMV

📺 全室　🌀 全室　💎 全室　📱 なし　🅿 なし　📶 Wi-Fi 無料

中心部にある設備の整ったホテル。レストラン・バーも併設しており、ランチやアーリーバードなどお得なセットメニューも出している。朝食は£5。

日本からホテルへの電話（詳しい電話のかけ方は P.8 もご参照ください）
国際電話会社の番号 ＋ 010 ＋ 国番号44 ＋ 最初の0を除いた掲載の番号

コッツウォルズ

15世紀から続く老舗宿
ニュー・イン The New Inn Hotel Gloucester

中級 33室
Map P.289B1 グロスター

📺 全室　🗲 全室　🧴 全室　なし　P なし　🛜 Wi-Fi 無料

✉️16 Northgate St., GL1 1SF
☎(01452)522177
🌐www.newinn-hotel.co.uk
⑤ 🛁 £40〜　W 🛁 £50〜
💳ＡＭＶ

　15世紀に巡礼団の宿泊施設として建てられた。典型的な白壁に黒をあしらった外観が美しい。天蓋付きベッドが付いた部屋もあり、内装とよくマッチしている。

国王も宿泊した歴史ある宿
ホワイト・ハート・ロイヤル White Hart Royal

高級 28室
Map P.290上 モートン・イン・マーシュ

📺 全室　🗲 全室　🧴 全室　受付　P 無料　🛜 Wi-Fi 無料

✉️High St., GL56 0BA
☎(01608)650731
🌐www.whitehartroyal.co.uk
⑤ 🛁 £75〜105
W 🛁 £85〜135　💳ＡＭＶ

　17世紀のピューリタン革命時に、国王チャールズ1世が宿泊したとされる歴史あるホテル。2009年に改装工事を終え、歴史的雰囲気を残しながらも、美しく生まれ変わった。

イン 32室 Map P.290上 モートン・イン・マーシュ
リーデスデイル・アームズ Redesdale Arms

✉️High St., GL56 0AW
☎(01608)650308
FAX(01608)651843
🌐www.redesdalearms.com
⑤ 🛁 £100〜
W 🛁 £130〜
💳ＭＶ

📺 全室　🗲 全室　🧴 全室　なし　P 無料　🛜 Wi-Fi 無料

　コッツウォルズらしいインで、ハチミツ色の外観に伝統的なパブが併設されている。ベッドやカーテンの色や柄など、各部屋は異なる装飾が施されており、細かい所まで配慮されている。

古風な外観に最新の設備を施した
フリース The Fleece Hotel

中級 29室
Map P.290下B サイレンセスター

📺 全室　🗲 全室　🧴 全室　なし　P 無料　🛜 Wi-Fi 無料

✉️Market Pl., GL7 2NZ
☎(01285)658507
🌐thefleececirencester.co.uk
⑤ 🛁 £113〜
W 🛁 £118〜　💳ＡＭＶ

　木組みの建物が印象的な外観。ふたつの建物を連結してホテルとしている。古い建物のため広さにはかなり差があり、バスタブではなくシャワーのみの部屋もある。

中級 15室 Map P.290下A サイレンセスター
コリニウム Corinium Hotel

✉️12 Gloucester St., GL7 2DG
☎(01285)659711
🌐www.coriniumhotel.com
⑤ 🛁 £70〜
W 🛁 £105〜　💳ＡＭＶ

📺 全室　🗲 全室　🧴 全室　全室　P 無料　🛜 Wi-Fi 無料

　16世紀の商家を利用しており、外観はコッツウォルズ独自の家造りを思わせるが、内装はモダンで落ち着いた感じ。1階にはレストラン＆バーも併設。

日本からホテルへの電話（詳しい電話のかけ方はP.8もご参照ください）
国際電話会社の番号 ＋ 010 ＋ 国番号44 ＋ 最初の0を除いた掲載の番号

アイヴィ・ハウス The Ivy House

📺 全室　🪮 全室　🧴 全室　🖥 なし　🅿 無料　📶 Wi-Fi 無料

✉2 Victoria Rd., GL7 1EN
☎(01285)656626
URLwww.ivyhousecotswolds.com
⑤🚿🔒📺🍴💻 £67
ⓌⓌ🚿🔒📺🍴💻 £87　ⒸⓂⓋ

外観は石造りでややいかめしい感じを受けるが、部屋の内装はシンプルで清潔にまとまっている。オーナーも親切で旅の相談にものってくれる。

オールド・ブリューハウス The Old Brewhouse B&B

📺 全室　🪮 全室　🧴 全室　🖥 なし　🅿 無料　📶 Wi-Fi 無料

✉5-7 London Rd., GL7 2PU
☎(01285)656099
URLwww.theoldbrewhouse.com
⑤🚿🔒📺🍴💻 £67〜75
ⓌⓌ🚿🔒📺🍴💻 £78〜89
ⒸⓂⓋ

建物は19世紀初頭のもので、かつては醸造所として使われていた。大きめの入口は当時の名残。裏庭にある別棟には通常の部屋より設備の調った客室が3室ある。

エンジェル Angel Hotel

📺 全室　🪮 全室　🧴 全室　🖥 なし　🅿 無料　📶 Wi-Fi 無料

✉Market Pl., SN15 3HD
☎(01249)652615
URLwww.legacy-hotels.co.uk
⑤🚿🔒📺🍴💻 £82〜
ⓌⓌ🚿🔒📺🍴💻 £105〜　ⒸⒶⒹⓂⓋ

町の中心にある、ベストウエスタン系列のホテル。外観は古風で小さいながらも室内プールとフィットネスルームを備えている。朝食は£12。

ニュー・ロード New Road Guesthouse

📺 全室　🪮 全室　🧴 全室　🖥 なし　🅿 無料　📶 Wi-Fi 無料

✉31 New Rd., SN1 1HP
☎(01249)657259
URLwww.newroadguesthouse.co.uk
⑤🚿🔒📺🍴💻 £40　⑤🚿🔒📺🍴💻 £50
Ⓦ🚿🔒📺🍴💻 £70〜　ⒸⓂⓋ

駅の北側の出口から西に歩き、ニュー・ロードに出た所にある。駅から徒歩3分ととても便利な立地。本館はファミリールームが中心。

Recommended

白い壁が目印
ウェズリー・ハウス Wesley House

📺 全室　🪮 全室　🧴 全室　🖥 なし　🅿 なし　📶 Wi-Fi 無料

✉High St., GL54 5LJ
☎(01242)602366
URLwww.wesleyhouse.co.uk
⑤Ⓦ🚿🔒📺 £75〜100
Ⓒ Ⓐ ⓂⓋ

街の中心にある雰囲気のよいホテル。レストランも併設しており、1階のバーがレセプションを兼ねている。奥にはガラス張りの個室もあり、周囲の風景を堪能しながら食べることも。

ダイアル・ハウス Dial House Hotel

📺 全室　🪮 全室　🧴 全室　🖥 なし　🅿 無料　📶 Wi-Fi 無料

✉Bourton-on-the-Water, GL54 2AN
☎(01451)822244
URLwww.dialhousehotel.com
⑤Ⓦ🚿🔒📺🍴💻 £139〜245
Ⓒ ⒶⓂⓋ

17世紀にコッツウォルズ・ストーンで造られた建物を改装したホテル。アンティーク家具のセンスも秀逸。庭園ではアフタヌーン・ティー£22も楽しめる。

オールド・マンス The Old Manse Hotel

📺 全室　🪮 全室　🧴 全室　🖥 なし　🅿 なし　📶 Wi-Fi 無料

✉Bourton-on-the-Water, GL54 2BX
☎(01451))820082
URLwww.oldenglishinns.co.uk
⑤Ⓦ🚿🔒📺🍴💻 £75〜85
ⒸⓂⓋ

ウィンドラッシュ川に面しており、リバービューの部屋もある。1階にはレストランとカフェも併設されており、川の流れに癒やされながらのんびりと過ごせる。

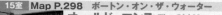

日本からホテルへの電話（詳しい電話のかけ方は P.8 もご参照ください）
国際電話会社の番号 ＋ 010 ＋ 国番号44 ＋ 最初の0を除いた掲載の番号

コッツウォルズ

Recommended

自然に囲まれた伝統的ホテル
スワン The Swan Hotel

高級		22室

Map P.300　バイブリー

TV　🚿　📞　📷　P　🛜Wi-Fi
全室　全室　全室　受付　無料　無料

✉Bibury, GL7 5NW
TEL(01285)740695
URLwww.cotswold-inns-hotels.co.uk
⑤⑧W🛏🚿🚽🛁 £170〜370
⑥⑥ⒶⒿⓂⓋ
レストラン圏7:30〜21:00
　バイブリー・トラウト・ファームの前
にある村一番のホテル。併設のカフェ
（→P.300）ではハイ・ティーが出され、
ツアーでもよく利用されている。週末
は混み合うので、予約をしておいたほ
うがよいだろう。ウェブサイトには各
部屋の写真が掲載されており、部屋
も選べる。
レストラン　スワン・ブラッスリー The
Swan Brasserieでは、地元の素材を
使った料理を提供している。

マナーハウス	18室	Map P.300　バイブリー

バイブリー・コート Bibury Court Hotel

✉Bibury, GL7 5NT
TEL(01285)740337
URLwww.biburycourt.com
⑤⑧W🛏🚿🚽🛁 £145〜
⑥⑥ⒶⓂⓋ（手数料別途）

TV　🚿　📞　📷　P　🛜Wi-Fi
全室　一部　全室　受付　無料　無料

1663年に建てられた、貴族のサック
ヴィル家の館がもとになっているマナ
ーハウス。多くの部屋に天蓋付きベッ
ドが入っており、内装も重厚な雰囲気。

Recommended

貴族の気分が味わえる
マナー・ハウス The Manor House Hotel

マナーハウス		48室

Map P.301　カースル・クーム

TV　🚿　📞　📷　P　🛜Wi-Fi
全室　全室　全室　受付　無料　無料

✉Castle Combe, SN14 7HR
TEL(01249)782206
URLwww.manorhouse.co.uk
⑤⑧W🛏🚿🚽🛁 £210〜
⑥⑥ⒶⒹⒿⓂⓋ
レストラン圏18:30〜21:00
（金〜日12:00〜14:00 18:30〜21:00）
　カースル・クームにある、比較的大
型のマナーハウス。庭は非常に広大
で、村外れにはゴルフ場も所有してい
る。部屋の内装も重厚ながら明るく、
貴族の気分をちょっと味わってみるの
にぴったりだ。
レストラン　数々の賞を受賞したこと
のあるレストラン、バイブルック
Bybrook Restaurant で優雅な時間を
過ごそう。

イン	11室	Map P.301　カースル・クーム

キャッスル・イン The Castle Inn Hotel

✉Castle Combe, SN14 7HN
TEL(01249)783030
URLwww.castle-inn.info
⑤🛏🚿🚽🛁 £80〜170
W🛏🚿🚽🛁 £135〜199
⑥⑥ⒶⓂⓋ

TV　🚿　📞　📷　P　🛜Wi-Fi
全室　全室　全室　受付　無料　無料

村の入口にあり、バスも目の前に停ま
る。昔ながらのインの雰囲気を大事に
しており、天蓋付きのベッドが置かれ
ている部屋もある。1階はカフェバー
（→P.301）でクリーム・ティーなどが楽
しめる。

羊毛商人の家を改装した
サイン・オブ・エンジェル The Sign of the Angel

中級　　5室
Map P.302　レイコック

📺 なし　全室 なし　なし　なし Ｐ🚗 なし　🛜Wi-Fi 無料

✉6 Church St., SN15 2LB
☎(01249)730230
🌐www.signoftheangel.co.uk
Ⓢ £90～110
Ⓦ £120～140　ＣＣ ＡＤＭＶ

15世紀の羊毛商人の家をホテルとして利用している。客室はアンティークの調度品がところどころに使われており、古風な雰囲気。1階にはレストランも併設されている。

B&B　3室　Map P.302　レイコック

レイコック・ポッタリー
Lacock Pottery B&B

✉1 The Tanyard, Church St., SN15 2LB
☎(01249)730266
🌐www.lacockbedandbreakfast.com
Ⓢ £56～66
Ⓦ £89～110　ＣＣ ＭＶ

📺 全室　全室 全室 なし なし Ｐ🚗 なし　🛜Wi-Fi 無料

陶器工房を併設したユニークなB&B。客室はそれぞれが独自に装飾されており、どれも個性豊か。オーナーの作品が置かれたギャラリーも併設。

高級　28室　Map P.304　チッピング・カムデン

コッツウォルド・ハウス
The Cotswold House Hotel

✉The Square, GL55 6AN
☎(01386)840330
🌐www.bespokehotels.com/cotswoldhouse
⒮Ⓦ £140～500
ＣＣ ＡＭＶ

📺 全室　全室 全室 受付 無料 Ｐ🚗　🛜Wi-Fi 無料

外観は周囲の建物と同じようにあたたかみのある風情だが、内装はスマートにまとめられている。部屋の窓から眺める風景も素朴で美しい。

イン　10室　Map P.304　チッピング・カムデン

リゴン・アームズ Lygon Arms

✉High St., GL55 6HB
☎(01386)840318
🌐www.lygonarms.co.uk
⒮Ⓦ £75～90
ＣＣ ＡＭＶ

📺 全室　全室 全室 なし 無料 Ｐ🚗　🛜Wi-Fi 無料

ハイ・ストリートに面したイン。通り沿いの建物にはパブも併設しているが、ほとんどの客室は裏の別館にあり、騒音は気にならない。

美しい庭園を持つ
ストウ・ロッジ Stow Lodge Hotel

中級　　22室
Map P.306上　ストウ・オン・ザ・ウォルド

📺 全室　全室 全室 なし 無料 Ｐ🚗 無料　🛜Wi-Fi 無料

✉The Square, GL54 1AB
☎(01451)830485
🌐www.stowlodge.co.uk
⒮Ⓦ £93～173
ＣＣ ＭＶ

中心に位置する伝統的なホテル。牧師館として造られた建物を18世紀にマナーハウス・ホテルとして作り替えており、現在でもその名残が見られる。手入れの行き届いた庭園も自慢。

ユース　ベッド数45　Map P.306上　ストウ・オン・ザ・ウォルド

YHAストウ YHA Stow

✉The Square, GL54 1AF
☎08453719540
🌐www.yha.org.uk
Ⓓ £10～20
⒮Ⓦ £29～　ＣＣ ＭＶ

📺 なし　なし なし なし 無料 Ｐ🚗 一部 🛜Wi-Fi 無料

コッツウォルズでも数少ないホステル。広場に面しており、バス停も目の前。それだけに人気が高いので事前に予約しておこう。朝食は£4.95。

RESTAURANT

Map P.289A1　グロスター
コンフィ・ビュー Comfy Pew

英国料理
カフェ

　大聖堂の目と鼻の先にある。周辺には古い建築が残り、この建物も築150年以上だとか。地元産チーズなど、周辺で取れた新鮮な食材を使った料理は地元の人々にも好評で、店内はいつもにぎわっている。

✉11 Colledge St., GL1 2NE　☎(01452)524296
URLwww.thecomfypew.co.uk　圏10:00〜16:00
休冬期の日曜、12/25・26、1/1　CCAJMV　令不可

Map P.305（コラム内地図）　ブロードウェイ
ラッセルズ Russell's

モダンブリティッシュ

　地元の素材を使った料理で人気の店。ワインの品揃えも豊富だ。コース料理は£14〜22。メインの単品は£25前後。上階には宿泊施設もあり、S W £140〜300。

✉20 High St., WR12 7DT　☎(01386)853555
URLrussellsofbroadway.co.uk　圏12:00〜14:30
18:00〜21:30　休無休　CCADMV　令店内可

Map P.290下A　サイレンセスター
タイ・エメラルド Thai Emerald

タイ料理

　店内はタイの伝統的工芸品が飾られており、エスニックな雰囲気が漂う。人気メニューは本格タイカレー£9.25〜11.95。ランチセットがお得でひとり£7.95〜10.95。

✉36 Casle St., GL7 1QH　☎(01285)654444
URLwww.thaiemeraldrestaurant.co.uk　圏12:00〜14:30
17:30〜22:30　休無休　CCAMV　令不可

Map P.288左1外　チェルトナム
カリー・コーナー Curry Corner

インド料理

　数々の受賞歴を誇る、1977年創業の名店。バングラデシュ系の料理を得意としており、カレーは£10.95〜。中心部から少し離れているが、週末は予約でいっぱい。

✉133 Fairview Rd., GL52 2EX　☎(01242)528449
URLwww.thecurrycorner.com　圏12:00〜14:00　17:30〜23:00
休月　CCAJMV　令不可

Map P.288左2　チェルトナム
マリネーズ Marinades

カリブ料理

　チェルトナムでは珍しいカリブ料理屋。店内の装飾は南国風でカリブ海のリゾートにいるような雰囲気。おすすめはジャマイカ名物のジャークチキン£11.95〜。アーリーバード・メニューは6種類のメインが£5.95〜7.50とお得。

✉56 High St., GL50 1EE　☎(01242)2578811
URLwww.marinades.co.uk　圏18:00〜21:30（金・土〜22:30）
休日・月　CCMV　令不可

Map P.288左2　チェルトナム
スワン Swan

パブ
英国料理

　数多くの受賞経験をもつチェルトナムを代表するパブ。ソーセージプレート£9.50が人気の食事メニューは12:00〜14:00、17:00〜21:00（金・土12:00〜21:00）のみ。

✉35-37 High St., GL50 1DX　☎(01242)243726
圏12:00〜24:00　休無休
CCMV　令店内可

Map P.290下A　サイレンセスター
ゴールデン・クロス・イン Golden Cross Inn

パブ
英国料理

　地元産の食材を利用した料理が評判のダイニング・パブ。メニューは日替わりで、メインは£11〜15程度。冬期はランチの後、夕方までクローズすることも。

✉20 Black Jack St., GL7 2AA　☎(01285)652137
URLwww.thegoldencrossinn.com　圏11:00〜23:00（日11:00〜17:00）　休無休　CCJMV　令店内可

ブラック・ベア・イン The Black Bear Inn

Map P.290 上　モートン・イン・マーシュ

パブ

地元の人々に人気のパブで、ストウ・オン・ザ・ウォルドの地ビール、ドミニオンを提供している。食事メニューは軽食が中心で、サンドイッチやパイなどを出している。

✉High St., GL56 0AX　☎(01608)652992
⏰10:30〜23:00　㊡無休
CC MV　📶店内可

エイト・ベルズ The Eight Bells

Map P.304　チッピング・カムデン

パブ
英国料理

ハイ・ストリートからチャーチ・ストリートに入って左側。14世紀に建てられた家を改装したパブ。メニューは季節ごとに変わり、前菜とメインを頼んで£25前後。奥には宿泊施設（全6室）もある。

✉Church St., GL55 6JG　☎(01386)840371
URLwww.eightbellsinn.co.uk　⏰12:00〜23:00
㊡無休　📶店内可

ヴォランティア・イン The Volunteer Inn

Map P.304　チッピング・カムデン

パブ
インド料理

ハイ・ストリートとパーク・ロードとが交わる角にある。300年以上の歴史をもつイン。客室は朝食付きで S £40〜、W £75〜。バーの奥にはインド料理のレストランも併設されており、17:30（金・土17:00）からオープン。

✉Lower High St., GL55 6DY
☎(01386)840688　⏰15:30〜23:30（金〜日11:00〜23:00）
㊡無休　CC MV　📶店内可

ポーチ・ハウス The Porch House

Map P.306 上　ストウ・オン・ザ・ウォルド

パブ
英国料理

現在の建物は10世紀にホスピスとして造られたというパブ。内装はまるで博物館のよう。メニューは地元の素材を使ったモダン・ブリティッシュが中心。盛りつけも洗練されている。

✉Digbeth St., GL54 1BN　☎(01451)870048
URLwww.porch-house.co.uk
⏰7:30〜23:00（金・土〜翌1:00）　㊡無休　CC AMV　📶不可

ハフキンズ Huffkins Cheltenham

Map P.288 左 1　チェルトナム

ティー・ルーム
ベーカリー

1890年創業のベーカリー兼ティー・ルーム。焼きたてパンをゲットしようといつも地元の人でいっぱい。バーフォードやストウ・オン・ザ・ウォルドにも同系列の店もある。

✉25 Promenade, GL50 1LE　☎(01242)513476
URLwww.huffkins.com　⏰9:00〜16:30（日10:00〜16:00）
㊡無休　CC AMV　📶不可

ミセス・T ポッツ・ティールーム Mrs T. Potts Tearoom

Map P.290 上　モートン・イン・マーシュ

ティー・ルーム
英国料理

小さなティールームだが、店内にはカラフルな絵皿が多く飾られており、かわいらしい雰囲気。グルテンフリーの手作りケーキやスコーンを提供する。

✉4 High St., GL56 0AH　☎(01608)650767
URLwww.mrstpotts.co.uk　⏰9:00〜17:00（日10:00〜16:00）
㊡無休　CC不可　📶不可

ジャックス Jacks Café Restaurant

Map P.290 下 A　サイレンセスター

カフェ

店内は明るく、気軽に入れる雰囲気で、町歩きに疲れたときの休憩に最適。メニューはサンドイッチなどの軽食が中心で、カウンターに並べられているスイーツは日替わりで種類も多い。

✉44 Black Jack St., GL7 2AA
☎(01285)640888　⏰9:00〜17:00（日11:00〜17:00）
㊡無休　CC MV　📶不可

世界中から学生が集う学問の町
オックスフォード
Oxford

クライスト・チャーチのトム・タワー

人口	市外局番
15万1906人	01865
オックスフォードシャー州	
Oxfordshire	

伝説によれば、8世紀初頭にサクソンの王女、フライズワイドFrideswideがこの地に修道院を建てた。これが現在のクライスト・チャーチのもとになっているという。彼女を追ってきた好色な王は雷に打たれて失明するが、フライズワイドの祈りにより視力が回復したという。

13世紀には大学の町としての側面を備えていったが、学生が住民と対立して悪評が立った時代もあった。現在は英国を代表する最高学府として、世界中から学生が集う国際的な雰囲気と、歴史の重みを伝えるように建つ重厚な学舎とが不思議な調和を生み出す町となっている。

歩き方

カーファックス・タワー

町の中心に建つのはカーファックス・タワーCarfax Tower。町が一望できる眺望ポイントだ。ここより東側にさまざまなカレッジが点在しており、塔の西側にはバスステーションやショッピングセンターなどがある。さらに運河を越えると鉄道駅。これらはすべて歩いて行ける。

ハイ・ストリート カーファックス・タワーからハイ・ストリートHigh St沿いに東へ向かうと、リンカーン・カレッジやクイーンズ・カレッジなどさまざまなカレッジ P.320 が並んでいる。

ブロード・ストリート クイーンズ・レーンQueen's Ln.を入ると、ニュー・カレッジ沿いに道はくねり、ボドリアン図書館の前に出る。カーファックス・タワーのほうへと戻るコーン

Access Guide
オックスフォード

ロンドンから

所要：約1時間10分

月〜土 パディントン駅から5:12〜翌0:22 1時間に2・3便程度

日 8:03〜22:42 1時間に1便程度

所要：約1時間40分

月〜土 ヴィクトリア駅7番乗り場からX90番 6:30〜翌2:30 1時間に2〜4便程度

ヒースロー空港（セントラルバスステーション）から

所要：約1時間30分

月〜土 5:40〜23:10の30分おき 0:05 1:50 3:50 一部はターミナル5を経由

ガトウィック空港（南ターミナル）から

所要：2時間〜2時間30分

月〜土 5:00 7:15〜23:15の毎時15分 1:00 3:00 全便北ターミナルを経由

チェルトナムから

所要：約1時間35分

月〜土 スワンブルックSwanbrook853番 7:00 11:00（土12:30）16:10

日 17:15

モートン・イン・マーシュから

所要：約35分

月〜土 5:47〜23:26 30分〜1時間30分に1便程度

日 10:11〜20:12 1時間に1便程度

![i] オックスフォード
Tourist Information Centre

Map P.319C2
⊠15/16 Broad St., OX1 3AS
☎(01865)252200
URL www.visitoxfordandoxfordshire.com
囲9〜6月9:30〜17:00
（日・祝10:00〜15:30）
7・8月9:30〜17:30
（日・祝10:00〜16:00）
囮12/25・26、1/1
宿の予約:宿泊料金の10％（デポジット）

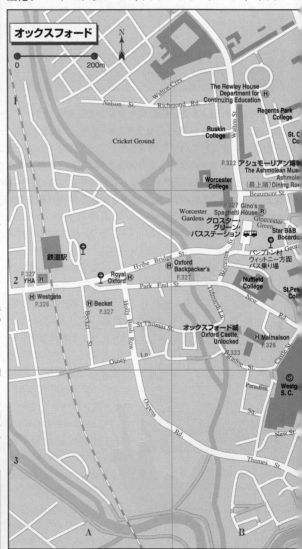

グロスター・グリーン・バスステーション

![🚶] 主催のウオーキングツアー

![🚶] 町と大学巡り
University and City Tour
10:45、14:00発（冬期は13:00）
夏期の土曜は10:45、11:00、13:00、
14:00発
所要:2時間
囲£9　学生£8.50
（カレッジの入場料含む）
訪れるカレッジは、ツアーによって異なるが、一般公開されていないカレッジも見学できることも。ツアーに参加できる人数は19人までと決まっているので、予約が望ましい。

![🚶] 主任警部モースツアー
Inspector Morse Tour
土13:30発　夏期は月・金・土の11:15、
13:30発　所要:2時間
囲£10　学生£9.50
オックスフォードを舞台にしたテレビ番組の人気シリーズ『主任警部モース』の舞台を巡るツアー。

![🚶] テーマ・ツアー
Themed Tour
2月中旬〜11月下旬、土・日など不規則に実施。13:45発　所要:1時間30分
囲£10　学生£9.50
ドラマ『ダウントン・アビー』ゆかりの地を訪ねるツアーや、映画『ハリー・ポッター』シリーズのロケ地巡りなど、毎回異なるテーマに沿ったツアーが組まれている。ツアーの時間と内容などの詳細は、ウェブサイトで確認のこと。

オックスフォードの![i]
☎(01865) 252200
URL www.visitoxfordandoxfordshire.com
どのツアーも![i]の前から出発。予約は![i]で直接できるほか、電話でも可能。ウェブサイトでの予約は、ツアー出発の48時間前までなら可能。

マーケット・ストリートCornmarket St.はたくさんの人でいつもにぎわっている。

クライスト・チャーチ周辺　カーファックス・タワーから南へ行くとオックスフォード博物館があり、そこからさらに南下するとクライスト・チャーチや、パント（平底の小さな船）がレンタルできるフォリー・ブリッジFolly Br.と続いていく。

![🚃] 交通情報

鉄道駅　鉄道駅は町の西にある。カーファックス・タワーまでは徒歩10分ほど。

バスステーション　ヒースロー空港をはじめガトウィック空港、ロンドンからのバス（オックスフォード・バス、オック

オックスフォード

N
0　　　　200m

The Rewley House
Department for
Continuing Education

Regents Park
College

St. C
Co

Nelson St.　Walton Cres.　Richmond Rd.

Ruskin
College

Walton St.

Cricket Ground

P.322 アシュモーリアン博
The Ashmolean Mus
Ashmole
（最上階）Dining Roo

Worcester
College

Beaumont St.

Worcester
Gardens

P.327 Gino's
Spaghetti House ![R]

グロスター・
グリーン・
バスステーション![🚌]

Gloucester
Green

Star B&B
Bocardo

1

鉄道駅

Hythe Bridge St.

バンプトン村
ウィットニー方面
バス乗り場

George

2 YHA ![H]

P.327

![H] Royal
Oxford

![H] Oxford
Backpacker's
P.327

Park End St.

Worcester

Nuffield
College

St.Pet
Col

![H] Westgate
P.326

![H] Becket
P.327

Holly Bush Row

Becket St.

Thames St.

St. Thomas St.

オックスフォード城
Oxford Castle,
Unlocked
P.323

![H] Malmaison
P.326

Castle Mill St.

New Rd.

Osney Ln.

Paradise St.

![S] Westg
S. C.

3

Oxpens Rd.

Paradise
Sq.

New St.

Thames St.

A　　　　B

スフォード・チューブ)は、町の中心にある**グロスター・グリ
ーン・バスステーション**Gloucester Green Bus Stationに
到着する。近郊の見どころへのバスもここに発着する。

市内バス　郊外にあるB&Bやゲストハウスへ行くときに便
利。市内を走るバスの多くは鉄道駅前に発着。町の中心
からは、ハイ・ストリート沿いのバス停が近い。

観光バス　シティ・サイトシーイング社のバスが鉄道駅から
バスステーションを経由し、おもな見どころやカレッジに寄
りつつ、町を1周する。乗り降り自由でイヤホンを通じて聞
く案内には日本語もある。カーファックス・タワーなどの見
どころとの共通券も販売している。

■**シティ・サイトシーイング**
　City Sightseeing
TEL(01865) 790522
URL www.citysightseeingoxford.com
4〜9月9:30〜18:00の10〜30分おき
3・10月9:30〜17:00の10〜30分おき
11〜2月9:30〜16:00の10〜30分おき
24時間有効チケット£14　学生£12
48時間有効チケット£16　学生£14

シティ・サイトシーイングのバス

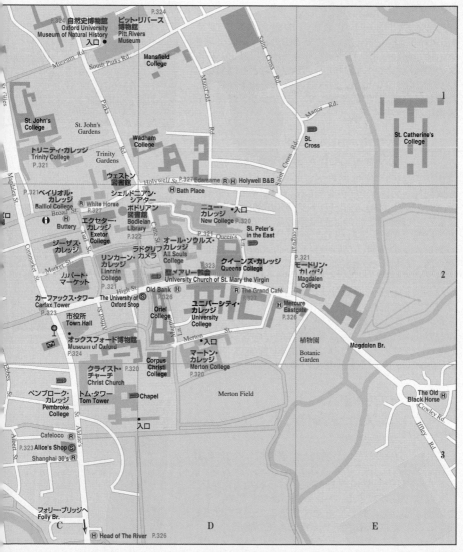

319

詳細ガイド オックスフォードの カレッジ巡り

　オックスフォードの見どころは、何といってもカレッジ。「大学の中に町がある」といわれるほど、数多く点在している。内部を見学させてくれるところも多いが、午後にならないと一般に開放しないところも多い。❶ 主催のツアーに参加するのもおすすめ。

最古の常設大学
マートン・カレッジ
Merton College

　オックスフォードで最古の常設のカレッジで、1264年に設立された。それまでのカレッジは土地をもたない存在だったが、これをきっかけにユニバーシティ・カレッジやベイリオル・カレッジなども常設のカレッジになっていった。日本の現皇太子殿下が在学したのもここだ。1370年設立のイングランド最古の図書館はこの中にある。

大聖堂とカレッジをもつ
クライスト・チャーチ
Christ Church

　大聖堂とカレッジを併せもつのがクライスト・チャーチ。大聖堂には美しいステンドグラスが飾られている。ここでぜひ聴きたいのは聖歌隊の歌声で、その実力は折り紙つきだ。毎日18:00から。
　カレッジの食堂、グレート・ホールGreat Hallは、壁一面にかけられた肖像画や壮麗な天井の細工など、圧倒されるほど美しいホール。映画『ハリー・ポッター』シリーズに出てくる魔法学校の食堂のモデルにもなった。そのほか、カレッジの中には美術館Picture Galleryがあり、ファン・ダイクやダ・ヴィンチなどの作品が収蔵されている。表の塔はトム・タワー Tom Tower。クリストファー・レン P.606 の作品で、塔内の鐘Great Bellが時を知らせている。

1379年創設
ニュー・カレッジ
New College

　ニュー・カレッジという名前とは裏腹に1379年創設と歴史は古い。正式名称はニュー・カレッジ・オブ・セント・メアリー。聖メアリーにささげられたカレッジとしてはすでにオリオル・カレッジがあったため、それと区別するため、新しいを意味するニューがつけられた。ここの聖歌隊の歌声も非常に人気がある。

ダラム・カレッジを起源にもつ
トリニティ・カレッジ
Trinity College

　かつてダラム（→P.456）の修道士によって設立されたダラム・カレッジがあった場所に建つ。1555年に所有が代わってトリニティ・カレッジとなったが、構内にはダラム・カレッジ時代の15世紀に建てられた図書館が残っている。すぐ隣にあるベイリオル・カレッジとは熾烈なライバル関係にあった。

大学エリアの最も東にある
モードリン・カレッジ
Magadlen College

　1458年に、ウィンチェスター主教のウィリアム・ワインフリートによって創立された。イギリス国王エドワード8世やオスカー・ワイルドなどを輩出している。オックスフォードのカレッジとしては広い敷地があり、チャーウェル川沿いの庭園の散策も楽しめる。

学生がいない大学
オール・ソールズ・カレッジ
All Souls College

　1438年創立のカレッジ。学生はおらず、フェローという研究員のみが非常に限られた数のみ在籍している。建築家のクリストファー・レン P.606はここの研究員として在籍していた。コドリントン図書館Codrington Libraryの名で知られるオール・ソールズ図書館の建築は有名。

政治家を多数輩出
ベイリオル・カレッジ
Balliol College

　1263年の創設以来、オックスフォード屈指の人気カレッジであり、エドワード・ヒースらイギリス首相やドイツのヴァイツゼッカー元大統領など、卒業生からは政治家が数多く生まれている。哲学者アダム・スミスも卒業生。外務省時代の皇太子妃雅子さまもここで学んだ。

1427年創設
リンカーン・カレッジ
Loncoln College

　メソジスト派の祖として知られるジョン・ウェズレーを輩出したのがこのリンカーン・カレッジ。大学エリアのほぼ中央に位置する。建物の古い部分には17世紀のものもある。カレッジの図書館は18世紀に全聖人教会として建てられたもの。1975年から図書館となった。

DATA

■マートン・カレッジ　Map P.319D2
⊠Merton St., OX1 4JD　TEL(01865)276310
URLwww.merton.ox.ac.uk
閧14:00～17:00（土・日10:00～17:00）
休イースター週間、12/24～26、1/1
料£3

■クライスト・チャーチ　Map P.319C3
⊠Christ Church, OX1 1DP　TEL(01865)276492
URLwww.chch.ox.ac.uk
●カレッジ
閧10:00～16:30（日14:00～16:30）　休12/25
料シーズンにより変動　£7～8.50　学生£5～7
●グレート・ホール
閧10:30～11:45　14:30～16:30
　（土・日14:30～16:30）
休12/25　料カレッジ入場料に込み
●美術館
閧6～9月10:30～17:00（日14:00～17:00）
　10～5月10:30～13:00　14:00～16:30
　（日14:00～16:30）
休10～6月の火、12/25
料£3　学生£2　内部撮影不可

■ニュー・カレッジ　Map P.319D2
⊠Holywell St., OX1 3BN　TEL(01865)279555
URLwww.new.ox.ac.uk
閧3月中旬～9月11:00～17:00
　10月～3月中旬14:00～16:00　休無休
料£4

■トリニティ・カレッジ　Map P.319C1
⊠Broad St., OX1 3BH　TEL(01865)279900
閧9:00～12:15　13:30～16:00
　（日13:00～17:00　休暇中は日9:30～16:00）
休不定期　料£2

■モードリン・カレッジ　Map P.319E2
⊠High St., OX1 4AU　TEL(01865)276000
閧6～8月 12:00～19:00　10～6月 13:00～18:00
休12/24～1/1　料£5　学生£4

■オール・ソールズ・カレッジ　Map P.319D2
⊠High St., OX1 4AL　TEL(01865)279379
閧14:00～16:00
休土・日、イースター休暇、8月、12/22～1/3　料無料

■ベイリオル・カレッジ　Map P.319C2
⊠Broad St., OX1 3BJ　TEL(01865)277777
閧夏期 10:00～17:00　冬期 10:00～16:00
休不定期　料£2　学生£1

■リンカーン・カレッジ　Map P.319C2
⊠Turl St., OX1 3DR　TEL(01865)279800
閧14:00～17:00（土・日11:00～17:00）　休無休　料無料
※各カレッジとも、開館時間中でも日没に合わせて閉めることが多いので、特に冬期は注意しよう。

　　　ちょうど卒業式の時期だったらしく、カレッジの中に
　　　入れないところが多かったが、式を終えた学生たちがローブを着て歩いているところを見られてそれも感激だった。
　　　　　　　　　　　　　　　（埼玉県　りんちゃん　'14夏）

■アシュモーリアン博物館
⊠Beaumont St., OX1 2PH
TEL(01865)278000
URL www.ashmolean.org
開10:00〜17:00　休月　料無料
フラッシュ不可

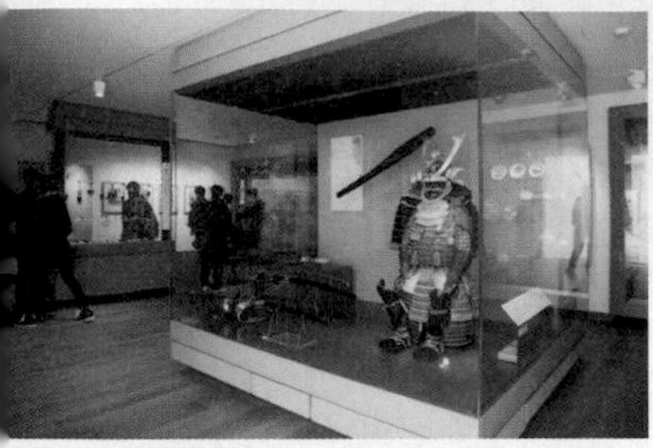
明治以前と以降に分け日本に関する品も展示

英国有数の博物館　Map P.318B1

アシュモーリアン博物館
The Ashmolean Museum

1683年創設という歴史ある博物館。大学の運営する博物館としては、世界一のコレクションを誇る。考古学に関する展示、特に北キプロスのサラミス遺跡、エジプトのハワーラ遺跡などからの遺品が充実。なかでもアーサー・エヴァンスが発掘したクノッソス遺跡の発掘物を収蔵していることで名高い。

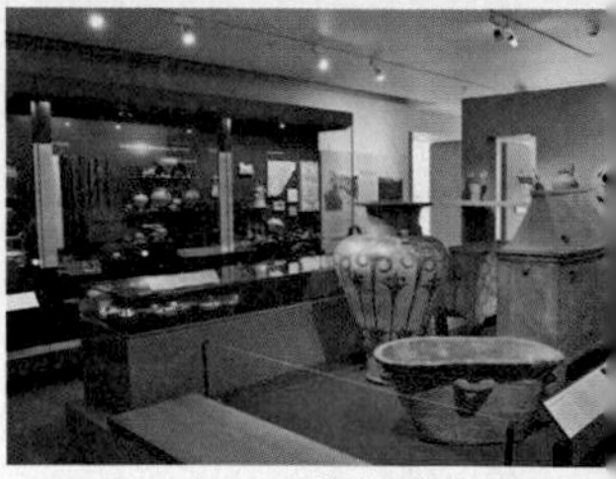
クノッソス遺跡に関する展示

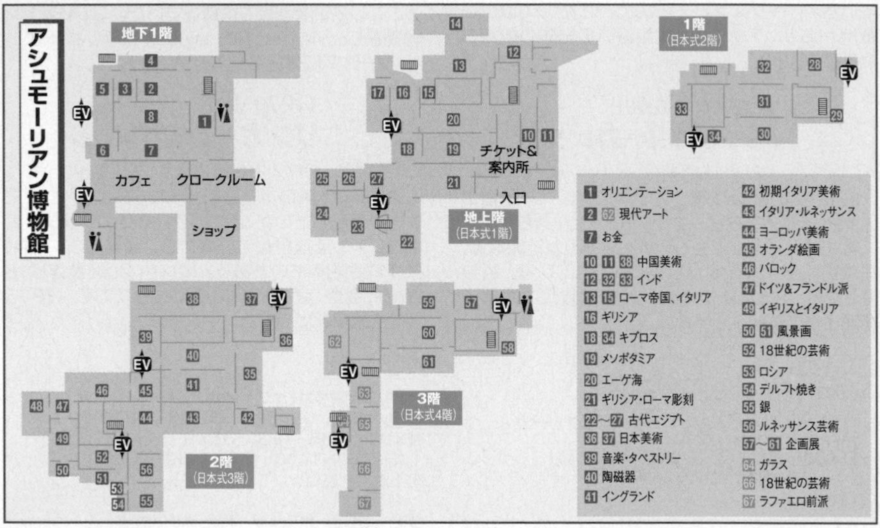
アシュモーリアン博物館
地下1階
カフェ
クロークルーム
ショップ
地上階
(日本式1階)
チケット&
案内所
入口
1階
(日本式2階)
2階
(日本式3階)
3階
(日本式4階)
1 オリエンテーション
2 62 現代アート
7 お金
10 11 38 中国美術
12 32 33 インド
13 15 ローマ帝国、イタリア
16 ギリシア
18 34 キプロス
19 メソポタミア
20 エーゲ海
21 ギリシア・ローマ彫刻
22〜27 古代エジプト
36 37 日本美術
39 音楽・タペストリー
40 陶磁器
41 イングランド
42 初期イタリア美術
43 イタリア・ルネッサンス
44 ヨーロッパ美術
45 オランダ絵画
46 バロック
47 ドイツ&フランドル派
49 イギリスとイタリア
50 51 風景画
52 18世紀の芸術
53 ロシア
54 デルフト焼き
55 銀
56 ルネッサンス芸術
57〜61 企画展
64 ガラス
66 18世紀の芸術
67 ラファエロ前派

■ボドリアン図書館
⊠Broad St., OX1 3BG
TEL(01865)277224
URL www.bodleian.ox.ac.uk/bodley
開9:00〜16:15　土9:00〜15:30
日11:30〜16:15　休無休
料 £2.50（オーディオガイド込み）
●ガイドツアー
開日によって開催時間が異なる
料 30分£5　1時間£7　1時間30分£13

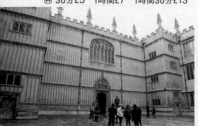

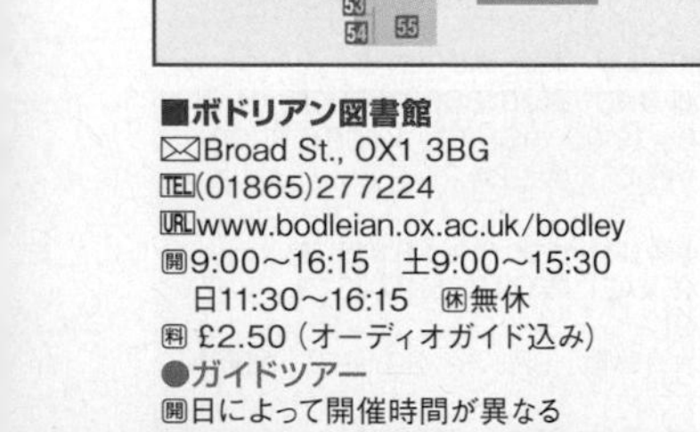
ボドリアン図書館の本館

大学の町が誇る図書館　Map P.319C〜D2

ボドリアン図書館 Bodleian Library

ロンドンの大英図書館に次ぐ1100万冊もの蔵書を誇る図書館。本館のほかに、ラドクリフ・カメラRadcliffe Camera、クラレンドン・ビルディングClarendon Building、新館New Bodleian Libraryなどの中に、膨大な量の書物が収められている。建物としてひときわ目を引くのは1749年に建てられたラドクリフ・カメラだ。このドーム型の建物は科学関係の書物を収める図書館として建てられたそうだ。

館内ツアーで見学できる会議室は、17世紀のイングランド内乱時代、ロンドンを追放されたチャールズ1世の王宮がおかれていたときに英国議会として使われていた部屋。2階の閲覧室はジャコビアン様式（17世紀前半）の内装の部屋で、映画『ハリー・ポッター』シリーズの撮影にも使われた。

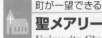
塔に上って眺めてみよう　　Map P.319C2

カーファックス・タワー　Carfax Tower

カーファックス・タワーからの眺め

「カーファックス」とは「交差点」の意味で、その名のとおり、塔に上れば交差点の真上からの眺めが楽しめる。塔の上までは階段約100段、高さは約23m。もとは聖マーティン教会の塔として建てられたもので、いまは塔だけが残されている。毎正時には時計の鐘の音が町に鳴り響く。

■カーファックス・タワー
🕐4〜10月10:00〜17:00
3月10:00〜16:30
11〜2月10:00〜15:00
🚫12/25・26、1/1　💰£2.50

カーファックス・タワーの仕掛け人形

町が一望できる　　Map P.319D2

聖メアリー教会
University Church of St. Mary the Virgin

塔からは多くのカレッジが見渡せる

聖メアリー教会の起源はよくわかっていないが、サクソン人の時代に建てられたものだといわれている。

教会の中で現存する最古の建物は、1280年に建てられた塔。ここからの景色はすばらしく、多くの人がひとめ見ようと訪れる。眼下にラドクリフ・カメラをはじめ、オックスフォードの名建築を収める気分は爽快だ。

■聖メアリー教会
✉High St., OX1 4BJ
☎(01865)279111
🌐www.university-church.ox.ac.uk
🕐9:30〜17:00（日11:30〜17:00）
🚫12/25・26　💰無料、塔は£4

Information
アリス・ショップ

クライスト・チャーチの目の前にある。『鏡の国のアリス』で、アリスが機嫌の悪い羊と出合うのはこの店。現在はさまざまなアリスのグッズを販売している。入口にある小さな赤い看板が目印だ。

Map P.319C3
✉83 St. Aldate's, OX1 1RA
☎(01865)723793
🌐aliceinwonderlandshop.com
🕐夏期9:30〜18:30
冬期10:30〜17:00（土9:30〜18:30）
🚫12/25・26　💳ＡＤＭＶ

牢獄として使われ続けた城　　Map P.318B2

オックスフォード城　Oxford Castle, Unlocked

オックスフォード城の城壁

1071年のノルマン征服の直後に建てられた城。12世紀には、ウィリアム征服王 ➡P.605 の孫娘であるマチルダが幽閉された記録が残る。城のほとんどは17世紀の内乱時代に破壊されたが、ノルマン様式の地下室が残っている。1700年頃から1996年までは牢獄として利用された。見学はまず城の歴史を解説する映画を観てから、塔、地下室、牢獄という順に看守の衣装を着たガイドと一緒に回る。

■オックスフォード城
✉44-46 Oxford Castle, OX1 1AY
☎(01865)260666
🌐www.oxfordcastleunlocked.co.uk
🕐10:00〜16:20　🚫12/24〜26
💰£10.25　学生£8.75
フラッシュ部不可

■オックスフォード博物館
✉St. Aldates, OX1 1BK
☎(01865)252334
🌐www.oxford.gov.uk/museumofoxford
🕐10:00〜17:00
最終入場は閉館の30分前
休無休　料無料　内部撮影不可

■自然史博物館
✉Parks Rd., OX1 3PW
☎(01865)272950
🌐www.oum.ox.ac.uk
🕐10:00〜17:00
休12/25、1/1　料無料

ドードーは『不思議の国のアリス』にも登場

■ピット・リバース博物館
✉South Parks Rd., OX1 3PP
☎(01865)270927
🌐www.prm.ox.ac.uk
🕐10:00〜16:30（月12:00〜16:30）
休12/25、1/1　料無料

膨大な展示品数を誇る

■ミニの工場
🚌市役所前のバス停から1番または5番のバスでホースパス・ロードHorspath Rd.下車、A6入口より入場する
✉Eastern By-Pass Rd., Cowley, OX4 6NL
☎(01865)824000
🌐moxford.plantsitecms.co.uk
ツアーは予約すれば参加可能（土・日は行われない）
料£17　内部撮影不可
※14歳未満は参加不可

オックスフォードの歴史に触れる　　Map P.319C2
オックスフォード博物館 Museum of Oxford

オックスフォード市役所内にあり、小さな博物館の印象を受けるが、意外に展示は充実しており、先史時代以来のオックスフォードの歴史を解き明かしている。アートギャラリーも併設されている。

オックスフォード博物館

ネオ・ゴシック様式の建物も必見　　Map P.319C1
自然史博物館
Oxford University Museum of Natural History

世界的にみても極めて珍しい、幻の鳥ドードーの剥製や恐竜の骨格標本などの生物に関する展示をはじめ、鉱物や地質学など自然科学全般にわたるコレクションが一堂に会する博物館。

展示と同様に注目したいのは、博物館の建築。自然科学の大聖堂を標榜して建てられたヴィクトリア朝期のネオ・ゴシック様式で、鉄とガラスという当時としては最先端をいく建築資材を用いている。

膨大なコレクションが自慢　　Map P.319C1
ピット・リバース博物館 Pitt Rivers Museum

自然史博物館に隣接した博物館。入口は自然史博物館内にあり、専用通路から入場する。

50万点以上あるコレクションは、世界各地から年代を問わずに集められ、展示されているのは全体の3割ほど。展示は各カテゴリーごとに分けられており、展示品は陳列棚にところ狭しと並べられている。

イギリスを代表する自動車工場　　地図なし
ミニの工場 MINI Plant Oxford

イギリス最大規模の自動車工場。この工場では2001年より「ミニMINI」を組み立てており、実際の組み立て工程を所要約2.5時間のツアーで見学する。

工場の入口には各国語で「Welcome」が記されている

工場内では500体のロボットが稼働し、新車は68秒に1台のペースで製造ラインから産出される。また、この工場は2012年のロンドンオリンピックの際、聖火リレーのコースにもなった。

世界遺産
詳細ガイド

首相チャーチルが生まれた
ブレナム宮殿 *Blenheim Palace*

オックスフォード

戦功の宮殿　スペイン継承戦争時の1704年にドイツのドナウ河畔の町、ブリントハイムBlindheimで行われた戦いで、公爵ジョン・チャーチルがフランス軍を破った。この宮殿はその功労をたたえてアン女王からジョン・チャーチルに贈られたもので、ブリントハイムの英名ブレナムと名づけられた。以来チャーチル家の居城となり、後に名首相とたたえられたウィンストン・チャーチル P.606 も1873年にここで生まれている。

　オックスフォードからはバスで30分ほど。ヘンジントン・ゲートのそばに到着する。ゲートからひたすら直進するとチケットブースがあり、さらにひたすら歩くと建物の入口に到着する。まず驚かされるのはその広さだ。

広大な庭園でのんびり　チャーチル P.606 が生まれた部屋はもちろん、英国公爵の豪華な生活がうかがえる調度品の数々、花が咲き誇る手入れの行き届いた庭園もじっくり堪能したい。ほかにもバタフライファームやバラ園、迷路などもあり、1日楽しめる。

湖がある美しい庭園を散策してみよう

公園内には小さな機関車も走っている

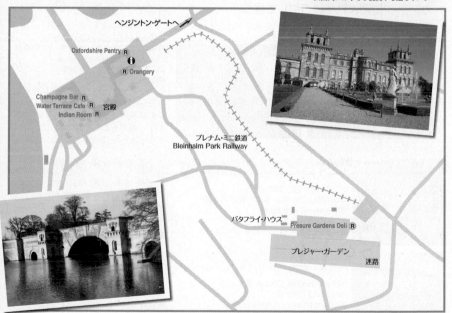

ヘンジントン・ゲートへ

Oxfordshire Pantry R

R Orangery

Champagne Bar R
Water Terrace Cafe R　宮殿
Indian Room R

ブレナム・ミニ鉄道
Bleinhalm Park Railway

バタフライ・ハウス
Presure Gardens Deli R

プレジャー・ガーデン

迷路

DATA

■ブレナム宮殿
🚌グロスター・グリーン・バスステーションからS3のバスでウッドストックWoodstock下車。5:45～23:45の1時間に3便程度、所要30分。
✉Woodstock, OX20 1PP　☎08008496500
URL www.blenheimpalace.com
●宮殿と庭園
🕐10:30～17:30　最終入場は16:45

休宮殿と庭園は12/21～2/14
料£21.50（宮殿、庭園、公園共通券）
宮殿内部撮影不可
●公園
🕐9:00～18:00　休12/25
料£22.50（宮殿、庭園、公園共通券）
　£13.50（庭園と公園共通券）

世界中から多くの人が訪れるオックスフォードだが、町の中心にホテルの数はそれほど多くはない。学生寮など大学施設の一部を観光客にも開放するところもある。比較的手頃なB&Bもあるのは鉄道駅の西側やチャーウェル川の東側。世界中から学生の集まる町だけあり、レストランやカフェも国際色豊かだ。

Recommended

高級　　　　95室
Map P.318B2

全室	全室	全室	全室	有料	無料

かつての牢獄がおしゃれなホテルに
マルメゾン Malmaison Oxford

⊠3 Oxford Castle, OX1 1AY
TEL(01865)868400
URLwww.malmaison.com
S W ⇔ ⇨ £255〜
CC A D J M V V

　オックスフォード城の横にある、かつての牢獄を利用したブティックホテル。客室は独房3つぶんをひと部屋にしているので広く設備やインテリアも非常におしゃれ。

Recommended

高級　　　　42室
Map P.319D2

全室	全室	全室	全室	無料	有料

カレッジに囲まれるようにして建つ
オールド・バンク Old Bank Hotel

⊠92-94 High St., OX1 4BN
TEL(01865)799599　FAX(01865)799598
URLwww.oldbank-hotel.co.uk
S W ⇔ ⇨ £235〜305
CC A M V V

　ラウンジなど公共スペースはゆったりとした造り。客室は落ち着いたトーンの内装で統一されている。バスタブがない部屋もある。朝食は£15。アフタヌーンティーも楽しめる。

高級　64室　Map P.319D2

イーストゲート Mercure Oxford Eastgate

全室	全室	全室	なし	有料	無料

⊠73 High St., OX1 4BE
TEL(01865)248332　FAX(01865)791681
URLwww.mercure.com
予約00531-61-6353
S W ⇔ ⇨ £170〜270
CC A D M V

　かつての旅籠を利用したホテル。客室は2015年5月に改装済みできれい。リクエストすれば、表通りやバーから遠い静かな部屋にしてくれる。

イン　12室　Map P.319C3

ヘッド・オブ・ザ・リバー Head of The River

全室	全室	なし	全室	なし	無料

⊠Folly Bridge, OX1 4LB
TEL(01865)721600
URLheadoftheriveroxford.co.uk
S W ⇔ ⇨ £120〜270
CC A M V

　テムズ川に架かるフォリー・ブリッジ横にある。チェックインは1階のバーで行う。バーの営業は11:00〜23:00(日12:00〜23:00)。

中級　20室　Map P.318A2

ウエストゲート Westgate Hotel

全室	希望者	全室	なし	なし	無料

⊠1 Botley Rd., OX2 0AA
TEL(01865)726721
URLwww.westgatehoteloxford.co.uk
S ⇨ £52　S ⇔ ⇨ £62
W ⇨ £62　W ⇔ ⇨ £80
CC M V

　家族経営の老舗ホテル。立地はよいが、安いだけあり、設備はそれなり。道を挟んで少し北に離れた場所に10室をもつ別棟(シャワー・トイレ共同)もある。

日本からホテルへの電話(詳しい電話のかけ方はP.8もご参照ください)
国際電話会社の番号 ＋ 010 ＋ 国番号44 ＋ 最初の0を除いた掲載の番号

オックスフォード

ゲストハウス 10室 Map P.318A2

ベケット Becket Guest House

⊠5 Becket St., OX1 1PP
TEL(01865)724675
S 🚿🛁📺📻💷 £55〜　S 🚿🛁📺📻💷 £70〜
W 🚿🛁📺📻💷 £70〜　W 🚿🛁📺📻💷 £80〜
CC M V

TV	🚿	🧴	📺	P	📶Wi-Fi
全室	全室	全室	なし	なし	無料

駅から近く便利な立地にありながら、値段が手頃なので人気がある。客室はやや簡素な印象だが、清潔にされている。地元の食材を使った朝食も人気。

ホステル 100ベッド Map P.318A2

オックスフォード・バックパッカーズ Oxford Backpacker's

⊠9a Hythe Bridge St., OX1 2EW
TEL(01865)721761
URLwww.hostels.co.uk
D 🚿🛁📺📻💷 £17〜25
CC M V

TV	🚿	🧴	📺	P	📶Wi-Fi
なし	なし	なし	なし	なし	無料

大通りに面しているので外の音が気になるかも。ひと部屋あたりのベッド数は4〜18。キッチンもある。ランドリーの利用も可能。バーも併設されている。

ユースホステル 203ベッド Map P.318A2

YHAオックスフォード YHA Oxford

⊠2a Botley St., OX1 1PP
TEL(01865)727275　FAX08707705971
URLwww.yha.org.uk
D 🚿🛁📺📻💷 £18〜
S 🚿🛁📺📻💷 £28〜
W 🚿🛁📺📻💷 £56〜　CC M V

TV	🚿	🧴	📺	P	📶Wi-Fi
なし	なし	なし	なし	なし	無料

比較的新しく、設備も調ったユース小ステル。キッチン、ランドリーを完備、カフェやレストランも併設。立地のよさもあり、人気があるので早めの予約を。

Map P.318B2　**イタリア料理**

ジーノス Gino's Spaghetti House

グロスター・グリーン・バスステーションの前にある。ペスカトーレやカルボナーラなどのパスタは各種£6.90〜8.80、ピザ£7.10〜8.30、メインは£11.50〜14.30。平日のランチは2皿£9。店内は明るい雰囲気。

⊠94 Gloucester Green, OX1 2BU　TEL(01865)794446
URLwww.ginos-oxford.com　圖12:00〜14:30　18:00〜23:00
㊡無休　CC A M V　🌐店内可

Map P.319D1　**日本料理**

エダマメ Edamame

昼は定食が中心。カツカレーや焼きそば、ラーメンなど£6〜9.50。ディナーは曜日によってメニューが異なり、木曜は寿司の日で7カンにぎり寿司セットが£8。金・土曜は居酒屋風の一品料理£3〜8が中心。

⊠15 Holywell St., OX1 3SA　TEL&FAX(01865)246916
URLwww.edamame.co.uk　圖11:30〜14:30　17:00〜20:30
（日12:00〜15:30）　㊡水・日のディナー、月・火
CC J M V（ディナーで£10以上）　🌐不可

Map P.319D2　**カフェ**

グランド・カフェ The Grand Café

1651年創業の英国で最も古いコーヒーハウスがあった場所に建つ。ランチは£5.50〜10.95で、サンドイッチやサラダ、スープなどの軽食が中心となっている。アフタヌーンティーは£6.50〜22.45。食事は18:00まで。

⊠84 High St., OX1 4BG　TEL(01865)204463
URLwww.thegrandcafe.co.uk　圖9:00〜19:00
㊡無休　CC M V　🌐不可

Map P.319C2　**老舗パブ**

ホワイト・ホース White Horse

数世紀の伝統をもち、少なくとも15世紀にはホワイト・マーメイドという名のパブだった。隠れ家的な雰囲気があるパブだが、小さなスペースには、夕方になるとひしめき合うように人が集まる。メインは£7.95〜12.95。地元のエールは常にある。

⊠52 Broad St., OX1 3BB　TEL(01865)204801
URLwww.whitehorseoxford.co.uk
圖11:30〜23:00　㊡無休　CC M V（£5以上）　🌐不可

ストラトフォード・アポン・エイヴォン
Stratford-upon-Avon

シェイクスピアの生家

人口	市外局番
12万485人	01789

ウォリックシャー州
Warwickshire

ウィリアム・シェイクスピア ☞ P.605 は、商人だったジョン・シェイクスピアの長男として1564年にこの町で生まれた。彼はやがて偉大な劇作家として世界中にその名を知られることとなる。彼が生まれ、そしてその骨を埋めた、「エイヴォン川のほとりのストラトフォード」という町にも注目が集まり、それがこの町の運命を変えた。シェイクスピアが引退し、この町に戻ってきたのは1613年頃のこと。そして3年後の1616年に亡くなった。町には生家や埋葬された教会など、シェイクスピアとその家族にまつわる建物がいくつも残っている。シェイクスピア劇も連日行われていおり、現在でもこの町は400年も前に亡くなったシェイクスピアを中心として動いているといっても過言ではない。

ストラトフォード・アポン・エイヴォン

歩き方

見どころのほとんどは町の中心部に集まっている。ウッド・ストリートWood St.とブリッジ・ストリートBridge St.周辺にレストランやショップ、銀行などが多い。シェイクスピアの生家があるヘンリー・ストリートHenley St.は観光客が

観光客で賑わうヘンリー・ストリート

多く、みやげ物店もこの通りに多い。

交通情報

鉄道駅 町の西側にある。駅の出口から延びる1本道を直進すると町の中心部に出られる。

バスステーション 長距離バスは**リバーサイド・バスステーション**Riverside Bus Stationに到着する。また、チッピング・カムデン

町の西に位置する鉄道駅

やコヴェントリーなど近中距離バスは、**ブリッジ・ストリート**Bridge St.のバス停に到着する。

市内バス 市内や近郊を走るバスはブリッジ・ストリートのバス停から出る。

観光バス シティサイトシーイング社のバスが市内の見どころや公共交通で行くのが難しいアン・ハサウェイの家とメアリー・アーデンの家などを巡回している。1周約1時間。チケットを提示すれば、入場料が割引になる見どころもある。

郊外の見どころへ行く人に便利

Access Guide
ストラトフォード・アポン・エイヴォン

ロンドンから

	所要:約2時間10分
月～土	マリルボン駅から6:05～21:32の2～3時間に1便
日	マリルボン駅 発9:30 11:09 13:09 15:09 19:09

	所要:2時間50分～3時間15分
月～土 日	8:30 14:00 19:00

バーミンガムから

	所要:2時間10分
月～土	ムーア・ストリート駅から5:56～22:31(土7:28～22:31)の1時間に1便
日	ムーア・ストリート駅から9:30～18:30の1時間に1便

乗り換え情報
●オックスフォードから
バーミンガムかバンベリー Bunbury経由で所要約1時間40分
●チェルトナムから
バーミンガム経由で約2時間10分

---

i **ストラトフォード・アポン・エイヴォン**
Tourist Information Centre

Map P.328B1
✉Bridgefoot., CV37 6GW
☎(01789)264293
URLwww.shakespeare-country.co.uk
🕐9:00～17:30 (日10:00～17:00)
休12/25・26 宿の予約:手数料£5

■シティ・サイトシーイング
City Sightseeing
☎(051)317000
URLwww.citysightseeing-stratford.com
出発:夏期 9:30～17:00の20分おき
冬期10:00～15:00の1時間おき
(土・日9:30～15:00の30分おき)
24時間有効£12.50 学生£10.50
48時間有効£19 学生£16
シェイクスピア関連の建物との共通券、ボートツアーとのセット券もあり

現地発着ツアー

ストラトフォード・タウン・ウオーク
Stratford Town Walk
月～木11:00 金～日14:00発
所要:1時間30分～2時間 £5 学生£4
ロイヤル・シェイクスピア・シアター、ホーリー・トリニティ教会などを見ながらエイヴォン川のほとりを歩く。町並みをじっくり見たい人向き。年末年始も催行。
☎07855760377 URLwww.stratfordtownwalk.co.uk

ストラトフォード・ゴースト・タウン・ウオーク
Stratford Ghost Town Walk
月・木・金・土19:30発 所要:1時間30分 £6
夜の街を黒ずくめのガイドに案内されながら幽霊や魔女、殺人といった話をテーマに進むツアー。
☎07855760377 URLwww.stratfordtownwalk.co.uk

バンクロフト・クルーザーズ
Bancroft Cruisers
11:00～15:00の1時間おき 所要:45分 休冬期 £5.50
エイヴォン川を遊覧するボートツアー。ホリデイ・インの近くから出発する。シティ・サイトシーイングとの共通券もある。
☎(01789) 269669 URLwww.bancroftcruisers.co.uk

カナル&リバーツアーズ
Canal & River Tours
11:00～16:00の1時間おき 所要:45分 休冬期 £6
エイヴォン川を眺めながらのんびりと移動するツアー。ブリッジフットの南側のボート乗り場から出発する。
☎(01789) 295173 URLwww.canalandrivertours.com

シェイクスピアゆかりの見どころ巡り

英文学史上最も偉大な作家と言われるウィリアム・シェイクスピア。1564年にストラトフォードで生まれ、18歳でメアリー・アーデンと結婚し、3人の子供を儲けた後、1592年頃からロンドンの演劇界でその才能を開花させる。1613年までの間に史劇、悲劇、喜劇などなど、多くの戯曲（作品数に関しては諸説ある）を残した。その後は故郷であるストラトフォードに戻り、隠居生活を送るが1616年にこの地で亡くなった。

メアリー・アーデンの家へ
（約7km）
シェイクスピアの生家
Shakespeare's Birthplace
Henry St.

ナッシュの家　ニュープレイス
Nash's House　New Place
シェイクスピアの学校（エドワード6世学校）
King Edward VI School
アン・ハサウェイの家へ
（約1.5km）
ホールズ・クロフト
Hall's Croft
ロイヤル・シェイクスピア・シアター

ホーリー・トリニティ教会
Holy Trinity Church

大文豪はここで生まれた
シェイクスピアの生家
Shakespeare's Birthplace

ウィリアム・シェイクスピアは、1564年4月23日にこの家で生まれたといわれている。入口は、隣接するシェイクスピア・センターにあり、まずここでシェイクスピアの生涯と彼の活躍した時代についての展示を見学してから、生家へと入っていく。内部にはシェイクスピアが誕生した当時の生活の様子が、実物とレプリカの両方を用いて再現されている。シェイクスピアが誕生したとされる部屋には立派な天蓋付きのベッドが置かれ、彼の家がかなり裕福だったことがうかがえる。

シェイクスピアの謎①
ほんとに卒業生？

町の中心部に残っているグラマー・スクールで学んだとされているが確固たる記録がないことから疑問視されている。しかし、彼のラテン語の知識などはこの時代に培ったと見られることが多い。

孫娘夫婦の家
ナッシュの家
Nash's House

ナッシュの家は閉鎖中

シェイクスピアの孫娘エリザベスが夫トーマス・ナッシュと一緒に住んだ所。トーマス・ナッシュはシェイクスピアの親友の息子で、州長官の補佐官だった。家の中ではストラトフォードの歴史に関する展示が見られる。

終の棲家
ニュー・プレイス
New Place

現在は庭園となっている

シェイクスピアが引退後没するまで過ごした家はナッシュの家の庭園にある。見物客への煩わしさから1759年に当時の家主が取り壊したため、現在は土台しか残っていない。跡地のノット庭園 Knott Garden には、春になると美しい花が咲き乱れる。

シェイクスピアの墓がある
ホーリー・トリニティ教会
Holy Trinity Church

13世紀に建てられたシェイクスピアとその身内が埋葬されている教会。シェイクスピアの墓は内陣にあり、近くには彼の胸像もある。

シェクスピアの胸像の下が彼の墓

母の実家
メアリー・アーデンの家
Mary Arden's House

母メアリー・アーデンが育った家。エドワード朝様式の建物に改修されたため、2000年までは、同敷地内にあるパーマー農園がメアリー・アーデンの家だと考えられていた。敷地内には納屋や牛小屋もあり、古い石造りの鳩舎には600もの巣穴がある。シェイクスピア・カントリーサイド博物館 Shakespeare Coutryside Museumも併設されている。

> ### シェイクスピアの謎②
> ## そもそも実在の人？
> 彼自身の手紙や日記が発見されていないことから別人説が唱えられることもあり、中にはシェイクスピアという名はペンネームであって匿名作家の代理でしかなかったという説もある。

妻の実家
アン・ハサウェイの家
Anne Hathaway's Cottage

妻アン・ハサウェイが結婚前に家族と住んだ家。ふたりが結婚したのは1582年、シェイクスピアが18歳でアンが26歳のときだった。ハ

茅葺き屋根が印象的

サウェイ家はかなり大きな農家で、立派な茅葺き屋根とテューダー朝建築を代表する見事な外観をもつ。家屋の内部には12部屋あり、それぞれに16世紀のアンティーク家具が置かれている。キッチンの大きな暖炉やパン焼きオーブンなども当時のまま残されていて興味深い。

娘夫婦の家
ホールズ・クロフト
Hall's Croft

娘スザンナと、その夫で医者のジョン・ホールの家。美しく立派な外観をもつ家屋で、夫の職業柄、内部にはエリザベス朝時代の診察室兼薬剤室が残ってい

ホールズ・クロフトの居間

る。居間をはじめとした生活スペースには当時の家具が置かれ、室内に施された装飾も興味深い。塀に囲まれた広い庭は樹木や花であふれている。

DATA

■シェイクスピア関連の見どころ共通券
URL www.shakespeare.org.uk
シェイクスピアの生家、ホールズ・クロフト、ハーヴァード・ハウス、アン・ハサウェイの家、メアリー・アーデンの家はいずれもシェイクスピア・バースプレイス・トラストによって管理されており、5ヵ所すべての共通券が各窓口で購入できる。ナッシュの家とニュー・プレイスは2015年3月現在閉鎖中だが、2016年以降は再開予定。ウェブサイトで購入すると10%割引。
●5ヵ所共通券 Five House Pass
图 £23.90　学生£21.90
●3ヵ所共通券 Birthplace Pass
シェイクスピアの生家、ホールズ・クロフト、ハーヴァード・ハウス
图 £15.90　学生£14.90

■シェイクスピアの生家　Map P.328A1
⊠Henley St., CV37 6QW　TEL(01789)204016
圈3月上旬～6月下旬、9月～11月上旬9:00～17:00
　6月下旬～8月9:00～18:00
　11月上旬～3月上旬10:00～16:00
困12/25　图£15.90　学生£14.90（3ヵ所共通券）
　フラッシュ不可

■ナッシュの家とニュー・プレイス　Map P.328A1～B1
※2015年3月現在閉鎖中。再開は2016年以降の予定

■ホーリー・トリニティ教会　Map P.328A2
⊠Old Town, CV37 6BG

TEL(01789)266316
圈4～9月 8:30～18:00（日12:00～17:00）
　11～2月 9:00～16:00（日12:00～17:00）
　3・10月 9:00～17:00（日12:00～17:00）
困12/25・26、1/1、聖金曜
图無料、内陣は£2　学生£1

■アン・ハサウェイの家　地図外
⊠Cottage Ln., CV37 9HH
TEL(01789)292100
圈3月上旬～11月9:00～17:00
　11月上旬～3月上旬10:00～16:00
困12/25・26　图 £9.50　学生£8.50
　フラッシュ不可

■メアリー・アーデンの家　地図外
🚃ウィルムコート駅Wilmcoteで下車し、徒歩10分
⊠Station Rd., Wilmcote, CV37 9UN
TEL(01789)293455
圈10:00～17:00　困11月上旬～3月上旬
图 £12.50　学生£11.50　フラッシュ不可

■ホールズ・クロフト　Map P.328A2
⊠Old Town, CV37 6BG　TEL(01789)292107
圈3月上旬～11月上旬9:00～17:00
　11月上旬～3月上旬11:00～16:00
困12/25・26
图 £15.90　学生£14.90（3ヵ所共通券）
　フラッシュ不可

ここからハーヴァード大学の歴史が始まった　Map P.328B1

ハーヴァード・ハウス Harvard House

南側は伝統あるパブ、ギャリック・イン（→P.336）

アメリカ合衆国、マサチューセッシュ州にあるハーヴァード大学の創設者ジョン・ハーヴァードJohn Harvardの生家。彼の祖父、トーマス・ロジャーズThomas Rogersは精肉業や牧畜業などで成功した地元の名士だった。シェイクスピアの父、ジョン・シェイクスピアとも親交があったという。現在はシェイクスピア・バースプレイス・トラストが管理している。

シェイクスピアの生きた時代を知る　Map P.328B1

テューダー・ワールド Tudor World

シェイクスピア ☞P.605が活躍したテューダー朝時代のストラトフォードの生活などを紹介した博物館。テューダー朝時代の建物を利用しており、建物としても見応えがある。テューダー朝時代の衣装を着たガイドさんがシェイクスピアについて解説するガイドツアーなども行っている。

美しいチョウが飛び回る　Map P.328B2

バタフライ・ファーム Batterfly Farm

熱帯の森を再現した巨大な温室にたくさんのチョウを放し飼いにしている。その種類はなんと250種以上！　館内には人工の川なども造られており、家族連れに人気のスポット。

近づいて観察できるのが魅力

Day out from Stratford-upon-Avon　Map P.17C2

近郊の見どころ

エイヴォン河畔に建つ中世の城

ウォーリック城 Warwick Castle

ウォーリックはストラトフォード・アポン・エイヴォンとコヴェントリーの間にある小さな町。この小さな町が有名なのは、その名を冠した立派な城があるからだ。

この城のもとは914年に遡る。アルフレッド大王 ☞P.605の娘がウォーリックの町を守る要塞を造ったことがその始まり。以降、歴

要塞として造られたために外壁は堅固な造りとなっている

■ハーヴァード・ハウス
Map P.325C-2
✉26 High St., CV37 6AU
TEL(01789)338534
URL www.shakespeare.org.uk
開 3月上旬～11月上旬9:00～17:00
11月上旬～3月上旬11:00～16:00
休 12/25・26
料 £15.90　学生£14.90（3ヵ所共通券）
フラッシュ不可
※ナッシュの家とニュー・プレイスが閉鎖中のため、一時的に開放されている。2016年以降の予定は未定。

■テューダー・ワールド
Map P.325C-2
✉40 Sheep St., CV37 6EE
TEL(01789)298070
URL falstaffexperience.co.uk
開 10:30～18:00　休 12/25
料 £5.50　学生£4.50
●ウオーキング・ツアー
開 土14:30　休 12月～1月中旬
料 £5　学生£4

おみやげコーナーもある

■バタフライ・ファーム
✉Tramway Walk, Swan's Nest Ln., CV37 7LS
TEL(01789)299288
URL www.butterflyfarm.co.uk
開 5～9月9:00～18:00
11～3月9:00～17:00
4・10月9:00～17:30
休 12/25　料 £6.25　学生£5.75

Access Guide ウォーリック

ストラトフォード・アポン・エイヴォンから

バス　所要:20～50分

月～土	6:27～23:25（土7:15～23:25）の1時間に3便程度
日	8:30～18:30の1時間に1便程度

バーミンガムから

鉄道　所要:約35分

月～土	ムーア・ストリート駅から5:15～21:18（土6:15～21:25）の1～2時間に1便
日	ムーア・ストリート駅から8:25～21:18の1時間に1便

■ウォーリック城
TEL(01926)475421
URL www.warwick-castle.co.uk
開 夏期10:00～18:00
冬期10:00～17:00
休 12/25　料 £24.60
キャッスル・ダンジョン共通券　£29.60
オンライン購入で割引あり
フラッシュ不可

どっしりとした城門

史の流れとともに増改築が繰り返され、現在のようなすばらしい城ができあがった。現在はその時代ごとに変遷を追いながら見学できる。中世の武器から貴族の豪華な生活がうかがえるような展示物まで、その歴史の長さを理解させられる。

また、14世紀に建てられたガイズ・タワー Guy's Towerからの景色は、見応えたっぷりだ。城内にはキャッスル・ダンジョンThe Castle Dungeonというお化け屋敷もある。

ウォーリック城ではジョストという馬上槍試合が行われることもある

クラレンス・タワー Clarence Tower
ベア・タワー Bear Tower
ウォーリック城
ガイズ・タワー Guy's Tower
ノーザン・タワー Northern Tower
インナー・コート Inner Court
ゲートハウス Gatehouse
ヒル・タワー Hill Tower
キャッスル・ダンジョン The Castle Dungeon
❶ 大広間 Great Hall
❻❻❺❹❸ ❷
シーザーズ・タワー Caesar's Tower
水車小屋 Mill

❶ 食堂 Dining Room ❸ レッドルーム Red Room ❺ 応接間 Drawing Room
❷ 礼拝堂 Chapel ❹ シーダー・ルーム Cedar Room ❻ 寝室 Bed Room

ウォーリック
0 200m
N
ウォーリック駅
プライオリー・パーク Priory Park
Priory Rd.
Castle Balti ℞
The Butts
Coventry Rd.
Smith St.
聖メアリー参事会教会 Collegiate Church of St Mary
Bunbury Rd.
Ⓗ Warwick Arms
Castle Ln.
ウォーリック城 Warwick Castle

THEATRE

RSC（ロイヤル・シェイクスピア・カンパニー）の地元はストラトフォード・アポン・エイヴォン。以下で紹介する3つの劇場で公演を行っている。

ロイヤル・シェイクスピア・シアター
Royal Shakespeare Theatre

RSC（ロイヤル・シェイクスピア・カンパニー）のメイン会場。レストランも備えており、観劇の前やあとには多くの人でにぎわう。
館内にはRSCのグッズを売るショップや町を一望できる塔など、観劇以外にも楽しめる要素がいっぱいある。

スワン・シアター
Swan Theatre

古い劇場だが、現在の建物は1928年の火災のあとに再建されたもので、1986年にオープンした。しかし、舞台や客席には伝統の重みが感じられる。

コートヤード・シアター
The Courtyard Theatre

ロイヤル・シェイクスピア・シアターの改修工事を行う間、RSCのメイン劇場になるように建てられた1000席の臨時劇場だったが、2011年から改装のため閉鎖中。

■ロイヤル・シェイクスピア・シアター
Map P.328B2
URL www.rsc.org.uk
●ボックスオフィス
TEL08448001110
開10:00～20:00（日～19:00）
困無休
●塔
開10:00～16:00（季節や天候によって変化する）
困不定期 料£2.50
■スワン・シアター
Map P.328B2
■コートヤード・シアター
Map P.328B2
※2015年3月現在閉鎖中

ロイヤル・シェイクスピア・シアター

ストラトフォード・アポン・エイヴォンはホテル、B&Bとも充実している。ホテルは町の中心部に、B&Bはグローヴ・ロードGrove Rd.やイーヴシャム・プレイスEvesham Pl.、あるいは東のシップストン・ロードShipston Rd.沿いに集中している。

町の中心部にあるマナーハウス
アルヴェストン・マナー
Alveston Manor

マナーハウス　113室
Map P.328B2

TV 全室　全室　全室　受付　P 有料　Wi-Fi 無料

✉Clopton Bridge, CV37 7HP
TEL(01789) 205478
FAX(01789) 414095
URL www.macdonaldhotels.co.uk
S ▦ £132
W ▦ £145～151
CC A M V
レストラン 17:30～21:00

　マナーハウスとしては珍しく町の中心からすぐ。一般の客室は近代的な別棟にある。本館のマナーハウスはスイートやエグゼクティブルームなどに利用されている。ドライサウナなどのスパ施設や屋内のスイミングプールなども完備。
レストラン　マナー・レストランManor RestaurantはAAロゼットを受賞したこともある。伝統的な英国料理がメイン。

戯曲にちなんだ名前の部屋が並ぶ
シェイクスピア
Shakespeare Hotel

高級　78室
Map P.328B1

TV 全室　全室　全室　受付　P 有料　Wi-Fi 無料

✉Chapel St., CV37 6ER
TEL(01789) 294997
URL www.mercure.com
S ▦ £80
W ▦ £90　CC A J M V
レストラン 12:00～22:00

　ストラトフォード・アポン・エイヴォンらしい木組みの大きな建物が印象的。シェイクスピアという名前だけあって、各部屋は戯曲のタイトルにちなんだ名前がつけられている。内装もアンティークの家具を配し、シックな雰囲気でまとめられている。
レストラン　マルコズ・ニュー・ヨーク・イタリアンMarco's New York Italianではピザやパスタはもちろん、シーフードなども楽しめる。

Map P.328B1	グロヴナー The Grosvenor Hotel	TV 全室　全室　全室　受付　P 無料　Wi-Fi 無料
73室	✉Warwick Rd., CV37 6YT TEL(01789) 269813 URL www.bwgh.co.uk	S W £115～　朝食別　CC A D J M V

Map P.328B1	ホリデイ・イン Holiday Inn Stratford-upon-Avon	TV 全室　全室　全室　なし　P 有料　Wi-Fi 有料
259室	✉Bridgefoot, CV37 6YT TEL(01789) 279988 URL www.ihg.com　予約☎0120-056-658	S W £139～　朝食別　CC A D J M V

日本からホテルへの電話（詳しい電話のかけ方は P.8 もご参照ください）
国際電話会社の番号 ＋ 010 ＋ 国番号44 ＋ 最初の0を除いた掲載の番号

17世紀から続く老舗
スワンズ・ネスト Swan's Nest

高級　68室
Map P.328B2

TV	🚿	🧼	📺	P	📶Wi-Fi
全室	全室	全室	なし	無料	有料

✉Bridgefoot, CV37 7LT
TEL(01789) 266804　FAX(01789) 414547
URLwww.macdonaldhotels.co.uk
S W 🛁🚽 £100
CC A M V

エイヴォン川のほとりにある。創建は17世紀に遡るという。新館と旧館があり、部屋の設備は大きく異なる。館内にはフランス料理を専門としたビストロと伝統的な英国料理を出すパブを併設している。

高級　45室　Map P.328B2
アーデン The Arden Hotel

TV	🚿	🧼	📺	P	📶Wi-Fi
全室	全室	全室	なし	無料	無料

✉Waterside, CV37 6BA
TEL(01789) 414595
URLwww.theardenhotelstratford.com
S W 🛁🚽 £150〜415
CC M V

ロイヤル・シェイクスピア劇場の目の前に位置する小さなホテル。客室のタイプは5つあり、ディナー付きのプランなども用意している。館内にはエイヴォン川を眺めながら食事ができるレストランとバーが併設。

ゲストハウス　6室　Map P.328A1 外
ムーンレイカー・ハウス Moonraker House

TV	🚿	🧼	📺	P	📶Wi-Fi
全室	全室	全室	なし	無料	全室

✉40 Alcester Rd., CV37 9DB
TEL(01789) 268774
URLwww.moonrakerhouse.com
S 🛁🚽 £45〜50
W 🛁🚽 £65〜88
CC J M V

鉄道駅から町の中心部とは反対の方向に進み、徒歩約5分弱。設備が整った4つ星ゲストハウスで日本人オーナーが経営している。自慢の朝食は、イングリッシュ、ベジタリアン、コンチネンタルなど各種あり。

B&B　4室　Map P.328A1
ハムレット・ハウス Hamlet House

TV	🚿	🧼	📺	P	📶Wi-Fi
全室	全室	全室	なし	無料	無料

✉52 Grove Rd., CV37 6PB
TEL(01789) 204386
URLwww.hamlethouse.com
S W 🛁🚽 £58〜75
CC M V

B&Bが多いグローヴ・ロードにある。客室は少しずつ内装が異なるが、かわいらしくまとめられている。オフシーズンなら割引ありとのこと。

B&B　7室　Map P.328A2
トゥエルフス・ナイト  Twelfth Night B&B

TV	🚿	🧼	📺	P	📶Wi-Fi
全室	全室	全室	なし	無料	無料

✉13 Evesham Pl., CV37 6HT
TEL(01789) 414595
URLwww.twelfthnight.co.uk
S 🛁🚽 £40〜89
W 🛁🚽 £65〜115
CC M V

名前はシェイクスピアの戯曲『十二夜』から取られている。客室はキュートな内装。朝食は前日の17:30までに、用紙にメニューを書き込んでおく。

ユース　ベッド数132　Map P.328B1 外
YHAストラトフォード・アポン・エイヴォン YHA Stratford-upon-Avon

TV	🚿	🧼	📺	P	📶Wi-Fi
なし	なし	なし	なし	無料	一部無料

✉Hemmingford House,
Alveston, CV37 7RG
TEL(01789) 297093　FAX(01789) 205513
URLwww.yha.org.uk
D 🛁🚽 £13〜
W 🛁🚽 £29〜
CC M V

中心部からは3kmほど離れており、ブリッジ・ストリートからレミントン・スパ、コヴェントリー行きのX15、X18番のバスで10分。2013年に改装が終わったので設備は新しい。ドミトリーは男女別。朝食は£4.99。

日本からホテルへの電話（詳しい電話のかけ方は P.8 もご参照ください）
国際電話会社の番号 + 010 + 国番号44 + 最初の0を除いた掲載の番号

それほど大きな町ではないが、レストランやパブは多い。シープ・ストリートSheep St.周辺には木組みの建物を生かしたカフェやパブが集中している。シェイクスピア関連のグッズを手に入れるなら、ヘンリー・ストリートHenry St.沿いのショップで。

南米料理

Map P.328B1
タイ・キングダム Thai Kingdom
店構えは高級感が漂っているが料金は手頃で、メニューも充実している。タイカレーは具だくさんで本格的な味。ランチは£6.99〜、メインは£7.50〜12.95。テイクアウェイも可能。

✉11 Warwick Rd., CV37 6YM　☎(01789)261103
🕐12:00〜14:00 17:00〜23:00（土12:00〜23:00、日12:00〜21:00）
休無休　CC MV　📶店内可

インド料理

Map P.328A1
バルティ・キッチン Balti Kitchen
グリーン・ヒル通り沿いにある。ティッカ・マサラやコルマ、サグなど10種類以上のカレーがあり£5.50〜10.95。2品にナンまたはライスの付いたスペシャルメニューは£9.95。テイクアウェイも可能。

✉3 Greenhill St., CV37 6LF　☎(01789)415600
🕐17:30〜24:00（金・土〜翌1:30）　休無休　CC AMV　📶不可

**ダイニング・パブ
イタリア料理**

Map P.328B1
アンコール The Encore
川沿いに建つパブ。1階がダイニングパブ、2階がレストランになっているがメニューは同じで、パスタなどイタリア料理が中心だ。フィッシュ&チップスなどのパブフードもある。メインは£9.50〜18.95。

✉1 Bridge St., CV37 6AB　☎(01789)269462
🔗www.theencorestratford.co.uk
🕐10:00〜23:00（金・土〜24:00）　休無休　CC AMV　📶店内可

パブ

Map P.328B1
ギャリック・イン The Garrick Inn
ハーヴァード・ハウスの南隣にある。1594年に建てられた、ストラトフォード・アポン・エイヴォン最古のパブ。18世紀の名優、デイヴィッド・ギャリックDavid Garrickにちなんでつけられている。

✉25 High St., CV37 6AU　☎(01789)292186
🕐11:00〜23:00（日11:00〜22:30）　食事11:00〜22:00（日〜20:30）
休無休　CC JMV　📶店内可

カフェ

Map P.328B1
ホブソンズ Hobsons
地元の人や旅行者に人気のカフェ。名物のクリームティー（写真、£4.95）が人気で、コーヒーセットにもできる。キッシュやサンドイッチ、パイのほか各種ケーキも種類豊富。

✉1 Henley St., CV37 6PT
☎(01789)293330　🔗hobsonspatisseries.com
🕐9:00〜17:00　休無休　CC MV　📶店内可

**書籍
雑貨・みやげ品**

Map P.328A1
シェイクスピア・ブックショップ
The Shakespeare Bookshop
シェイクスピア関連のアイテムが充実し、漫画も取り扱う。マグカップやコースターはポップなデザインで仕上げられ、シェイクスピアの名言入りのものもある。

✉Hornby Cottage, Henley St., CV37 6QW
☎(01789)201820　🕐夏期 9:00〜18:00 冬期 9:00〜17:00
休12/25　CC AMV

ストラトフォード・アポン・エイヴォン

activity
のんびりと運河を進む
ナローボートの旅

運河はあなたのすぐ近くにある

イギリスの運河ネットワークは約3000kmにも及ぶ。その中心は、工業地帯として発展した中部イングランド、特にバーミンガム、マンチェスターだ。バーミンガムの中心街を流れる水路は、実はウスター＆バーミンガム運河の一部であり、ロンドンのリトル・ヴェニス～カムデン・マーケットの観光船がとおるリージェント運河も、ロンドン～バーミンガムを結ぶ全長250kmのグランドユニオン運河の一部なのだ。

この大ネットワークをもつイギリスの運河は、自分たちでボートを駆って旅することができるのである。

住みながら旅をするナローボート

イギリス運河の旅は「ナローボート」という独特のボートが活躍する。幅約2.1m。まさにナロー（狭い）ボートだ。その短い幅とは対照的に長さは、短いもので5m、長いもので25m近くにもなり、産業革命時代には石炭運搬船として利用されていた。

現在のナローボートは、かつて石炭を山積み

運河に架かる橋を手動で上げて通行することも

していたデッキに居心地のよいキャビン（船室）を置き、その中にテレビ、ソファ、食堂、キッチン、トイレなどを備えつけている。キッチンには冷蔵庫、ガスグリルに加えて、皿、鍋、ナイフ＆フォークといった什器もすべて揃っている。また、温水シャワー、ベッド、クローゼットなどももちろんある。一軒の家がそのまま水の上を移動するものだと考えればいいだろう。

自分で運転してみよう

ナローボートは、レンタカーと同じように、自分で運転する。しかも、免許や経験は一切不要。運河だけではなく、ほぼすべての水路で、免許不要で運転が許可されている。その理由は、操船のシンプルさとスピードにある。ボートを借りるときには30分ほどの講習があり、それだけで簡単に運転できるようになるので安心だ。

バーミンガムの運河

■ボートを借りるには？

ボートを貸し出す会社ハイヤー・カンパニー Hire Companyは、イギリスに100社以上ある。最近はウェブサイトをもっている会社も多く、サイトから直接予約もできる。料金は、ボートのサイズ、シーズンにより異なる。乗船人数が多くて大きいボートほど高く、同じボートでも8月中旬が一番高い。ハイヤー・カンパニーは毎年3月から11月頃までの営業で、シーズンの初めと終わりが一番安い。

また、ナローボートは1週間単位（7泊8日）で借りるのが基本で、土曜の15:00前後に借りて、翌週の土曜の9:00前後に返却するのが一般的だ。しかし1週間の時間が取れない人向けに、「ショートブレイクス」という3泊4日～4泊5日のプランも用意されている。

■日本人が運航する「ナローボート・ガイド」
Narrowboat Guide

免許や経験が一切不要とはいっても、最初は不安な人も多い。そんな人におすすめなのが、日本人の淳子（あつこ）さんとイギリス人のアンディ Andyさん夫妻が運航するナローボート・ガイド。バーミンガムやストラトフォード・

アポン・エイヴォン周辺をベースに2時間半のショートクルーズや1泊2日クルーズを行っている。

操船やそのほかの作業は淳子さんとアンディさんがやってくれるが、作業に参加することも大歓迎。また、ハイヤー・カンパニーと違って、半日から数泊まで、要望に応じてプログラムを考えてくれる。

☎07899998334（携帯）
URL www.narrowboatguide.co.uk
料 ショートクルーズ　£50（大人1人）
　　1泊2日クルーズ　£135（大人1人）

船から眺める景色がすばらしかったです。細長いこぢんまりとした船ですが、中にはキッチンやお風呂、客室などがあり、ご夫婦が手作りでいちから作っていったというので驚きでした。イギリスに行くときはぜひおすすめしたい体験です。　　　（千葉県　バル　'14 夏）

■運河の情報
●英国運河をナローボートで旅するには？
URL narrowboat.exblog.jp
●Canal Holidays　URL www.canalholidays.com

イギリス第2の大都会

バーミンガム

Birmingham

人口	市外局番
107万3045人	0121

ウエスト・ミッドランズ州
West Midlands

いつも人で賑わうニュー・ストリート

　バーミンガムは産業革命で大きな役割を果たしたイギリス第2の都市。産業革命時に町には多くの運河が引かれ、水の都の顔ももつ。第2次世界大戦の空爆により、古い建物はほとんど破壊されたが、被害を免れたルネッサンス様式のカウンシル・ハウスなどに加え、ショッピングが楽しめるブル・リングBull Ringやメイル・ボックスThe Mail Boxなどの近代建築が並び、新旧の顔が混在している。

Access Guide
バーミンガム

ロンドンから	
🚄	所要:1時間25分〜2時間13分
月〜土	ユーストン駅から5:34〜22:30分に1時間に2〜5便、23:30 ニュー・ストリート駅着
日	7:52〜23:25の1時間に2〜3便
🚌	所要:2時間30分〜3時間
6:30〜23:30の1時間に1〜2便	

ストラトフォード・アポン・エイヴォンから	
🚄	所要:35〜48分
月〜土	6:26〜23:30の1時間に1〜3便 ムーア・ストリート駅着
日	9:29〜19:29の毎時29分

ケンブリッジから	
🚄	所要:2時間40分
月〜土	5:15、5:55、6:56、8:01〜21:01の毎時1分 ニュー・ストリート駅着
日	11:00〜20:00の毎正時

ブリストルから	
🚄	所要:1時間18分〜1時間34分
月〜土	テンプル・ミーズ駅から6:27、7:00〜20:30の30分毎、22:00 ニュー・ストリート駅着
日	9:15、10:30、11:00〜20:30の30分毎、22:10

👣 **歩き方**

ブル・リングの前に立つ雄牛の像

　バーミンガムは大きな町だが市街の中心部は徒歩で移動できる大きさだ。

ニュー・ストリート　バーミンガムで最もにぎやかなエリアはニュー・ストリートNew St.周辺。デパートやブティックが建ち並び、いつでも人でごった返している。この通りの東端に雄牛の像があり、その横には巨大な**ブル・リング・ショッピングセンター**がある。ブル・リング横の坂から見える聖マーティン教会St. Martin's Churchは13世紀に建てられたが、現在の教会は19世紀に再建されたものだ。

ヴィクトリア・スクエア　ニュー・ストリートの西端にあるヴィクトリア・スクエアVictoria Sqには、ルネッサンス様式のカウンシル・ハウスCouncil Houseや、フランス・ルネッサンス様式の中央郵便局、ギリシア神殿

ヴィクトリア・スクエア

を模して造られた**タウン・ホール**Town Hallなど壮麗な建物が並ぶ。

運河周辺 ヴィクトリア・スクエアからブロード・ストリートBroad St.を進むと、メインの❶があるバーミンガム図書館とシンフォニー・ホールがある。さらに進むと運河に出る。運河巡りの船も出ており、運河下りが楽しめる。

中華街 ニュー・ストリート駅の南側には、中華街Chinese Quaterが広がる。中華料理店が軒を連ね、中華食材を専門に扱うスーパーマーケットや中国雑貨の店もある。

🚃 交通情報

空港 バーミンガム国際空港にはヨーロッパ各地からの便が発着。鉄道駅（バーミンガム・インターナショナル駅）も隣接しており、ニュー・ストリート駅まで10〜20分。

ニュー・ストリート駅 ロンドンのユーストン駅発など多くの便が発着するバーミンガムのメインターミナル。ミッドランド・メトロの工事により出口が変更されることがある。

ムーア・ストリート駅 ストラトフォード・アポン・エイヴォンのほかロンドンのマリルボン駅発の列車が発着する。

バスステーション ナショナル・エクスプレスの長距離バスは町の南東のティグベス・コーチステーションに発着する。近郊行きのバスはムーア・ストリート駅前にも発着している。

ミッドランド・メトロ ニュー・ストリート駅を起点にスノウ・ヒル駅や近郊を結ぶトラム。将来的にはバーミンガム国際空港やコヴェントリーまで延伸する予定。運賃は距離により、£2.30〜3.80。

ⓘ **バーミンガム**
Tourist Information Centre

Map P.339A1
✉ The Library of Birmingham
☎(0121)2424242
🔗visitbirmingham.com
🕐11:00〜19:00（水・土〜17:00）
休日、12/25・26、1/1

Information

シェイクスピア記念図書室

❶が入っているバーミンガム図書館の最上階はシェイクスピア記念図書室となっており、関連資料が展示されている。この図書室は1881年創設で、新図書館建設にともない、ここに移設された。展望台もあり、町の眺めを楽しむことができる。

■バーミンガム国際空港
☎08712220072
🔗www.birminghamairport.co.uk

ニュー・ストリート駅

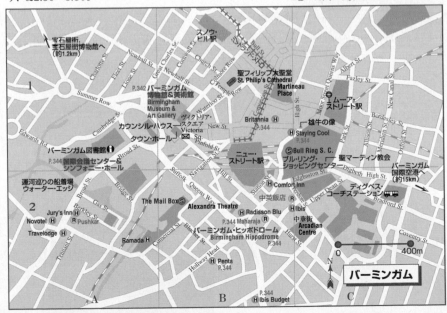

イギリス屈指のインド料理激戦区
バルティ・トライアングル
balti traiangle

バルティとカラヒ　小さな鉄鍋で調理したカレーのこと。イギリスのインド料理店でよく見られるメニュー。パキスタンの鍋料理、カラヒとよく似ているが、カラヒは鉄鍋で、バルティはそれよりもひと回り大きいステンレス製の鍋で調理する。

　バルティは1980年代にバーミンガムに住むパキスタン人によって広められたという説が一般的。おもにバーミンガムの南にあるバルティ・トライアングル（三角帯）と呼ばれる地域にバルティの専門店、バルティ・ハウスが何軒も並んでいる。

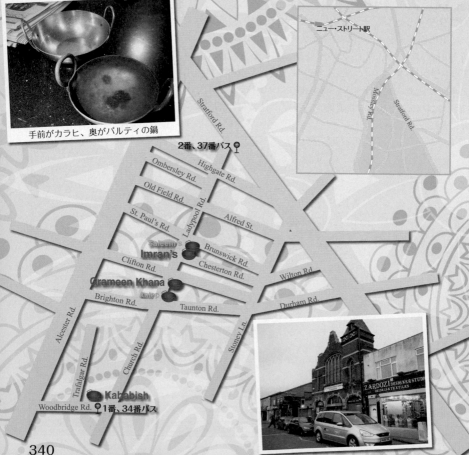

手前がカラヒ、奥がバルティの鍋

ニュー・ストリート駅

Stratford Rd.

Moseley Rd.

Stratford Rd.

2番、37番バス

Ombersley Rd.

Highgate Rd.

Old Field Rd.

Ladypool Rd.

St. Paul's Rd.

Alfred St.

Imran's

Brunswick Rd.

Clifton Rd.

Chesterton Rd.

Wilton Rd.

Grameen Khana

Brighton Rd.

Taunton Rd.

Durham Rd.

Alcester Rd.

Stoney Ln.

Church Rd.

Trafalgar Rd.

Kababish

Woodbridge Rd.　1番、34番バス

バーミンガム

バルティ発祥の店
イムランズ
Imran's

1971年創業の老舗。隣にあるサリームズSaleem'sとともにバーミンガムのバルティ業界を牽引した。出身地であるパキスタンのラホールの料理からバルティを考案したという。月〜金の12:00〜16:30は£7.95のお得なランチセットを出している。

✉262-266 Ladypool Rd., B12 8JU
☎(0121)4491730　URLwww.imrans.com
営12:00〜翌1:00　休無休　CC M V

ニューウェーブ系バルティ
グラミーン・ハナ
Grameen Khana

2004年にオープンした、バングラデシュ出身のシェフが腕を振るう新進気鋭の店。味のうまさはもちろん、フュージョンのような斬新な盛り付けで、バルティ・トライアングルの人気店となっている。おすすめは店名を冠したグラミーン・チキン・バルティ£6.75。

✉310-312 Ladypool Rd., B12 8JY
☎(0121)4499994　URLwww.grameenkhana.com
営17:30〜翌2:00　休無休　CC J M V

バーミンガム国際空港にも出店
カバビッシュ
Kababish

パキスタンのパンジャーブ地方の料理をベースにして、1983年に創業されたバルティの老舗のひとつで、高い評価を受けてきた。定番のバルティ・チキンのほか、バルティ・ミックス・マサラなども人気。バーミンガム国際空港内にもデリカテッセンの支店を出している。

✉27 Woodbridge Rd., B138EH　☎(0121)4495556
URLwww.kababish.co.uk
営17:30〜23:30（日13:30〜21:00）　休無休　CC A M V

バルティ・トライアングルのへの行き方　ムーア・ストリート・クイーンズ・ウエイのバス乗り場から2、37番のバスでストラトフォード通りで下車。
バルティ・トライアングルの歩き方　レディプール通りLadypool Rd.、ストニー・レーンStoney Ln.、ストラトフォード通りStratford Rd.に囲まれた地域。レストランやファストフード店のほか、イスラム寺院やファッション、小物などのショップもあり、覗いてみるのも楽しい。

■バーミンガム博物館&美術館

✉Chamberlain Sq., B3 3DH
☎(0121)303196
🌐www.birminghammuseums.org.uk
🕐10:00（金10:30）〜17:00
休12/25・26、1/1 寄付歓迎
館内撮影一部不可 フラッシュ不可

幅広い展示が魅力の博物館

📧 **半日楽しめた**
バーミンガム博物館&美術館の展示品は、とても見やすい作りで、展示の仕方にも工夫があり半日楽しめました。ゆっくり芸術鑑賞するのにもってこいです。美術館のカフェはケーキがおいしかったです。
（兵庫県　たあたん　'14春）

■キャドバリー・ワールド

🚃ニュー・ストリート駅発ボーンビル駅Bournville下車。徒歩で15分ほど。
✉Linden Rd., Bournville, B30 2LU
☎08448807667
🌐www.cadburyworld.co.uk
🕐1月下旬〜7月、9〜12月
　　10:00〜15:00（土・日9:30〜16:00）
　　8月9:00〜16:30
　　（月・金9:30〜16:30、土・日9:00〜16:00）
　　※イースター、クリスマス、バンクホリデーなど時期による変動あり
休1/1〜21・26〜28、12月の月・金、12/23〜26・31
料£16.25　学生£12.25

バラエティあふれる展示内容 Map P.339B1

🏛 バーミンガム博物館&美術館
Birmingham Museum & Art Gallery

ヴィクトリア・スクエアに面したカウンシル・ハウスの裏側にある。バーミンガムの郷土史や自然史、考古学、民族史学など、展示内容は幅広い。なかでも、エジプト、アフリカ、南米やインドなど、世界中から収集した美術品の展示スペースには、高さ2.3mの仏像があるなど、荘厳な雰囲気に包まれている。絵画はラファエロ前派のコレクションが充実。

黄金製のスタッフォードシャー・ホードのコレクション

　2009年にスタッフォードシャーで発見された、アングロ・サクソン7王国時代 P.607 の金の装飾品、スタッフォードシャー・ホードStaffordshire hoardの展示も人気を集めている。ストーク・オン・トレントのポッタリー博物館&美術館（→P.353）と共同で管理しているために、時期によってはコレクションすべてが展示されていない場合もある。

　館内にはエドワード王朝風のティールームEdwardian Tearoomが併設されており、鑑賞後にひと休みできる。

近郊の見どころ Days out from Birmingham Map P.342
チョコレート好きは必見！
キャドバリー・ワールド
Cadbury World

　英国王室御用達のチョコレート『キャドバリー』の発祥はバーミンガム。バーミンガム郊外のボーンビルBournvilleにあるキャドバリー・ワールドは、週末になると多くの人でにぎわう。

キャドバリーのゆるキャラがお出迎え

　ここでは、チョコレートやキャドバリーの歴史紹介のほか、チョコレート細工の実演も行われ、できたてのチョコレートを試食することもできる。「ビーンモバイル」に乗っておとぎの国を巡るという屋内アトラクションは家族連れに大人気。

アウトレットショップもある

近郊の見どころ

Days out from Birmingham　Map P.17B2

産業革命時代のバーミンガムを再現

ブラック・カントリー生活博物館
Black Country Living Museum

伝統的家屋では女性が編み物をしている

バーミンガム郊外にある屋外博物館。26エーカーという広大な敷地内では運河の町として栄えた、産業革命時代のバーミンガムの街並みを忠実に再現している。館内では伝統的衣装を来たスタッフが当時の生活を紹介してくれる。

運河トンネルツアー　19世紀に、物資の搬送のために丘陵部をくり抜いて造られた運河トンネルでは、照明付きのナローボートでトンネルを巡るツアー（別料金）が行われている。

近郊の見どころ

Days out from Birmingham　Map P343-1

レオフリック伯爵ゆかりの

コヴェントリー大聖堂
Coventry Cathedral

もともとはレオフリック伯爵とゴダイヴァ夫人が建てた大聖堂。その後建て直された14世紀以来、長い間コヴェントリーの発展を見守ってきたが、第2次世界大戦中の1940年に、激しい空爆により建物は破壊された。現在の建物は戦後新たに建てられたもの。前の建物の残骸は、ルーインズ（廃墟）と呼ばれ、現在の大聖堂の横に残されている。

近郊の見どころ

Days out from Birmingham　Map P343-1

クラッシックカーから最先端の自動車まで

コヴェントリー交通博物館
Coventry Transport Museum

コヴェントリーは自動車産業が盛んで、世界的な自動車メーカーであるジャガー社の本部があることでも有名。ここではコヴェントリーの産業史とともに、自動車に関するさまざまな展示がされている。特にジェットエンジンを積んだスラスト2Thrust2やスラストSSC ThrustSSCの展示が人気を集めている。

左：空爆によって廃墟と化したコヴェントリー大聖堂　上：コヴェントリー交通博物館収蔵のスラストSSC。最高時速1227.985kmを記録した

バーミンガム

■ブラック・カントリー生活博物館
🚃ニュー・ストリート駅からティプトンTipton駅下車。229番のバスでも行ける
✉Tipton Rd., Dudley, DY1 4SQ
☎(0121)5579643　🌐www.bclm.co.uk
🕐3/23～11/1 10:00～17:00
　11/2～12/29 10:00～16:00
🚫11/2～12/29の月・火、12/25・26、12/30～3/22
💷£16.50　学生£13.20
館内撮影一部不可　フラッシュ部不可

コヴェントリー

■バーミンガムからコヴェントリーへ
🚃ニュー・ストリート駅から頻発。所要30分
🚌ディグベス・コーチステーションから1時間に1～2便。所要40分
■コヴェントリー大聖堂
✉1 Hill Top, CV1 5AB
☎(024)76521200
🌐www.coventrycathedral.org.uk
🕐10:00～16:00（日12:00～16:00）
🚫無休　💷£6　学生£5
■コヴェントリー交通博物館
✉Millennium Pl., Hales St., CV1 1JD
☎(024)76234270
🌐www.transport-museum.com
🕐10:00～17:00
🚫12/24～26、1/1　💷寄付歓迎

■シンフォニー・ホール
Map P.339A1
✉CBSO Centre, Berkley St., B1 2LF
☎(0121)6166500
🔗cbso.co.uk

■バーミンガム・ヒッポドローム
Map P.339B2
✉Hurst St., B5 4TB
☎(0121)4148861
🔗www.birminghamhippodrome.com

🎵 シンフォニー・ホール
Symphony Hall
世界的に有名なバーミンガム市立交響楽団の本拠地。ホールの音響がすばらしいことでも知られており、クラシックファンならぜひ訪れてみたい。

🎭 バーミンガム・ヒッポドローム
Birmingham Hippodrome
中華街の近くにある劇場。ロンドンのウエスト・エンドで上演された人気のミュージカルのほか、バーミンガム王立バレエ団の公演もよく行われている。

HOTEL · RESTAURANT

中心部にはチェーン系のビジネスホテルが数多く点在しており、週末の方が安い料金を設定していることも多い。B&Bは町の郊外に点在している。ニュー・ストリート駅の南には中華街が広がり、安価な中華料理レストランが並ぶ。

高級　26室　Map P.339B1

ステイング・クール Staying Cool
✉150 New St., B2 4PA
☎(0121)2851250
FAX(0121)2851290
🔗www.stayingcool.com
S W 📶📺➡ £95〜
CC A D M V

ニュー・ストリート駅の裏側にあるロトンダ・ビルの最上階を利用したアパートメントホテル。眺めはすばらしく、全室キッチン設備付き。

Map P.339B2　131室

ペンタ Pentahotel Birmingham
✉Ernest St., B1 1NS
☎(0121)6228800
🔗www.pentahotels.com
S W £49〜　朝食別　CC A M V

Map P.339B1　215室

ブリタニア Britannia Hotel Birmingham
✉New St., B2 4RX
☎(0121)6313331　FAX08712227071
🔗www.britanniahotels.com
S W £59〜　朝食別　CC M V

Map P.339B2　250室

アイビス・バジェット Ibis Budget Birmingham Centre
✉1 Great Colmore St., B15 2AP
☎(0121)6227575　FAX(0121)6227576
🔗www.ibis.com
S W £30〜　朝食別　CC A M V

南インド料理

Map P.339B2
マハラジャ Maharaja
バーミンガム・ヒッポドロームの近くにある。1971年の創業以来、カレー激戦区バーミンガムでも名店として知られている。キングプローン・マドラス（写真、£11.25）が人気で、炭火で焼きあげるタンドール料理も自慢。
✉22-25 Hurst Rd., B5 4A5　☎(0121)622641
🔗www.maharajarestaurant.co.uk　🕐12:00〜14:00
18:00〜23:30　休無休　CC J M V　🚭店内可

カフェ

Map P.343-1　コヴェントリー
ゴダイヴァズ Godiva's in the Undercroft
1340〜1460年に建てられたセント・メアリー・ギルドホール内にあるカフェ。スコーン（写真）は生クリームとジャムがついて£2.45。ハンバーガーなどランチもある。ギルドホールの見学は夏期の日〜木10:00〜16:00。
✉St Mary's Guildhall Bayley Ln., CV1 5RN
☎(024)76833328　🔗www.stmarysguildhall.co.uk
🕐11:00〜15:30　休無休　CC M V　🚭店内可

テューダー王朝様式の家並みが美しい

シュルーズベリー
Shrewsbury

ハイ・ストリートに並ぶ木組みの家

人口	市外局番
9万6500人	01743
シュロップシャー州 Shropshire	

ウェールズにほど近いシュルーズベリーは、白い壁と黒い梁をもつ15世紀のテューダー王朝様式の家々が多く残り、中世の町並みが美しい町。馬蹄形に蛇行するセヴァーン川のほとりにできたサクソン人の集落がこの町の始まりで、世界初の鉄橋があるアイアンブリッジ峡谷への起点となる町でもある。

また、毎年8月に催されるシュルーズベリー・フラワー・ショー Shrewsbury Flower Show（2015年は8月14・15日）は2日間で約5万人もの人が訪れる華やかなイベントだ。

歩き方

鉄道駅から出ると、正面には11世紀に造られた**シュルーズベリー城**がそびえ、内部はシュロプシャー連隊博物館Shropshire Regimental Museumになっている。城の横の**キャッスル・ストリート**Castle St.沿いから、美しい伝統家屋が並ぶ。中世の街区がそのまま残された旧市街は**バッチャー・ロウ**Bucher Rowと**フィッシュ・ストリート**Fish St.周辺にある。❶はミュージックホール内にある。

シュルーズベリーの鉄道駅

Access Guide
シュルーズベリー
バーミンガムから

所要：54分～1時間9分

月～土	ニュー・ストリート駅から6:25、7:23～21:23の1時間に2～3便、22:14
日	10:04、11:05、12:24～23:24の毎時24分

チェスターから

所要：54分～1時間2分

月～土	5:30～19:17の1時間に1便、21:21
日	9:22 11:31 12:21 13:31 15:31 17:31 18:24 19:26 21:26 23:00

レクサムから

所要：2時間10分

月～土	ジェネラル駅から5:46～22:53の1時間に1便
日	9:38 11:48 12:38 13:48 15:48 17:48 18:41 19:42 24:44

シュルーズベリー

Welsh Bridge
Sabrina Boat P.348
Curry House P.349
バスステーション
鉄道駅
ダーウィン像
Shrewsbury P.349
The Darwin
Pride Hill S.C.
ルクロフト Lucroft H P.349
シュルーズベリー城（シュロプシャー連隊博物館）
Shrewsbury Castle
(Shropshire Regimental Museum) P.348
St. Mary's
The Square
マーケット
Old Market Hall
シュルーズベリー博物館＆美術館
Shrewsbury Museum & Art Gallery P.348
Prince Rupert P.349
Three Fishes P.349
The Old Post Office P.349
English Br.
Lion H
シュルーズベリー・アビー
Shrewsbury Abbey P.348
Greyfriars Footbridge
コルアム・パンピング・ステーション
Coleham Pumping Station
Kingsland Bridge
0 100m
River Severn

詳細ガイド

産業革命が残した巨大テーマパーク

世界遺産 **アイアンブリッジ峡谷**

産業革命にスポットを当てた一大テーマパークとも呼ぶべきアイアンブリッジ峡谷。セヴァーン川の峡谷に鉄橋が架けられたのは1779年のことだ。当時ここは製鉄産業で栄え、いくつもの工場が林立する産業革命の中心地であった。20世紀に入るとこの地における産業は衰退していったが、廃墟となった工場群は博物館やアトラクションとなり、観光地として生まれ変わった。

現存する世界最古の鉄橋
アイアンブリッジ
Ironbridge

世界で初めて造られた鋳鉄製の鉄橋で、現存する最古の鉄橋でもある。珍しくアーチ型を採用しているが、当時は鉄の素材を生かした建築技術がなかったため、木造橋の手法を採って建てられたといわれている。

セヴァーン川に架かる世界最古の鉄橋

まずはここで鉄と峡谷について学ぼう
鉄博物館
Coalbrookdale Museum of Iron

アイアンブリッジのおもな産業である製鉄に関する資料を集めた博物館。人形や模型などを使ってわかりやすく解説している。まずはここでアイアンブリッジ峡谷の歴史について学んでおこう。

18世紀末の暮らしを再現した
峡谷博物館
Museum of the Gorge

アイアンブリッジ峡谷での産業や当時の暮らしぶりを映像や模型を使って分かりやすく解説している。1796年当時の模型はリアルな造りで見応えがある。

展示物の吹き出しコメントに当時の人々の気持ちがこもっている

アイアンブリッジの生みの親
ダービー・ハウス
Darby House

アイアンブリッジの建設を指示したダービー3世の館。現在は衣服や家具などが展示されており、ダービー一家に関する資料が多く並んでいる。

ダービー三世が住んでいた当時の暮らしを再現している

ヴィクトリア朝の時代村
ブリスツ・ヒル・ヴィクトリアン・タウン
Blists Hill Victorian Town

ヴィクトリア朝時代の町並みや生活、人々の衣装が再現された屋外博物館。接客してくれる店員も当時の衣装を着ているので、ヴィクトリア朝時代へタイムスリップしたようだ。お店に並んでいる商品は実際にその場で購入できる物もある。

キャンドル工房

産業革命以前の時代はアイアンブリッジの町には多くのろうそく職人が住んでいた。ヴィクトリアン・タウンではスタッフが伝統的なろうそくの作り方を教えてくれる。自分で作れるのでチャレンジしてみよう!

テルフォード、バーミンガムへ

ブリスツ・ヒル・ヴィクトリアン・タウン
Blists Hill Victorian Town

Shropshire Canal

Coalport Rd.

The Lloyds

N

0 500m

ジャックフィールド・タイル博物館
Jackfield Tile Museum

Maws Craft Centre

Tar Tunnel

YHA Coalport Ⓗ

コールポート陶器博物館
Coalport China Museum

🅳🅰🆃🅰

■**アイアンブリッジへの行き方**
🚌🚃バスステーションの乗り場Sからテルフォード Telford行きの96番。8:50、10:50、12:45、14:50、17:05、18:05発、所要35分。日曜運休。テルフォードからも便はあるが日曜は運休。

■**アイアンブリッジ**
✉Ironbridge, Telford
☎(01952)884391
🔗www.ironbridge.org.uk
🕐夏期10:00〜17:00
　冬期10:00〜16:00
（季節や博物館によって多少変更あり）
休12/24・25、1/1
料博物館共通パスポート£27.95
　峡谷博物館£4.50
　鉄博物館£8.95
　ダービー・ハウス£5.50
　ブリスツ・ヒル£16.95

セヴァーン川45分クルーズ
45 Minuite Cruise

2/28～10/31　11:00～16:00の毎正時
所要：45分　圏 £7.50　学生£6
ウェルシュ・ブリッジ近くのヴィクトリア・キー Victoria Quay発。セヴァーン川の中州にあるシュルーズベリーの周囲をゆっくりと半周し、シュルーズベリー・アビーの手前まで行く。

サブリナ・ボート Sabrina Boat
☎ (01733) 369741
URL www.sabrinaboat.co.uk

■ シュルーズベリー城
（シュロプシャー連隊博物館）
✉ Castle Gates, SY1 2AT
☎ (01743) 358516
URL www.shropshireregimentalmuseum.co.uk
圏 5/25～9/13 10:30～17:00
　（日10:30～16:00）
　2/16～5/24、9/14～12/19
　10:30～16:00
圏 木、2/16～5/24・9/14～12/19の日曜、12/20～2/15　圏 £3
内部撮影不可

■ シュルーズベリー博物館＆美術館
✉ The Music Hall, The Square, SY1 1LH
☎ (01743)281205
URL www.shrewsburymuseum.org.uk
圏 10:00～17:00
圏 月、12/25・26、1/1
圏 £4　学生£3.60

■ シュルーズベリー・アビー
✉ Abbey Foregate, SY2 6BS
☎ (01743)232723
URL www.shrewsburyabbey.com
圏 4～10月10:00～16:00
　11～3月10:30～15:00
圏 無休
圏 寄付歓迎
　フラッシュ不可

現在は博物館となっている　　　Map P.345B1

シュルーズベリー城 （シュロプシャー連隊博物館）
Shrewsbury Castle （Shropshire Regimental Museum）

1067年にウェールズとの最前線の基地として建設された。その後さまざまな施設が増設され、現在の形になった。入口奥にある大きな建物は軍事博物館となっている。

城というよりも要塞に近い

シュロプシャーの歴史を紹介　　　Map P.345A2

シュルーズベリー博物館＆美術館
Shrewsbury Museum & Art Gallery

2014年にミュージックホール内に移転した博物館。博物館ではシュロプシャーの歴史を紹介しており、先史時代とローマ時代の発掘物や、テューダー朝以降の絵画や装飾美術などを展示している。

『修道士カドフェル』の舞台　　　Map P.345C2

シュルーズベリー・アビー　Shrewsbury Abbey

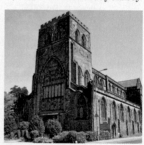

12世紀のシュルーズベリー・アビーを舞台とした、エリス・ピーターズEllis Peters作の推理小説『修道士カドフェルBrother Cadfael』シリーズによって一躍有名になった。修道院は16世紀に解散したが、11世紀に建てられた教会は現在でも使われている。

カドフェルゆかりの修道院

毎年2月に生誕祭が行われる
history
ダーウィンの故郷

著書『種の起原』で、自然選択説による進化論を提唱したチャールズ・ロバート・ダーウィンは1809年2月にシュルーズベリーで生まれた。彼が通っていた学校は、現在シュルーズベリー図書館になっており、銅像が建てられている。
　彼が生まれた2月12日とその前後に毎年ダーウィン・フェスティバルが行われる（2016年は2月12～14日を予定）。2月を通してダーウィンにちなんださまざまなイベントがある。
URL www.discoverdarwin.co.uk/darwin-festival

シュルーズベリーの図書館の前にあるダーウィンの像

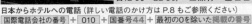

シュルーズベリー

HOTEL 　　　　　　　RESTAURANT

　小さな町なのでホテルの数はそう多くはない。旧市街のほか、鉄道駅周辺にも数軒ある。アイアンブリッジにもホテルやレストランがあるので、1泊2日で見てくるのもよいだろう。

Recommended

高級　　　　186室
Map P.345B1

立地と設備は町一番
プリンス・ルパート Prince Rupert Hotel

TV 全室　希望者 全室　なし　有料 無料 Wi-Fi

⌂ Butcher Row, SY1 1UQ
TEL (01743) 499955　FAX (01743) 357306
URL www.princeruperthotel.co.uk
S £65〜105
W £95〜185　CC A D M V

　サウナ、フィットネスセンターなど、充実した設備を誇る。併設したレストランのロイヤリストRoyalistも人気。地元産のオーガニック食材にこだわった朝食も自慢。

中級　22室　Map P.345A1

シュルーズベリー Shrewsbury Hotel

⌂ Bridge Pl. SY1 1PU
TEL (01743) 236203
URL www.jdwetherspoon.co.uk
S W £69〜
CC M V

全室　全室　全室　なし　無料　無料

　ウェルシュ・ブリッジのたもとにあり、大手チェーン系パブ、ウェザースプーンが経営するホテル。1階がパブになっており、7:00〜24:00の営業。

イン　6室　Map P.345B2

オールド・ポスト・オフィス Old Post Office

⌂ 1 Milk St., SY1 1SZ
TEL (01743) 236019
URL www.oldpostofficepub.co.uk
S £40〜　　S £45〜
W £55〜　　W £65〜
CC M V

全室　全室　全室　なし　なし　無料

　町の中心部にあり観光に便利。シュルーズベリーらしい木組みの建物に泊まることができる。バスルームがない部屋でも洗面台はある。

ゲストハウス　10室　Map P.345B1

ルークロフト Lucroft Guesthouse

⌂ Castle Gates, SY1 2AD
TEL (01743) 362421
URL www.lucrofthotel.com
S £30　　S £40
W £56〜58
CC M V

全室　希望者 全室　なし　なし　無料 一部

　駅から徒歩2分。客室は2012年に改装済みで、清潔感あふれる内装。朝食はひとり£4.50。許可さえ得られば電子レンジや冷蔵庫も利用可能（朝食時は除く）。

Map P.345A1
カリー・ハウス Curry House
インド料理

　スタイリッシュな雰囲気のインド料理店。メニューには3段階の辛さが表記され、「2」でもなかなかの辛さ。カレーは£5.95〜で、提供される前に目の前で追い加熱をしてくれるのでアツアツの状態で楽しめる。
⌂ 29 Mardol, SY1 1PU　TEL (01743) 249909　圏 17:00〜23:30 （金・土17:00〜24:00）　圏無休　CC M V　不可

Map P.345B2
スリー・フィッシズ Three Fishes
パブ

　15世紀の建物を利用しているパブで、B&Bのテューダー・ハウスに隣接している。料理はメインが£9.95〜13.95ほど。常にイギリス各地のエールを6〜7種類用意しているので、飲み比べをしてみるのも楽しい。地元産のエールもある。
⌂ 4〜5 Fish St., SY1 1UR　TEL (01743) 344793
圏 11:30〜15:00　17:00〜23:00（金・土11:30〜23:30、日12:00〜22:30）　圏無休　CC M V　店内可

ストーク・オン・トレント
Stoke-on-Trent

陶磁器工場で職人の手作業を見学しよう

人口	市外局番
24万9008人	01782
スタッフォードシャー州 Staffordshire	

イギリスを代表する陶磁器、ボーンチャイナ。ボーンチャイナとは牛の骨灰や骨リンを陶石に混ぜることによってできた、半透明で乳白色に輝く陶磁器のこと。そのボーンチャイナ発祥の地がストーク・オン・トレント。ウェッジウッドをはじめとした陶磁器工場では、工場見学や、直営店でのショッピングを楽しむことができる。

Access Guide
ストーク・オン・トレント

ロンドンから

所要:1時間30分

月〜土 ユーストン駅から6:00〜23:00に1時間に2便程度

日 8:20〜21:25の1時間に2便程度

所要:3時間45分

月〜土 12:30 13:30 18:30 23:30

日 12:30 13:30 18:30 20:30 23:30

バーミンガムから

所要:45分〜1時間

月〜土 ニュー・ストリート駅5:57〜22:30の1時間に1〜2便

日 10:01〜22:01の1時間に1〜2便

マンチェスターから

所要:45分〜1時間

月〜土 ピカデリー駅から5:11〜22:07の1時間に1〜2便

日 8:27〜22:07の1時間に1〜2便

歩き方

にぎやかなヘンリー中心部

ストーク・オン・トレントは、北から順にタンストールTunstall、バースレムBurslem、ヘンリーHanley、ストークStoke、フェントンFenton、ロングトンLongtonの6つの地区に分かれている。

中心はヘンリー 中心となる町はヘンリーで、❶やバスステーションなどがある。ストーク・オン・トレントの鉄道駅からはヘンリー行きの市内バスが頻繁に運行されている。ストーク・オン・トレントに到着したら、まずはヘンリーに向かうのがよいだろう。

交通情報

鉄道駅 鉄道駅はヘンリーの南、ストークにある。ヘンリーへ向かうには駅前のバス停から出るバスを利用する。どのバスもだいたいヘンリーを経由する。所要5分。

バスステーション 各地からのバスは、ヘンリーにあるバスステーションに到着する。ロングトンやウェッジウッドなど周辺地区へのバスも発着する。地区によって発着地が異なるので、❶やバスステーションの案内所で乗り降りの場所を確認しておこう。

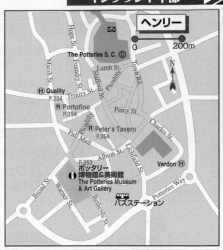

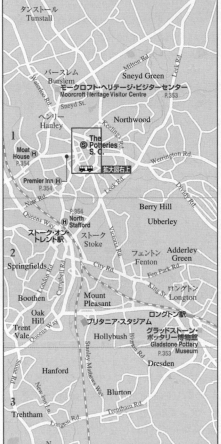

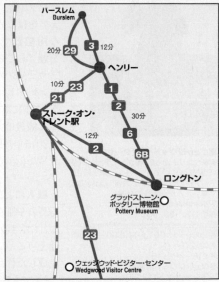

バス路線番号	路線詳細・運行頻度
1/6/6B	**ヘンリー→ロングトン** ヘンリー5:25〜23:30の1時間に2〜12便、日曜7:26〜23:02の1時間に1〜4便 ロングトン5:11〜23:00の1時間に2〜12便、日曜7:16〜22:42の1時間に1〜4便
2	**ストーク・オン・トレント鉄道駅→ロングトン→ヘンリー** ストーク駅5:55〜22:20の20分〜1時間に1便、日曜10:04〜22:20の1時間に1便程度 ヘンリー6:16〜23:00の20分〜1時間に1便、日曜8:52〜23:00の1時間に1便程度
21/23	**ヘンリー→ストーク・オン・トレント鉄道駅** ヘンリー5:30〜23:40の1時間に1〜6便、日曜9:10〜20:00の1時間に2〜4便程度 ストーク5:15〜22:45の1時間に1〜6便、日曜8:54〜19:46の1時間に2〜4便程度
3/29	**ヘンリー→バースレム** ヘンリー5:35〜24:00の1時間に2〜8便、日曜7:45〜23:00の1時間に1〜3便 バースレム5:15〜翌0:15の1時間に2〜8便、日曜8:15〜23:15の1時間に1〜3便

ヘンリーのポッタリー博物館&美術館にある❶

ストーク・オン・トレント駅の前にあるジョサイア・ウェッジウッド像

■ウェッジウッド・ビジターセンター
🚌 ヘンリーから23番が1〜2時間に1便 (日曜運休)。いずれもストーク駅を経由。アイヴィ・ハウス・ドライブIvy House Dri. 下車。ここから徒歩約15分。
⊠ Barlaston, ST12 9ER
℡ (01782) 282986
URL www.wedgwoodvisitorcentre.com
圆 10:00〜17:00 (土・日10:00〜16:00)
㊋ 12/24〜1/1
圓 £15　学生£10
●ウェッジウッド博物館
⊠ Barlaston, ST12 9ER
℡ (01782) 371919
URL www.wedgwoodmuseum.org.uk
圆 10:00〜17:00 (土・日10:00〜16:00)
㊋ 12/24〜1/1
圓 ビジターセンターの入場料に込み
内部撮影不可

ウェッジウッド・ビジターセンター
The Wedgwood Visitor Centre

ビジターセンター入口

ヘンリーへ

従業員通用口

0　200m

窯元巡りをしたい人はヘンリーにある❶へ。各窯元の場所が掲載された無料の地図なども置いているので、ポッタリー博物館&美術館を見学する際に立ち寄ってぜひ手に入れよう。

小規模な窯元の見学は、事前に予約が必要な場合も多いので注意。また、基本的に見学はファクトリー・ホリデイ (工場の休業日) の日には行われない。

🏛 ウェッジウッドで実際に陶器制作
ウェッジウッド・ビジターセンター
The Wedgwood Visitor Centre

Map P.351左3　バーラストン

イギリス陶工の父といわれるジョサイア・ウェッジウッド☞ P.607 が設立したウェッジウッドは、ジャスパー・ウェアをはじめとする独創的な陶磁器で、多くのファンを魅了してやまない。

ウェッジウッドのビジターセンターは、ストーク・オン・

実演コーナーでは間近で製作過程を見ることができる

トレントにある6つの地区より南に位置し、やや遠いがそのぶん施設は大きく、レストランやショップも併設されている。

2015年7月中旬にワールド・オブ・ウェッジウッドWorld of Wedgwoodの新しい愛称とともに展示内容を一新し、リニューアルオープンすることになっている。

職人による実演コーナーでは、見学だけでなく、自ら陶器作りや皿の絵付け、アクセサリーの製作などに参加することもできる(別料金)。陶器作りは電動ロクロを回し形を仕上げるところまで行い、後日、係員が窯での焼成を行う。完成した作品は英国内だけでなく、日本に発送してもらうこともできる。

ウェッジウッド博物館　ビジターセンターに併設された、ジョサイヤ・ウェッジウッドの生涯とその作品に関する展示などを見学することができる博物館。おもな展示物は、古代ローマで作られたカメオ・ガラスの「ポートランドの壺」をモデルとしたウェッジウッド作のジャスパー・ウェア (古代ローマ美術の装飾などをモチーフとしたストーンウェア) やロシアのエカテリーナ2世から注文を受けた「フロッグ・サービス」の皿など。

ビジターセンターに隣接する博物館

陶磁器のことがよくわかる
グラッドストーン・ポッタリー博物館
The Wedgwood Visitor Centre

Map P.351左2 ／ ロングトン

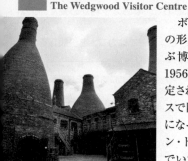
ボトルオーブンの内部も見学できる

ボトルオーブン（ボトルの形をした煙突）が建ち並ぶ博物館。イギリスでは1956年に空気清浄法が制定され、制定後は電気やガスで陶磁器を焼成するようになったので、ストーク・オン・トレントの町に建ち並んでいたほとんどのボトルオーブンは取り壊された。

博物館はヴィクトリア朝時代の陶磁器工場を再現しており、当時の窯に入ったり、粘土を延ばして型造りをする職人の作業を目にすることができる。館内では動力源となっているエンジンハウスも公開されているほか、ポットやチャイナフラワー作りを体験できるコーナーもある。ギフトショップやティールームも併設されている。

1枚の絵画のような陶器
モークロフト・ヘリテージ・ビジターセンター
Moorcroft Heritage Visitor Centre

Map P.351左1 ／ バースレム

「王妃の陶工」と称されたモークロフトは、世界中に多くのコレクターを抱えている。現在もストーク・オン・トレントの工場で製造を行っており、工場見学ツアーに参加すれば製造工程を見学することができる。また、直営店の横には小さな博物館が併設。博物館では過去から現在までの作品を鑑賞することができる。

陶磁器の展示が充実している
ポッタリー博物館＆美術館
The Potteries Museum & Art Gallery

Map P.351右上 ／ ヘンリー

先史時代から現代にいたるまでの町の歴史を人形や遺物を使って紹介している。**スタッフォードシャー・ホード** Staffordshire Hoardと呼ばれるアングロ・サクソン7王国時代 P.607の金の装飾品が目玉だが、バーミンガム博物館＆美術館（→P.342）と共同管理をしているので、展示の規模は時期によって異なっている。また、陶器や陶磁器に関する展示コーナーでは、ウェッジウッドやミントンの製品もある。

ミントン社が提供したクジャクの像。陶器とは思えないほどの完成度が高さ

■グラッドストーン・ポッタリー博物館
ヘンリーからファースト社のバス1、2、6、6Bなどがロングトンへ行くほか、ストーク・オン・トレント駅から列車も出ている。鉄道駅から徒歩約10分、バスターミナルから徒歩約7分。
Uttoxeter Rd.,
Longston, ST3 1PQ
www.stokemuseums.org.uk
(01782)237777
9〜4月10:00〜17:00
　10〜3月10:00〜16:00
日・月、12/25〜1/1
£7.50　学生£6
入館時に地図と日本語のガイドをもらえるので、日本語のビデオ上映後は、地図の番号に沿って見学しよう。

チャイナフラワー作りに挑戦！

■モークロフト・ヘリテージ・ビジターセンター
ヘンリーからファースト社のバス3、29番がバースレム方面へ行く。エルダー・ロードElder Rd.下車。下車後徒歩約15分。
Sandbach Rd., ST6 2DQ
(01782)820515
www.moorcroft.com
10:00〜17:00（土9:30〜16:30）
日、12/25〜1/1　無料
内部撮影不可
●工場ツアー（要予約）
月・水・木 11:00、14:00、金11:00
4/1〜5、12/20〜1/4
£7.50　学生£6.50

■ポッタリー博物館＆美術館
Bethesda St., Hanley, ST1 3DW
(01782)232323
www.stokemuseums.org.uk
10:00〜17:00（日11:00〜14:00）
12/25〜1/1　寄付歓迎
館内撮影一部不可　フラッシュ部不可

も併設されているポッタリー博物館＆美術館

　ストーク・オン・トレントは、宿泊施設の数が少ない。ストークの駅周辺とヘンリーにそれぞれ数軒あるだけだ。シーズン中の週末にはどこも満室になるので、早めの予約が必要だ。チェーン系のホテルは郊外にある。

　レストランはヘンリーの中心部に多いが、窯元のビジターセンターではカフェを併設しているところも多く、そのブランドの器でティータイムが楽しめる。

閑静な公園の中にある
モート・ハウス
Best Western Plus Stoke-on-Trent Moat House

高級 | **147室**
Map P.351 左1　フェスティバル・パーク

🛗 📺 🍴 ✂️ 🧳 🅿️ 📶
全室 希望者 全室 なし 無料 無料 Wi-Fi

✉️ Festival Way, Eturia, ST1 5BQ
☎ (01782)609988　FAX (01782)284500
URL www.bestwestern.co.uk
S W 🔌 £69〜　CC A D J M V
レストラン 12:00〜23:00

　ヘンリーからは29番のバスで5分ほど。郊外にあるので大きな駐車場も用意しており、レンタカーで訪れる場合も便利。館内にあるジム、スイミングプールやジャクージはすべて宿泊料金に含まれている。

中級 | **90室** | Map P.351 左2　ストーク
ノース・スタッフォード　North Stafford Hotel

✉️ Station Rd., ST4 2AE
☎ (01782)744477
FAX (01782)744580
URL www.britanniahotels.com
S W 🔌 £55
S W 🔌 £75
CC A D M V (手数料2%別)

🛗 📺 🍴 ✂️ 🧳 🅿️ 📶
全室 全室 全室 なし 有料 無料 Wi-Fi

　ストークの鉄道駅を出てすぐ目の前にあり、早朝出発や夜遅く着いても安心。1849年に鉄道会社所有のホテルとして建てられた。建物は古いが部屋は改装済みでとてもきれい。

Map P.351 右上 ヘンリー
クオリティ　Quality Hotel Stoke-on-Trent
188室
✉️ 66 Trinity St., Hanley, ST1 5NB
☎ (01782)202361　FAX (01782)286464
URL www.quality-stokeontrent.com

🛗 📺 🍴 ✂️ 🧳 🅿️ 📶
全室 全室 全室 なし 無料 無料 Wi-Fi
S £47〜　W £57〜　朝食別　CC M V

Map P.351 左1 ヘンリー
プレミア・イン　Premier Inn Stoke on Trent Hanley
96室
✉️ Etruria Rd, Hanley, ST1 5NH
☎ 08715279476　FAX 08715279477
URL www.premierinn.com

🛗 📺 🍴 ✂️ 🧳 🅿️ 📶
全室 全室 全室 なし 無料 有料 Wi-Fi
S W £90〜　朝食別　CC J M V

Map P.351 右上　ヘンリー
ポルトフィーノ　Portofino

イタリア料理

　地元の人々でにぎわう本格派イタリア料理店。明るい店内にスタッフの対応も気持ちいい。ランチセットは2品で12.95。パスタは£9.45〜10.45、ピザ£7.95〜9.95。グリルは£12.95〜。

✉️ 38 Marsh St., Hanley, ST1 1JD　☎ (01782)209444
URL www.portofino-italiana.co.uk　12:00〜14:00
17:30〜22:00(日〜21:00)　休無休　CC D M V　⚡店内可

Map P.351 右上　ヘンリー
ペーターズ・タヴァーン　Peter's Tavern

カフェ
スロヴァキア料理

　イギリスでも珍しいスロヴァキア料理を出すカフェ。中欧名物のシチュー、グラーシュは各種£3.99〜。朝食ではランゴシュというスロヴァキアパンの朝食£2.49のほかイングリッシュ・ブレックファスト£1.99〜4.99も出す。

✉️ 43 Piccadilly St., ST1 1EN
☎ (07827)772590　10:00〜22:00
休日　CC不可　⚡不可

日本からホテルへの電話（詳しい電話のかけ方はP.8もご参照ください）
国際電話会社の番号 ＋ 010 ＋ 国番号44 ＋ 最初の0を除いた掲載の番号

ロビン・フッドの故郷
ノッティンガム
Nottingham

オールド・マーケット・スクエア

人口	市外局番
30万5680人	0115

ノッティンガムシャー州
Nottinghamshire

ノッティンガムはロビン・フッド [地] P.610 ゆかりの地。伝説の義賊、ロビン・フッドが立ち上がったのは、この町の近くにあるシャーウッド・フォレストとされている。また、産業革命で重要な役割を果たした町としても世界的に知られ、現在もイギリス有数の工業都市である。

👣 歩き方

町の中心は、カウンシルハウスCouncil Houseのあるオールド・マーケット・スクエアOld Market Sq.。周辺は華やかなショッピングエリアだ。路面電車の駅もあり、鉄道駅とも接続されている。

ノッティンガム

Access Guide
ノッティンガム

ロンドンから

🚄 所要:1時間40分〜1時間49分

月〜土 セント・パンクラス駅から6:52〜21:25の1時間に2〜3便

日 直通なし。セント・パンクラス駅からレスター Leicester経由またはキングス・クロス駅からグランタムGrantham経由

バーミンガムから

🚄 所要:1時間15分

月〜土 ニュー・ストリート駅から6:19〜19:49の毎時19、49分、20:49

日 11:49〜20:49の毎時49分

マンチェスターから

🚄 所要:1時間45分〜1時間56分

月〜土 ピカデリー駅から7:42、8:43〜20:43の毎時43分

日 12:43〜20:46の1時間に1便

ℹ️ **ノッティンガム**
Tourist Information Centre

Map P.355B1
✉ 1-4 Smithy Row, NG1 2BY
☎ 08444775678
🌐 m.experiencenottinghamshire.com
🕐 9:30〜17:30
休 日・祝、12/25・26、1/1

■ノッティンガムの市内交通
●路面電車
6:00～24:00頃の運行
圏£2.20　1日券£3.50
●センターリンク
7:00～19:00頃の運行
圏無料

■ノッティンガム城
⊠Off Friar Ln., NG1 6EL
℡(0115)9153700
URLwww.nottinghamcity.gov.uk/Castle
圏2月中旬～10月10:00～17:00
　11～2月中旬10:00～16:00
圏11～2月の月・火、12/24～26、1/1
圏£6　学生£5
館内撮影一部不可　フラッシュ不可

Information
ノッティンガム生活博物館
Museum of Nottingham Life

ノッティンガム城の南にある、17世紀に建てられた邸宅を改装した博物館。一見普通の民家に見えるが、内部には第2次世界大戦時に使用されていたシェルターがあり、現在も中へ入ることができる。館内には1920年代の商店が各部屋ごとに展示されており、なかには商品まで販売している店もある。

Map P.355A2
圏第1土・日曜12:00～16:00
圏ノッティンガム城の入場料に込み
　博物館のみ£2.50

■ニューステッド・アビー
ヴィクトリア・バスステーションからプロントProntoと呼ばれるバスが頻発（日曜は30～60分に1便程度）。所要25分。バス停はニューステッド・アビーの入口にあり、そこから徒歩で30分ほど。
℡(01623)455900
URLwww.newsteadabbey.org.uk
圏12:00～16:00
圏月～金、聖金曜日、12/25　圏£7
庭園
圏9:00～17:00
圏12/24～26、1/1　圏庭園£1

■シャーウッド・フォレスト・
　ビジターセンター
ヴィクトリア・バスステーションからシャーウッド・アロー Sherwood Arrowが1～2時間に1便　所要55分
⊠Edwinstowe, NG21 9HN
℡(01623)823202
圏10:00～16:30　圏12/25　圏無料

🚆 交通情報

鉄道駅は町の南にあり、橋を渡るとブロードマーシュ・バスステーションBroadmarsh Bus Stationがある。長距離バスや一部の近距離バスはここに発着。近郊へのバスは町の北のヴィクトリア・バスステーションVictoria Bus Stationから。また、鉄道駅からは路面電車が、バスステーション間はセンターリンクという無料バスが運行されている。

町を見下ろすようにそびえる　　　　Map P.355A2
ノッティンガム城 Nottingham Castle

ロビン・フッド☞P.610が戦いを挑んだのがこのノッティンガム城だったとされている。1068年に征服王ウィリアム☞P.605によって建てられたこの城に、ロビン・フッドの敵役、州長官フィリップ・マークが入ったのは13世紀初めのことだ。19世紀にはこの地域初の博物館として公開された。現在はノッティンガムの歴史をはじめ、さまざまな事物を紹介する博物館となっている。

現在は多くの展示物を収蔵した博物館

近郊の見どころ
Days out from Nottingham　　　Map P.18A1
バイロン一家代々の屋敷
ニューステッド・アビー
Newstead Abbey

大詩人バイロン☞P.609も、ノッティンガムにゆかりのある人物。このニューステッド・アビーはバイロンの一家が住んでいた館として知られている。12世紀以来修道院として使われてきたが、16世紀の宗教改革以降使われなくなり、その後、バイロン家が代々住んできた。

16世紀までは修道院として使用されていた

近郊の見どころ
Days out from Nottingham　　　Map P.18A1
伝説に彩られた
シャーウッド・フォレスト
Sherwood Forest

ロビン・フッド☞P.610が大活躍した伝説の舞台。現在はキャンプ場として週末ににぎわっている。エドウィンストー Edwinstoweの北にあるビジターセンターではロビン・フッドに関する展示が見られる。

イギリスで一番古いといわれる樫の木

ノッティンガム

Map P.357-1

近郊の見どころ Days out from Notingham

マグナ・カルタの保管場所のひとつ
リンカーン大聖堂
Lincoln Cathedral

大聖堂内の身廊

リンカーン

0 　　200m

リンカーン城 Lincoln Castle

リンカーン大聖堂 Lincoln Cathedral

司教宮殿 Bishop's Place

リンカーン博物館 The Collection

Lincoln University

City Hall

St. Benedict

Waterside N
Waterside S

St. Mary 鉄道駅

Oxford St.

リンカーンの町の高台に建つ、イギリスを代表するゴシック建築。その歴史は古く、ウィリアム1世☞P.605の命により1072年に建設されるが、その後、火事や地震によって崩れてしまう。現在のような形になったのは12世紀から。中世のリンカーンは羊毛の交易地として栄え、リンカーン司教はイングランドの中でも強大な権力をもっていた。

リンカーン・インプ　リンカーン大聖堂の壁面には数多くのレリーフがあるが、なかでも大使の聖歌隊席The Angel Choirにある「リンカーン・インプLincoln Imp」は必見。このレリーフにまつわる話は数多いが、特に有名なのは、インプ（小悪魔）が天使の聖歌隊席でいたずらをしていたとき、注意しに現れた天使を挑発したため、天使によって石に変えられてしまったというもの。また、インプのアクセサリーはラッキー・アイテムとしても人気がある。大聖堂内では屋根や塔、大聖堂内を回るツアーが行われている。

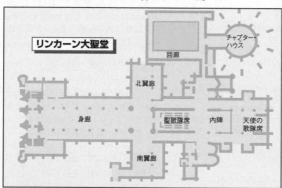

リンカーン大聖堂

チャプター・ハウス

回廊

北翼廊

身廊

聖歌隊席　内陣　天使の歌隊席

南翼廊

迫力のあるエントランス

近郊の見どころ Days out from Notingham

人気ドラマ『ダウントン・アビー』でも有名
リンカーン城 Lincoln Castle

Map P.357-1

リンカーン城の城壁

元々あったローマ時代の砦の跡に、ウィリアム1世☞P.605によって建てられた。

マグナ・カルタ☞P.610
2015年で締結800年を迎えたマグナ・カルタ。その写本のひとつがここで展示されている。

■**リンカーンへの行き方**
🚌1時間に1便程度。所要1時間10分ほど。リンカーン駅から徒歩約30分。
■**リンカーン大聖堂**
📞(01522)561600
🔗lincolncathedral.com
🕐7·8月7:15～20:00（土·日～17:00）
　10～6月7:15～18:00（日～17:00）
🚫無休　💷£8　学生£6.40
■**リンカーン城**
🔗www.lincolncastle.com
🕐9～4月10:00～17:00
　10～3月10:00～16:00
💷城内アトラクション共通券£12
　城内＋大聖堂共通券£16
　マグナ・カルタ＆旧刑務所のみ£10
　城壁ウオーキングツアーのみ£5

旧刑務所と城壁　城門をくぐると、手前にあるのがヴィクトリア朝時代の刑務所。テレビドラマ『ダウントン・アビー』でロケが行われたのはここ。また、城壁は保存状態がよく、ぐるりと歩くことができる。最も高いところにあるので見晴らしもいい。

HOTEL　　　　　　　　　　　　　　RESTAURANT

ノッティンガムは国際チェーンの大手ホテルからゲストハウスまで、質、量ともに豊富。難をいえば町の中心に規模の小さなB&Bが少ないくらい。料金の安いホテルは駅周辺に、旧市街の周囲に大手ホテルが多い。パブやカフェは旧市街に集中している。

高級　87室　Map P.355A2

セント・ジェイムス St. James Hotel

📮Rutland St., NG1 6EB
TEL(0115)9451114　FAX(0115)9410014
URL www.stjames-hotel.com
⑤🛁🚽📶🛗 £60〜
Ⓦ🛁🚽📶🛗 £70〜
CC JMV

📺 全室　🌀 全室　🏷 全室　📦 なし　🅿 有料　📶Wi-Fi 無料

ノッティンガム城のすぐそばにある。2014年に改装済みで、部屋はかわいらしい。天蓋付きベッドがある部屋も。スタイリッシュなバー No.6を併設。

大型　76室　Map P.355B1

メルキュール Mercure Nottingham

📮2 George St. Lace Market, NG1 3BP
TEL(0115)9599777
FAX(0115)9581335
URL www.mercurenottingham.com
⑤Ⓦ🛁🚽📶🛗 £55〜
CC AJMV

📺 全室　🌀 全室　🏷 全室　📦 一部　🅿 なし　📶Wi-Fi 無料

19世紀前半創業、ノッティンガムの象徴的建物だったジョージ・ホテルを大手チェーンが受け継ぎ、2011年から営業。部屋は明るく機能的。

中級　26室　Map P.355A1 外

パーク Park Hotel

📮5-7 Waverley St., NG7 4HF
TEL(0115)9786299
FAX(0115)8451438
URL www.parkhotelnottingham.co.uk
⑤Ⓦ🛁🚽📶🛗 £35〜
CC JMV

📺 全室　🌀 全室　🏷 全室　📦 なし　🅿 なし　📶Wi-Fi 無料

駅から路面電車に乗り、Trent UniversityかHigh School駅で下車。客室は庭の奥の別棟にある。手前の建物が受付。朝食は£7.50。

ゲストハウス　6室　Map P.357-1　リンカーン

ポプラーズ Poplars

📮Beaumont Fee, Lincoln LN1 1EZ
TEL(01552)510170
URL www.thepoplarslincoln.co.uk
⑤🛁🚽📶🛗 £44〜50　⑤🛁🚽📶🛗 £50〜55
Ⓦ🛁🚽📶🛗 £50〜60　Ⓦ🛁🚽📶🛗 £65〜75
CC MV

📺 全室　🌀 全室　🏷 全室　📦 なし　🅿 無料　📶Wi-Fi 無料

リンカーン城へ至る急な坂の途中にある。背中合わせに建つふたつの建物からなっており、入口も異なるので注意。市内が一望できる部屋もある。

ホステルベッド数40　Map P.355A1 外

イグロー Igloo Tourist Hostel

📮100 Mansfield Rd., NG1 3HD
TEL(0115)9475250
URL www.igloohostel.co.uk
Ⓓ🛁🚽📶🛗 £19〜
Ⓦ🛁🚽📶🛗 £44〜
CC MV

📺 なし　🌀 なし　🏷 なし　📦 なし　🅿 なし　📶Wi-Fi 無料

本館はドミトリーで、6人部屋は、原則として女性専用。プライベートルームは別館にある。2015年内に市内中心部に移転予定。

Map P.355A2

パブ

オールド・トリップ・トゥ・ジェルーサレム
Ye Olde Trip to Jerusalem

イングランド最古のインとされている。1189年の日付がここに書かれていたからだが、調査の結果、少なくとも11世紀には醸造所があったことがわかったという。十字軍が立ち寄ったという当時に思いをはせながら、エールを飲んでみてはいかが。

📮1 Brewhouse Yard, NG1 6AD　TEL(0115)9473171
URL www.triptojerusalem.com　🕐11:00〜23:00
(金・土〜24:00)　🈚無休　CC AMV(£5以上)　🚭店内可

美しい建築物に彩られた学問の都
ケンブリッジ
Cambridge

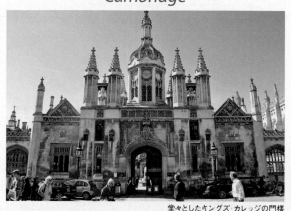
堂々としたキングズ・カレッジの門楼

人口	市外局番
12万3687人	01223
ケンブリッジシャー州	
Cambridgeshire	

ケンブリッジと聞いて頭に浮かぶのはケンブリッジ大学だろう。英国ではオックスフォードと並んで最も権威のある大学だ。英国首相を26人輩出したほか、アイザック・ニュートンやチャールズ・ダーウィンなど、特に自然科学の分野で突出した人材を輩出しており、ノーベル賞の受賞者数では88名を誇る。

ケンブリッジの町に大学ができたのは13世紀のこと。オックスフォードで大学と町との対立が激しさを増し、逃れてきた学者たちによって創設された。以来ヘンリー6世 P.609 やその妻マーガレットをはじめとする王族や貴族たちの援助により、ケンブリッジの町には、カレッジなどの大学の施設が次々と建てられていった。

👣 歩き方

ケンブリッジ観光の中心となるのは、ケム川River Camとキングズ・パレードKings Pde.という通り。両者は並行して南北に走っており、町を代表するカレッジ P.362 群はこの間に位置する。また、ケム川の西岸部は、バックスBacksと呼ばれる緑あふれる公園になっている。

🚆 交通情報

鉄道駅から市内へ向かうバス

鉄道駅 鉄道駅は町の南東にあり、中心部まで徒歩なら20〜30分ほどかかる。駅を出てすぐ左側にあるバス乗り場から、1、2、7、8番のバスに乗れば、5分ほどで町の中心に着く。
バスステーション バスは町の中心にあるバスステーションに発着する。
観光バス シティ・サイトシーイング社の観光バスが鉄道駅を出発し、市内20ヵ所を巡回している。

Access Guide
ケンブリッジ
ロンドンから

🚆 所要:46分〜1時間26分

月〜土 キングス・クロス駅から6:05〜23:44の1時間に2〜3便
リヴァプール・ストリート駅から5:28〜23:33の1時間に2便

日 キングス・クロス駅から5:56〜23:15の1時間に2〜3便
リヴァプール・ストリート駅から8:20〜22:57の1時間に1〜2便

🚌 所要:1時間45分〜2時間20分
8:30〜19:30の1時 間に1〜2便、21:00、23:00

バーミンガムから

🚆 所要:2時間48分

月〜土 ニューストリート駅から6:22〜20:22の毎時22分

日 11:22〜22:22の毎時22分

乗り換え情報

ヨーク、ピーターバラ、ノッティンガム方面からはイーリー Ely乗り換えで約20分

i ケンブリッジ
Tourist Information Centre

Map P.360下A2
✉Peas Hill, CB2 3AD
☎08712268006
🔗www.visitcambridge.org
🕐10:00～17:00（日11:00～15:00）
🚫冬期の日曜
宿の予約：手数料£5＋宿泊料金の10%
（デポジット）

🚶 ケンブリッジの❶主催の
ウオーキングツアー

月～土11:00、13:00、日13:00発
所要：2時間　🎫£18　学生£16
クイーンズ・カレッジ、キングズ・カレッジ
などをガイドと一緒に訪れる。博物館ツ
アーやゴースト・ツアーなども催行。いず
れも❶の前から出発。
🔗www.visitcambridge.org

■ シティ・サイトシーイング
City Sightseeing

☎(01223) 433250
🔗www.city-sightseeing.com
イースター～9月10:00～17:35の20分おき
10月～イースター10:06～16:06の40分おき
🎫£14　学生£11　パントとの共通チ
ケットもある

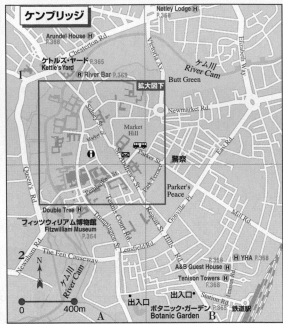

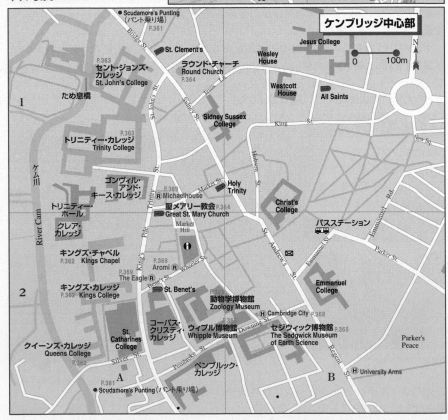

ケンブリッジ観光のハイライト
パントに乗ってケム川下り

パントでの川下りはケンブリッジの風物詩だ。西には緑豊かなバックスが広がり、東には壮麗なカレッジ群。南から乗れば、数学橋、クレア橋、ため息橋とくぐっていく。そんな美しい風景を提供するパントを、ケンブリッジでぜひ試してみたい。

パント乗り場

Bridge St.

トリニティ・カレッジ

セント・ジョンズ・カレッジ
St. John's College

ためいき橋

ためいき橋

トリニティ・カレッジ
Trinity College

キングズ・カレッジ

クレア・カレッジ
Clare College

キングズ・カレッジ
King's College

クイーンズ・カレッジの数学橋

カヌーやカヤックのレンタルもできます

クイーンズ・カレッジ
Queen's College

数学橋

パント乗り場

■ケム川下りツアー
●スクダモアズ・パンティングScudamore's Punting
Map P.360下A1・A2
TEL(01223)359750　URLwww.scudamores.co.uk
圏9:00〜日没　困無休
匭45分のこぎ手付きツアー£18　学生£16.50
　90分貸し切り£37.50　学生£30

詳細ガイド

ケム川沿いに点在する
ケンブリッジのカレッジ巡り

　ケンブリッジの名は、ケム川にかかる橋を意味する。歴史あるカレッジはケム川に沿うように建てられており、学生が行き交う敷地のなかを川がゆっくりと流れていくさまを見るのも楽しい。ケンブリッジ大学のカレッジは時期（学期内は9〜12月と1〜5月）により見学できない場合があるので、❶でどのカレッジが見学可能なのかをチェックしておこう。

イートン校出身者しか入学できなかった
キングズ・カレッジ
Kings College

　キングズ・カレッジは、イートン校（→P.189）の卒業生たちの受け入れのために1441年、ヘンリー6世 P.609によって建てられた。以来400年の間、イートン校出身者

ヘンリー6世の像

のみがこのカレッジで学ぶことが許された。
　立派な門楼をくぐって右側にあるのが、このカレッジ最大の見どころ**キングズ・チャペル** Kings Chapel。この礼拝堂の建設は1446年に始まったが、バラ戦争の勃発とそれにともなうヘンリー6世の廃位により工事は中断し、完成したのはバラ戦争が終わったテューダー朝期だった。

キングズ・チャペルのステンドグラス

数学橋で結ばれた
クイーンズ・カレッジ
Queen's College

15世紀に建てられたオールド・ライブラリーには古い蔵書が残る

　1446年に建てられ、その後ヘンリー6世 P.609の妻マーガレット・オブ・アンジューとエドワード4世の妻エリザベス・ウッドヴィルというふたりの王妃の援助により再建されたため、この名がついている。
　ケム川の両岸にまたがって数々の建物が建てられており、両岸を**数学橋**がつないでいる。トラス構造をうまく利用しながら美しいフォルムを描いていることから、この名が付けられたと言われている。ニュートンが設計したともいわれているが、現在ではその説は否定されている。

首相とノーベル賞受賞者を輩出する
トリニティ・カレッジ
Trinity College

トリニティ・カレッジの門

ヘンリー8世 ☞ P.610 によって1546年に創設されたカレッジ。これまでに6人の英国首相と31人のノーベル賞受賞者を輩出しており、フランシス・ベーコン、アイザック・ニュートン、ジョージ・ゴードン・バイロン ☞ P.609 もこのカレッジ出身。カレッジ内にはクリストファー・レン ☞ P.606 が設計した図書館、レン・ライブラリーがある。

チャペルのコーラスも有名
セント・ジョンズ・カレッジ
St. Johns College

トリニティ・カレッジのチャペル

セント・ジョンズ・チャペル

1511年の創設以降、何度も増築を重ね、ケム川を越え西へと拡大していった。ケム川に架かるため息橋は、屋根付きの美しい橋。ヴェネツィアにある同名の橋の名を取ったもの。隣にあるセント・ジョンズ・チャペルも美しい。

D A T A

■キングズ・カレッジ
Map P.360下A2
✉King's Pde., CB2 1ST
☎(01223)331212　URLwww.kings.cam.ac.uk
時学期内9:30〜15:30（日13:15〜14:30）
　学期外9:30〜16:30
休試験期間中（キングズ・チャペル以外）
キングズ・チャペルは試験中でも開いているが、1年を通じて不定期に閉まることがある。事前に確認をすること。
料£8　学生£5.50
館内撮影一部不可　フラッシュ部不可

■クイーンズ・カレッジ
Map P.360下A2
✉Silver St., CB3 9ET
☎(01223)335511　URLwww.quns.cam.ac.uk
時4〜9月10:00〜16:30　10〜3月10:00〜16:00
休4/20〜5/8、6/18〜20、6/25、7/2.3
　クリスマス週間
料£3

■トリニティ・カレッジ
Map P.360下A1
✉Trinity St., CB2 1TQ
☎(01223)338400
URLwww.trin.cam.ac.uk
時4〜10月10:00〜16:30　11〜3月11:00〜15:00
休無休　料£2
●レン・ライブラリー
時12:00〜14:00（学期内の土曜10:30〜12:00）
休レン・ライブラリーは日曜と学期外の土曜
料カレッジ入場料に込み

■セント・ジョンズ・カレッジ
Map P.360下A1
✉St. John's St., CB2 1TP
☎(01223)338606
URLwww.joh.cam.ac.uk
時3〜10月9:00〜17:30　11〜2月9:00〜16:30
休12/25〜1/1　料£7.50　学生£5

■フィッツウィリアム博物館

⬚Trumpington St., CB2 1RB
☎(01223)332900
🌐www.fitzmuseum.cam.ac.uk
🕐10:00～17:00(日・祝12:00～17:00)
休月、12/24～26、12/31、1/1、聖金曜 料寄付歓迎
館内撮影一部不可　フラッシュ不可

ギリシア神殿風の建物

■聖メアリー教会

⬚St Mary's Passage, CB2 3PQ
☎(01223)741720
🕐夏期9:30～17:30(日12:30～17:00)
冬期9:30～16:30(日12:30～16:30)
休12/25・26、1/1
料無料　塔£3.80　学生£3

聖メアリー教会の塔からの眺め

■ラウンド・チャーチ

⬚Bridge St., CB2 1UB
☎(01223)311602
🌐www.christianheritageuk.org.uk
🕐10:00～17:00(日13:00～17:00)
休12/24～1/1　料£2.50

 パントに安く乗るには……
カレッジ周辺の散策中にパントの勧誘と思われる人たちから声をかけられました。売り場で安くチケットが買える割引き券をくれます。値段はその場で手書きしてくれるのですが、最初の人は2人で£30を提示。別の人は2人で£20を提示してくれました。2人で£20の紙を売り場にもって行ってチケットを購入しました。売り場で表示されている料金はひとりにつき£17となっていました！　その後、10人くらいでボートに乗船。隣に座ったアメリカ人の一人旅女性は£16のチケットを持っていてビックリ。色々な人と話した方がお得に乗れそうです。　　　　(東京都　雪だるま　'14夏)

多彩なコレクション　　　　Map P.360上A2
フィッツウィリアム博物館 Fitzwilliam Museum

ケンブリッジ大学が運営する博物館。世界各地から集められた収蔵品の数は50万点以上を数え、収蔵品もエジプトのミイラから陶磁器、貨幣コレクション、ファン・ダイクやピカソの絵画と多種多様。随時特別展なども行われているので、チェックしてから訪れよう。

古代エジプトに関する展示も充実

塔からの眺めは抜群　　　　Map P.360下A2
聖メアリー教会 Great St. Mary Church

ケンブリッジ大学全体の公式の教会。この地には13世紀から教会があったが、大学の規模が大きくなるに従って、幾度かの改築を行っており、現在のものは15世紀に建てられたものだ。1608年に完成した塔からは町の全景を見渡すことがで

聖メアリー教会の裏はマーケット

きる。しかし、かなりきつい階段を上らなくてはならないので覚悟しよう。

イギリスでは珍しい円形の教会　　　　Map P.360下A1
ラウンド・チャーチ Round Church

1130年に創建されたノルマン様式の教会。イギリスのほとんどの教会が十字架の形をしているのに対し、この教会は円形をしている。これは、この教会を建てた宗教団体が十字軍と深い関わりがあり、円形であったエルサレムの聖墳墓教会

珍しい形のラウンド・チャーチ

の影響を受けたからだと考えられている。

イギリスでほかに円形をしている教会といえば、『ダ・ヴィンチ・コード』の舞台として注目を浴びたロンドンのテンプル教会が挙げられるが、テンプル教会も、十字軍で生まれたテンプル騎士団 P.608によって建てられた教会である。内部では『ケンブリッジ・ストーリー The Cambridge Story』という町の歴史を説明するビデオを流している。

364

ケンブリッジの南にある静かな植物園　Map P.360上B2
ボタニック・ガーデン　Botanic Garden

園内でくつろぐ人も多い

ケンブリッジの中心から約1km南に位置する大きな植物公園。週末は多くの人でにぎわっている。ケンブリッジ大学が管理しており、園内で生育している植物の種類は8000種以上もある。園内には温室もあり、オオオニバスやランなど、熱帯雨林地方の植物も観賞できる。

■ボタニック・ガーデン
⊠1 Brookside, CB2 1JE
TEL(01223)336265
URL www.botanic.cam.ac.uk
開4〜9月10:00〜18:00
　2・3・10月10:00〜17:00
　11〜1月10:00〜16:00
休12/24〜1/1
料£5　学生£4.50

世界中の動物に関する資料がいっぱい　Map P.360下A2
動物学博物館　Zoology Museum

動物の骨格標本や剥製が並ぶ

動物の剥製や骨格標本などを集めた博物館。1階哺乳類、昆虫、海洋生物の剥製やホルマリン漬けなどが、地下1階には哺乳類の骨格標本が置いてある。博物館のある建物の上階には巨大なクジラの骨格標本も展示している。

■動物学博物館
⊠Downing St., CB2 3EJ
TEL(01223)336650
URL www.museum.zoo.cam.ac.uk
開10:00〜16:45（土11:00〜16:00）
休日・祝、12/21〜1/1、イースター
料寄付歓迎

科学者たちの道具を集めた　Map P.360下A2
ウィプル博物館　Whipple Museum

科学者たちが愛用した道具が並んでいる

1944年にロバート・ウィプルRobert Whippleにより設立された。科学者たちが愛用した道具に焦点を当てた博物館。現在までに寄付された2000点以上の道具を展示している。

■ウィプル博物館
⊠Free shcool Ln., CB2 3RH
TEL(01223)330906
URL www.hps.cam.ac.uk/whipple
開12:30〜16:30
休土・日、12/25〜1/1　料寄付歓迎

地球について学ぼう　Map P.360下B2
セジウィック博物館
The Sedgwick Museum of Earth Science

ケンブリッジ大学内にある博物館。テーマは「地球科学」で、55億年の地球の歴史を化石標本や鉱石などを用いて詳しく解説している。規模は小さいが、動物の化石や剥製などが多く並んでおり、見応えは抜群。特に入口近くにあるイグアノドンの化石標本は大迫力だ。

■セジウィック博物館
⊠Downing St., CB2 3EQ
TEL(01223)333456
URL www.sedgwickmuseum.org
開10:00〜13:00　14:00〜17:00
　（土10:00〜16:00）
休日・祝、1/1、12/25　料無料

展示の目玉はイグアノドンの化石

現代美術を展示する　Map P.360上A1
ケトルズ・ヤード　Kettle's Yard

20世紀の現代芸術を集めた美術館。ギャラリーとハウスとに分かれており、ハウスにはおもに20世紀前半の美術品が、ギャラリーにはより新しい作品が展示されている。

■ケトルズ・ヤード
⊠Castle St., CB3 0AQ
TEL(01223)748100
URL www.kettlesyard.co.uk
※2015年4月現在全面改装のため閉鎖中

■ニューマーケットへの行き方
🚌6:42〜21:44の1時間に1便。日曜
9:12〜22:50の2時間に1便程度
🚍ステージコーチの10、10A、11、12
番のバスが頻発、日曜は1日6便

■ニューマーケットの🛈
✉The Guineas Center, CB8 8HT
☎(01638)719749
🕐9:00〜17:00
　（金9:00〜16:30、土10:00〜14:00）
🈲日・祝、1/1、12/25・26

■国立競馬博物館
✉99 High St., CB8 8JL
☎(01638)667333
🔗www.nhrm.co.uk
🕐10:00〜17:00（日10:00〜16:00）
🈲12月下旬〜1月上旬
💴£6.50　学生£5.50

内部撮影不可

■ナショナル・スタッド
ツアーは予約制。開始の15分前には到
着しておこう。
🚍ステージコーチの11、12番でジュラ
イ・レースコースJuly Racecourse下車。
✉The National Stud, Newmarket,
CB8 0XE
☎(01638)663464
🔗www.nationalstud.co.uk
🕐ツアーは2月中旬〜9月11:15、14:00発
　10月 11:15発
🈲10月〜2月中旬　💴£8〜10

■イーリーへの行き方
ケンブリッジとイーリーの駅はともに中心
部からやや距離があるので、それぞれの
町の中心を結ぶバスを使ったほうが乗り
換えなしで便利。
🚌5:15〜翌0:10に1時間に3〜6便
所要：20分
🚍ステージコーチ9番が5:45〜18:15
に1時間に1〜2便。12番が6:00〜16:45
に1時間に1〜2便。
所要：50分〜1時間30分

■イーリー大聖堂
✉The College, CB7 4DL
☎(01353)667735
🔗www.elycathedral.org
🕐夏期7:00〜18:30
　冬期7:00〜18:30（日〜17:30）
🈲無休　💴£8
オクタゴン、ウエスト・タワー、ステンド
グラス博物館共通券£18　学生£15.50

近郊の見どころ

英国競馬界の中心地
ニューマーケット
Newmarket

　ケンブリッジの北西に位置するニューマーケットは、馬好きには見逃せない町といえるだろう。ここは、ジェイムス1世が競馬の中心地に定め、現在では30以上もの競馬場や牧場が点在している。

競走馬が飼育されているナショナル・スタッド

　競馬の歴史を知るなら、絵画やビデオなどのディスプレイでわかりやすく説明されている**国立競馬博物館**National Horseracing Museumへ。また、レースに出走する競走馬が飼育されている**ナショナル・スタッド**The Natonal Studへもバスで行くことができる。

近郊の見どころ

王女エセルドリーダが築いた
イーリー大聖堂
Ely Cathedral

　ケンブリッジから北へ約20km。丘の上に建つ小さな町、イーリーにそびえる大きな修道院。7世紀、政略結婚から逃れた王女エセルドリーダによって創建された。10世紀にはベネディクト派修道会によって再建され、1351年に現在の形となった大聖堂だが、ヘンリー

高さ約66mのウエストタワー

8世による修道院解散のときには多くの彫像や礼拝堂が破壊された。19世紀から修復が始まり、2000年に完了した。

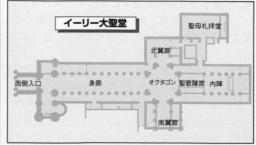

大聖堂内部　美しい装飾が施された入口を入ると、12世紀に造られた長さ約76mの身廊が続く。天井には天地創造からキリストの昇天までの絵が描かれている。身廊の奥、大聖堂の中心部分には八角形の塔オクタゴンThe Octagonがある。完成に12年を要したという八角形の天井装飾が美しい。最奥部の内陣The Presbyteryは13世紀に造られた。聖エセルドリーダを祀っており、中世は多くの巡礼客が訪れたが、残念ながら宗教改革により破壊されてしまった。

聖母礼拝堂　大聖堂の南側にある聖母礼拝堂The Lady Chapelは1349年に完成し、大聖堂に付属する礼拝堂としてはイギリス最大の規模を誇る。

大聖堂の天井画は必見

■ピーターバラへの行き方
●ケンブリッジから
🚃5:15〜21:01の1時間に1便程度
所要:50分
●イーリーから
🚃5:30〜21:15の1時間に1〜3便
所要:40分
●リンカーンから
🚃8:33〜16:25の1時間に1便
所要:1時間30分
■ピーターバラ大聖堂
✉Peterborough, PE1 1XA
℡(01733)343342
URLwww.peterborough-cathedral.org.uk
🕐9:00〜17:00
(土9:00〜15:00、日12:00〜15:00)
休無休　料寄付歓迎　写真撮影£3

| 近郊の見どころ | Days out from Cambridge | Map P.367 |

悲劇の女性が葬られた
ピーターバラ大聖堂
Peterborough Cathedral

ピーターバラ大聖堂は、中世には巡礼地として、数多くの人々を集めてきた。キャサリン・オブ・アラゴン☞P.606、メアリー・スチュアート☞P.608というテューダー朝時代の悲劇の女性ふたりが埋葬された教会としてもよく知られている。

大聖堂のウエスト・ゲートは3つの巨大なアーチがかけられた非常に珍しいもので、内部も長い身廊の屋根に施された装飾、主祭壇のさらに東に増設されたゴシック様式の扇状の天井部など、見どころが多い。

ヘンリー8世の最初の妻で後に離縁されることになるキャサリン・オブ・アラゴンの墓があるのは北側廊部分。そして南側廊部分にメアリー・スチュアートが埋葬されていた。メアリーの遺骸は、エリザベス1世☞P.606が亡くなり、メアリーの息子ジェイムス1世の即位後、ウェストミンスター寺院に移されたが、彼女がかつて埋葬された場所はわかるようにプレートが置かれている。

ウエスト・ゲートの3つのアーチにはそれぞれ聖ポール、聖ピーター、聖アンドリューの像が飾られている

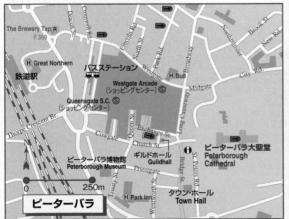
ピーターバラ

扇状様式の天井は、大聖堂の中でも最も新しい部分

367

HOTEL

　　ケンブリッジは町の中心に高級ホテルが多いが、B&Bや大型ホテルは周辺に多い。ケム川の北側や鉄道駅の周辺がB&Bが多いエリア。ロンドンからも近いので日帰りでも十分可能。イーリーやピーターバラにも宿があり、ケンブリッジよりやや料金は安い。

`高級` `198室` **Map P.360 下 B2**
ケンブリッジ・シティ Cambridge City Hotel

✉20 Downing St., CB2 3DT
TEL(01223)464491　FAX(01223)556519
URL www.cambridgecityhotel.co.uk
S W £225〜425
CC A M V

TV 全室｜希望者｜全室｜全室｜有料｜Wi-Fi 無料

開放感あふれるロビーが自慢。客室は広く、くつろげる。館内には伝統的な英国料理を提供するレストランとアイリッシュ・パブが併設されている。

`中級` `103室` **Map P.360 上 A1**
アルンデル・ハウス Arundel House Hotel

✉Chesterton Rd., CB4 3AN
TEL(01223)367701
FAX(01223)367721
URL www.arundelhousehotels.co.uk
S £85〜100
W £125〜165　CC A M V

TV 全室｜希望者｜全室｜なし｜なし｜Wi-Fi 無料

やや外れた所にある静かで美しいホテル。浴室の設備は部屋によって異なる。レストランとバーも併設。朝食はコンチネンタル。別館あり。

`ゲストハウス` `9室` **Map P.360 上 B2**
テニスン・タワーズ Tenison Towers

✉148 Tenison Rd., CB1 2DP
TEL(01223)363924
URL www.cambridgecitytenisontowers.com
S £50
W £70〜
CC M V

TV 全室｜希望者｜全室｜なし｜無料｜Wi-Fi 無料

駅から徒歩約3分。朝食にはオーナー手作りのマフィンやジャムを出す。清潔好きのオーナーだけあり、部屋の掃除や手入れは念入り。

`ゲストハウス` `10室` **Map P.360 上 B2**
エー&ビー A&B Guest House

✉124 Tenison Rd., CB1 2DP
TEL(01223)315702
URL www.aandbguesthouse.co.uk
S £50
W £75〜80
CC M V

TV 全室｜希望者｜全室｜なし｜なし｜Wi-Fi 無料

駅から徒歩3分。ユースホステルの向かい。館内は近年改装されている。朝食メニューも充実しており、ベジタリアンやコンチネンタルにも対応。

`B&B` `3室` **Map P.360 上 B1**
ネトリー・ロッジ Netley Lodge Bed & Breakfast

✉112 Chesterton Rd., CB4 1BZ
TEL(01223)363845
email dana@btinternet.com
S £40〜55
W £65〜70
W £75〜80
CC不可

TV 全室｜希望者｜全室｜全室｜無料｜Wi-Fi 無料

感じのいい婦人が営むB&B。町からやや距離があるが、バスステーションから出る市内バスの2番がとおる。客室は簡素な設備。シャワー・トイレ付きの部屋は1室のみ。

`ユース` `ベッド数123` **Map P.360 上 B2**
YHAケンブリッジ YHA Cambridge

✉97 Tenison Rd., CB1 2DN
TEL&FAX(01223)354601
URL www.yha.org.uk
D £13〜28
S W £35〜120
YH会員ひとり3割引き　CC M V

TV 全室｜希望者｜全室｜全室｜無料｜Wi-Fi 1階のみ 無料

館内は2014年に全面改装され、キッチン、ランドリーなどを備えている。ドミトリーは男女別で、ひと部屋4〜6ベッド。朝食£4.99はビュッフェ式。

`ゲストハウス` `10室` **Map P.366 左　イーリー**
イーリー Ely Guesthouse

✉6 St Marys St. Ely, CB7 4ES
TEL(01353)665011
URL www.elyguesthouse.co.uk
S £35〜　　　£55〜
W £60〜
CC M V

TV 全室｜希望者｜全室｜なし｜なし｜Wi-Fi 有料

イーリー大聖堂の目の前というすばらしいロケーション。1階は地元でも評判のタイ料理店で、ここがレセプションも兼ねている。

日本からホテルへの電話（詳しい電話のかけ方はP.8もご参照ください）
国際電話会社の番号 ＋ 010 ＋ 国番号44 ＋ 最初の0を除いた掲載の番号

ケンブリッジ

RESTAURANT

世界中から学生が集まる町だけあって、レストランの種類も多彩。日本料理店もある。レストランやファストフード店が多いのはリージェント・ストリートRegent St.付近。大学周辺ではマーケット・ストリートMarket St.周辺に店が多い。

ステーキ

Map P.360 上 A1
リバー・バー The River Bar

ケム川沿いにあるステーキハウス。ルーフテラス（〜20:30までオープン）ではリバーサイドの風景を眺めながらバーベキューが楽しめる。看板メニューのステーキは£16.50〜28.50。

✉Quayside CB5 8AQ　TEL(01223)307030
URLwww.riverbarsteakhouse.com　営18:00（日12:00）〜23:30
金17:30（土12:00）〜翌0:30　休無休　CC M V　🛜不可

Recommended

ケンブリッジで最も有名なパブ
イーグル Eagle

老舗パブ　　　英国料理
Map P.360 下 A2

✉9 Benet St., CB2 3QN
TEL(01223)505020
URLwww.eagle-cambridge.co.uk
営10:00〜23:00（日11:00〜22:30）
休無休　CC M V（£5以上）　🛜店内可

もともとは旅館を兼ねたインで、中庭では1602年にシェイクスピアの劇団がハムレットを上演したという記録がある。1950年にはDNAの二重らせん構造を解明したJ.ワトソンとF.クリックが議論を行ったという逸話も残る。料理は日替わりでメインの料理は£9.95〜。

Map P.360 下 A2
アロミ Aromi

カフェ
イタリア料理

ショーケース内にはできたてのカットピザやスイーツが並ぶ。カットピザは£4.10〜4.50で、ティラミスやタルトなどのスイーツは£1.70〜3.30。地下にも席がある。持ち帰りも可能。食事は学生をはじめ、多くの人でにぎわう。

✉1 Bene't St., CB2 3QN　TEL(01223)300117
URLwww.aromi.co.uk　営9:00〜17:00（金〜日9:00〜18:00）
休無休　CC M V　🛜店内可

Map P.360 下 A1
マイケルハウス Michaelhouse Café

カフェ

教会を利用したカフェで、天井が高くて開放的。礼拝もちゃんと行われる。スコーンやケーキなどのスイーツが味わえる。ランチは12:00〜15:30。サンドイッチプレート£5.65〜6.25、日替わりピザ£5.45。

✉St. Michael's Church, Trinity St., CB2 1SU
TEL(01223)309147　URLwww.michaelhousecafe.co.uk
営8:00〜17:00　休日　CC A M V　🛜不可

Map P.367　ピーターバラ
ブリュワリー・タップ The Brewery Tap

ダイニングパブ
地ビール、タイ料理

ビール工場の設備があるパブ。常に10種類のビールを揃えている。フードメニューはタイ料理が中心で、持ち帰りも可能。食事のできる時間帯は12:00〜14:30、17:30〜22:30（金・土12:00〜22:30）。

✉80 Westgate, PE1 2AA　TEL(01733)358500
URLwww.thebrewery-tap.com　営12:00〜23:00
（金・土12:00〜翌2:00）　休無休　CC M V　🛜店内可

中世の面影を残す城塞都市

ノーリッジ
Norwich

ノーリッジには現在でも教会が多く残っている

人口 13万2512人	市外局番 01603
ノーフォーク州 **Norfork**	

　町の起源はアングロ・サクソンが最初に造った町「ノースウィックNorthwic」。その後も発展を続け、中世にはイングランド最大の城塞都市となった。町にはノルマン朝からテューダー朝時代にかけての建物が多く残り、教会が多い町としても知られている。かつては城内に57もの教会があったというが、なかでも11世紀建造のノーリッジ大聖堂は町のシンボル的な存在。

Access Guide
ノーリッジ

ロンドンから
所要：1時間55分～2時間
- 月～土 リヴァプール・ストリート駅から6:00～21:30の1時間に2～3便
- 日 10:30～20:30の1時間に1～2便

ケンブリッジから
所要：1時間26分
- 月～土 6:05～21:15の1時間に1～2便、22:55
- 日 8:52、10:52～19:52の毎時52分

歩き方

ノーリッジ城は博物館となっている

　鉄道駅は町の東側に位置する。駅から橋を渡り直進して行くと、町のランドマーク、**ノーリッジ城**へとたどり着く。ノーリッジ城とノーリッジ大聖堂の間にはテューダー朝時代の建物が数多く残る石畳の美しい通り、**エルム・ヒルElm Hill**

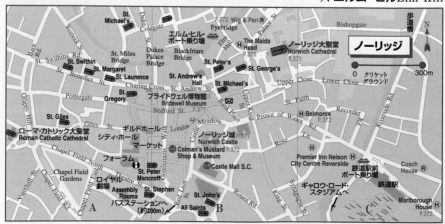

屋外マーケットとしてはイギリス最大規模

がある。城の西側は数々のショップが並ぶにぎやかな地域になっており、特にシティ・ホールとギルドホールの間に広がる**マーケット**はイギリスでも最大級の屋外マーケット。日曜を除く毎日開催されている。❶はシティ・ホールの南、フォーラムForumという近代的な建物の中にある。

ℹ️ **ノーリッジ**
Tourist Information Centre
Map P.370A
✉️ The Forum, Millennium Plain,
NR2 1TF ☎️(01603)213999
🕐9:30〜17:30 🈲9〜6月の日曜、
12/25〜1/1
宿の予約:手数料£4

🚤 **シティ・ボート**
City Boat

鉄道駅前ボート乗り場とエルム・ヒルボート乗り場から出発する。市内を1周するクルーズや郊外へと向かうクルーズなど、いくつかの種類がある。
☎️(01603)701701
🔗www.cityboats.co.uk

町の中心にどっしりと構える　Map P.370B
ノーリッジ城 Norwich Castle

広大な展示スペース

この地に最初に城が建てられたのは、ノルマン征服の翌年である1067年、ウイリアム征服王📖P.605の手によってのこと。もともと木造であった城は、12世紀になって石造りに改築され、以来町の歴史を見守ってきた。

現在は博物館となっており、イースト・アングリアの歴史の紹介をはじめ、ヨーロッパ絵画、郷土の画家の作品の展示、古代エジプトの遺品の展示、ライオンやペリカンなどの動物の剥製の展示など、多様なコレクションを誇る。博物館以外の城内は2種類あるガイドツアーで見学できる。

■**ノーリッジ城**
✉️Castle Meadow, NR1 3JU
☎️(01603)493625
🕐10/1〜7/1 10:00〜16:30
　　（日13:00〜16:30）
　7/2〜9/30 10:00〜17:00
　　（日13:00〜17:00）
最終入場は閉館の30分前
🈲12/24〜27、1/1
💰£7.95　学生£6.50
ガイドツアー 各£2.40
　フラッシュ不可

天井にちりばめられた彫刻は必見　Map P.370B
ノーリッジ大聖堂 Norwich Cathedral

高い尖塔が印象的

1096年に建てられた壮麗な大聖堂。高さ93mの尖塔はソールズベリ大聖堂に次いで英国第2位の高さで、回廊の大きさは英国最大を誇っている。

天井は1000を超す中世の彫刻によって飾られており、その一つひとつが独創的で美しい。

回廊に囲まれた中庭にはラビリンスと呼ばれる石で造られた迷路がある。

■**ノーリッジ大聖堂**
✉️12 The Close, NR1 4DH
☎️(01603)218300
🔗www.cathedral.org.uk
🕐9:30〜18:30 🈲無休 💰寄付歓迎

■**ブライドウェル博物館**
✉️Bridewell Alley, NR2 1AQ
☎️(01603)629127
🕐10:00〜16:30
（日・祝11:00〜16:00）
🈲12/24〜26、1/1
💰£4.95　学生£3.95

ノーリッジの歴史を楽しく紹介　Map P.370B
ブライドウェル博物館 Bridewell Museum

16世紀以降のノーリッジの歴史を紹介した博物館。20世紀前半の展示が充実しており、当時の雑貨店や薬局を再現したスペースや、地元のサッカーチームの歴史を紹介したコーナーもある。

20世紀初頭の雑貨店の様子を再現

宿は中心部には少ない。比較的多いのは、駅から東へ行ったストレーシー・ロードStracey Rd.沿い。レストランはプリンス・オブ・ウェールズ・ロードPrince of Wales Rd.やギルドホール周辺に多い。ノーリッジ城周辺にはショッピングセンターやマーケットが建ち並ぶ。

中級　　84室
Map P.370B

数百年もの前の建物を利用した
メイズ・ヘッド The Maids Head Hotel

📺 全室　🚿 全室　🧴 全室　❌ なし　🅿️ 無料　📶 Wi-Fi 無料

✉ Tombland, NR3 1LB
☎(01603)209935　FAX(01603)613688
URL www.maidsheadhotel.co.uk
§W→→→ £92～252
CC A M V
レストラン圏12:00～23:00
　ノーリッジ大聖堂のすぐそばにある。13世紀の建造物を利用しており、内装も建物のもつ古さを生かしながらも、機能的な造り。
レストラン&バー　フランスワインを中心にイギリスや南米、アフリカなど世界中のワインを約50種揃えている。ワインと合わせて楽しめる5皿のテイスティングメニューもある。

イン　8室　Map P.370C
ベルモンテ Hotel Belmonte

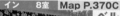

✉60-62 Prince of Wales Rd., NR1 1LT
☎(01603)622533
FAX(01603)760805
URL www.hotelbelmonte.co.uk
§→→→ £40　W→→→ £59
CC M V

📺 全室　🚿 全室　🧴 全室　❌ なし　🅿️ 無料　📶 Wi-Fi 無料

駅から町の中心に行く途中にある。部屋は広々としている。1階がバーになっている。騒音が気になる人は3階の部屋をリクエストしてみよう。

ゲストハウス　17室　Map P.370C
マールバラ・ハウス Marlborough House Hotel

✉18-22 Stracey Rd., NR1 1EZ
☎(01603)628005
URL marlboroughguesthouse.co.uk
§→→→ £40
§→→→ £50
W→→→ £85～
CC M V

📺 全室　🚿 希望者　🧴 全室　❌ なし　🅿️ 無料　📶 Wi-Fi 無料

駅から町の中心とは反対の方向へ進み、大きな郵便局を過ぎた所で右折。さらに100mほど進んだ左側にある。B&Bが並ぶ通りの中の1軒で、客室数も多い。客室は改装済みできれい。

Map P.370B
ウィグ・アンド・ペン Wig & Pen
パブ

　地元で人気のパブで、エールは常時6種類揃えている。自家製ハンバーガー（£8～9）やステーキエールパイ£12.50が人気でサンデーローストは£9.50。食事は11:30～15:00、17:30～21:00（土11:30～21:00、日12:00～16:00）。

✉St. Martins at Palace Plain, NR3 1RN
☎(01603)625891　URL www.thewigandpen.com
圏11:30～23:00（日11:30～18:00）　圏無休　CC M V　📶不可

Map P.370B
コールマンズ Colman's Mustardshop
マスタードメーカー直営店

　ノーリッジに本社があるマスタードの有名ブランド、コールマンの直営店。各種種類調味料の品揃えが豊富で、店内では同社の歴史を紹介した展示スペースもある。

✉15 Royal Arcade, NR2 1NQ　☎(01603)627889
URL www.mustardshopnorwich.co.uk
圏10:00～17:00（日・祝11:00～16:00）　圏1～3月の日曜、イースター、12/25-26、1/1　CC A M V（£5以上）

日本からホテルへの電話（詳しい電話のかけ方はP.8もご参照ください）
国際電話会社の番号 ＋ 010 ＋ 国番号44 ＋ 最初の0を除いた掲載の番号

イングランド北部
Northern England

写真：リヴァプールのマシュー・ストリート（P.386）

リヴァプール P.382
ビートルズを生んだ港町。世界遺産にも登録されている

ヒル・トップ P.424
ピーター・ラビットの作者であるビアトリクス・ポターが住んでいた家

ハドリアヌスの城壁 P.440
城壁の周囲はフットパスになっており、世界遺産を間近にウオーキングを楽しむことができる

ダラム大聖堂 P.456
11世紀から建造が始まり、現在は2つの大きな塔がシンボルとなっている

雄大な自然と牧歌的風景が広がる

イングランド**北部**

　北部は多くの地域に分かれている。まず、イギリスを代表する観光地である**湖水地方** P.407 が見どころだ。西側にはさらにビートルズの故郷**リヴァプール** P.382 や産業革命の代名詞的存在の**マンチェスター** P.394 といった大都市がある。マンチェスターから日帰りで行ける**ピーク・ディストリクト国立公園** P.399 にも足を伸ばしたい。スコットランドの接する北部は世界遺産の**ハドリアヌスの城壁** P.440 や**ダラム大聖堂** P.456 が残るノーザンバーランドが代表的な見どころ。そして、東側は古都ヨーク P.462 を中心とするヨークシャーがある。その西側に広がるのが荒涼とした大自然を満喫できる**ヨークシャー・デイルズ国立公園** P.470 だ。

主要都市＆見どころハイライト

ビートルズの故郷
P. 382 リヴァプール

山と湖が織りなすカントリーサイド
P. 407 湖水地方

古代ローマの叡智がここに残る
P. 440 ハドリアヌスの城壁

世界遺産にも登録されている
P. 456 ダラム大聖堂

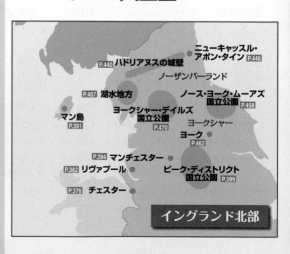

ニューキャッスル・アポン・タイン P.446
P.440 ハドリアヌスの城壁
ノーザンバーランド
P.407 湖水地方
ノース・ヨーク・ムーアズ国立公園 P.458
マン島 P.391
ヨークシャー・デイルズ国立公園 P.470
ヨークシャー
ヨーク P.462
P.394 マンチェスター
P.382 リヴァプール
ピーク・ディストリクト国立公園 P.399
P.376 チェスター

イングランド北部

ヨーク・ミンスター P.464
イングランド北部を代表する大聖堂。世界
最大級のステンドグラスは必見

おすすめアクティビティ

walk

風を受けながら進む
ウィンダミア湖クルーズ
詳細記事 P.417

湖水地方を満喫するならクルーズがおすすめ。交通手段としてクルーズ船も利用できるが、夏期になるとそれぞれの湖には遊覧船も多く運行している。

walk

幽霊と出会えるかも？
ヨークのゴースト・ツアー
詳細記事 P.464

2000年以上の歴史を誇るヨークの町は、市内各地に怪談や恐怖談などが残っている。ゴースト・ツアーに参加すれば市内の怪奇スポットへと案内してくれる。

football

世界最高峰のクラブが集まる
サッカー観戦＆スタジアムツアー
詳細記事 P.50

プレミアリーグの古豪マンチェスター・ユナイテッドやリヴァプールFCなど、ビッグクラブのホーム・タウンがあるのが北部。本場でしか味わえない臨場感を体験しよう！

ウィンダミア湖クルーズ P.417
湖水地方でも最大の湖。クルーズ船から
美しい風景を楽しむことができる

ご当地グルメ

gourmet

パブで出される甘くないプリン
ヨークシャー・プディング
Yorkshire Pudding

イギリス全体で食べられる定番メニューだが、ヨークシャーが起源。シュー皮のような粉料理で、よくローストビーフのつけ合わせで出てくる。レストランではソーセージと温野菜をのせて、メインとして用意していることもある。

オールド・トラフォード・スタジアム P.50

ご当地ビール・お酒

beer

キャラメルのような甘い香り
**ニューキャッスル・
ブラウン・エール**
Newcastle Brown Ale

1927年にジム・ポーター大佐によって開発されたビール。ニューキャッスル・アポン・タインが発祥だが、イギリス全土でよく飲まれている人気の銘柄。

ヨークシャー・プディング

ローマ時代からの城塞都市

チェスター
Chester

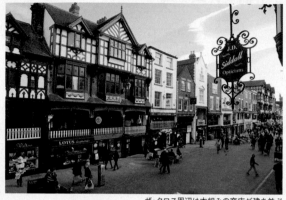

ザ・クロス周辺は木組みの商店が建ち並ぶ

人口	市外局番
32万9608人	01789
チェシャー州 Cheshire	

チェスターの歴史は古く、ローマ時代まで遡る。中世になるとヴァイキングの侵略を受けたが、アルフレッド大王 ☞ P.605 の娘であるエセルフレダAethelflaedaが撃退に成功し、町の城壁をさらに堅固なものとした。以降、町を流れるディー川River Deeの水運を利用した通商都市としておおいに繁栄した。旧市街に軒を連ねる、白壁に黒い梁の家々もチェスターが繁栄していた証。チェスターはイングランドで最も中世の面影を残す町といわれている。

Access Guide
チェスター

ロンドンから

🚄 所要:約2時間

月〜金	ユーストン駅から8:10〜20:10（土〜18:10）毎時10分発
日	ほとんどの場合クルーで乗り換え

🚌 所要:4時間40分〜6時間40分

月〜日	10:30 16:30 23:30

マンチェスターから

🚄 所要:2時間10分

月〜土	ピカデリー駅から6:18〜22:36 1時間に1便程度
日	11:22〜21:22 2時間に1便

リヴァプールから

🚄 所要:45分

月〜土	ライムストリート駅から5:38〜23:43 30分に1〜2便程度
日	8:13〜23:43 30分に1便

🚌 所要:1時間15分〜1時間50分

月〜土	7:23〜22:35 1時間に2〜3便
日	8:53〜22:20 1時間に2〜3便

スランドゥドゥノから

🚄 所要:約1時間10分

月〜土	6:46（土6:34）〜21:45 1時間に1便程度
日	スランドゥドゥノ・ジャンクションで乗り換え

 # 歩き方

にぎやかなノース・ゲート

チェスターの町は城壁に囲まれており、4つの門とメインストリート、それが交差する中心ザ・クロスを覚えれば、迷うことはない。

ザ・クロス 旧市街を取り囲む城壁に東の**イーストゲート**Eastgate、西の**ウォーターゲート**Watergate、南の**ブリッジゲート**Bridgegate、北の**ノースゲート**Northgateなど、おもな4つの城門からそれぞれの名のついた通りが中心部へ向かって延びている。4つの城門から延びる通りが交差するのが**ザ・クロス**The Crossといわれる。ここが町の中心地だ。ザ・クロスを中心にロウズRowsと呼ばれる商店街が東西南北に広がっている。

城壁 城壁へは城門の脇などに上る場所があり、美しい風景を見ることができるポイントがいくつかある。ノースゲートからイーストゲートへ下ると大聖堂の裏庭に出る。旧市街の美しい姿を見たければイーストゲートがよい。木組みの家並みを上から望める。ディー川を眺めるならニューゲートから城壁に上がり、ブリッジゲートへ歩くとよいだろう。

ディー川周辺 ニューゲートから旧市街を出た所にあるのがローマ円形劇場跡だ。ディー川の河畔にはクルーズ船の乗り場がある。

🚆 交通情報

鉄道駅 チェスター駅は町の北東にあり、旧市街へは徒歩20分ほど。駅前のフール・ウェイHoole Wayを直進し、ロータリーを越えたフロッシャム・ストリートFrodsham St.を直進するとイーストゲートの前に出る。また、市内バス40番が駅からイーストゲートの東のバス停を結ぶ。

バスステーション ナショナル・エクスプレスの長距離バスはローマ円形劇場跡の向かいに停まる。

市内バス リヴァプールやチェスター動物園へ行く中距離・近郊路線のほか、市内を走るバスはタウンホール裏のバス停から出る。

観光バス シティ・サイトシーイング社のバスは鉄道駅前を出発し、旧市街や城壁周辺を1周55分で回る。おもに4～10月の運行で日曜は若干ルートが異なる。

ℹ️ **チェスター**
Tourist Information Centre
Map P.377A1
✉️Town Hall, CH1 2HJ
☎08456477868
🌐www.visitchester.com
🕘9:00～17:30 (日・祝10:00～17:00)
無休
宿の予約:宿泊料金の10% (デポジット)

■ **シティ・サイトシーイング**
　City Sightseeing
☎(01244)381461
🌐www.city-sightseeing.com
10:00～16:30の20～30分おき
所要:1時間 11～3月
£10 学生£8.50
チケットは24時間有効

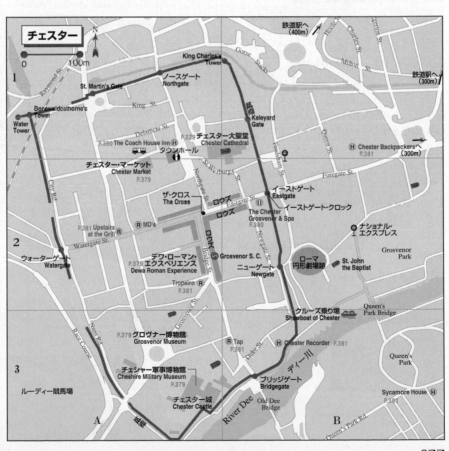

🚌 現地発ツアー

城壁巡りや旧市街散策などのウオーキングツアーのほか、ディー川の遊覧船もある。

🚶 ザ・チェスター・ツアー
The Chester Tour
4〜10月の毎日10:30発（14:00にも不定期に催行）
所要：1時間30分　圏£7　学生£6
ノーマン・タワーやウォーター・タワーなど城壁の塔を訪れる。❶の前から出発

🚶 チェスター・ローマン・ストーリー
Chester Roman Story
9:30、13:30（要予約）　所要:1時間30分　圏£6
ローマ兵の格好のガイドがローマ時代のチェスターやブリテン島を解説。❶の前から出発

🚶 チェスター・ゴースト・ツアー
Chester Ghost Tour
4・5・11・12月の金・土、6〜10月の木・金・土、1〜3月の土19:30発（要予約）　所要:1時間30分　圏£9
町にまつわる怪談話や怪奇スポットを訪れるナイトウオーク。❶の前から出発

チェスターの❶　URLwww.visitchester.com

🚢 シティ・クルーズ
Daily City Cruise
3/21〜11/1　11:00〜17:00の30分おき
11/2〜3/20の土・日11:00〜16:00の1時間おき
所要：約30分　圏£7　学生£6.50
グロヴナー・パークの吊り橋をくぐってディー川をクルーズ。のんびり外から町を眺めるのにおすすめ

🚢 アイアンブリッジ・クルーズ
Ironbridge Cruise
5/23〜31と6/27〜9/6の毎日、
6/6〜21と9/12〜27の土・日と一部平日12:00、14:30
所要：約2時間　圏£15　学生£13
世界遺産アイアンブリッジへのクルーズ。野鳥にもしばしば出合えるというルート

チェスター・ボート Chester Boat
TEL(01244)325394　URLwww.chesterboat.co.uk
ブリッジゲートを出て左に行った埠頭から出発する。

Town チェスター Walk ①

木造の屋根付き商店街
ザ・ロウズ
The Rows

建物がつながっているので雨でも安心

チェスターがチェスターたるゆえんはロウズThe Rowsと呼ばれる木組みのかわいらしい商店街。中世から続くこの商店街の伝統的な建物の上階部分がつながっているのは、傘を使うことなく買い物を楽しめるようにと考えられたものだ。

ザ・ヴィクトリア
The Victoria
　上階にある。13世紀には既にパブだったという歴史ある店。天井が低く、お客さんも身を縮めてお店に入る。ドリンクだけではなく食事もできる。

アンド・アルバート
and albert

アップサイクルされた手作りの小物やアクセサリー、無添加のお香などが並ぶ。かわいいものを探したいなら立ち寄ってみよう。

✉11 Eastgate Row, CH1 1LQ（上階にある）
TEL(01244)345835　URLandalbert.com
圏9:30〜17:30　日10:00〜16:00
圏無休　🅟🅜Ⓥ

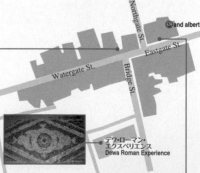
デワ・ローマン・エクスペリエンス
Dewa Roman Experience

ザ・ロウズ・カフェ
The Rows Cafe
　上階にあり、テラスから町のにぎわいを眺めながらお茶を飲むことができる。サンドイッチなど軽い食事のメニューもある。

英国最大の大伽藍　Map P.377A～B1

チェスター大聖堂 Chester Cathedral

町のシンボルであるチェスター人聖堂

10世紀、デーン人の侵略を恐れて、聖ワーバラWerburghの聖骸がスタッフォードシャーからチェスターに運ばれて、教会が建てられたのが起源。その後、1092年にベネディクト派の修道院となった。数度の改築を経て、1250年に現在の姿となったが、1541年にヘンリー8世 ☞P.610 によって修道院が廃止されたため、大聖堂として生まれ変わった。

大聖堂内にあるカフェは、かつての修道僧たちの食堂（Refectory）を改装したもの。天井が高く、客席数も多い。

名産のチーズを探してみよう　Map P.377A2

チェスター・マーケット Chester Market

通商都市として古くより繁栄してきたチェスター。町に初めて市場が設けられたのが12世紀。後にヘンリー3世によって承認され、おおいに繁栄した。

現在のマーケットは1967年にタウンホール横から移転し、70軒以上もの店が軒を連ねている。マーケット内には名産のチェシャー・チーズをはじめとする生鮮食品からおもちゃなどのコレクターズアイテムまで、幅広い商品が揃っている。

ローマ時代の遺物が展示されている　Map P.377A2

デワ・ローマ・エクスペリエンス
Dewa Roman Experience

デワDewaとは、ローマ時代のチェスターの名前。チェスターで発掘された、ローマ時代の陶器や鎧などが展示され、実際に手に取って見ることができる。

■チェスター大聖堂
✉12 Abbey Sq., CH1 2HU
☎(01244)500959
URL www.chestercathedral.com
開9:00～17:00（日12:30～15:30）
休12/25　料£3
●大聖堂内のカフェ
開9:30～16:30（日12:00～16:00）
休12/25

陽光あふれる大聖堂のカフェ

■チェスター・マーケット
✉6 Princess St., CH1 2HH
☎(01244)402340
URL www.chestermarket.com
開8:00～17:00（店舗によって異なる）
休日

チェシャー・チーズが名産品で、レッド、ホワイト、ブルーの3種類がある

■デワ・ローマ・エクスペリエンス
✉Pierpoint Ln., off Bridge St., CH1 1NL
☎(01244)343407
✉www.dewaromanexperience.co.uk
開2～11月9:00～17:00
　（日10:00～17:00）
　12・1月10:00～16:00
休12/25・26、1/1
料£5.50　学生£4.95

チェシャー軍事博物館
Cheshire Military Museum

チェスター城の横にある博物館。19世紀に建てられた兵舎を利用しており、おもにチェシャー連隊The Cheshire Regimentや、第5近衛イニシュキリング竜騎兵連隊The 5th Royal Iniskilling Dragoon Guardsなどの軍服や勲章などを展示している。ちなみにチェスター城は19世紀にトーマス・ハリソンによって設計され、1810年に完成した。

Map P.377A3　✉The Castle, CH1 2DN
☎(01244)327617
URL www.cheshiremilitarymuseum.co.uk
開10:00～17:00　休12月下旬～1月上旬
料£4　学生£2　内部撮影不可

グロヴナー博物館
Grosvenor Museum

ローマ時代から現在にいたるチェスターの長い歴史を、興味深い展示で紹介した博物館。時代を追って町の歴史を紹介するチェスター・タイムライン・ギャラリー Chester Time-line Galleryなどがある。ヴィクトリア朝時代の内装の部屋や楽器、銀製品に関する展示コーナーもある。

Map P.377A3　✉Grosvenor St., CH1 2DD
URL westcheshiremuseums.co.uk
☎(01244)972197
開10:30～17:00（日13:00～16:00）
休12/24～26、1/1、聖金曜　料無料
フラッシュ一部不可

■チェスター動物園

1番のバスで約30分
URL www.chesterzoo.org
⏰4月上旬～5月下旬、6月上旬～7月上旬、
9月上旬～9月下旬　10:00～17:00
　イースター周辺　10:00～17:30
　7月中旬～8月下旬　10:00～18:00
　9月下旬～11月上旬　10:00～16:30
　11月上旬～3月下旬　10:00～16:00
🚫12/25·26、1/1
💷£20～28

近郊の見どころ

英国最大級の動物園

チェスター動物園
Chester Zoo

広大な敷地に400種、7000以上の動物が見られる英国最大級の動物園。動物が檻の中ではなく放し飼いにされているところがユニークだ。すべてを見ようと思えば何時間あっても足りない。飼育している動

スマトラトラに合いに行こう

物の数は常に変わるので、何度訪れても楽しめる。動物に関するイベントは毎日行われているのでウェブサイトでチェックしておこう。チェスター動物園は「アジアのゾウを救おう」キャンペーンにも力を入れており、大型のゾウの飼育舎もある。ちなみに、ジャガーの展示館は英国の自動車メーカーであるジャガー・カーズ社が提供していることで有名。

泳いでいるペンギンが眺められる

HOTEL　　　　　　　RESTAURANT

中級ホテルは鉄道駅から町の中心へ延びるシティ・ロードCity Rd.沿いに数軒ある。ディー川南岸にもB&Bが点在している。イースト・ゲートから東に行けば、ファストフード店が多く並ぶ。

Recommended

ロウズにある格調高いホテル

チェスター・グロヴナー
The Chester Grosvenor & Spa

高級　　　　241室
Map P.377B2

🚹📺💨🧴🛗🅿️📶Wi-Fi
全室　全室　全室　全室　有料　無料

✉️Eastgate, CH1 1LT
☎(01244)324024　FAX(01244)313246
URL www.chestergrosvenor.com
ⓈⓌ🛁 £300～
ⒸⒶⒹⒿⓂⓋ
レストラン⏰12:00～23:00

2015年に創立150年を迎え、さまざまな記念イベントが行われている格式あるホテル。木組みの立派な建物で、その外観にふさわしく、客室の内装も重厚感にあふれている。
アフタヌーンティー　1882年以来の人気メニューというアフタヌーンティーは、メニューも豊富で予約は必須。
スパ　ダルファンやレンといったスキンケア用品を使い、30分£50から1日£250のコースまでメニューは充実。

ゲストハウス　5室　Map P.377A1
コーチ・イン　The Coach Inn

✉️39 Northgate St., CH1 2HQ
☎(01244)350021
URL www.coachhousechester.co.uk
ⓈⓌ🛁 £90～
ⒸⒶⓂⓋ

📺💨🧴🛗🅿️📶Wi-Fi
全室　全室　全室　全室　なし　無料

1840年に建てられたコーチ・ハウス（馬車小屋）を利用したホテル。ロウズも目と鼻の先にある。レストランも定評があり、看板メニューのハンバーガーは£9.50～。

チェスター

ゲストハウス　9室　Map P.377B3

チェスター・レコーダー　Chester Recorder

TV 全室　全室　全室　なし　P 無料　Wi-Fi 無料

✉19 City Walls, CH1 1SB
TEL(01244)326580　FAX(01244)326581
URLwww.recorderhotel.co.uk
S £60～90
W £85～125　CC M V

城壁の上に建っており、全9室中4部屋がリバービュー。庭に面した部屋よりは若干高いが、眺めは抜群。各部屋には星座の名がつけられている。

ゲストハウス　3室　Map P.377B3

シカモア　Sycamore Guest House

TV 全室　全室　全室　なし　P 無料　Wi-Fi 無料

✉8 Queen's Park Rd., CH4 7AD
TEL(01244)675417
URLwww.sycamore-house-chester.co.uk
S £41～
W £68～
CC M V

中心部から徒歩約15分の閑静な住宅街にある。シャワー・トイレ別の部屋があるが専用のバスルーム（バスタブ付き）がある。ボリュームたっぷりの朝食も自慢。

ホステル ベッド数35　Map P.377B1 外

チェスター・バックパッカーズ　Chester Backpackers

TV なし　なし　なし　なし　P なし　Wi-Fi 一部無料

✉67 Boughton, CH3 5AF
TEL(01244)400185
URLwww.chesterbackpackers.co.uk
D £16～19
S W £34～38
CC M V

町からも駅からも徒歩10分以内と便利な位置にあるホステル。ドミトリーは男女混合で1部屋あたりのベッド数は8～18。ランドリーやアイロンも使えるほか、キッチンがある。

Map P.377A2

アップステアーズ・アット・ザ・グリル
Upstairs at the Grill

　洗練された雰囲気の店で数々の賞を受賞している。素材や盛りつけにこだわった肉や魚のグリルが専門。前菜とメインで£25ぐらい。キューバ産のシガーも多数揃っている。

✉70 Watergate St., CH1 2LA　TEL(01244)344883
URLwww.upstairsatthegrill.co.uk　圏17:00～23:00 (金・土12:00～23:00)　圏無休　CC A M V　令店内可

Map P.377A2

トロペイロ　Tropeiro

　肉の塊を岩塩にかけて焼き上げたシュラスコが名物。アツアツの肉塊を店員に切り分けてもらうのが醍醐味。料金は時間帯によって異なるが、ビュッフェ付きで£10.95～22.95。

✉14-16 Grosvenor St., CH1 2BN　TEL(01244)346512
URLwww.tropeiro.co.uk　圏12:00～15:00　17:00～22:00
（土・日12:00～22:00）　圏無休　CC J M V　令不可

Recommended

エールタイプのビールにこだわる
タップ The Brewery Tap Ale House

Map P.377B3

✉52-54 lower Brige St., CH1 1RU
TEL(01244)340999
URLwww.the-tap.co.uk
圏12:00～23:00 (日12:00～22:30)
圏無休　CC A M V　令店内可

　16世紀から使用されていたという歴史ある建物を改装したパブ。チェスター近郊にあるスピッティング・フェザーズ・ブリュワリー Spitting Feathers Breweryで造られたクラフト・ビールを置いていることで有名。ラガータイプのビールではチェコのブドヴァルなども置いている。料理も地元産の食材にこだわっている。

不滅のビートルズに出会える地

リヴァプール
Liverpool

ライトアップされたアルバート・ドック

人口	市外局番
46万6415人	0151
マージーサイド州	
Merseyside	

17世紀まで小さな港町に過ぎなかったリヴァプールは、アメリカのヴァージニア州や西インド諸島との貿易により、18世紀に大きく発展。大英帝国の発展に大きく貢献した。しかし第2次世界大戦以降、町には失業者があふれ、活気はどんどん失われていった。

そんな町の再浮上のカギを握るのが観光業。もともと博物館や美術館などの文化資産が豊富なうえに、港湾地区が世界遺産に登録され、2008年には欧州文化首都にもなり、リヴァプールは今まさに大きな変化を遂げようとしている。

Access Guide
リヴァプール
ロンドンから

所要:2時間10〜40分

月〜土 ユーストン駅から5:26〜21:07(土6:36〜21:00)の1時間に1便

日 ユーストン駅から8:15〜21:21の1時間に1便

所要:4時間40分〜6時間45分

月〜土 7:30 10:30 12:30 14:30 16:30 18:30 23:30

日 7:30 10:30 12:30 13:00 14:30 16:30 18:30 20:30 23:30

マンチェスターから

所要:50分〜1時間10分

月〜土 ピカデリー駅から4:53〜23:07に頻発

日 ピカデリー駅から8:59〜23:08の1時間に1〜2便

ヨークから

所要:約2時間15分

月〜土 6:16〜21:45(土6:16〜21:41)の1時間に1便

日 8:50〜21:45の1時間に1便

歩き方

ライム・ストリート駅

リヴァプールの観光の中心となるのは**ライム・ストリート駅**周辺とマージー川沿いの**アルバート・ドック**Albert Dock。その間にあるのがビートルズ関係の見どころが多い**マシュー・ストリート**Mathew St.だ。このあたりを回るだけなら徒歩で十分。

アルバート・ドック リヴァプールの再開発地域を代表する一大レジャー・コンプレックス。ショップやレストラン、ホテルをはじめ、さまざまな見どころがひしめいており、1日中いても飽きない。

交通情報

空港 リヴァプール・ジョン・レノン国際空港から市内へは、アリーヴァ社の500番のバスが30分おきに運行している。

ライム・ストリート駅 ほとんどの列車が発着するリヴァプールのメインターミナル。町の北西部に位置する。

セントラル駅　近郊列車マージーレイルMerseyrailなどがCentral Stationに発着。ここからはチェスターへの直通列車も出ている。

市内交通

クイーン・スクエアにある市内バスターミナル

バスステーション　ライム・ストリート駅の北側にあり、ナショナル・エクスプレスの長距離バスが多く発着する。

市内バス　おもなターミナルはクイーン・スクエアQueen Sq.と、ソルトハウス・ドッグSalthouse Dockの向かい。市内交通の❶はクイーン・スクエアとリヴァプール・ワンLiverpool Oneにある。利用する機会は少ないかもしれないが、郊外にあるビートルズ関連の見どころへ行く際は便利。

近郊列車　市内の移動には必要ないかもしれないが、郊外へ行くときは便利。チェスターへも直結している。

車体にはビートルズがペイントされている

観光バス　シティ・サイトシーイング社のバスがアルバート・ドック周辺からリヴァプール大聖堂などを経由しつつ町を一周する。坂が多いリヴァプールでは便利な存在。

■ シティ・サイトシーイング
City Sightseeing
☎(0151) 2033920
URL www.city-sightseeing.com
4～10月9:50～16:50に20～30分おき
11～3月9:50～15:20に30分おき
料£10　学生£6

イエロー・ダッグ・マリン社の水陸両用バス

現地発着ツアー

マジカル・ミステリー・ツアー
Magical Mistery Tour
月～金10:30 11:30 13:00 14:00発
土10:00 11:30 12:30 14:00 15:30発
日10:00 11:30 12:30 14:00発
所要000時間　休1/1, 12/25・26　料£16.95
　ペニー・レーンや、ストロベリー・フィールドなど、ミニバスでビートルズゆかりの場所を見ながら、英語の解説を聞くツアー。チケットは❶やキャヴァーン・パブなどで購入可能。アルバート・ドックにあるバス停より出発。

キャヴァーン・シティ・ツアーズ Cavern City Tours
☎(0151) 7039100　URL www.cavernclub.org

ホープ・ストリート・シヴァーズ
The Hope Street Shivers
21:30（冬期20:30）発　所要:約1時間30分
休月～木　料£14
　リヴァプールの怪奇スポットを巡るウオーキングツアー。ホープ・ストリートHope St.にあるフィルファーモニック・パブPhilharmonic Pub前から出発。
☎(0151) 7092030　URL www.shiverpool.co.uk

リバー・エクスプローラー・クルーズ
Mersey Ferries
10:00～16:00の毎正時発　所要50分
料£8.50　学生£7
　マージー川を50分かけて周遊し、船の上からリヴァプールを観光する。途中、スペース・ポートSpace PortのあるシークームSeacombeとウッドサイドWoodsideを経由する。

マージー・フェリーズ Mersey Ferries
✉Pier Head
☎(0151) 3301449　URL www.merseyferries.co.uk

イエロー・ダック・マリン
Yellow Duckmarine
10:30～16:00の15～30分おき　所要75分
料£12.95～16.95　学生£10.95～13.95
　水陸両用車でリヴァプールの町を巡るユニークなツアー。ソルト・ハウス・ドッグから出発し、アルバート・ドックなどを経由しながらリヴァプール大聖堂まで行く。

☎(0151) 7087799
URL www.theyellowduckmarine.co.uk

■アルバート・ドック
URL www.albertdock.com
●テート・ギャラリー
✉Albert Dock, L3 4BB
TEL(0151)7027400　URL www.tate.org.uk
🕐10:00～17:00
🚫聖金曜、12/24～26
🎫寄付歓迎（特別展は有料）
館内撮影一部不可　フラッシュ不可
●マージーサイド海洋博物館
✉Albert Dock, L3 4AQ
TEL(0151)4784499
🕐10:00～17:00　🚫1/1、12/25・26
🎫寄付歓迎
●ビートルズ・ストーリー
✉Britannia Vaults, L3 4AD
TEL(0151)7091963
URL www.beatlesstory.com
🕐4～9月9:00～18:00
　10～3月10:00～18:00
🚫12/25・26　🎫£14.95　学生£11.50

世界
遺産

博物館、美術館が建ち並ぶ

アルバート・ドック
Albert Dock

テート・ギャラリー Tate Gallery

　ロンドンのテート・ブリテンの分館。16世紀から現代の作家に関する常設展示のほか、企画展も話題性が高いものが多い。食事もできるカフェやショップも併設している。

マージーサイド海洋博物館 Merseyside Maritime Museum

　かつて世界有数の港町として栄えたリヴァプール港の歴史にスポットを当てた博物館。悪名高い奴隷貿易や、この地から新世界へと旅立っていった何百万人もの移民、さらにタイタニック号やルシタニア号の海難事故など、興味深い展示がめじろ押し。

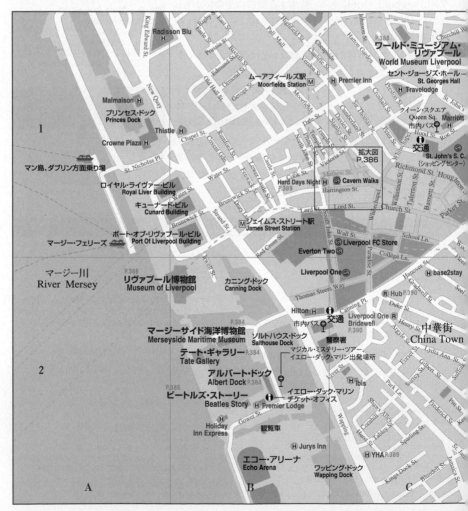

ビートルズ・ストーリーでは当時の
キャヴァーン・クラブも再現

テート・ギャラリーでは、現代作家の作品が多
く展示されている

ビートルズ・ストーリー Beatles Story

こぢんまりとしているが、ビートルズファンはもちろん、そうでない人も、ここは訪れておきたい。見学はオーディオガイドに従って進む形式で、ビートルズの結成から解散までを年代順に見ていく。オーディオガイドは日本語にも対応している。併設のスターバックスコーヒーもビートルズをテーマにしている。

マージサイド海洋博物館にあるタイタニック号
の展示コーナー

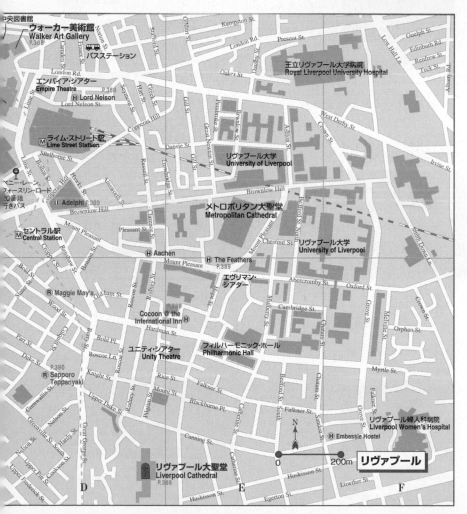

中央図書館
ウォーカー美術館
Walker Art Gallery
P.388

バスステーション

エンパイア・シアター
Empire Theatre P.389
H Lord Nelson
Lord Nelson St.

王立リヴァプール大学病院
Royal Liverpool University Hospital

ライム・ストリート駅
M Lime Street Station

リヴァプール大学
University of Liverpool

ペニー・レーン
フォースリン・ロード
20番地
行きバス

Adelphi P.389

メトロポリタン大聖堂
Metropolitan Cathedral

セントラル駅
M Central Station

リヴァプール大学
University of Liverpool

H Aachen

H The Feathers
P.389

エヴリマン・
シアター

R Maggie May's

Cocoon @ the
International Inn H

フィルハーモニック・ホール
Philharmonic Hall

ユニティ・シアター
Unity Theatre

P.390
R Sapporo
Teppanyaki

リヴァプール婦人科病院
Liverpool Women's Hospital

H Embassie Hostel

N

0   200m

リヴァプール

リヴァプール大聖堂
Liverpool Cathedral
P.388

D   E   F

ビートルズファンの聖地
マシュー・ストリート
Mathew Street

ジョン・レノンの像がマシュー・ストリートを見つめる

　リヴァプール・サウンドの聖地だったマシュー・ストリートは、ビートルズ発祥の地として有名な通りで、リヴァプールを代表する観光スポットだ。

エリナー・リグビーの像
Statue of Eleanor Rigby

　エリナー・リグビーとは1966年8月にビートルズが発表した『エリナー・リグビー』に登場する架空の女性のこと。数あるビートルズの曲の中でも人気の楽曲のため、スタンリー通りに銅像が作られた。ちなみに郊外のウールトンWooltonにある聖ピーター教会にはエレナー・レグビーという名の女性の墓があり、こちらもファンの聖地となっている。

エリナー・リグビー像
Statue of Eleanor Rigby
Stanley St.
Cavern Pub Ⓡ　Ⓡ The Lennon's Bar
Mathew St.　マシュー・ストリート
Cavern Club Ⓡ　　　Ⓢ The Beatles Shop
Ⓢ Cavern Walks
Ⓗ Hard Days Night
P.389

キャヴァーン・クラブ
Cavern Club

　ビートルズがデビューを飾った伝説のパブ、キャヴァーン・クラブCavern Clubは1973年に閉店してしまったが、1984年にマシュー・ストリートのキャヴァーン・ウォークスの横に再建された。

✉6-10 Mathew St., L2 6RE
☎(0151)2361965 URLwww.cavernclub.org
📅10:00〜24:00（木〜翌21:00、金〜翌0:30、土〜翌2:00）🚫12/25 💳ⓂⓋ 📶店内可

ビートルズ・ショップ
The Beatles Shop

　ビートルズグッズを取り扱う店のなかでも、最も有名なのがこの店。古いレコードなども置いている。品揃えが豊富なので、見ているだけでも楽しい。

✉31 Mathew St., L2 6RE
☎(0151)2368066 URLwww.thebeatleshop.co.uk
📅9:30〜17:30（日10:30〜16:30）
🚫12/25·26、1/1 💳ⒶⒿⓂⓋ

キャヴァーン・パブ
Cavern Pub

　キャヴァーン・クラブの斜め向かいにあるパブ。ここではビートルズの曲を生演奏することが多い。内装もビートルズ一色。

✉8-10 Mathew St., L2 6RE ☎(0151)2364041
URLwww.cavernclub.org
📅11:00〜24:00（木〜土〜翌1:30、日〜翌1:00）
🚫12/25 💳ⓂⓋ 📶店内可

レノンズ・バー
The Lennon's Bar

　ジョン・レノンにちなんだバーで、店内には数多くの彼の肖像画などが飾られている。生演奏が行われる日もある。ドリンクのみ。

✉23 Mathew St., L2 6RE ☎(0151)2365225
📅16:00〜24:00（金・土12:00〜翌4:00、日15:00〜翌2:00）
🚫月〜水 💳不可 📶不可

info

ジョンとポールの思い出の地
ビートルズの足跡を訪ねて

ペニー・レーン
Penny Lane

ロンドンのアビー・ロードと同様、ビートルズによって世界的に有名になった通り。かつてジョン・レノンがこの周辺に住

ペニー・レーンの標識

んでいたという。歌詞に出てくる床屋さんや銀行、ラウンドアバウトなどもちゃんとある。

ストロベリー・ノィールド
Strawberry Field

ストロベリー・フィールドは、ビートルズの数ある名曲のなかでも特に評価が高い『ストロベリー・フィールズ・フォーエバー Strawberry Fields Forever』のモデルとなった場所。ジョンが子供の頃ときどき訪れていたという孤児院だったが、2007年になり閉鎖された。建物の今後については未定。門が閉まっており中に入ることはできず、外観のみの見学となる。

現在も世界中からファンが訪れ、落書きも絶えない

メンディップス
Mendips

メンディップスは、ジョン・レノンが1945年から1963年まで住んでいた家。現在はナショナル・トラストが管理している。

ジョンが少年時代を過ごした家

フォースリン・ロード20番地
20 Forthlin Road

ポールが家族と住んでいた家。ポールとジョンはこの家で頻繁に曲作りを行っていたそうだ。現在はメンディップスと

この家でポールとジョンが曲作りを行っていた

同様にナショナル・トラストが管理している。

■ペニー・レーン
🚌エリオット・ストリートElliot St.のバス停から86・86A番のバスでペニー・レーン下車　所要:約30分
■ストロベリー・フィールド
🚌リヴァプール・ワンのバスステーションから76番のバスが近くをとおる。メンローヴ・アベニュー Menlove Av.上にある、ビーコンズフィールド・ロードBeaconsfield Rd.付近で降ろしてもらう。　所要:約35分
✉Beaconsfield Rd., L25 6LJ
■メンディップスとフォースリン・ロード20番地
✉251 Menlove Av.(メンディップス)
✉20 Forthlin Rd.(20フォースリン・ロード)
☎08448004791　🌐www.nationaltrust.org.uk
🗓2/25〜11/29　🚫月・火、11/30〜2/26　💷£23
このふたつの施設はナショナル・トラストのツアーでのみ見学可。定員制なので事前の予約が望ましい。

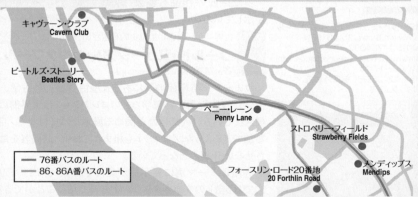

キャヴァーン・クラブ
Cavern Club

ビートルズ・ストーリー
Beatles Story

ペニー・レーン
Penny Lane

ストロベリーフィールド
Strawberry Fields

フォースリン・ロード20番地
20 Forthlin Road

メンディップス
Mendips

— 76番バスのルート
— 86、86A番バスのルート

左カラム

■リヴァプール大聖堂
⊠St. James Mount, L1 7AZ
☎(0151)7096271
URL www.liverpoolcathedral.org.uk
圓8:00～18:00　圀12/25
圍寄付歓迎
●大聖堂付属の塔
圓10:00～16:30（日12:00～15:30）
圀12/25・26、1/1　圍£5　学生£4
聖堂内のオーディオガイド、シアター入
場チケット付き

天井の高さに圧巻してしまう

■リヴァプール博物館
⊠Pier Head, L3 1DG
☎(0151)4784545
URL www.liverpoolmuseums.org.uk/mol
圓10:00～17:00
圀1/1、12/25・26　圍寄付歓迎
フラッシュ不可

船のような建物

■ウォーカー美術館
⊠William Brown St.,L3 8EL
☎(0151)4784199
URL www.liverpoolmuseums.org.uk/
walker
圓10:00～17:00
圀1/1、12/25・26　圍寄付歓迎
館内撮影一部不可　フラッシュ不可

■ワールド・ミュージアム・リヴァプール
⊠William Brown St., L3　8EN
☎(0151)4784393
URL www.liverpoolmuseums.org.uk/wml
圓10:00～17:00
圀1/1、12/25・26　圍寄付歓迎
フラッシュ不可

週末は家族連れでにぎわう

右カラム

英国国教会最大の大聖堂　Map P.385D2
リヴァプール大聖堂 Liverpool Cathedral

町を見下ろす大聖堂の塔

リヴァプールのランドマーク的存在。英国国教会系の大聖堂としては世界最大の大きさを誇り、見る者を圧倒する。1904年に着工され、1978年に完成した。大聖堂内にはイギリス国内で最大のパイプオルガンがあり、その大きさには圧倒される。また、高さ101mの塔からはリヴァプールの町並みを見渡すことができる。

まずはここでリヴァプールを知ろう！　Map P.384A2
リヴァプール博物館 Museum of Liverpool

歴史から娯楽までジャンル豊かな博物館

アルバート・ドックの北にある博物館。かつて世界の港湾都市として栄えたリヴァプールが体感できる仕掛けがいっぱい。展示はビートルズからリヴァプールFCやエヴァートンFCまでテーマも豊富。

ヨーロッパ絵画が充実　Map P.385D1
ウォーカー美術館 Walker Art Gallery

豊富な絵画コレクション

おもに14世紀から20世紀にかけてのヨーロッパ絵画が集められており、特にイタリア絵画とオランダ絵画が充実している。レンブラントやルーベンス、ドガといった巨匠の作品も多数展示している。

世界中から収集した歴史的秘宝がいっぱい　Map P.384C1
ワールド・ミュージアム・リヴァプール
World Museum Liverpool

ウォーカー美術館の隣にある大型博物館。考古学、民俗学、自然科学、物理学などのコレクションは世界的に評価されている。内部はただ眺める展示だけではなく、自ら参加できるようなプログラムも組まれており、訪問客を飽きさせない仕組みとなっている。

各階はテーマ別に展示品が並んでおり、6階（イギリス式では5階）のプラネタリウムは無料で見ることができる。チケットは入口のデスクで配布している。

HOTEL　　　　　RESTAURANT

大型ホテルはライム・ストリート駅周辺と、アルバート・ドックの周辺に集中している。ゲストハウスは町の中心部には少ないが、マウント・プレゼントMount Pleasantに数軒ある。レストランはライム・ストリート駅の南側のエリアに多く、アルバート・ドックとリヴァプール大聖堂の間には中華街がある。

 Recommended

高級　　110室
Map P.386

ビートルズ・ファンならぜひ泊まりたい
ハード・デイズ・ナイト Hard Days Night

✉Central Buildings, North John St., L2 6RR
TEL(0151)2361964　FAX(0151)2551263
URLwww.harddaysnighthotel.com
SW £120〜　CC AMV
レストラン圏12:00〜22:00

　ビートルズの曲名を冠したデザインホテル。マシュー・ストリートの近くにある。ビートルズをテーマにしており、ロビーや階段、部屋などにはメンバーのポスターやグッズなどが飾られている。朝食は£15.95。
レストラン　ブレイクス・レストランでは、ピーター・ブレイク氏によるビートルズをテーマにした絵画が飾られている。

中級　81室　Map P.385E2
フェザーズ The Feathers Hotel

✉115-125 Mount Pleasant, L3 5TF
TEL(0151)7099655
FAX(0151)7093838
URLwww.feathers.uk.com
SW £59〜189
CC AMV

　何度か賞を受けている評判のよいホテル。客室にはビートルズの写真も飾られている。朝食はフルイングリッシュで£10。

中級　55室　Map P.385D1
ロード・ネルソン Lord Nelson Hotel

✉Hotham St., L3 5PD
TEL(0151)7095161　FAX(0151)7099093
emaillordnelson@redwebonline.com
S £47〜
W £57〜
CC AMV

　駅の近くにある手頃な中級ホテル。客室はシンプルだが清潔にされており、バスタブ付きの部屋もある。朝食はコンチネンタル形式。

ホステル ベッド数119 Map P.385E2
コクーン
Cocoon @ the International Inn

　ハードマン・ストリートから少し入った所にある。部屋はフローリングで、清潔かつ広々している。家具や内装もスタイリッシュ。

✉4 South Hunter St., L1 9JG
TEL&FAX(0151)7098135
URLwww.cocoonliverpool.co.uk
D £17〜
W £28〜　CC MV

ユース ベッド数156 Map P.384C2
YHAリヴァプール
YHA Liverpool

　階ごとに「ストロベリー・フィールズ」「マシュー・ストリート」などの名前がついている。コンチネンタル形式の朝食は£4.99。

✉25 Tabley St., off Wapping, L1 8EE
TEL08453715271
URLwww.yha.org.uk
D £11〜
W £27〜　CC MV

大型 402室 Map P.385D1
アデルフィ
The Adelphi Hotel

　ライム・ストリート駅のそばにあり、町の中心部に位置する町のランドマーク的な存在。レストラン、バーなども併設されている。

✉Ranelagh Pl., L3 5UL
TEL(0151)7097200
URLwww.britanniahotels.co.uk
S £68〜
W £78〜　CC AMV

Map P.385D2

サッポロ Sapporo Teppanyaki

毎年数多くの賞を受賞している、地元の人に人気のレストラン。日本のホテルで修業したタイ人シェフが腕をふるう。月～金曜の12:00～18:00限定で£16.95～のアーリー・ディナー・メニューもある。

✉134 Duke St., L1 5AG　☎(0151)6680300
🕐12:00～23:00（金・土12:00～22:30）　休無休
CC A J M V　📶不可

Map P.384C2

ハブ The Hub Alehouse & Kitchen

夕方になると地元の人々でいっぱいになるダイニングパブ。地元のエールは常に5種類用意しており、グラスワインの種類も豊富。スタッフのおすすめは8オンス・ステーキ・バーガー£9.50。メインは£9.95～。

✉16 Hanover St., L1 4AA　☎(0151)7092401
🌐www.thehub-liverpool.com
🕐9:00～24:00　休無休　CC M V　📶店内可

元拘置所の牢獄個室がある名物パブ
LIVERPOOL ONE BRIDEWELL

リヴァプール・ワン・ブライドウェル

1850年代に造られた拘置所を改装したパブ。店内は不気味な雰囲気が漂うが、これがリヴァプールっ子に大好評！　かつての牢屋をそのまま個室として利用しており、テレビ付きなのでサッカーの試合がある日は地元のファンで盛り上がる。牛肉とジャガイモを煮込んだスカウズScouseが店の自慢料理。

おすすめ料理
・ジェイルハウス・スカウズ　　7.50 £
・ブライドウェル・バーガー 10.95 £
・コフタ（中東風肉団子）10.95 £
・ガモン（厚切りハムステーキ）＆エッグ 10.95 £
樽仕込みエール
・ガバナー The Governor 2.85 £
リヴァプール・オーガニック Liverpool Organic やランカスター・ブリュワリー Lancaster Brewery のエールも常時出している

ジェイルハウス・スカウズ
（ビーツとバゲット付き）

Map P.384C2
✉1 Campbell Sq., L1 5FB
☎(0151)7097000
🌐www.liverpoolonebridewell.com
🕐12:00～23:00（金・土12:00～24:00）
休無休　CC M V　📶店内可

独自の伝統と文化が育まれた
マン島
Isle of Man

マン島

人口	市外局番
7万3900人	01624

マン島
Isle of Man

ポート・エリンのブラダ岬

マン島は、ヴァイキングとケルトの影響を受け、独自に発達した文化をもつ島。現在でもマン島は独自の憲法と議会を保持し、独自の貨幣や郵便システムなども有するなど、英国本国とは一線を画している。

マン島
起点となる町

ヘイシャム発着のフェリーは中心都市ダグラスまで通年で営業している。**リヴァプール港**からの便は冬期は運休。アイルランドのダブリン港やその近郊にあるダン・レアリー Dun Laoghaireからもフェリーの便がある

交通の起点
ヘイシャム港
Heysham

ブリテン島から最も近い港はヘイシャムHeysham。イギリス各地からヘイシャムへは列車でランカスター Lancasterを経由して行く。ランカスター〜ヘイシャム間はフェリーの発着に合わせて運行。

起点の町
ダグラス
Douglas

マン島で最大の都市、ダグラスはマン島観光の起点となる町。フェリーが発着する港には❶がある。

歩き方 ブリテン島やアイルランドからの船は、ダグラスの南東端にある港に到着する。北に行けば海岸通りのプロムナードPromenade、西に行けばマン島各地へのバスが発着するバスステーションや鉄道駅がある。さらにプロムナードを北へ歩けば、ほどなく蒸気機関車が走る鉄道のダービー・キャッスル駅に着く。

Access Guide
ダグラス港（マン島）

ヘイシャムから
所要:約3時間30分

月〜日 2:15 14:15

リヴァプールから
所要:約2時間45分

月〜日 19:15(日によって運行時間は変化し、1日2便の日もある。冬期運休)

ダグラス

0 — 500m

N マンクス博物館 Manx Museum P.393

The Sefton
Berkeley
Cubbon House
ダグラス馬車鉄道 Douglas Horse Tramway P.393
Ellan Vannin
Admiral House
Westmoreland Rd.
Peel Rd.
Lord St.
馬車鉄道駅
鉄道駅
バスターミナル
フェリーターミナル

ダグラス
Tourist Information Centre

Map P.391
✉ Sea Terminal, Douglas, IM1 2BX
☎ (01624)686766
🌐 www.visitisleofman.com
🕐 8:00〜18:00 (日9:00〜14:00)
休 冬期の日曜、1/1、12/25・26

391

キャッスルタウン

ルシェン城
Castle Rushen

議事堂
Old House of Key

オールド・グラマー・
スクール
Old Grammar School

起点の町

キャッスルタウン
Castletown

　ダグラスからバスで約30分。マン島の南部にあるキャッ
スルタウンは19世紀中頃までマン島の首都だった港町。全
体的にこじんまりとしており、1時間ほどで町を一周できる。
　町のシンボルの**ルシェン城**Castle Rushenはイギリスで
も最も保存状態のよい城のひとつで、マン島の君主の居城
であった。このほかマン島の議事堂Old House of Keysや、
13世紀に建てられたオールド・グラマー・スクールOld
Grammar Schoolなどもおもな見どころ。

港に面して建つルシェン城

起点の町

ピール
Peel

　ピールは島の西岸にある港町。最大の見どころはセント・
パトリット島にあるピール城で、中心部からは橋でつなが
っている。

ピール

セント・パトリック島
St. Patrick Island

ピール城
Peel Castle
P.393

Marine

Shore Rd.

West Quay East Quay

Douglas St.

Michael St.

P.393
マナナンの家
House of Mannan

マン島
エリア内の交通

鉄道

　北のラムズィからダグラ
スを経由してポート・エアリ
ンまで線路が敷かれているが、路線はどれも保存鉄道な
ので冬期は運行していない。

バス

　島内のおもな交通手段
はバス。空港からダグラス
までは1、1A、2番バスなどが頻発している。ダグラスとキャ
ッスルタウンを結ぶバスは便も多いが、それ以外の路線は
便もあまり多くなく、日曜は運休する路線もあるので要注意。
旅行者にとって便利なのはダグラスとピールを結ぶ5・6番と、
ピールとキャッスルタウンを結ぶ8・8A番。

■アイランド・エクスプローラー
マン島のバス、路面馬車、路面電車を
含むほぼ鉄道全線に乗れる。
圏1日券£16　3日券£32
　5日券£39　7日券£47

マン島

ベルファストへ

Bride

Jurby

ラムズィ
Ramsey

Ballaugh
A3

Kirkmichael

Maughold

スネフェル山
Snaefell

A2

P.392
ピール
Peel
A3

スネフェル登山鉄道
Snafell Mountain
Railway P.393

ラクシー
Laxey

ティンウォルドの丘
Tynwald Hill
P.393

セント・ジョン
St. John

A1

A18

P.391

Dalby

Foxdale

ダグラス
Douglas

A4

A5

ヘイシャムへ

リヴァプールへ

ポート・エアリン
Port Erin

Ballasalla

ダブリンへ

キャッスルタウン
Castletown
P.392

Calf of Man

0　　10km

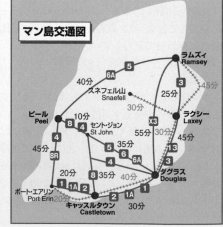

マン島交通図

ラムズィ
Ramsey

6A　5

40分

スネフェル山
Snaefell

25分

45分

3

ピール
Peel

10分

8　4

30分

55分

30分

X3

ラクシー
Laxey

13

45分

セント・ジョン
St John

35分

45分

4

6A

8R

4

13

20分

8

35分

40分

ダグラス
Douglas

ポート・エアリン
Port Erin

1　1A　2

20分

2

1A

キャッスルタウン
Castletown

30分

マンクス博物館 Manx Museum

1万年以上にも及ぶ島の歴史を学ぼう

Map P.391
ダグラス

ダグラスの中心からプロムナードを北上した所にある、マン島の国立博物館。テーマはヴァイキングやマン島TTレースなど、マン島に関する文化や歴史の包括的な展示を行っている。

■マンクス博物館
✉Kingswood Grove, IM1 3LY
☎(01624)648000
URLwww.manxnationalheritage.im
圓10:00～17:00
囲日、1/1、12/25・26　圍無料

ティンウォルドの丘 Tynwald Hill

現存する最古の議会

Map P.392左下
セント・ジョン郊外

セント・ジョンの郊外にあるティンウォルドはマン島の国会。現在まで存続する議会としては世界最古。ちなみに世界最古の議会はアイスランドのシングヴェトリルも主張しているのだが、ティンウォルドもシングヴェトリルも語源は古ノルウェー語で「議会の平原」。マン島に残る北方文化の影響を実感させられる。

■ティンウォルドの丘
ダグラスからセント・ジョンまでは4・5・5A・6番。キャッスルタウンからは8番。

セント・パトリック島 St. Patrick Island

かつての王家の城が残る

Map P.392中
ピール

ピールの西にあるセント・パトリック島は7000年以上も前から人々が生活していた痕跡が残されている。また、ここに建つピール城Peel Castleはキャッスルタウンの城に移るまでマン島の王の居城だった。町とセント・パトリック島を結ぶ橋のそばには、マナナンの家House of Manannanという博物館がある。ここでは、ケルト人やヴァイキング、マン島の海洋史全般に関する展示が見られる。

■セント・パトリック島
URLwww.manxnationalheritage.im
●ピール城
圓5月下旬～9月上旬10:00～17:00
3月下旬～5月下旬、9月上旬～11月上旬
10:00～16:00
囲11月上旬～3月下旬　圍£5
●マナナンの家

圓10:00～17:00
囲1/1、12/25・26　圍£6

セント・パトリック島に残るピール城

保存鉄道・蒸気機関車

マン島蒸気鉄道 Isle of Man Steam Railway

2/12～15、3月上旬～5月中旬の月・火・金・土・日、5月中旬～9月上旬、9月上旬～10月下旬の火・水・木・土・日、11/1～8の1日4～7便
所要1時間　圍片道£6.20　往復£12.40
ダグラスから南のキャッスルタウンをとおって南端のポート・エアリンPort Erinまで行く。

マンクス電気鉄道 Manx Electric Railway

3/9～31の月・火・金・土・日、4/1～10/4、10/5～31の火・水・木・土・日、11/1～8の1日4～17便
所要1時間15分　圍片道£6.20　往復£12.40
ダグラスのダービー・キャッスル駅～オンチャンOnchanと北のラムズィRamseyを結んでいる。

スネフェル登山鉄道 Snaefell Mountain Railway

3/27～11/8の1日2～13便
所要30分　圍片道£8　往復£14.00
ラクシー駅からスネフェル山の頂上までを結ぶ。頂上駅の眺めは非常によく、天気がよければイングランド、スコットランド、ウェールズ、アイルランドを見渡せる。アイリッシュ海の真ん中にあるマン島でのみ味わえる贅沢な眺めだ。

ダグラス馬車鉄道 Douglas Horse Tramway

5/12～9/14の9:00～17:40の20分おき
所要1時間　圍片道£3　往復£5.70
1876年開業の馬を使った鉄道路線。ダグラスのフェリーターミナルからダービー・キャッスル駅までプロムナード沿いの海岸をゆっくりと走る。
☎(01624)696300
URLwww.douglashorsetramway.net

マンクス電気鉄道　　　　スネフェル登山鉄道

マン島交通局 Isle of Man Public Transport
✉Banks Circus, Douglas, IM1 5PT
☎(01624)662525　URLwww.gov.im

産業革命の原動力となった町

マンチェスター
Manchester

マンチェスター

●ロンドン

人口 12万485人	市外局番 01789
グレーター・マンチェスター **Greater Manchester**	

古風なパブや最先端のビルなど、新旧入り交じった独特の景観をもつ町

　マンチェスターの歴史はローマ時代に造られた砦に遡り、町の名前はラテン語で「胸の形をした丘」マムシウムMamciumに由来する。マンチェスターの名を一躍高めたのは産業革命。綿工業の機械化により世界史の中心に躍り出た。

　現在ではロンドンに次ぐ金融の中心であり、ポップカルチャーの発信基地。観光客にとっては湖水地方への入口であり、ピーク・ディストリクトへの起点になる町でもある。

Access Guide マンチェスター

ロンドンから

🚆 所要:2時間47分

月～土	ユーストン駅から6:16～22:00の1時間に3便。ピカデリー駅着
日	8:10～21:50の1時間に3便

🚌 所要:4時間35分～5時間10分

7:00～19:00の1時間に1～2便

リヴァプールから

🚆 所要:42分～1時間

月～土	5:16、6:16～23:38の1時間に3便程度。ピカデリー駅着
日	8:12～23:15の1時間に1～2便

ヨークから

🚆 所要:1時間24分～1時間27分

月～土	5:08～21:48の1時間に2～3便。ピカデリー駅着
日	8:09～19:24の1時間に1便程度

バーミンガムから

🚆 所要:1時間37分～1時間48分

月～土	ニュー・ストリート駅から5:57～22:30の1時間に3便。ピカデリー駅着
日	9:01～22:55の1時間に2～3便

乗り換え情報

ウィンダミア（湖水地方）からはオクセンホルム・レイク・ディストリクトやランカスター乗り換えで約2時間

👣 歩き方

マーケット・ストリート

　大都市のマンチェスターだが、アーウェル川River Irwellとロッチデイル運河Rochdale Canalに挟まれたエリアが中心部だ。市街には路面電車のメトロリンクMetrolinkや無料バスのメトロシャトルMetroshuttleが走っているが、中心部は徒歩でも移動可能。

ピカデリー駅周辺　ピカデリー駅から北西へ5分ほど歩くとコーチステーションがあり、その南西に広がるのが中華街China Town。コーチステーションの北にはピカデリー・ガーデンズPiccadilly Gdns.があり、ここからヴィクトリア駅一帯はショッピングエリアで、マンチェスターの流行発信地となっている。

キャッスルフィールド　ロッチデイル運河沿いにあり、最も古いエリア。ローマ時代の城跡があり、科学産業博物館などがおもな見どころ。

サルフォード&トラフォード　中心部の西には、帝国戦争博物館やアウトレットモールのあるサルフォードSalfordとマ

ンチェスター・ユナイテッドのホームスタジアムがあるトラフォードTraffordがある。

マンチェスター大学周辺　大学内には市内最大の博物館があり、さらに南に行くとインド料理屋が並ぶカリー・マイルCurry Mileがある。ピカデリー・ガーデンズからは市内バス142、143番などで行くことができる。

i **マンチェスター**
Tourist Information Centre

Map P.395上C2
TEL08712228223
URLwww.visitmanchester.com
開9:30～17:30（日・祝10:30～16:30）
2015年3月現在メルキュールホテル内で業務にあたっている。ピカデリー・ガーデンズへの移転を予定している。

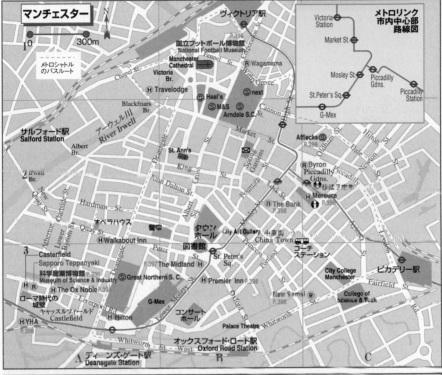

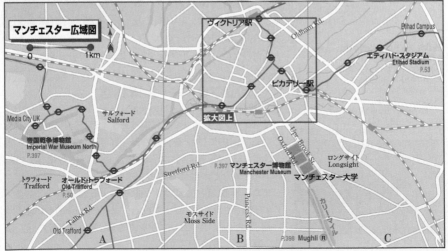

■マンチェスター国際空港
URL www.manchesterairport.co.uk

マンチェスター国際空港

■メトロリンク
運行は5:07〜翌1:20（日6:25〜23:19）。
運賃はゾーンにより異なる。
URL www.metrolink.co.uk

メトロリンク

■科学産業博物館
⊠Liverpool Rd., M3 4FP
TEL(0161)8322244
URL www.mosi.org.uk
⊙10:00〜17:00
⊛12/24〜26、1/1　⊛寄付歓迎

■国立フットボール博物館
⊠Urbis Building,
Cathedral Gdns., M4 3BG
TEL(0161)6058200
URL www.nationalfootballmuseum.com
⊙10:00〜17:00
　（日・月・祝11:00〜17:00）
⊛12/24〜26、1/1
⊛寄付歓迎（一部有料）　フラッシュ不可

テーマごとに分かれた展示

🚉 交通情報

マンチェスター国際空港

マンチェスター国際空港はイギリスではロンドンのヒースロー空港に次ぐ大きな空港で、3つのターミナルがある。ヨーロッパの主要都市からの便も多く発着する。空港駅から鉄道で中心部のピカデリー駅まで約15分。25〜30分間隔で運行している。

ピカデリー駅　マンチェスターのメインターミナルで、ロンドンやバーミンガム、湖水地方、グラスゴー方面の便が発着する。

ヴィクトリア駅　ヨークやリーズ、リヴァプールなどへのローカル列車が発着する。

バスステーション　ナショナル・エクスプレスなどの長距離バスはピカデリー駅の北西にあるコーチステーションに発着。

🚌 市内交通

メトロリンク　マンチェスターと郊外を結ぶ路面電車で、ピカデリー駅〜ヴィクトリア駅への移動や町の西側にあるオールド・トラフォードや帝国戦争博物館があるメディアシティへ行くのに便利。

メトロシャトル　市内中心部を8〜10分おきに巡回する無料のバス。1〜3の路線があり、市内をひと通り見て回るのに便利。

世界有数の質と量を誇るコレクション　　Map P.395上A3

科学産業博物館 Museum of Science & Industry

マンチェスター〜リヴァプール間に1830年に開通した世界最初の旅客鉄道の駅舎を利用した博物館。鉄道関係の展示はもちろん、飛行機などの乗り物、水力やガス、電気などのエネルギーといった分野別にアトラクションが分かれている。

エントランスホール

サッカー発祥の地ならではの展示　　Map P.395上B1

国立フットボール博物館
National Football Museum

イングランドのサッカーに関するアイテムを中心に展示している。館内には改築前のウェンブリースタジアムの座席やマラドーナが"神の手ゴール"を決めた際に着用していたユニホームなどが展示されている。

また、博物館内ではサポーターによる大歓声や、スタジアムで録音された「You'll Never Walk Alone」や「聖者の行進」などのサポーターズソングもBGMとして流されており、臨場感にあふれている。

ティラノサウルスの化石で有名な
マンチェスター博物館 The Manchester Museum

Map P.395下B

マンチェスター大学によって管理・運営されている博物館。館内に並べられているコレクションはマンチェスターの資産家の遺産がもとになっており、現在は約600万点もの莫大なコレクションを誇る博物館へと発展した。展示のテーマは幅広いが、なかでも古代エジプトと化石のコレクションが豊富。特にティラノサウルスの化石標本は今にも動き出しそうなほどの迫力だ。

ティラノサウルスの化石標本

■マンチェスター博物館
⊠Oxford Rd., M13 9PL
TEL(0161)2752648
URLwww.museum.manchester.ac.uk
圏10:00〜17:00
（日・月・祝11:00〜16:00）
困12/24〜26、1/1 圏寄付歓迎

古代エジプトの展示室にはミイラもある

さまざまな角度から戦争に迫る
帝国戦争博物館 Imperial War Museum North

Map P.395下A

現代的な建物が特徴のこの博物館は、ロンドンの帝国戦争博物館の姉妹館だ。戦争と科学、戦争と女性、戦争が残した遺産など、さまざまなテーマに分け、それぞれの視点から戦争を分析している。展示は第1次世界大戦前夜から第2次世界大戦、東西冷戦の時代を経て9.11同時多発テロまでを網羅し、見学者に戦争とは何なのかを問いかける。

■帝国戦争博物館
🚇メトロリンクでメディア・シティ UK駅
Media City UK下車、徒歩5分
⊠Trafford Wharf Rd., M17 1TZ
TEL(0161)8364000
URLwww.iwm.org.uk
圏10:00〜17:00 困12/24〜26
圏寄付歓迎
館内撮影一部不可 フラッシュ 郎下可

船をかたどった帝国戦争博物館の建物

HOTEL　　　RESTAURANT　　　SHOP

大型のチェーン系ビジネスホテルは市内中心部に、B&Bは中心部からオックスフォード・ロードを南東へ1.5kmほど進んだカリー・マイルCurry Mile周辺にある。中華街周辺には中華料理店が、カレー・マイルにはインド料理店が集中。ほかのエリアにも中華やインド料理の店が多い。

Recommended

伝統と格式ある老舗
ミッドランド The Midland

Map P.395上 B3　高級　312室
タウンホール周辺

🛗 📺 💇 🔌 📠 P 🅿 📶Wi-Fi
全室 希望者 全室 全室 無料 有料

⊠Peter St., M60 2DS
TEL(0161)2363333 FAX(0161)9324100
URLwww.qhotels.co.uk
ⓈⒺⓌ⬜⬜⬜ £129
CC A J M V
レストラン圏12:00〜23:00

町の中心にある。現在は大手チェーン系列だがその歴史は古い。20世紀初頭に建てられたエドワード王朝様式の重厚感のある外観。
レストラン　1903年から営業している由緒正しいフランス料理レストラン。ミシュランガイドの初版から掲載されている屈指の名店としてその名を轟かせてきた。予約してから行こう。

オックス・ノーブル　The Ox Noble

TV 全室 / なし / 全室 / なし / P なし / 🛜Wi-Fi 無料

⊠71 Liverpool Rd., Castle Field, M3 4NQ
☎(0161)8397760
URL www.theox.co.uk
ⓈⓌ ▶ £39.95～89.95
CC M V

科学産業博物館の斜め向かい。客室は改装されたばかり。併設のレストラン＆バーは数々の受賞歴があり、地元産の食材を多く使っている。

YHAマンチェスター　YHA Manchester

TV なし / なし / なし / なし / P なし / 🛜Wi-Fi 無料

⊠Potato Wharf Castlefield, M3 4NB
☎(0161)8399960
URL www.yha.org.uk
🛏 £13～30
Ⓦ ▶ £39～129
CC M V

運河沿いにある大型ホステル。キッチンや洗濯機、ゲームルームやカフェなど設備は充実。朝食は£4.99でビュッフェ形式。

Map P.395C2
280室

メルキュール　Mercure Manchester Piccadilly

TV 全室 / 全室 / 全室 / なし / P 有料 / 🛜Wi-Fi 無料

⊠Portland St., M1 4PH
☎08448159024　FAX(0161)2281568
URL www.mercure.com　予約☎00531-61-6353
ⓈⓌ £145～　朝食別　CC A M V

Map P.395B3
157室

プレミア・イン　Premier Inn Manchester City Centre

TV 全室 / 全室 / 全室 / なし / P 有料 / 🛜Wi-Fi 無料

⊠72 Dale St.,M1 2HR
☎08715278742　FAX08715278743
URL www.premierinn.com
ⓈⓌ £74～　朝食別　CC A M V

インド料理

ムグリ　Mughli

カリー・マイルでも屈指の人気を誇る。おもにパキスタン系の料理が多く、バルティの原型ともいわれるカラヒを得意としている。おすすめはラホーリ・カラヒLahori Karahi £9.50（写真右）。カレーは£10前後。ビリヤニは£12～。

⊠30 Wilmslow Rd., M14 5TQ　☎(0161)2480900
URL www.mughli.com　🕐17:00～深夜
休無休　CC M V　🛜不可

日本料理

ニュー・サムシ　New Samsi

日本で修業したシェフのいる店。店内は掛け軸や竹など、日本を意識した内装。丼もの（天丼£9.95や、うな丼£10.95）や、焼き鳥、天ぷら、寿司などがある。ランチメニューは£7.50～とお得。地下では、日本の食材も販売している。

⊠36-38 Whitworth St., M1 3NR　☎(0161)2790022
URL www.samsi.co.uk　🕐11:00～23:00（金・土11:00～24:00）
休無休　CC J M V　🛜不可

パブ

バンク　The Bank

タウンホールから徒歩約3分、地元で人気のあるパブ。建物は1803年に建てられた新古典様式の図書館を使用している。人気メニューはソーセージ料理£7.50～。エールの種類は季節ごとに変わる。

⊠57 Mosley St., Castle Field, M2 3EF
☎(0161)2287560　URL www.nicholsonspubs.co.uk
🕐10:00～23:30（金・土12:00～24:00、日10:00～23:00）
休12/25　CC A J D M V　🛜店内可

ファッション雑貨

アフレックス　Afflecks

週末には地元のティーンエイジャーでにぎわっているファッションビル。各フロアには、古着店やゴスロリ系衣装店、フィギュア店など、個性豊かな店舗が入居している。

⊠52 Church St., M4 1PW　☎(0161)8390718
URL www.afflecks.com　🕐10:30～18:00（土10:00～18:00、日・祝11:00～17:00）　休12/25・26、1/1　CC M V

イングランド初の国立公園
ピーク・ディストリクト
Peak District

ハイツ・オブ・ユイブラハムからの眺め

ピーク・ディストリクト
国立公園
バクストン

●ロンドン

人口	市外局番
3万7905人	01629 (バクストン)
ダービーシャーほか	
Derbyshire	

　ピーク・ディストリクトは1951年にイングランドで初めて国立公園に指定された地域。山岳地帯といってもその標高は600m級と、われわれがイメージする山とずいぶんかけ離れたものだ。このあたりの自然は、北イングランド特有のムーア（荒れ地）とデイル（谷）の景観が広がっている。また、ジェーン・オースティン ☞P.607 の『高慢と偏見』や、シャーロット・ブロンテ ☞P.607 の『ジェーン・エア』など、文学の舞台としても知られている。

ピーク・ディストリクト
アクセスガイド

　ピーク・ディストリクト国立公園の周囲で交通の起点となる大都市は北部の**マンチェスター** P.394 、南部のダービーなど。鉄道でアクセスできる町は限られるため、マンチェスターのコーチステーション発のトランスピーク社のバスをうまく活用しよう。マンチェスターからピーク・ディストリクトを横断するような形でダービーへと至る。

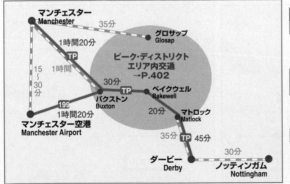

マンチェスター
Manchester

35分

1時間20分

TP

グロサップ
Glosap

ピーク・ディストリクト
エリア内交通
→P.402

15～30分

1時間

TP

30分

ベイクウェル
Bakewell

TP

バクストン
Buxton

199

1時間20分

マンチェスター空港
Manchester Airport

20分

マトロック
Matlock

35分 TP 45分

ダービー
Derby

30分

ノッティンガム
Nottingham

Access Guide
ピークディストリクト

マンチェスターから

🚆 バクストンへ	所要：1時間
月〜土	ピカデリー駅から6:49〜21:49の1時間に1便
日	8:55〜21:49の1時間に1便

🚌 バクストンへ	所要：1時間20分
ベイクウェルへ	所要：1時間50分
マトロックへ	所要：2時間10分
月〜金	11:15 13:15 16:15 19:05
土	9:15 11:15 13:15 19:05
日	9:15 11:15 13:15 16:15 19:05

マンチェスター空港から

🚌 バクストンへ	所要：1時間20分
月〜土	5:15〜23:15の1時間に1便
日	6:45〜22:45の1時間に1便

ノッティンガムから

🚆 マトロックへ	所要：1時間6分
月〜土	6:20〜21:39の1時間に1便
日	9:23 11:27 13:23 15:28 17:22 19:22 21:22

乗り換え情報

バーミンガム、ストーク・オン・トレント方面からはダービー Derbyで乗り換えてマトロックまで35分

ピーク・ディストリクト 起点となる町

　ピーク・ディストリクトは北部の**ダーク・ピーク**Dark Peakと南部の**ホワイト・ピーク**White Peakに分けられる。起点となる町はホワイト・ピークの**バクストン**Buxton、**ベイクウェル**Bekewell、**マトロック**Matrockなど、ダーク・ピークでは**グロサップ**Glossopも起点となりうる。

起点の町 バクストン Buxton

　町の歴史は古く、ローマ時代から温泉が湧くことで注目されていた。現在も良質な水で有名で、イギリスのミネラルウオーター、バクストンBuxtonはここに工場がある。郊外にはプール洞窟Pool's Caveと呼ばれる鍾乳洞がある。
歩き方　TPのバスは鉄道駅の周辺とスロープス公園横に停車する。町の中心はスプリング・ガーデンズSpring Gardens周辺。この通りは歩行者天国になっており、ショピングモールやカフェもある。
ホテル　ホテルは中心部に多いがB＆Bは中心部からテラス・ロードTerrace Rd.沿いに500mほど歩いた、グリーン・レーンGleen Ln.沿いに並んでいる。

起点の町 ベイクウェル Bakewell

　小さな村だが、ピーク・ディストリクトの中心部に位置しており、周辺にはチャッツワース・ハウスなど、見どころも多い。
歩き方　村の中心部は小さいが、バス停は行先別に分かれている。❶はブリッジ・ストリート沿いにある。

起点の町 マトロックとマトロック・バス Matlock & Matlock Bath

　ダーウェント峡谷への観光の拠点として多くの人でにぎわう町。町の中心にはダーウェント川が流れている。観光の中心になるのは南の隣町マトロック・バスMatlock Bath。

歩き方 ベイクウェル同様バス停が分かれているが、多くのバスが止まるのがマトロック駅前にあるバス乗り場。マトロック・バスへは2kmほど離れており、徒歩だと45分ほど。

マトロック

マトロック・バス

ピーク・ディストリクト

マトロックの鉄道駅

ピーク・ディストリクト
エリア内の交通

🚆 **鉄道**

マンチェスター・ピカデリー駅からグロサップやバクストン行きが発着する。ダービーからはダーウェント渓谷に沿ってマトロックへ向かう路線がある。

🚌 **バス**

ハイ・ピーク社の**トランスピーク**Trans Peak(TP)というバスがマンチェスターとノッティンガムを国立公園内の町を経由しながら結ぶ。途中で停車するのは、バクストン、ロウズリー、マトロックなど。ベイクウェル〜ダービーを走るトレントバートン社の6.1番バスも使い勝手がいい。

■**ハイ・ピーク・バス**
TEL 08435236036
URL www.highpeakbuses.com
■**トレントバートン**
TEL (01773)712265
URL www.trentbarton.co.uk

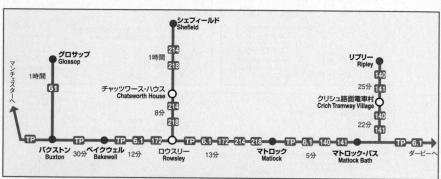

バス路線番号	路線詳細・運行頻度
TP	**(マンチェスター)→バクストン→ベイクウェル→マトロック→マトロック・バス→ (ダービー)** **バクストン**7:30〜17:40の1時間に1便 **マトロック・バス**8:07〜18:27の1時間に1便 **マンチェスター発**11:15 13:15 19:05、月〜金16:05、土・日のみ9:15、日のみ16:15
6.1	**ベイクウェル→マトロック→マトロック・バス→ (ダービー)** **ベイクウェル**6:35、7:30〜17:30の毎時30分 (日曜マトロック始発8:38、10:38、12:38、14:38、16:38) **マトロック・バス**7:50〜17:50の毎時50分 (日曜9:44、11:44、13:44、15:44、17:44)
172 日曜運休	**ベイクウェル→マトロック** **ベイクウェル**7:35、9:25、11:25、13:25、15:00、16:20、17:15 **マトロック** (バス停D)7:55、8:43、10:43、11:43、12:43、13:43、14:43、16:05、17:25、18:28
214 日曜運休	**マトロック→チャッツワース・ハウス→ (シェフィールド)** **ベイクウェル** (バス停D)9:45〜14:45の毎時45分、17:20、月〜金16:15、土16:00 **チャッツワース・ハウス**9:49〜16:49の毎時49分、月〜金18:14、土17:49
218 日曜のみ	**(シェフィールド)→ベイクウェル→チャッツワース・ハウス→マトロック** **ベイクウェル**10:43〜16:43の毎時43分 **チャッツワース・ハウス** (ベイクウェル方面)12:03〜18:03の毎時3分 **チャッツワース・ハウス** (マトロック方面)11:03〜17:03の毎時3分
140/141 日曜運休	**マトロック→マトロック・バス→クリシュ路面電車村→ (リプリー)** **マトロック駅前** 6:30、9:02〜18:02の毎時2分、18:55 **クリシュ路面電車** 7:48、9:34〜18:34の毎時34分、19:05

『ジェーン・エア』のロケ地で有名な
ハドン・ホール Haddon Hall

Map P.401C2
ベイクウェル周辺

緑に囲まれた邸宅

中世の香りが漂う、11世紀に建てられた邸宅。『エリザベス』や『ジェーン・エア』など映画のロケ地として利用されたこともある。エリザベス朝風の庭園も必見。

ベイクウェルから片道約1時間30分のウオーキングコースはワイ川沿いを進み、美しい景観が楽しめる。

■ハドン・ホール
トランスピークのバスがハドン・ホール前で停車。
⊠Haddon Hall, DE45 1LA
℡(01629)812855
URLwww.haddonhall.co.uk
◯12:00～17:00（最終入場16:00）
㊡4・10月の火～金、11～3月、5/30・31
㊟£12　学生£11

広大な敷地をもつ豪華絢爛な大邸宅
チャッツワース・ハウス
Chatsworth House

Map P.401C2
ベイクウェル周辺

現在も邸宅として使われている

チャッツワース・ハウスは、イギリスを代表するマナー・ハウスで代々デヴォンシャー公爵の邸宅。現在は一般公開されており、映画『プライドと偏見』のロケ地としても有名。ダイニングルームや図書室、部屋いっぱいに彫刻が飾られた間、絢爛豪華な内装にはため息をつくばかりだ。庭園も広大なので、すべて見学するにはたっぷり1日かかる。

■チャッツワース・ハウス
マトロックから214番。ベイクウェルからはロウスリー Rowsleyで乗り換え
⊠Chatsworth Bakewell, DE45 1PP
℡(01246)565300
URLwww.chatsworth.org
◯11:00～17:30（最終入場16:30）
㊡12/24～3月中旬　㊟£20　学生£18
●庭園
◯11:00～18:00（最終入場17:00）
㊡12/24～3月中旬　㊟£12　学生£9

---

walk

ピーク・ディストリクトの丘陵を見下ろすフットパス
バクストン・カントリー・パーク

バクストンの中心部から1kmほど南に下ったところにある自然公園。プール洞窟と呼ばれる鍾乳洞の横をとおり、森に入っていくとウオーキングコースになっている。

ソロモンの神殿からは町全体を眺めることができる

最大の見どころは丘の上にあるソロモンの神殿 Solomon's Temple と呼ばれる小さな塔。丘からはバクストンの町を一望できるので、ここでしばらく休憩してもいいかも。比較的傾斜も緩やかなので、初心者にはうってつけ。

■コース詳細
スタート地点:バクストン
往復所要時間:約1時間30分　総延長:3.2km

世界遺産 詳細ガイド

初期の産業革命を支えた工場群

ダーウェント峡谷と工場群 *Derwent Valley Mills*

　1769年、発明家リチャード・アークライトRichard Arkwrightは水車を動力元とした紡績機を発明し、マトロック～ダービー間のダーウェント川沿いに多くの工場を建てた。やがて峡谷では工場を中心に労働者たちが定住し、住居や公共交通機関などが建設された。現在では800を超える工場やその関連施設が世界遺産に登録されている。美しい自然のなかに産業革命の名残が見られるのもまたピーク・ディストリクトの魅力のひとつだ。

マッソン・ミル
Masson Mill ①

　マッソン・ミルは1783年、大規模紡績機を発明したアークライトによって建てられ、1991年まで稼働していた紡績工場。現在は繊維博物館として公開され、紡績機や機織り機のデモンストレーションが行われている。

クロムフォード・ミル
Cromford Mill ②

　世界で最初に作られた水力による紡績工場。この工場もアークライトによって建てられた。現在、敷地内の見学は自由にできるが、建物内はガイドツアーのみ見学可能。

ストラッツ・ノース・ミル
Strutt's North Mill ④

　1776年、ジェディディアー・ストラットJedediah Struttによって建てられた綿糸紡績工場。現在はビジターセンターとして公開されている。

マトロック・バス駅
クロムフォード駅
River Derwent
Derby Rd.
0　　　　5km
N
ワットスタンデウェル駅
アンバーゲート駅
Derby Rd.
ベルパー駅
ダッフィールド駅
River Derwent
Derby Rd.
⑤ ダービー駅

① マッソン・ミル
　Masson Mill
② クロムフォード・ミル
　Cromford Mill
③ リーウッド・パンプハウス
　Leawood Pumphouse
　ダーウェント川の水を
　クロフォード運河に
　汲み上げた施設
④ ストラッツ・ノース・ミル
　Strutt's North Mill
⑤ シルク・ミル
　The Silk Mill
　シルクの製糸工場。
　現在は修復中で
　2019年にオープン予定

𝐃𝐀𝐓𝐀

■ダーウェント峡谷と工場群
🌐www.derwentvalleymills.org
ベイクウェルやバクストンの❶で情報収集しておくと、効率よく回ることができる。
●マッソン・ミル
🚗マトロック・バスまたはクロムフォードCromford駅下車、徒歩約10分。
✉Derby Rd., Matlock Bath, DE4 3PY
☎(01629)581001
🌐www.massonmills.co.uk
🕐10:00～16:00（日11:00～16:00）
デモンストレーションは11:00（日12:00）、14:00
🗓12月　💴£3　学生£2.50

●クロムフォード・ミル
🚗クロムフォード駅下車、徒歩約5分。
✉Mill Ln. Cromford, DE4 3RQ
☎(01629)823256
🌐cromfordmills.org.uk
🕐9:00～17:00　🗓無休　💴無料（ツアー£3～5）

●ストラッツ・ノース・ミル
🚗ベルパー Belper駅下車、徒歩約10分。
✉Bridgefoot, Belper, DE56 1YD
☎(01773)880474　🌐belpernorthmill.org
🕐11:00～16:00　🗓月・火、11～2月の月～金　💴£4

内部撮影不可

ピーク・ディストリクトらしい風景が楽しめる
ハイツ・オブ・エイブラハム
The Hights of Abraham

Map P.400右上

マトロック・バス

ピーク・ディストリクトの魅力のひとつは、何といっても起伏に富んだ峰々。できればトレッキングをゆっくり楽しみたいところではあるが、気軽に山からの風景を楽しみたいのなら、ロープウエイで行けるハイツ・オブ・エイブラハムがおすすめ。頂上には、塔や洞窟、レストランなどがあり、のんびりできる。眼下にはダーウェント渓谷の工場も広がる。

ロープウエイに乗り、一気に頂上へ

路面電車に乗って古き良き風景に親しめる
クリシュ路面電車村
Crich Tramway Village

Map P.401C2

クリシュ

マトロック近郊にあるのどかな村クリシュ。ここには世界でも珍しい路面電車を中心としたテーマパークがある。アンティークな路面電車にも乗車可能で、2階席からは周囲の美しい渓谷が眺められる。

アンティークな路面電車

■ハイツ・オブ・エイブラハム
🚡マトロック・バスMatlock Bath駅北側にロープウエイ乗り場がある。
✉The Heights of Abraham, Matlock Bath, DE4 3PD
☎(01629)582365
🔗www.heightsofabraham.com
🕙10:00～16:30
休2/23～3/15の月～金、11/2～2/6
料£14

■クリシュ路面電車村
🚌マトロックから140、141番のバスで32分
✉Matlock, DE4 5DP
☎(01773)854321
🔗www.tramway.co.uk
🕙10:00～17:30（最終入場16:00）
休11/3～3/28　料£14
館内撮影一部不可　フラッシュ一部不可

ご当地グルメ
フレドリックのアイスクリーム
クリシュ路面電車村にあるフレドリックス・リフレッシュメントFredrick's Refreshmentsでは、アイスクリームを販売している。フレドリックは1898年創業のアイスクリームの老舗メーカー。伝統的な製法を大事にしている。

HOTEL　　　　　　　　RESTAURANT

高級　33室　Map P.400 右　ベイクウェル

ラトランド・アームズ Rutland Arms
✉The Square, DE45 1BT
☎(01629)812812　FAX(01629)812309
🔗www.rutlandarmsbakewell.co.uk
S W £79～
G W £139～
CC A M V（手数料£2.50）

全室　希望者　全室　全室　無料　有料 Wi-Fi

1804年創業の老舗。ジェーン・オースティン（→P.607）が代表作『高慢と偏見』をこのホテルで書き上げた。今でもその部屋に宿泊できる（1泊£182～）。

Recommended

16世紀創業の老舗ホテル
オールド・ホール The Old Hall Hotel

高級　38室
P.400 左　バクストン

全室　希望者　全室　全室　無料　無料 Wi-Fi

✉The Square., SK17 6BD
☎(01298)22841　FAX(01298)72437
🔗www.oldhallhotelbuxton.co.uk
S £65～85
W £69～150　CC A J M V
ワインバー🕙12:00～23:00

建物は16世紀に建設され、メアリー・スチュアートも滞在したことがあるという由緒正しきホテル。館内はクラシカルかつ落ち着いた雰囲気。

ピーコック The Peacock

全室　希望者　全室　なし　無料　1階パブ 無料

⌂ Bridge St., Bakewell, DE45 1DS
℡ (01629)813635
FAX (01629)812994
URL www.peacockbakewell.com
Ⓢ Ⓦ £89〜165
ⒸⒸ Ⓜ Ⓥ

19世紀の古い建物を利用したイン。一部客室のベッドは天蓋付き。1階はパブになっており、地元のエール、ピーク・エールPeak Aleを使ったステーキパイ£14.95が人気。料理は£12〜21。

ヴィクトリアン The Victorian Buxton

全室　希望者　全室　なし　無料

⌂ 30 Broad Walk, Buxton SK17 6JE
℡ (01298)78759
FAX (01298)74732
URL www.buxtonvictorian.co.uk
Ⓢ £46〜
Ⓦ £70〜
ⒸⒸ Ⓜ Ⓥ

バクストンのパビリオン・ガーデンズに面するゲストハウス。客室は改装を終えており、白を基調とした清潔感が際立つ。せっかくなのでガーデンビューの部屋をリクエストしよう。

バンク・ハウス Bank House

全室　希望者　全室　なし　なし　無料

⌂ 44/48 North Pde., DE4 3NS
℡ (01629)55550
URL www.oldbankcafebar.com
Ⓢ £50　Ⓦ £70
Ⓦ £80
ⒸⒸ Ⓜ Ⓥ

マトロック・バスのほぼ中央に位置するB&B。2室はバス・トイレ別。下の階はカフェになっており、9:00〜17:00の営業。自家製のケーキを出している。

モダンブリティッシュ

ストーンズ Stones

ダーウェント川の河畔にあるレストラン。オープンテラスの席もある。ランチセット£18〜、ディナーは£28〜。火〜日曜はワインとチーズのテイスティングメニュー£48.50もある。

⌂ 1C Dales Rd. DE4 3LT　℡ (01629)56061
URL www.stones-restaurant.co.uk　⏰ 12:00〜14:00
18:30〜21:00　㊡無休　ⒸⒸ Ⓐ Ⓓ Ⓙ Ⓜ Ⓥ　📶不可

パブ

バクストン・タップ・ハウス Buxton Tap House

銘水の里として知られるバクストン発のクラフトビール、バクストン・ブリュワリーのアンテナショップ。自社のものはもちろん、13種の地元産生ビールのほか世界中のビールを数多く置いている。食事メニューも豊富。

⌂ George St., SK17 6AT　℡ (01298)214085
URL www.buxtonbrewery.co.uk/tap
⏰ 10:00〜24:00（金・土〜翌1:00）　㊡無休　ⒸⒸ Ⓜ Ⓥ　📶店内可

パブ

ザ・クラウン The Crown

お店の周囲に各方面へのバス乗り場があるので、ビールを飲みながらバスの時間を待つのにピッタリ。食事は12:00〜23:00。人気メニューはステーキ（写真右）£9.39〜。火曜はステーキ、木曜はカレーなど日替わりの安いメニューがある。

⌂ Crown Sq. DE3 3AT　℡ (01629)65458
⏰ 8:00〜24:00　ⒸⒸ Ⓜ Ⓥ　📶店内可

カフェ
ベーカリー

オールド・オリジナル・ベイクウェル・プディング
The Old Bakewell Pudding Shop

パイ生地にジャムを塗って卵と砂糖で焼き上げた名物、ベイクウェル・プディングの店。町には元祖を名乗る店がいくつかあるがここもそのひとつ。

⌂ The Square DE45 1BT　℡ (01244)344883
URL www.bakewellpuddingshop.co.uk
⏰ 9:00〜17:00　㊡無休　📶不可

日本からホテルへの電話（詳しい電話のかけ方は P.8 もご参照ください）
国際電話会社の番号 ＋ 010 ＋ 国番号44 ＋ 最初の0を除いた掲載の番号

文人が愛した風景が今も残る

湖水地方
The English Lake District

ワーズワースゆかりのグラスミア湖

湖水地方 ● ウィンダミア

● ロンドン

カンブリア州 Cumbria	
人口 4万800人	市外局番 015394 (ウィンダミア)

　湖水地方はその名が示すように多くの湖が点在する地域であり、高い山の少ないイギリスにおいて「山」と呼ばれる標高1000m近い山々が連なる、起伏に富んだ自然が見られる場所。イングランド最高峰スコーフェル・パイクScafell Pike(978m)やイギリス最深の湖、ワスト湖Wast Waterも、この国立公園に位置する。これら水と緑の美しい競演は、イギリス国内はもちろん世界中から多くの観光客を引き寄せ続けている。

　これらの自然が与えた影響は大きい。その代表格が、イギリスを代表する文学者である詩人ワーズワース P.610 である。形にとらわれず自然体で書かれた作品が文学界にセンセーションを巻き起こしたのも、この自然が背景にあったからである。日本でもよく知られているピーターラビットの作者ビアトリクス・ポター P.609 もこの地方を愛した作家だ。ワーズワースやポターが愛した湖水地方の景観は、時が止まったように現在も200年前と変わっていない。

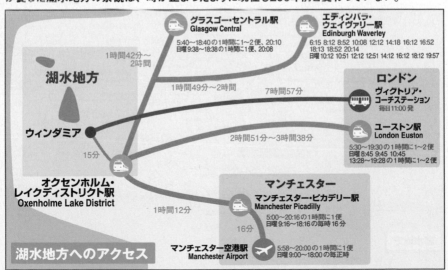

グラスゴー・セントラル駅
Glasgow Central
5:40〜18:40の1時間に1〜2便、20:10
日曜9:38〜18:38の1時間に1便、20:08

エディンバラ・ウェイヴァリー駅
Edinburgh Waverley
6:15 8:12 8:52 10:08 12:12 14:18 16:12 16:52
18:13 18:52 20:14
日曜10:12 10:51 12:12 12:51 14:12 16:12 18:12 19:57

湖水地方

1時間42分〜2時間

1時間49分〜2時間

7時間57分

ロンドン
ヴィクトリア・コーチステーション
毎日11:00 発

ウィンダミア

2時間51分〜3時間38分

ユーストン駅
London Euston
5:30〜19:30の1時間に1〜2便
日曜8:45 9:45 10:45
13:28〜19:28の1時間に1〜2便

15分

オクセンホルム・レイクディストリクト駅
Oxenholme Lake District

1時間12分

マンチェスター
マンチェスター・ピカデリー駅
Manchester Picadilly
5:00〜20:16の1時間に1便
日曜9:16〜18:16の毎時16分

16分

マンチェスター空港駅
Manchester Airport
5:58〜20:00の1時間に1便
日曜9:00〜18:00の毎正時

湖水地方へのアクセス

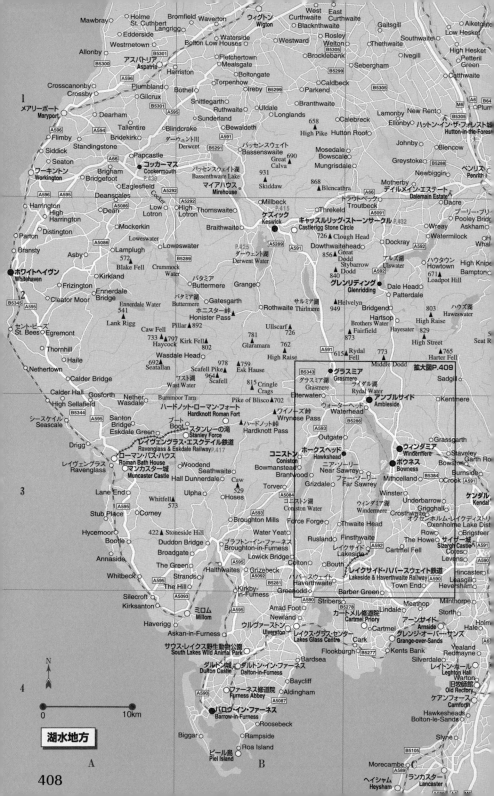

湖水地方

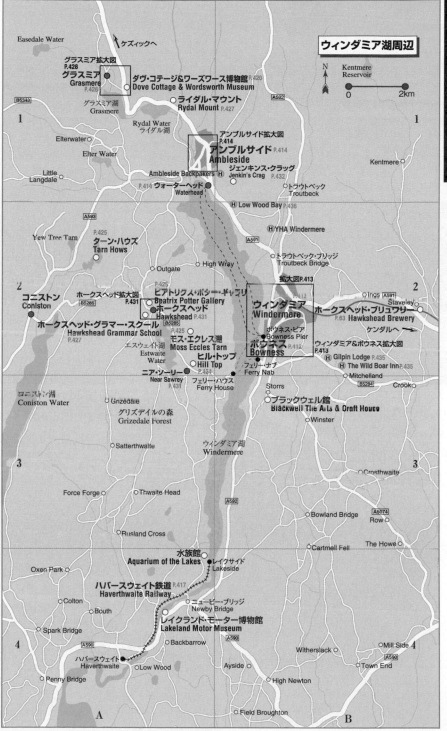

湖水地方
観光ハイライトとエリアガイド

湖水地方には広範囲にさまざまな見どころが点在する。「自然」「ワーズワース」「ピーターラビット」など、自分のテーマに沿って回るとよいだろう。時間があればウオーキングやレンタサイクルで巡るのも楽しい。

グラスミア湖 (→ P.428)

キャッスルリッグ・ストーンサークル
(→ P.432)

ヒル・トップ (→ P.424)

オレスト・ヘッド
(→ P.412)

ライダル・マウント
(→ P.427)

コッカーマス Cockermouth

ケズィックの北西13km、ダーウェント川のほとりに栄えた町。ワーズワース生誕の地。

P.430

ケズィック Keswick

湖水地方北部の玄関口。各地域を結ぶバスが発着する。

P.415

グラスミア Grasmere

ワーズワースゆかりの見どころが多く、フットパスが整備されている。ウオーキングの起点として最適。

P.428

アンブルサイド Ambleside

ウィンダミア湖北岸の町。ウィンダミアと同様に観光の起点となる。

P414

ホークスヘッド Hawkshead

ウィンダミア湖とコニストン湖の間にある村。ビアトリクス・ポターやワーズワースゆかりの見どころがある。

P.431

ウィンダミア Windermere

湖水地方南部の玄関口。バスや鉄道の起点となる町。小さなホテルやB&Bが多く集まる。

P.412

● コッカーマス

● ケズィック
ダーウェント湖

● グラスミア
グラスミア湖
アンブルサイド ●

ホークスヘッド ●
● ウィンダミア
コニストン湖
ニア・ソーリー ●
ウィンダミア湖
ボウネス ●

ニア・ソーリー Near Sawrey

ビアトリクス・ポターが過ごした家、ヒル・トップがある小さな村。

P431

ボウネス Bowness

ウィンダミアから徒歩で30分程度。フェリーやクルーズ船の発着する埠頭があり、観光にはかかせない。

P412

411

湖水地方
起点となる町

マンチェスターから

所要:約2時間

月〜土　6:29 11:29　土(土8:25 13:29)

乗り換え情報

●ロンドンから
ユーストン駅からオクセンホルム・レイク・ディストリクト経由で所要3時間10分〜4時間

---

i **ウィンダミア**
Tourist Information Centre

Map P.412上B1

✉Victoria St., LA23 1AD

☎(015394)46499

URLwww.windermereinfo.co.uk

🕐8:30〜19:00　休12/25

宿の予約:宿泊料金の10〜15%(デポジット)

---

i **ボウネス**
Tourist Information Centre

Map P.412右下2

✉Glebe Rd., LA23 3HJ

URLwww.lakedistrict.gov.uk

🕐イースター〜10月9:30〜17:30

11月〜イースター10:00〜16:30

休12/25

宿の予約:手数料£4+宿泊料金の10%(デポジット)

ボウネスの見どころ

ビアトリクス・ポターの世界➡ P.424

起点の町 ## ウィンダミア
Windermere

　湖水地方南部の玄関。鉄道やバスの便が多く、観光客でにぎわう町。

歩き方　❶は鉄道駅を出て左に下った所にある。町の中心部は、**ヴィクトリア・ストリート**Victoria St Map P.413上B1.からメイン・ロードMain Rd.、クレッセント・ロードCrescent Rd.にかけて。メイン・ロードとクレッセント・ロードは合流し、ニュー・ロードNew Rd.、レイク・ロードLake Rd.と名前を変え、ウィンダミア湖のほとりのボウネスへと続く。

ホテル　B&Bの数が多く、町なかにあふれているといっても過言ではない。ただしホテルの数は少ない。

起点の町 ## ボウネス
Bowness

　ボウネスは18世紀からリゾート地として発展してきた町。ウィンダミアからレイク・ロードを下って20〜30分ぐらい。

歩き方　レストランやショップが軒を連ねるエリアは**クラッグ・ブロウ**Crag Brow Map P.413右下1 から**プロムナード**Promenade Map P.413右下2 にかけて。

交通情報　フェリーが発着する埠頭、**ボウネス・ピア**Bowness Pierが湖畔にあり、その南にはカーフェリーが発着する**フェリー・ナブ**Ferry Nabがある。

ホテル　ボウネスは高級ホテルからB&Bまで種類が豊富。

---

walk ウィンダミア湖を見下ろす丘へは、到着してすぐ登ろう

ウィンダミアからオレスト・ヘッドへ

　オレスト・ヘッドはウィンダミアの背後にある標高239mの丘。❶ の向かいから始まるフットパスをとおって簡単に登ることができる。道標にそって頂上まで行くと、そこは360度に広がる大パノラマ。上から眺めるウィンダミア湖や湖水地方の自然は感動間違いなし。鉄道でウィンダミアに夕方着いても、すぐに登れるので時間がない人にもおすすめ。

■コース詳細

スタート地点:ウィンダミア駅

往復所要時間:30分

総延長:1km　高低差少ない

Goal

Orrest Head

Church St.

START

Windermere

0　200m　ウィンダミア駅

オレスト・ヘッドからの眺め

ベンチからパノラマを楽しもう

湖水地方

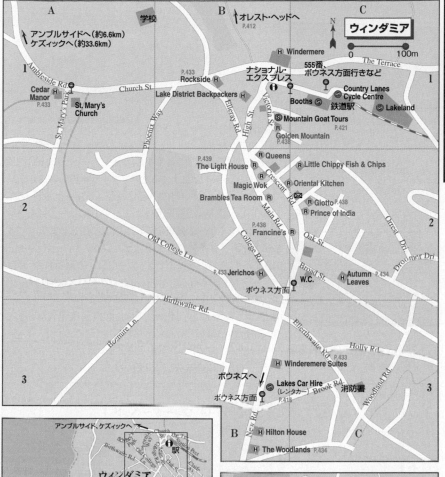

ウィンダミア

A　B　C

1

アンブルサイドへ（約6.6km）
ケズィックへ（約33.6km）

学校

オレスト・ヘッドへ P.412

N

0　100m

The Terrace

Windermere H

Ambleside Rd.

Cedar Manor P.433

St. Mary's Church

Church St.

Rockside H P.433

Lake District Backpackers

Elleray Rd.

High St.

ナショナル・エクスプレス

Victoria St.

555番、ボウネス方面行きなど

Booths S

鉄道駅

Country Lanes Cycle Centre

Lakeland S

Mountain Goat Tours P.421

Phoenix Way

Golden Mountain P.438

The Light House P.439

Queens R

Crescent Rd.

Little Chippy Fish & Chips R

Magic Wok

Oriental Kitchen R

Brambles Tea Room

Giotto R P.438

Prince of India R

Main Rd.

College Rd.

Francine's R P.436

Oak St.

Old College Ln.

Jerichos R P.433

Broad St.

W.C.

ボウネス方面

Autumn Leaves P.434

Orest Dri.

Droomer Dri.

Birthwaite Rd.

Bonaire Ln.

Ellerthwaite Rd.

Holly Rd.

Winderemere Suites H P.433

Woodland Rd.

ボウネスへ

Lakes Car Hire（レンタカー）P.415

消防署

ボウネス方面

Brook Rd.

New Rd.

B　C

Hilton House H

The Woodlands H P.434

1

2

3

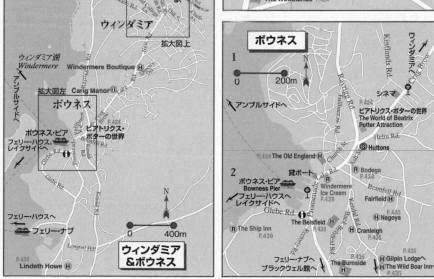

ウィンダミア＆ボウネス

アンブルサイド、ケズィックへ

ウィンダミア

駅

拡大図上

ウィンダミア湖 Windermere

Windermere Boutique H

Carig Manor

ボウネス

拡大図左

ビアトリクス・ポターの世界 P.424

ボウネス・ピア

フェリー・ハウスへ
レイクサイドへ

フェリー・ハウスへ
フェリー・ナブ

Glebe Rd.

Lindeth Howe H P.434

N

0　400m

ボウネス

1

N

0　200m

アンブルサイドへ

Kinfolds Rd.

ウィンダミア（駅）へ

シネマ

ビアトリクス・ポターの世界 P.424
The World of Beatrix Potter Attraction

Rayrigg Rd.

Helm Rd.

The Old England P.434

Huttons S

2

貸ボート

Bodega R P.438

ボウネス・ピア
Bowness Pier

フェリー・ハウスへ
レイクサイドへ

Windermere Ice Cream P.439

Church St.

Brantfell Rd.

Fairfield

Glebe Rd.

The Belsfield

Nagoya P.435

The Ship Inn R P.439

Cranleigh P.435

Kendal Rd.

フェリー・ナブへ
ブラックウェル館へ

The Burnside H

Gilpin Lodgeへ P.435
The Wild Boar Innへ P.435

<table>
<tr><td>

Access Guide
アンブルサイド

ウィンダミアから

所要:約15分

バス555、599番（時刻表→P.419）

ケズィックから

所要:約40分

バス555（時刻表→P.419）
</td></tr>
</table>

起点の町 アンブルサイド
Ambleside

ウィンダミア湖北岸に位置する町。19世紀からリゾート地として発展し、湖水地方独特の古い町並みが残っている。

川をまたぐように建つブリッジ・ハウス

歩き方 ボウネス・ピアを出発したフェリーは、ウィンダミア湖北岸にある**ウォーターヘッド・ピア** Map P.414右 に到着する。ウォーターヘッドからレイク・ロードLake Rd.を北上するとアンブルサイドの町に出る。パブやレストランが多い町の中心は❶がある**マーケット・クロス**Market Cross Map P.414左 周辺。中心部は一方通行が多いのでレンタカーを利用する人は標識に注意しよう。

交通情報 メインのバス停はケルジック・ロードKelsick Rd.沿いにある。ケルジック・ロードは一方通行になっており、ウィンダミア行きもケズィック行きもバスは同じ方向から来る。行き先を確かめてから乗車しよう。

ホテル 湖水地方観光の滞在拠点のなかでも人気が高い町。ホテルは町の中心部とウィンダミア湖畔のウォーターヘッドに多い。レストランが多く集まるのはマーケット・クロスやライダル・ロードRydal Rd.沿い。

<table>
<tr><td>

i **アンブルサイド**
Tourist Information Centre

Map P.414左
⊠Central Buildings, Market Cross, LA22 9BS
☎(015394)32582
圓9:00～17:30
（日9:00～17:00）
㊭12/25・26
宿の予約：手数料£4＋宿泊料金の10%
（デポジット）
</td></tr>
</table>

アンブルサイドの中心部

アンブルサイドの見どころ
ライダル・マウント➡ P.427

アンブルサイド

ブリッジ・ハウス
Bridge House
The Apple Pie Ⓡ

ライダル・マウントへ（約5km）
P.427

Peggy Hill

North Rd.

Market Cross

Rydal Rd.

❶

Salutation Ⓗ

Millans Park

Ⓢ Ghyllside Cycles
P.438 The Slack（レンタサイクル）
Jinfana Ⓡ

Market Pl.

Stockghyll Ln.

Cheapside

Vicarage Rd.

Smallwood House Ⓗ

Compston Rd.

Compston St.

St.Mary's Ln.

P.438
P.439Lucy's Ⓡ
The Old Stamp House

Church St.

Lower Gale

Ⓗ The Gables

Ⓗ Melrose P.436

King St.

メインのバス停 🚌

0 50m

Kelsick Rd.

Luigi's Ⓡ

Knott St.

Old Lake Rd.
Lake Rd.

ウォーターヘッド・ピアへ
P.436 Ⓗ Elder Groveへ

ウォーターヘッド

アンブルサイドへ

0 100m N

Melver Ln.

Borrans Rd.

ボランズ・パーク
Borrans Park

Borrans Rd.

Lake Rd.

Ⓗ The Waterhead
P.436

❶

ウォーターヘッド・ピア
Waterhead Pier

Ⓗ YHA P.436

ボウネスへ

ウィンダミアへ
Ⓗ Low Wood Bay P.436

起点の町

ケズィック
Keswick

マーケット・プレイス

湖水地方北部の中心なので町には活気もある。周辺の景勝地へ出かけるウオーキングの起点になっている。

歩き方 ❶は町の中心のマーケット・プレイスMarket Pl.にある時計塔の中。

ダーウェント湖へ 町からほど近いダーウェント湖畔にもビューポイントがたくさんある。ケズィックからダーウェント湖のほとりを歩き、フライヤーズ・クラッグFriars Cragを経て、小高い丘のキャッスルヘッドCastlehead、そしてケズィックへと戻る4.8kmのウオーキングコースは景色がすばらしい。

交通情報 各方面へのバスが発着するバスステーションは❶からメイン・ストリートMain St.を進み、最初のロータリーを左折した所にある。

バスステーション

ホテル B&Bが多いのは町の東側、グレタ・ストリートGreta St.やセント・ジョンズ・ストリートSt. John's St.界隈。パブやレストランが多いのはマーケット・プレイスMarket Pl.からメイン・ストリートにかけてのエリア。

Access Guide
ケズィック

カーライルから
🚌 所要:約1時間10分
月~土 9:30 11:00 12:10 16:00
日 8:40 12:10 16:00

ウィンダミアから
🚌 約1時間
バス555(時刻表→P.419)

ℹ ケズィック
Tourist Information Centre
Map P.415B2
✉Moot Hall, Market Sq., CA12 5JR
☎(017687)72645
URL www.keswick.org
🕐4~10月9:30~17:30
　11~3月9:30~16:30
🚫12/25・26、1/1
宿の予約:手数料£4+宿泊料金の10%
(デポジット)

ケズィックの見どころ
**キャッスルリッグ・ストーンサークル
➡ P.432**
ケズィック博物館➡ P.432
鉛筆博物館➡ P.432
ダーウェント湖➡ P.425

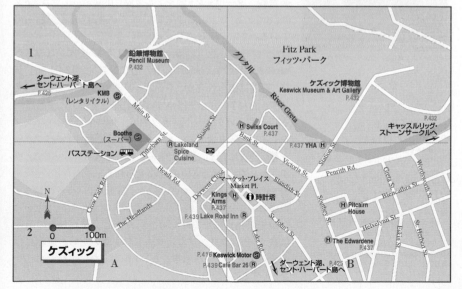

ケズィック

グラスミアに停車する555番のバス

■ウィンダミア・フェリー
夏期6:50（日9:10）〜21:50
冬期6:50（日9:50）〜20:50
囲歩行者£0.50 自転車£1
　普通自動車£4.40

フェリー・ナブにはカーフェリーが発着

湖水地方
エリア内の交通

鉄道

湖水線 湖水地方を走る湖水線は**オクセンホルム・レイク・ディストリクト**からウィンダミアまで。

カンブリア海岸線線 アイリッシュ海の沿岸を走るカンブリア海岸線は景勝路線としても名高い。

バス

主要な町を結ぶ**555番**のバスは利用価値が高い。❶やバスの車内で時刻表を手に入れておこう。夏期のみの路線もあるので、カンブリア全域の公共交通機関を網羅した時刻表があれば、スケジュールが立てやすい。**505番**のバスはウィンダミアからアンブルサイドを経由してホークスヘッドへと結ぶ便利な路線。

レンタカー

観光客の多い夏は駐車場がいっぱいになってしまうことも。ウィンダミアやケズィックにはレンタカー会社があるので手配が可能。山道やカーブが多いので、運転は慎重に。

遊覧船

クルーズ船 ウィンダミア湖のクルーズ船 →P.417 は便数も多く、遊覧や交通手段としても湖水地方の観光には欠かせない。

フェリー ボウネス・ピアの南にあるフェリー・ナブには対岸のフェリーハウスとを結ぶ**カーフェリー** 欄外参照 が発着している。

遊覧船 ダーウェント湖やアルズ湖Ullswater、コニストン湖Coniston Waterなど主要な湖では**遊覧船** →P.417 も出ている。

船＋バス

クロス・レイクス・エクスペリエンス 3月28日〜11月1日と期間は限られるが、ボウネスのフェリー乗り場とホークスヘッドへ行くバスが停車するフェリー・ハウスとが連絡する観光客向けのルート。ボウネス、ウィンダミアからアンブルサイドを経由せずにヒル・トップ →P.424 やホークスヘッド →P.431 に行くことができる。乗り継ぎもスムーズで、ウオーキングコースとも組み合わせられる。

レンタサイクル

自転車のレンタルはウィンダミアやケズィックといった観光の拠点になる町で可能。ただし、湖水地方の道路は狭く、サイクリング専用ロードも少ないため、運転には十分注意しよう。自転車をレンタルするならヘルメットもレンタルすること。

湖水地方

湖水地方の遊覧船

 レッド・クルーズ（ボウネス〜アンブルサイド）
Red Cruise- Bowness-Ambleside
3/28〜6/17、9/7〜11/1　10:40〜17:10に1時間に1便
6/18〜9/6　9:30〜18:20に1時間に2便
11/2〜3/27　9:55〜17:00に1時間に1便
所要30〜35分　片道£7.70　往復£10.30

 イエロー・クルーズ（ボウネス〜レイクサイド）
Yellow Cruise- Bowness-Lakeside
3/28〜5/22、9/7〜11/1　9:20〜17:45に1時間に1便
5/23〜9/6　9:20〜17:30に1時間に1〜2便
11/2〜3/27　10:00〜16:45頃に1日4便
所要40分　片道£8　往復£10.80

 アイランズ・クルーズ
Islands Cruise
3/28〜11/1　ボウネス・ピア発30分おき
11/2〜3/27　ボウネス・ピア発12:45 13:45
所要45分　£7.70
ボウネス・ピア発のウィンダミア湖周遊クルーズ

ウィンダミア・レイク・クルーズ
Windermere Lake Cruises
TEL(015395) 43360
URL www.windermere-lakecruises.co.uk
全路線で24時間有効な乗り放題チケット、フリーダム・
オブ・ザ・レイクFreedom of the Lakeは£19。そのほか、
レイクサイドから出発するハバースウェイト鉄道との共通
チケットなども販売している。

 ダーウェント湖遊覧船
Keswick Launch
3/21〜11/8　10:00〜15:00（7・8月〜17:00）に1時間
おき（時計回り）
11/9〜3/20　11:30 14:30 15:30（時計回り）
所要50分　片道£9.95
時計回りと反時計回りのコースがあり、湖を一周する。

TEL(017687) 72263　URL www.keswick-launch.co.uk

 アルズ湖遊覧船
Ullswater 'Steamers'
5/23〜9/6　9:45〜16:45に1時間おき
4/13〜5/22、9/7〜11/1　9:45〜16:50に1〜2時間おき
11/2〜1/31　グレンリディング発9:45 11:10 13:45
所要約1時間　片道£6.40　往復£10.20
蒸気船でグレンリディング〜プーリー・ブリッジを結ぶ。

TEL(017684) 82229
URL www.ullswater-steamers.co.uk

 ノーザン・サービス（レッド・ルート）
Northern Service (Red Route)
3/29〜9/30　10:45〜16:40に1時間おき
3/7〜28、10/1〜11/1　10:45〜15:55に1時間おき
所要45分　1日券£10.75
コニストン湖の北側を周遊するクルーズ。

コニストン湖遊覧船
Coniston Launch
TEL(017687) 75753　URL www.conistonlaunch.co.uk

保存鉄道・蒸気機関車

 **ハバースウェイト鉄道**
The Lakeside & Haverthwaite Railway
3/28〜11/1
ハバースウェイト発10:40 11:40 13:00 14:05 15:10 16:15
レイクサイド発11:15 12:30 13:35 14:40 15:45 16:50
所要20分　片道£4　往復£6.60
ウィンダミア湖南端にあるレイクサイドLakesideからハ
バースウェイトHaverthwaiteを結ぶ蒸気機関車。

✉ Haverthwaite Station, Nr Ulverston, LA12 8AL
TEL(015395) 31594
URL www.lakesiderailway.co.uk
・イエロー・クルーズとの共通券£15.50
・イエロー・クルーズ、レッド・クルーズとの共通券£22

 **レイヴェングラス・エスクデイル鉄道**
Ravenglass & Eskdale Railway
3月中旬〜10月　1日7〜13便
11月〜3月中旬　土・日を中心に1日2〜5便程度の運行
所要45分
片道£7.50　往復£13.20
漁業の町レイヴェングラスからエスクデイルまでの11km
を40分間で結ぶ蒸気機関車。軌間15インチの小さなも
のとしては世界最古の車両も残り、文化的価値も高い。
緑豊かな森を抜けると標高978mのスコーフェル・パイク
山の荒々しい山岳風景も楽しめる。

TEL(01229) 717171
URL ravenglass-railway.co.uk

クルーズ船が出発するボウネス・ピア　レイクサイド駅を出るハバーズウェイト鉄道　コニストン湖を巡る遊覧船

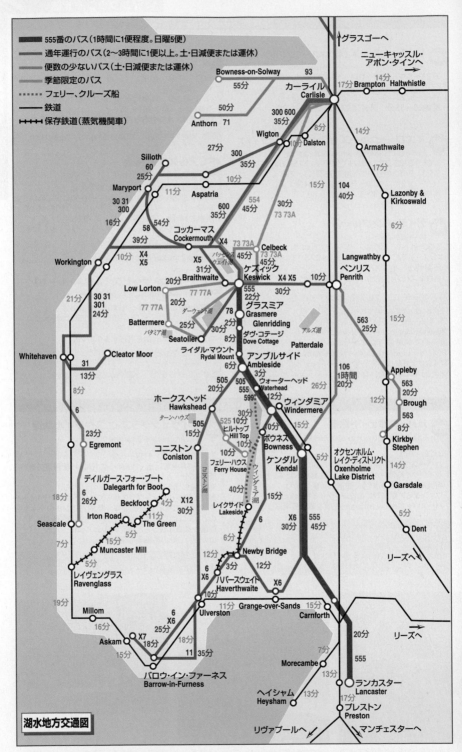

湖水地方

バス路線番号	路線詳細・運行頻度

555
ウィンダミア→アンブルサイド→グラスミア→ケズィック

ウィンダミア発6:24〜18:09の1時間に1便（日9:07〜15:40の2時間に1便）
ケズィック発9:30〜19:15の1時間に1便（日10:00〜17:25の2時間に1便）

599
ボウネス→ウィンダミア→アンブルサイド

ボウネス発7:55〜17:15の1時間に1便（日9:15〜16:15の1〜2時間に1便）
アンブルサイド発6:58〜17:45の1時間に1便（日9:45〜16:45の1〜2時間に1便）

505
アンブルサイド→ホークスヘッド→コニストン

アンブルサイド発8:30（休校日、土8:50）〜16:03の2時間に1便（日10:45〜16:45の2時間に1便）
コニストン発9:30〜16:40の2時間に1便（日11:22〜17:22の2時間に1便）

X4/5
ケズィック→コッカーマス

ケズィック発7:45〜22:15（金・土翌0:15）の1時間に1便（日10:15〜20:15の2時間に1便）
コッカーマス発5:38〜21:39（金・土23:38）の1時間に1便（日7:38〜17:57の2時間に1便）

クロス・レイクス・エクスペリエンス Cross Lakes Experience
ボウネス・ピア〜コニストンの連絡時刻表 （2015年の時刻表の一部）

フェリー	ボウネス・ピア 3 Bowness Pier 3	10:00発	10:40発	11:20発	12:00発	12:40発	14:00発	14:40発	15:20発	16:00発	16:40発
マウンテン ゴート	フェリー・ハウス Ferry House		10:16着	10:55着	11:35着	12:15着	12:55着	14:15着	14:55着	15:35着	16:15着	16:55着
			10:20発	11:00発	11:40発	12:20発	13:00発	14:20発	15:00発	15:40発	16:20発	17:00発
	ヒルトップ Hill Top		10:27	11:07	11:47	12:27	13:07	14:27	15:07	15:47	16:27	17:07
	ホークスヘッド Hawkshead		10:35着	11:15着	11:55着	12:35着	13:15着	14:35着	15:15着	15:55着	16:35着	17:15着
ステージ コーチ		10:02発	11:02発		12:02発	13:02発	14:02発	15:02発		16:02発	17:02発	18:20発
	ホークスヘッド・ヒル Hawkshead Hill	10:07	11:07		12:07	13:07	14:07	15:07		16:07	17:07	18:25
	ハイ・クロス High Cross	10:08	11:08		12:08	13:08	14:08	15:08		16:08	17:08	18:26
	コニストン着 Coniston	10:18着	11:18着		12:18着	13:18着	14:18着	15:18着		16:18着	17:18着	18:34着
	コニストン発 Coniston	10:22発	11:22発		12:22発	13:22発	14:22発	15:22発		16:22発	17:22発	
ステージ コーチ	ハイ・クロス High Cross	10:30	11:30		12:30	13:30	14:30	15:30		16:30	17:30	
	ホークスヘッド・ヒル Hawkshead Hill	10:34	11:34		12:34	13:34	14:34	15:34		16:34	17:34	
マウンテン ゴート	ホークスヘッド Hawkshead	10:40着	11:40着		12:40着	13:40着	14:40着	15:40着		16:40着	17:40着	
		10:40発	12:00発		12:40発	14:00発	15:20発	16:00発		16:40発		
	ヒルトップ Hill Top	10:47	12:07		12:47	14:07	15:27	16:07		16:47		
フェリー	フェリー・ハウス Ferry House	10:55着	12:15着		12:55着	14:15着	15:35着	16:15着		16:55着		
		11:00発	12:20発		13:00発	14:20発	15:40発	16:20発		17:00発		
フェリー	ボウネス・ピア 3 Bowness Pier 3	11:15着	12:35着		13:15着	14:35着	15:55着	16:35着		17:15着		

料金表

	目的地	片道	往復
ボウネス・ピア から	フェリー・ハウス	£2.75	£4.60
	ヒル・トップ	£5.90	£10.40
	ホークスヘッド	£6.95	£11.95
	コニストン（クルーズ込み）	£12.55	£21.00
フェリー・ハウスから	ヒル・トップ	£3.05	£5.70
	ホークスヘッド	£4.15	£7.30
	コニストン（クルーズ込み）	£9.70	£16.35

3/28〜11/1までの運行　　青字＝10/25までの運行

湖水地方 モデルルート

湖水地方の見どころは広範囲にわたっているが、路線バスやフェリーで行くことができる場所も意外と多い。

ウィンダミア発 自然満喫 1 日コース

午前

`09:10` ウィンダミア➡ 🚌 ➡ `09:43` グラスミア（昼食）
555番

まずはウィンダミアからケズィック行きのバスに乗り、グラスミアで下車。ワーズワースゆかりのダヴ・コテージとワーズワース博物館を見学し、グラスミア湖をお昼までゆっくりと散策。グラスミア名物のセイラ・ネルソンのジンジャーブレッド（→P.428）も試してみたい。

セイラ・ネルソンのジンジャーブレッド

`12:43` グラスミア➡ 🚌 ➡ `13:12` ケズィック
555番

`16:25` ケズィック➡ 🚌 ➡ `17:13` ウォーターヘッド・ピア
555番

`17:40` ウォーターヘッド・ピア➡ ⛴ ➡ `18:10` ボウネス・ピア
レッド・クルーズ

午後

ケズィック行きのバスに乗り終点で下車。ケズィックでは博物館を見学したり、キャッスルリッグ・ストーンサークルまで歩いてみるのもいい。ケズィックからケンダル行きのバスに乗りウォーターヘッド・ピア下車。ウォーターヘッド・ピアからフェリーに乗ってボウネス・ピアへ。ただし、冬期になるとこの便は運休となる。

キャッスルリッグ・ストーンサークル

ウィンダミア発
ビアトリクス・ポターゆかりの地をめぐる1日

午前

`10:04` ウィンダミア➡ 🚌 ➡ `10:14` ボウネス・ピア➡
6番

`10:40` フェリー・ナブ➡ 🚢 ➡ `11:00` フェリー・ハウス➡ 🚌 ➡
カーフェリー　　　　　　　　　　　　　　　　525番

`11:07` ニア・ソーリー➡ `12:00` ヒル・トップ

ボウネス・ピアのバス停からフェリー・ナブまでは徒歩20～30分。カーフェリーに乗って対岸のフェリー・ハウスへ。湖を渡ったら、ホークスヘッド行きのバスに乗りニア・ソーリー村下車。ヒル・トップは入場制限がある。指定の入場時間が来るまで村の散策を楽しんだり、パブで昼食を取ろう。

ヒル・トップ

`13:07` ニア・ソーリー➡ 🚌 ➡ `13:15` ホークスヘッド➡ 🚌 ➡
525番　　　　　　　　　　　　　　　　　　　　　　525番

`15:15` ウォーターヘッド・ピア➡ ⛴ ➡ `15:45` ボウネス・ピア➡
レッド・クルーズ

`16:00` ビアトリクス・ポターの世界

午後

午後はホークスヘッド行きのバスに乗り終点で下車。ビアトリクス・ポター・ギャラリーやホークスヘッド・グラマースクールを見学。その後はウィンダミア行きのバスに乗りアンブルサイドのウォーターヘッド・ピア下車。フェリーに乗ってボウネス・ピアへ移動。ボウネスではビアトリクス・ポターの世界を見学。おしゃれなカフェやレストランが多いので、ここで夕食にするのもおすすめ。

ビアトリクス・ポターの世界

湖水地方 現地発着ツアー

ウィンダミア発着のツアーなら予約すればホテルまで迎えに来てくれる。❶でも予約可能。

ウィンダミア発着

10の湖巡り
Ten Lakes Spectacular

3月下旬〜11月上旬9:45発　所要7時間45分　🅿 £40

湖水地方北部のハイライト。グラスミア湖、ダーウェント湖、バタミア湖、サルミア湖など10の湖を巡り、ダーウェント湖ではクルーズも楽しむ。そのほかキャッスルリッグ・ストーンサークル、グラスミアなどにも訪れる。

ビアトリクス・ポターお気に入りの田舎
Beatrix Potter's Favourite Countryside Tour

12:00発　所要4時間30分　🅿 £32.50

ピーターラビットゆかりの場所を巡る、午後からの半日ツアー。公共交通機関では行きづらいヒル・トップ、ホークスヘッド、ターン・ハウズ、コニストン湖（クルーズ）などを観光する。

ハイ・アドベンチャー
The High Adventure

9:45発　所要7時間45分　🅿 £40

湖水地方西部の見どころを網羅した定番ツアー。エスクデイル、マンカスター城などを訪れ、レイヴェングラス・エスクデイル鉄道の保存鉄道にも乗車する。

マウンテン・ゴート・ツアーズ Mountain Goat Tours
☎(015394) 45161　🆄www.mountain-goat.com
集合場所：ウィンダミアの❶（アンブルサイドやグラスミアなどからも送迎サービスがある）

ウィンダミアにあるオフィス

マウンテン・ゴート・ツアーズのミニバス

ピーターラビットの故郷とウィンダミア湖クルーズ半日観光

月〜金11:45 ウィンダミア駅発
所要4時間　🅿 £58.50

ボウネス〜アンブルサイドのクルーズ、ニア・ソーリー、ホークスヘッド村など人気の観光地をカバーするツアー。

湖水地方の自然満喫！ネイチャーツアー

月・水・金13:15 ウィンダミア駅発
所要3時間15分　🅿 £39.50

湖水地方の自然を楽しむツアー。バスでは眺めることができないスポットにも足を運ぶ。

湖水地方エクスプローラーツアー

火・木・金・土・日9:15ウィンダミア駅発
所要7時間15分　🅿 £56

滞在日数が限られ、一回のツアーで多彩な湖水地方の魅力に触れたい人のためのツアー。キャッスルリッグ・ストーンサークルやダヴ・コテージ、農場のカフェなどにも立ち寄る。

9つの湖を巡るフォトジェニックツアー
9 Lakes Photography Tour

火・木・金9:30 ウィンダミア駅発
所要7時間　🅿 £88

湖水地方の見どころを網羅した1日観光。グラスミアやコニストン湖、ケズィックなどを訪れる。ボウネスで解散。

湖水地方ツアー＆ハイキング

9:15ウィンダミア駅発
所要7時間15分　🅿 £350

北湖水地方の見どころを歩きながら回るツアー。キャッスルリッグ・ストーン・サークルやアルズ湖などを訪れる。

レイクディストリクト・ツアーズ Lake District Tours
☎(015394) 52106　🆄www.lakedistricttours.com
集合場所：ウィンダミア駅もしくは滞在しているホテル

ロンドン発着

日本人ガイド付き湖水地方1泊2日手ぶらの旅

3月中旬〜10月中旬の月〜木9:43（日9:45）
ロンドン・ユーストン駅発　所要2日
🅿 £345（1人部屋追加料金£65）

日本人ガイド付きのツアー。ロンドンのユーストン駅を出発し、昼頃湖水地方に到着。午後から湖水地方南部（ヒル・トップに入場観光、ホークスヘッド、コニストン湖など）を半日観光。2日目の午前中は湖水地方北部（ダーウェント湖、ホニスター峠、バタミア湖など）を回る半日観光。午後はボウネスで自由時間。夕方発の列車でロンドンに戻る。

パーク・ツアーズ・ロンドン Park Tours London
☎(015395) 52106　🆄www.parktourslondon.co.uk
14営業日前までの予約が必要。宿泊ホテルはボウネスのバーンサイド、リンデス・ハウなど。延泊は1泊£105。

湖水地方日帰りツアー

4〜10月の月〜土8:00、11〜3月の水・木・金・土8:00
所要13時間25分　🅿 £199

ロンドンから日帰りで湖水地方を体験できる1日観光ツアー。8:00にユーストン駅集合。その後は鉄道で湖水地方のオクセンホルム・レイク・ディストリクト駅へ向かう。ガイドはロンドンからの移動の間は付かず、湖水地方のみ。ヒル・トップやホークスヘッドなど、湖水地方を代表する見どころを半日で回る（訪れるコースは夏と冬とで異なるので事前に確認しよう）。21:25にユーストン駅に到着予定。

エヴァン・エヴァンズ・ツアーズ
Evan Evans Tours
☎(020) 79501777　🅵🅰🆇(020) 79501771
🆄evanevanstours.com

一日で湖水地方北部を網羅する
10の湖巡り

ウィンダミアを出発～アルズ湖

ウィンダミアの❶を出発。事前にツアー会社に予約しておけばホテルまで迎えにきてもらえる。ウィンダミアから北へカークダン峠を越え、ブラザーズ湖を通過すると、10:45ぐらいに湖水地方で2番目に大きいアルズ湖に到着。しばらく、アルズ湖を眺めたらケズィックの町へと移動する。

湖水地方で最も美しい湖と言われている

ダーウェント湖クルーズ～ランチ

ワーズワースがハネムーンを過ごしたというホテル・ライダルを経由してケズィックへ。周辺にあるダーウェント湖のクルーズを楽しんだ後、約1時間のランチ休憩。その後ダーウェント湖西岸の絶景スポット、サプライズ・ビューへ。ここからはダーウェント湖とバッセンスウェイト湖を同時に見渡すことができる。

サプライズ・ビューからの眺めは壮大！

ホニスター峠～ストーン・サークル

ダーウェント湖を楽しんだら、今度はバタミアへと移動する。途中にある標高356mのホニスター峠は湖水地方で最も険しい峠のひとつ。峠を越すと、バタミア湖とクローマック湖が広がっている。その後はケズィック方面に戻り、郊外のキャッスルリッグ・ストーンサークルへ。古代の人々が作ったとされる環状列石を見学しよう。その後サルミア湖を経由してグラスミアの村へ。

ホニスター峠は最大傾斜が25度もある

グラスミアの村を散策

グラスミアはワーズワース 🔗 P.610 が愛した村として知られており、のんびりとした雰囲気があふれる。ここでは約20分のフリータイムとなっている。おみやげはセイラ・ネルソンのジンジャーブレッド（→P.428）がおすすめ。最後はグラスミア湖、ライダル湖の風景を楽しみながらウィンダミアへと戻る。

最後はグラスミアの村を訪れる

協力：マウンテン・ゴート・ツアーズ（→P.421）

湖水地方

湖水地方西部のスリリングな高山道を走る！
ハイ・アドベンチャー

出発〜ワイノーズ峠

ウィンダミアの❶を出発して約1時間。牧場や小さな峠をいくつか越えて標高311mにあるワイノーズへ。頂上に到着したら壮大な景色を眺めながらティータイム。ドライバーさんが紅茶とクッキーを用意してくれる。風を受けながらのんびりと絶景を楽しもう。ここからはスリリングな山道を下っていく。

ワイノーズはこのあたりでは最も標高の高い峠

ハードノット峠〜ブート

ワイノース峠からは狭くて起伏の激しい高山道を30分ほど走る。この周辺は最もスリリングで刺激的！ 居眠りなんかできないだろう。峠を越えたらブートBootという小さな村でランチ。村にある小さなパブ、ブート・インで食べるのもいい。

車は大地をへばりつくように進む

レイヴェングラス・エスクデイル鉄道

昼食を終えたら、軌間15インチの小さな鉄道に乗る。屋根を付けていない車両もあるので、360度の壮大なパノラマを楽しむことができる。エスクデイルからアートン・ロードまでの30分間、のんびりと風景を楽しもう。

おもちゃのようにかわいらしい車両

ワスト湖

アートン・ロードからイングランドで最も深い湖であるワスト湖へ。水深は79mほど。イギリスのテレビ番組でイギリス・ベスト・ビューに選ばれたこともある。しばらく滞在した後、マンカスター城へと移動。

神秘的な雰囲気がまた魅力

マンカスター城

マンカスター城は14世紀に建てられた美しい庭園をもつ。ここにはフクロウ保護で有名なワールド・オウル・トラストWorld Owl Trustも併設されている。ここでは1時間ほど滞在し、コニストン湖を経由してウィンダミアに戻る。

中世の雰囲気を現在に残す

協力：マウンテン・ゴート・ツアーズ（→P.421）

詳細ガイド

ビアトリクス・ポター
ゆかりの見どころ巡り

　1866年にロンドンの裕福な家庭に生まれ育ったビアトリクス・ポターは少女時代に家族とともに湖水地方を訪れた。その時にポターが飼っていたうさぎの名前がピーター。物語を読めば、挿し絵の背景が、ニア・ソーリー村に今なお残っていることに気づく。イラストに描かれた美しい風景を探しに湖水地方を巡ってみよう。

ケズィック

ダーウェント湖

絵本と同じ風景が見られる
セント・ハーバート島

ポターが愛した湖
モス・エクレス湖

アンブルサイド

ポターが所有していた湖
ターン・ハウズ

ピーターラビットの世界を冒険!
ビアトリクス・ポターの世界

コニストン　　ホークスヘッド　　ウィンダミア

ウィンダミア湖

ボウネス

ポターの家
ヒル・トップ

ファン必見のアトラクション
ビアトリクス・ポターの世界
The World of Beatrix Potter Attraction

`ボウネス　Map P.413 右下 1`

　ビアトリクス・ポターの描いた物語の登場人物や、物語のシーンがそのまま再現されている、ピーターラビットファン必見のアトラクション。絵本の舞台や物語の内容、ポター女史の生涯を紹介する情報端末もあり、日本語にも対応している。キャラクターグッズのショップも併設している。

ポターが過ごした小さな家
ヒル・トップ　*Hill Top*

`ニア・ソーリー　Map P.431 下`

　ポターが77歳で亡くなるまで住んでいた家。屋内はポターが生前使っていた様子のままに広間や寝室が保存されており、各部屋には絵が置かれ、挿絵のモデルになった場所が確認できるようになっている。

ポター女史お気に入りの散歩道
モス・エクレス湖 Moss Eccles Tarn

コニストン周辺　Map P.409A2

モス・エクレス湖はニア・ソーリー村とホークスヘッドの間にある小さな湖。ポターが「私の湖」と称したことでも有名。

ポターの夫の弁護士事務所
ビアトリクス・ポター・ギャラリー
Beatrix Potter Gallery

ホークスヘッド　Map P.431上

ビアトリクス・ポターの夫が弁護士事務所として使用していた家屋だが、現在はナショナル・トラストが管理し、ポターの遺品や原画・写真を収めるギャラリーとして使用している。

ポターが所有した湖
ターン・ハウズ Tarn Hows

コニストン周辺　Map P.409A2

ターン・ハウズは映画『ミス・ポター』にも登場する、湖水地方でも屈指の美しさを誇る湖。ポターが購入したことでも知られる。

絵本と同じ風景が広がる
セント・ハーバート島
St. Herbert's Island

ダーウェント湖　Map P.408B2

ケズィックの南にあるダーウェント湖中央に浮かぶ小島セント・ハーバート島は、ピーターラビット・シリーズ『りすのナトキンのおはなし』の舞台になっている。
　遊覧船が停泊するホウズ・エンド Hawes End からの景色は、作品中にそのままの形で描かれているので、見比べてみるのも楽しい。

DATA

■ビアトリクス・ポターの世界
⊠Crag Brow, LA23 3BX
℡08445041233　URL www.hop-skip-jump.com
閘夏期10:00〜17:30　冬期10:00〜16:30
闲1月上旬〜2月上旬　£6.95
フラッシュ部不可

■ヒル・トップ
🚢🚌ボウネス・ピア3番発のボート（夏期を中心に運航）か、ボウネス・ピアの南にあるフェリー・ナブ発のカーフェリー（通年運行）でフェリー・ハウスへ行き、525番のミニバス（夏期を中心に運行）に乗り換えヒル・トップ下車。
🚌ホークスヘッドから525番のバス（夏期を中心に運行）でヒル・トップ下車。徒歩なら1時間。
⊠Near Sawrey, LA22 0LF
℡(015394)36269　URL www.nationaltrust.org.uk
閘5/25〜9/4 10:00〜17:30
　3/21〜5/24、9/6〜11/1 10:30〜16:30
　2/14〜3/20 10:30〜15:30
ショップと庭園は12/24〜2/15以外は通年営業。
闲金、11/2〜2/13　£9.50

内部保存のため入場制限あり。夏期は混み合うので早い時間に訪問しよう。
館内撮影一部不可　フラッシュ部不可

■モス・エクレス湖
ニア・ソーリー村から徒歩で行く。中心部からは往復で2時間30分〜3時間30分程度。

■ビアトリクス・ポター・ギャラリー
⊠Main St., LA22 0NS　℡(015394)36355
URL www.nationaltrust.org.uk
閘3/21〜11/1 10:30〜17:00
　2/16〜3/19 10:30〜15:30
闲金、11/2〜3/20　£5.40
内部撮影不可

■ターン・ハウズ
コニストンから徒歩で行く。中心部からは往復で3時間30分〜4時間30分程度。

■セント・ハーバート島
🚢ダーウェント湖の遊覧船（→P.417）に乗れば、島全体を眺めることができる。

ロマン派詩人ワーズワース ゆかりの見どころ巡り

詳細ガイド

ロマン派を代表する詩人ウイリアム・ワーズワース（1770〜1850年）🔗 P.610 がその生涯を送り、彼の作品に計り知れない影響を与えたのは湖水地方の美しい自然だった。

当時の文学界にセンセーションを巻き起こした彼の作品の魅力は、万物の真の姿を追求し、それを簡潔に表現している点にある。これは当時でいえば、あまりにも画期的な表現方法だった。彼は湖水地方についてこのようにたたえている。「ものを見る目と楽しむ心があるすべての人は、この地に来て分かち合う権利がある」と。

ワーズワースの生涯

ワーズワースはコッカーマスの裕福な家に生まれた。彼を生涯にわたり支え続けた妹ドロシーとともに、コッカーマスとペンリス、ホークスヘッドで少年時代を送った。長じてケンブリッジのセント・ジョンズ・カレッジへ入学した彼は、1790年の夏休みにフランスに旅行に行き、フランス革命におおいに影響を受けたという。その後、パブとして使われていたダヴ・コテージに引っ越し、ここで彼の創作活動は華の時代を迎えた。幼なじみのメアリーと結婚し、家族が増えたため、手狭になったダヴ・コテージを離れた。ワーズワースは2度の引っ越しを経て、ライダル・マウントに落ち着き、そこでその生涯を閉じた。彼はグラスミアのオズワルド教会裏側の墓地に、妻メアリー、妹ドロシーとともに葬られている。

オズワルド教会にはワーズワースとその家族が眠る墓がある

コッカーマス
ウイリアムとドロシーの生家
ワーズワース・ハウス

ケズィック

ワーズワースが愛した館
ライダル・マウント

ワーズワースの仕事場
ダヴ・コテージ

直筆原稿がある　グラスミア
ワーズワース博物館

アンブルサイド

ホークスヘッド　ウィンダミア

ワーズワースが青春時代を過ごした
ホークスヘッド・グラマー・スクール

ボウネス

最盛期の作品が多く書かれた
ダヴ・コテージ＆ワーズワース博物館

Dove Cottage & Wordsworth Museum

グラスミア　Map P.428

この建物はもともとパブとして建てられ、現在は彼のパスポートやトランクケースなど、興味深い遺品が数多く展示されており、偉大な詩人の生活をのぞくようで楽しい。併設されたワーズワース博物館では彼の原稿や当時の絵画を見ることができる。ダヴ・コテージ内を巡る25分ほどの無料ガイドツアー（英語）が行われており、チケット購入時にガイドツアーの開始時刻を教えてもらうことができる。また、このガイドツアーに参加すると日本語の解説シートを貸してくれるのでわかりやすい。ガイドなしの見学も可。

終の棲家となった
ライダル・マウント *Rydal Mount*

アンブルサイド周辺　Map P.429

　アンブルサイドとグラスミアの間にある館。ワーズ
ワースが1813年に家族とともにこの地に来てから、晩
年亡くなるまでの37年間をここで過ごした。館内には彼
の遺品や肖像画、彼自身が描いた絵などが置かれてい
る。テラスやシェルターは、晩年の多くの作品を生み出
した場所だ。庭はワーズワースが自らデザインしたもの
であり、彼の自然に対する思いがこの風景式庭園から垣
間見られる。勾配のきつい坂の上にあり、ライダル湖を
望むことができる。

ワーズワースが通った中学校
ホークスヘッド・グラマー・スクール
Hawkshead Grammar School

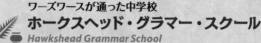

ホークスヘッド　Map P.431上

　ワーズワースゆかりのこの学校はヨーク大司教であるエド
ウィン・サンディーズ Edwin Sandys によって 1585 年に建
てられた。1 階の教室にある机にはワーズワースと弟のジョン
が彫った落書きが残っている。2 階は校長室と展示室がある。
開館中でも保存のために入口の大きなドアが閉められているの
で、ちょっとややこしい。

オレンジ色の大きな家
ワーズワース・ハウス *Wordsworth House*

コッカーマス　Map P.430

　ワーズワース生誕の地、コッカーマスに残る生家。ワーズ
ワースと彼の妹ドロシーが生まれたジョージ王朝風の大きな
家では、彼の遺品を説明付きで展示している。公開している
のは夏期のみ。

🅓🅐🅣🅐

■ダヴ・コテージ＆ワーズワース博物館
✉Dove Cottage, LA22 9SH
☎(015394)35544　🆄🆁🅻wordsworth.org.uk
🕐3～10月9:30～17:00　11～2月9:30～16:30
㊡2・12月の火（ダヴ・コテージのみ）、12/24～26、1月
💷£7.75　学生£6.75
　フラッシュ不可

■ライダル・マウント
🚌アンブルサイドとグラスミアの間にある。バス555、
599番でライダル・チャーチRydal Church下車、バス停
の前から延びる坂を200mほど上った左側。
✉Rydal Mount, LA22 9LU
☎(015394)33002　🆄🆁🅻www.rydalmount.co.uk
🕐3～10月9:30～17:00　11～2月9:30～16:00
㊡11～2月の月・火、12/25・26、1月
💷£7　学生£6　庭のみ£4.50
　内部撮影不可

■ホークスヘッド・グラマー・スクール
✉Hawkshead, LA22 0NT
☎(015394)36735
🆄🆁🅻www.hawksheadgrammar.org.uk
🕐10:30～13:00、13:30～17:00
　（日13:30～17:00）
㊡11～3月
💷£2.50
　内部撮影不可

■ワーズワース・ハウス
✉Main St., CA13 9RX
☎(01900)824805
🆄🆁🅻www.nationaltrust.org.uk
🕐11:00～17:00
㊡金、11/2～3/6
💷£7.09
　内部撮影不可

ワーズワースが生涯で最も愛した地
グラスミア
Grasmere

　ワーズワース 📖 P.610 がその生涯のなかで最も愛したこの地は、彼の眠る場所でもある。彼が過ごしたダヴ・コテージは村の南側にあり、橋のたもとにあるオズワルド教会にはワーズワースと妻メアリー、彼の妹ドロシーが眠る墓地がある。教会内のイチイの木は彼が植えたものだ。オズワルド教会からレッド・ライオン・スクエアRed Lion Sq.にかけてが町の中心部で、みやげ物店が並ぶ。クルーズやウオータースポーツでにぎわうウィンダミア湖に比べ、ひっそり緑の中にたたずむグラスミア湖の静けさは格別だ。時間があれば湖畔の遊歩道を散歩したい。

村の南に広がるグラスミア湖

おすすめルート

ダヴ・コテージ
↓
ワーズワース博物館
↓
オズワルド教会
↓
セイラ・ネルソンの
ジンジャー・ブレッド

セイラ・ネルソンのジンジャーブレッド
Sarah Nelson's Grasmere Gingerbread

　ワーズワースもお気に入りだったという、ほんのりショウガの香りがするジンジャーブレッド（パンというより黒糖菓子に近い）の名店。ここは1854年創業で、グラスミアの観光名所にもなっている。おみやげにもピッタリ。

✉Church Cottage, LA22 9SW
☎(015394)35428
URLwww.grasmeregingerbread.co.uk
🕐夏期9:15〜17:30
　（日12:30〜17:30）
　冬期9:15〜16:30
　（日12:30〜16:30）
🈺無休 CC M V（£10以上）

グラスミア・ティー・ガーデンズ
Grasmere Tea Gardens

　ロゼイ川River Rothayに面した好立地のカフェテリアで、川沿いのテラス席からは、横にあるオズワルド教会を眺めることができる。スコーンやケーキを食べながら、ひと休みするのに最適。食事はスープ、サンドイッチやパニーニといった軽食のみ。

✉Stock Ln., LA22 9SN
☎(015394)35590
🕐10:00〜16:30 🈺無休 CC M V ⧠店内可

Oak Bank
P.437
YHA
P.437
Broadgate
The Grasmere
Red Lion
Red Lion Sq.
Baldry's
Wordsworth
Sarah Nelson's
Grasmere Gingerbread
オズワルド教会
St. Oswald's Church
Grasmere
Tea Gardens
N
Stock Ln.
P.426
ワーズワース
博物館
Wordsworth
Museum
Prince of
Wales
ダヴ・コテージ
Dove Cottage
P.426

グラスミア湖

ワーズワース
The Wordsworth Hotel & Spa

　湖水地方を代表するホテルのひとつ。2つのレストラン、屋内プールとサウナ、ジャクージを備えたスパ施設など、38という客室数の少なさに反して公共施設の充実ぶりが際立っている。客室は眺めによって異なる料金が設定されている。

✉Gresmere, LA22 9SW
☎(015394)35592　FAX(015394)35765
URLwww.thewordsworthhotel.co.uk
Ｓ🛁£89〜
Ｗ🛁£109〜　⊂⊂ＡＤＭＶ

🛗 📺 🧺 📶 💻 Ｐ 🚗 📶Wi-Fi
全室 全室 全室 なし 無料 無料

■グラスミアへの行き方
ウィンダミアとケズィックから555番のバスが運行（時刻表→P.419）。どちらも日曜は減便。

オズワルド教会
St Oswald's Church

　村の中心に建つこの教会はワーズワースとその家族の墓があることで有名。この地に初めて教会が作られたのは7世紀頃で、その後何度か増改築され、現在の姿になったという。ワーズワースの墓があるのは墓地の東側。

ボルドリーズ
Baldry's

レッド・ライオン・ホテルの近くにある小さなティールーム。紅茶のフレーバーの数に関してはグラスミアでも一番。料理も提供しており、コッテージ・パイやラザニアなど、軽食メニューが充実している。

✉Red Lion Sq., LA22 9SP　☎(015394)35301
URLwww.baldryscottage.co.uk
🕙10:00〜17:00　休無休　⊂⊂ＭＶ　📶店内可

🚶 walk

ワーズワースの愛した風景を求めて

グラスミアからライダルマウントへ

ライダル湖の南を進むルートは平地と丘、ふたつのフットパスが並行している。どちらでも好きなほうを進もう。

　ロマン派の詩人ウイリアム・ワーズワース。彼が居を構えたダヴ・コテージとライダル・マウントの間はフットパスが整っており、徒とおりもの方法で行くことができる。ここではグラスミア湖とライダル湖沿いに進みながら、ワーズワースが賛美した湖水地方の自然をこころゆくまで楽しもう。

　まず、ダヴ・コテージまでやってきたら、グラスミア湖を右側に進む。グラスミア湖を過ぎたら小川を通り、ライダル湖へ。途中でフットパスが2つに分かれしまうが、どちらでもライダル・マウントへと行けるのでご安心を。ライダル・マウントの前からはバスも出ている。

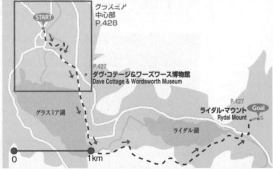

グラスミア
中心部
P.428

START

P.427
ダヴ・コテージ＆ワーズワース博物館
Dave Cottage & Wordsworth Museum

グラスミア湖

P.427
ライダル・マウント
Rydal Mount　Goal

ライダル湖

0　　　　1km

小川沿いの道をとおり、グラスミア湖からライダル湖へ移動。途中木林を抜けるので、道標に従い迷わないように。

■コース詳細
スタート地点:グラスミア
往復所要時間:1.5〜2.5時間
総延長:5km　高低差:少ない

湖水地方北部の商業都市

コッカーマス
Cockermouth

ケズィックの北西13km、ダーウェント川のほとりに栄えたコッカーマスはワーズワース P.610 を生んだ歴史ある町。コッカーマスの語源はコッカー川から由来する。ローマ時代からここには町があったが、中世になるとマーケットが開かれるようになり、大きく発展した。

コッカーマス城

ジェニングス醸造所
Jennings Brewery

パーシー・ハウス
Percy House

Castle Bar Ⓡ

通りにはカラフルな家々が並ぶ

ワーズワース・ハウス
Wordsworth House
P.427

N

Main St.

0　　100m

Station St.

Market Pl.

ジェニングス醸造所
Jennings Brewery

1828年にジョン・ジェニングスJohn Jenningsによって創設されたビール醸造所。湖水地方やランカシャー地方のパブの看板に出ているカン

ツアーの最後は併設のパブで試飲

バーランド・エールCumberland Aleはここで造られている。醸造所では見学ツアーを行う日もあり、伝統的なビール造りを見学することができる。ここでしか飲めないオリジナル・ビールの試飲も可能。ツアーの受付はショップで行っている。

✉The Castle Brewery, CA13 9NE
☎(01900)820362
URLwww.jenningsbrewery.co.uk
🕐1時間半の見学ツアー
　3・11・12月の月～金14:00発、土12:00、14:00発
　4～10月の月～土12:00、14:00発
🈔3～12月の日曜、1・2月、12/25・26
💷£8

■コッカーマスへの行き方
ケズィックからはX4もしくはX5番のバスで行ける。1時間に1～2便程度。所要約30分。日曜はX5番のバスのみ運行。2時間に1便程度。時刻表→P.419

パーシー・ハウス
Percy House

1598年にノーザンバーランド公のヘンリー・パーシーによって建てられたとされるが、近年の研究によってその歴史は14世紀にまで遡

2階の天井に残る石膏細工

ることがわかった。内部はギャラリーとして使用されており、2階に残る梁部分などは創建当時のものだそうだ。

✉38-42 Market Pl., CA13 9NG
☎(01900)829667　URLwww.percyhouse.co.uk
🕐10:00～17:00　🈔日　💷無料

キャッスル・バー
The Castle Bar

16世紀の建物を改装したパブ。ジェニングスをはじめ、6種の地ビールを常に用意している。パブフードの種類も充実しており、メインは£9.95～。

✉14 Market Pl., CA13 9NQ　☎07765696679(携帯)
URLwww.cockermouth.org.uk/castlebar
🕐11:30～23:00(金・土～24:00)
🈔無休　🆑Ⓜ Ⓥ　📶不可

湖水地方の小さな村 　　　　　　　**Map P.409A2**

ポターとワーズワースゆかりの
ホークスヘッド
Hawkshead

　ウィンダミア湖とコニストン湖の間にある小さな村。ビアトリクス・ポター・ギャラリーはホークスヘッドのバス停前からメイン・ストリートMain St.を北に進んだ右側にある。ワーズワースが通った学校は町の南側に位置する。

湖水地方の小さな村 　　　　　　　**Map P.409A2**

ピーター・ラビットの絵本の舞台
ニア・ソーリー
Near Sawrey

『あひるのジマイマのおはなし』に登場するイン

　ビアトリクス・ポターの家、ヒル・トップがあるニア・ソーリーは、世界中のピーターラビットのファンが集う場所。ヒル・トップをはじめ、村のあちこちにはポターの描いた挿絵の数々の背景がそのままの形でいまも残っており、イラストに描かれた建物を利用したホテルやパブもある。ヒル・トップ P.424 は入場制限があるので、なるべく早めに訪問するようにしよう。

---

info

美しい自然や文化遺産を保存する
ナショナル・トラストって何？

　イギリスを旅していてよく耳にするのが「ナショナル・トラストNational Trust」という言葉だ。ナショナル・トラストとは1895年に発足した民間非営利団体であり、イギリス国内の歴史的建造物や美しい庭園、国立公園などを守っていこうと活動している文化保護協会のことをいう。現在では歴史的建造物やイギリス式庭園をはじめ、自然保護区、産業遺構など、計550の物件がナショナル・トラストの管理のもと、保存・運営されている。会員数は海外会員を含めて390万人を超えるという。

　ナショナル・トラストのおもしろいところは、歴史的遺産を博物館として保存するだけではなく、ホテルやカフェなどとして実際に利用しながら保存していること。例えば貴族が暮らしていたマナーハウスや、中世から続く醸造所などが、「生きた遺産」として守られているわけだ。

　この章で紹介している湖水地方の多くの建物や自然はナショナル・トラストの管理下にある。もともとナショナル・トラストの創始者のひとりカノン・ローンズリーは湖水地方在住の牧師であった。『ピーターラビット』の作者ビアトリクス・ポター P.609 は、絵本の収入で湖水地方の土地を買い取り、そのすべてを当時のままの姿で維持するという条件でナショナル・トラストに託した。すべてとは15の農場と16.19㎢の土地（東京ドーム約344個ぶん）、そして数々のコテージである。それも自分が生涯愛してきた大自然が開発によって壊されるのを防ぐためであった。そのために湖水地方は100年以上の時を経ても、当時と変わらぬ美しさを保っている。ナショナル・トラストが管理する遺産にはペンザンスのセント・マイケルズ・マウント、ヨークシャー・デイルズのファウンテンズ・アビーなどもある。

■キャッスルリッグ・ストーンサークル
ケズィックの町から徒歩30分ほど。見学
も含め2時間はみておこう。バスでも行け
るが非常に便数が少ない。
圖随時　圏無休　圉無料

神秘的な環状列石

■ケズィック博物館
⊠Fitz Pk., Station Rd., CA12 4NF
TEL(017687)73263
圖10:00～16:00　圏12/25・26
圉£3.75　学生£3.30
館内撮影一部不可　フラッシュ不可

■鉛筆博物館
⊠Southey Works, CA12 5NG
TEL(017687)73626
URLwww.pencilmuseum.co.uk
圖夏期9:30～18:00
　冬期10:00～16:00
圏1/1、12/25・26
圉£4.50　学生£4

丘の上に立てられた環状列石

キャッスルリッグ・ストーンサークル
Castlerigg Stone Circle

Map P.408B2 / ケズィック

キャッスルリッグは、卵形の石が48個並ぶストーンサーク
ル。ストーンヘンジよりも規模は小さめ。このストーンサー
クルは3000～4000年前にスキッドウSkiddawとヘルブリン
Helvellynの間にある丘に造られたといわれている。

ケズィックの産業から文化まで

ケズィック博物館 Keswick Museum

Map P.415B1 / ケズィック

ヴィクトリア朝時代のケズィックの歴史や文化、湖水地方
ゆかりの美術品を集めた博物館。湖水地方でも最も古い
博物館のひとつ。200年にわたる観光地としての湖水地方
の歴史と発展を解説している。

鉛筆の歴史がひとめでわかる

鉛筆博物館 Pencil Museum

Map P.415A1 / ケズィック

ケズィックで150年以上
前から鉛筆を造る、ダー
ウェント・ペンシル社の博物
館。鉛筆の製作工程や珍
しい鉛筆などが見られる。
特に「世界一長い鉛筆」が
展示の目玉。ギフトショップ
もあり、珍品を見つけること
もできる。

これが世界一長い鉛筆

---

walk

らくらくウォークで行く絶景ビュー

アンブルサイドからジェンキンズ・クラッグへ

　アンブルサイドのパノラマポイントとして挙げられるのが、ジェンキンズ・クラッグ。出発は
アンブルサイドの南側ウォーターヘッドからだ。牧草地を越えると周囲は木々が生い茂る小径が
続くが、ジェンキンズ・クラッグの周りだけは木々がなく、ウィンダミア湖を一望できる。見晴
らしがすばらしい半面、岩の地面は滑りやすいので注意しよう。

■コース詳細
スタート地点:アンブルサイド
往復所要時間:30分
総延長:1Km　高低差:少ない

ジェンキンズ・クラッグからの眺め

ウォーターヘッドからは標識があるの
で、それに従って進むこと

HOTEL

湖水地方

緑に囲まれたマナーハウス
シーダー・マナー Cedar Manor

マナーハウス 10室
Map P.413上 A1　ウィンダミア

📺 全室　🪮 全室　🧴 全室　受付　Ｐ 無料　📶 Wi-Fi 無料

✉ Ambleside Rd., LA23 1AX
☎ (015394) 43192
URL www.cedarmanor.co.uk
🅂🛁🚽🛏 £105〜165
🆆🛁🚽🛏 £155〜385
🆑 Ⓜ Ⓥ
レストラン圏 18:30〜20:30

　1854年に建てられた邸宅で、ホテルの名前は庭にある大きなスギにちなんでいる。客室は伝統的英国風の装飾で、使われている家具は地元のハンドメイド。併設するラウンジバーの雰囲気がよい。
レストラン　AAロゼット賞を獲得しており、季節ごとの新鮮な素材を使った料理を楽しめる。朝食は宿泊客以外でも利用可能。

個性が光る内装
ウィンダミア・スイーツ Windermere Suites

高級 8室
Map P.413上 B3　ウィンダミア

📺 全室　🪮 全室　🧴 全室　なし　Ｐ 無料　📶 Wi-Fi 無料

✉ New Rd., LA23 2LA
☎ (015394) 47672
URL www.windermeresuites.co.uk
🅂🆆🛁🚽🛏 £195〜275　🆑 Ⓜ Ⓥ

　イギリスで最もファンキーなホテルに選ばれたこともある。客室はモダンかつスタイリッシュで、一つひとつに個性的な装飾がされている。カップルでの滞在にぴったり。バスルームにはジャクージとテレビが備わっている。レストランはなく、朝食は部屋まで運んでくれる。ルームサービスは14:30〜21:30。

ゲストハウス 8室　Map P.413上 B1　ウィンダミア
ロックサイド Rockside Guest House

✉ Ambleside Rd., LA23 1AQ
☎ (015394) 45343
URL www.rockside-guesthouse.co.uk
🅂🛁🚽🛏 £35〜45
🆆🛁🚽🛏 £75〜80
🆑 Ⓜ Ⓥ

📺 全室　🪮 全室　🧴 全室　なし　Ｐ 無料　📶 Wi-Fi 無料

　客室は一つひとつに個性的な装飾が施されており、ベッドはデザイン性が高いアイアンフレーム。朝食は受賞歴のあるカンバーラード・ソーセージや自家製のジャムなど厳選した素材を使用している。

ゲストハウス 10室　Map P.413上 B2　ウィンダミア
ジェリコズ Jerichos

✉ College Rd., LA23 1BX
☎ (015394) 42522
URL www.jerichos.co.uk
🅂🛁🚽🛏 £75
🆆🛁🚽🛏 £120〜135　🆑 Ⓐ Ⓜ Ⓥ

📺 全室　🪮 全室　🧴 全室　なし　Ｐ 無料　📶 Wi-Fi 無料

　家族経営のアットホームなゲストハウス。部屋数も多く、モダン・ブリティッシュ風の内装。ブレックファスト・アワードを受賞している。

ウッドランズ The Woodlands

✉New Rd., LA23 2EE
☎&FAX(015394)43915
URLwww.woodlands-windermere.co.uk
Ⓢ Ⓦ £99〜
ⒸⒸ ⒶⓂⓋ

📺全室 🚿全室 🧴全室 なし P無料 📶Wi-Fi無料

客室はクラシック風やタータン柄など一つひとつが異なる装飾。朝食を取る部屋は日当たりがよく、ラウンジもあってくつろげる。

オータム・リーブス Autumn Leaves Guest House

✉29 Broad St., LA23 2AB
☎(015394)48410
URLwww.autumnleavesguesthouse.co.uk
Ⓢ £45
Ⓦ £75〜80
ⒸⒸ ⓂⓋ

📺全室 🚿全室 🧴全室 なし P無料 📶Wi-Fi無料

閑静な立地の小さくてかわいらしいゲストハウス。柔らかな日差しが差し込む天窓付きファミリールームがおすすめ。宿泊客はオールド・イングランド・ホテルのスパを無料で利用できる。

Recommended

スパ施設が充実した湖畔の老舗
オールド・イングランド
The Old England Hotel & Spa

📺全室 🚿全室 🧴全室 一部 P無料 📶Wi-Fi無料

✉23 Church Street, LA23 3DF
☎08448799144　FAX(015394)43432
URLwww.macdonaldhotels.co.uk
Ⓢ £129〜
Ⓦ £149〜
£ ⒸⒸ ⒶⓂⓋ
レストラン圏18:30〜21:00

ボウネス・ピアの北に建つ。ヴィクトリア調の外観と、豪華な内装が長い歴史を感じさせ、館内には図書館もある。プールとスパ施設も併設しており、マッサージの種類も豊富。レイクビューや天蓋付きベッドの部屋は料金が上乗せされる。

レストラン　ウインダミア湖を一望しながらモダン・ブリティッシュを楽しむことができる。

Recommended

ポターお気に入りの場所を改装したホテル
リンデス・ハウ Lindeth Howe

📺全室 🚿全室 🧴全室 なし P無料 📶Wi-Fi無料

✉Lindeth Drive, Longtail Hill, LA23 3JF
☎(015394)45759
URLwww.lindeth-howe.co.uk
Ⓢ £115.75
Ⓦ £145.75
ⒸⒸ ⓂⓋ
レストラン圏18:30〜21:00

ボウネスの埠頭から徒歩15分。緑豊かな広大な敷地に建てられたカントリー・ハウス。ビアトリクス・ポターお気に入りの場所で、母親の住居として実際に所有していた。ジム、サウナ、スイミングプールなど設備も充実。金・土曜は2泊以上。

レストラン　地元の食材を使った料理を味わえる。土曜の夜にはピアノの演奏も行われることも。

湖水地方

自然に囲まれたホテル
ワイルド・ボア・イン The Wild Boar Inn

高級　33室
Map P.409B2　ボウネス近郊

TV 全室　7 全室　🧴 全室　📺 なし　P 無料　📶 Wi-Fi 無料

✉ Crook Rd., LA23 3NF
☎(015394)45225
URL englishlakes.co.uk
S 🛁🚿🛁🚽🍴 £94〜
W 🛁🚿🛁🚽🍴 £96〜
CC A M V
レストラン🍴18:30〜21:30（金・土18:00〜21:30）

　ボウネスの東5kmほど。町から離れているぶん、自然に囲まれた美しい環境で、広大な敷地はのんびりウオーキングするのにぴったり。併設するレストランは、日本人ツアーが利用することも多い。
レストラン　50種類以上のウイスキーや燻製小屋で作られたスモーク・サーモンなどが楽しめる。

高級　26室 Map P.409B2　ボウネス近郊
ギルピン・ロッジ Gilpin Lodge Country House Hotel

✉ Crook Rd., LA23 3NE
☎(015394)88818
URL thegilpin.co.uk
S 🛁🚿🛁🚽🍴 £210〜
W 🛁🚿🛁🚽🍴 £335〜
（コースディナー込み）
CC A D J M V

TV 全室　7 全室　🧴 全室　📺 全室　P 無料　📶 Wi-Fi 無料

　ボウネスから車で5分。ルレ・エ・シャトーグループの最高級カントリーハウス。ミシュランの星を獲得しているレストランでは周辺の農家から届く新鮮な素材を使っている。

中級　62室 Map P.413 右下2　ボウネス
ベルズフィールド The Belsfields Hotel

✉ Kendal Rd., LA23 3EL
☎08447368604
URL www.corushotels.com/belsfield
S 🛁🚿🛁🚽 £99〜
W 🛁🚿🛁🚽 £119〜　CC A D J M V

TV 全室　7 全室　🧴 全室　📺 全室　P 無料　📶 Wi-Fi 無料

　手入れされた広い庭が自慢。併設のレストランからは湖が一望できる。レイクビューは£40プラス、天蓋付きベッドは£80プラス。

中級　24室 Map P.413 右下2　ボウネス
クランリー The Cranleigh

✉ Kendal Rd., LA23 3EW
☎(015394)43293
URL www.thecranleigh.com
S W 🛁🚿🛁🚽 £116〜530
CC A M V

TV 全室　7 全室　🧴 全室　📺 なし　P 無料　📶 Wi-Fi 無料

　中心から少し離れた位置にあるブティック・ホテル。個別に装飾された客室とスタッフの対応のよさで高い人気を誇り、数多くの受賞歴を誇っている。

中級　57室 Map P.413 右下2　ボウネス
バーンサイド Burnside

✉ Kendal Rd., LA23 3EP
☎(015394)42211
URL www.burnsidehotel.com
S 🛁🚿🛁🚽 £71〜146
W 🛁🚿🛁🚽 £80〜155　CC A M V（手数料別）

TV 全室　7 全室　🧴 全室　📺 全室　P 無料　📶 Wi-Fi 無料

　温水プールやサウナ、フィットネスセンターなどを備えており、3つ星ホテルとしてはレジャー施設が充実している。レストランとバーも併設されている。

B&B　5室 Map P.413 右下2　ボウネス
ナゴヤ Nagoya

✉ N4 Brackenfield off Kendal Rd., LA23 3HL
☎(015394)44356
URL www.nagoyabownessbandb.co.uk
S 🛁🚿🛁🚽 £49
W 🛁🚿🛁🚽 £70〜90　CC 不可

TV 全室　7 全室　🧴 全室　📺 なし　P 無料　📶 Wi-Fi 無料

　ウィンダミア湖を見下ろせる高台に建つゲストハウス。ナゴヤという名称だが、英国人による運営。湖を眺めながら朝食を取れる。12・1月は休業。

ウィンダミア湖を眺めながら滞在できる
ウォーターヘッド The Waterhead Hotel

高級　　　　　41室
Map P.414 右　ウォーターヘッド

📺 🍴 🧺 💻 🅿️ 📶 Wi-Fi
全室　全室　全室　受付　無料　無料

✉️Ambleside, LA22 0ER
☎️(015394)32566
🔗www.waterhead-hotel.co.uk
S🛏️🚿🛁📶 £124～300
W🛏️🚿🛁📶 £135～350
💳Ⓐ Ⓜ Ⓥ
レストラン圏17:00～21:00
　ウォーターヘッドの一等地に建つホテル。まさに埠頭の目の前。デザイナーズ・ホテルを思わせるスタイリッシュなインテリアが配された室内にはフラットテレビとDVDプレーヤーを完備し、DVDのソフトは無料で借りることができる。
レストラン　館内には英国料理のレストランとブラッスリー21Brasserie 21が併設されている。

英国で最も美しいバス停の目の前に建つ
ロウ・ウッド・ベイ Low Wood Bay

高級　　　　111室
Map P.409B2　ウォーターヘッド郊外

👤 📺 🍴 🧺 💻 🅿️ 📶 Wi-Fi
　全室　全室　全室　なし　無料　無料

✉️Low Wood Bay, Windermere,
LA23 1LP
☎️(015394)33338
🔗englishlakes.co.uk
S🛏️🚿🛁📶 £58.50～138
W🛏️🚿🛁📶 £117～276　💳Ⓐ Ⓜ Ⓥ
　レストランやスポーツクラブを併設するウィンダミア湖東岸最大のホテル。施設の充実ぶりと風景の美しさから結婚式にもよく利用される。

ユース　ベッド数240　Map P.414 右　ウォーターヘッド
YHAアンブルサイド YHA Ambleside

✉️Waterhead, LA22 0EU
☎️(015394)32304
🔗www.yha.org.uk
D🛏️🚿🛁📶 £10～25
W🛏️🚿🛁📶 £20～59　💳Ⓙ Ⓜ Ⓥ

📺 🍴 🧺 💻 🅿️ 📶 Wi-Fi
なし　なし　なし　なし　無料　無料

桟橋に面しており、眺めがすばらしい。各自専用のロッカーはあるが、カギは付いていないので、南京錠を持参しよう。ランドリーあり。

B&B　10室　Map P.414 左外　アンブルサイド
エルダー グローヴ Elder Grove Bed & Brekfast

✉️Lake Rd., LA22 0DB
☎️(015394)32504
🔗www.eldergrove.co.uk
S🛏️🚿🛁📶 £50～
W🛏️🚿🛁📶 £55～
💳Ⓜ Ⓥ

📺 🍴 🧺 💻 🅿️ 📶 Wi-Fi
全室　全室　全室　なし　無料　無料

町の中心からレイク・ロードを南に進んですぐ右側にある。数々の受賞歴を誇るB&Bで、客室は一つひとつ装飾が異なり、清潔感にあふれる。地下にはラウンジ・バーもある。

ゲストハウス　8室　Map P.414 左　アンブルサイド
メルローズ Melrose Guest House

✉️Church St., LA22 0BT
☎️(015394)32500
🔗www.melrose-guesthouse.co.uk
S🛏️🚿🛁📶 £35～
W🛏️🚿🛁📶 £75～　💳Ⓜ Ⓥ

📺 🍴 🧺 💻 🅿️ 📶 Wi-Fi
全室　全室　全室　なし　無料　無料

チャーチ・ストリート沿いにあり、その中でも高質なサービスと設備を誇っている。客室はどの部屋も明るく、家具にもこだわりとセンスを感じさせる。

石造りのかわいらしい宿
オーク・バンク Oak Bank Hotel

中級 **14室**
Map P.428　グラスミア

TV	🛁	🧺	📦	🅿	📶 Wi-Fi
全室	全室	全室	なし	無料	無料

✉Broadgate, LA22 9TA
☎(015394)35217
🔗www.lakedistricthotel.co.uk
⑤⑤W🔒🗝📺🖥 £165〜204
CC M V

　湖水地方らしいシックな石造りのホテル。ナチュラルな感じの内装が好印象。明るい日差しのたっぷり注ぎ込むダイニングルームはレストランになっており、地元の食材を使った料理を出す。

ユース **ベッド数80** Map P.428　グラスミア
YHAグラスミア・ブーサーリップ・ハウ YHA Grasmere Butharlyp How

TV	🛁	🧺	📦	🅿	📶 Wi-Fi
なし	なし	なし	なし	無料	一部 無料

✉Easedale Rd., LA22 9QG
☎08453719319
🔗www.yha.org.uk
D🗝📺🖥🖥 £10〜
W🗝📺🖥🖥 £29〜
CC M V

　バス停前から延びるイースデール・ロードEasedale Rd.を150mほど行き、YHAの看板を右折した突き当たりにある。ヴィクトリア朝風の切石造りの建物は緑に囲まれており、環境はよい。

300年以上前の建物を改装したホテル
キングス・アームズ Kings Arms Hotel

中級 **13室**
Map P.415D2　ケズィック

TV	🛁	🧺	📦	🅿	📶 Wi-Fi
全室	全室	全室	なし	無料	無料

✉Main St., CA12 5BL
☎(017687)72083
🔗www.lakedistricthotels.net
⑤⑤W🔒🗝📺📺 £82〜　CC A M V

　町の中心地であるマーケット・プレイスにある立地条件抜群のホテル。300年ほど前の建物を利用しており、当時は馬車での旅行客が宿泊するためのコーチング・インだった。昔ながらのシックな英国調の調度品と造りが特徴。

ゲストハウス **11室** Map P.415B2　ケズィック

エドワーディーン The Edwrdene
✉26 Southey St., CA12 4EF
☎(017687)73586
🔗www.edwardenehotel.com
⑤🔒🗝📺📺 £49
W🔒🗝📺📺 £90〜100　CC M V

TV	🛁	🧺	📦	🅿	📶 Wi-Fi
全室	全室	全室	なし	無料	無料

　イングランド政府観光局が選ぶゴールド・アワードやブレックファスト・アワードを受賞しており、客室の設備、朝食ともにクオリティが非常に高い。

ゲストハウス **5室** Map P.415B1　ケズィック

スイス・コート Swiss Court Guest House
✉25 Bank St., CA12 5JZ
☎(017687)72637
🔗swisscourt.co.uk
⑤🔒🗝📺📺 £42〜45
W🔒🗝📺📺 £70〜85　CC A M V

TV	🛁	🧺	📦	🅿	📶 Wi-Fi
全室	全室	全室	なし	無料	無料

　B&Bが並ぶ通りの一角にあるゲストハウス。ベッドリネンやタオルに質の高いものを使用するなど、随所にこだわりを感じさせる。

ユース **ベッド数86** Map P.415B2　ケズィック

YHAケズィック YHA Keswick
✉Station Rd., CA12 5LH
☎(017687)72484
🔗www.yha.org.uk
CC M V

TV	🛁	🧺	📦	🅿	📶 Wi-Fi
なし	なし	なし	なし	無料	一部 無料

　すぐ横に川が流れ、向かい側に公園が広がる抜群の環境。ドミトリーは4〜6人部屋で、男女別。別料金で朝・夕食も出す。

湖水地方

Map P.414 左　アンブルサイド

オールド・スタンプ・ハウス The Old Stamp House

英国料理

2014年2月にオープンしたばかりのレストラン。地元の厳選された食材を調理するのは、カンブリア州のベストシェフにも選ばれたことがあるライアン氏。建物はかつての切手販売所で、ワーズワスが切手分配事務官として働いていたこともある。

✉Church St., LA22 0BU　☎(015394)32775
🌐www.oldstamphouse.com　🕐12:30〜14:00 18:00〜21:00
🈡日・月、火のランチ　CCMV　📶不可

Map P.413 上 C2　ウィンダミア

フランシーヌズ Francine's Coffee House & Restaurant

シーフード

シーフードに定評があり、ロブスター、サーモン、ムール貝などを地中海料理風の味つけで楽しむことができる。コースメニューはランチが2品で£13.95、3品で£17.95、ディナーは2品で£16.95、3品で£19.95。ランチタイムにはサンドイッチやパスタも出している。

✉27 Main Rd., LA23 1DX　☎(015394)44088
🌐www.francinesrestaurantwindermere.co.uk
🕐10:00〜14:00　18:00〜21:00　🈡月　CCMV　📶不可

Map P.413 上 C2　ウィンダミア

ジョット Giotto

イタリア料理

ウィンダミアにある落ち着いた雰囲気のイタリア料理店。人気のピザは17種類あり£9〜。薪を使用して高温の窯で一気に焼き上げるので、アツアツの状態で食べることができる。生パスタを使用したパスタ料理は9種類あり£9.95〜。

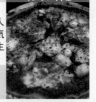

✉Birch St., LA23 1EG　☎(015394)44854
🕐17:30〜22:00　🈡日〜水
CCAMV　📶不可

Map P.413 右下 2　ボウネス

ボデガ Bodega

スペイン料理

湖水地方では珍しいスパニッシュ・バー。小皿料理のタパスは50種類以上。1皿の量が少ないので日本の居酒屋のように注文できる。パエリャやチョリソ、カラマリなど、どれを頼んでも納得の味。タパス1皿£1.95〜6.95。

✉Ash St., LA23 3EB　☎(015394)46825
🕐12:00〜22:00　🈡無休
CCJMV　📶店内可

Map P.413 上 B1　ウィンダミア

ゴールデン・マウンテン Golden Moutain

中華料理

ウィンダミアにある中華料理店。メニューは300以上あり、広東料理や四川料理、ベジタリアン用のメニューもある。人気メニューは26種類あるアヒル料理。1品£5.70〜、セットメニューはふたりからで£30.50〜。

✉7 Victoria St., LA23 1EA　☎(015394)43429
🕐17:00〜23:30（金・土12:00〜24:00）　🈡月、1月
CCMV　📶不可

Map P.414 左　アンブルサイド

ジンタナ Jintana Thai Restaurant

タイ料理

町の中心にある本格的タイ料理レストラン。ランチメニューは£6.95〜、17:00〜18:00は2品のコースが£12.95、3品だと£14.95。ディナーのメインは£8.95〜16.50。テイクアウェイも可。

✉Compston Rd., LA22 9DJ　☎(015394)33394
🌐www.jintanathaicuisine.com　🕐12:00〜14:30　17:00〜
23:00　🈡無休　CCAMV　📶不可

湖水地方

シップ・イン The Ship Inn
Map P.413 右下2　ボウネス　　パブ

❶から湖沿いにグレーブ・ロードGlebe Rd.を3分ほど行った所にある。店内は広く、サッカーの試合のある日には、大型モニターの前にファンが集まる。ステーキやピザ、シーフードなどフードメニューも豊富。食事のラストオーダーは21:00。

✉Wheelhouse Centre, Glebe Rd., LA23 3HE
☎(015394)45001　URLwww.bownessbay.com
🕐11:00～23:00　🈡無休　💳JMV　📶店内可

レイク・ロード・イン Lake Road Inn
Map P.415B2　ケズィック　　パブ

マーケット・プレイス東側からレイク・ロードLake Rd.を進み、道が折れる右側。奥にオープンテラスのビアガーデンもあるダイニング・パブ。フードメニューも豊富で、メインが£9.95～。

✉Lake Rd., CA12 5BT　☎(017687)72404
🕐12:00～22:30（金・土～24:00）　🈡12/25
💳MV（£10以上）　📶店内可

ライト・ハウス The Light House
Map P.413 上B2　ウィンダミア　　カフェ 英国料理

クレッセント・ロードCrescent Rd.とメイン・ロードMain Rd.の交差する角に建つおしゃれなカフェテリア。午前中はフルイングリッシュの朝食がある。ランチやディナーにはスペシャルメニューを用意しており、デザートやカクテルの種類も豊富。

✉Acme House, Main Rd., LA23 1DY　☎(015394)88260
🕐夏期8:30～22:00　冬期8:30～21:00
🈡12/25　💳MV　📶店内可

ルーシーズ Lucy's
Map P.414 左　アンブルサイド　　カフェ 創作料理

人気のカフェテリア。メニューは100種を超える。食材は地元のものを中心に使用しているが、メニューは英国料理に限らず、世界各地の料理を出している。予算はひとり£15～。ウィンダミア郊外のステーブリー Staveleyには同経営の料理学校がある。

✉Church St., LA22 0BU　☎(015394)32288
URLwww.lucysofambleside.co.uk
🕐12:00～21:00　🈡12/25・26　💳MV　📶店内可

カフェ・バー26 Café Bar 26
Map P.415B2　ケズィック　　カフェ 創作料理

マーケット・プレイスから南に約2分。店内は暖色系でまとめられ、明るい雰囲気で入りやすい。食事が充実しており、これといったジャンルはないが、おもにイタリアやスペインなど南欧系料理を出している。週に2度ライブ演奏も行っている。上階はB&B。

✉26 Lake Rd., CA12 5DQ
☎(017687)80863　URLwww.cafebar26.co.uk
🕐9:30～23:00　🈡無休　💳DJMV　📶店内可

ウィンダミア・アイスクリーム Windermere Ice Creme
Map P.413 右下2　ボウネス　　アイスクリーム

1920年創業の歴史あるアイスクリームショップで、地元で取れた牛乳を使用している。28種類ものフレーバーがあり、いつも人だかりができている人気店。コーンはワッフルタイプ£2～など、3種類から選ぶことができる。隣は同経営のみやげ物店。

✉Promenade, LA23 3DE　☎(015394)43047
🕐夏期9:30～21:30　冬期10:00～17:00
🈡1・12月　💳不可　📶不可

古代ローマ人の夢の跡
ハドリアヌスの城壁
Hadrian's Wall

人口	市外局番
2200人	01434（ヘクサム）
ノーザンバーランド州ほか	
Northumberland	

ハウスステッズに残る城壁跡

　世界遺産に登録されているハドリアヌスの城壁は、イングランドに現存するローマ遺跡のなかで最大のもの。城壁は、北からのピクト族やスコット族の侵入を防ぐためにローマ帝国によって122～126年に建設され、東はニューキャッスルから西のソルウェイ湾Solway Firthまで全長117kmの城壁が続いていた。しかし、ローマ帝国の国力の衰退にともない、5世紀頃にはここも打ち捨てられたという。

カーライル駅前のシタデル

ハドリアヌスの城壁
起点となる町

　カーライル、ヘクサムのほか、**ニューキャッスル・アポン・タイン** P.446 からも日帰りが可能。鉄道のタイン・バレー線Tyne-Valley Lineで行きやすいのは、ヘクサムとハルトウィッスル。

ハドリアヌスの城壁

グリーンリー湖自然保護区
Greenlee Lough National Nature Reserve

サルウォール城
Thirwall Castle

ハウスステッズ・ローマン・フォート
P.443 Housesteads Roman Fort

ポルトロス・バーン・マイルキャッスル
Poltross Burn Milecastle

ワンス・ブルード国立公園
ビジターセンター
Once Brewed N. P. Visitor Centre

バードズワルド・ローマン・フォート
Birdoswald Roman Fort

ローマン・キャンプス
Roman Camps

ラナーコスト修道院
Lanercost Priory

ヴィンドランダ
Vindoranda

ネイワース城
Naworth Castle

ハルトウィッスル
Haltwhistle Melkbridge

Crofthead

ロングタウン
Longtown

Kirklinton

Hethersgill

Greenhead

Redburn

ローマン・アーミー博物館
Roman Army Museum
P.443

Plenmeller

Smithfield

Westlinton

ブランプトン
Brampton

A7 Scaleyhill

Scaleby

Barclose

Laversdale

Featherstone Castle

Rowfoot

Blackford

Harker

Milton

Hallbankgate

Tindale

Houghton

Crosby-on-Eden

カーライル
Carlisle

Hayton

Warwick Bridge

Heads Nook

Scotby

Wetheral

0　5km

━━ AD122　4/9～9/27の運行。ハルトウィッスル（鉄道駅）～ヘクサム（バスステーション）1時間に1便程度。

━━ 185番　通年運行、日曜運休。カーライル（シタデル前）～ローマン・アーミー博物館～ハルトウィッスル（鉄道駅）1日3便（うち1便ブランプトン発）。

起点の町

カーライル
Carlisle

スコットランドとの国境近くにあり、昔からボーダー・シティ The Border Cityと呼ばれていた。ハドリアヌスの城壁の最西端に位置しており、北方のピクト族やスコット族の侵入を防ぐ重要な軍事拠点であった。駅の近くにあるシタデルCitadelやカーライル城Carlisle Castleなどの重厚な建築物は、国境の町としての重要性を物語っている。

歩き方　町の中心はマーケット・プレイスMarket Pl.。ここからカーライル城にかけてが繁華街で、見どころも点在している。

交通情報　鉄道駅とバスステーション間は中心部から徒歩で行ける。カーライル駅は景勝路線がいくつも発着する鉄道ファン憧れの駅。

ホテル　ホテルは駅前などに多く、B&Bは郵便局のあるウォーリック・ロードWarwick Rd.に何軒かある。

Access Guide
カーライル

ロンドンから
所要:約3時間30分

月～土	ユーストン駅から5:30～19:30 (土6:05～17:30)の1時間に1便
日	ユーストン駅から8:45～19:28の1時間に1便

所要:6時間35分～8時間10分

日	8:00 11:30 22:30

グラスゴーから
所要:約1時間10分

月～土	セントラル駅から4:28～20:10 (土4:26～18:40)の1時間に1～2便
日	セントラル駅から9:38～20:08の1時間に1便

ニュー・キャッスル・アポン・タインから
所要:約1時間30分

月～土	6:46～21:18 (土6:30～21:18)の1時間に1便
日	9:10～20:15の1時間に1便

カーライル

0　　　　300m
N

| 1 | 2 |

---

i カーライル
Tourist Information Centre

Map P.441上A1
✉40 Scotish St., CA3 8PU
☎(01228)598596
🌐www.discovercarlisle.co.uk
🕐3～6・9・10月9:30～17:00
　7・8月9:30～17:30
　5～8月の日曜10:30～16:00
　11～2月10:00～16:00
休9～6月の日曜　宿の予約:手数料£4＋宿泊料金の10% (デポジット)
※2015年7月にタウンホールへ移転予定

カーライルの見どころ
カーライル城⇒ **P.444**
カーライル大聖堂⇒ **P.444**
テュリー・ハウス⇒ **P.444**

	685番	通年運行。カーライル (バスステーション)～ハルトウィッスル (マーケット・プレイス)～ヘクサム (バスステーション)～ニューキャッスル・アポン・タイン (エルダン・スクエア)1時間に1便程度 (日曜は2～3時間に1便)。
	10番	通年運行。ニューキャッスル・アポン・タイン (エルダン・スクエア)～ヘクサム (バスステーション)1時間に2～3便。
	フットパス	(Hadrian's Wall Path, Penine Way)

<table>
<tr><td colspan="2" align="center">**Access Guide**
ヘクサム</td></tr>
<tr><td colspan="2" align="center">**カーライルから**</td></tr>
<tr><td>🚃</td><td align="center">所要:約45分</td></tr>
<tr><td>月
土</td><td>6:28～21:28 (土6:25～21:28)の1時
間に1便</td></tr>
<tr><td>日</td><td>9:01～20:15の1時間に1便</td></tr>
<tr><td>🚌</td><td align="center">所要:約1時間20分</td></tr>
<tr><td colspan="2">バス685、85番 時刻表→P.442</td></tr>
<tr><td colspan="2" align="center">**ニューキャッスル・アポン・タインから**</td></tr>
<tr><td>🚃</td><td align="center">所要:約1時間</td></tr>
<tr><td>月
土</td><td>6:46～21:18 (土6:30～21:18)の1時
間に1便</td></tr>
<tr><td>日</td><td>9:10～20:15の1時間に1便</td></tr>
</table>

i ヘクサム
Tourist Information Centre

Map P.442
✉ Wentworth Car Park, Hexham,
NE46 1QE ☎(01434)652450
🕐4～10月10:00～17:00 (日10:00～16:00)
11～3月10:00～16:30
㊡11～3月の日曜 宿の予約:手数料£4
＋宿泊料金の10% (デポジット)

ハドリアヌスの城壁に行くAD122番バス

起点の町

ヘクサム
Hexam

　タイン川のほとりに位置するヘクサムは、7世紀にヨーク大司教によって建設が始まった修道院が町の起源。中世には通商の要地として栄えたが、スコットランドとの境界にあるために、15世紀のバラ戦争時には激戦が繰り広げられた。現在は人口1万2000人ほどの小さな町で、城壁巡りの起点となっている。

歩き方　小さな町でマーケット・プレイスMarket Pl.を中心に歩いて回っても1時間ほど。

ホテル　ホテル、B&Bともに中心部には宿泊施設は少ないので、夏期は予約しておこう。

ハドリアヌスの城壁
エリア内の交通

🚆 鉄道

　ニューキャッスル・アポン・タインとカーライルを結ぶタインヴァレー鉄道は便数も多く便利だが、城壁の近くは通らない。

🚌 バス

　城壁巡りなら、4～9月頃に運行されるAD122番のバスが最も便利。それ以外の時期にバスで行ける見どころはローマン・アーミー博物館のみ。

バス路線番号	路線詳細・運行頻度
AD122 4/3～9/27の み運行	ハルトウィッスル (鉄道駅)→ローマン・アーミー博物館→ハウスステッズ・ローマン・フォート→チェスターズ・ローマン・フォート→ヘクサム (鉄道駅)→ヘクサム (バスステーション) **ハルトウィッスル (鉄道駅)発** **毎日**9:08 10:08 11:08 12:08 13:08 (ハウスステッズ止まり) 15:08 16:08 17:08 **ヘクサム (バスステーション)発** **毎日**9:10 10:10 11:10 12:10 13:10 (ヴィンドランダ止まり) 15:10 16:10 17:10
185	カーライル→ローマン・アーミー博物館→ハルトウィッスル **カーライル発**10:30 13:20 (日曜運休) **ハルトウィッスル発**9:35 12:23 14:35 (日曜運休)
685	カーライル→ハルトウィッスル→ハイドン・ブリッジ (一部の便はニューキャッスル直通) **カーライル発**6:12～20:12の1時間おき(日9:07～17:07の2時間おき) **ハイドン・ブリッジ発**6:39～19:54の1時間おき(日10:54～18:54の2時間おき)
85	ハイドン・ブリッジ→ヘクサム・バスステーション→ニューキャッスル・アポン・タイン **ハイドン・ブリッジ発**9:09～21:10の1時間おき(日9:40～18:40の1時間おき) **ニューキャッスル発**5:30～19:45の1時間おき(日9:34～18:34の1時間おき)

世界遺産 詳細ガイド

ローマの技術力が今なお残る

ハドリアヌスの城壁 *Hadrian's Wall*

第14代ローマ皇帝ハドリアヌスの時代に建設された城壁で、全長約117km。1世紀にブリテン島を支配したローマ帝国が領域内に侵入するピクト人を防ぐために作った。ローマ兵は5世紀には撤退したが、現在でも城壁の一部は残っており、ハウスステッズやチェスターズでは当時の名残が残っている。

ハウスステッズ・ローマ・フォート
Housesteads Roman Fort

ハドリアヌスの城壁のなかでも、最も保存状態がよく、往時の面影をしのぶことができるのがハウスステッズだ。緑の田園風景とどこまでも続く城壁のコントラストがすばらしい。ハウスステッズには博物館も併設されているので、城壁以外にも共同トイレや石造りの病院などの遺跡があり、ここに駐留した兵士たち（多くはローマ帝国本土のヨーロッパ側からやってきた）の姿を容易に想像できる。日本語の解説もある。

```
             ハウスステッズ・ローマ・フォート        ニューキャッスル・アポン・タイン
              Housesteads Roman Fort
      ローマン・アーミー博物館                チェスターズ・ローマ・フォート
      The Roman Army Museum                  Chesters Roman Fort
                      ■ハルトウィッスル
   カーライル                              ■ヘクサム
```

チェスターズ・ロ　マン・フォート
Chesters Roman Fort

ローマ兵たちの共同風呂跡

ハウスステッズのように長々と続く城壁の跡はないが、駐留兵士たちのサウナや水風呂施設を整えた共同風呂跡がある。併設の博物館には彫刻や生活道具などが展示されている。

ローマン・アーミー博物館
The Roman Army Museum

城壁巡りの前に勉強しておこう

ノーザンバーランドに派遣されたローマ兵の生活に焦点を当てた博物館。復元されたローマ遺跡やローマ兵士の人形などが置かれている。人気があるのは大迫力の3D映像！

DATA

■ハウスステッズ・ローマ・フォート
夏期はAD122のバスが遺跡の前をとおるが、冬期は公共交通は運休
Haydon Bridge, NE47 6NN
(01434)344363
www.english-heritage.org.uk
4月上旬〜10月上旬10:00〜18:00
　10月上旬〜11月上旬10:00〜17:00
　11月上旬〜4月上旬10:00〜16:00
1/1、12/24〜26　£6.90　学生£5.80

■チェスターズ・ローマ・フォート
夏期はAD122のバスが遺跡の前をとおるが、冬期は公共交通は運休
Chollerford, NE46 4EU
(01434)681379

4月上旬〜10月上旬10:00〜18:00
　10月上旬〜11月上旬10:00〜17:00
　11月上旬〜4月上旬10:00〜16:00
11月上旬〜4月上旬の月〜金、1/1、12/24〜26
£5.60　学生£5

■ローマン・アーミー博物館
185番のバスが博物館の前をとおる
Bardon Mill, NE47 7JN　(01434)344277
www.vindolanda.com
4〜9月10:00〜18:00
　3月9:30〜17:00
　2月上旬〜下旬10月10:00〜17:00
12月〜2月上旬
£5.50　学生£4.75
内部撮影不可

ローマ人から引き継がれてきた軍事要塞
カーライル城 Carlisle Castle

青々とした緑の芝生に包まれた質実剛健な造りのカーライル城。この城自体は1092年に建てられたものだが、それ以前にはケルト人、そしてローマ人の砦があり、この場所に最初に目をつけたケルト人は、ここをカール・ルエルCaer Luel（丘の砦）と呼び、これがカーライルの町の名前の由来だそうだ。城の中には**国境部隊博物館**もあり、カーライルの歴史を知ることができる。城へ行く地下道内には、オブジェが飾られている。

堅固な城門

ステンドグラスは必見
カーライル大聖堂 Carlisle Cathedral

8世紀頃に造られたが、1122年の火事で焼失してしまい、その後新たに再建された。壮麗な外観もさることながら、内部に目を移すと、14世紀に東側の壁にはめられたステンドグラスに圧倒される。大聖堂の地下には宝物庫があり、かつて使用されていた食器や彫像など、年代別に展示されている。かつての食堂を改装したレストランもある。

7世紀からこの地を見守ってきた
ヘクサム・アビー Hexham Abbey

7世紀にヨークの大司教であった聖ウィルフォードがノーサンブリアの女王から与えられた。その後、増改築を繰り返しながらも、常に人々の祈りの場となってきた。教会の地下には7世紀当時の遺構も残っている。

町の中心に位置する

テュリー・ハウス
Tullie House

イングランドとスコットランドの攻防史を知る手がかりとなる品々が展示された博物館。1階はアート・ギャラリー、2階はローマ関連の展示室になっている。オールド・テュリー・ハウスでは19世紀の絵画や陶器、衣服などが並ぶ。

Map P.441上A1　⊠Castle St., CA3 8TP
℡(01228)618718　URLwww.tulliehouse.co.uk
開4～10月10:00～17:00（日11:00～17:00）
　11～3月10:00～16:00（日12:00～16:00）
休1/1、12/25・26　料£9.90　学生£8.80
館内撮影一部不可　フラッシュ部不可

ギルドホール
Guildhall Museum

マーケット・プレイスを散策していると、白壁と赤れんがで造られた古めかしい造りの建物に気づく。このギルドホールは1407年に造られた建物。ギルドとは中世ヨーロッパの同業者組合を指す。内部では当時の職人たちが作った品々や使った商売道具などを展示している。

Map P.441上A1
⊠Fisher St., CA3 8JE
℡(01228)618718（テュリー・ハウス事務所）
URLwww.tulliehouse.co.uk
開12:00～16:00　休11～3月　料無料

HOTEL

RESTAURANT

中級　70室 Map P.441上 B2　カーライル

ホールマーク Hallmark Hotel Carlisle

📮Court Sq., CA1 1QY
📞(01228)531951　FAX(01228)547799
URL www.hallmarkhotels.co.uk
⑤📶🍴🛁🔲 £71〜
Ⓦ📶🍴🛁🔲 £81〜
CC ⒶⓂⓋ(手数料別途)

TV	🍴	🛁	🔲	P	Wi-Fi
全室	全室	全室	一部	無料	無料

カーライル駅のすぐそば。内部はヴィクトリア朝のエレガントな造り。レストランでは地元の新鮮な食材を使った料理が味わえる。

中級　79室 Map P.441上 B2　カーライル

カウンティー County Hotel

📮9 Botchergate, CA1 1QP
📞(01228)531316　FAX(01228)401805
URL www.countycarlisle.com
⑤📶🍴🛁🔲 £30〜
Ⓦ📶🍴🛁🔲 £35〜
CC ⒶⓂⓋ

TV	🍴	🛁	🔲	P	Wi-Fi
全室	全室	全室	全室	無料	無料

ジョージ王朝時代に建てられた、カーライルでも最も古い館のひとつ。特に併設するレストランは、建設当時の雰囲気が色濃く感じられる。

ゲストハウス　10室 Map P.441上 B2　カーライル

コーナーウェイズ Cornerways

📮107 Warwick Rd., CA1 1EA
📞(01228)521733
URL www.cornerwaysbandb.co.uk
⑤📶🍴🛁 £55
Ⓦ📶🍴🛁 £75〜85
CC ⒶⓂⓋ

TV	🍴	🛁	🔲	P	Wi-Fi
全室	全室	全室	なし	無料	無料

町の中心部からは徒歩5分ほどだが、周囲は住宅地なのでたいへん静か。テレビラウンジには大きめのソファが置かれており、くつろげる。

高級　33室 Map P.442　ヘクサム

ボーモント Best Western Beaumont Hotel

📮Beaumont St., NE46 3LT
📞(01434)602331　FAX(01434)606184
URL www.bw-beaumonthotel.co.uk
⑤📶🍴🛁🔲 £90〜
Ⓦ📶🍴🛁🔲 £145〜
CC ⒶⓂⓋ

TV	🍴	🛁	🔲	P	Wi-Fi
全室	全室	全室	一部	無料	無料

町の中心部に位置しており、部屋の窓からヘクサム・アビーを眺めることができるのが自慢。館内にはレストランとバーが併設されている。

イン　14室 Map P.442　ヘクサム

ステーション・イン The Station Inn

📮Staiton Rd., NE46 1ET
📞(01434)603155
URL www.stationinnhexham.co.uk
⑤📶🍴🛁🔲 £39〜
Ⓦ📶🍴🛁🔲 £69〜
CC ⒶⒿⓂⓋ

TV	🍴	🛁	🔲	P	Wi-Fi
全室	全室	全室	なし	なし	無料

ヘクサム駅の正面に位置するイン。部屋の設備は最低限だが、手頃な価格帯が魅力的。朝食はハドック(タラの一種)もリクエスト可。

Map P.441上 B2　カーライル

デンプシーズ Dempsey's

英国料理

ウォーリック・ロードの郵便局のすぐ前にある。店内はシックで落ち着いた雰囲気。2階席もある。ディナーはグリルメニュー£13前後。ステーキは£16〜18。ワインの種類も豊富。予算はランチ£10〜、ディナー£15〜。

📮11 Warwick Rd., CA1 1DH　📞(01228)818666
🕐11:00〜14:00　17:00〜23:00(金・土11:00〜翌3:00)
㊡日・月 CC ⓂⓋ　📶店内可

Map P.442　ヘクサム

ミスター・アンツ Mr Ant's

**カフェ・バー
ファストフード**

店内は蟻のイラストが多く描かれており、ちょっと変わった内装。メニューは軽食が中心でサンドイッチ£4.95〜などがある。金曜20:30からは地元ミュージシャンのライブが行われる。

📮22 Priestpopple, NE46 1PQ　📞(01434)606465
🕐11:30〜23:00(木11:30〜24:00、金11:30〜翌0:30、土11:30〜翌1:00、日15:00〜22:00)
㊡無休 CC ⒶⓂⓋ　📶店内可

日本からホテルへの電話(詳しい電話のかけ方は P.8 もご参照ください)

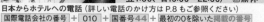

国際電話会社の番号 ＋ 010 ＋ 国番号44 ＋ 最初の0を除いた掲載の番号

優雅な6つの橋が架かる町
ニューキャッスル・アポン・タイン
Newcastle-upon-Tyne

ホーリーアイランド
アニック城
ニューキャッスル・
アポン・タイン
ダラム

●ロンドン

人口	市外局番
28万177人	0191
タイン・アンド・ウィア州	
Tyne & Wear	

現代建築の傑作と評されるミレニアム・ブリッジ

　イングランド北部最大の町で、ローマ時代にはすでにタイン川に橋が架けられ、ハドリアヌスの城壁の最東端だった。ニューキャッスルと呼ばれるようになったのは11世紀。町の由来となった城跡は、現在でも鉄道駅の横にその姿をとどめている。イングランド北部の交易の中心として中世を通じて栄え、17世紀には石炭の輸出で大きな富を得た。そして産業革命後は製鉄や造船の町として大きく発展し、機関車の発明で有名なジョージ・スティーブンソンや、水圧機の発明で名高いアームストロングといった人材を輩出した。

Access Guide
ニューキャッスル・アポン・タイン
ロンドンから
🚉 所要:3時間～4時間15分
月〜土 キングズ・クロス駅から6:00～22:00 (土～21:00)の1時間に1～2便
日 9:00～22:00の1時間に1～2便

🚌 所要:6時間25分～7時間50分
月〜日 7:00 9:00 13:00 16:00 23:30

カーライルから
🚉 所要:約1時間40分
月〜土 6:46 (土6:25)～21:18の1時間に1便程度
日 9:01～18:04の1時間に1便程度、20:15

ヨークから
🚉 所要:約1時間
月〜土 7:32～22:52 (土7:48～22:48)の1時間に2便程度
日 9:44～21:49の1時間に1便程度

エディンバラから
🚉 所要:約1時間40分
月〜土 ウェイヴァリー駅から5:40～18:05の1時間に1～2便、20:02
日 9:08～20:18の1時間に1便程度

👣 歩き方

グレイズ・モニュメント

　観光客が訪れるエリアは町の中心部、キーサイド、ゲーツヘッドの3つ。中心部からキーサイドは歩いて約20分。しかし、途中に傾斜のきつい坂があるため、行ったり来たりするのは楽ではない。

中心部　グレイズ・モニュメントGrey's Monumentのあたりが街のヘソ。ここから延びる繁華街のグレインジャー・ストリートGrainger Stを南に行くと鉄道駅に出る。

キーサイド　タイン河岸のエリア。中心部から来ると坂を下りなければいけない。タイン川にはタイン・ブリッジTyne Bridge、ハイ・レベル・ブリッジHigh Level Bridgeなど、多くの橋が架かっている。

ゲーツヘッド　タイン川の対岸の町ゲーツヘッドGatesheadはニューキャッスルとは別の町。現代美術ギャラリーのバルチックやコンサートホールのセージ・ゲーツヘッドThe Sage Gatesheadがある。

交通情報

空港 ニューキャッスル空港からセントラル・ステーションまでは地下鉄で約25分。早朝から深夜まで頻発。

セントラル駅 中心部の南側に位置しており、グレインジャー・ストリートで中心部と結ばれている。

長距離バス ナショナル・エクスプレスの長距離バスはコーチステーションに発着。

近郊バス ダラム、ヘクサム、カーライル方面のバスは**エルダン・スクエア・バスステーション**、ウィットリー・ベイ、タインマスなどの近郊路線は**ヘイマーケット・バスステーション**に発着。

i ニューキャッスル・アポン・タイン
Tourist Information Centre
Map P.447B3
✉ 8-9 Central Arcade, NE1 5BQ
TEL(0191)2778000
URLwww.visitnewcastlegateshead.com
取材時は上記で営業していたが2015年に閉鎖予定。今後は未定とのこと。

■ニューキャッスル空港
Map P.441F
TEL08708821121
URLwww.newcastleairport.com

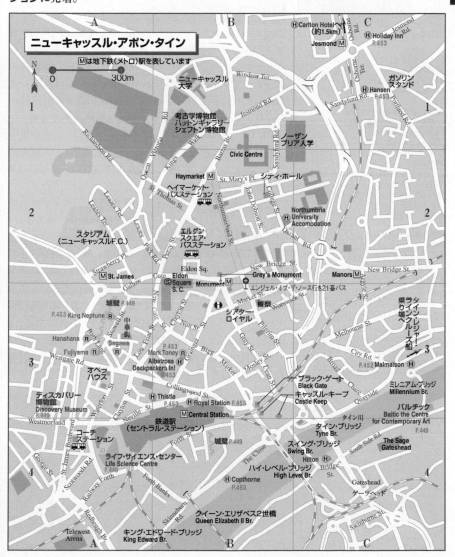

ニューキャッスル・アポン・タイン

■地下鉄
URL www.nexus.org.uk
料 区間券£1.80～3.30
1日券デイ・セーバー Day Saver
£2.60～4.50
チケットは駅の自動券売機で購入する。
行き先一覧のなかから目的地を探し、そこに書かれているアルファベットを画面から選択する。1日券は直接デイ・セーバー Day Saverにタッチする。

この看板が目印

■市内バス
TEL 08706082608
URL www.nexus.org.uk

■シティ・サイトシーイング
City Sightseeing
TEL (0191) 2288900
URL www.city-sightseeing.com
5/25～10/24 10:30～15:00の30分～1時間おき
3/29～5/24・10/25～12/12 10:30～14:30の1時間おき
休 3/29～5/24・10/25～12/12の月～金、12/13～3/28
料 £8 学生£6

● **サイトシーイング・クルーズ**
Sightseeing Cruises
3～10月の日、6～9月の火・木・土
1時間クルーズ 12:00 13:30 15:00
2時間クルーズ 12:30
3時間クルーズ 12:00
料 1時間£6 2時間£10 3時間£12

リヴァー・エスケイプス River Escapes
TEL (01670) 758666/785777
URL www.riverescapes.co.uk
ミレニアム・ブリッジの北岸からさらに東に2分ほど行った所にチケットオフィスと乗り場がある。人気が高いので要予約。

フェリー・ターミナル オランダへのフェリーが発着するターミナルはタイン川の河口近くにある。近くに地下鉄イエロー・ラインのメドウ・ウェルMeadow Well駅があり、町の中心のモニュメントMonument駅に出ることができる。

市内交通

近郊にも行ける地下鉄

中心部を回るなら徒歩で問題ないが、郊外へは地下鉄などをうまく使おう。

地下鉄 ホテルやB&Bが集まるジェスモンドJesmondやウエスト・ジェスモンドWest Jesmond、空港へ行くときに便利。**イエロー・ラインとグリーン・ライン**のふたつの路線があり、イエロー・ラインは鉄道駅（セントラル・ステーション）とウィットリー・ベイを回る環状線の部分と、サッカー・スタジアムのあるセント・ジェイムスSt. Jamesとサウス・シールズSouth Shieldsを結ぶ往復路線からなり立つ。グリーン・ラインは空港と近郊の都市を結ぶ。

市内バス エルダン・スクエアや鉄道駅前にバス停が集中している。一方通行が多いため、行きと帰りのバス停の位置が違うことが多く、使いこなすのは難しい。帰りのバス停を運転手に聞いておこう。

観光バス スタジアムや考古学博物館、エルダン・スクエアやキーサイドなどを回る。タイン川を渡ってゲイツヘッドへも行く。セントラル駅前に発着。

観光に便利なシティ・サイトシーイングのバス

フェリー タイン川河口のノース・シールズNorth Shieldsとサウス・シールズSouth Shields間をフェリーが往復している。反対側の岸へは約5分間で到着。乗り場はノース・シールズとサウス・シールズの地下鉄駅からどちらも徒歩10分。

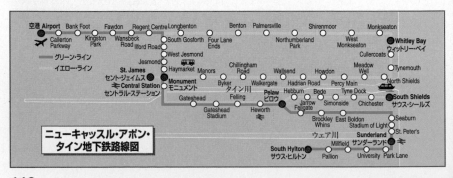

ニューキャッスル・アポン・タイン地下鉄路線図

難しい科学もなるほど！ とわかる

Map P.447A4

ライフ・サイエンス・センター
Life Science Centre

斬新なデザインの建築

駅前のネヴィル・ストリートNeville St.を西に進んで徒歩5分。昆虫の不思議、心臓について、水の実験……などなど、堅苦しいテーマをおもしろおかしく、しかもわかりやすく見せてくれる科学アトラクションで、大人も楽しめる構成になっている。建物の中心にあるタイムズ・スクエアにはオープンテラスのカフェテリアがあり、若者たちにも人気のスポット。11月下旬から2月下旬までスケートリンクも開かれる。

■ライフ・サイエンス・センター
✉Times Sq., NE1 4EP
☎(0191)2438210
URL www.life.org.uk
開10:00〜18:00（日11:00〜18:00）
最終入場16:00
休1/1、12/25・26
料£12.95　学生£9.50

History

ニューキャッスル中心部に残る ハドリアヌスの城壁の一部

ハドリアヌスの城壁の東の端、ニューキャッスル。町に残る城壁跡はタウンウォールTown Wallと呼ばれ、中華街の裏と鉄道駅の裏の2ヵ所にある。

市内に残る城壁の一部

モダンアートを集めたギャラリー

Map P.447C3

バルチック
Baltic the Centre for Contemporary Art

川沿いのよく目立つ建物

ミレニアム・ブリッジの前にあるアートギャラリー。国内外問わず、多くの傑作を集めている。ショップでは優れたデザインのバルチックのオリジナルグッズも売られている。また、最上階にはミレニアム・ブリッジを眼下に見られるレストランもある。

■バルチック
✉South Shore Rd., Gateshead, NE8 3BA
☎(0191)4781810
URL www.balticmill.com
開10:00〜18:00（火10:30〜18:00）
休12/25・26、1/1
料寄付歓迎　　内部撮影不可

企画展もおもしろい

Map P.447A3

ディスカバリー博物館 Discovery Museum

コーチステーションの近くにある博物館。ここにはニューキャッスル・アポン・タイン周辺から出土した遺物や、歴史パネルなどが展示されている。

■ディスカバリー博物館
✉Blandford Sq., NE1 4JA
☎(0191)2326789
開10:00〜17:00（日14:00〜17:00）
休12/25・26、1/1　料寄付歓迎

人々の暮らしの変化を人形で再現している

ゲーツヘッドにたたずむ天使像

Map P.441F

エンジェル・オブ・ザ・ノース
Angel of the North

前衛的な芸術作品

ゲーツヘッドの郊外に立つ天使像。ロンドン出身の彫刻家アントニー・ゴームリー Antony Gormleyによって、1994年から4年の歳月をかけて作られ、横54m、縦20mの巨大な像に仕上がった。その巨大さとインパクトの強さから訪れる観光客も多く、幹線道路の側ということもあってか、車を停めて像を眺めているドライバーも多い。

■エンジェル・オブ・ザ・ノース
🚌エルダン・スクエアのバス停から21番のバスが像の横のバス停をとおる。1時間に3〜6便ほど。
所要:25分
URL www.gateshead.gov.uk

ウェアマウスとジャローの双子修道院
The Twin Monastery of Wearmouth Jarrow

■ウェアマウスとジャローの双子修道院
●聖ピーター教会
🚇地下鉄でセント・ピーターズSt. Peter's下車。徒歩約7分。
✉St. Peter's Way, Sunderland, SR6 0DY
☎(0191)5160135
🕐10:00～16:00
休無休　寄付歓迎
●聖ポール教会
🚇地下鉄でビードBede下車。徒歩約15分。
✉Church Bank, Jarrow, NE32 3DZ
☎(0191)4897052
🌐www.english-heritage.org.uk
🕐10:00～16:00（日14:00～16:00）
休無休　寄付歓迎
●ビーズ・ワールド
🚇地下鉄でビードBede下車。徒歩約20分。
✉Church Bank, Jarrow, NE32 3DY
☎(0191)4892106
🌐www.bedesworld.co.uk
🕐4～9月10:00～17:00
　　10～3月10:00～16:00
休12/25・26、1/1
料 £5.50　学生£3.50

ノーザンブリアの貴族出身の修道士ベネディクト・ビスコップBenedict Biscopによって建てられた2つの修道院。674年にはウェアマウスに聖ピーター修道院を、681年にはジャローに

聖ポール教会では、修道院の跡が残る

聖ポール修道院を建てた。それぞれの修道院は同じ方針の下で建てられたため「双子の修道院」ともいわれている。731年に『イングランド教会史』を書き上げた聖ベーダSt. Bedeもこれらの修道院で過ごしていた。それぞれの修道院は、教会の部分が現存している。また、聖ポール教会の北側には、当時の様子を再現した模型や、発掘品を展示しているビーズ・ワールドBede's Worldもある。

セント・ピーターズ
← スタジアム・オブ・ライトへ（約300m）
聖ピーター教会
St. Peter's Church
North Bridge St.
Dame Dorothy St.
Charles St.
St. Peter
Ⓜ St. Peter's
← スタジアム・オブ・ライトへ（約450m）
ウェア川 River Wear
0　　200m

ビーズ・ワールド
Bede's World
聖ポール教会
St. Paul's Church
Church Bank
ドン川 River Don
Straker St.
Swinburne
Bedesway
N
ビード
0　　400m　　Bede Ⓜ
Monkton Rd.

近郊の見どころ
アニック城
Alnwick Castle

北のウィンザー城とも称される名城

■アニック城
🚂ニューキャッスル・アポン・タインからエディンバラ方面行き列車で約25分のアルンマスAlnmouth（Alnmouth for Alnwick）下車。駅からX18番のバスが毎時46分発。アニック城入口まで行く。
🚌ヘイマーケット・バスステーションからX15、X18番がアニックへ行く。
所要:約1時間50分
✉Alnwick, NE66 1NQ
☎(01665)510777
🌐www.alnwickcastle.com
🕐10:00～17:30　　10月～イースター休
料£14.75　学生£12
館内撮影一部不可　フラッシュ部不可
●アニック・ガーデン
🌐www.alnwickgarden.com
🕐夏期10:00～18:00
　　冬期11:00～17:00
　　最終入場は閉園の45分前
休12/25　料£12.10　学生£10.45

「北のウィンザー城」とも称されるアニック城はイングランド北部を代表する名城。『ハリー・ポッター』や『ロビン・フッド』など数々の映画の舞台となった。居城のなかではイングランドでウィンザー城に続いて2番目の大きさを誇る。ノーザンバーランド公パーシー家によって14世紀に建造され、1750年にほぼ現在の形となった。

アボッツ・タワー Abbot's Towerはノーザンバーランド・フュージリア連隊博物館となっており、ポスターン・タワー Postern Towerは古代エジプトの発掘品などちょっとした考古学博物館になっている。

アニック・ガーデン　アニック城に隣接したアニック・ガーデンThe Alnwick Gardenはノーザンバーランド公爵夫人の意向で整備され、2002年にオープンした広大な庭園。大がかりな噴水やバラ園などがあり、四季折々の花を見ることができる。

威風堂々としたアニック城

タイムトリップしてみよう
ラムレイ城の中世晩餐会

ニューキャッスル・アポン・タインから鉄道で10分のチェスター・ル・ストリートにあるラムレイ城はダラム司教の住居でもあった歴史ある建物。現在は古城ホテルとして営業しており、金曜の夜に行われる中世晩餐会が人気だ。

かつては司教の住居 ラムレイ城は、マナー・ハウスとして使用されていたが、14世紀後半にサー・ラルフ・ラムレイが司教とリチャード2世の許可を得、城に改築した。その後、ダラム司教の住居やダラム大学の学生寮を経て、1976年にホテルとして改装された。

エリザベス1世時代の晩餐会 サー・ジョン・ラムレイSir John Lumley(1533〜1609)が1595年当時のスタイルでお客様をもてなすという設定の晩餐会は、金曜日の夜を中心に行われる人気イベント。晩餐会では着飾った女性たちによるコーラスや、バッグパイプの生演奏、コミカルなショーが行われている。

中世の料理を再現 スープやパン、ローストチキンなどの料理は当時のメニューを再現しており、ナイフと手づかみで食べるスタイル。また、ドリンクメニューには、ワインやエールだけでなく、「ミード」というはちみつでできたお酒も用意されている。

そのほかのイベント 殺人事件の謎を解く推理イベント「マーダー・バイ・キャンドル・ライト」や、『アナと雪の女王』の世界に浸れる「雪の姉妹とのアフタヌーンティー」など、ゲスト参加型のイベントも催されている。

上:サー・ジョン・ラムレイ氏による、晩餐会開会のあいさつ
左:歴代の王族も滞在したラムレイ城

■ラムレイ城
🚃 ニューキャッスル・アポン・タインからダラム方面の列車でチェスター・ル・ストリートChester-Le-Street駅まで所要約10分、または21番などのバスでチェスター・ル・ストリートまで所要約30分。71、78番のバスに乗り、チェスター・ル・ストリート・ゴルフ・クラブ下車。徒歩約5分。タクシーなら駅から約5分ほど
✉ Lumley Castle Hotel, Chester le St., DH3 4NX
☎ (0191)3891111　URL www.lumleycastle.com
🎫 エリザベス1世時代の晩餐会£35
　マーダーミステリー£35
　雪の姉妹とのアフタヌーンティー£20

451

■ビーミッシュ屋外博物館

ニューキャッスル・アポン・タインの
エルダン・スクエア・バスステーションか
ら28、28Aのバスで約50分

ダラムからX2、21、X21番のバス
でチェスター・ル・ストリートChester le
Streetへ（所要約30分）行き、8、28、
28A番のビーミッシュ行きのバスに乗り
換える（所要約10分）。夏期の土・日は
128番が1日5便ほど運行。
℡(0191)3704000
URLwww.beamish.org.uk
夏期10:00～17:00
冬期10:00～16:00
　最終入場15:00
冬期の月～金、12/25
£18.50　学生£13.50

Days out from Newcastle-upon-Tyne　Map P.441F
イギリスの時代村
ビーミッシュ屋外博物館
Beamish Open Air Museum

のどかなビーミッシュ村にあるこの博物館は英国最大級の屋外博物館。19～20世紀初頭の町並みや農場、炭坑がそのまま移築、あるいは復元され、実際に触れて体験できる。スタッ

商店も当時の雰囲気を再現

フも当時の衣装でお出迎え。スティーブンソンの蒸気機関車のレプリカや、20世紀初頭のクラシックなバス、路面電車などにも乗車することができる。

HOTEL　　　　　　　　　　RESTAURANT

中心街にホテルは多くはなく、駅前に数軒あるくらい。安宿は地下鉄ジェスモンド駅周辺から北に延びるオズボーン・ロードOsborn Rd.周辺に集中している。

レストランは中心部の大通りから1本入った通りなどに点在しており、キーサイドにはおしゃれなレストランやカフェが点在している。また、ストーウェル・ストリートStowell St.周辺はちょっとした中華街になっている。

中華街の門

Recommended

静かな古城でリラックスした休日を
ラムレイ・キャッスル Lumley Castle

高級　　　　73室
Map P.451　チェスター・ル・ストリート

📺 TV 🍴 🧺 💻 P Wi-Fi
全室 全室 全室 全室 無料 無料

✉Chester le St., DH3 4NX
℡(0191)3891111
URLwww.lumleycastle.com
SWⅢ£89～410
CCADJMV

中世晩餐会（→P.451）が行われるお城。城内には歴代城主の肖像画やアンティーク家具、13世紀に造られた壁も現存しており、美術館のよう。晩餐会込みのパッケージ料金設定もある。

Recommended

ゴージャス感あふれる
マルメゾン Malmaison Newcastle

高級　　　　122室
Map P.447C3　タイン川沿い

📺 TV 🍴 🧺 💻 P Wi-Fi
全室 全室 全室 全室 有料 無料

✉Quayside, NE1 3DX
℡(0191)2455000
URLwww.malmaison.com
SWⅢ£105～375
CCADMV

ミレニアム・ブリッジのすぐそばにある。外観は白を基調としたシンプルな造りだが、客室はカラフルな家具を配しており、モダンな雰囲気。朝食はフル・イングリッシュで£12。

日本からホテルへの電話（詳しい電話のかけ方はP.8もご参照ください）
国際電話会社の番号 ＋ 010 ＋ 国番号44 ＋ 最初の0を除いた掲載の番号

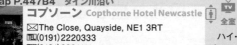

高級　156室　Map P.447B4　タイン川沿い
コプソーン　Copthorne Hotel Newcastle

⬚ The Close, Quayside, NE1 3RT
TEL(0191)2220333
FAX(0191)2301111
URL www.millenniumhotels.co.uk
⬚ S W ⬚⬚ £98～
CC A D J M V

TV　全室　希望者　全室　なし　有料　Wi-Fi 無料

ハイ・レベル・ブリッジとクイーン・エリザベス2世橋に挟まれ、眺めは最高。ロビーではタイン川を眺めつつお茶が楽しめる。公式料金は S £299、W £359。

中級　146室　Map P.447B3　セントラル駅
ロイヤル・ステーション　Royal Station Hotel

⬚ Neville St., NE1 5DH
TEL(0191)2320781
FAX(0191)2220786
URL www.royalstationhotel.com
⬚ S ⬚⬚⬚ £65～
⬚ W ⬚⬚⬚ £70～
CC A D J M V

TV　全室　全室　全室　全室　無料　Wi-Fi 無料

駅の真横という抜群の立地条件。ホテルの建物も部屋もクラシカルな造り。室内プールやジムなども完備している。朝食はフルイングリッシュが£9.75。左の料金は週末のもの。

ゲストハウス　14室　Map P.447C1　ジェスモンド
ハンセン　Hansen Hotel B&B

⬚ 131 Sandyford Rd., NE2 1QR
TEL(0191)2810289
email hansenhotel2002@hotmail.co.uk
⬚ S ⬚⬚⬚ £25　⬚ S ⬚⬚⬚ £28
⬚ W ⬚⬚⬚ £46～50
CC M V

TV　全室　希望者　全室　なし　なし　Wi-Fi 無料

部屋はシンプルで飾り気はないが、B&Bが集まるジェスモンド駅周辺でも駅に最も近く、ヘイマーケット駅へも徒歩10分という立地条件は魅力的。

ホステル　155ベッド　Map P.447B3　セントラル駅
アルバトロス　Arbatross Backpackers In!

⬚ 51 Grainger Ct., NE1 6JE
TEL(0191)2331330
URL www.albatrossnewcastle.co.uk
⬚ D ⬚⬚⬚ £16.50～24.90
⬚ S W ⬚⬚⬚ £45～
CC A M V

なし　なし　なし　なし　なし　Wi-Fi 一部 無料

150年以上前の建物を改装したホステル。人気があり、ホステル予約サイトなどからの受賞歴もある。共同キッチンやビリヤードなど設備は充実。

Map P.447B3
セントラル駅
114室
シスル　Thistle New Castle City Centre-The County
⬚ Nevile St., NE1 5DF
TEL 08713769029
URL www.thistle.com

TV　全室　全室　全室　全室　なし　Wi-Fi 無料
⬚ S W £75～　朝食込　CC A M V

Map P.447C1
ジェスモンド
160室
ホリデイ・イン　Holiday Inn Newcastle Jesmond
⬚ Jesmond Rd., NE2 1PR
TEL(0191)2815511　FAX(0191)288472
URL www.ihg.com　予約 0120-056-658

TV　全室　全室　全室　全室　無料　Wi-Fi 無料
⬚ S W £90～　朝食別　CC A M V

Map P.447A3　中華街
キング・ネプチューン　King Neptune

中華料理

　中華街で一番おいしいと有名な店。海に近いこの町ならではの、クオリティが高いシーフードがおすすめ。セットメニューが£17.80からあり、ひとり当たりの予算は£20～40が目安。ランチは営業時間が短いので早めに入店しよう。
⬚ 34-36 Stowell St., NE1 4XQ　TEL(0191)2616657
⬚ 12:00～13:45　18:00～22:45（土12:00～13:45　17:30～23:00、日12:00～14:00　18:00～22:30）　無休　CC A M V　店内可

Map P.447B3　グレインジャー・ストリート
マーク・トニー　Mark Toney

アイスクリーム
英国料理

　ローマ出身のマーク・トニー氏が1902年に創業した老舗の名店。その味が受け継がれ、独自のアイスクリームとなっている。軽食メニューもあり、17:00～20:00限定のイブニング・スペシャル£6.50も人気。
⬚ 53 Grainger St., NE1 50JE　TEL(0191)2327794
URL www.marktoney.co.uk　⬚ 7:30～19:30（日9:30～19:30）
無休　CC J M V　店内可

巡礼地として栄えた聖なる島
ホーリーアイランド

ブリテン島本土から南東約2kmに浮かび、北海の波に洗われるホーリーアイランドは、中世以来、巡礼地として栄えてきた。別名リンディスファーン島と呼ばれ、約5.2k㎡の小さな島。島へ渡れるかどうかは潮の満ち引きにより左右される。

ホーリーアイランドへの渡り方

本土とは約2kmの舗装道路で結ばれているが、道は満潮時には完全に姿を消してしまい、1日に数時間しか見学できない。干潮時刻はベーリック・アボン・ツイードの❶やリンディスファーン・ヘリテージセンターのウェブサイトで確認。車は集落内には入れないので、手前の駐車場に停める。駐車場より手前の道路は冠水することがあるので注意が必要。島内は、シャトルバス（運行時間は潮の干満により変わる）が20分ごとに出発するが、徒歩でも1時間程度で見て回ることができる。

海に浮かぶ丘の上に建つ城

ザ・スヌ
The Sn

ベーリック・アボン・ツイードへ（約17km）
Lindisfarne Causeway

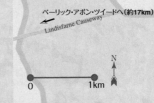

0　　　　1km

N

キリスト教布教の中心地
リンディスファーン修道院
Lindisfarne Priory

リンディスファーン修道院は635年、スコットランドのアイオーナ・アビーから来た聖エイダンにより創設された修道院。北部イングランドにおけるキリスト教布教の中心として栄えた。7世紀に修道院長となった聖カスバートの時代以降巡礼地として栄えたが、ヴァイキングの襲来により、人々はダラム（→P.456）へと逃れ、廃墟となった。その後、1093年にベネディクト派修道院として再スタートし、巡礼地として繁栄した。13世紀に再建されたものが現在見られる廃墟だ。1536年、ヘンリー8世 P.610 による修道院解散令 P.608 によって破壊され、修道士たちはダラムへと移っていった。

聖カスバートの生涯

聖カスバートは7世紀末にリンディスファーン修道院長を務めた。彼の死後遺体は10年以上たっても朽ち果てず、奇蹟をもたらすと信じられ、聖者に列せられた。ホーリーアイランドは多くの人が訪れる巡礼地としても繁栄したが、793年からヴァイキングのたび重なる襲来を受け、875年に修道士たちは、聖カスバートの聖骸とともに、安住の地を求めて旅に出た。一行がダラムの町にやってくると、不思議なことに聖カスバートの遺骸の入った棺がピクとも動かなくなった。聖者の意思を感じ取った彼らは、995年に町を見下ろす高台の上に白い小さな教会を建て、聖カスバートを祀った。

リンディスファーン福音書

リンディスファーンの福音書とは、7〜8世紀にかけてリンディスファーン修道院でイードフリス司教によって作成された装飾写本で、アングロサクソン様式とケルト様式が融合した、イギリスを代表する宗教美術作品。オリジナルはヴァイキングの襲来時にダラムへと運ばれて保管されてきたが、ヘンリー8世の命によってロンドンに持ち去られ、現在は大英図書館で保管されている。

海に浮かぶ堅牢な城
リンディスファーン城
Lindisfarne Castle

　島の南東部、ゴツゴツとした岩場の上に建つ城。リンディスファーン修道院が閉鎖された後、1549年に建造が始まった。築城に際しては、修道院の石材が利用された。1903年に建築家のエドウィン・ラッチェンスが城を購入し、エドワード王朝様式のカントリー・ハウスへと姿を変えた。

　城に併設されている庭園は、20世紀初頭に活躍した女性造園家ジーキル・ガートルード設計のもので、自然の地形と城の借景を巧みに使った美しい庭園だ。

豊かな修道院文化を今に伝える
リンディスファーン・ヘリテージセンター
Lindisfarne Heritage Centre

　島の生活やヴァイキングによる侵略など、ホーリーアイランドに関するさまざまな展示を行う博物館。なかでも目玉はリンディスファーンの福音書に関する展示。併設のショップでは福音書をモチーフにしたグッズも販売されている。

DATA

■ホーリーアイランドへの行き方
🚉ホーリーアイランドの最寄り駅はベーリック・アポン・ツイード。ニューキャッスルからベーリック・アポン・ツイードへは1時間に1～3便、所要約45分。エディンバラからは1時間に1～2便、所要約40分

●ベーリック・アポン・ツイードからホーリーアイランドへ
🚌鉄道駅またはゴールデン・スクエア発で、夏期のみ477番のバスが1日2便程度、所要時間35分。冬期は水・土曜に運行されることが多い。運行日や時間は毎月変わるが、❶やウエブサイトで確認できる。

■リンディスファーン修道院
☎(01289)389200
🌐www.english-heritage.org.uk
🕐4～10月10:00～18:00　11～3月10:00～16:00
🚫11/3～2/15および2/21～3/29の月～金、1/1、12/24～26・31
💷£5.40　学生£4.90

■リンディスファーン城
☎(01289)389244　🌐www.nationaltrust.org.uk
🕐10:00～15:00または10:00～16:00、12:00～17:00、11:00～17:00（満潮時刻によって変わる）。
🚫月、11/3～2/7　💷£7

■リンディスファーン・ヘリテージ・センター
☎(01289)389004　🌐www.lindisfarne-centre.com
🕐10:00～17:00頃（満潮時刻によって変わる）
🚫無休　💷£4　学生£3.50

聖者に選ばれた北イングランドの聖地
世界遺産 ダラム大聖堂とダラム城

ダラムを中心とする地域は、聖カスバートを祀った教会が10世紀に建てられたあと発展した。プリンス・ビショップと呼ばれる司教が代々この地域を治める自治領のような場所だった。ダラム城は映画『ハリー・ポッター』のロケ地として使われるなど、町の雰囲気は今も人々を魅了し続けている。

マーケット・プレイスに立つロンドンデリー公爵の像はダラムのシンボル。19世紀にダラムの炭坑開発に貢献した人物として知られている

パイプオルガンの音色が響く
ダラム大聖堂
Durham Cathedral

995年に小さな教会が建てられたのを母胎とする。約100年後の1093年に大聖堂の建設が始まり、1133年に完成した。以来、多くの巡礼者を集め、町はおおいに繁栄した。

大聖堂内部にあるガリラヤ礼拝堂The Galilee Chapelは大聖堂内部の最も古い部分で後期ノルマン様式。12世紀の壁画が残る。身廊Naveには大きな石柱(直径6.6m、高さ6.6m)が並んでいる。聖カスバートの墓は大聖堂の最奥部にあり、Cuthberthusと名が刻まれている。また、僧坊は回廊Cloisterに面しており、現在は図書室になっている。

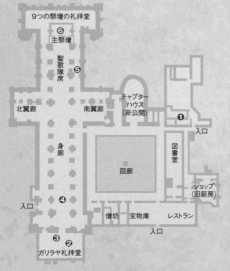

9つの祭壇の礼拝堂
⑥ 主祭壇
聖歌隊席
⑤
北翼廊　南翼廊　チャプターハウス(非公開)
①
身廊　入口
回廊　図書室
入口　ショップ(旧厨房)
僧坊　宝物庫　レストラン
入口
③ ②
ガリラヤ礼拝堂

プリンス・ビショップ

ダラムの町は王侯貴族ではなくプリンス・ビショップPrince Bishopと呼ばれるダラム司教によって代々治められてきた。司教が地域の支配権をもつことは英国史のなかでも極めてまれである。プリンス・ビショップは独自の軍隊、裁判所をもち、硬貨を鋳造し、課税権を有した。プリンス・ビショップの繁栄は宗教改革の時代も生き抜き、19世紀まで続いた。

❶映像と展示による解説
❷聖ビードの墓
❸聖カスバートとオズワルド王の肖像(12世紀)
❹黒大理石の十字架
❺大司教座
❻聖カスバートの棺

プリンス・ビショップの居城だった

ダラム城

Durham Castle

　ダラム城は大聖堂のすぐ横に建つ。11世紀にノルマンディー公によるブリテン島への上陸後建てられた城だという。その後はプリンス・ビショップの居城として長らく使われてきた。その後、1837年以来、学問の中心としてダラム大学がここに入ることとなった。創始者は、最後のプリンス・ビショップ、ウィリアム・ファン・ミルダートWillam Van Mildert。オックスフォード、ケンブリッジに次ぐ歴史ある大学として、その名を馳せている。

DATA

■ダラムへの行き方
●ニューキャッスル・アポン・タインから
🚃4:45〜22:51に1時間に1〜4便　所要約15分
🚌エルダン・スクエアから21番で5:15(土6:10、日8:05)〜23:10に30分に1〜2便　所要約1時間
●ヨークから
🚃6:27〜翌0:42(土6:27〜22:56、日9:00〜21.40)に1時間に1〜5便　所要約50分

マーケット・プレイスから延びるサドラー・ストリートを上っていくと大聖堂へと至る

■ダラム大聖堂
✉The College, DH1 3EH
☎(0191)3864266
🌐www.durhamcathedral.co.uk
🕐9〜6月7:30〜18:00 (日8:00〜17:30)
　7・8月7:30〜20:00
休無休　料寄付歓迎　料£5
　内部撮影不可
●宝物庫 The Treasures
※2015年4月現在改装中
●塔 The Tower
🕐10:00〜16:00 (日13:00〜14:30)
休無休　料£5
●僧坊
　The Monks' Dormitory
※2015年4月現在改装中

■ダラム城
☎(0191)3342932
🌐www.dur.ac.uk
🕐見学は45分のツアーのみ。チケットはダラム城の近くの図書館で販売しており、ツアーも図書館から出発。ツアーの出発時間は、日によって異なる。また、学内でイベントなどが行われる際はツアーが行われないこともある。直近のスケジュールはウェブサイトを確認のこと。ダラム城は大学として利用されているので、事前の確認が望ましい。
休不定期　料£5　学生£3.50
　内部撮影不可

ツアーの集合場所は大学図書館のエントランス

地図

鉄道駅
ダラム
0　200m
ガラ・シアタ Gala Theatre
Milburngate Br.
バスステーション
St. Nicholas
Town Hall
Milburngate S.C.
Indoor Market
マーケット・プレイス Market Place
Claypath
Leazes Rd.
New Elvet Br.
North Rd.
Crossgate
フラムウェルゲート橋 Framwelgate Br.
ダラム城 Durham Castle
Palace Green
ダラム・ワールド・ヘリテージ・ビジター・センター Durham World Heritage Vistor Centre
River Wear
Elvet Br.
St. Mary the Less
ダラム大聖堂 Durham Cathedral
St. Oswald's
Prebend's Footbridge

457

イギリスで最大の国立公園
ノース・ヨーク・ムーアズ国立公園
North York Moors National Park

見晴らしのいい荒野をウオーキング

人口	市外局番
2万3380人	01947(ウィットビー)
ノース・ヨークシャー州 North Yorkshire	

ヨークシャー西部のヨークシャー・デイルズは「デイル（谷）」の多い地域。一方、北に位置するノース・ヨーク・ムーアズは比較的平らな「ムーア（荒野）」が広がり、80万ha(静岡県ぐらい)という広大な面積を誇る。ウオーキングルートやサイクリングコースを合わせると2200km以上あり、多くのハイカーやサイクリストでにぎわう。

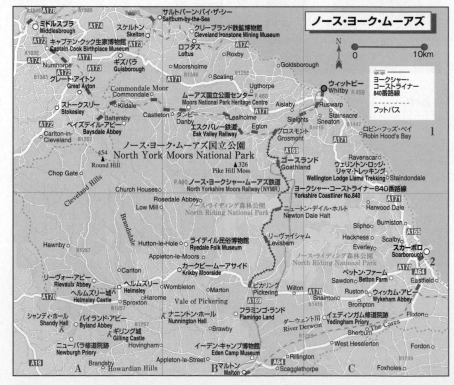

ノース・ヨーク・ムーアズ
起点となる町

　ゆっくり歩くなら交通の要衝であるウィットビーが起点として最適。**ヨーク** P.462 や**リーズ** P.473 からも日帰りが可能。

起点の町
ウィットビー
Whitby

キャプテン・クック像がある高台

エスク川の河口に町は広がる

　ジェームス・クック船長こと探検家キャプテン・クックCaptain Cookが大型帆船エンデバー号に乗って太平洋に出帆した港町。高台にある広場には彼の記念碑が立っている。また、作家ブラム・ストーカーは、アビー脇に建つ聖メアリー教会の墓場からヒントを得て、世界的に有名なドラキュラを生み出したといわれている。

Access Guide
ウィットビー

ヨークから

	840番	所要:2時間15分

月～土　8:30（土8:26）10:56 14:56

リーズから

	840番	所要:3時間30分～45分

月～土　7:00（土7:10）10:56 14:56

i ウィットビー
Tourist Information Centre

Map P.459
✉ Langborne Rd., YO21 1YN
☎(01723)383636
🌐www.discoveryorkshirecoast.com
🕐5・6・10月9:30～18:00　7～9月9:30
～19:00　11～4月9:30～16:30
🚫12/24～26、1/1
宿の予約:手数料£2+宿泊料金の10%
（デポジット）

ウィットビーの見どころ

ウィットビー・アビー ➡ P.460
ウィットビー博物館 ➡ P.461
キャプテン・クック記念博物館 ➡ P.460

Information
ドラキュラゆかりの肝試し

　ウィットビーは、小説『吸血鬼ドラキュラ』の中でドラキュラ伯爵がルーマニアからデメテル号で入港してきた港町。そんなこともあってドラキュラにちなんだ名所やアトラクションがいくつかある。
ウィットビーウォーク　黒マントに身を包んだ紳士が、ブラム・ストーカーゆかりの地やドラキュラ伯爵の足跡などをおもしろおかしく案内する英語のウオーキングツアー。
ドラキュラ・エクスペリエンス　ドラキュラにちなんだお化け屋敷。映像を駆使して小説ドラキュラの場面を再現。

■ウィットビー・ウォーク

Map P.459
🌐www.whitbywalks.com
出発:イースター～12月20:00（ホエールボーン集合）、7・8月以外はおもに金・土に行われるが、事前に❶で確認を。
🎫£5

■ドラキュラ・エクスペリエンス

Map P.459
✉9 Marine Parade, YO21 3PR
☎(01947)601923
🌐www.draculaexperience.co.uk
🕐9:45～17:00　🚫11月～イースターの月～金　🎫£3

ウィットビー

ノース・ヨーク・ムーアズ
エリア内の交通

🚃 鉄道

　ノース・ヨーク・ムーアズの魅力を車窓から気軽に楽しむなら、ウィットビーとミドルスブラを結ぶエスクバレー鉄道Esk Valley Railwayが便利。日曜を除く毎日、通年運行されている。途中のダンビー駅Danbyから渓谷に沿って北東に30分ほど歩いたところに、ムーアズ国立公園セ

■エスクバレー鉄道

☎(01947)601987
🌐www.eskvalleyrailway.co.uk
ウィットビー発
8:50 12:18 16:00 19:19
ダンビーまで所要約40分
ミドルスブラ発
7:04 10:28 14:04 17:40
ダンビーまで所要約50分
日曜運休

■ムーアズ国立公園センター
Map P.458B-1
⊠Lodge LaneDanby, YO21 2NB
☎(01439)772700
URLwww.northyorkmoors.org.uk
🕐4〜7・9・10月10:00〜17:00
　8月9:30〜17:00
　11〜3月10:30〜16:00
🚫1〜2月の平日、12/24・25
💰無料

■ヨークシャー・コーストライナー
Yorkshire Coastliner
☎(01653)692556
URLwww.coastliner.co.uk
ウィットビー発　11:09 13:29 17:29
日曜運休
マルトン発
9:17（土9:11）11:41 15:41 日曜運休

■ノース・ヨークシャー・ムーアズ鉄道
☎(01751)472508
URLwww.nymr.co.uk
運行：3月下旬〜10月に、イベントがある
日を除いて蒸気機関車またはディーゼル
機関車により、ほぼ以下の時刻表で運
行される。
ウィットビー発
10:00 12:45 14:00 16:40 18:00※
ピカリング発
9:25（日9:50）12:00 13:00※ 16:10
（日16:05、グロスモント止まり）
※グロスモント止まりの場合もある
このほかグロスモント〜ピカリング間を
走る便もある。
💰£20〜26（1日券）

映画にも登場したゴースランド駅

■キャプテン・クック記念博物館
⊠Grape Ln., YO22 4BA
☎(01947)601900
URLwww.cookmuseumwhitby.co.uk
🕐4〜10月9:45〜17:00
　2月上旬〜3月11:00〜15:00
最終入場は閉館の30分前
🚫11月〜2月上旬
💰£4.80　学生£3.30

博物館は昔、クック船長を雇っていた大船主
の家だった

ンター Moors National Park Centreがあり、ここから手
軽なウォーキングが楽しめる。また、夏期ならウィットビー
とピカリングPickeringを結ぶノース・ヨークシャー・ムーア
ズ鉄道も毎日運行している。ゴースランド駅Goathland周
辺の滝へのルートはハイカーに人気のウォーキングコース。

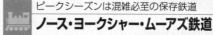
バス
リーズ、ヨーク方面から
国立公園内を縦断する形
でウィットビーまで走る**ヨークシャー・コーストライナー
840番**のバスは、エリア内の重要な路線でもある。マルト
ンMaltonから国立公園に入り、ピカリング、ゴースランドを
経由する。2階建てバスからすばらしい車窓風景が望める。
冬期でも日曜を除く毎日3便運行している。

ピークシーズンは混雑必至の保存鉄道　**Map P.458B1**
ノース・ヨークシャー・ムーアズ鉄道
North Yorkshire Moors Railway　ウィットビー
〜ピカリング

ノース・ヨーク・ムーアズの
景観美を堪能できる保存
鉄道。『ハリーポッターと賢
者の石』に登場したホグズミ
ード駅は、ゴースランドで
撮影された。ほかにもこの
路線には風情のある景色
が多く、さまざまな映画や
ドラマの舞台となっている。

停車中のLSWR S15型蒸気機関車。この
路線には3台投入されているが、現在はす
べて修理中または修理待ちの状態にある

偉大なクック船長を記念した　**Map P.459**
キャプテン・クック記念博物館
Captain Cook Memorial Museum　ウィットビー

　クック船長が10代の頃、見習いとして働いていた大船主
の家が現在、博物館としてクック船長が生活していた当時
の様子を再現している。
　また、ウィットビーには大型帆船エンデバー号のレプリカ
やミニ・エンデバー号によるクルーズ、エンデバー号が出港
したエンデバー波止場に臨むクック船長の記念碑など、彼
に関する見どころが多い。

丘の上に静かにたたずむ修道院跡　**Map P.459**
ウィットビー・アビー　**Whitby Abbey**　ウィットビー

　657年にノーザンブリアの王
女、聖ヒルダによって設立され
た修道院。663年には、ここで
ウィットビー宗教会議が開か
れ、ノーザンブリア王国におい
ては、スコットランドのアイオナ
島を中心とするケルト的キリス

ウィットビー・アビー

ト教の典礼と大陸から伝わったローマ・カトリック式の典礼のうち、ローマ・カトリック式に従うことが決められた。

　修道院は中世を通じて北東イングランドの宗教の拠点として栄えたが、16世紀になると解散させられ廃墟となった。しかし、建物は大きな被害を免れており、往時の繁栄ぶりを十分感じさせてくれる。また、入口にある博物館ではウィットビー・アビーに関する調査の様子や発掘された装飾具などを展示している。

不思議なモノのオンパレード！

ウィットビー博物館 Whitby Museum

Map P.459
ウィットビー

ウィットビー博物館はパンネット公園の丘の上に位置している

　緑豊かなパンネット公園の斜面に造られた博物館。1823年に地元の郷土史家らによって創設され、1923年に公園内に移転した。

　歴史上の遺物を扱うだけでなく、世界中の不思議なモノを集めたとしか思えない展示内容で、とても興味深い。周辺で発掘された化石類も見応え十分。

■ウィットビー・アビー
✉Whitby Abbey, YO22 4JT
☎(01947)603568
URL www.english-heritage.org.uk
圖4～9月10:00～18:00
　10月10:00～17:00
　11～3月10:00～16:00
圀11～3月の月～金、
　12/24～26、1/1
圖£6.80　学生£6.10

■ウィットビー博物館
✉Pannett Park, YO21 1RE
☎(01947)602908
URL www.whitbymuseum.org.uk
圖9:30～16:30
最終入場は閉館の30分前
圀バンクホリデイ以外の月、
クリスマス～新年
圖£5　学生£3.50

■オールドライフボート
Map P.459
古い救命艇を使った30分ほどのショートクルーズ。ウィットビー駅前から出ている。
☎07779318948
URL www.oldlifeboatwhitby.co.uk
圖10:00～日没　圖£3

HOTEL

RESTAURANT

ゲストハウス　12室　Map P.459　ウィットビー

アルンデル・ハウス Arundel House

読者割引 10% Reader Discount
✉Bagdale, YO21 1QJ
☎(01947)603645　FAX08703121974
URL www.arundelhousehotel.co.uk
Ⓢ🛁🚿📶 £50
Ⓦ🛁🚿📶 £80～95　CC M V

🖥 TV 全室　🍴 全室　🧴 全室　🛁 全室　🅿 無料　📶 Wi-Fi 無料

パンネット公園の南側にある。天蓋付きベッドを備えた部屋のほか、バスタブ付きの部屋は2室。地元の食材を使用した朝食も自慢。

ユース　ベッド数132　Map P.459　ウィットビー

YHAウィットビー YHA Whitby

✉East Cliff, YO22 4JT
☎(01947)602878
URL www.yha.org.uk
Ⓓ🚿📶 £13～
Ⓦ🚿📶 £30～
🛁£　CC D J M V

🖥 TV なし　🍴 なし　🧴 なし　🛁 なし　🅿 無料　📶 Wi-Fi ロビー

ウィットビー・アビー入口の裏側にある。階段はきついが、町の高台に位置するので眺めは最高。ドミトリーはひと部屋あたり6～10ベッドで、男女別。

Map P.459　ウィットビー

トレンチャーズ Trenchers Restaurant & Takeawey

シーフード

お昼には長い行列ができる人気店。お店のイチオシはシーフードグラタンFish Pie £9.95（写真）。フィッシュ&チップスを頼んでいる人も多い。
✉New Quay Rd., YO21 1DH　☎(01947)603212
URL www.trenchersrestaurant.co.uk
圖11:30～20:00　圀無休　CC D J M V　📶店内可

Map P.459　ウィットビー

ハドレイズ Hadleys

シーフード

地元の人に人気のあるシーフードレストラン。フィッシュ&チップスは紅茶が付いて、コッドが小£7.75、中£9.75、大£11.75、ハドックは小£8.50、中£10.50、大£12.50。
✉11 Bridge St., YO22 4BG　☎(01947)604153
URL www.hadleysfishrestaurant.com
圖7:00～23:00　圀12/25　CC D J M V　📶店内可

北部イングランドの古都
ヨーク
York

町の東に位置するクリフォーズ・タワーは13世紀に建てられたヨーク城の一部

人口	市外局番
19万8051人	01904
ノース・ヨークシャー州 North Yorkshire	

　イギリスで最大の大きさを誇るゴシック聖堂、ヨーク・ミンスターに見守られたヨークは、中世の雰囲気を現在に伝える古都。ヨークの名前は9世紀にこの地を制圧したヴァイキングによってつけられたヨーヴィックJorvikに由来する。「ヨークの歴史はイングランドの歴史であるThe history of York is the history of England.」とはジョージ6世の言葉だが、この言葉が表すように、ヨークは2000年の長きにわたり、ローマ、サクソン、デーン、ノルマンと多くの民族の争いと交流を見続けてきた。

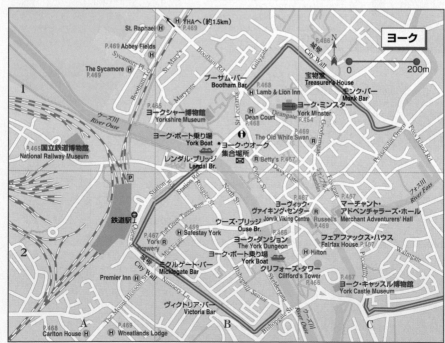

ヨーク

歩き方

城壁から眺めたヨーク・ミンスター

見どころが集まるのは城壁内。城壁には6つの門があり、バー Barと呼ばれている。❶の近くにはブーサム・バー Bootham Bar、鉄道駅の南東にはミクルゲート・バー Micklegate Barがある。イギリス最大のゴシック聖堂、ヨーク・ミンスターは城壁内の北隅にある。

城壁 ローマ時代にはヨーク・ミンスターを中心に周囲2kmの城壁が築かれたが、現在残っているのは、ほとんど中世に造られたもの。周囲は約4.5km。途中で3ヵ所切れているが、上って1周することができる。城壁の上からさまざまな角度で見るヨーク・ミンスターは格別だ。レンダル・ブリッジLendal Br.から城壁に上り、駅前をとおり、ミクルゲート・バーへ抜けるルートが人気。

交通情報

鉄道駅とバスステーションは隣接しており、町の中心部の南西に位置する。中心部へはステーション・ロードStation Rdを進み、そのままウーズ川に架かるレンダル・ブリッジLendal Br.を越えると、間もなくヨーク・ミンスターの前に出る。

鉄道駅にはヨークシャー・デイルズなど、周辺への見どころに行く列車が多く停車する

近郊からのバス ウィットビーなどのノース・ヨーク・ムーアズ国立公園方面から来るバスは旧市街北東からウーズ・ブリッジOuse Br.を経由して鉄道駅前まで向かう。

観光バス シティ・サイトシーイング社のバスが城壁に沿って町を一周している。

現地発ツアー

イギリスを代表する観光地なのでツアーの種類も多い。なかでも特に人気が高いのが、いわゆるゴースト・ツアー。2000年もの歴史を誇るヨークの町には怪談や怪奇スポットも多く、毎晩いくつものゴースト・ツアーが催行されている。暗くなった古い町並みで聞かされる話は雰囲気たっぷりだ。

ゴースト・ツアーのガイドさん

Access Guide
ヨーク

ロンドンから

🚄 所要:1時間50分〜2時間20分

月〜土 キングズ・クロス駅から5:50〜22:00（土6:15〜21:00)の1時間に2便
キングズ・クロス駅から9:00〜22:00の1時間に2便

🚌 所要:約5時間50分

毎日 9:30 12:30

マンチェスターから

🚄 所要:1時間15〜30分

月〜土 ピカデリー駅から4:40〜23:35の1時間に1便

日 ピカデリー駅から6:30〜23:35の1時間に1便

ニューキャッスル・アポン・タインから

🚄 所要:約1時間

月〜土 4:45〜22:46（土4:32〜21:55）に頻発

日 7:55〜22:00の1時間に頻発

i **ヨーク**
Tourist Information Centre

Map P.462B1
✉ 1 Museum St., YO1 7DT
☎ (01904) 550009
URL www.visityork.org
🕐 9:00〜17:00（日10:00〜16:30）
🚫 無休 宿の予約手数料£4＋宿泊料金の12%（デポジット）

❶はヨーク・ミンスターの近くにある

❶でもらえるガイドブック

❶ではヨークの簡単なガイドブックがもらえます。市内地図があり便利です。また、見どころやレストランなどの情報が満載です。　　　　　（大阪府　メロディ　'15春）

Information

ヨーク・バス York Passs

ヨークシャー地方の30を超す見どころにフリーパスで入ることができるほか、ツアーやレストラン、ショッピングでも数々の特典がある。❶やウェブサイトで購入可。
URL www.yorkpass.com
💰 1日券 £36、2日券 £48、3日券 £58

■ **シティ・サイトシーイング**
City Sightseeing
☎ (01904) 633990
URL www.city-sightseeing.com
9:00〜17:30の15分おき
🚫 11月〜4月上旬
💰 £12　学生£6（24時間有効）

エッセンシャル・ヨーク
Essential York

10:30発　所要:1時間30分～2時間
㊚11/28～2/1の月～金、12/21～1/2
㊚£6　学生£5
城壁や歴史的な建築物を回るツアー。

シークレット・ヨーク
Secret York

月・水・金14:15発　所要:1時間30分～2時間
㊚11/28～2/1の火・木・土・日、12/21～1/2
㊚£6　学生£5
古い建物を巡りながらヨークのもう一つの顔を探す。

ローマン・ヨーク
Roman York

土14:15発　所要:1時間30分～2時間
㊚11/28～2/1の日～金、12/21～1/2
㊚£6　学生£5
城壁などを巡りながらローマ時代のヨークを解説。

ヨーク・ウオーク York Walk
㊟(01904) 622303　URLwww.yorkwalk.co.uk
集合場所:ミュージアム・ガーデンズ・ゲート前

オリジナル・ゴースト・ウオーク・オブ・ヨーク
The Original Ghost Walk of York

20:00発　所要:約1時間　㊚£5　学生£3
ゴースト・ツアーの草分け的存在。出発場所はウーズ・ブリッジOuse Br.たもとのキングズ・アーム・パブThe King's Arm Pub。

㊟(01904) 764222
URLwww.theoriginalghostwalkofyork.co.uk

ゴースト・クリーパー
Ghost Creeper

19:30発　所要:約1時間
㊚1月、11～6月の月～木、12/25　㊚£5　学生£3
ヨークの怪奇スポットを巡るウオーキングツアー。ヨーヴィック・ヴァイキング・センター前から出発。予約不要。

㊟07947325239(携帯)　URLwww.ghostcreeper.com

無料ウオーキングツアー
2 Hour Free York Walking Tours

11:00、14:00発　所要:2時間
㊚月～木　㊚無料
ヨーク旧市街を巡りながら、建築や歴史上の人物などを解説してくれる。

フットプリンツ・ツアーズ Footprints Tours
㊟(020) 75588706　URLfootprints-tours.com
集合場所:ストーンゲイトStonegateにあるスターバックス・コーヒーの前

スクート・サイクリング・ホリデイズ
Scoot Cycling Holidays

11:00、13:30発(要事前予約)
所要2時間　㊚£25
旧市街やウーズ川など、ヨークの見どころを解説しながら自転車で巡るツアー。

㊟(01904) 720003
URLwww.scootcyclingholidays.co.uk
ヘルメット、自転車の料金は含まれている。

ヨーク・シティ・クルーズ
York City Cruise

10:30、12:00、13:30、15:00発　㊚11/30～2/1
所要30～45分　㊚片道£8　学生£7
キングズ・ステイスKing's Staithを出発し、10分後にレンダル・ブリッジを経由。ウーズ川からヨークの見どころを見学するボートツアー。

アーリー・イブニング・クルーズ
Early Evening Cruise

金～日19:30発
㊚11/1～3/27、4/13～5/22、9/7～10/23
所要1時間　㊚片道£9　往復£8
レンダル・ブリッジ発。夜景を見ながらビショップソープ宮殿まで行くクルーズ。

ヨーク・ボート York Boat
㊟(01904) 628324　URLwww.yorkboat.co.uk

■ヨーク・ミンスター
✉Deangate, YO1 7OH
㊟(01904)557216
URLwww.yorkminster.org
㊚9:00～17:00 (日12:45～17:00)
㊚12/25　㊚£10　学生£9
フラッシュ一部不可
●塔
㊚ツアーのみ見学可
(日によって開始時間は異なる)
㊚12/25　£15　学生£14
(大聖堂の入場料込み)

🚠ツアー ヨーク・ミンスターの塔
塔に上るには275段の急で狭い階段を登らなければなりません。リュックの人がいましたが、狭い階段で手すりなどに引っかかっていました。簡単な手すりのみで足場が揺れる上、途中で引き返せません。
(大阪府　メロディ　'15春)

英国最大の大伽藍　　　　　　　　　　　Map P.466
✝ ヨーク・ミンスター York Minster

　ヨーク・ミンスターは、13世紀の初めから約250年の歳月をかけ、1472年に完成したイギリス最大のゴシック建築。もともとローマ時代の要塞やノルマン朝時代の大聖堂があった場所に建てられた。カンタベリー大聖堂に次いで、イギリスでも2番目に格式があり、イングランド北部を代表する大聖堂といえる。

建物の大きさにはただ圧倒される

ステンドグラス　内部の美しいステンドグラスは必見。東の壁にあるステンドグラスは、世界最大級のもので、天地創造と世界の終わりをモチーフにしているのだが、2015年6月現在修復中（2020年に終了予定）。取り外されたステンドグラスの一部はケースに入れられて展示されている。南翼廊のステンドグラスは、バラ戦争の終結を記念して作られ、テューダー朝のバラが描かれている。北翼廊にあるステンドグラスは、13世紀に作られたもの。

チャプター・ハウスと塔　北側にあるチャプター・ハウスは会議に使用された部屋。細かな装飾の天井にも注目したい。中央の聖歌隊席には、5300本のパイプからなるパイプオルガンがある。高さ60mの塔からはヨークの町を一望にできる。

聖歌隊席入口の装飾

世界最大級の鉄道博物館　　Map P.462A1
国立鉄道博物館 National Railway Museum

かつて世界最速を誇ったマラード号

ヨーク鉄道駅のすぐ裏にある。鉄道関係の博物館としては世界最大級の規模を誇る。1829年に走った世界初の旅客鉄道であるロケット号の復元車両や、SLとしては世界最高速度（時速202km）のマラード号、さらにヴィクトリア女王を乗せた車両など、鉄道ファンならずとも思わず見入ってしまうコレクションはさすが。日本の0系新幹線の先頭車両も展示されており、車内に入って見学できる。

■国立鉄道博物館
⊠Leeman Rd., YO26 4XJ
℡08448153139
URLwww.nrm.org.uk
⊞10:00～18:00　㊖12/24～26
㊍寄付歓迎
館内撮影一部不可　　フラッシュ一部不可

ロケット号の復元車両

考古学ファン必見　　Map P.462B1
ヨークシャー博物館 Yorkshire Museum

ヨークシャーから出土したものを展示している博物館で、ミュージアム・ガーデンMuseum Gardenにある。ローマ時代の出土品、ヴァイキング時代や中世に王族が所有した財宝など貴重な品々が多いが、なかでもローマ時代のモザイクは必見だ。太古の化石から20世紀までの幅広い展示は、そのままこの地域の歴史的重要性を物語っている。博物館の左隣には、1294年に建てられ、1539年にヘンリー8世の命によって取り壊された聖メアリー修道院跡がある。

■ヨークシャー博物館
⊠Museum Garden, YO1 7FR
℡(01904)687687
URLwww.yorkshiremuseum.org.uk
⊞10:00～17:00
㊖12/25·26、1/1
㊎£7.50　学生£6.50
フラッシュ一部不可

聖メアリー修道院跡から発掘された像

刑務所だった建物を改装して造られた

465

中世の雰囲気溢れる
ヨーク旧市街
York City Centre

ヨークの旧市街は今も町の中心として、多くのショップやレストランが並んでいる。中世から続く町並みを気ままに歩いてみよう。
シャンブルズShambles 通りの両側には木骨造りの店が並ぶ。1階よりも2階、2階より3階が前に突き出し、軒がくっつかんばかりに建っている。現在は美術品や工芸品などを売る店となっている。昔は、この突き出した軒下に肉屋が肉をつり下げたという。

シャンブルズの石畳

城壁
City Wall

リチャード3世エクスペリエンスの展示

現在残る城壁はほとんど中世のものだが、今でも一部の城壁は歩くことができる。モンク・バーとミクルゲート・バーにはそれぞれ小さな博物館がある。

■**リチャード3世エクスペリエンス（モンク・バー）**
✉Goodramgate, YO1 7LQ URLrichardiiiexperience.com
開4〜10月10:00〜17:00　11〜3月10:00〜16:00
休12/25・26　料£3.50　学生£2.50
■**ヘンリー7世エクスペリエンス（ミクルゲート・バー）**
✉Micklegate, YO1 6JX URLrichardiiiexperience.com
開4〜10月10:00〜16:00　11〜3月11:00〜15:00
休12/25・26　料£3.50　学生£2.50

クリフォーズ・タワー
Clifford's Tower

ヨーク城の一部だった

13世紀にヨーク城の見張り台として造られた小さな塔。しかし、17世紀に屋根などが破壊されてしまい、現在残るのは外壁のみ。階段はかなり急だが、塔からは旧市街全体を見渡すことができる。

✉Tower St., YO1 9SA TEL(01904)646940
URLwww.english-heritage.org.uk
開夏期10:00〜18:30　冬期10:00〜16:30
休1/1、12/24〜26　料£4.30　学生£3.90

クリフォーズ・タワーからの眺めた旧市街

鉄道駅前のレイルウェイ・アーチ

宝物堂
Treasurer's House
ブーザム・バー
Bootham Bar
モンク・バー
Monk Bar
ヨーク・ミンスター
York Minster P.464
Deangate
Petergate
リチャード3世
エクスペリエンス
Richard Ⅲ Experience
Duncombe Pl.
St. Leonard's Pl.
Stonegate
Goodramgate
Aldwark
Spen Ln.
Swinegate
Colliergate
St. Saviourgate
Grape Ln.
Davy Gate
シャンブルズ
Shambles
Fossgate
Peasholme Green
Market St.
Betty's
レンダル・ブリッジ
Lendal Br.
River Ouse
レイルウェイ・アーチ
Station Rd.
Rougier St.
North St.
Tanner Row
Toft Green
Micklegate
鉄道駅
York
Brewery
P.63
ミクルゲート・バー
Micklegate Bar
ヘンリー7世
エクスペリエンス
Henry Ⅶ Experience
ヴィクトリア・バー
Victoria Bar
Bishophill Senior
Skeldergate
Bishopgate St.
Onsegate
ウーズ・ブリッジ
Ouse Br.
ヨービック・ヴァイキング・センター
Jorvik Viking Centre
ヨーク・ダンジョン
The York Dungeon
クリフォーズ・タワー
Clifford's Tower
ヨーク・キャッスル博物館
York Castle Museum
マーチャント・アドベンチャラーズ・ホール
Merchant Adventurers' Hall
フェアファックス・ハウス
Fairfax House

ヨーク・ダンジョン
The York Dungeon

絞首刑にされた強盗タービンや、魔女狩りなど、ヨークで実際に起きた恐ろしい話を再現するお化け屋敷。

✉12 Clifford St., YO19RD
TEL08714232260
URLwww.thedungeons.com
開8月10:00〜17:30
2・3・9・10月10:30〜16:30
4〜7月10:00〜16:30
11〜1月11:00〜16:00
休1/1〜5、12/25
料£15.95　学生£14.75
内部撮影不可

ヨーク

ベティズ
Betty's

1919年創業の老舗。町の中心にあるのでいつもにぎやか。夕方18:00にはピアノの生演奏が聴ける。アフタヌーンティーは£18.95～。メインは1品£6.75～。スイス産ワインも用意しており、ディナーにも利用できる。

✉6-8 St. Helen's Sq., YO1 8QP
☎(01904)659142　URLwww.bettys.co.uk
🕐9:00～21:00　休無休　🅰🄼Ⓥ　📶不可

ヨーヴィック・ヴァイキング・センター
Jorvik Viking Centre

入口では当時の衣装を着たスタッフが出迎えてくれる

ヨーヴィックとは、ヴァイキングがこの地を支配していた時代のヨークの名前。当時のヨークは、交易の中心地として栄え、特に羊毛の取引が盛んだった。このアトラクションはタイムマシンに乗ってヴァイキング時代のヨークを訪れるという設定。途中見られる市場や工房、家の様子などが、考古学的データに基づいて忠実に再現されている。

✉Coppergate, YO1 9WT
☎(01904)615505　URLjorvik-viking-centre.co.uk
🕐4/1～10/24　10:00～17:00
　10/25～11/2, 2/14～22　9:30～17:30
　11/3～2/13, 2/23～3/31　10:00～16:00
休12/24～26　£9.95　学生£7.95
　フラッシュ不可

ヨーク・キャッスル博物館
York Castle Museum

再現されたカークゲート

17世紀終わりから19世紀まで、ヨークシャー地方で使われていた家具、衣服、装飾品、武器、農具などの膨大なコレクションを展示した博物館。各時代の部屋は、今でも人が住んでいるかのように再現されている。なかでもヴィクトリア時代の通りを再現したカークゲートKirkgateがすばらしい。ショーウインドーまできれいに飾られた店が並び、馬車もあり、まるで100年前の町に迷い込んだような気がしてくる。

✉Castle Area, YO1 9RY　☎(01904)687687
URLwww.yorkcastlemuseum.org.uk
🕐9:30～17:00　休12/25-26, 1/1
£9.50　学生£8.50　フラッシュ不可

マーチャント・アドベンチャラーズ・ホール
Merchant Adventurers' Hall

木材をふんだんに使用したグレート・ホール

14世紀中頃に建てられたギルドホールで、ヨークにある中世の建造物のなかでも最も美しいといわれている。

当時のギルドは、ヨークにおける海外貿易を独占しており、この建築物を見るだけでも、その財力をうかがい知ることができる。必見は木骨造りのグレート・ホールGreat Hallで、現在でも結婚式などに使われている。

横にある石造りの小さなチャペルは1411年に改築されたものだ。

✉Fossgate, YO1 9XD　☎(01904)654818
URLwww.theyorkcompany.co.uk
🕐3～10月
　9:00～17:00（金・土10:00～15:30、日11:00～16:00）
　11～2月10:00～16:00（金・土10:00～15:30）
休11～2月の日曜, 12/25～1/1　£6　学生£5

フェアファックス・ハウス
Fairfax House

れんが造りの美しい邸宅

1760年代に建てられたジョージ王朝時代の美しい邸宅。1980年代初頭には廃墟寸前だったが、丹念に修復された。

客間のレッド・サルーンRed Saloonなど内部は、建物が建てられた当時の調度品によって美しく装飾されており、ジョージ王朝時代に作られた時計のコレクションも見逃せない。

✉Castlegate, YO1 9RN
☎(01904)655543　URLwww.fairfaxhouse.co.uk
🕐10:00～16:30（日12:30～15:30）
月曜は11:00、14:00発のガイドツアーのみ
休12/24～26　£6　学生£5　内部撮影不可

ヨーク・ブリュワリー
York Brewery

受賞歴もあるゴースト・エール

1996年創業の新鋭の醸造所。バーも併設されており、クリーミーな味わいのヨークシャー・テリアなど数種の銘柄が味わえる。醸造している銘柄は日替わりで、醸造過程の見学ツアーも行っている。

✉12 Toft Green, YO1 6JT　☎(01904)621162
URLwww.york-brewery.co.uk
🕐パブ、ショップ12:00～20:00
醸造所見学ツアーの詳細は→P.63　休日

中級ホテルやB&Bは城壁の内側にはそれほど多くはない。ブーサム・テラスBootham Ter.や町の南側などに多いが、中心部から離れてしまうのが難点。ヨークは観光地なので、シーズン中は混み合うので事前に予約しておくのがベスト。

旧市街でも設備の整ったホテル
ディーン・コート Dean Court Hotel

高級　37室
Map P.462B1

全室　全室　全室　全室　有料　無料

⊠Duncombe Pl., YO1 7EF
℡(01904)625082　FAX(01904)620305
URLwww.deancourt-york.co.uk
⑤🛏🚿£115〜
Ⓦ🛏🚿£150〜　CC AMV
レストラン🕐12:00〜23:00

　ヨーク・ミンスターのすぐ近くにあるベスト・ウエスタン系列のホテル。毎年、各種評価機関から何らかの賞を受賞している。れんが造りの古風な外観だが、客室はモダンな内装で設備も申しぶんなし。
レストラン&バー　D.C.HレストランD.C.H-the Restaurantではアフタヌーン・ティーが楽しめる。

ビアガーデンを併設した宿
ラム&ライオン・イン Lamb & Lion Inn

イン　12室
Map P.462B1

全室　全室　全室　なし　なし　無料

⊠2-4 High Petergate, YO1 7EH
℡(01904)612078
URLwww.lambandlionyork.com
⑤🛏🚿£50〜60
Ⓦ🛏🚿£60〜100　CC AMV
レストラン🕐12:00〜21:00(日〜20:00)

　ブーサム・バーに隣接している小さなイン。歴史ある建築物だが、客室はモダンな造りになっている。中庭にあるヨーク・ミンスターが眺められるビア・ガーデンが自慢。
レストラン&バー　パブではヨーク・ブリュワリー(→P.467)のエールはもちろんヨークシャーの地ビールが楽しめる。日曜はサンデーローストも出す。

数々の賞を受賞した
カールトン・ハウス Carlton House Hotel

中級　12室
Map P.462A2

全室　全室　全室　なし　なし　無料

⊠134 The Mount, YO24 1AS
℡(01904)622265　FAX(01904)637157
URLwww.carltonhouse.co.uk
⑤🛏🚿£50〜60
Ⓦ🛏🚿£75〜85　CC JMV

　1800年代のジョージ王朝様式の建物を利用したゲストハウス。過去にはヨーク・ツーリズムよりゲストハウス・オブ・ザ・イヤーを受賞したこともあり、内装、設備ともに文句なし。

日本からホテルへの電話（詳しい電話のかけ方は P.8 もご参照ください）
国際電話会社の番号 ＋ 010 ＋ 国番号44 ＋ 最初の0を除いた掲載の番号

ヨーク

中級　60室　Map P.462A2

ウィートランズ・ロッジ
Wheatlands Lodge Hotel

⊠75-85 Scarcrof Rd., YO24 1DB
℡(01904)654318
URL www.wheatlandslodge.co.uk
S £55〜
W £85〜
CC M V

全室　全室　全室　なし　無料　一部無料

家族経営の大型ホテルで30年以上の歴史を誇る。客室は広めで清潔。1階にはパブがあり、木〜土の夜にはピアノ演奏が行われることもある。

ゲストハウス　8室　Map P.462A1

アビー・フィールズ　Abbey Fields

⊠19 Bootham Ter., YO30 7DH
℡(01904)636471
URL www.abbeyfields.co.uk
S £59
W £89〜94
CC M V

全室　全室　全室　なし　無料　無料

木のぬくもりが感じられる内装が印象的。自家製のパンやフルーツサラダ付きの朝食が自慢。現金払いならS £4、W £5割引。

ゲストハウス　6室　Map P.462A1

シカモー　The Sycamore Guest House

⊠19 Sycamore Pl., YO30 7DW
℡(01904)624712
URL www.thesycamore.co.uk
O £45〜85
W £75〜90
CC A J M V(手数料2.5%別途)

全室　全室　全室　なし　有料　無料

ギリシア人とイギリス人のフレンドリーな夫婦が経営。花柄を基調とした内装はとてもかわいらしい。シャワー・トイレ共同の部屋もある。

ユース　ベッド数200　Map P.462B1 外

YHAヨーク　YHA York

⊠Water End, Clifton, YO30 6LP
℡(01904)653147
URL www.yha.org.uk
D £13〜
S W £39〜
CC J M V

なし　なし　なし　なし　無料　無料

駅前からパーク&ライド・グリーン・レーンPark & Ride Green Laneの2番バスでクリフトン・グリーンClifton Green下車。改装済みのできれい。

ホステルベッド数158　Map P.462B2

セーフステイ・ヨーク　Safestay York

⊠88-90 Micklegate, YO1 6JX
℡(01904)627720　FAX(01904)658646
URL www.safestay.com
D £16〜33.50
S W £80〜120
CC M V

一部　なし　なし　全室　なし　一部無料

18世紀に建てられたジョージ王朝様式の建物を使用している。ドミトリーのベッド数はひと部屋4〜14。朝食はコンチネンタル式。

RESTAURANT

観光地だけあり、レストランやパブは各種揃っている。おもに旧市街に点在しているが、デイビー・ゲートDavy Gateやパーラメント・ストリートParliament St.周辺が多い。毎年9月下旬にはイギリス最大のグルメフェスティバル（URL www.yorkfoodfestival.com）が行われる。

Map P.462C2
ラッセルズ　Russells

ヨークシャーの伝統料理を出す老舗。人気は何といっても肉のロースト。テーブルの上にのせられたチキン、ポーク、ビーフ、ラムなどの肉から選んで、料理人に切り分けてもらう。
⊠26 Coppergate, YO1 9NR　℡(01904)644330
⏰12:00〜15:30　17:00〜21:00（土・日12:00〜16:30　17:00〜21:00）
休12/25　CC J M V　⚡不可

英国料理

Map P.462C1
オールド・ホワイト・スワン　Old White Swan

16世紀の建物を使用し、町で最も古いパブのひとつとして知られている。ヨークで最も人気の高いパブで、ソーセージ料理を得意としている。
⊠80 Goodramgate, YO1 7LF　℡(01904)540911
⏰10:00〜24:00（金・土〜翌1:00）
休無休　CC A J M V　⚡店内可

パブ
英国料理

美しきムーア（荒野）がここにある
ヨークシャー・デイルズ国立公園
Yorkshire Dales National Park

人口	市外局番
1万9654人	0113（リーズ）

ウェスト・ヨークシャー州ほか
West Yorkshire

世界遺産に登録されているファウンテンズ・アビー

　厳しい自然と独特な文化で知られるヨークシャー・デイルズ国立公園はノース・ヨークシャーとカンブリアの間に広がり、その面積は1769km²（大阪府よりやや狭い）。ヨークシャー・デイルズの「デイルDale」は「谷」を意味し、20を超えるデイルがある。景色の多くは、青々とした緑のデイルと、白い石灰岩のそびえ立つ峰々Peaksによって構成されている。湖水地方をあたたかい自然の母と形容するなら、ヨークシャー・デイルズ地方は厳しい父の姿にたとえられるだろう。

ヨークシャー・デイルズ国立公園
観光ハイライトとエリアガイド

　ヨークシャー・デイルズ国立公園は広大。セトル・カーライル鉄道がその西側を縦断しており、その沿線にハイライトとなる町や見どころが点在している。一方、リポンやハワースなど、周辺にも魅力的な場所があり、あわせて訪れてみたい。

ファウンテンズ・アビー
（→ P.479）

ソルテア
（→ P.478）

リブルヘッド陸橋
（→ P.482）

セトル・カーライル鉄道
（→ P.477）

セトル Settle P.475

セトル・カーライル鉄道の要となる駅。町は小さいがヨークシャー・デイルズらしいのどかな風情が漂う。

リポン Ripon P.475

ヨークシャー・デイルズ東部のエリアの起点となる町。世界遺産ファウンテンズ・アビーからも近い。

ブロフ●

ダーリントン●

湖水地方

リッチモンド●

●ウィンダミア

ホウズ●   レイバーン●   ●ノーザラートン

カークビー・ロンズデール●   **ヨークシャー・デイルズ国立公園**

リポン●

●ランカスター   セトル●   ●マラム

●ヨーク

ハロゲート●

スキップトン●

キースリー●

●ハワース

ブラッドフォード●   ●リーズ

スキップトン Skipton P.474

リーズからのアクセスもよく、ヨークシャー・デイルズ南部の観光の起点。特産品のチーズでも有名。

ハワース Haworth P.480

ブロンテ姉妹ゆかりの小さな町。国立公園内ではないが、屈指の有名観光地。町並みや周囲の自然も美しい。

リーズ Leeds P.473

イングランド北部屈指の大都市なので、ノース・ヨーク・ムーアズやヨークとあわせて回るならここを起点に。

471

次ページ以降に登場する町のほか、**カーライル** `P.441` や
ヨーク `P.462`、レンタカーがあれば**湖水地方** `P.407` からも日帰
りすることができる。

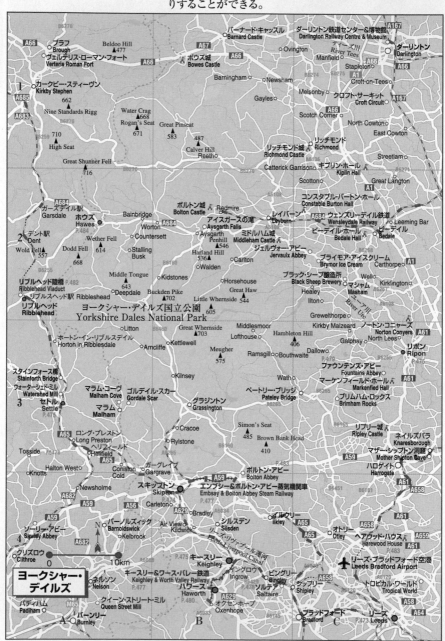

バーナード・キャッスル
Barnard Castle

ダーリントン鉄道センター&博物館
Darlington Railway Centre & Museum

ブラフ
Brough

Beldoo Hill
477

ヴェルテリス・ローマン・フォート
Verteris Roman Fort

ボウズ城
Bowes Castle

Ovington

テーズ川
River Tees

Manfield

ダーリントン
Darlington

Stapleton

Croft-on-Tees

カークビー・スティーヴン
Kirkby Stephen

Barningham

Newsham

Gayles

Melsonby

クロフト・サーキット
Croft Circuit

662

Nine Standards Rigg

Water Crag
668

Great Pinseat

North Cowton

East Cowton

Scotch Corner

710

High Seat

Rogan's Seat
671

583

487

Calver Hill
Reeth

リッチモンド城
Richmond Castle

リッチモンド
Richmond

Streetlam

Great Shunner Fell
716

Catterick Garrison

キプリン・ホール
Kiplin Hall

Great Langton

Scottona

コンスタブル・バートン・ホール
Constable Burton Hall

ガーズデイル駅
Garsdale

ボルトン城
Bolton Castle

Redmire

レイバーン
Leyburn

ウェンズリーデイル鉄道
Wensleydale Railway

Leeming Bar

ホウズ
Hawes

Bainbridge

Worton

アイスガースの滝
Aysgarth Falls

ビーデイル・ホール
Bedale Hall

ビーデイル
Bedale

デント駅
Dent

Wether Fell

Countersett

Aysgarth
Penhill
546

ミドルハム城
Middleham Castle

ジェルヴォー・アビー
Jervaulx Abbey

ブライモア・アイスクリーム
Brymor Ice Cream

Carthorpe

Wold Fell
557

Dodd Fell
668

614

Stalling
Busk

Harland Hill
536

Cariton

ブラック・シープ醸造所
Black Sheep Brewery

Wello

Kirklington

リブルヘッド陸橋
Ribblehead Viaduct

Middle Tongue
643

Deepdale

Kidstones

Walden

Horsehouse

Healey

マシャム
Masham

リブルヘッド駅
Ribblehead

Buckden Pike
702

Little Whernside

Great Haw

Ilton

リブルヘッド
Ribblehead

ヨークシャー・デイルズ国立公園
Yorkshire Dales National Park

605

544

Grewelthorpe

Kirkby Malzeard

ノートン・コニャーズ
Norton Conyers

Litton

Great Whernside
703

Middlesmoor

Hambleton Hill

Galphay

North Lees

ホートン・イン・リブルスデイル
Horton in Ribblesdale

Kettlewell

Arncliffe

Lofthouse

406

Dallow

リポン
Ripon

Meugher
575

Ramsgill

Bouthwaite

Wath

ファウンテンズ・アビー
Fountains Abbey

スタインフォース橋
Stainforth Bridge

Kilnsey

マーケンフィールド・ホール
Markenfield Hall

ウォーターシッド・ミル
Watershed Mill

マラム・コーヴ
Malham Cove

ゴルデイル・スカー
Gordale Scar

グラシントン
Grassington

ペートリー・ブリッジ
Pateley Bridge

プリムハム・ロックス
Brimham Rocks

セトル
Settle

マラム
Malham

Cracoe

Simon's Seat
485

リプリー城
Ripley Castle

ロング・プレストン
Long Preston

ヘリフィールド
Hellifield

Rylstone

Brown Bank Head
410

ネイルズバラ
Knaresborough

Tosside

Halton West

Coniston
Cold

ガーグレイヴ
Gargrave

ボルトン・アビー
Bolton Abbey

マザー・シップトン洞窟
Mother Shipton Cave

ハロゲイト
Harrogate

Knotts

Newsholme

スキップトン
Skipton

Carleton

エンブシー&ボルトン・アビー蒸気機関車
Embsay & Bolton Abbey Steam Railway

ソーリー・アビー
Sawley Abbey

バーノルズウィック
Barnoldswick

Kelbrook

Air View
Kildwick

シルスデン
Slisden

イルクリー
Ilkley

オトリー
Otley

ヘアウッド・ハウス
Harewood House

クリズロウ
Clithroe

0

10km

ネルソン
Nelson

キースリー
Keighley

イングロウ
Ingrow

ビングリー
Bingley

シップリー
Shipley

リーズ・ブラッドフォード空港
Leeds Bradford Airport

ヨークシャー・
デイルズ

キースリー&ワース・バレー鉄道
Keighley & Worth Valley Railway

ソルテア
Saltaire

トロピカル・ワールド
Tropical World

パディハム
Padiham

クイーン・ストリート・ミル
Queen Street Mill

ハワース
Haworth

オクセンホープ
Oxenhope

ブラッドフォード
Bradford

リーズ
Leeds

バーンリー
Burnley

A

B

C

起点の町

リーズ
Leeds

　リーズは19世紀に毛織物産業をてこに大きく発展した町。商業の伝統は今も生きていて、個性的なショッピングセンターがにぎわいを見せる。この地方の交通の要衝でもあり、ヨークシャー・デイルズ国立公園、ハワースへの起点にもなる。

歩き方　リーズはシティ駅を中心に広がっている。メインストリートはシティ駅前から北に延びる**パーク・ロウ**Park Rowと、美術館やタウンホールがある**ザ・ヘッドロウ**The Headrow。❶は美術館の中にある。

中心部　駅の北東が広い歩行者天国となっており、おもなショッピングセンターが点在している。特に**ブリゲイト**Briggateは多くのショップが並び、人どおりが絶えない。

交通情報　鉄道駅　シティ駅は市街地の南にある。主要幹線をはじめ、セトル・カーライル鉄道など多くの路線の列車が発着する。ターミナルやプラットホームも近代的。改札門があるので、切符はなくさないように。

バスステーション　ナショナル・エクスプレスの長距離バスは**カークゲート・マーケット**Kirkgate Marketの横にあるコーチステーションに到着。中・近距離バスや近郊へのバスは、その東隣のシティ・バスステーションに発着する。内部はつながっており、乗り換えは非常に便利。

Access Guide
リーズ

ロンドンから

🚆	所要：2時間13分〜2時間26分
月〜土	キングズ・クロス駅から5:50〜21:35の1時間に2便
日	9:03〜22:25の1時間に1〜2便
🚌	所要：4時間〜4時間45分
毎日	7:00〜21:00の1時間に1〜2便

ヨークから

🚆	所要：23〜39分
月〜土	5:08〜23:06の1時間に2〜5便
日	5:30〜23:17の1時間に2〜5便

マンチェスターから

🚆	所要：49〜57分
月〜土	ピカデリー駅から5:47〜22:19の1時間に3〜4便
日	9:51〜20:37の1時間に1便 ヴィクトリア駅からも便あり

i　リーズ
Tourist Information Centre

Map P.473A1
✉Art Gallery Shop,The Headrow
LS1 3AA
☎(0113)3957116
🖥www.visitleeds.co.uk
🕐10:00〜15:00（日12:00〜16:00）
🚫無休

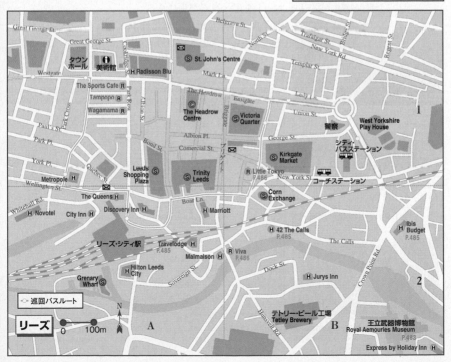

リーズの見どころ
王立武器博物館➡ P.483
ヘアウッド・ハウス➡ P.483

市内バス リーズ中心部を巡回するバスは鉄道駅やコーチステーション、シティ・バスステーションにも停車する。運賃は£0.50。ただし、ルートは時計回りのみの運行で、逆回りはないので注意が必要。

ホテル リーズはビジネス都市なので中高級の大型ホテルは駅周辺に多く、週末割引があるホテルが多い。町の中心部には、大学周辺以外でゲストハウスはない。

Access Guide
スキップトン
リーズから
所要：45分
月〜土　5:45〜22:17の1時間に2〜3便
日　8:32〜21:22の1時間に1〜2便
セトルから
所要：25分
月〜土　7:27 10:32 13:32 15:45 17:57 19:51
日　11:04 14:38 16:46 18:41
所要：40分
月〜土　7:55〜17:40の1時間に1便
日　9:00 9:30 13:00 16:30
ソルテアから
所要：28分
月〜土　5:44〜23:35の1時間に2〜3便
日　8:56〜23:34の1時間に1〜2便

起点の町

スキップトン
Skipton

唯一ともいえるヨークシャー・デイルズの玄関口。ローカルフードのショッピングも楽しい。

スキップトンのハイ・ストリート

歩き方 町のメインストリートとなるのは、ハイ・ストリートHigh St.と、そこから続くキースリー・ロードKeighley Rd.。ハイ・ストリートを進むと、町のシンボル、スキップトン城がある。ショップやカフェはだいたいこの通りとその周辺にある。

交通情報 鉄道駅は町の西にあり、中心部まで徒歩5〜10分ほど。バスステーションは、町の中心からキースリー・ロードを南へ進んだ先にある。

ホテル ホテルは中心部には少なく、バスステーションの先にあるキースリー・ロードの周辺に集中している。レストランは町中に点在しており、パブや手軽なレストランなど種類も多い。

スキップトンの鉄道駅。リーズからの列車の多くはこの駅が終点となる

i スキップトン
Tourist Information Centre
Map P.474　⊠High St, BD23 1AH
TEL(01756)792809
URL www.skiptononline.co.uk
圏9:30〜16:00（日10:00〜16:00）
休11〜3月の日
宿の予約：1泊目の宿泊料金の10%
（デポジット）

スキップトン

スキップトンの見どころ
スキップトン城➡ P.483

セトル
Settle
起点の町

セトル

ヨークシャー・デイルズで一番美しい駅と評されるのが、セトルの駅。セトルはその駅に冠された評価に負けないくらい小さいながらも美しく穏やかな町。セトル・カーライル鉄道の駅があることから、ここを拠点にヨークシャー・デイルズを楽しむ人が多いが、それほど大きな町ではない。

歩き方 マーケット・プレイスの周辺が町の中心。小さな町なので10分もあれば端から端まで歩ける。

交通情報 鉄道駅を出てステーション・ロードStation Rd.を右手（東）へ3分ほど進むと、メインストリートであるデューク・ロードDuke Rd.に出る。

Access Guide
セトル
カーライルから
所要:1時間40分

月~土 5:50 8:53 14:04 15:06 16:18 18:14
日 9:25 15:59 15:20 17:00 17:59

i セトル
Tourist Information Centre
Map P.475上
✉ Town Hall, BD24 9EJ
TEL(01729)825192
URL www.settle.org.uk
🕐 9:30~16:00
休水・木・日、12/25・26、1/1

キースリー
Keighley
起点の町

キースリーはハワースへの起点となる町で、キースリー・ワースバレー保存鉄道もここから出発する。

歩き方 タウンホールTown Hallの周辺が町の中心で、ショップやレストランが多い。ホテルの数は少ない。

交通情報 キースリーの鉄道駅とバスステーションはやや離れている。駅を出たら左（南東）に出て、大型スーパー、センズベリーSainsbury'sの前をまっすぐ進むとバスステーションに出る。タウンホールはその先にある。

Access Guide
キースリー
ハワースから
所要:18分

月~土 6:07~23:16の1時間に1~3便
日 10:42~23:02の1時間に1~2便

キースリー

リポン
Ripon
起点の町

町の起源はアングロ・サクソン7王国時代 ☞ P.607 まで遡り、中世には羊毛業で栄えた。宗教都市としても有名で、古来から多くの巡礼者がこの地を訪れており、町の東にあるリポン大聖堂の地下には7世紀当時の礼拝堂が今も残っている。世界遺産ファウンテンズ・アビーへの起点でもある。

リポン

交通情報 バスステーションはマーケット・プレイスに隣接している。この周辺が町の中心で、ノース・ストリートNorth St.やクイーン・ストリートQueen St.などにレストランやショップ、宿などが並んでいる。

Access Guide
リポン
リーズから
所要:1時間37分

月~土 6.30、7.05~19.45の1時間に3~4便、20:15、21:15、22:15
日 8:05~22:15の1時間に1~3便

i リポン
Tourist Information Centre
Map P.475下
✉ Town Hall, Market Pl., HG4 1BP
TEL(01765)604625
🕐4~10月9:00~17:00
　（日9:00~13:00）
　11~3月13:00~16:00
休11~3月の日~水・金

リポンの見どころ
リポン大聖堂 ➡ P.484
ファウンテンズ・アビー ➡ P.479

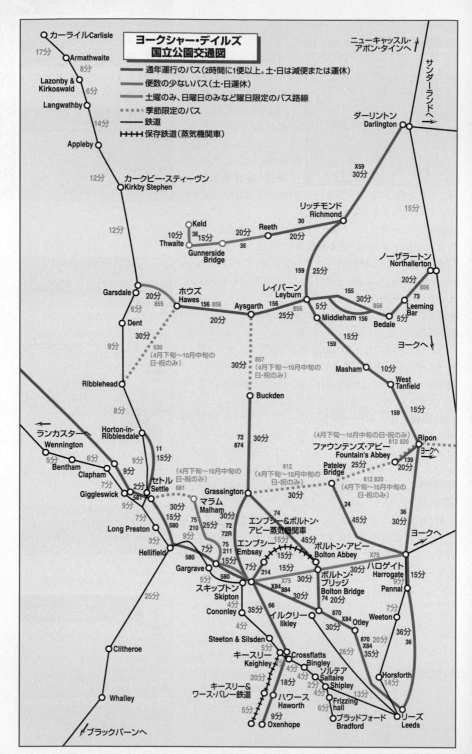

ヨークシャー・デイルズ
国立公園交通図

通年運行のバス（2時間に1便以上。土・日は減便または運休）
便数の少ないバス（土・日運休）
土曜のみ、日曜日のみなど曜日限定のバス路線
季節限定のバス
鉄道
保存鉄道（蒸気機関車）

カーライルCarlisle
17分
Armathwaite
8分
Lazonby &
Kirkoswald
6分
Langwathby
14分
Appleby
12分
カークビー・スティーヴン
Kirkby Stephen
12分
Garsdale
20分
855
6分
Dent
9分
30分
Ribblehead
8分
Horton-in-
Ribblesdale
ランカスターへ
Wennington
5分
Bentham
6分
Clapham
7分
9分
Giggleswick
9分
セトル
Settle
581
7分
Long Preston
3分
Hellifield
25分
Gargrave
5分
580
Clitheroe
スキップトン
Skipton
4分
Cononley
4分
Steeton & Silsden
5分
キースリー
Keighley
18分
キースリー＆
ワース・バレー鉄道
Whalley
ハワース
Haworth
5分
9分
Oxenhope
ブラックバーンへ

Keld
36
10分
Thwaite 15分
Gunnerside
Bridge
36
20分
Reeth
20分
リッチモンド
Richmond
30
ホウズ
Hawes 156 856 Aysgarth 156
20分
レイバーン
Leyburn
156
856
25分
20分
Buckden
72
874
30分
マラム
Malham
30分
Grassington
75
210
72
72R
75
211
エンブシー
Embsay
580
214
ボルトン・アビー蒸気機関車
エンブシー＆ボルトン・
7分
X75
X84
884
30分
66
35分
イルクリー
Ilkley
4分
Crossflatts
Bingley
4分
4分
ソルテア
Saltaire
2分
Shipley
4分
Frizzing
hall
6分
ブラッドフォード
Bradford
45分
ボルトン・アビー
Bolton Abbey
15分
15分
ボルトン・
ブリッジ
Bolton Bridge
74 20分
870
X84
Otley
30分
870
X84
ソルテア

ダーリントン
Darlington
X59
30分
15分
159 25分
155
30分
856
Middleham 156
159
15分
Masham
10分
857
(4月下旬〜10月中旬の
日・祝のみ)
30分
812
(4月下旬〜10月中旬の
日・祝のみ)
812 820
ファウンテンズ・アビー
Fountain's Abbey
(4月下旬〜10月中旬の日・祝のみ)
812 820
Pateley
Bridge 25分
24
45分
812 820
(4月下旬〜10月中旬の
日・祝のみ)
30分
74
ノーザラートン
Northallerton
20分
856
73
Leeming
Bar
5分
Bedale
5分
ヨークへ
West
Tanfield
159 15分
Ripon
ヨークへ
139
20分
36
30分
36
30分
ヨークへ
ハロゲイト
Harrogate 15分
X75
30分
Pannal
7分
Weeton
36分
36
20分
35分
26分
Horsforth
14分
13分
リーズ
Leeds

ニューキャッスル・
アポン・タインへ
サンダーランドへ

石830
(4月下旬〜10月中旬の
日・祝のみ)

2分
581
881
30分
15分
580
9分
580
75
25分
4分

476

ヨークシャー・デイルズ国立公園
エリア内の交通

鉄道

セトル・カーライル鉄道

19世紀にセトル～カーライル間に造られた路線。現在では、リーズ～カーライル間を結び、ヨークシャー・デイルズを縦断している。全長116kmの間に22の陸橋と14のトンネルがあり、その車窓から見る風景はすばらしい。ただし、スキップトンから北へは極端に便数が少なくなる。

セトル・カーライル鉄道

バス

リーズ、キースリー、スキップトンがおもなターミナルとなっている。バスの便は決して多くはなく、沿線以外の町や見どころへのバスの便は、ハイシーズンでさえ週末しか運行しないことも多い。❶で時刻表をもらって計画を練ろう。

セトル駅は英国屈指の美しい駅といわれる

レンタカー

この地域の空港であるリーズ・ブラッドフォード空港をはじめ、リーズ駅など主要駅ではレンタカーショップがある。公共交通が必ずしもいいとはいえないこのエリアでは非常に便利。

■スキップトン・セルフ・ドライブ
Skipton Self Drive
Map P.474
⊠Otloy Rd., BD23 1EY
TEL(01756)792911
URLwww.skiptonselfdrive.co.uk
圏8:00～17:30
(土8:00～17:00、日8:30～12:00)
休12/25・26、1/1　圏1日£29.95～

保存鉄道

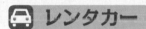

キースリー&ワース・バレー鉄道
Keighley & Worth Valley Railway

土・日は通年、イギリスの学校の夏休み(7・8月)に9:00頃～17:00まに1時間に1便程度　所要25分
圏キースリー～ハワース片道£5.50　往復£11

ハワース駅

キースリーとオクセンホープOxenhopeとを25分で結んでいる。停車駅は全部で6つで、ハワースはオクセンホープのひとつ手前の駅になっている。デイムス駅Damesはイギリスで最も小さい鉄道駅。蒸気機関車とディーゼル車で運行されているが、曜日や時期によっても運行形態が大きく異なるので時刻表を確認しよう。

TEL(01535)645214　URLkwvr.co.uk

エンブシー&ボルトン・アビー蒸気機関車
Embsay & Bolton Abbey Steam Railway

6・7・9・10月の火・土・日、
8月(毎日)、11月の土・日、12月の日曜
10:30～17:00の1時間に1便程度
所要15分　圏片道£6　往復£10
エンブシーとボルトン・アビーを結ぶ蒸気機関車。8月は毎日運行している。1965年に廃止されたが現在は有志によって運行されている。

TEL(01756)710614
URLwww.embsayboltonabbeyrailway.org.uk

リーズ・リヴァプール運河クルーズ

ペナイン・ボート・トリップ
Pennine Boat Trips

3～10月の10:30～日没
所要30分　圏£4

クルーズに使われるナローボート

リーズ・リヴァプール運河はもともとは石や石炭の搬送のために造られた水路で、イギリスで2番目に長く、全長127マイル(204.4km)で、内陸に入り込んでいるのが特徴である。現在は運送用としては使われておらず、もっぱら観光客のクルーズ用運河となっている。

ペナイン・ボート・トリップスなどのクルーズ船に乗って、19世紀の古い町並みを色濃く残すスキップトンの町、雄大なヨークシャーの荒野を優雅にクルーズで楽しむことができる。

⊠19 Coach St., BD23 1LH
TEL(01756)795478　URLwww.penninecruisers.com

ペナイン・ボート・トリップのオフィス

レトロな佇まいのボルトン・アビー駅

世界遺産
詳細ガイド

ヴィクトリア朝様式の美しい町並み
ソルテア *Saltaire*

モデルビレッジ　19世紀、産業革命の時代に地元の有力者、タイタス・ソルトによって造られたモデルビレッジ。ソルトが所有する毛織物工場の労働者のため、住居や教会や学校を含めた総合的都市設計で造られた。町全体にヴィクトリア朝様式の建物が並ぶ独特の景観が世界遺産に登録されている。

ソルテアの歩き方　ソルテア駅を出て目の前に見える建物がソルツ・ミルSalts Mill。かつてはソルテアの中心をなす工場だった。現在は閉鎖され、ギャラリーやカフェなどが並んでいる。ソルツ・ミルからヴィクトリア・ロードVictoria Rd.を南に行くと、学校や病院などがある。

町のシンボル、ライオンの像

ビジターセンター

ソルツ・ミル

ソルテア公園
Saltaire Park

ウェア川

ニュー・ミル
New Mill

リーズ・リヴァプール運河

ビジターセンター

合同改革派教会

食堂

ソルテア駅

ソルツ・ミル
Salts Mill

Albert Ter.

共同
洗場跡
Caroline St.

George St.

WC

Victoria St.

学校

ヴィクトリア・ホール

学校
学校

Titus St.

教会

ヴィクトリア・ストリート

Saltaire Rd.

救貧院

診療所

ヴィクトリア・ホール

合同改革派教会

DATA

■ソルテアへの行き方
🚂リーズからスキップトン方面への列車が7:25（日8:40）～23:18に30分～1時間に1便程度運行。所要15分
■ソルツ・ミル
✉Salts Mill, BD18 3LA
☎(01274)531163
🌐www.saltsmill.org.uk
🕐10:00～17:30（土・日～18:00）　🚫12/25・26、1/1
💰無料　フラッシュ不可

■合同改革派教会
✉Victoria Rd., BD18 3LF
☎(01274)542510
🌐saltaireurc.org.uk
🕐日14:00～16:00
🗓イースター～9月の月～土、10月～イースター
💰寄付歓迎

世界遺産
詳細ガイド

巨大な修道院の廃墟
ファウンテンズ・アビー *Fountains Abbey*

チケットはビジターセンターで購入できる

巨大なシトー派修道院 ファウンテンズ・アビーは12世紀に創建されたシトー派の修道院。敷地内に残る厨房や僧坊などから修道士たちの当時の生活を知ることができる。同派の修道院としてはイギリス最大で、広大な土地と莫大な富を誇ったが、16世紀に修道院が閉鎖されてからは廃墟になってしまった。

廃墟となった後に庭園へ 17世紀に引退した政治家ジョン・エズラビーが周辺の土地を買い取り、庭園造りを始める。彼の息子であるウィリアム・エズラビーがファウンテンズ・アビーなども買い取ると、廃墟だった修道院は美しい景観をもつ庭園へと変化した。

　庭園は1983年にナショナル・トラストの管理下におかれ、1986年には「ファウンテンズ修道院遺跡群を含むスタッドリー王立公園」として世界遺産に登録された。周囲の自然も美しく、ウオーキングにもぴったりだ。

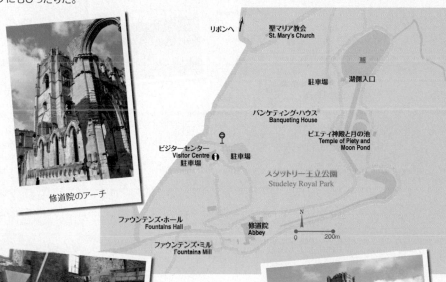

リポンへ

聖マリア教会
St. Mary's Church

湖

駐車場

湖側入口

バンケティング・ハウス
Banqueting House

ピエティ神殿と月の池
Temple of Piety and
Moon Pond

ビジターセンター
Visitor Centre
駐車場

駐車場

スタッドリー王立公園
Studeley Royal Park

ファウンテンズ・ホール
Fountains Hall

修道院
Abbey

N

0　　　200m

ファウンテンズ・ミル
Fountains Mill

修道院のアーチ

ファウンテンズ・ミル

西側から見た修道院跡

DATA

■**ファウンテンズ・アビー
への行き方へ**
🚌リポンのバスステーションから139番のバスがアビーのビジターセンター前まで行く。月〜土は1日2便、日曜は1日8〜9便（夏期のみ）。所要10〜25分。

リポンとファウンテンズ・アビーを結ぶミニバス

■**ファウンテンズ・アビー**
✉Fountains, Ripon, HG4 3DY
☎(01765)608888
🌐www.nationaltrust.org.uk
🕐3/30〜10/25 10:00〜18:00
　10/26〜3/29 10:00〜17:00
🚫10/26〜1/31の金
💷£11

ヒースが生い茂る『嵐が丘』の舞台
ハワース
Haworth

『嵐が丘』、『ジェーン・エア』など、英国文学史に偉大な足跡を残したブロンテ姉妹（エミリー・ブロンテ ☞ P.606、シャーロット・ブロンテ ☞ P.607）。果てしなく続く荒野に、吹きすさぶ風という『嵐が丘』の世界がそのまま広がる大地。ハワースの町には、彼女たちが住んでいた家をはじめとして、数々のゆかりの地が残っている。

ハワースのメイン・ストリート

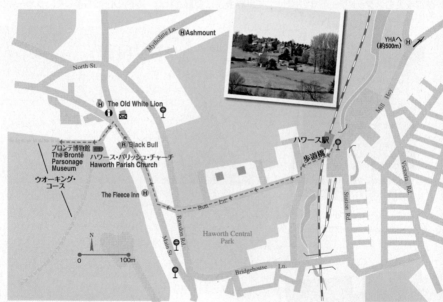

ブロンテ博物館
The Brontë Parsonage Museum
ハワース・パリッシュ・チャーチ
Haworth Parish Church
The Old White Lion
R Black Bull
ウオーキング・コース
The Fleece Inn
H Ashmount
North St.
Mytholme Ln.
Rawdon Rd.
Main St.
Haworth Central Park
Butt Ln.
Bridgehouse Ln.
ハワース駅
歩道橋
Station Rd.
Mill Hey
Victoria Rd.
YHAへ（約500m）
N
0　　100m

ブロンテ博物館
The Brontë Parsonage Museum

　ブロンテ一家が 1820 年から 1861 年まで住んでいたこの家は、1779 年に建てられた小さなジョージ王朝様式の建物。内部は、一家が住んでいた当時のように再現されている。アンが好きだったロッキングチェアーや、エミリーがその上で亡くなったというソファまでもが残され、ブロンテ姉妹の当時の暮らしぶりを知ることができる。当時の衣装もあり、これを着てムーアの中を走り回っていたのかと思うと、頭の中を『嵐が丘』の世界が駆け巡る。

　建物を少し拡張して展示室が設けてあり、姉妹やそれをとりまく人々の生い立ちなどがわかるようになっている。スケッチなど、数多くの遺品や遺稿もここに展示されている。

✉Church St., BD22 8DR
TEL(01535)642323　URLwww.bronte.org.uk
圃4〜9月10:00〜17:30　10〜3月10:00〜17:00
最終入場は閉館の30分前
困12/24〜27、1/2〜8　料£7.50　学生£6.50

ハワース・パリッシュ・チャーチ
Haworth Parish Church

この教会では、姉妹の父親で、牧師のパトリックが説教をしていた。塔以外は当時の建物ではないが、教会の外観や礼拝堂内部は静かで落ち着いている。

ここには、ブロンテ一族の没した年月日を印した石版もあり、一族と教会との深い結びつきを感じさせられる。この教会近くの地下納骨堂に、スカーボロの聖メアリー教会に眠るアン以外のブロンテ一族が安らかに眠っている。

✉2 Prospect Dri., Fell Ln., BD22 6DD
🕐夏期9:30～17:00 冬期9:00～16:00
休不定期 料寄付歓迎

ブラック・ブル
Black Bull

ハワース・パリッシュ・チャーチのすぐ横。パブは長い歴史をもっており、3姉妹の兄弟であり、彼女たちの肖像画を描いたパトリック・ブランウェル・ブロンテも常連だったという。彼が座っていた椅子のレプリカが置かれている。食事も出している。

✉119 Main St., BD22 8DP
☎(01535)642249 🕐12:00～23:00
休無休 CC M V

■ハワースへの行き方
🚌 キースリーから500、664、665、720番のバス、またはキースリー＆ハワース・バレー鉄道(→ P.477）で。マンチェスターからはヴィクトリア駅発、リーズ行きに乗り、ヘブデン・ブリッジ Hebden Bridge へ所要40分。ここから500番のバスに乗りハワースへ。
■ハワースの🅘
✉2-4 West Ln., BD22 8EF
☎(01535)642329
URL www.visitbradford.com
🕐5～10月10:00
（木10:30）～17:00
11～4月10:00
（木10:30）～16:00
休無休
宿の予約はデポジットとして1泊目の宿泊料金の10%

ウォーキング情報が豊富

オールド・ホワイト・ライオン
The Old White Lion Hotel

18世紀の建物を改装しており、室内は明るめの内装で機能的な造り。1階は伝統的な内装のパブになっており、郷土料理を出している。

✉Main St., BD22 8DU
☎(01535)642313 FAX(01535)646222
URL oldwhitelionhotel.com
S🛏 £69.75 W🛏🛏 £97.50
CC A M V パブ11:00～23:30（土11:30～21:30、日12:00～21:30）

📺 💨 🧴 🍽 🅿 📶Wi-Fi
全室 希望者 全室 全室 無料 無料

フリース・イン
The Fleece Inn

室内はカントリー調で明るい感じにまとめられており、眺めのよい部屋も多い。パブで出している地ビールのティモシー・テイラーはクリーミーで飲みやすい。スモークサーモンやワッフルの朝食付き。

✉67 Main St., BD22 8DA
☎(01535)642172 URL fleeceinnhaworth.co.uk
S🛏 £35～50 W🛏🛏 £70～85
CC A J M V パブ9:00～22:00

📺 💨 🧴 🍽 🅿 📶Wi-Fi
全室 希望者 全室 全室 無料 無料

アシュマウント
Ashmount

ブロンテ一家にゆかりのある元医師の家を利用している。重厚な邸宅で、前庭からの眺めがすばらしい。18世紀に建てられた建物の内部はアンティークな雰囲気。7室がバスタブ付きで、露天風呂もある。

✉Mytholmes Ln., BD22 8EZ
☎(01535)645726 FAX(01535)642550
URL www.ashmounthaworth.co.uk
S W🛏 🛏🛏 £90～225 CC M V

📺 💨 🧴 🍽 🅿 📶Wi-Fi
全室 希望者 全室 全室 無料 無料

🚆セトル 発6:36、9:50、11:46、13:48、15:45（日曜10:11、10:35、14:58、18:35）など。リブルヘッドからの戻りは7:14、10:17、13:17、15:29、17:42、19:37（日曜10:49、14:23、18:25、19:22）。所要14〜17分

●リブルヘッド駅の展示スペース
✉Rydal Rd., LA22 9AN
🕐11:00〜16:00　🚫11月〜イースター
館内撮影不可

リブルヘッド陸橋
Ribblehead Viaduct

フットパス

B6255

N

H Station Inn

0　　200m

リブルヘッド駅

荒野（ムーア）に架かる陸橋

リブルヘッド陸橋
Ribblehead Viaduct

荒涼とした大地の上に延びる陸橋

　24本の柱によって支えられる鉄道橋リブルヘッドRibblehead Viaductはセトル・カーライル鉄道のハイライト。リブルヘッド駅からB6255の通りに出て、フットパスを左に進むと、巨大な鉄道橋が見え始める。

　リブルヘッド駅は125年以上前に建てられた古い駅舎。駅内の展示スペースではセトル・カーライル鉄道の歴史をパネルなどを使って紹介している。

フットパスの看板

🚶 walk

『嵐が丘』の足跡を追う約10kmのフットパス

ハワースからブロンテ・ウェイを歩く

　ハワースとその周辺はブロンテ・カントリー Brontë Country とも呼ばれるように、観光の醍醐味は、フットパスを歩きながらブロンテゆかりの地を訪れることだ。

　ハワースの町から南西にかけて広大なムーア（荒野）が続く。ここは、幼いブロンテ姉妹の遊び場だった。彼女たちは、毎日のようにムーアに住む野生動物を観察したり、空想にふけったりしていた。

ブロンテの滝とブロンテ・ブリッジ　パリッシュ・チャーチから西へ向かうとペニストン・ヒル Penistone Hill へ出る。この丘からフットパスを進んで行くと、ブロンテの滝とブロンテ・ブリッジに着く。この場所は姉妹のお気に入りだった所。小川に架かる小さな石造りの橋がブロンテ・ブリッジ、その奥には、雨上がりが最高に美しいといわれるブロンテの滝がある。

トップ・ウィズンズ　現在、建物はほとんど残っておらず、壁のみが一部残る廃墟。このあたりが、小説『嵐が丘』のモデルとなったといわれている。

　遠くを流れゆく暗雲。ヒースで敷き詰められた荒涼とした丘を吹き抜ける強い風。大きな2本のカエデの木のもとで廃墟と化したトップ・ウィズンズ。まさにすべてが『嵐が丘』の世界。

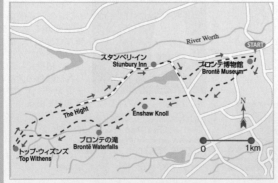

River Worth

START

スタンベリ・イン
Stunbury Inn

ブロンテ博物館
Brontë Museum

The Hight

Enshaw Knoll

N

ブロンテの滝
Brontë Waterfalls

トップ・ウィズンズ
Top Withens

0　　1km

■コース詳細
スタート地点：ハワース・パリッシュ・チャーチ
往復所要時間：2時間〜3時間30分
総延長：10km
ブロンテの滝まで往復約8km、所要2時間〜2時間30分ほど、トップ・ウィズンズまで往復約10km、所要3時間〜3時間30分ほど。❶ではさまざまなウオーキングコースやハイキングコースを紹介した地図も取り揃えている。まずここでウオーキングの資料を集めるといい。

大自然のなかにある
ボルトン・アビー
Bolton Abbey

Map P.472B3・B4

イルクリー近郊

荒野にたたずむ廃墟

ボルトン・アビーをひと言で説明するのは難しい。歴史ある教会や廃墟があり、川が流れ、村があり、トレッキングルートが多数ある。言うなればボルトン・アビー自然公園。広大な敷地内をゆったりと流れるワルフ
ァ川Wharfaでは、水浴びや釣りを楽しむ人々、シダの藪を訪れるライチョウを愛でるバードウオッチャー、12世紀に建てられた聖アウグスティヌスの修道院や古代の廃墟バーデン・タワー Barden Towerを訪れる人々が、思いおもいの休日を過ごしている。また、エンブシーとボルトン・アビー間には蒸気機関車（→P.477）も走っている。

ノルマン様式の堅固な城
スキップトン城
Skipton Castle

Map P.474

スキップトン

スキップトン城はイギリスで最も保存状態のよい中世の城のひとつ。スコットランドからの侵入に対して1090年に建てられた木製の砦が起源で、その後襲ってくる敵に対して守りを強化すべく、ノルマン様式の石の城に取り替えられ、900年以上スキップトンの町の高台に位置している。クロムウェル ☞P.607によって破壊されたが、すぐに再建され、現在の姿になっている。

世界中の武器を展示
王立武器博物館
Royal Armouries Museum

Map P.473B2

リーズ

7万点を超える武器や鎧などのコレクションから約5000点を展示している。代表的な展示はヘンリー8世 ☞P.610が着用していた鎧や兜、「世界最大の動物用の鎧」としてギネスブックにも記載されているゾウの鎧、1610年に江戸幕府からジェイムス1世に贈られた胴丸鎧など。

王女の住まいでもあった
ヘアウッド・ハウス
Harewood House

Map P.472C4

リーズ近郊

1759年にヘアウッド伯爵によって建てられた邸宅。以降、代々ヘアウッド家が継承し、ジョージ5世の娘のメアリー王女がヘアウッド伯ヘンリー・ラッセルと結婚し、1965年にその死を迎えるまでここに35年暮らした。当時の調度品も保存、展示されている。広い庭園や池も非常に魅力的。

■ボルトン・アビー
🚂🚌イルクリー駅から74番のバスが1日3便（10:10、13:45、18:30発）。ボルトン・アビー発イルクリー駅行きは9:36、13:16、18:07発。日曜運休。
🚂エンブシー＆ボルトン・アビー蒸気機関車がエンブシー〜ボルトン・アビー間を運行。エンブシーへはスキップトンからバス（日曜運休）で行ける。
TEL(01756)718000
URL www.boltonabbey.com
開3月下旬〜5月、9月〜10月下旬9:00〜19:00
6〜8月9:00〜21:00
10月下旬〜3月下旬9:00〜18:00
休無休 料無料

重厚なスキップトン城の門

■スキップトン城
⊠Skipton Castle, BD23 1AW
TEL(01756)792442
URL www.skiptoncastle.co.uk
開3〜9月10:00〜18:00
（日12:00〜18:00）
10〜2月10:00〜16:00
（日12:00〜16:00）
休12/25 料£7.50 学生£6.60

■王立武器博物館
⊠Armouries Dri, LS10 1LT
TEL(0113)2201999
URL www.royalarmouries.org
開10:00〜17:00 休12/24〜26
料無料 フラッシュ不可

迫力のあるゾウの鎧

■ヘアウッド・ハウス
🚂🚌リーズとハロゲイトを結ぶ36番のバスがヘアウッド・ハウスの前をとおる。リーズ、ハロゲイトからも所要20分。
⊠Harewood, LS17 9LQ
TEL(0113)2181000
URL harewood.org
開10:00〜18:00 休11/3〜4/4
料£10〜14.50 館内撮影不可

■リポン大聖堂

✉Minster Rd., HG4 1QT
☎(01765)603462
🌐www.riponcathedral.org.uk
🕐9:30〜18:00　休無休
料寄付歓迎　写真撮影£1

Access Guide
ホウズ

●リポンから
🚌11:40、14:55発の159番（日曜運休）のバスで約53分のレイバーンLeyburnに行き、12:45か16:45番の156番（日曜運休）のバスに乗り換えて約55分
●リーズから
🚃ノーザラートンNorthallertonまで約45〜50分。日中毎時2〜3便。ノーザラートンから73番のバス（月〜土の日中30分おき、日曜運休）で25分のビーデイルBedaleに行き156番（10:20〜16:20の2時間おき、日曜運休）のバスに乗り換えて1時間20分

ホウズ
Tourist Information Centre
Map P.485
✉Station Yard, DL8 3NT
☎(01969)666210
🕐10:00〜17:00　休1月
宿の予約:1泊目料金の10%（デポジット）

7世紀の礼拝堂が今も残る
リポン大聖堂　Ripon Cathedral

Map P.475下　リポン

7世紀後半、ノーサンブリア地方で活躍した聖ウィルフリッドが672年に建設した。現在の大聖堂は12世紀に建てられたものが基盤となっているが、地下には7世紀当時の礼拝堂がそのまま残っており、当時の様子が垣間見れる。

ゴシック様式の大聖堂

ヨークシャーデイルズの小さな村
素朴な村の生活風景が心を癒やす
ホウズ
Hawes

Map P.472A2

小さな保養地、ホウズ。交通の便は極めて悪いが、苦労してでも訪れたい村だ。「チョコレート・ボックス」と形容される、絵はがきのような風景も多くの旅行者を魅了してやまない。端から端まで歩いて20分ほどと村の規模は小さいが、ここで生活するデイルズの人々は活気がある。

ホウズの町並み

石灰岩群の大パノラマ広がる
walk　マラムからマラム・コーヴとゴルデイル・スカーへ

マラムは小さな村だが、マラム・コーヴとゴルデイル・スカーの風景が、世界中からの旅行者を集めている。

マラム・コーヴ　マラム・コーヴはコーヴ・ロード沿いに進むとフットパス入り口があり、片道約30分ほど。マラム・コーヴは円形劇場型の石灰岩の壁が押し迫ってくるような迫力があり、削り取られた石灰岩が不気味な姿をさらしている。その形成は氷河期時代に始まり、長い年月をかけて現在の形になった。

マラム・コーヴへ続くフットパス

ゴルデイル・スカー　ゴルデイル・スカーは起伏に富んだ石灰岩の丘陵地帯。たどり着くまでの道程は厳しいが、緑の絨毯に敷き詰められたフットパスを進むと、ゴルデイル・スカーの景色が目の前に広がる。マラムから片道1時間強。

■マラムへの行き方
🚌スキップトンから75、210、211番のバスで所要35分。月〜金9:50、13:00発、土曜9:50、15:50発、日曜運休。マラムからの戻りは月〜金10:35、13:35発、土曜10:40、16:40発、日曜運休

■コース詳細
スタート地点:マラムの🛈
往復所要時間:1〜3時間
総延長:4〜12km

クリーミーな味
ウェンズリーデイル・チーズ工場
Wensleydale Creamery

Map P.485
ホウズ

イギリスのテレビ番組『ウォレス＆グルミット』で一躍有名になったホウズのウェンズリーデイル・チーズ。チーズ作りの過程を見学できるツアー Tours of the Creamery や、できたてのチーズを出すレストランもある。

地方の伝統を展示した
デイルズ・カントリーサイド博物館
Dales Countryside Museum

Map P.485
ホウズ

ヨークシャー・デイルズの人々の伝統的な暮らしぶりを模型で再現したり、歴史解説、ヨークシャー・デイルズの伝統工芸教室などがある。

■ウェンズリーデイル・チーズ工場
⊠Gayle Ln. DL8 3RN
TEL(01969)667664
URL www.wensleydale.co.uk
圃10:00～16:00 休12/25・26
料£2.50

オリジナル・チーズをおみやげにどうぞ

■デイルズ・カントリーサイド博物館
⊠Station Yard, DL8 3NT
TEL(01969)666210
URL www.dalescountrysidemuseum.
org.uk
圃10:00～17:00 休12/24～26
料£4.50 学生£4

HOTEL　　　　　　　　　　　　RESTAURANT

　チェーン系の大型ホテルの数が多いのはリーズで、レストランも充実している。スキップトンは交通の便もよく、B&Bは中級ホテルが町に点在している。ハワースには雰囲気のいいB&Bが多く、料理や地ビールを楽しめるインも数軒ある。

再開発地区にあるデザイナーズホテル
42コールズ 42 The Calls

高級　　41室
Map P.473B2 リーズ

全室 全室 全室 なし なし 無料 Wi-Fi

⊠42 The Calls, LS2 7EW
TEL(0113)2440099 FAX(0113)2344100
URL www.42thecalls.co.uk
£150～375 CC ADMV
レストラン圃12:00～23:00

　一つひとつの部屋にそれぞれテーマの異なった内装が施してあるが、古い木材や建物の形を生かすようなデザイン。モノトーン系のインテリアも落ち着いた雰囲気を演出している。朝食はフルイングリッシュで£14.95。週末は割引料金あり。
レストラン　朝食で出すソーセージは地元産で種類豊富なのが自慢。アフタヌーンティー（要予約）は£17.95。

Map P.473A2 リーズ 100室	トラベロッジ Travelodge Leeds Central ⊠Blayds Yard Off Swinegate, LS1 4AD TEL08719846155 URL www.travelodge.co.uk	全室 全室 全室 なし なし 有料 Wi-Fi £141～ 朝食別 CC ADMV
Map P.473B2 リーズ 218室	アイビス・バジェット Ibis Budget Leeds Centre ⊠2 The Gateway North, Crown Point Rd., LS9 8BZ TEL(0113)2450725 FAX(0113)2450739 URL www.ibis.com	全室 希望者 なし なし なし 無料 Wi-Fi £43～ 朝食別 CC ADMV

日本からホテルへの電話（詳しい電話のかけ方は P.8 もご参照ください）
国際電話会社の番号 ＋ 010 ＋ 国番号44 ＋ 最初の0を除いた掲載の番号

エリオット　Herriots

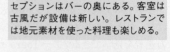

TV	🧴	🛎	🍴	P	📶 Wi-Fi
全室	全室	全室	なし	無料	無料

✉Broughton Rd., BD23 1RT
☎(01756)792781
URLwww.herriotsforleisure.co.uk
S🛏🚿📶💷 £55～65
W🛏🚿📶💷 £75～105
CC A D M V (Aは手数料2.5%別途)

鉄道駅のすぐ前で便利な立地。レセプションはバーの奥にある。客室は古風だが設備は新しい。レストランでは地元素材を使った料理も楽しめる。

カールトン・ハウス　Carlton House

TV	🧴	🛎	🍴	P	📶 Wi-Fi
全室	全室	全室	なし	なし	無料

✉46 Keighley Rd., BD23 2NB
☎(01756)700921
✉abharding@tiscali.co.uk
S🛏🚿📶💷 £40～
W🛏🚿📶💷 £65～
CC不可

老夫婦が経営するアットホームな雰囲気のB&B。客室は広めに造られており、清潔。地元の素材をふんだんに使った朝食も自慢。

ライオン・イン　The Lion Inn

TV	🧴	🛎	🍴	P	📶 Wi-Fi
全室	全室	全室	なし	なし	一部無料

✉Duke St., BD24 9DU
☎(01729)822203　FAX(01729)824103
URLthelionsettle.co.uk
S🛏🚿📶💷 £79～104
W🛏🚿📶💷 £85～110
CC M V

17世紀に建てられた古い建物を利用したイン。5室がバスタブ付き。暖炉のあるパブでは食事も出しており、素材にこだわったメニューが自慢。

ホワイトフライアーズ・カントリー　Whitefriars Country Guesthouse

TV	🧴	🛎	🍴	P	📶 Wi-Fi
全室	全室	全室	なし	無料	無料

✉Church St., BD24 9JD
☎(01729)823753
URLwww.whitefriars-settle.co.uk
S🛏💷 £42
W🛏💷 £64
W🛏💷 £74
CC不可

建物は17世紀のものを利用しており、客室は全室オーナー夫人のデザイン。庭も広くて美しい。ゲストラウンジは2部屋。人気があるので、週末は事前の予約が望ましい。

Map P.474　スキップトン

ビジー・リジーズ　Bizzie Lizzies

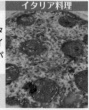
英国料理

リーズ・リヴァプール運河の近くにある。フィッシュ＆チップスでは地元でも人気の店で、過去には受賞歴もある。テイクアウェイ部門は23:00までオープンしている。
✉36 Swadford St., BD23 1QY　☎(01756)701131
URLwww.bizzielizzies.co.uk
🕐11:00～21:00　休無休　CC A D J M V　📶店内可

Map P.473B2　リーズ

ヴィヴァ　Viva

イタリア料理

シェフはイタリア人。カリッとした生地のピザや、自家製のタリオリーネ（パスタ）もある。月～金曜の19:30まで、前菜とメイン、デザート付きのアーリーバード・メニューがあり£16.95。パスタまたはピザにブルスケッタが付いたランチは£6.95。
✉9 Bridge End, LS1 7HG
☎(0113)2420185
🕐12:00～14:00　17:00～22:30　休日　CC A J M V　📶不可

Map P.473B1　リーズ

リトル・トーキョー　Little Tokyo

日本料理

地元で高い評価を受ける人気の日本料理店。刺身や寿司は£15前後。焼きそばやラーメンなども出す。日本人スタッフもいる。
✉24 Central Rd., LS1 6DE　☎(0113)2439090
🕐11:30～23:00　休無休
CC A D J M V　📶店内可

ウェールズ

Wales

写真上：世界遺産カナーヴォン城（P.504）　写真左下：ウェールズのシンボルは竜　写真右下：カーディフ城にいた鷹匠

カーディフ P.490
ウェールズ最大の都市。歴史的な建物と
近代的なビルが見事に融合した町

ポントカサステの水道橋 P.503
橋の上にナローボートが進むという不思議
な風景が眺められる

コンウィ城 P.505
8つの円柱型の塔が目印。保存状態が良
いことで知られている

カナーヴォン城 P.504
プリンス・オブ・ウェールズの就任式が行わ
れることで有名

数多くの古城が残る辺境の地
ウェールズ

　ウェールズはイギリスのほかの地域に比べると山がちの地
形。おもだった町は南ウェールズと北ウェールズの海側に集中
している。中央にはカンブリア山脈が南北に走り、その北に
ブレコン・ビーコンズ国立公園とスノードニア国立公園がある。
カーディフと周辺　南ウェールズには、首都の**カーディフ** P.490
と世界遺産に登録されているブレナヴォンといった町がある。
ブレナヴォン P.495 には博物館や保存鉄道などがあるが、カ
ーディフからのアクセスはあまりよくない。
北ウェールズ　北ウェールズには**コンウィ** P.500、**カナーヴォン**
P.502 など中世の香りが漂う町が多く集まり、世界遺産に登
録されている**古城巡り** P.504 が楽しい。また、イングランドとの
境界付近にある世界遺産の**ポントカサステの水道橋** P.503 も
時間があれば訪れたい。
ケルト文化　ウェールズの人々はアングロ・サクソンやノルマン
の侵略を受け、現在のウェールズ付近に定住するようになっ
た。彼らは独自の文化を育み、現在でも英語のほかにウェー
ルズ語も公用語として使われている。

主要都市＆見どころハイライト

P.490　アーケードで買い物三昧
カーディフ

P.499　点在する古城と豊かな大自然
北ウェールズ

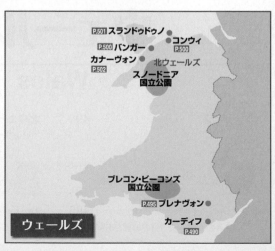

P.501 スランドゥドゥノ
P.500 バンガー ● ● コンウィ P.500
カナーヴォン
P.502　　北ウェールズ
スノードニア
国立公園

ブレコン・ビーコンズ
国立公園

P.495 ブレナヴォン ●

カーディフ ●
P.490

ウェールズ

おすすめアクティビティ

車窓から壮大な自然を眺める
北ウェールズの保存鉄道
railway **詳細記事 P.506**

スノードン登山鉄道

人気があるのがウェルシュ・ハイランド鉄道。険しい渓谷が織りなす壮大な風景を楽しめる。他にはスノードン山を走る登山鉄道などもある。

ウェルシュ・ハイランド鉄道 P.506
カナーヴォンからポルスマドッグを結ぶ。スノードニアの絶景が楽しめる

名産品・工芸品

恋人へのプレゼントに最適
ラブ・スプーン Love Spoon
handcraft

一刀彫りの手作りの木製スプーンでウェールズでは定番のおみやげ。食事用のスプーンではなく、男性から女性へと愛の告白のために作られたというのが通説。彫り方によって意味が違ってくるので、店員に尋ねるといろいろと教えてくれるだろう。カーディフだと❶やカーディフ城前のみやげ物屋などで売られている。

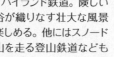
ラブ・スプーン

ご当地グルメ

大自然で作られるこだわりのチーズ
スノードニア・チーズ
gourmet *Snowdonia Cheese*

北ウェールズの食材は豊かな土壌と水で造られるので品質もよく、チーズもまた格別。スノードニア国立公園周辺で造られるスノードニア・チーズはカラフルなワックスでコーティングをするのでおいしさも保たれる。種類も豊富。

スノードニア・チーズ

ご当地ビール・お酒

ウェールズで作られる唯一のウイスキー
ペンデリン蒸溜所
whisky *Penderyn Distillery*

ウェールズのウイスキー産業は19世紀末に衰退してしまったが、2000年にウェルシュ・ウイスキー社が設立され、再びウイスキー造りが始まった。ブレコン・ビーコンズの天然水を使用したシングルモルト・ウイスキーを造っている。

DATA 🚌🚃ブレコン・ビーコンズ国立公園近くのアバーディアAberdareが起点。カーディフ・セントラル駅からアバーディア駅までは鉄道で1時間に1便。所要約1時間。アバーディアのバスステーションから蒸溜所までは7番バスが1時間に1便。所要約30分。
Map P.16B3
✉Pontpren, Penderyn, CF44 0SX
☎(01685)810651　🌐www.welsh-whisky.co.uk
🕐ビジターセンター9:30〜17:00　ガイドツアー1日5回程度
🚫12月下旬〜1月上旬　£8.50　学生£6.50

ペンデリン蒸溜所

城下町と近未来ビルが見事に融合

カーディフ
Cardiff

プレナヴォン
カーディフ ●ロンドン

人口	市外局番
34万6090人	029

カーディフ市
City of Cardiff

カーディフ城の城壁。赤れんがの境界より下がローマ時代に築かれたもの

　ウェールズ地方の首都カーディフは、産業革命以降の19世紀には石炭の輸出港として繁栄し、その後も工業地として発展してきた。西暦2000年を記念するミレニアムプロジェクトによって町は大きく様変わりをした。ベイエリアの開発が盛んに進められ、各種レジャー施設、オフィスビルなどがオープンした。一方でカーディフ城をはじめとする歴史的な建造物が大切に保存され、中心町の町並みも美しく、先住民ケルトの文化が今なお息づいている。

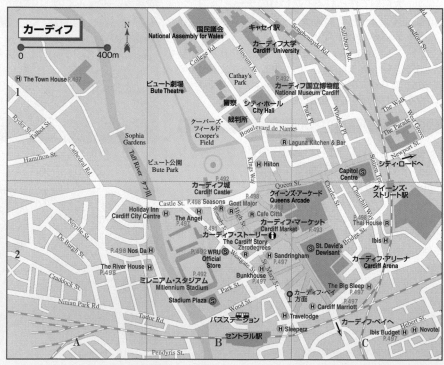

カーディフ

N

0　　　　　400m

The Town House P.497 Ⓗ

国民議会
National Assembly for Wales

キャセイ駅

カーディフ大学
Cardiff University

College Rd.

Museum Av.

Salisbury Rd.

Senghennydd Rd.

The Walk

West Grove

The Parade

Bedford St.

ビュート劇場
Bute Theatre

Cathay's
Park

カーディフ国立博物館
National Museum Cardiff

P.492

1

Ryder St.　Talbot St.

警察　シティ・ホール
City Hall

裁判所

Boulevard de Nantes

Park Pl.

Windsor Pl.

Sophia
Gardens

クーパーズ・
フィールド
Cooper's
Field

Laguna Kitchen & Bar ⓇⒽ

Station Ter.

Newport Rd.

シティ・ロードへ

Hamilton St.

Cathedral Rd.

Taff River タフ川

ビュート公園
Bute Park

Kings Way

Ⓗ Hilton

Capitol
Centre

Queen St.

クイーンズ・
ストリート駅

P.492
カーディフ城
Cardiff Castle

P.498
Goat Major Ⓡ

クイーンズ・アーケード
Queens Arcade
P.468

Charles St.

Churchill Way

Neville St.

Holiday Inn
Cardiff City Centre Ⓗ

Castle St. P.498 Seasons

The Angel
P.497 Ⓗ

Cafe Citta Ⓡ

カーディフ・マーケット
Cardiff Market
P.493

P.498
Thai House Ⓡ

De Burgh St.

P.498 Nos Da Ⓗ

カーディフ・ストーリー
The Cardiff Story
Zerodegrees

Ibis Ⓗ

2

St. Mary St.

Westgate St.

High St.

P.492 WRU Ⓢ
Official
Store

St. David's
Ⓗ Dewisant

Sandringham
P.497

カーディフ・アリーナ
Cardiff Arena

The River House
P.498 Ⓗ

Craddock St.

ミレニアム・スタジアム
Millennium Stadium

Bunkhouse
P.497

The Big Sleep
P.497 Ⓗ

Ninian Park Rd.

Stadium Plaza Ⓢ

Wood St.

カーディフ・ベイ
方面
Cardiff Marriott

Cardiff Marriott

Tudor Rd.

バスステーション

Travelodge Ⓗ

カーディフ・ベイへ

Ibis Budget Ⓗ Ⓗ Novotel
P.497

セントラル駅

Sleeperz Ⓗ

Hebert St.

Pendyris St.

A　　　　　　　B　　　　　　　C

490

歩き方

ザ・ヘイズThe Hayes周辺は再開発地区

ウェールズ地方の首都とはいえ、中心部はコンパクトにまとまり、歩き回るにはちょうどいい大きさだ。町の中心となるカーディフ城をランドマークにして歩こう。

中心街 メインストリートは、カーディフ城から南東に延びる**ハイ・ストリート**High St.と**セント・メアリー・ストリート**St. Mary St.。この通りの左右は店舗が集中する商業地区。カーディフ城の北東側一帯はカーディフ大学をはじめ、シティホールや裁判所などが集まる行政地区。

交通情報

カーディフ空港 国内線はほとんどなく、パリやアムステルダム、ダブリンなどへの国際便が発着する。空港からカーディフのバスステーションへはT9のバスで行くことができる。

カーディフ・セントラル駅

鉄道駅とバスステーション ロンドンから列車が到着するのはカーディフ・セントラル駅。駅とバスステーションは町の南にあり、中心町の目抜き通りセント・メアリー・ストリートへは歩いて5分もかからない。B&B町のカシードラル・ロードCathedral Rd.へは歩くと20分以上はかかるので、24番のバスに乗るかタクシーで移動しよう。

市内交通

ベイカーは市内とカーディフ・ベイを結んでいる

市内バス カーディフ・ベイや郊外の見どころへは、バスを利用しよう。市内の中心は**カーディフ・バス**Cardiff Busなど。市内バスのターミナルはカーディフ・セントラル駅前にある。郊外への路線はステージコーチ社のバスが運行している。

観光バス シティ・サイトシーイングの観光バスはカーディフ城前を出発し、カーディフ国立博物博物館&美術館やカーディフ・ベイなど、市内の主要観光スポットを11ヵ所巡る。見どころやレストランの割引特典付き。

Access Guide
カーディフ

ロンドンから
	所要:約2時間10分
月〜土	パディントン駅から5:19〜23:30（土6:33〜23:30）の1時間に2便
日	パディントン駅から8:00〜23:37の1時間に1便
	所要:3時間〜3時間25分
月〜日	8:00〜23:30の1時間に1便

ブリストルから
	所要:約1時間
月〜土	テンプル・ミーズ駅から5:20〜翌1:30（土4:55〜22:00）に頻発
日	テンプル・ミーズ駅から8:05〜22:00に頻発

バーミンガムから
	所要:約2時間
月〜土	ニュー・ストリート駅から5:00〜20:30の1時間に1便
日	ニュー・ストリート駅から10:12〜19:38に1時間に1便

シュルーズベリーから
	所要:約2時間10分
月〜土	5:40〜22:08（土5.40 日1:55）の1時間に1便
日	11:03〜22:04に1時間に1便

i カーディフ
Tourist Information Centre
Map P.490B2
✉The Old Library, The Hayes, CF10 1AH
TEL(029)20873573
URLwww.visitcardiff.com
⏰9:30〜17:30
休日、12/25・26、1/1 宿の予約:無料

■**カーディフ・ストーリー** Map P.490B2
✉The Old Library, The Hayes, CF10 1BH
TEL(029)20788334
⏰10:00〜16:00
休日、12/25・26、1/1 料無料
フラッシュ不可

❶がある図書館内に新設された博物館。紀元前から現代までのカーディフの歴史を映像や模型などを使って、わかりやすく解説している。

情報収集のついでに立ち寄るのもいい

■**シティ・サイトシーイング**
City Sightseeing
URLwww.city-sightseeing.com
3/28〜7/10、9/7〜10/31
　10:00〜16:30の30分おき
7/11〜9/6 10:00〜17:00の30分おき
11/1〜3/27 10:00〜15:00の30分おき
休12/25・26、1/1
料 £12　学生£9.50

■カーディフ城
⊠Castle St., CF10 3RB
☎(029)20878100
URL www.cardiffcastle.com
🕐3～10月9:00～18:00
　11～2月9:00～17:00
最終入場は1時間前
🚫12/25・26、1/1
💷£12　学生£11
●ハウス・ツアー
🕐3～10月10:00～17:00の毎正時発
　11～2月10:00～15:00の毎正時発
💷£15　学生£13
館内撮影一部不可　フラッシュ不可

重厚なカーディフ城門

■カーディフ国立博物館
⊠Cathays Pk., CF10 3NP
☎(029)20397951
URL www.museumwales.ac.uk
🕐10:00～17:00
🚫月・祝、12/24～26、1/1
💷寄付歓迎
館内撮影一部不可　フラッシュ不可

ウェールズに生息していた恐竜の化石標本

■ミレニアム・スタジアム
⊠Westgate St., CF10 1NS
☎(029)20822228
URL www.millenniumstadium.com
●スタジアムツアー
🕐10:00～17:00（日10:00～16:00）
🚫試合日、祝日、12/25・26、12/31、1/1
💷£10.50
●ラグビー協会オフィシャルショップ
🕐9:30～17:30（日10:00～16:00）
🚫試合日、祝日、12/25・26、1/1

ジャージやマスコットも販売している

492

細部にわたる華麗な装飾が見もの　Map P.490B2
カーディフ城　Cardiff Castle

　基礎は1世紀半ばのローマ時代に築かれたといわれるが、現在の建物は19世紀にビュート家第3代城主が再建したもの。設計は当時の人気建築家ウイリアム・バージェス。ヴィクトリア王朝様式がベースになっており、金箔や大理石などをふんだんに使い、独創的な装飾

カーディフ城（左）とノーマン・キープ（右）

が施されている。ハウス・ツアーに参加すれば6つの部屋を回ることができる。カラフルな壁画に覆われ細密なステンドグラスが美しいウィンター・スモーキング・ルーム、有名な9つの童話が壁に描かれた子供部屋、モスクを模した天井が印象的なアラブルームなど、どれも目を見張るものばかり。城外の中庭に建つ12角形の要塞ノーマン・キープは、12世紀のノルマン朝時代に建てられたもの。

自然史の展示や芸術品が充実　Map P.490B1
カーディフ国立博物館
National Museum Cardiff

　ネオクラシック様式の優雅な外観をもつ、ユニークなコンセプトの博物館。1階はウェールズの自然史と動植物に関する展示が中心。海洋生物の展示も充実しており、なかでも、クジラやカメ、サメなどの剥製はリアリティあふれるディスプレイで音響効果も抜群。2階は16～19世紀のヨーロッパ絵画コレクションが中心。写実主義や抽象主義、フランス印象派のモネやルノアールなどの名画もある。通路のガラスケースに収められたウェールズの陶磁器コレクションもお見逃しなく。

ウェールズ代表のホームスタジアム　Map P.490B2
ミレニアム・スタジアム　Millennium Stadium

　ラグビーのウェールズ代表チームのホームグラウンドで、国際試合やコンサートにも利用される、7万2500人収容のスタジアム。試合のない日にはスタジアムツアーが行われ、選手控え室からプレーヤーズ・トンネルをとおり、ピッチにまで行くことができる。スタジアムツアーはウエスト・ゲート・ストリートWestgate St.にあるラグビー協会のオフィシャルショップで受け付けている。

週末はイベントが行われることが多い

Town Walk ①
カーディフ

質の高いカフェやショップが集まる
カーディフのアーケード
Arcades in Cardiff

　カーディフは「アーケードの町City of Arcade」と称されるほどに、アーケードの数が多い。1858年にカーディフ初の屋内型のアーケードであるロイヤル・アーケードがオープンしてから、町の各地にアーケードが続々と作られ、現在はすべてのアーケードを合わせると、なんと800m近くにもなるという。雨の日でも気楽に買い物できることから旅行者にも好評だ。

カーディフ城の前にあるキャッスル・アーケード

カーディフ・マーケット
Cardiff Market

　セント・メアリー・ストリートに面した2階建てのマーケット。1階には生鮮品、ベーカリー、駄菓子、食器などが売られている。ハムやローストビーフ、ミートパイなどなじみの総菜も並ぶ。カーディフ城外の芝生でひと休みしながら、地元の総菜の味を試してみるのもいい。時期によっては入口横の鮮魚店で岩牡蠣を食べることもできる。

地元の野菜も販売している

✉St. Mary St., CF10 1AU
☎(029)20871214
🕐8:00〜17:00　休日　料無料

ロイヤル・アーケード＆モーガン・アーケード
Royal Arcade & Morgan Arcade

　ロイヤル・アーケードはカーディフで最も古いアーケード。ロシターズ・オブ・バースでは、オリジナルのバス用品が手に入る。モーガン・アーケードには世界で最も古いレコード店、スピラーズ・レコードがあることで有名。

世界で最古のレコード店、スピラーズ・レコード

■ロシターズ・オブ・バース Rossiters of Bath
✉33 Royal Arcade, CF10 1AE
☎(029)20224118　URLwww.rossitersofbath.com
🕐9:30〜17:30　休日
■スピラーズ・レコード Spillers Records
✉27 Morgan Arcade, CF10 1AF
☎(029)20224905　URLspillersrecords.co.uk
🕐10:00〜18:00　休日　ccMV

ウィンダム・アーケード
Wyndahm Arcade

紅茶の種類が豊富なウォータールー・ティー

　1887年にオープンしたアーケード。通りにはレストランやカフェが多く、オーガニックの紅茶を出すウォータールー・ティーが人気を集めている。店内ではおみやげ用の茶葉も販売。

■ウォータールー・ティー Waterloo Tea
✉21-25 Wyndham Arcade, CF10 1FH
☎(029)376249　URLwww.waterlootea.com
🕐8:30〜18:00（日9:30〜17:30）
休無休　ccMV　⚡店内可

港町の風情が楽しめる
カーディフ・ベイ
Cardiff Bay

中心部から3kmほど南に位置するカーディフ・ベイは、市街地から8番バス（ベイカーbaycarと呼ばれる）で10分ほど。ウオーターバスでもマーメイド・キー Mermaid Quayまで行くことができる。シーフードレストランやバー、各国料理のレストランなどが入っているマーメイド・キーのほか、科学博物館テクニクエストTechniquestがあり、カップルやファミリーでも楽しめる。

カーディフ・ベイのマリーナ

カーディフ・ベイ駅
Hemingway Rd.
アトランティック・ウォーフ・レジャー・ヴィッレジ
Atlantic Wharf Leisure Village
ベイカーBaycar
乗り場
Bute St.
Craft in the Bay
James St.
ウェールズ・ミレニアム・センター
Wales Millennium Centre
マーメイド・キー
Mermaid Quay
Stuart St.
テクニクエスト
Techniquest
St. Davids
ピアヘッド・ビル
Pierhead Building
カーディフ・
ウォーターバス乗り場
The Cardiff Waterbus
Inner Harbour
内港
ライトシップ2000
Lightship 2000
Harbour Dr.
N
0   50m

テクニクエスト
Techniquest

ユニークな外観の科学博物館。科学をテーマにしたさまざまなアトラクションがあり、子供から大人まで楽しめる。最上階にはプラネタリウムがあり、迫力ある映像が映し出される。

テクニクエストの入口

✉ Stuart St., Cardiff Bay, CF10 5BW
☎ (029)20475475   🌐 www.techniquest.org
🕐 10:00～17:00（土・日・祝9:30～16:30）
🚫 月、12/24～26、1/1   💷 £7

カーディフ・ボート
Cardiff Boat

プリンセス・キャサリン号

マーメイド・キー前から出ている水上バス。最大90名まで乗車できるプリンセス・キャサリン号で、ミレニアム・スタジアムの脇をとおり、カーディフ中心部のビュート公園までゆっくりと進む。

☎ 07445440874（携帯）   🌐 www.cardiffboat.com
10:30～16:00の1時間おき   所要：約30分
🚫 片道£3

クラフト・イン・ザ・ベイ
Craft in the Bay

メイカーズ・ギルド・イン・ウェールズに登録している、地元アーティストの作品が並ぶギャラリー。作品のテーマはさまざまだが、おもにジュエリーや陶器、テキスタイルなどが多い。

ギャラリーは広く、置かれている
作品の数も多い

✉ Lloyd George Av., CF10 4QH
☎ (029)20484611
🕐 10:30～17:30
🚫 無休   💳 A M V

ウェールズ南東部に残る産業遺産
ブレナヴォン *Blaenavon*

鉱業の中心として栄えた町 ウェールズの南東部はかつては鉱業がおもな産業で、その中心地がブレナヴォンだった。ここで採掘された石炭はカーディフやニューポートなどの港町まで運ばれていった。町は鉱業の発展により、最盛期には2万の人口を抱えるようになり、製鉄所や鉄道などが建設されていくこととなる。しかし、町を豊かにした鉱業も1900年代には衰退し、鉱山は1980年に閉鎖した。その後、1983年に坑道の周辺を「ビッグ・ピット国立石炭博物館」としてオープンすると、2000年に「ブレナヴォンの産業景観」として周辺の施設とともに世界遺産に登録された。

ビッグ・ピット国立石炭博物館

ビッグ・ピット国立石炭博物館
Big Pit National Coal Museum

　イギリス最大級の観光用坑道があることで知られており、坑道に入るツアーも行われている。博物館では、19～20世紀の作業員たちの暮らしなどについて解説している。

ブレナヴォン製鉄所
Blaenavon Iron Works

　現在は煙突や溶鉱炉の跡が残るだけだが、展示コーナーでは鉄産業について学ぶことができる。BBCで放映された『コール・ハウスCoal House』の舞台としても使用された。

0　　　200m
N

ウィッスル・インへ

ブレナヴォン製鉄所
Blaenavon Iron Works

ニュー・ポート行きバス乗り場

ポンティプール&ブレナヴォン保存鉄道
停車場

ビッグ・ピット国立石炭博物館
Big Pit National Coal Museum

ブレナヴォン・ハイ・レベル駅へ

ニュー・ポートへ

DATA

■**ブレナヴォンへの行き方**　Map P.16-C3
🚃カーディフからニュー・ポートNew Portへ行き、X24番バスに乗り換え。所要約2時間。ビッグ・ピット国立石炭博物館までは中心部から徒歩で20分ほど。
●**ビッグ・ピット国立石炭博物館**
✉Blaenavon Torfaen, NP4 9XP
☎(029)20573650
🔗www.museumwales.ac.uk
●博物館
🕐9:30～17:00（12・1月は要確認）　休無休　料無料
●炭坑ツアー
🕐10:00～15:30の30分おき
休無休　料無料
　フラッシュ不可

■**ブレナヴォン製鉄所**
✉North Street, Blaenavon, NP4 9RN
☎(01495)792615
🕐4～10月10:00～17:00
　11～3月9:30～16:00（日11:00～）
休11～3月の月～木　料無料
■**ポンティプール&ブレナヴォン鉄道**
☎(01495)792615
🔗www.pontypool-and-blaenavon.co.uk
運行4～8月土・日　1日4便　休9～3月　料往復£8
町の北西にあるウィッスル・インWhistle Innから南のブレナヴォン・ハイ・レベル駅Blaenavon High Level Stationを結ぶ保存鉄道。冬期でも運行される日もあるので、事前にウェブサイトでスケジュールを確認しよう。

セント・ファガンズ国立歴史博物館

🚌バスステーションから32、32A番で約25分
✉St. Fagans, CF5 6XB
☎(029)20573500
🔗www.museumwales.ac.uk
🕐10:00～17:00
📅12/24～26、1/1　💰寄付歓迎
フラッシュ一部不可

ヒースの咲き誇るエリアもある

■キャステル・コッホ

🚌バスステーションから26、132番のバスで約30分
✉Tongwynlais, CF15 7JS
☎(029)20810101
🔗cadw.wales.gov.uk
🕐3～6・9・10月9:30～17:00
　7・8月9:30～18:00
　11～2月10:00～16:00
　（日11:00～16:00）
📅12/24～26、1/1
💰£5.50　学生£4.10

数あるウェールズの城のなかでもその美しさは群を抜く

■ケーフェリー城

🚌バスステーションから26番のバスで約50分
✉Caerphilly, CF83 1BD
☎(029)20883143
🔗cadw.wales.gov.uk
🕐3～6・9・10月9:30～17:00
　7・8月9:30～18:00
　11～2月10:00～16:00
　（日11:00～16:00）
📅12/24～26、1/1
💰£5.50　学生£4.10

近郊の見どころ

昔の生活がリアルに伝わる
セント・ファガンズ国立歴史博物館
St. Fagans National History Museum

伝統的な暮らしを知ることができる

カーディフの中心から西へ約6km、セント・ファガンズ公園St. Fagans内にある。イギリス最大規模の野外博物館で、約500年にわたるウェールズの歴史を紹介する。約6万坪の敷地内には、商家や農家の家屋、郵便局や小学校など40もの建築物が建っている。いずれも実際に使われていたのを移築してきたもので、ウェールズの伝統的な村を完全に再現。展示室には衣装や生活用具などが置かれ、ウェールズの伝統的生活がよくわかる。

近郊の見どころ

赤い名城
キャステル・コッホ
Castell Coch

豪華絢爛な内装

カーディフ城主第3代ビュート侯爵が、中世の遺跡を19世紀後半に再建し別荘として使っていた城。コッホとはウェールズ語で赤を意味し、そのとおり柱や壁などが朱色に塗られている。カーディフ城と同じ建築家が設計し、華美な装飾が施され、城内にはきらびやかな調度品が置かれている。

近郊の見どころ

濠に囲まれた
ケーフェリー城
Caerphilly Castle

1268年、ノルマン人の領主ギルバート・ド・クレアにより築かれた城。

約1万2401m²の敷地のなかには広い濠が造られ、重厚な城塞が水面に浮かび、美しい。クロムウェルから攻撃を受けたとき傾いてしまったという斜塔と、大広間が有名。

斜塔が印象的なケーフェリー城

HOTEL

大型、中級ホテルは町の南側やミレニアム・スタジアム付近に集まり、安宿町は町の北外れのカシードラル・ロード沿いに軒を連ねている。ラグビーやサッカーの大会が開催される時期はカーディフや周辺の町のホテルも満室になるので注意。

白亜の外観が美しい
エンジェル The Angel Hotel

高級　　　　102室
Map P.490B2

🚹 📺 全室　🍴 全室　🧺 全室　☎ 全室　🅿 有料　📶 Wi-Fi 無料

✉ Castle St., CF10 1SZ
☎ (029) 20649200　FAX (029) 20396212
URL www.thehotelcollection.co.uk
S W £65.75〜　CC A M V
レストラン 18:30〜21:45

　カーディフ城の真向かいに建つ4つ星ホテル。ヴィクトリア様式のエントランスは美しく、ロビーに踏み込むと、淡いクリーム色の壁に間接照明が照らされ優雅な雰囲気に包まれる。スチームサウナなどの設備もある。朝食は£7.50。
レストラン カステル・レストラン Castell's Restaurantはワインの種類の豊富さがウリ。

中級　28室　Map P.490B2

サンドリンガム Sandringham Hotel

✉ St. Mary St., CF10 1PI
☎ (029) 20232161　FAX (029) 20383998
URL www.sandringham-hotel.com
S 🛏 £35〜100
W 🛏 £45〜145
CC A M V

📺 全室　🍴 全室　🧺 全室　☎ なし　🅿 なし　📶 Wi-Fi 無料

便利な立地なのでいつ行っても満室のことが多いので、早めの予約が必要。同経営のレストラン＆バーが階下にあり、火〜金曜にライブ演奏がある。

中級　9室　Map P.490A1

タウン・ハウス The Town House

✉ 70 Cathedral Rd., CF11 9LL
☎ (029) 20239399　FAX (029) 20223214
URL www.thetownhousecardiff.co.uk
S 🛏 £49.50〜
W 🛏 £69.50〜
CC A M V

📺 全室　🍴 全室　🧺 全室　☎ なし　🅿 無料　📶 Wi-Fi 無料

カシードロ・ロードにある人気の宿。やや値は張るが、客室をはじめダイニングルームなどのインテリアを見れば納得。朝食は地元産の素材を使用。

ホステル ベッド数106　Map P.490B2

バンクハウス Bunkhouse Backpakers

✉ 93-94 St. Mary St., CF10 1DX
☎ (029) 20228587
URL www.bunkhousecardiff.co.uk
D 🛏 £11〜20
CC M V

📺 なし　🍴 なし　🧺 なし　☎ 全室　🅿 なし　📶 Wi-Fi 一部無料

1階はバーになっており、こちらでチェック・インも行う。ドミトリーは男女別で女性用の部屋のみ、シャワーとトイレが内部に設置してある。

Map P.490C2 184室	カーディフ・マリオット Cardiff Marriott Hotel

✉ Mill Ln., CF10 1EZ
☎ (029) 20399944　予約 0120-142-890
URL www.marriott.co.uk

🚹 📺 全室　🍴 全室　🧺 全室　☎ 全室　🅿 有料　📶 Wi-Fi 無料
S W £80〜　朝食別　CC A D M V

Map P.490C2 81室	ビッグ・スリープ The Big Sleep Hotel

✉ Bute Ter., CF10 2FE
☎ (029) 20636363　FAX (029) 20636364
URL www.thebigsleephotel.com

🚹 📺 全室　🍴 全室　🧺 全室　☎ なし　🅿 有料　📶 Wi-Fi 無料
S W £36〜200　朝食別　CC A M V

Map P.490C2 157室	アイビス・バジェット Ibis Budget Cardiff Centre

✉ Tyndall St., CF10 4BE
☎ (029) 20458131
URL www.ibis.com

🚹 📺 全室　🍴 なし　🧺 なし　☎ 全室　🅿 有料　📶 Wi-Fi 無料
S W £39〜　朝食別　CC A M V

リバー・ハウス The River House

⊠59 Fitzhaman Embankment, CF1 6AN
TEL&FAX(029)20399810
URLwww.riverhousebackpackers.com
D □□□□ £15〜22
S □□□□ £30〜35
W □□□□ £34〜50
CC M V

TV なし / 7 なし / 🍴 なし / 📷 全室 / P なし / 📶Wi-Fi 無料

タフ川沿いにある、フレンドリーな兄妹が経営するホステル。イギリスやウェールズのベストホステルなど、数々の受賞歴があり、キッチンなどの設備も充実しており、掃除も行き届いている。

ノス・ダ Nos Da

⊠53-59 Despenser St., CF11 6AG
TEL(029)20378866 URLwww.nosda.co.uk
D □□□□ £25〜
S □□□□ £33.80〜
S □□□□ £44〜
W □□□□ £50〜
W □□□□ £60〜 CC M V

TV 一部 / 7 希望者 / 🍴 なし / 📷 一部 / P 有料 / 📶Wi-Fi 無料

ドミトリーは男女混合と女性専用とで分かれ、4人から10人収容。キッチン付きの部屋もある。1階にはパブも併設され、リバービューのテラス席や、ビリヤード台もある。

RESTAURANT

レストランやパブはハイ・ストリートやセント・メアリー・ストリートに多い。市街地から東へ約3km、38・38A番などのバスで約10分ほどのシティ・ロードCity Rd.は安い各国料理やテイクアウェイの店が集まるレストラン町。メキシコ、ハワイ、インド料理、ケバブなどさまざま。

Map P.490B2 ｜ ウェールズ料理

シーズンズ Seasons Cafe Bar

キャッスル・アーケードの入口にある小さなカフェ・バー。サンドイッチなどの軽食がメインだが、どれもウェールズ産の素材にこだわったメニューだ。羊肉のシチューであるカウルCawl£5.95やチキン・カムリChicken Cymrul£8.95など、ウェールズ料理もいくつか用意している。
⊠47-49 Castle Arcade., CH10 1BW
TEL07731489728（携帯）圏10:00〜18:00（金〜日〜24:00）
休無休 CC A M V 📶店内可

Map P.490B2 ｜ イタリア料理

カフェ・チッタ Cafe Cittá

石釜にて薪で焼き上げるピザは16種類あり£7.90〜。パスタは15種類あり£8.50〜。写真のピザは生ハムとルッコラを使った「Cittá」£9.50。食事どきはすぐに満席になる。本日のおすすめは黒板に書かれている。
⊠4 Glurch St., CF10 1BG TEL(029)20224040
圏12:00〜21:00 休日・月 CC M V 📶不可

Map P.490C2 ｜ タイ料理

タイ・ハウス Thai House

1985年のオープン以来、地元で評判の人気店。毎週タイから直送される食材やスパイスにウェールズの食材を合わせている。予算はランチ£8.50〜、ディナー£20〜。
⊠3-5 Guildford Cres., Churchill Way, CF10 2HJ
TEL(029)20387404 URLhaihouse.biz
圏12:00〜14:00 17:30〜22:30 休無休 CC A M V 📶店内可

Map P.490B2 ｜ パブ

ゴート・メジャー Goat Major

カーディフの地ビールであるブレインズを置いているパブ。1830年創業と、数あるカーディフのパブでも長い歴史を誇る店。ブレインズの生ビールは5種類用意している。夜はドリンクのみだが、12:00〜18:00（日〜16:00）の間はパイを出しており、ドリンク付きのセットで£7.50。
⊠33 High St., CF10 PU TEL(029)20337161
URLgoatmajor@sabrain.com 休無休 CC M V 📶店内可
圏12:00〜24:00（日〜18:00）

名城が点在する

北ウェールズ
North Wales

イングランドによるウェールズ攻略の拠点として使われたカナーヴォン城

人口 (6州合計)	市外局番
61万1986人	01492 など

コンウィ州など
Conwy / Ynys Môn / Gwynedd
Sir Ddinbych / Sir y Fflint / Wrecsam

　北部ウェールズ地方は、ウェールズのなかでも特に色濃く固有の文化が残る地域。ウェールズ語を話す人々も少なくない。風光明媚な自然のなかに美しい古城や町が点在する、のんびりと旅したいエリアだ。

北ウェールズ
エリア&アクセスガイド

　エリアガイド　カナーヴォン城やコンウィ城など北ウェールズ観光の中心となるのはバンガーを中心とする北ウェールズ西部。その背後に広がるスノードニア国立公園も北ウェールズの人気の観光地だ。
　アクセスガイド　北ウェールズへの列車はスランドゥドゥノ行きとバンガー経由ホーリーヘッド行きがある。乗り換え駅となるのはスランドゥドゥノ・ジャンクション。

北ウェールズへのアクセス

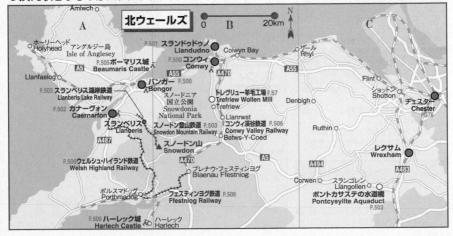

499

バンガー

Tap & Spile

Eryl Mor H P.507

Boatyard H

ビューポイント
View Point
"Roman Camp"

0　200m

N

Sliwen Rd.

Y Garth H
P.508 Baytree Lodge H

バンガー大学
Bangor University

Beach Rd.

Garth Rd.

オーサー・ロード

Glynne St.

Love Lane

Dean St.

バス
ステーション

Marks & Spencer S
Debenhams S

公園
バンガー大聖堂
Bangor Cathedral

時計台

1815 R

High St.

ゴルフ場

バンガー
大学

Holyhead Rd.

Sackville Rd.

ディーン・ロード

Cat R H Albion
House
P.508

Ffriddoedd Rd.

Waverley H
H Garden
鉄道駅　嘉頓酒楼

High St. R The Harp Inn

Deiniol Rd.

Colleg Rd.

---

i **バンガー**
Tourist Information Point

Map P.500

✉ Tower House, 34 Quay St. BT20 5ED

☎ (028)91270069

URL www.northdowntourism.com

🕐 9:15（水・土10:00、日13:00）～17:00
（冬期の土～16:00）　休 冬期の日曜

バンガーのハイ・ストリート

Access Guide
北ウェールズ

マンチェスターから

🚄 バンガー　所要:2時間20分
🚄 スランドゥドゥノ　所要:約2時間10分

月
～
土
ピカデリー駅から5:33 6:50～17:50
の毎時50分

全便チェスター乗り換え

チェスターから

🚄 バンガー　所要:1時間10分
🚄 スランドゥドゥノ　所要:1時間10分

月
～
土
バンガー行き6:44～21:15の1時間に
1便程度
スランドゥドゥノ行き6:55～18:55の
1時間に1便

日
バンガー行き6:20、9:02、9:48、
11:07～翌0:28の1時間に1～2便
スランドゥドゥノ直通なし

シュルーズベリーから

🚄 レクサム　所要:38分

月
～
土
5:20～23:33の1時間に1便。ジェネ
ラル駅着

日
10:16 12:17 14:20 15:24 16:24
17:30 18:24 20:22

🏠🏠🏠 **北ウェールズ**
起点となる町

以下の町のほか、チェスター P.376 やリヴァ
プール P.382 、マンチェスター P.394 、シュルー
ズベリー P.345 などからの日帰りも可能。カーデ
ィフからの日帰りは現実的ではない。

起点の町 **バンガー**
Bangor

　メナイ海峡に面するバンガーは、6世紀には
ウェールズの宗教と学問の中心地として栄え、
現在も大学の町として活気がある。

歩き方　鉄道駅から中心街へは歩いて20分
ほど。町の中心近くにあるバスステーションは、
北ウェールズ各地へのバスが発着する。町はバ
ンガー大聖堂を中心に広がっている。ハイ・ストリートHigh
St.が繁華街で、特に時計台付近が最もにぎやか。ショ
ッピングセンターやスーパー、銀行、ショップなどが並ぶ。
大聖堂から西側のハイ・ストリートにはカフェレストランやパ
ブが数軒ある。

ホテル　鉄道駅周辺やガース・ロードなどに点在している
が、それほど数は多くはない。

交通情報　バスステーションが始発の便が多いがカナー
ヴォン方面へのバスは鉄道駅前からも乗車できる。

起点の町 **コンウィ**
Conwy

　コンウィはエドワード1
世がコンウィ城建設とと
もにその西側を城壁で
囲み、イングランドから
商人や職人を呼んで住ま
わせてできた歴史ある
城下町。

過去と現在が溶けあうコンウィの町並み

コンウィ

0　100m

N

城壁入口

Town Ditch Rd.

Swan
Cottage

スモーレスト・ハウス
Smallest House

図書館

タウン・ホール
アバーコンウィ・ハウス

Berry St.

Chapel St.

Bistro Conwy R

プラス・マウル
Plas Mawr
P.508 Alfredo R
P.507

High St.

Dawson's R
Castle
P.507

Castle St.

聖メアリー教会

スランドゥドゥノ・
ジャンクションへ
（約1km）

ランカスター・スクエア
Lancaster Sq.

スランドゥドゥノ
行きバス停

鉄道駅

バンガー、カナーヴォン
行きバス停

ギルドホール

Castle Sq.

Llewelyn's
Tower

Rosehill St.

H The Town House P.507

コンウィ城
Conwy Castle
P.505

城壁入口

A ビジター
城壁入口センター

城壁

B

ランカスター・スクエア

歩き方 町の中心はコンウィ駅に近い**ランカスター・スクエア**Lancaster Sq.。そこから延びる**ハイ・ストリート**High St.にはデリカテッセンやテイクアウェイの店、おみやげ店が並ぶ。これに交差する**キャッスル・ストリート**Castle St.はレストランやホテルなどが軒を連ねている。

交通情報 コンウィ駅は城壁に隣り合うようにしてある。乗り換え駅でもあるスランドゥドゥノ・ジャンクション駅は橋を渡った対岸にあり徒歩10分ほど。

起点の町
スランドゥドゥノ
Llandudno

スランドゥドゥノのプロムナード

白砂のビーチに沿ってホテルや別荘が建ち並ぶスランドゥドゥノは、北ウェールズを代表するリゾート地。

歩き方 鉄道駅は町の南側にあり、コンウィ方面からのバスはモスティン・ストリートMostyn St.沿いのバス停を通過してゆく。❶はこの通り沿いの図書館内にある。海岸沿いの通りは**プロムナード**Promenadeと呼ばれている。

ホテル 保養地だけあり、B&Bや中級ホテルなどの宿泊施設は町のいたる所にある。B&Bは特にチャペル・ストリートChapel St.周辺に多い。

Information
アリスゆかりの町、スランドゥドゥノ

ハートの女王のモニュメント

『不思議の国のアリス』のモデルだったアリス・リデルの家族はよくスランドゥドゥノで休暇を楽しんだ。町にはアリスにちなんだモニュメントが建てられており、これをひとつひとつ探しながら歩く「アリスの不思議な世界散歩Alice in Wonderland Trail」も人気がある。

🚋 グレート・オーム路面鉄道
Great Orme Tramway

4〜9月10:00〜18:00の10〜20分おき、3月下旬・10月10:00〜17:00の10〜20分おきに運行　運賃 往復6.50
スランドゥドゥノからグレート・オーム銅鉱（現在は見学できるよう整備されている）へのトロッコ列車として使われていた路面ケーブルカー。世界的にも珍しく、イギリスではここだけ。

☎ (01492) 577877
URL www.greatormetramway.co.uk

🚋 スランドゥドゥノ・ロープウェイ
Llandudno Cablecar

4〜10月10:00〜17:00　運賃 往復8
英国最長のロープウェイで、路面鉄道同様グレート・オーム銅鉱まで行く。

☎ (01492) 877205

Map P.502
✉ Castle St., LL55 1ES
☎ (01286)672232
URL www.visitsnowdonia.info
開 イースター〜9月9:30〜16:30
　10月〜イースター10:00〜15:30
休 10月〜イースターの日曜

カナーヴォン

起点の町

カナーヴォン
Caernarfon

ウェールズの北西端に位置し、メナイ海峡Menai Strait とセイオント川Seiont Riverに挟まれた小さな町。旧市街は中世の城壁に囲まれ、石畳の通りと古い建物が続く。

歩き方　町は城壁に囲まれた旧市街と、旧市街の東側に広がる新市街に分かれる。一番の見どころであるカナーヴォン城は、旧市街の南側にある。カナーヴォン城のすぐ東側には町の中心となる広場**キャッスル・スクエア**Castle Sq.があり、銀行や郵便局のほか、カフェ、レストラン、パブなどが集中する。

交通情報　バスは旧市街の外側、ペンリン・ストリートPenllyn St.のバスステーションに到着する。

北ウェールズ
エリア内の交通

イングランドに比べると、交通網が十分とはいえないが、バンガーのバスステーションを起点に、バスを中心に組み立てればひと通り回れる。

バス路線番号	路線詳細・運行頻度
5 **X5**	**スランドゥドゥノ→コンウィ→バンガー** **スランドゥドゥノ**6:30〜22:20（日9:05〜22:15）の1時間に1〜4便 **バンガー**5:30〜22:15（日8:00〜21:15）の1時間に1〜4便
5C	**バンガー→カナーヴォン** **バンガー**7:35〜22:45（日10:00〜18:10）の1時間に1〜2便 **カナーヴォン**6:00〜21:45（日8:27〜18:42）の1時間に1〜2便
56 **57**	**バンガー→ボーマリス** **バンガー**6:07（土6:15）〜21:55の1時間に1〜2便、日9:00 10:25 12:00 13:50 15:40 17:50 20:05 **ボーマリス**7:01（土7:09）〜23:33の1時間に1〜2便、日9:27 11:09 13:08 14:58 17:02 18:58 20:53

バス路線番号	路線詳細・運行頻度
85 **86**	**バンガー→スランベリス** **バンガー**7:15〜18:15の1時間毎、日8:50 10:15 11:50 14:05 16:05 17:40 **スランベリス**6:40〜17:25の1時間に1便、日8:05 9:25 11:05 13:15 14:45 17:05
88 **89**	**カナーヴォン→スランベリス** **カナーヴォン**7:05〜18:10の1時間に1〜4便、日7:40〜18:15の1〜2便に1便 **スランベリス**7:00〜21:15の1時間に1〜4便、日8:05〜18:40の1〜2便に1便
X1 日曜運休	**スランドゥドゥノ→ブレナウ・フェスティニョグ** **スランドゥドゥノ**9:05 10:05 11:10 12:20 14:00 15:05 16:05 17:45 **ブレナウ・フェスティニョグ**7:40 8:40 9:50 10:50 12:15 13:40 14:40 16:30

また、このエリアには保存鉄道が多いが、春〜秋は景観を楽しんだり、蒸気機関車に乗ったりという体験としてだけではなく、移動手段としてもしっかり活用できる。利用価値が高いものをP.506で紹介しているが、それ以外にもさまざまな路線がある。

観光バス　スランドゥドゥノ〜スランドゥドゥノ・ジャンクション〜コンウィ間のおもな見どころを、約1時間で循環する乗り降り自由のバス。

世界遺産　ポントカサステの水道橋
Pontcysyllte Aquaduct
Map P.499C

橋の上は船や人、自転車も通行できる

産業革命後、イギリスでは石炭を運ぶため、ナローボートと呼ばれる幅の狭い船が開発され、多くの運河が造られた。しかし、丘や谷など、高低差のある場所では運河を設置することは難しい。そこで考案されたのが橋の上にボートをそのままとおす水道橋だ。

1805年にポントカサステに造られた橋は全長約300m、高さは約38mもあり、イギリスのなかでも最も長く、高さがある水道橋だ。これは"土木の父"と呼ばれるトーマス・テルフォード P.609が設計したもの。運河の横には船引き道が設けられており、徒歩で渡ることもできる。

水道橋は毎年、1万台以上ものナローボートが通過する人気の観光地であり、橋の上を船で移動しながら眺める風景はまさに絶景だ。

ウェールズ＆イングランド最高峰へ　スノードン登山鉄道
Snowdon Mountain Railway
Map P.499A〜B　スランベリス

登山をするような気持ちで楽しめる

1896年に開業したラックレール型（急勾配に対応するため、線路の間に歯車を噛ませて運行する路線）の登山鉄道。車窓からは絶景が広がり、スノードニアの自然を堪能しながら頂上までゆっくりと上る。山頂にはビジターセンターが設置されている。

頂上では30分休んで下山するので、帰りの列車に乗り遅れないように注意したい。また、頂上は天候が変わりやすく、夏でも肌寒いので、長袖を用意していこう。

■お得なバス1日券
北ウェールズのバス路線はいくつかのゾーンに分かれている（左ページ図参照）。2ゾーンは£12、3ゾーンは£18、全ゾーンは£36。保存鉄道に乗車する場合、1日券の提示で50%割引を受けられる。

■シティサイトシーイングのバス
5/7〜10/25に運行
スランドゥドゥノ・ピア発9:45〜16:45の毎時1〜2便
料£8（24時間有効）

■ポントカサステの水道橋
レクサムのバスステーションから発着する65番バスが水道橋のそばをとおる。2時間に1便程度。ほかにも5番のバスは水道橋がある村トレヴァー Trevor中心部に停車する。30分に1便ほど運行しているのでこちらを利用したほうが便利。水道橋までは徒歩5分ほど。
所要：約30分

Information
ナローボートで水道橋を渡る
高さ38mからの風景を眺めながらナローボートで水路を行く。詳しいスケジュールはウェブサイト参照。

高さ38mからの風景を眺めながら運転する

■ジョーンズ・ザ・ボート
TEL(01691)690322
URLcanaltrip.co.uk
休冬期　料£6.50

■スノードン登山鉄道
スランベリスのバス停で下車して、ハイ・ストリートを進行方向に歩いていくと、登山鉄道の駅が右側にある
TEL08444938120
URLwww.snowdonrailway.co.uk
9:00〜夕方頃まで30分に1便程度。乗客が一定数に満たない場合や天候が悪いと運休になる
所要往復2時間30分

■スノードン山頂ビジターセンター
開登山鉄道運行時8:30〜16:00
休土・日

スランベリス湖岸鉄道
Llanberis Lake Railway
4〜10月はほぼ毎日、4・5・9月の土、10月の金・土は運休が多い。1日に4〜10便
所要40分　料往復£8.20
スランベリスからパダーン 湖Llyn Padarnの湖畔を走る狭軌鉄道。駅はスノードン登山鉄道駅の川を挟んだ向かい側にある。
TEL(01286)870549
URLwww.lake-railway.co.uk

エドワード1世の名城がずらり

世界遺産 グウィネズの
エドワード1世の城郭と市壁

　イングランド王エドワード1世 ☞ P.606 がグウィネズ（北ウェールズ）に築いた10の城塞は、環状に散らばっていることから「アイアン・リング（鉄の環）」と呼ばれていた。そのうち4つの城郭建築が世界遺産に登録されている。

ウェールズで最も堅固かつ美しい
カナーヴォン城
Caernarfon Castle

　エドワード1世 ☞ P.606 が築いた城塞のうち、48年という長い年月と多額の資金を費やして造った最大かつ最強の城がカナーヴォン城だ。1284年にウェールズがイングランドに併合されたあと、王宮がカナーヴォンに移され、イギリスの中心地となった時期もある。

　設計は建築家ジェイムズ・オブ・セント・ジョージ・デスペランシェが担当。エドワード1世の指示で居城としての快適さも考慮されている。城塞の西側はメナイ海峡、南側はセイオント川に面しているが、これは船で物資や援軍を送りやすくするための計らいだ。

　正面玄関のキングズ・ゲートから入った右側はインナー・ウォードで現在は芝生の中庭となっている。その周りを8つの塔が囲み、南側のチェンバレン・タワーからクイーンズ・タワーにかけてビデオ上映もやっている立派な博物館だ。ここにはエドワード1世の資料のほかにも、18世紀のアメリカ独立戦争についての展示も豊富。一番西側にあるイーグル・タワーからはカナーヴォンの町を一望できる。

プリンス・オブ・ウェールズ
　ウェールズ陥落後、エドワード1世はカナーヴォン城で生まれたばかりのイングランド皇太子（後のエドワード2世）にウェールズ大公を意味する「プリンス・オブ・ウェールズ Prince of Wales」という称号を授けた。これ以降、現在まで歴代の皇太子はこの称号で呼ばれており、1969年にチャールズ皇太子の就任式もカナーヴォン城で行われた。

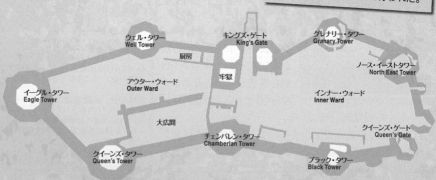

ウェル・タワー
Well Tower

キングズ・ゲート
King's Gate

グレナリー・タワー
Granary Tower

厨房

ノース・イースト タワー
North East Tower

アウター・ウォード
Outer Ward

牢獄

イーグル・タワー
Eagle Tower

インナー・ウォード
Inner Ward

大広間

クイーンズ・ゲート
Queen's Gate

チェンバレン・タワー
Chamberlan Tower

クイーンズ・タワー
Queen's Tower

ブラック・タワー
Black Tower

難攻不落の堅固な城塞
コンウィ城
Conwy Castle

1283年に建設が始まり、わずか4年半で完成した。イギリスの城塞のなかでも最も保存状態がよく、現在は建物の外壁と8つの円柱型の塔が残っており、いくつかは上ることができる。町側に一番近い塔に上ると、コンウィの町並みとコンウィ川、海が一望できて気持ちがいい。

城内は、まず入口を入ってすぐの西外堡West Barbican、アウター・ウォード、城の中心となるインナー・ウォード、東外堡East Barbicanの4つに分かれている。アウター・ウォードには護衛所と馬屋、キッチン、大広間（グレート・ホール）、牢獄などがあった。インナー・ウォードはエドワード1世 P.606と妃エリノアEleanorの住まいだった所。2階には王の間、謁見の間、礼拝堂、1階には騎士の間の跡が残っている。

コンウィ城から見る夕景

コンウィ川の対岸からは城の全景が見渡せて美しい。特に夕景がすばらしいので、夕暮れ時に橋を渡って眺めてみるのもいい。ここから見るコンウィ城の夕景を画家ターナーが描いており、その作品はカーディフ国立博物館&美術館に収蔵されている。

イギリスで最も美しい城
ボーマリス城
Beaumaris Castle

エドワード1世 P.606が築いた10の城塞のうち、最後に建てられた城塞で未完のままだが、イギリス内でも最も建築技術に優れ、最も美しい城といわれている。

外は6角形、内は正方形の二重の城壁に囲まれており、外城壁まで攻められても内城壁から攻撃できるよう緻密な計算がなされている。城壁に上ると、周辺ののどかな田園風景とメナイ海峡が見渡せて美しい。

戦略上の重要拠点
ハーレック城
Harlech Castle

1282〜89年にかけて建てられた。イングランドの支配に抵抗するオワイン・グリンドゥールにより占領された時期があるほか、バラ戦争でもヨーク、ランカスター軍により争奪戦になるなど、北ウェールズ支配の重要な拠点だった。

DATA

■カナーヴォン城
Map P.502
⊠Castle Ditch, LL55 2AY
☎(01286)677617　URL cadw.wales.gov.uk
圃3〜6・9・10月9:30〜17:00　7・8月9:30〜18:00
　11〜2月10:00〜16:00（日11:00〜16:00）
圏12/24〜26、1/1　圏£6.75　学生£5.10

■コンウィ城
Map P.500下B
⊠Conwy, LL32 8AY
☎(01492)592358　URL cadw.wales.gov.uk
圃3〜6・9・10月9:30〜17:00　7・8月9:30〜18:00
　11〜2月10:00〜16:00（日11:00〜16:00）
圏12/24〜26、1/1　圏£6.75　学生£5.10

■ボーマリス城　**Map P.499A**
⊠Beaumaris, Anglesey, LL8 8AP
☎(01248)810361　URL www.beaumaris.com
圃4〜6・9・10月9:30〜17:00　7・8月9:30〜18:00
　11〜3月10:00〜16:00（日11:00〜16:00）
圏12/24〜26、1/1　圏£5.25　学生£3.90

■ハーレック城　**Map P.499A**
🚃ポルスマドッグから鉄道でシュルーズベリー方面の列車が2時間に1便程度運行。所要25分
⊠Harlech LL46 2YH
☎(01766)780552　URL cadw.wales.gov.uk
圃3〜6・9・10月9:30〜17:00　7・8月9:30〜18:00
　11〜2月10:00〜16:00（日11:00〜16:00）
圏12/24〜26、1/1　圏£5.25　学生£3.90

北ウェールズ
景観路線と保存鉄道の旅

スランドゥドゥノ
コンウィ渓谷鉄道

ブレナウ・
フェスティニョグ

フェスティニョグ鉄道

ボルスマドッグ

ウェルシュ・
ハイランド鉄道

カナーヴォン

左:車窓からの風景は犬も気になる？　右上:フェスティノグ渓谷を進む蒸気機関車　右下:ボルスマドグ駅に停車中の蒸気機関車

ウェルシュ・ハイランド鉄道の車内

北ウェールズの豊かな大地には、産業革命以降長い時間をかけて線路が張りめぐらされてきた。廃線になった路線もあるが、その多くは保存鉄道としていまも列車が運行されている。北ウェールズをぐるりと半周するように走る路線は、1日で回ることが可能。限られた時間でこの地域の雄大な自然を体感するのにもピッタリだ。

コンウィ渓谷鉄道
Conwy Valley Railway

かつてロンドンとホーリーヘッドを結んでいた国鉄路線の支線で、現在もナショナル・レイルにとどまりアリーヴァ・トレイン・ウェールズにより運行されている。スランドゥドゥノから渓谷に沿ってブレナウ・フェスティニョグまでを走る。

フェスティニョグ鉄道
Ffestiniog Railway

ブレナウ・フェスティニョグからドゥアルト・スパイラルと呼ばれるループ線を挟みながら少しずつ高度を下げ、ボルスマドッグへと走る保存鉄道。4月から10月は毎日運行。冬期も1月～2月上旬を除けば週3日以上は運行している。

ウェルシュ・ハイランド鉄道
Welsh Highland Railway

ボルスマドッグからスノードン山の裾野に広がる高原を駆け抜け、カナーヴォンに至る保存鉄道。フェスティニョグ鉄道と一体的に運用されており、接続もよい。

■コンウィ渓谷線
URL www.conwy.gov.uk/cvr
平日6便運行　所要1時間20分　料往復£8
■フェスティニョグ鉄道
URL www.festrail.co.uk
4～10月は毎日2～7便運行。それ以外は不定期運行。
所要1時間20分
料1日券£21.50
■ウェルシュ・ハイランド鉄道
URL www.festrail.co.uk
往復£11.50　運行日はフェスティニョグ鉄道に準じる
所要1時間20分　料1日券£35.80

HOTEL　　　　　　　　　　RESTAURANT

　北ウェールズで最も宿がとりやすいのはスランドゥドゥノ。リゾート地だけあってゲストハウスから高級ホテル、大手チェーンホテルまでさまざまな宿がある。バンガーはこの地方の中心都市だが、宿の数はそれほど多くはない。鉄道駅周辺にビジネスホテルがいくつかあり、B&Bはガース・ロード周辺に多い。カナーヴォンやコンウィにはいずれも小さな町だが、中心部にも宿はいくつかある。

　レストランもバリエーションが豊富なのはやはりスランドゥドゥノ。バンガーもハイ・ストリート周辺を中心に明るいカフェやレストランが多い。

高級　27室　Map P.500 下 A　コンウィ

キャッスル Castle Hotel

⌂High St., LL32 8DB
TEL(01492)582800　FAX(01492)582300
URL www.castlewales.co.uk
S🛏🚿🚽📞 £95～99
W🛏🚿🚽📞 £110～270
CC A J M V

📺全室　7全室　🛁全室　🔒なし　P なし　📶Wi-Fi 無料

15世紀に小さなインとして創業した老舗ホテル。典型的なヴィクトリア様式の内装だが快適性も兼ねている。併設のレストランも評判がいい。

ゲストハウス　4室　Map P.500 下 A　コンウィ

タウン・ハウス The Town House

⌂18 Rosehill St., LL32 8LD
TEL & FAX(01492)596454
URL www.thetownhousebb.co.uk
S🛏🚿🚽📞 £65～
W🛏🚿🚽📞 £70～
CC M V（手数料1%）

📺全室　7全室　🛁全室　🔒なし　P なし　📶Wi-Fi 無料

看板はないが、パステルグリーンの建物が目印。オーナー夫妻はとても親切で、設備の充実にも熱心。どの部屋も内装が異なる。12月は閉鎖する。

ゲストハウス　9室　Map P.500 下 A　コンウィ

キャッスルバンク Castlebank Hotel

⌂Mount Pleasant, LL32 8NY
TEL(01492)593888　FAX(01492)596466
URL www.castlebankhotel.co.uk
S🛏🚿🚽📞 £40～60
W🛏🚿🚽📞 £85～95
CC J M V

📺全室　7全室　🛁全室　🔒なし　P 無料　📶Wi-Fi 無料

親切なもてなしが評判の宿。ヴィクトリア朝の建物を利用しており、内装は部屋によって異なる。ボリュームたっぷりの朝食も自慢。1月第1週は休業。

大型　75室　Map P.501　スランドゥドゥノ

セント・ジョージ St.George Hotel

⌂St George's Pl., LL30 2LG, UK
TEL 08081686030　FAX(01492)877788
URL www.stgeorgeswales.co.uk
S🛏🚿🚽📞 £115～165
W🛏🚿🚽📞 £160～210
CC A J M V

🛗📺全室　7全室　🛁全室　🔒なし　P 無料　📶Wi-Fi 無料

海を望む絶好のロケーションの4つ星ホテル。落ち着いた色調の客室は広々としており、機能性も抜群。眺めのいいテラスレストランもある。

ゲストハウス　12室　Map P.501　スランドゥドゥノ

ミルバートン・ハウス Milverton House

⌂3 North Pde., LL30 2LP
TEL(01492)875155
URL www.milvertonhousehotel.co.uk
S🛏🚿🚽📞 £60～
W🛏🚿🚽📞 £75～
CC M V

🛗📺全室　7全室　🛁全室　🔒なし　P なし　📶Wi-Fi 無料

プロムナードの近くにあり、海が見える部屋や天蓋付きベッドを備えた部屋もある。小規模なホテルだがエレベーターも完備している。

中級　20室　Map P.500 上　バンガー

エール・モア Eryl Mor Hotel

⌂2 Upper Garth Rd., LL57 2SR
TEL(01248)353789　FAX(01248)354042
URL www.erylmorhotel.co.uk
S🛏🚿🚽📞 £55
W🛏🚿🚽📞 £85
CC A J M V

📺全室　7全室　🛁全室　🔒なし　P 無料　📶Wi-Fi 無料

港を見下ろす位置にあり、シービューの部屋に空きがあるならリクエストしよう。併設のレストランでは本格的なインド料理が楽しめる。

ゲストハウス　20室　Map P.500上　バンガー
ベイツリー・ロッジ　Baytree Lodge

✉ Garth Rd., LL57 2RT
☎ (01248)362230　FAX (01236)674139
URL www.baytree-lodge.com
S 🛁🚻📶💷 £35
W 🛁🚻📶💷 £70
CC J M V

📺 全室　🍽 全室　🧺 全室　なし　P 無料　📶Wi-Fi 一部無料

バンガーの港と中心部の間、B&Bが並ぶガース・ロードにある老舗のゲストハウス。部屋は改装済みできれい。バスタブも大きい。

高級　110室　Map P.502上　カナーヴォン
ケルティック・ロイヤル　Celtic Royal Hotel

✉ Bangor St., LL55 1AY
☎ (01286)674477　FAX (01236)674139
URL www.celtic-royal.co.uk
S 🛁🚻📶💷 £75～94
W 🛁🚻📶💷 £100～138
CC A D J M V

📺 全室　🍽 全室　🧺 全室　なし　P 無料　📶Wi-Fi 無料

ジョージ王朝様式の屋敷を利用したカナーヴォンで最も格式あるホテル。ジムやプールも備え、客室も広くて設備も充実。レストランは受賞歴もある。

B&B　4室　Map P.502上　カナーヴォン
ヴィクトリア・ハウス　Victoria House

✉ Church St., LL55 1SW
☎ (01286)678263
URL www.thevictoriahouse.co.uk
S W 🛁🚻📶💷 £60～90
CC M V

📺 全室　🍽 全室　🧺 全室　なし　なし　📶Wi-Fi 無料

ホテル並みの設備が自慢のB&B。庭から城壁を利用したテラスへ行くことができ、セイオント川の眺めを楽しむこともできる。川が見える客室もある。

Map P.500上　バンガー
キャット・ハウス　The Cat House

英国料理 カフェ

ハイ・ストリートにある。炭焼きチキン£9.45やタルタルソース付きのフィッシュ&チップスなどが店のおすすめ。ハンバーガー各種£9～10も人気メニュー。
✉ 161 High Str., LL57 1NY　☎ (01248)370445
URL feralcatbangor.com　🕐 11:00～24:00
(月・火～23:00、日～22:30)　休無休　CC M V　📶店内可

Map P.500下A　コンウィ
アルフレード　Alfredo Restaurant

イタリア料理

新鮮な魚を使った料理が人気で、その日に仕入れるものによって異なるので注文時に確認しよう。自家製のパスタを使ったラザニアも人気。
✉ Lancaster Sq., LL32 8DA　☎ (01492)592381
@ penney-scaletta@yahoo.co.uk　🕐 18:00～22:00
休冬期の日曜　CC M V　📶不可

Map P.501　スランドゥドゥノ
オリエント・エクスプレス　Café Orient-Express

カフェ トルコ料理

スランドゥドゥノで人気のカフェレストラン。朝食メニューはいわゆる英国風の朝食のほか、エッグ・ベネディクト£4.75やウェルシュ・レアビット（ウェールズ発祥のチーズトースト）£3.25～などもある。食事メニューではトルコ風鶏むね肉のグリル£7.50（写真）が評判。
✉ 8 Gloddaeth St., LL30 2DS　☎ (01492)879990
@ orientexpressllandudno@gmail.com
🕐 8:00～18:00　休無休　CC M V　📶不可

Map P.502上　カナーヴォン
ウォル　Wal

ファストフード イタリア料理

パレス・ストリート沿いにあるカフェ。800年ほど前の城壁がインテリアとして利用されている。昼はハンバーガーやサンドイッチ、夜はピザやパスタなどを提供する。予算は£6～。
✉ Palace St., LL55 1RR　☎ (01286)674383
🕐 9:00～15:00　18:00～21:00　休日～火のディナー
CC M V　📶不可

日本からホテルへの電話（詳しい電話のかけ方は P.8 もご参照ください）
国際電話会社の番号 ＋ 010 ＋ 国番号44 ＋ 最初の0を除いた掲載の番号

スコットランド

Scotland

 詳細ガイド 見どころビジュアルガイド

 Town Walk 町歩きガイド

写真上：世界遺産フォース鉄橋（P.527）　写真左下：タータンのマフラー　写真右下：憧れのセント・アンドリューズでゴルフ

ロイヤル・マイル P.520
エディンバラ城からホリルードハウス宮殿までの通り。博物館やパブなどが多く並ぶ

ミリタリー・タトゥー P.529
夏期にエディンバラ城の前で行われるスコットランド最大のイベント

オールド・コース P.536
数あるセント・アンドリューズのコースの中でも最も長い歴史を誇る

グラスゴー P.538
スコットランド最大の都市で、芸術の街としても知られている

イギリスの中のもうひとつの国

スコットランド

スコットランド南部 スコットランドの首都エディンバラ P.512 は、**エディンバラ城** P.519 や**ホリルードハウス宮殿** P.522 など、イギリスの歴史を知るうえでも重要な見どころが多い。ポップカルチャーの発信基地**グラスゴー** P.538 は、スコットランドの交通の中心。大都市だけあってショップも充実し、見応えある博物館や、近代建築や現代美術などがめじろ押し。

スコットランド中部 中部には、かつてスコットランド王国の都だった**スターリング** P.546 や、ゴルフの聖地**セント・アンドリューズ** P.534 といった古都がある。

ハイランド 北部を占める広大な地域がハイランド。ネッシーで有名な**ネス湖** P.550 があることでも知られている。

見どころハイライト＆主要都市

P.512　「北のアテネ」と称される古き町並み
エディンバラ

P.534　全英オープンが開かれるゴルフの聖地
セント・アンドリューズ

P.551 ●インヴァネス
ネス湖 P.550

P.546 スターリング● ●セント・アンドリューズ P.534
P.538 グラスゴー● ●エディンバラ P.512

スコットランド

P.538 流行の発信地
グラスゴー

P.550 ネッシーで有名になった神秘の湖
ネス湖

ネス湖 P.550
ネッシーが目撃されることで有名な湖。周辺には古城やアトラクション点在する

話題の見どころ

Topic "マッサン"の妻、竹鶴リタの故郷
カーキンティロック Kirkintilloch

　グラスゴー郊外にある小さな町、カーキンティロック。ここは日本のウイスキーの父とも呼ばれる竹鶴政孝の生涯の伴侶、竹鶴リタ（1896～1961）の出生地。2014～2015年に放映されたドラマ『マッサン』の人気で、日本人旅行者も訪れるようになった。オールド・カーク博物館ではリタにまつわる品々を展示したコーナーもある。

■カーキンティロックへの行き方
🚌グラスゴーのブキャナン・バスステーションからX85番で約25分。1時間に1～2便。
■オールド・カーク博物館Auld Kirk Museum
✉Cowgate, G66 1AB 0SX　TEL(0141)5780144
🕐10:00～13:00　14:00～17:00
困月、イースター、12月下旬～1月上旬　料無料

オールド・カーク博物館

ご当地グルメ

ウイスキーとの組み合わせは最高！
ハギス
gourmet Haggis

　羊の胃袋に、羊の内蔵やオート麦、たまねぎ、ハーブなどを詰めて茹でたもの。スコットランドの伝統料理で伝統的なパブでよく出されている。スーパーマーケットでは缶詰も売られている。

ハギスの缶詰
有名な食品会社のほかスーパーのプライベートブランドのハギスも売られている。ハギス味のポテトチップスもスコットランドならでは

ご当地ビール・お酒

スコットランド国旗が入ったラベルが目印
スチュワート・ブリューイング
beer Stewart Brewing

　2004年に開業したエディンバラのマイクロ・ブリュワリー。ホーリールードHollyroodは代表的な銘柄で、アロマティックな風味と豊かな香りが楽しめる。

クリーミーな泡立ちにフルーティーな味
ベルヘイヴン
beer Belhaven

　エディンバラの南東にある、ダンバー Dunbarで醸造されるエール。スッキリとした飲みくちで、セント・アンドリューズのゴルフ場のラベルのボトルはおみやげにも最適。

スチュワート・ブリューイング

511

エディンバラ
Edinburgh

リンリスゴー宮殿
エディンバラ

●ロンドン

人口	市外局番
47万6000人	0131
エディンバラ市	
City of Edinburgh	

丘の上に位置するエディンバラ城

　エディンバラはスコットランドの首都。歴史的建造物が集まるオールドタウンと、18世紀以降に計画的に造られたニュータウンが見事な対比を見せ、世界遺産にも登録されている町だ。丘の上に建つ城や町のあちこちに建つモニュメントの美しさから、「北のアテネ」とも呼ばれている。フェスティバル・シティとしても名高く、夏のフェスティバルや、年末年始のホグマニーの時期には、世界中から観光客が集まってくる。

エディンバラ
観光ハイライトとエリアガイド

カールトン・ヒル (→ P.525)

ロイヤルマイル (→ P.520)

ホリルードハウス宮殿 (→ P.522)

ニュータウン Newtown

　ニュータウンは、18世紀の**都市計画にのっとって造られた地域**。道路は全体的に広く、整然と区画されており、中世の混沌とした町並みを残したオールドタウンとは対照的である。このエリアの起点となる通りは東西600mほどに延びる**プリンスィズ・ストリート**Princes St.。南側をプリンスィズ・ストリート・ガーデンズに接し、さらにその南にあるエディンバラ城を望むエリアだ。この通りの北側にある**ローズ・ストリート**Rose St.、**ジョージ・ストリート**George St.、**クイーン・ストリート**Queen St.といった通りは、いずれもプリンスィズ・ストリートと並行して延びている。この周辺は、高級デパートや、数々のショップ、パブ、レストランが並ぶ繁華街。プリンスィズ・ストリートから東へと進んで行くと、数々のモニュメントが建っている丘、**カールトン・ヒル**にたどり着く

ヘイマーケット
Haymarket

　エディンバラの西に位置する**ヘイマーケット駅**を中心としたエリア。お手頃な**B&Bが多く点在する**ので、旅行者にはありがたい。空港行きのバスやトラムはヘイマーケットを経由して中心部へと行くので、何かと便利。鉄道もグラスゴー方面など、ニューマーケットを経由する便もある。レストランは中心部に比べて少ないが、ファストフード店なら充実している。

グラスマーケット
Grassmarket

　ロイヤル・マイルのローンマーケットから南側の**ヴィクトリア・ストリート**Victoria St.に入りそのまま少し進むと、おしゃれなパブやレストラン、ちょっと風変わりなショップが建ち並ぶグラスマーケットGrassmarketへ下りていく。また**ジョージ4世橋**George Ⅳ Br.を進んで行くと、スコットランド国立博物館のあるチャンバーズ・ストリートChambers St.と交差する。

ロイヤルマイル
Royalmile

　ニュータウンの南は中世の町並みが残る歴史地区のオールドタウン。エディンバラ観光のハイライトとも言えるエリアだ。**エディンバラ城からホリルードハウス宮殿までの通り**をロイヤルマイルThe Royal Mile.といい、城に近いほうから**キャッスル・ヒル**Castle Hill、**ローンマーケット**Lawnmarket、**ハイ・ストリート**High St.、**キャノンゲート**Canongateと名が変わる。

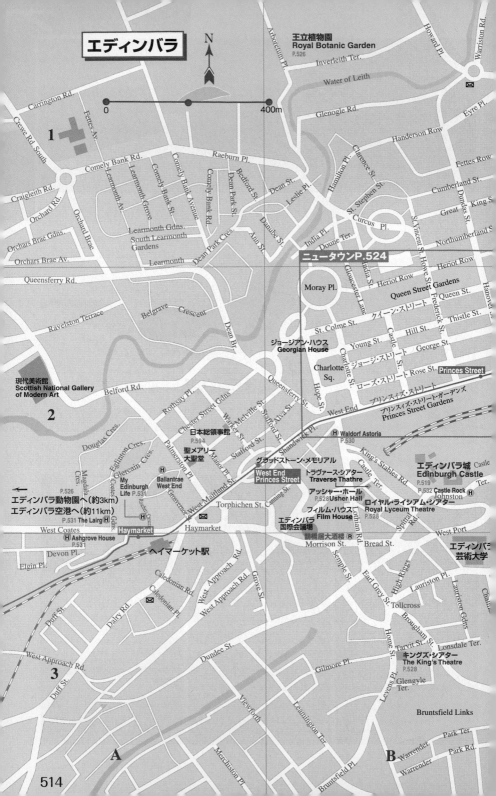

エディンバラ

N

0 ——— 400m

王立植物園
Royal Botanic Garden
P.526

Arboretum Rd.
Inverleith Ter.
Water of Leith
Glenogle Rd.
Carrington Rd.
Warriston Rd.
Howard Pl.
Eyre Pl.
Handerson Row

Crewe Rd. South
Fettes Av.
Comely Bank Rd.
Raeburn Pl.
Hamilton Pl.
Clarence St.
St.Vincent St. Howe St.
Fettes Row
Cumberland St.
Great King St.

Craigleith Rd.
Comely Bank Av.
Comely Bank Grove
Comely Bank St.
Comely Bank Avenue
Bedford St.
Dean St.
Leslie Pl.
St. Stephen St.
Doune Ter.
India Pl.
Curcus Pl.
Dundas St.
Northumberland St.

Orchard Rd.
Learmonth Av.
Dean Park St.
Dean Park Cres.
Danube St.
India St.
Heriot Row

Orchars Brae Gdns.
Orchars Brae Av.
Learmonth Gdns.
South Learmonth Gardens
Learmonth
Dean Park Cres.
Ann St.

Queensferry Rd.
ニュータウンP.524

Moray Pl.
Queen Street Gardens
Queen St.

ジョージアン・ハウス
Georgian House
St. Colme St.
クイーン・ストリート
Young St.
Castle St.
Hill St.
Frederick St.
Thistle St.
Hanover St.

Belgrave Crescent
Ravelston Terrace
Charlotte Sq.
ジョージ・ストリート
George St.

現代美術館
Scottish National Gallery
of Modern Art

Belford Rd.
Queensferry St.
Hope St.
ローズ・ストリート Rose St.
プリンスィズ・ストリート **Princes Street**

West End
プリンスィズ・ストリート・ガーデンズ
Princes Street Gardens

Rothsay Pl.
Chester Street Gdns.
Walker St.
Melville St.
Stafford St.
Alva St.
Shandwick Pl.

日本総領事館
P.594
聖メアリー
大聖堂

H Waldorf Astoria
P.530

Douglas Cres.
Eglinton Cres.
Glencairn Cres.
Magdala Cres.
Palmerston Pl.
Manor Pl.
Stafford St.
Canning St.
グラッドストーン・メモリアル
West End
Princes Street
トラヴァース・シアター
Traverse Thathre
King's Stables Rd.
Castle Ter.
エディンバラ城 Castle
Edinburgh Castle
P.532 Castle Rock
Johnston

← P.526
エディンバラ動物園へ(約3km)
エディンバラ空港へ(約11km)
P.531 The Lairg

My Edinburgh Life P.531
H Ballantrae West End
Grosvenor
West Maitland St.
Torphichen St.
アッシャー・ホール
P.528 Usher Hall
フィルム・ハウス
Film House
ロイヤル・ライシアム・シアター
Royal Lyceum Theatre
P.528
West Port

West Coates
H Ashgrove House P.531
Haymarket
ヘイマーケット駅
Haymarket
エディンバラ
国際会議場
Morrison St.
誹謗居大酒樓
Bread St.
West Port
エディンバラ
芸術大学

Devon Pl.
Elgin Pl.
Caledonian Rd.
Caledonian Pl.
Dalry Rd.
West Approach Rd.
Grove St.
Semple St.
Earl Grey St.
Home St.
Brougham St.
Lauriston Gdns.
Lauriston Pl.
Lauriston St.
Tollcross
Tarvit St.
Lonsdale St.

Duff St.
West Approach Rd.
Dundee St.
Viewforth
Leamington Pl.
Gilmore Pl.
Levens Ter.
キングズ・シアター
The King's Theatre
P.528
Glengyle Ter.

West Approach Rd.
Bruntsfield Pl.
Warrender Park Ter.
Warrender
Park Rd.
Bruntsfield Links

1
2
3

A
B

514

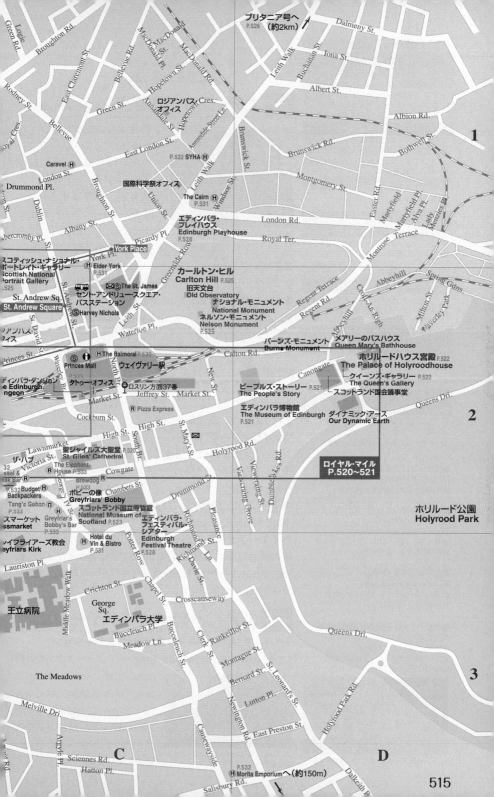

ブリタニア号へ
（約2km） P.526

Dalmeny St.

Logie Green Rd.
Broughton Rd.
MacDonald Rd.
MacDonald Pl.
MacDonald St.
Leith Walk
Buchanan St.
Iona St.
Albert St.
Albion Rd.

East Claremont St.
Rodney St.
Bellevue Rd.
Hopetoun Cres.
Annandale St.
Hopetoun St.
Brunswick St.
Brunswick Rd.
Bothwell St.

Green St.
ロジアンバス・
オフィス

Royal Cres.
Bellevue
East London St.
Annandale Street Ln.
Montgomery St.
Easter Rd.
Maryfield
Maryfield Pl.
Abn St.
Lady Menzies St.

Caravel H
London St.
Broughton St.
Union St.
P.532 SYHA H
Leith Walk
Windsor St.
London Rd.
Montrose Terrace
Abbeyhill
Spring Gdns.

Drummond Pl.
Dublin
国際科学祭オフィス
The Cairn H
P.531

Abercromby Pl.
Albany St.
Picardy Pl.
エディンバラ・
プレイハウス
Edinburgh Playhouse
P.528
Royal Ter.
Regent Terrace
Croft-An-Righ
Milton St.
Waverley Park

York Pl.
スコティッシュ・ナショナル・
ポートレイト・ギャラリー
Scottish National
Portrait Gallery
P.525
York Place
H Elder York
P.531
S The St. James
カールトン・ヒル
Carlton Hill P.525
旧天文台
Old Observatory
ナショナル・モニュメント
National Monument
ネルソン・モニュメント
Nelson Monument
P.525
Regent Rd.
Abbeyhill

St. Andrew Square
セント・アンドリュー・スクエア・
バスステーション
S Harvey Nichols
Waterloo Pl.
バーンズ・モニュメント
Burns Monument
メアリーのバスハウス
Queen Mary's Bathhouse

Princes Mall
H The Balmoral P.530
ウェイヴァリー駅
Calton Rd.
Canongate
ホリルードハウス宮殿 P.522
The Palace of Holyroodhouse
クイーンズ・ギャラリー P.522
The Queen's Gallery
スコットランド国会議事堂

Princes St.
タトゥー・オフィス
ロスリン方面37番
Jeffrey St.
Market St.
New St.
ピープルズ・ストーリー P.521
The People's Story
ダイナミック・アース
Our Dynamic Earth
Queens Dri.

e Edinburgh
ngeon
Market St.
Cockburn St.
Pizza Express
High St.
South Br.
St. Mary's St.
エディンバラ博物館
The Museum of Edinburgh
P.521
Viewcraig Gdns.

High St.
High St.
聖ジャイルズ大聖堂
St. Giles' Cathedral P.520
Cowgate
Holyrood Rd.
Viewcraig St.
Dumbiedykes Rd.
ロイヤル・マイル
P.520〜521

ザ・ハブ
Lawnmarket
Victoria St.
The Elephant
House P.533
Brewdog
Chambers St.
Drummond St.
Pleasant
Richmond St.
ホリルード公園
Holyrood Park

ssel &
ak Bar
ポビーの像
Greyfriars' Bobby
スコットランド国立博物館
National Museum of
Scotland P.523
エディンバラ・
フェスティバル・
シアター
Edinburgh
Festival Theatre
P.528

P.532 Budget
Backpackers
Tang's Gohan H
P.533
Greyfriar's
Bobby's Bar
P.533
Hotel du
Vin & Bistro
P.531
Potter Row
Richmond Ln.
Davie St.

スマーケット
ssmarket
イフライアーズ教会
eyfriars Kirk
Lauriston Pl.
Crichton St.
Chapel St.
Crosscauseway

王立病院
Middle Meadow Walk
George
Sq.
エディンバラ大学
Buccleuch Pl.
Buccleuch St.
Rankeillor St.
Queens Dri.

The Meadows
Meadow Ln.
Clerk St.
Montague St.
St. Leonard's St.

Melville Dri.
Argyle Pl.
Sciennes Rd.
Hatton Pl.
Bernard St.
Lutton Pl.
Newington Rd.
East Preston St.
Holyrood Park Rd.
Dalkeith Rd.

C
D

H Morita Emporiumへ（約150m）
Salisbury Rd.

1

2

3

515

■エディンバラ空港
TEL08444818989
URLwww.edinburghairport.com

■エアリンク
TEL(0131)5556363
URLwww.flybybus.com
出発:4:30〜翌0:35に10〜30分おき
料片道£4.50　往復£7.50

■エディンバラ・トラム
URLedinburghtrams.com
出発:6:15〜22:45の8〜10分おき
料片道£5　往復£9

■ウェイヴァリー駅の荷物預かり所
TEL(0131)5583829
開7:00〜23:00　困無休
料0〜3時間:£6　3〜24時間:£10
以降1日につき£5

チケット売り場から遠いので少し見つけづらい

エディンバラ 交通情報

✈ エディンバラ空港 Edinburgh Airport

空港から中心部を結ぶエア・リンク

空港は町の中心から西へ約13kmに位置している。エアリンクというバスのほか、路面電車のエディンバラ・トラムでもアクセス可能。夜間はナイトバスN22番がウェイヴァリー駅まで30分おきに運行されている。

空港から市内への移動

エアリンク Airlink　空港からヘイマーケット駅を経由してウェイヴァリー・ブリッジまで行く。所要約25分。

エディンバラ・トラム Edinburgh Tram　ヘイマーケット駅、プリンスィズ・ストリートを経由してヨーク・プレイスまで行く。所要約35分。

タクシー　市内までの料金は約£15。所要約20分。

🚆 エディンバラの鉄道駅

エディンバラには、ウェイヴァリー駅とヘイマーケット駅というふたつの鉄道駅がある。

ウェイヴァリー駅 Waverley Station　エディンバラのメインターミナルで、❶やショッピングセンターも隣接している。チケット売り場は2ヵ所あり、イングランド方面はイーストコーストのチケットオフィス。スコットランド方面は自動改札の手前にある自販機か、14番ホーム横のファースト・スコットレイルFirst Scotrailのオフィスで購入する。

ヘイマーケット駅 Haymarket Station　ウェイヴァリー駅の西約1kmにある。規模は小さいが、ウェイヴァリー駅からグラスゴーやスターリングなどへ行く列車はすべてヘイマーケット駅に停車する。

🚌 エディンバラのバスステーション

セント・アンドリュー・スクエア・バスステーション

St Andrew Square Bus Station　ニュータウンの東側

デパートの地階部分がバスターミナルになっている

にある広場、セント・アンドリュー・スクエアSt. Andrew Sq.の向かいにある。イングランド方面への長距離バスやスコットランド各地へ行くバスが発着している。

エディンバラ
市内交通

エディンバラの市内バス

　ちょっと郊外の見どころに行ったり、中心からやや離れた場所に宿を取ったときなどは、市内バスを利用しよう。エディンバラ市内は、ロジアンバスLothian Busと、ファーストFirstの2社が運行している。

　両社とも1日券を販売している。1日券の値段は有効なゾーンによって変わるが、ちょっと郊外にあるブリタニア号も含めて、普通に観光するのであれば、最も範囲の狭いゾーンで十分。

エディンバラ・トラム

　エディンバラ空港～ヨーク・プレイス間を走っている。2014年5月に開通したばかりだが、1956年までエディンバラには路面電車が運行されており、約半世紀ぶりの復活となった。町の東西を移動するのにも便利。

エディンバラのタクシー

　エディンバラのタクシーは、ロンドンのものと同様、基本的に黒くてクラシカルなタイプ。電話で直接呼ぶか、町でつかまえて乗る。

エディンバラの観光バス

ウェイヴァリー・ブリッジから発着する

　乗り降り自由の市内観光バスはウェイヴァリー・ブリッジ発。バス会社によって多少コースが異なるが、各社とも大差はない。利用するバス会社によって、割引特典がそれぞれ異なる。チケットはドライバーから直接購入するか、ウェイヴァリー・ブリッジのオフィスでも購入可能。

エディンバラ・ツアー Edinburgh Tour　エディンバラ城、ホリルードハウス宮殿など市内各所の見どころを訪れる乗り降り自由の観光バス。

シティ・サイトシーイング City Sightseeing　コースはエディンバラ・ツアーとほぼ同じ。日本語の音声ガイドもある。

マジェスティック・ツアー Majestic Tour　王立植物園、ブリタニア号、現代美術館など、郊外の見どころを巡る便利なコース。

■**ロジアンバス**
URLlothianbuses.com
1回券£1.50　1日券£4

広告がペイントされている車両が多い

■**ファースト・エディンバラ**
URLwww.firstgroup.com/ukbus/scotland_east
1回券£1.50　1日券£4

■**エディンバラ・トラム**
URLedinburghtrams.com
片道£1.50、1日券£3.50（空港は適用外）

エディンバラ・トラムのヨーク・プレイス駅

カラフルな車体のタクシーもある

■**エディンバラ・バス・ツアー**
Edinburgh Bus Tour
TEL(0131) 2200770
URLedinburghtour.com
●**エディンバラ・ツアー**
出発:3月下旬～6月下旬・9月上旬～10月下旬
　9:35～17:50の15分おき
　6月下旬～9月上旬
　9:30～18:50の7～15分おき
　10月下旬～3月下旬
　9:40～16:00の20～30分おき
€£14　学生£13
●**シティ・サイトシーイング**
出発:3月下旬～6月下旬・9月上旬～10月
　9:30～18:00の20分おき
　6月下旬～9月上旬
　9:30～20:00の7～15分おき
　11月～3月下旬
　9:30～16:00の20～30分おき
€£14　学生£13
●**マジェスティック・ツアー**
出発:3月下旬～6月下旬・9月上旬～10月下旬
　9:45～17:05の20分おき
　6月下旬～9月上旬
　9:45～17:00の15分おき
　10月下旬～3月下旬
　9:50～16:50の30分おき
€£14　学生£13

エディンバラ Tourist Information Centre

URLwww.visitscotland.com
宿の予約：手数料£4＋宿泊料金の10%
（デポジット）
●ウェイヴァリー駅横の❶
Map P.515C2
⊠Waverley Market, 3 Princes St.,
EH2 2QP
TEL08452255121
⏰9〜5月9:00〜17:00
　（日10:00〜17:00）
　6月9:00〜18:00（日10:00〜18:00）
　7・8月9:00〜19:00
　（日10:00〜19:00）
休12/25・26
●エディンバラ空港の❶
⊠Edinburgh International Airport,
EH12 9DN
TEL(0131)4733690
⏰7:30〜21:30（金〜19:30、土・日〜
19:00)
休無休

エディンバラ 情報収集

観光案内所

　エディンバラの❶はウェイヴァリー駅のプリンスィズ・モール側の出口を出た左側。各種パンフレットやみやげ物も豊富。常に行列ができているので、欲しいパンフレットの種類や調べてもらいたいことを箇条書きにしておくとよい。宿の予約はもちろん、各種ツアーの予約も可能。奥にあるインターネット・コーナーも利用できる。両替所も併設しており、日本円も両替可能。

情報誌

ザ・リスト The List　エディンバラとグラスゴーのアートや劇場、スポーツ、レストランなどの最新情報が載っている『ザ・リストThe List』は隔週発売。書店やコンビニなどで販売している。

エディンバラ 現地発着ツアー

ウオーキングツアーの種類が豊富。特に怪奇スポットを歩くゴースト・ツアーはエディンバラ名物。

 シークレッツ・オブ・ザ・ロイヤル・マイル
Secrets of the Royal Mile
14:15発（11〜3月は土・日のみ）
所要:1時間30分（エディンバラ城観光付き2時間30分）
料£12　学生£10（エディンバラ城観光付き£29　学生£27）
ロイヤル・マイルの歴史的名所を訪れながら、エディンバラの歴史に触れるツアー。オプションでエディンバラ城がセットになったツアーもある。

 ゴースツ&グールズ・ツアー
Ghosts & Ghouls Tour
19:00、20:00発　所要:2時間　料£14　学生£12
エディンバラのオールドタウンを巡りながら、この町の歴史の暗部に光を当てるツアー。ブレア・ストリートBlair St.の下に広がる地下都市にも足を踏み入れる。

ヒドゥン&ホーンテッド
Hidden & Haunted
21:00、21:30、22:00（4〜10月、11〜3月の金・土)発
所要:1時間30分　料£12　学生£10
かつての処刑場など闇の歴史をたどるツアー。ハンター・スクエア近くのブレア・ストリートがツアーの締めくくり。

ヒストリック・アンダーグラウンド
Histoic Underground
14:00、16:00（4〜10月、11〜3月の14:00は土・日のみ)発
所要:1時間15分　料£11　学生£9
ヴォールト（アーチ型の天井様式）巡りを中心としたツアー。ブレア・ストリートの地下都市にも立ち寄る。

メルカト・ツアーズ Mercat Tours
TEL(0131)2255445　URLwww.mercattours.com
ロイヤルマイルの聖ジャイルズ大聖堂近くのメルカト・クロス（Map P.520）から出発

 エディンバラ文学パブツアー
Edinburgh Literary Pub Tour
19:30発（11・12月は金のみ、1〜3月は金・日、4・10月は木〜日、5〜9月は毎日）
所要:2時間　料£12　学生£10
オールドタウンとニュータウンの歴史あるパブを回りながら、スコットランド文学にまつわる話を聞く。

TEL08001697410
URLwww.edinburghliterarypubtour.co.uk
グラスマーケットのパブ、ビーハイブ・インThe Beehive Inn出発。

 ネス湖とハイランド
Loch Ness & The Highlands of Scotland
7:45発　所要12時間　料£45　学生£42
ネス湖やグレンコーなどハイランド地方の景勝地を回る。

ハイランド・ウイスキー・エクスペリエンス
Highland Whisky Experience
夏期の火・金・日9:00　冬期の金9:00発
所要8時間30分　料£33　学生£30
フォース鉄橋やグレントレット蒸溜所などを回る。

 セント・アンドリューズとファイフ王国
St. Andrews & the Kingdom of Fife
夏期の水・土9:00　冬期の水9:00発
所要9時間　料£33　学生£30
フォース鉄橋やセント・アンドリューズなどを回る。

グレイ・ライン Gray Line
TEL(0131)5555558　URLwww.graylinetours.com
出発前日までに要予約。❶で予約可。

岩山から町を見下ろす
エディンバラ城 *Edinburgh Castle*

岩山に築かれた天然の要害 エディンバラの中心に町を見下ろすように建つ城。幾度もの戦闘と破壊を経験し、そのたびに再建と増改築が繰り返されてきた。城が建っている岩山は、キャッスル・ロックCastle Rockといわれ、城が築かれる以前から天然の要塞として利用されていた。

城前の広場 城の入口にある広場では夏のフェスティバル期間中にミリタリー・タトゥーと呼ばれる盛大なパフォーマンスイベントが毎晩開かれる。

クラウン・スクエア周辺 城内の有名な建築物はクラウン・スクエアCrown Sq.周辺にあり、戦没者記念堂、ルネッサンス期に建てられたグレートホール、さらに王宮が中庭を取り囲むように建てられている。なかでも王宮は、スコットランド女王メアリー☞ P.608がスコットランド王ジェイムス6世（イングランド王ジェイムス1世）を産んだ「メアリー女王の部屋」があったり、スコットランド王の即位の宝器と運命の石が保管されているなど、必見の場所といえる。

城内最古の建物 現在残されている最古の建物は、聖マーガレット礼拝堂St. Margaret's Chapel。1110年に建てられた礼拝堂で、ノルマン様式のアーチが印象的だ。

DATA

■エディンバラ城　Map P.514B2
✉Castle Hill, EH1 2NG　☎(0131)2259846
🌐www.edinburghcastle.gov.uk
🕐4〜9月9:30〜18:00　10〜3月9:30〜17:00
最終入場は閉館の1時間前
🚫12/25・26　💷£16.50　学生£13.20
内部撮影一部不可
ウェブサイトで入場券を事前購入すれば窓口で並ばなくて済む。事前購入した券はエディンバラ城入口にある発券機で手に入れる

宝器と運命の石

ウォルター・スコットによる即位の宝器発見

宝器とは、王冠、御剣、王笏の3つからなり立っており、1707年にイングランドとスコットランドの間で連合条約が結ばれて以来、封印され続けていたが、ウォルター・スコット☞ P.606によって封印を解かれ、再び日の目を見るようになった。また、運命の石は、古来からスコットランドの王が即位式のときに座ることになっていた石。13世紀末にイングランド王エドワード1世☞ P.606によってイングランドに持ち去られて以来、ロンドンのウェストミンスター寺院に保管されていたが、1996年にスコットランドに返還された。本来はパースのスクーン宮殿に置かれていたものであったが、現在は宝器と一緒に王宮の中のクラウン・ルームに保管されている。

国立戦争博物館
National War Museum of Scotland

エディンバラ城
Edinburgh Castle

聖マーガレット礼拝堂
St. Giles' Cathedral

Old Govenors House

エスプラネード
Esplanade
（ミリタリー・タトゥー会場）
P.529

チケット売場

戦没者記念堂
National War Monument

New Barracks

牢獄

アン女王の館
Queen Anne Building

王宮
Royal Palace

グレートホール
Great Hall

エディンバラの歴史を歩く
ロイヤル・マイル
Royal Mile

エディンバラ城からホリルード宮殿までの石畳の道はロイヤルマイルと呼ばれている。途中には大聖堂や著名人の家々、長い歴史を持つパブなどがあり、エディンバラの歴史を語る上では欠かせないエリアだ。

ロイヤル・マイルは緩やかな坂となっている

スコッチウイスキー・エクスペリエンス
The Scotch Whisky Experience

エディンバラ城のすぐ近くにある

蒸溜の過程のみでなく、300年以上にわたるスコッチウイスキーの歴史をウイスキーの樽に見立てた乗り物に乗って見学する。スペイサイドやアイラ島など地域による特徴の違い、ブレンドの秘密など、さまざまな角度からスコッチウイスキーの秘密に迫る。

また、館内のショップにはスコットランド各地から集められたボトルが並んでおり、その数480種以上。併設のアンバー・レストランAmber Restaurantでは伝統料理も楽しめる。

⊠354 Castle Hill, EH1 2NE
℡(0131)2200441
URLwww.scotchwhiskyexperience.co.uk
圏10:00～17:30（季節によって変動する）
最終ツアーは閉館の1時間前　個12/25
圏ツアーにより異なる。基本となるシルバーツアーは£14

聖ジャイルズ大聖堂
St. Giles' Cathedral

ロイヤル・マイルの中心に堂々と建っている教会が、聖ジャイルズ大聖堂。王冠の形をした屋根が印象的なゴシック様式の教会だ。内部は宗教改革の最中に多くの装飾が破壊されたが、見るべきところは多い。特にシスル礼拝堂Chapel of the Thistleは一見の価値あり。教会内では頻繁にコンサートが行われるので、機会があれば聴いてみよう。

⊠The Royal Mile, EH1 1RE
℡(0131)2260679
URLwww.stgilescathedral.org.uk
圏5～9月9:00～19:00（日13:00～17:00）
　10～4月9:00～17:00（日13:00～17:00）
個12/25·26　圏寄付歓迎　写真撮影£2
毎日12:00からの礼拝時は一般観光客の入場は控えたい

歴史事件の舞台となってきた聖ジャイルズ大聖堂

World's End ℝ
ブラス・ラビング・センター
Brass Rubbing Centre
ジョン・ノックスの家
John Knox House
子供史博物館
Museum
of Childhood

North Br.
Cockburn St.
The Inn
on the Mile ℍ
ℍ Radisson SAS

North Bank St.
裁判所　リアル・メアリーキングズ・クローズ
Court House Real Mary King's Close
作家博物館　メルカト・クロス
The Writers' Museum　Mercat Cross
Lawnmarket　High St.
グラッドストーンズ・ランド　フェスティバル・
Gladstone's Land　聖ジャイルズ大聖堂　フリンジ・オフィス
アセンブリー・ホール　St. Giles' Cathedral
Assembly Hall ℝ Ensign Ewart
Ⓢ Ness Castle
エディンバラ城へ　Castle Hill
ザ・ハブ
ℝ Witchery The Hub
スコッチウイスキー・エクスペリエンス
Scotch Whiskey Experience
George IV Br.
South Br.

N
0　　100m

リアル・メアリー・キングズ・クローズ
The Real Mary King's Close

タイムスリップしたかのような
感覚に教われる

エディンバラの地下には洞窟のような都市が広がっており、17世紀には人も住んでいた。しかし、劣悪な環境のために、多くの人々が病気になったり、死亡したりと恐ろしい場所でもあった。そのためか、怪談も多く残っている。現在はツアーで中に入ることもでき、案内人とともに謎めいた地下世界を冒険できる。

✉2 Warriston's Close, High St., EH1 1PG
☎08450706244　URLwww.realmarykingsclose.com
🕐3/27～10/31 10:00～21:00
　11/1～3/26 10:00～17:00（金・土～21:00）
🈺12/25　💴£13.95　学生£12.50
ツアーは約15分おきに行われる　内部撮影不可

ピープルズ・ストーリー
The People's Story Museum

時計ととんがり帽子の屋根が
目印

キャノンゲート・トルボースCanongate Tolboothという、16世紀に建てられた建築物を利用した博物館。円錐型の屋根に、突き出た時計が印象的だ。展示では、18世紀から今日にいたるまでのエディンバラの一般市民の生活史を紹介している。さまざまな職業で働いている人々の人形が並び、仕事の様子などを再現している。

✉163 Canongate, EH8 8BN
☎(0131)5294057
URLwww.edinburghmuseums.org.uk
🕐10:00～17:00（日12:00～17:00）
🈺9～7月の日曜、12/25・26、1/1・2
💴寄付歓迎　フラッシュ不可

エディンバラ博物館
The Museum of Edinburgh

ハントリー・ハウスHuntry Houseという16世紀に建てられた建物を利用した博物館。先史時代から現在までのエディンバラに関するものを展示している。なかでもプレスビテリアン貴族たちによって署名された「国民盟約」は、スコットランドの歴史において非常に重要な史料。グレイフライアーズ・ボビーの首輪や、餌皿なども収蔵している。

✉142 Canongate, EH8 8DD
☎(0131)5294143
URLwww.edinburghmuseums.org.uk
🕐10:00～17:00（日12:00～17:00）
🈺9～7月の日曜、12/25・26、1/1・2　💴寄付歓迎
　フラッシュ不可

ホリルードハウス宮殿
The Palace of Holyroodhouse
P.522

クイーンズ・ギャラリー
Queen's Gallery
P.522

ホワイトフォード・ハウス
Whiteford House

スコットランド
国会議事堂
The Scottish
Parliament

キャノンゲート教会
Canongate Kirk

クイーンズベリー・ハウス
Queensberry House

Canongate

ピープルズ・ストーリー
Peoples Story

Canongate

エディンバラ博物館
Museum of Edinburgh

Ⓒ The Fudge House
of Edinburgh

ネス
Ness Castle

タータンで作ったアイテムを取り扱うブランド。ジャケットやバッグ、財布、ポーチなどタータンをあしらったアイテムが多く揃う。デザインはかわいらしいものが多い。

✉336-340 Lawnmarket, EH1 2PH
☎(0131)2258815　URLness.co.uk
🕐8:00～18:30　🈺無休　💳ⒶⓂⓋ

ファッジ・ハウス
The Fudge House of Edinburgh

ロイヤル・マイルにあるファッジ専門店。50年以上の歴史を誇り、3世代続く老舗。ショーケースには25種類以上の色とりどりのファッジが並んでいる。

✉197 Canongate, EH8 8BN
☎(0131)5564172　URLwww.fudgehouse.co.uk
🕐10:00～17:30　🈺日　💳ⒶⓂⓋ

英国王室所有の宮殿

ホリルードハウス宮殿
The Palace of Holyroodhouse

王族が滞在する宮殿 ロイヤル・マイルの東端に位置する宮殿。スコットランドにおける英国王室の宮殿として現在も利用されており、王室メンバーがスコットランドを訪問するときはここに滞在している。宮殿は華麗な装飾がされており、なかでもグレート・ギャラリーGreat Galleryにある、89人の歴代スコットランド王の肖像画は圧巻。

ホリルード・アビー 宮殿に隣接するホリルード・アビーHolyrood Abbeyは廃墟になっているが、宮殿よりもその歴史は古く、12世紀にデイビッド1世によって建てられた由緒正しい修道院。デイビッド2世、ジェイムス2世、ジェイムス5世など、歴代のスコットランド王が埋葬されている。

クイーンズ・ギャラリー かつて教会として利用されていたヴィクトリア王朝様式の建物を改築した美術館で、エリザベス女王即位50周年記念事業の一環として2002年にオープンした。常設展示はなく、英国王室の美術コレクションのなかからえりすぐられたものを、テーマに沿って展示するというスタイルを取っている。

スコットランド女王メアリーが愛した宮殿として知られる

クイーンズ・ギャラリーでは王室のコレクションを展示

地図

スコットランド女王メアリーの部屋
Mary, Queen of Scots Chamber

アビー・チャーチ
Abbey Church

グレート・ギャラリー
Great Gallery

女王の寝室
Queen's Bedchamber

王のクローゼット
King's Closet

入口
Entrance

王の寝室
King's Bedchamber

食堂
Dining Room

DATA

■ホリルードハウス宮殿 Map P.521
✉The Palace of Holyroodhouse, EH8 8DX
℡(0131) 5565100 URLwww.royalcollection.org.uk
開4～10月9:30～18:00 11～3月9:30～16:30
最終入場は閉館の1時間15～30分前
休4/3、5/12～23、6/22～7/5、7/27～8/5、12/25・26
英国王室の所有する宮殿のため、王族のスコットランド滞在時など不定期に閉まることがある。
料£11.60 学生£10.60
クイーンズ・ギャラリーとの共通券£16.40 学生£15
館内撮影一部不可 フラッシュ一部不可

■クイーンズ・ギャラリー
開4～10月9:30～18:00 11～3月9:30～16:30
最終入場は閉館の1時間前
休2/16～3/26、4/3、7/27～8/5、12/25・26
料£6.60 学生£6 フラッシュ不可

スコットランド女王メアリーとホリルードハウス宮殿

宮殿の外にはメアリーのバスハウスといわれている小さな建物がある

1542年にリンリスゴー宮殿で生まれ、生後6日で女王に即位したメアリー⇒P.608。この宮殿は彼女にまつわるエピソードが数多く残るところとしても有名だ。

メアリーは、エディンバラ城よりもホリルードハウス宮殿を好み、最初の夫フランス王フランソワ2世が亡くなり、スコットランドに戻ってきてからの6年間をここで過ごした。メアリーの部屋 Mary Queen of Scot's Chamber は北西の塔にある。彼女の2度目の夫、ダーンリが嫉妬に狂いメアリーの秘書であったリッチオを刺し殺すという事件が起こったのもこの北西の塔であった。この事件によって、妊娠中であったメアリーはあやうく流産するところだったらしい。ちなみにその後無事生まれた子が、後のジェイムス6世（イングランド王ジェイムス1世）である。

その後、3度目の夫となるボスウェル伯がダーンリを暗殺すると、プロテスタント貴族との内乱が起き、結果メアリーは廃位させられる。今もスコットランドの人々からの人気は高く、メアリーの悲劇を題材とした映画や小説も多い。

文化財の宝庫

スコットランド国立博物館
National Museum of Scotland

Map P.515C2

■スコットランド国立博物館
✉Chambers St., EH1 1JF
🌐www.nms.ac.uk
🕐10:00～17:00　休12/25
料寄付歓迎（非常設展は有料の場合もあり）
館内撮影一部不可　フラッシュ部不可

エディンバラ

ロイヤルマイルの南、チェインバー・ストリート沿いにある博物館。2つの建物から構成され、西側の建物の展示はおもにスコットランド史をテーマにしており、東側は世界中からあらゆる物を集めたユニークな展示物が並んでいる。

西館　外観もひときわ目を引く6階建ての展示館。スコットランドの大地の形成から始まり、先史時代、古代、中世、近代、20世紀と年代順に進んでいく形式。最新の技術を導入しており、映像やコンピューター端末などにより、スコットランド史の流れをわかりやすく解説している。収蔵品もスコットランド中から集められた重要な文化財が多い。最上階は展望テラスになっており、美しいエディンバラの旧市町の眺めを堪能できる。

東館　2012年に改装が終わった展示室。入るといきなり広大な吹き抜けのホールがあり、圧倒される。ギャラリーの収蔵品は、自然科学に関するものや、陶器やガラス類などの装飾美術品、さらに古代エジプト美術や日本、中国など東洋の美術品など、多岐にわたっている。また、非常設展でも興味深い展示がされる。

動物の剥製や化石のコレクションは圧巻！

西側の展示館

ルイス島で発見されたチェス駒

産業に関する展示も充実しており、蒸気機関車もそのまま展示されている

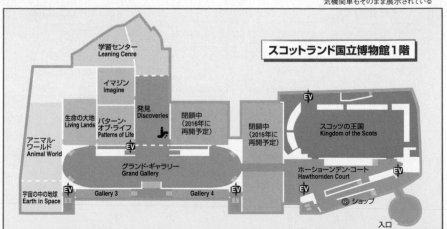

スコットランド国立博物館1階

学習センター
Leaning Centre

イマジン
Imagine

発見
Discoveries

閉鎖中
（2016年に
再開予定）

閉鎖中
（2016年に
再開予定）

スコッツの王国
Kingdom of the Scots

生命の大地
Living Lands

パターン・オブ・ライフ
Patterns of Life

アニマル・ワールド
Animal World

グランド・ギャラリー
Grand Gallery

ホーショーンデン・コート
Hawthornden Court

宇宙の中の地球
Earth in Space

Gallery 3

Gallery 4

Ⓢ ショップ

入口

■国立スコットランド美術館
⊠The Mound, EH2 2EL
℡(0131)6246200
URLwww.nationalgalleries.org
圏10:00〜17:00（木10:00〜19:00）
圏12/25　圏寄付歓迎（特別展は有料
の場合もあり）　フラッシュ不可

巨匠の作品が多く並ぶ

■ロイヤル・スコティッシュ・アカデミー
⊠The Mound, EH2 2EL
℡(0131)2256671
URLwww.royalscottishacademy.org
圏展示内容によって異なる
圏展示内容によって異なる
内部撮影不可

ギリシア風のファサード

巨匠の作品がずらり

国立スコットランド美術館
National Gallery of Scotland

ギリシア神殿風の外観

　1859年にエディンバラで
最初に開館した美術館。建
物は建築家ウィリアム・プレ
イフェアの設計。

　ヨーロッパとスコットラン
ドの芸術家の作品を収蔵し
ており、ヨーロッパの作品
のなかには、ボッティチェッ
リ、ラファエッロ、エル・グ
レコ、ベラスケス、レンブラント、ゴーギャンなど、ルネッ
サンスから後期印象派にかけてのヨーロッパの巨匠の作品
も多数収蔵。アラン・ラムズィー、ヘンリー・レーバンといっ
たスコットランドを代表する芸術家たちの作品も多数収蔵
している。

よく目立つ神殿風の重厚な建物　Map P.524B

ロイヤル・スコティッシュ・アカデミー
Royal Scottish Academy

　プリンスィズ・ストリートとザ・マウンドの交差する所にあ
る、ギリシア復興様式の神殿のような外観が特徴的。建
物の設計は国立スコットランド美術館と同じくウィリアム・プ
レイフェアにより、1826年に完成した。国立スコットランド
美術館の特別展の会場となっており、不定期に企画展な
どが行われている。

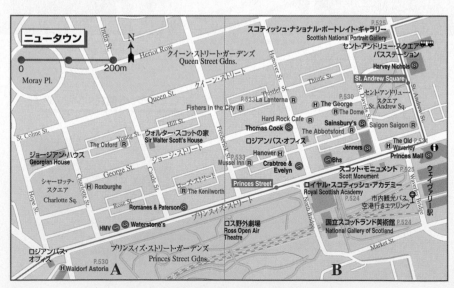

歴史上の有名人の肖像画で彩られた　　Map P.524B

スコティッシュ・ナショナル・ポートレイト・ギャラリー
Scottish National Portrait Gallery

ニュータウンにある赤いれんが造りのネオ・ゴシック風の建物。悲劇の女王メアリー・スチュアート 🔖 P.608 や、小僭称者チャールズ・エドワード・スチュアート 🔖 P.610、さらにウォルター・スコット 🔖 P.606 など、スコットランドの歴史を彩った人物たちの肖像画や像を収蔵している。また、アラン・ラムズィーやファン・ダイク、ゲインズバラなど、有名な芸術家たちの肖像画などもあり、優れた芸術性をもつ作品が多い。

偉大な詩人を記念する塔　　Map P.524B

スコット・モニュメント
Scott Monument

中に入ることもできる

スコットランドを代表する文豪、サー・ウォルター・スコット 🔖 P.606 を記念して建てられた記念碑。プリンスィズ・ストリート沿いでひときわ目立つ塔だ。作家の記念碑としては世界最大を誇る。後ろに回り込むと入口があり、塔の頂上まで上ることができる。

市町を一望する公園　　Map P.515C2

カールトン・ヒル　Carlton Hill

ニュータウンの東にある小高い丘、カールトン・ヒルは、エディンバラの全景を眺めるのにうってつけの場所。なかでも丘の頂上部に建っているネルソン・モニュメントNelson Monumentはトラファルガーの海戦（1805年）での勝利を記念して1815年に建てられた記念碑。階段を上って頂上に出れば、エディンバラ市内はもちろんフォース湾Firth of Forthまで見渡すことができる。

丘の上にはほかにも旧天文台Old Observatoryや、ナショナル・モニュメントNational Monumentなどいくつものモニュメントが建てられている。ナショナル・モニュメントは、北のアテネともいわれるエディンバラにふさわしく、アテネのパルテノン神殿を模して、ナポレオン戦争戦没者記念として建てられた。ところが建築中に予算が途中で尽きてしまい、あえなく中止。現在も未完成のままで、その姿をさらしている。

ナショナル・モニュメント

■スコティッシュ・ナショナル・ポートレイト・ギャラリー
⊠1 Queen St., EH2 1JD
☎(0131)6246400
🌐www.nationalgalleries.org
🕐10:00～17:00（木10:00～19:00）
🚫12/25・26　💰寄付歓迎（特別展は有料の場合もあり）　フラッシュ不可

入口の豪華な壁画はエディンバラ・アカデミーで学んだウィリアム・ホールによって描かれた

■スコット・モニュメント
⊠East Princes Street Gdns., EH2 2EJ
☎(0131)5294068
🌐www.edinburghmuseums.org.uk
🕐4～9月10:00～19:00
　　10～3月10:00～16:00
🚫不定休、12/25、1/1　💰£4

■ネルソン・モニュメント
⊠32 Calton Hill, EH7 5AA
☎(0131)5562716
🌐www.edinburghmuseums.org.uk
🕐4～9月10:00～19:00
　　（日12:00～17:00）
　　10～3月10:00～15:00
🚫10～3月の日曜　💰£4

ネルソン・モニュメント

■王立植物園

ニュータウンにあるハノーバー・ストリートHanover St.のバス停から23、27番が植物園の東門に行く。マジェスティック・ツアーの観光バスでも行ける。

✉20A Inverleith Row, EH3 5LR
☎(0131)5527171
URLwww.rbge.org.uk
🕐3〜9月10:00〜18:00
　2・10月10:00〜17:00
　11〜1月10:00〜16:00
🚫12/25、1/1　💰寄付歓迎

■エディンバラ動物園

市内中心部からロジアンバスの12、26、31番。ウェイヴァリー・ブリッジからエアリンクでも行ける。

✉Edinburgh Zoo, EH12 6TS
☎(0131)3349171
URLwww.edinburghzoo.org.uk
🕐4〜9月9:00〜18:00
　3・10月9:00〜17:00
　11〜2月9:00〜16:30
ペンギンパレードは雨や雪の日は行われないので事前に確認しておこう。
🚫無休　💰£17　学生£14.50

週末は家族でにぎわう

■ブリタニア号

市内中心部からロジアンバスの11、22、35番で終点のオーシャンターミナル下車。マジェスティック・ツアーの観光バスでも行ける。

✉Ocean Terminal, Leith, EH6 6JJ
☎(0131)5555566
URLwww.royalyachtbritannia.co.uk
🕐4〜9月9:30〜16:30
　10月9:30〜16:00
　11〜3月10:00〜15:30
🚫12/25、1/1
💰£14　学生£12.50
船の中はセルフガイド形式になっており、日本語のオーディオガイドもある。

機関室はガラス越しに見る

広大な敷地に咲く花々　　　　　　　　Map P.514B1
王立植物園 Royal Botanic Garden

町の中心から1.5kmほど北に位置する広大な植物園。27haの敷地に、およそ1万4500種の植物が植えられている。植物園の中心よりやや西、少し盛り上がった所にあるのが、インヴァリース・ハウスInverleith House。ここから眺めるエディンバラの町はなかなか見応えがある。

植物園の温室

ペンギンパレードは必見　　　　　　Map P.514A2外
エディンバラ動物園 Edinburgh Zoo

市内の中心部から西に約5km。広大な敷地内に、パンダやコアラなど1000種以上の動物がいる英国最大級の動物園。園内はいくつかのエリアに分かれている。

この動物園のハイライトは、世界で最も大きなペンギン用のプール。有名なペンギンパレードは毎日14:15から行われている。大勢のペンギンがプール前の広場をゆっくりと1周する。大人気のイベントなどで、少し早めに行って場所を確保しておこう。横にはペンギン・コーヒー・ショップもある。

よちよちと歩くペンギン

英国王室の船として活躍した　　　　Map P.515D1外
ブリタニア号 The Royal Yacht Britannia

ブリタニア号は1953年から1997年の44年間にもわたり、英国王室の船として世界各地を航海してきた。務めを終えた現在は、エディンバラ近郊のリース港にあるショッピングセンター、オーシャンターミナルOcean Terminalに接岸され、一般に公開されている。

最後の航海の目的地は香港だった

入口はオーシャンターミナルの3階にある。チケットを買ったらビジターセンターで船の仕組みや歴史などの説明をひととおり見てから、いよいよ船の中へ。エリザベス2世が使っていたベッドルームや豪華なダイニングルーム、船員の部屋や機関室など船内の設備をくまなく見ることができる。

世界遺産

恐竜のような鉄橋

フォース鉄橋
Forth Railway Bridge

Map P.26C1

巨大なフォース鉄橋

エディンバラの北に広がるフォース湾をまたぐ巨大な鉄橋がフォース鉄橋だ。

1877年に開通したダンディーのテイ・ブリッジが2年後に嵐により走行中の列車もろとも崩壊し、多数の犠牲者を出した。フォース鉄橋はこの惨劇を教訓にさらに堅固に設計された。橋の全長は1.6km、高さは46m。1890年の開通当時は世界最長を誇った。カンチレバー・トラス（片持ち橋梁）式の鉄橋では世界で2番目の規模だ。100年以上たった今日でも1日200便以上の列車がこの橋を行き来している。橋から眺める景色もすばらしいが、ライトアップされた夜の姿も幻想的だ。

近郊の見どころ

Days out from Edinburgh

謎めいたレリーフに彩られた教会

ロスリン礼拝堂
Rosslyn Chapel

Map P.27A1

『ダ・ヴィンチ・コード』☞P.608で一躍有名になったロスリン礼拝堂はエディンバラの南、ロスリンの町にある。1446年にオークニー島の貴族、ウィリアム・セント・クレアによって建てられた。同時期に建てられた教会のなかでもひときわ異彩を放ち、全長21m、高さ13mの小さな礼拝堂ではあるが、壁面は謎めいたレリーフで満ちあふれている。聖書の場面や天使などのレリーフに加え、ケルトの地神のグリーンマン、アメリカ大陸が原産地とされる植物（レリーフが描かれたのはコロンブスが新大陸を発見する50年ほど前）、ロバート・ザ・ブルース☞P.610の心臓を手に持つ天使、堕天使ルシフェル、教会を創建したウィリアム自身のレリーフ、馬にまたがった騎士など目を凝らさないとわからないものも多いので、壁や柱を丹念に観察してみたい。

隣接のビジターセンターには展示スペースも併設されており、関連グッズも豊富。

■フォース鉄橋
🚃ウェイヴァリー駅からダンディー方面へ向かう列車に乗り、ダルメニー Dalmeny 駅下車。鉄橋が眺められるクイーンズ・フェリー Queensferry までは駅から徒歩10分。

■フォース・ボートツアーズ
TEL08701181866
URLwww.forthtours.com
出発:2月中旬〜3月下旬の土日、4・10月
　11:15、13:00
　5・6・9月11:15、13:00、15:00
　7・8月11:15、13:00、15:00、16:30
料£13　学生£12
クイーンズ・フェリー発着の1時間30分のクルーズ。4〜10月はウェイヴァリー・ブリッジのバス停からボート乗り場までバスの便がある。1日2〜4便。

■ロスリン礼拝堂
🚌ノース・ブリッジからロジアン・バス37番（月〜金4:23〜23:30、日5:09〜23:30に20〜30分おき）でオリジナル・ロスリン・ホテルOiginal Rosslyn Hotel下車。所要40分。
✉Roslin, EH25 9PU
TEL(0131)4402159
URLwww.rosslynchapel.org.uk
🕐9:30〜17:00（日12:00〜16:45）
休12/24・25・31、1/1　料£9　学生£7
内部撮影不可

2013年に修復が完了したロスリン礼拝堂

グリーンマン

堕天使ルシフェル

ロバート・ザ・ブルースの心臓を持つ天使

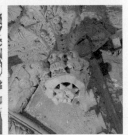

ベツレヘムの星

近郊の見どころ

リンリスゴー宮殿
歴代のスコットランド王家が愛でた湖畔の宮殿

Linlithgow Palace

■リンリスゴーへの行き方
■ディンバラから頻発、日曜は1時間に2便程度。所要約20分。
■■ファースト社38、X38BのほかフォルカークFalkirk行きX19もとおる。所要約1時間。

■リンリスゴー宮殿
⊠Linlithgow Palace, EH49 7AL
℡(01506)842896
URLwww.historic-scotland.gov.uk
圖4〜9月9:30〜17:30
　10〜3月9:30〜16:30
最終入場は閉館の45分前
㊁1/1・2、12/25・26
圉£5.50　学生£4.4

リンリスゴー宮殿
Linlithgow Palace
リンリスゴー湖
Linlithgow Loch
聖マイケル教会
Church of St. Michael
High St.
Union Rd.
Royal Terrace
Strawberry Bank
鉄道駅
運河博物館
0　　200m　N
リンリスゴー

湖畔から見た宮殿

　15世紀に建造されたリンリスゴー宮殿は、スコットランド歴代の王に愛された宮殿。スコットランド王ジェイムス5世は、ここで生まれており、その妻でフランス出身のメアリー・ド・ギースもこの宮殿に魅了されたひとり。メアリーが後のスコットランド女王メアリー P.608を産んだのもこの宮殿であった。

　その後18世紀には、スチュアート家の末裔、ボニー・プリンス・チャールズ P.610も訪れたが、彼の撤退と、それに代わって入城したカンバーランド公によって城には火が放たれ、多くの部分が被害を受けた。隣にある聖マイケル教会は15世紀建造の由緒ある教会。

THEATRE

■アッシャー・ホール
Map P.514B2
⊠Lothian Rd., EH1 2EA
℡(0131)2281155
URLwww.usherhall.co.uk

■エディンバラ・フェスティバル・シアター
Map P.515C2
⊠13-29 Nicolson St., EH8 9FT
℡(0131)5296000
URLwww.edtheatres.com

■エディンバラ・プレイハウス
Map P.515C1
⊠18-22 Greenside Pl., EH1 3AA
℡08448713014
URLwww.atgtickets.com

■ロイヤル・ライシアム・シアター
Map P.514B2
⊠Grindlay St., EH3 9AX
℡(0131)2484848
URLyceum.org.uk

■キングズ・シアター
Map P.514B3
⊠2 Leven St., EH3 9LQ
℡(0131)5296000
URLwww.edtheatres.com

アッシャー・ホール
Usher Hall

非常に立派な外観が目を引く、エディンバラのメインコンサートホール。コーラス、シンフォニー・オーケストラのコンサートは定評がある。

エディンバラ・フェスティバル・シアター
Edinburgh Festival Theatre

ガラス張りの外観が印象的で美しいオペラハウス。オペラやバレエがおもに演じられるほか、演劇、ダンス、ミュージカルなども上演される。

エディンバラ・プレイハウス
Edinburgh Playhouse

ニュータウンの東側にある劇場。ニューヨークのブロードウェイやロンドンのウエスト・エンドなどでヒットしたミュージカルを頻繁に上演することで有名な劇場。オペラやバレエなども上演される。

ロイヤル・ライシアム・シアター
Royal Lyceum Theatre

アッシャー・ホールのすぐそばにある劇場。1883年に設立され、シェイクスピアなどの古典劇から新作まで、幅広いジャンルの演劇を上演する。コンサートやバレエ、ミュージカルなどが上演されるときもある。

キングズ・シアター
The King's Theatre

エドワード王朝様式の由緒ある建物。内装の豪華さに思わずため息が出る。オペラからダンス、コメディまでバラエティ豊かなショーを上演している。

エディンバラのフェスティバル

1年を通じてイベント目白押しのフェスティバル・シティ

エディンバラ国際フェスティバル
Edinburgh International Festival

エディンバラ国際フェスティバルは1947年に始まって以来、60年以上の歴史をもつ世界でも有数の芸術祭。毎年8月、3週間にわたって、世界の一流のアーティストたちによる

色々な路上パフォーマンスが見られる

オペラ、演劇、コンサート、ダンスなどがさまざまな会場で連日開かれる。詳しい情報は、ロイヤル・マイルにあるフェスティバルセンター、ザ・ハブThe Hubで入手できる。

ミリタリー・タトゥー
Edinburgh Military Tattoo

ミリタリー・タトゥーは、8月の3週間にわたってエディンバラ城前の広場で繰り広げられる一大イベント。バッグパイプを中心にして、各国のバンドやダンサー

エディンバラの夏を彩るミリタリー・タトゥー

たちが音楽とパフォーマンスを披露する。そして背後にはライトアップされたエディンバラ城。当然人気も高いので、チケットの入手も困難。

ジャズ&ブルース・フェスティバル
Edinburgh International Jazz & Blues Festival

夏に行われるフェスティバルのなかで最初に始まり、エディンバラにフェスティバルシーズン到来を告げるのが、エディンバラ国際ジャズ&ブルース・フェスティバル。コンサートホールや劇場をはじめ、クラブやパブ、野外劇場などで、大小さまざまなコンサートが開かれる。フェスティバルの最初の土曜にはパレードがあり、ロイヤル・マイルからグラスマーケットを行進する。

フェスティバル・フリンジ
Edinburgh Festival Fringe

フリンジとは実験的な劇のこと。エディンバラ国際フェスティバルが開催される少し前から開かれる。町中のあちこちにフリンジ用の特設劇場ができ、さまざまな劇やパフォーマンスが行

われる。料金は無料のものから£10程度のものまでさまざま。実験的な劇が多いため、当たり外れもかなり大きく、質が必ずしも値段に比例するわけでもない。

エディンバラズ・ホグマニー
Edinburgh's Hogmanay

エディンバラの年末年始を祝うのが、エディンバラズ・ホグマニー。ヨーロッパで開かれる冬のフェスティバルのなかで最大の規模を誇る。このイベントのハイライトは、12月30日の夜から1月1日の昼頃まで続くプリンスィズ・ストリート周辺で行われるロイヤル・バンク・ストリート・パーティ。

■エディンバラ・フェスティバル公式サイト
URLwww.wow247.co.uk/edinburgh-festivals
※フェスティバル期間中を通じて、多くのホテルは満室状態が続くので、この時期にエディンバラを訪れる人は前もって宿を確保しておこう。

■ミリタリー・タトゥー
Map P.515C2(タトゥー・オフィス)
✉32 Market St., EH1 1QB
TEL(0131)2251188　URLwww.edintattoo.co.uk
2015年は8/7〜29。チケットの発売は、電話、インターネット、タトゥー・オフィスの窓口で。

■ジャズ&ブルース・フェスティバル
✉89 Giles St., EH6 6BZ
TEL(0131)4675200
URLwww.edinburghjazzfestival.com
エディンバラ・フェスティバル・シアターやロイヤルマイルにあるザ・ハブThe Hubなどでチケット購入可。
2015年は7/17〜26

■フェスティバル・フリンジ
Map P.520(公式ショップ)
✉180 High St., EH1 1QS
TEL(0131)2260026　URLwww.edfringe.com
2015年は8/7〜31

ロイヤルマイルにあるフェスティバル・フリンジの公式ショップ

■エディンバラズ・ホグマニー
Map P.520(フェスティバル・フリンジのオフィス内)
✉180 High St., EH1 1QS
URLwww.edinburghshogmanay.com
チケットオフィスは8/27〜12/31のみオープン(日曜は基本的に休業。12/5・26も休業)

エディンバラにはあらゆるタイプの宿泊施設が揃っているが、B&Bだけは町の中心地には少なく、ヘイマーケット駅周辺など、少し離れた所に集中している。どの宿も8月のフェスティバル時などは非常に混み合うので、予約は必須だ。

Recommended

エディンバラを代表する高級ホテル
バルモラル
The Balmoral Hotel

高級　188室
Map P.515C2　ニュータウン

全室　全室　全室　全室　有料　無料　🛜 Wi-Fi

✉1 Princes St., EH2 2EQ
☎(0131)5562414　FAX(0131)5573747
URL www.thebalmoralhotel.com
S W ■■▶■ £595〜
CC A D J M V
レストラン（ナンバー・ワン）18:00〜22:00
　時計塔がひときわ印象的な建物。ウェイヴァリー駅のすぐ近くにあり、絶好のロケーション。J・K・ローリングが『ハリー・ポッター・シリーズ』の完結篇を552号室で書き上げたことでも有名だ。客室は伝統的な雰囲気を残しつつも機能的な造りとなっている。
レストラン　館内にはフレンチを中心としたナンバー・ワンNumber Oneと、伝統的料理が楽しめるヘイドリアンHadrianがある。

Recommended

ステーションホテルの雰囲気を残す
ウォルドルフ・アストリア
Waldorf Astoria

高級　241室
Map P.524A　ニュータウン

全室　全室　全室　全室　なし　無料　🛜 Wi-Fi

日本の予約先:☎(03)6679-7700
✉Princes St., EH1 2AB
☎(0131)2228888
URL waldorfastoria3.hilton.com
S W ■■▶■ £175〜
CC A D J M V
レストラン
12:00〜15:00　18:00〜23:00
　プリンスィズ・ストリートの西の外れにある。かつてステーションホテルとして、バルモラルとともに名をはせた、古式ゆかしいホテル。歴史を感じさせる造りだが、部屋の設備は近代的。
レストラン　ロンドンで人気のガルヴィン・レストランの支店、ガルヴィン・ブラッスリー Galvin Brasserieでは、モダン・フレンチを提供している。

高級　250室　Map P.524B　ニュータウン
ジョージ　The George

✉19-21 George St., EH2 2PB
☎(0131)2251251
FAX(0131)2263624
URL www.principal-hotels.com
S ■▶■ £80〜
W ■▶■ £90〜
CC A D M V

全室　全室　全室　なし　なし　無料　🛜 Wi-Fi

　ニュータウンの中心に位置しており、便利な立地。建物は200年ほど前にロバート・アダムが設計したもの。内装も豪華で、建築当時の雰囲気を保っており、アンティークが配されている。館内にはレストランとバーも併設。

日本からホテルへの電話（詳しい電話のかけ方はP.8もご参照ください）
国際電話会社の番号 ＋ 010 ＋ 国番号44 ＋ 最初の0を除いた掲載の番号

エディンバラ

高級　47室　Map P.515C3　グラスマーケット

オテル・デュ・ヴァン・エ・ビストロ Hotel du Vin & Bistro Edinburgh

⌂ 11 Bristol Pl., EH1 1EZ
TEL(0131)2474900
FAX(0131)2474901
URL www.hotelduvin.com
S🛏🚿🍽📞 £118～
W🛏🚿🍽📞 £131～
CC A M V

TV / 📺 全室　🚿 全室　🧴 全室　🔒 全室　P 🚗　Wi-Fi 無料

オテル・デュ・ヴァン・グループのホテル。石造りの外観は旧市町の町並みとマッチしている。客室はスタイリッシュなデザインで、アメニティも充実。併設のビストロでは、地元産の新鮮な素材を贅沢に使ったメニューを出す。

中級　87室　Map P.524B　ニュータウン

オールド・ウェイヴァリー The Old Waverley Hotel

⌂ 43 Princes St., EH2 2BY
TEL(0131)5564648
FAX(0131)5576316
URL www.theedinburghcollection.com
S W🛏🚿🍽📞 £65～
CC A M V

TV / 📺 全室　🚿 全室　🧴 全室　🔒 なし　P なし　Wi-Fi 無料

プリンスィズ・ストリートに面した便利な立地。多くの部屋から、エディンバラ城を眺めることができる。室内はタータン柄のベッドカバーでかわいらしくまとまっており、機能性も抜群。

中級　62室　Map P.515C1・C2　ニュータウン

ケアン The Cairn Hotel

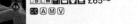

⌂ 10-18 Windsor St., EH7 5JR
TEL(0131)5570175　FAX(0131)5568221
URL www.cairnhotelgroup.com
S🛏🚿🍽📞 £35～
W🛏🚿🍽📞 £50～
CC A M V

TV / 📺 全室　🚿 全室　🧴 全室　🔒 なし　P なし　Wi-Fi 無料

ニュータウンの東側にある。このエリアでは手頃な料金設定。ロンドン・ロードからウィンザー・ストリートに入ってすぐ。バーも併設されている。

ゲストハウス　12室　Map P.515C2　ニュータウン

エルダー・ヨーク Elder York

⌂ 38 Elder St., EH1 3DX
TEL(0131)5561926　FAX(0131)6247140
URL www.elderyork.co.uk
S🛏🚿🍽📞 £50～70
W🛏🚿🍽📞 £60～140
CC A M V

TV / 📺 全室　🚿 全室　🧴 全室　🔒 なし　P なし　Wi-Fi 無料

セント・アンドリュー・スクエア・バスステーションに近い便利な立地。部屋も清潔できれい。レセプションは上階にあるが、階段を上るのが少し面倒。

ゲストハウス　26室　Map P.514A2　ヘイマーケット

レアーグ The Lairg

⌂ 11 Coates Gdns., EH12 5LG
TEL(0131)3371050
mail thelairg@gmail.com
S🛏🚿🍽📞 £45～85
W🛏🚿🍽📞 £60～130
CC J M V

TV / 📺 全室　🚿 全室　🧴 全室　🔒 なし　P なし　Wi-Fi 無料

家族経営のゲストハウスで良心的な値段設定。広々としたスイートルームもある。8月以外のシーズンは電話かメールで予約すれば割引可能。

ゲストハウス　11室　Map P.514A2　ヘイマーケット

マイ・エディンバラ・ライフ My Edinburgh Life

⌂ 14 Rosebery Cres., EH12 5JY
TEL 07718043707
URL www.myedinburghlife.com
S🛏🚿🍽📞 £65～90
W🛏🚿🍽📞 £80～135
CC J M V

TV / 📺 全室　🚿 全室　🧴 全室　🔒 なし　P なし　Wi-Fi 無料

インテリアもセンスよくモダンなテイストでまとめられたブティックホテル風の内装。ゲストハウスにしては高級な雰囲気となっている。朝食はオーガニック素材にこだわったコンチネンタル。

ゲストハウス　10室　Map P.514A3　ヘイマーケット

アシュグローブ・ハウス Ashgrove House

読者割引　10% Reader Discount
⌂ 12 Osborne Ter., EH12 5HG
TEL(0131)3375014
FAX(0131)3135043
URL www.theashgrovehouse.com
S🛏🚿🍽📞 £34～55
W🛏🚿🍽📞 £60～100
CC D J M V

TV / 📺 全室　🚿 全室　🧴 全室　🔒 なし　P 無料　Wi-Fi 無料

ヴィクトリア王朝様式の建物を利用している。韓国出身の夫婦がオーナーで、良心的な値段設定に加え、親切な人柄とアットホームな雰囲気が人気を集めている。割引料金は電話かメール予約で適用。

日本からホテルへの電話（詳しい電話のかけ方は P.8 もご参照ください）
国際電話会社の番号 ＋ 010 ＋ 国番号44 ＋ 最初の0を除いた掲載の番号

ゲストハウス　3室　**Map P.515C3 外**　市街地南部

森田エンポリアム Morita Emporium Guesthouse

TV	🍴	🧺	金庫	P	📶 Wi-Fi
なし	全室	全室	なし	なし	無料

⊠3 Mayfield Gdns., EH9 2AX
TEL(0131)6671337
URLwww.morita.co.uk
S🚿🛁📶🖥£50〜70
W🚿🛁📶🖥£80〜100
CC M V(手数料3%別途)

ノース・ブリッジから3、29、31、37番のバスでメイフィールド・ガーデンズ Mayfield Gardens下車。バスの進行方向に2分ほど歩いた左側。オーナーの星野氏が30年以上かけて収集した、世界中の美術品も見応えがある。

ユース　ベッド数271　**Map P.515C1**　ニュータウン

SYHAエディンバラ・セントラル SYHA Edinburgh Central

🧍	TV	🍴	🧺	金庫	P	📶 Wi-Fi
一部	なし	なし	全室	なし	有料

⊠9 Haddington Pl., EH7 4AL
TEL(0131)5242090
URLwww.syha.org.uk
D🚿🛁📶🖥£14〜
S🚿🛁📶🖥£32〜
W🚿🛁📶🖥£34〜
CC M V

町の中心に近く、部屋は4〜8人部屋のドミトリーから個室まで幅広い。キッチンやロッカー、ランドリー、インターネット端末なども完備。無線LANは1時間£1で利用可能。朝食は£4.95〜。

ホステルベッド数300　**Map P.514B2**　ロイヤルマイル

キャッスル・ロック Castle Rock Hostel

TV	🍴	🧺	金庫	P	📶 Wi-Fi
なし	なし	なし	なし	なし	無料

⊠15 Johnston Ter., EH1 2PW
TEL(0131)2259666
URLcastlerockedinburgh.com
D🚿🛁📶🖥£10〜20
W🚿🛁📶🖥£60
CC A M V

エディンバラ城のすぐ南にある。ひと部屋当たりのベッド数は4〜16で男女別。共同のキッチンは広く、調理用具も豊富。別料金の朝食は£1.50。

ホステルベッド数300　**Map P.515C2**　グラスマーケット

バジェット・バックパッカーズ Budget Backpackers

TV	🍴	🧺	金庫	P	📶 Wi-Fi
なし	希望者	なし	なし	なし	無料

⊠37-39 Cowgate, EH1 1JR
TEL(0131)2266351
URLwww.budgetbackpackers.com
D🚿🛁📶🖥£6〜
W🚿🛁📶🖥£30〜
CC M V

スコットランド最大級のホステル。設備も整い、スタッフもフレンドリー。ドミトリーの料金はひと部屋のベッド数（4〜13）により異なる。1階のカフェで朝食を出している。

RESTAURANT

おしゃれな店はローズ・ストリートなどニュータウンに点在しており、ロイヤル・マイルにもパブやレストランが多い。グラスマーケットやコックバーン・ストリートCockburn St.も人気のグルメエリアだ。エスニック系はヘイマーケット駅からロジアン・ロードLothian Rd.にかけての一帯に多い。

Map P.520　ロイヤルマイル

スコットランド料理

ウィッチャリー The Witchery

16世紀に建てられた由緒正しい建物を利用した、町を代表する高級レストラン。ファイン湖のカキなど、厳選された食材を使用した料理は、数々の賞を受賞している。時間限定で£18.65のお得なセットメニューを出している。

⊠Castle Hill, Royal Mile, EH1 2NF
TEL(0131)2255613　URLwww.thewitchery.com
営12:00〜23:00　休無休　CC A M V　店内可

Map P.515C2　グラスマーケット

シーフード
ステーキ

マッスル＆ステーキ Mussel & Steak Bar

スコットランド産のムール貝とステーキを扱う。店のおすすめはムール貝とステーキがセットになったサーフ＆ターフ Surf & Turf £25.50で、ボリュームたっぷり。生ガキは6個£7.95。

⊠110 West Bow., EH1 2HH　TEL(0131)2255028
URLwww.musselandsteakbar.com　営12:00〜14:45 18:00〜22:00
（金〜日12:00〜22:00）　休12/25　CC A D J M V　不可

日本からホテルへの電話（詳しい電話のかけ方は P.8 もご参照ください）
国際電話会社の番号 ＋ 010 ＋ 国番号44 ＋ 最初の0を除いた掲載の番号

7種類のソースでいただく
マッスル・イン Mussel Inn

Map P.524B ニュータウン

✉61-65 Rose St., EH2 2NH
☎(0131) 2255979
URLwww.mussel-inn.com
⏰12:00～15:00　17:30～22:00
（金・土12:00～22:00、
日12:30～22:00）
休無休　CCAMV　⚡不可

カキやホタテ、ムール貝の養殖場の直営店なので鮮度と味は保証付き。看板メニューのムール貝は、7種類のソースから選べる。1kgのポットに入ったムール貝が£10.30～12.95。大粒のホタテも好評。ランチは£7.95。

Map P.515C2　グラスマーケット
タンズ Tang's Gohan

ボビーの像のそばにある。寿司や天ぷらのほかカレー、焼きそば（£10前後）もある。ラーメン（£8～10）が人気。

✉44 Candlemaker Row, EH1 2QE　☎(0131) 2205000
URLwww.tangsgohan.com　⏰12:00～14:00　18:00～21:30
（土12:00～21:00、日12:30～21:00）
休無休　CCAJMV　⚡店内可

Map P.524B　ニュータウン
ラ・ランテルナ La Lanterna

ハノーヴァー・ストリート沿いにある、家族経営のイタリア料理店。壁にはイタリア人画家による絵画やポスターなどが飾られている。パスタがおすすめで£5.95～8.25。日替わりメニューも豊富だ。

✉83 Hanover St., EH2 1EE　☎(0131) 2263090
⏰12:00～22:00　休日・月　CCAMV　⚡店内可

Map P.515C2　グラスマーケット
フリュードック Brewdog Edinburgh

日本でも人気のスコッチビール「ブリュードッグ」直営パブ。醸造所直送の生ビールは常時7種あり、季節限定のビールも用意している。フードメニューも豊富で、ビールのおつまみにもぴったり。人気はハギスのピザ£9（写真右）。

✉143 cowgate, EH1 1JS　☎(0131) 2206517
⏰12:00～翌1:00　休無休　CCMV　⚡店内可

Map P.515C2　グラスマーケット
グレイフライアーズ・ボビーズ・バー
Greyfriar's Bobby's Bar

スコットランド版ハチ公ともいえる、ボビーの像のすぐそばにある。店の外側には忠犬ボビーの逸話を説明したパネルがある。食事は～21:30。メニューはフィッシュ＆チップスなどのパブフードが中心でメインが£8.75～15.95。

✉30-34 Candlemaker Row, EH1 2QE　☎(0131) 2258328
⏰11:00～24:00　休無休　CCAJMV　⚡店内可

Map P.515C2　グラスマーケット
エレファント・ハウス The Elephant House

店内にはゾウの絵や写真が飾られている。エディンバラでも屈指の人気を誇るカフェで、ザ・リスト誌The Listでベスト・コーヒー・ショップに選ばれたことも。『ハリー・ポッター』の作者も常連だったことがあり、多くのファンが訪れる。

✉21 George IV Br., EH1 1EN　☎(0131) 2205355
URLwww.elephanthouse.biz　⏰8:00～22:00（土・日～23:00）
休無休　CCMV　⚡不可

ゴルフと大学の町
セント・アンドリューズ
St. Andrews

セント・アンドリューズ

●ロンドン

人口	市外局番
1万1000人	01334
ファイフ Fife	

世界中のゴルファー憧れのオールド・コース

　北海に面した美しい町セント・アンドリューズは、ゴルフの聖地としてあまりにも有名な所。最も伝統あるゴルフトーナメントである全英オープンは、5年に1回セント・アンドリューズで開催されることになっており、その同じコースでプレイしようと、シーズンともなれば世界中から多くのゴルファーが訪れる。

Access Guide セント・アンドリューズ
エディンバラから
🚌 所要：2時間～2時間30分
月～土 6:30～18:10 (土7:05～16:10) の1時間に1～2便
日 9:15～20:15の1時間に1便 (リーヴェンLevenで乗り換え)
スターリングから
🚌 所要：約2時間
月～土 9:10～19:40の2時間に1便
日 運休

 **歩き方**

聖ルールの塔からの眺め

　バスステーションは町の西寄りにあり、❶のある町の中心のマーケット・ストリートMarket St.へは徒歩5分ほどだ。この通りをさらに東へ行くと聖アンドリュー大聖堂だ。ノース・ストリートNorth St.と、北

P.536
St. Andrews Links Trustへ
St. Andrews Links Clubhouseへ
West Sands Rd.

Golf Pl.

英国ゴルフ博物館
British Golf Museum P.536

セント・アンドリューズ
水族館
St. Andrews Aquarium

北海North Sea

セント・アンドリューズ

0　　　　200m

N

ロイヤル＆エンシエント
ゴルフ・クラブ

オールド・コース
The Old Course

The Scores

ザ・スコアーズ

セント・アンドリューズ
大学博物館
Museum of
the University of
St. Andrews

St. Andrews Bay

ダンディーへ

Pilmour Links

Murray Pl.

Murray Park

Burns Wynd

Auchterlonies
of St. Andrews

Brownlees H
P.537

Craigmore House P.537 H

セント・アンドリューズ城
St. Andrews Castle
P.535

Layfair Ter.

Burness House H

City Rd.

Ogstons on North Street H
P.537

R The Oak Room

警察

North St.

セント・
サルバトール・
カレッジ
St. Salvator's College

ノース・ストリート

バス
ステーション 🚌

St. Mary's Pl.

St. Andrews
Tourist
P.537

Market St.

R Mitchell
P.537

マーケット・ストリート

R Bar Central

R Nahm Jim
Japanese

P.535 聖アンドリュー大聖堂
St. Andrews Cathedral

セント・アンドリューズ博物館
St. Andrew's Museum

銀行

サウス・ストリート

セント・ルールの塔
St. Rule's Tower

A

B

の海沿いに延びるザ・スコアーズThe Scoresに挟まれた一帯は、セント・サルバトール・カレッジSt. Salvator's Collegeがあるアカデミックなエリア。ザ・スコアーズの東にはセント・アンドリューズ城が、西にゴルファー憧れの**オールド・コース**The Old Courseが広がる。

🚃 交通情報

鉄道駅 町から約10km北にあるルーカスLeuchars (Leuchars for St. Andrews)が最寄り駅。ここからステージコーチ社のバス94、99番などに乗り換えて約10分。

観光バス オールド・コース、聖アンドリュー大聖堂などの見どころを巡回する観光バス。乗り降り自由。運行は6月末～8月下旬のみ。

スコットランドの守護聖人を祀る　　　　Map P.534B
聖アンドリュー大聖堂 St. Andrews Cathedral

大聖堂とセント・ルールの塔

かつてスコットランドで最大規模を誇っていたという、12～13世紀頃に建設された聖堂跡。当時の聖堂は、各地からの巡礼者でにぎわう、スコットランドにおける宗教の中心地であったが、16世紀の宗教改革によってその壮大な建物のほとんどが破壊されてしまった。今もわずかに残る聖堂の壁や尖塔の一部からは、当時の面影をしのぶことができる。敷地内中央にそびえ立つセント・ルールの塔St. Rule's Towerは、大聖堂の建設以前からここにあった聖ルール教会St. Rule's Churchの一部。157段のらせん階段をたどって塔のてっぺんに上れば、北海に抱かれたセント・アンドリューズの町を眼下に収めることができる。潮風も心地よく、海岸線を順に西へ目で追っていくと、セント・アンドリューズ城やオールド・コースのグリーンまで見渡せる。

町の歴史を凝縮した　　　　Map P.534B
セント・アンドリューズ城 St. Andrews Castle

北海を見下ろす岸壁にたたずむ、13世紀に建てられた城跡。代々司教の住居であったが、砦としても重要な役割を果たしていた。地下に巡らされた薄暗いトンネルや、"捕らえられた者は死のほかに道はなし"と恐れられた地下牢なども必見。城に関わる人物や歴史などを紹介した、ビジターセンターの展示も合わせて見学しよう。

現在は廃墟となっている

ℹ **セント・アンドリューズ**
Tourist Information Centre

Map P.534B
✉ 70 Market St.,KY16 9NU
☎ (01334) 472021
URL www.visitscotland.com
🕐 イースター～6月・9月
　9:15～17:00（日10:00～17:00）
　7・8月9:15～17:00（日10:00～17:00）
　10月～イースター9:15～17:00
🈳 10～イースターの日曜
宿の予約：手数料£4＋宿泊料金の10%
（デポジット）

■観光バス
夏期11:10～16:10の1時間おき
URL www.stagecoachbus.com/
StAndrews-opentoptour.aspx
🎫 £8　学生£5

■聖アンドリュー大聖堂
✉ The Pends, KY16 9QL
☎ (01334) 472563
URL www.historic-scotland.gov.uk
🕐 4～9月9:30～17:30
　10～3月9:30～16:30
🈳 1/1・2、12/25・26
🎫 塔内部と博物館£4.50
　学生£3.60（大聖堂の敷地内は無料）
セント・アンドリューズ城との共通券
£8　学生£6.40

History
聖アンドリューと町の歴史

町の名の由来ともなっている聖アンドリューは、イエス・キリストの使徒のひとりでスコットランドの守護聖人。4世紀頃ギリシアの修道士が、彼の遺骨をこの地に運んできたのを機に、多くの巡礼者が訪れるようになった。12～13世紀頃には壮大な聖アンドリュー大聖堂が、15世紀初頭にはスコットランド初の大学、セント・アンドリューズ大学が設立され、町は繁華を極めた。しかし16世紀半ばに押し寄せた宗教改革の波によって、その多くが破壊される運命となった。

スコットランドの国旗であるセント・アンドリュー・クロスは聖アンドリューに由来する

■セント・アンドリューズ城
✉ The Scores, KY16 9AR
☎ (01334) 477196
URL www.historic-scotland.gov.uk
🕐 4～9月9:30～17:30
　10～3月9:30～16:00
🈳 1/1・2、12/25・26
🎫 £5.50　学生£4.40

■英国ゴルフ博物館
✉Bruce Embankment, KY16 9AB
☎(01334)460046
🔗www.britishgolfmuseum.co.uk
※2015年7月現在、博物館は改装中。
カフェのみ営業している。

ゴルフファン必見　　　　　Map P.534A

英国ゴルフ博物館 British Golf Museum

　500年にも及ぶゴルフの歴史を、写真や映像などと合わせてわかりやすく紹介した博物館。全英オープンの歴代優勝者のプロフィールや歴史に残る名プレイの解説など、ゴルフ好きにはたまらない展示が満載だ。特に見逃せないのは、パターやクラブといったゴルフ道具のコレクション。年代ごとに少しずつ変化していくクラブの形をとおして、ゴルフが単なる「遊び」から、シビアなスポーツへと移り変わっていった様子がわかり、とても興味深い。また、館内でパターゴルフを楽しむこともできる。

activity

憧れのオールド・コースに立つ
セント・アンドリューズでゴルフ

　ひと口にセント・アンドリューズのゴルフ場といってもコースもさまざま。オールドOld、ニュー New、ジュビリー Jubilee、イーデンEden、ストラスタイラムStrathyrum、バルゴヴBalgove(ここのみ9ホール、初心者・子供用)の6コースと練習場(イーデン横)がある。オールド、ニュー、ジュビリーは中〜上級者向けで、ハンディキャップは男性24以下、女性36以下が目安。イーデン、ストラスタイラムは初級〜中級者向け、ハンディキャップは男性16〜28、女性20〜36が目安。個人プレイヤーも歓迎とのこと。
　このうちのオールド・コースこそ、メアリー女王も回ったという16世紀からゴルフが行われてきた名門コース。地形を生かしたコースなので"神の造ったコース"と呼ばれている。ここは世界中からゴルフ巡礼者が集まるので、次シーズ

ン予約受付開始時からどんどん予約が入っていく。多くの観光客の熱い視線を浴びながらのティーオフとなるので、腕だけでなく度胸も必要だ。

■予約・問い合わせ
予約は通常少なくとも1ヵ月前に。ただし、ニュー、ジュビリー、イーデン、ストラスタイラムは2日前の予約受付もあり。オールド・コースはハンディの証明書が必要。

■セント・アンドリューズ・リンクス・トラスト
Map P.534A外
コースの予約やクラブのレンタル、コース情報などが得られる。リンクス・クラブ・ハウスLinks Eden Club Houseの2階が受付。コース内にはほかにもいくつかのクラブハウスが点在している。
✉St. Andrews Links Trust, KY16 9SF(リンクス・クラブ・ハウス)
☎(01334)466666
🔗www.standrews.com
🕐夏期8:00〜22:00　冬期7:30〜18:00
🚫12/25
💷レンタル料(1日)：キャロウェイのスチールシャフト・クラブや、キャロウェイのカーボンシャフト・クラブ1日£45(レディスもあり)、シューズ£12.50

■コース
🕐早朝(季節により異なる)〜日没
🚫オールド・コースのみ日曜
日照条件などによっても異なるので要確認。全英オープン・チャンピオン大会の開催年は7月の大会中はクローズされるので注意。

■コースの料金
シーズンごとに料金が異なる。
オールド：£80〜170　ニュー：£37〜75
ジュビリー：£37〜75　イーデン：£22〜45
ストラスタイラム：£15〜30　バルゴヴ：£8〜15

■キャディ
キャディ・フィー£50
トレイニーキャディ(見習いキャディ)£30

憧れのグリーンに立ってみよう

リンクス・クラブ・ハウス

HOTEL　　　　　　　　　　　　RESTAURANT

　B&Bが多いのは、バスステーションから徒歩5分ほどのマレー・パークMurray Parkとマレー・プレイスMurray Pl.の一帯で、ここに10軒ほど並んでいる。北海に面したザ・スコアーズThe Scoresという通り沿いには、高級ホテルが集中している。

センスあふれるレストランを併設したイン
オグストンズ・オン・ノース・ストリート
Ogstons on North Street

イン　　　　13室
Map P.534A

TV 全室／全室／全室／なし／なし／Wi-Fi 無料

⊠127 North St., KY16 9AG
℡(01334)473387
URLogstonsonnorthst.com
Ⓢ🛁　🚽🛁 £89～120
Ⓦ🛁　🚽🛁 £130～160
CC A M V
レストラン圏12:00～23:00

　バスステーションから徒歩5分。1階にあるレストラン、オーク・ルームThe Oak Roomのバーカウンターがレセプション。室内はとても広く、内装はデザイナーズホテル風。DVDプレーヤーと暖炉付きの部屋もある。
レストラン&バー　オーク素材を用いたナチュラル系の店内はとても落ち着いた雰囲気。日替わりスープのほか、パスタなども出す。

ゲストハウス　7室　Map P.534A

クレイグモア・ハウス Craigmore House
⊠3 Murray Park, KY16 9AW
℡(01334)472142　FAX(01334)477963
URLwww.standrewscraigmore.com
Ⓢ🛁　🚽🛁 £65～80
Ⓦ🛁　🚽🛁 £80～90
CC M V

TV 全室／全室／全室／なし／なし／Wi-Fi 無料

マレー・パーク沿いにあるゲストハウスで受賞歴もある。部屋は白やブルーを基調としており、ゆったりとできる雰囲気。予約をしてから訪れよう。

ゲストハウス　5室　Map P.534A

ブラウンリース Brownlees Guest House
⊠7 Murray Pl., KY16 9AP
℡(01334)473868
URLwww.brownlees.co.uk
Ⓢ🛁　🚽🛁 £35～
Ⓦ🛁　🚽🛁 £70～
CC M V(手数料3%別途)

TV 全室／全室／全室／なし／なし／Wi-Fi 無料

セント・アンドリューズでは良心的な料金設定。夏期は花が飾られた中庭で朝食をとることができる。ランドリーサービスも行っている。

ホステル ベッド数44　Map P.534A

セント・アンドリューズ・ツーリスト St. Andrews Tourist Hostel
⊠Inchape House, St Mary's Pl., KY16 9UY
℡(01334)479911
URLwww.cowgatehostel.com
Ⓓ🛁　🚽🛁 £10.50～13
CC J M V

なし／なし／なし／なし／なし／Wi-Fi 無料

バスステーションのそばにある。宿の料金が高いセント・アンドリューズではありがたい存在。ドミトリーは男女混合。設備の調ったキッチンがあり、コーヒーや紅茶が自由に飲める。

Map P.534A
ミッチェル Mitchell
　地元で人気の店。周辺で取れた食材を使った料理が自慢。メニューはシーフードからステーキまで幅広く、メインは£8.95～18.95。自然食品のショップも併設している。
⊠110-112 Market St., KY16 2PB　℡(01334)466970
URLwww.mitchellsdeli.co.uk　圏8:00～22:00(金・土8:00～23:00、日9:00～22:00)　圏無休　CC A M V　📶店内可

**スコットランド料理
創作料理**

イギリスを代表する芸術都市
グラスゴー
Glasgow

町の中心ジョージ・スクエア

人口	市外局番
59万6200人	0141
グラスゴー市	
City of Glasgow	

　スコットランド最大の人口を抱える大都市グラスゴーは、スコットランドにおける貿易と重工業の中心地として、大英帝国の発展に多大な貢献をしてきた。そのため、今までは工業都市という印象が非常に強かったが、この10年くらいの間にそんなイメージは文化、芸術の町へと劇的に変化しつつある。町には質の高い博物館や、ギャラリーも多く、人々はアーバンライフを満喫している。グラスゴーは現在のスコットランドを知るには絶好の町だ。

Access Guide
グラスゴー
ロンドンから

所要:1時間15～30分

ヒースロー空港をはじめ、ガトウィック空港、ロンドン・シティ空港、ルトン空港、スタンステッド空港からそれぞれ便がある。

所要:4時間30分～8時間

月～土　ユーストン駅から5:30～19:30(土6:05～18:30)の1時間に1便

日　ユーストン駅から8:45～19:28の1時間に1便

所要:約8時間30分

月～日　8:00 11:30 22:30 23:30

エディンバラから

所要:50分～1時間

月～土　ウェイヴァリー駅から5:55～23:30に頻発

日　ウェイヴァリー駅から8:00～23:30に頻発

所要:約1時間10分

月～土　セント・アンドリュー・スクエア・バスステーションから5:15～23:59 (土6:35～23:59)に頻発

日　セント・アンドリュー・スクエア・バスステーションから7:30～23:59に頻発

👣 歩き方

　グラスゴーはクライド川River Clydeの岸辺に発展した町。中心となる繁華街は川の北側にあり、ほとんどの見どころも川の北側に位置している。

ジョージ・スクエア周辺　町の中心は**ジョージ・スクエア**George Sq. Map P.541C2 。この広場を中心に❶、鉄道駅、バスステーションが点在する。広場から**ウエスト・ジョージ・ストリート**West George St.を西に進むと、中心部を南北に貫く**ブキャナン・ストリート**Buchanan St.に出る。この通りを北上すると、ソウキーホール・ストリートSauchiehall St.に出る。このあたりが一番にぎやかなエリアだ。

ブキャナン・ストリートは常ににぎやか

大聖堂周辺　グラスゴー大聖堂やプロバンド領主館の周辺がグラスゴーの歴史地区。産業革命以前は町の中心として栄えたグラスゴー発祥の地でもある。

ケルヴィングローブ公園周辺　町の中心からソウキーホール・ストリートを西に約2kmほど行くと、大きな**ケルヴィン**

グローヴ公園Kelvingrove Parkが広がっている。この周辺にはグラスゴー大学やケルヴィングローヴ美術館&博物館などの博物館があり、文教地区になっている。

🚈 交通情報

中心部まではグラスゴー・シャトルが便利

グラスゴー国際空港　グラスゴー国際空港はグラスゴーの西15kmほどの所にあり、空港から市内までは、**グラスゴー・シャトル**が結んでいる。タクシーなら市の中心部までは£30〜35。

グラスゴー・プレストウィック空港　市内までは**ステージコーチのX77**が結んでいる。グラスゴー・セントラル駅までの列車も運行されている。タクシーの場合は町の中心部まで£50〜60。

クイーン・ストリート駅　町の中心、ジョージ・スクエアの近くにあり、エディンバラやインヴァネスなど、グラスゴーから北と東へ行く便が発着する。

セントラル駅　クイーン・ストリート駅から徒歩7〜8分。カーライルや湖水地方など、イングランド方面への便が発着している。

ブキャナン・バスステーション　町の中心から少し北にある。市内バス以外のバスはすべてここに発着する。

　路線図や時刻表など詳しい情報は、ブキャナン・バスステーション、セント・イノック・スクエアSt. Enoch Sq.のトラベルセンターで手に入る。

🚌 市内交通

地下鉄　スコットランドで唯一の地下鉄。環状線になっていて、外回り(アウターライン=時計回り)と、内回り(インナーライン=反時計回り)がある。どこまで行っても1回£1.60。

市内バス　ファースト・グラスゴー First Glasgowなどが運営している。おもなバス乗り場はユニオン・ストリートUnion St.やジョージ・スクエアGeorge Sq.など。ケルヴィングローブ公園やポロック・カントリー・パークへの便がある。

観光バス　シティ・サイトシーイングCitysightseeingのバスはジョージ・スクエアを出発し、東はグラスゴー大聖堂、西はグラスゴー大学、ケルヴィングローヴ公園まで、全28のポイントで乗り降り自由の観光バス。町のあちこちに見どころが点在し、坂道が多いグラスゴーでは頼りになる。

ジョージ・スクエアから発着する

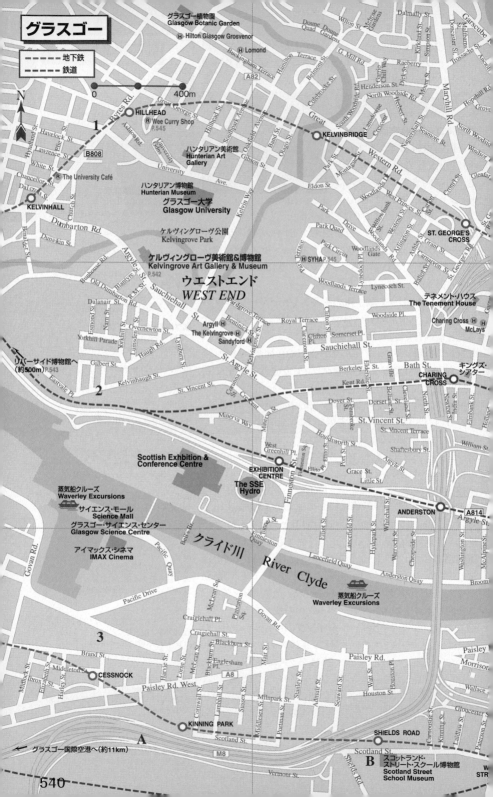

グラスゴー

- - - - 地下鉄
- - - - 鉄道

N

0   400m

グラスゴー植物園
Glasgow Botanic Garden

Ⓗ Hilton Glasgow Grosvenor

Ⓗ Lomond

A82

HILLHEAD
Ⓡ Wee Curry Shop
P.545

KELVINBRIDGE

ハンタリアン美術館
Hunterian Art Gallery

ST. GEORGE'S
CROSS

Ⓡ The University Café

ハンタリアン博物館
Hunterian Museum
グラスゴー大学
Glasgow University

B808

KELVINHALL

Ⓗ SYHA P.545

テネメント・ハウス
The Tenement House

ケルヴィングローヴ公園
Kelvingrove Park

Charing Ⓗ Ⓗ
Cross McLays

ケルヴィングローヴ美術館&博物館
Kelvingrove Art Gallery & Museum P.542

ウエストエンド
WEST END

Argyll Ⓗ
The Kelvingrove
Sandyford

キングズ・
シアター
CHARING
CROSS

リバーサイド博物館へ
(約500m) P.543

Scottish Exhbition &
Conference Centre

EXHIBITION
CENTRE
The SSE
Hydro

ANDERSTON
A814

蒸気船クルーズ
Waverley Excursions

サイエンス・モール
Science Mall
グラスゴー・サイエンス・センター
Glasgow Science Centre

アイマックス・シネマ
IMAX Cinema

クライド川
River Clyde

蒸気船クルーズ
Waverley Excursions

CESSNOCK

A8

KINNING PARK

SHIELDS ROAD

← グラスゴー国際空港へ(約11km)

M8

Scotland St.
スコットランド・
ストリート・スクール博物館
Scotland Street
School Museum

540

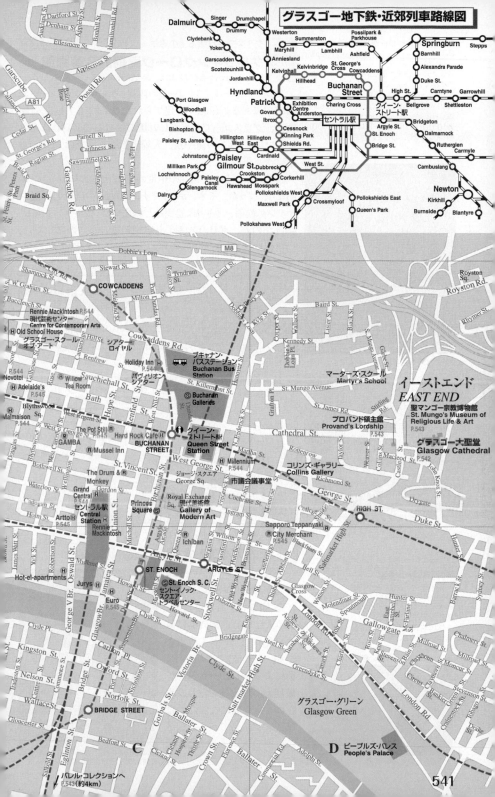

Dalmuir
Singer
Drumchapel
Clydebank
Drummy
Yoker
Westerton
Summerston
Possilpark & Parkhouse
Garscadden
Maryhill
Lambhill
Ashfield
Springburn
Scotstounhill
Anniesland
Kelvinbridge
St. George's Cross
Barnhill
Stepps
Jordanhill
Kelvinhall
Cowcaddens
Alexandra Parade
Hyndland
Hillhead
Buchanan
Street
High St.
Duke St.
Garrowhill
Patrick
Exhibition Centre
Anderston
Charing Cross
クイーン・ストリート駅
Bellgrove
Carntyne
Shettleston
Port Glasgow
Govan
セントラル駅
Argyle St.
Bridgeton
Woodhall
Ibrox
St. Enoch
Dalmarnock
Langbank
Cessnock
Bishopton
Kinning Park
Bridge St.
Rutherglen
Carmyle
Paisley St. James
Hillington West
Hillington East
Shields Rd.
Paisley Gilmour St.
Cardnald
Cambuslang
Johnstone
Milliken Park
Dubbreck
West St.
Newton
Lochwinnoch
Crookston
Corkerhill
Kirkhill
Paisley Canal
Hawshead
Mosspark
Pollokshields West
Pollokshields East
Burnside
Blantyre
Dalry
Glengarnock
Maxwell Park
Crossmyloof
Queen's Park
Pollokshaws West

COWCADDENS

Rennie Mackintosh P.544
現代芸術センター
Centre for Contemporary Arts
Old School House
グラスゴー・スクール・オブ・アート

シアター・ロイヤル

Holiday Inn

ブキャナン・バスステーション
Buchanan Bus Station

マーターズ・スクール
Martyr's School

イーストエンド
EAST END

聖マンゴー宗教博物館
St. Mungo's Museum of Religious Life & Art P.543

P.544 Novotei
Adelaide's
Willow Tea Room
パヴィリオン シアター
Buchanan Galleries

St. Killermont St.

プロバンド領主館
Provand's Lordship

グラスゴー大聖堂
Glasgow Cathedral P.542

Blythswood
Malmaison P.544
The Pot Still
Hard Rock Cafe
GAMBA
Mussel Inn
BUCHANAN STREET
クイーン・ストリート駅
Queen Street Station

St. James Rd.

Cathedral St.

The Drum
Monkey
Grand Central
Gordon St.
West George St.
ジョージ・スクエア
George Sq.
Millennium P.544

コリンズ・ギャラリー
Collins Gallery

HIGH ST.

Central Station
Rennie Mackintosh
St. Vincent St.
Royal Exchange
現代美術館
Gallery of Modern Art
市議会議事堂

Sapporo Teppanyaki
City Merchant P.545

Artto
Princes Square

Ichiban

Duke St.

Hot-el-apartments
Jurys
ST. ENOCH
ARGYLE ST.

Euro P.545
St. Enoch S. C.
セント・イノック・スクエア ジ・トラベルセンター

Glasgow Cross

Gallowgate

BRIDGE STREET

グラスゴー・グリーン
Glasgow Green

C

ピープルズ・パレス
People's Palace

バレル・コレクションへ P.543 (約4km)

■ケルヴィングローヴ美術館&博物館

🚇地下鉄ケルヴィンホールKelvinhall駅
下車、徒歩5分

🚌ファースト・グラスゴー3、19、19A、
747番など

✉Argyle St., G3 8AG

☎(0141)2769599

🌐www.glasgowlife.org.uk/museums

🕙10:00〜17:00（金・日11:00〜17:00）

休12/25・26、1/1・2　料寄付歓迎

ダリの『十字架の聖ヨハネのキリスト』

スピットファイアやアジアゾウの剥製があるウ
エストコート

グラスゴーが誇る美の殿堂　　　Map P.540A1

ケルヴィングローヴ美術館&博物館
Kelvingrove Art Gallery & Museum

ソウキーホール・ストリートの西端。ケルヴィングローヴ公園の中にある。1902年に建てられたヴィクトリア様式の建物は、グラスゴーで最も美しい建築物であるといわれるほど。コレクションの量や質、入場者数も英国では大英博物館に次ぐ規模だ。

古代エジプトの美術品や中世の兜や甲冑のコレクションに始まり、ゴッホ、モネ、ボッティチェッリなどの巨匠の作品やオランダ絵画、イギリス絵画など幅広いコレクションを誇る。必見なのが、ダリの絵画『十字架の聖ヨハネのキリスト』。1951年にグラスゴー市がダリ本人から購入した作品だ。グラスゴーが生んだマッキントッシュの作品群も見逃せない。

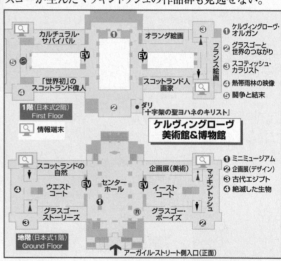

1階（日本式2階）First Floor
- カルチュラル・サバイバル
- オランダ絵画
- 「世界初」のスコットランド偉人
- スコットランド人画家
- ① ケルヴィングローヴ・オルガン
- ② グラスゴーと世界のつながり
- ③ スコティッシュ・カラリスト
- ④ 熱帯雨林の映像
- ⑤ 闘争と結末
- ダリ『十字架の聖ヨハネのキリスト』
- 情報端末

地階（日本式1階）Ground Floor
- スコットランドの自然
- 企画展（美術）
- センターホール
- イーストコート
- ウエストコート
- グラスゴー・ストーリーズ
- グラスゴー・ボーイズ
- ① ミニミュージアム
- ② 企画展（デザイン）
- ③ 古代エジプト
- ④ 絶滅した生物
- アーガイル・ストリート側入口（正面）

ケルヴィングローヴ美術館&博物館

■グラスゴー大聖堂

✉Cathedral Sq., G4 0QZ

☎(0141)5526891

🌐www.glasgowcathedral.org.uk

🕙4〜9月9:30〜17:30
（日13:00〜17:00）
10〜3月9:30〜16:30
（日13:00〜16:30）

休12/25・26、1/1・2　料寄付歓迎

地下にある聖マンゴーの墓

宗教改革の破壊を免れた　　　Map P.541D2

グラスゴー大聖堂 Glasgow Cathedral

中世スコットランドの大聖堂は宗教改革の際にほとんど破壊されてしまったが、この大聖堂は、例外的に破壊を免れたたいへん貴重な存在。12世紀にデイビッド1世によって建てられて以来、幾度もの増改築を重ね、現在のような姿になったのは15世紀に入ってから。地下にはグラスゴーの創設者、聖マンゴーの墓がある。

荘厳な雰囲気の大聖堂内部

542

グラスゴー最古の館　Map P.541D2
プロバンド領主館 Provand's Lordship

　1471年建築のグラスゴー最古の館で内部は3階建て。当時このあたりは、教会関係の建築物が林立していたそうで、この建物も、聖ニコラス病院の一部として建てられ、後に大聖堂参事会員の住居となった。建物の東側にはグラスゴー大司教の紋章が残っている。

世界の宗教を紹介　Map P.541D2
聖マンゴー宗教博物館
St. Mungo's Museum of Religious Life & Art

　キリスト教だけでなく、仏教やイスラム教、ユダヤ教など世界各地の宗教生活、宗教美術を紹介している。1階はショップとカフェになっており、展示は2階。展示場の入口の右には洗礼者ヨハネの像が、左側にはインドの神であるガネーシャの像が置かれている。18〜19世紀に作られたヒンドゥー教の神『踊るシバ神』のブロンズ像や、オーストラリアの先住民アボリジニの描いた点描画も見逃せない。

イギリス屈指の交通コレクション　Map P.540A2外
リバーサイド博物館 The Riverside Museum

　館内では馬車や路面電車、自動車、蒸気機関車など3000点を超えるコレクションがところ狭しと展示されている。建物の斬新なフォルムも見どころのひとつで、デザインは東京で建設

豊創的な形をした博物館

中の新国立競技場も手がけるザハ・ハディッドZaha Hadid女史による。2012年には、ヨーロッパ内で最も革新的な博物館（科学技術部門）として、「The Luigi Micheletti Award」を受賞した。

幅広い収集で知られる　Map P.541C3外
バレル・コレクション The Burell Collection

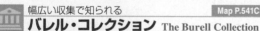

　広大な敷地をもつポロック・カントリー・パークPollock Country Park内にある。バレル・コレクションはW・バレル卿が生涯かけて集めた蒐集品8000点以上を収蔵する博物館。古代エジプト美術に始まり中

豊富なコレクション

国美術、イスラム美術などなど、多様なジャンルの美術品が一堂に会している。絵画も非常に充実しており、特にドガの作品を多数収蔵している。

■プロバンド領主館
⊠3 Castle St., G4 0RB
℡(0141) 5528819
URLwww.glasgowlife.org.uk/museums
⊕10:00〜17:00（金・日11:00〜17:00）
⊛月、12/25・26、1/1・2 ⊜寄付歓迎
入口で日本語のパンフレットをもらえる

当時の様子が再現されている

■聖マンゴー宗教博物館
⊠2 Castle St., G4 0RH
℡(0141) 2761625
URLwww.glasgowlife.org.uk/museums
⊕10:00〜17:00（金・日11:00〜17:00）
⊛月、12/25・26、1/1・2
⊜寄付歓迎

『踊るシバ神』の像

■リバーサイド博物館
🚌Union St.のバス停から100番でリバーサイド博物館Riverside Museum下車
⊠100 Pointhouse Pl., G3 8RS
℡(0141) 2872720
URLwww.glasgowlife.org.uk/museums
⊕10:00〜17:00（金・日11:00〜17:00）
⊛12/25・26、1/1・2 ⊜寄付歓迎

■バレル・コレクション
ポロック・カントリー・パーク内にある。公園入口、ポロック・ハウス、バレル・コレクションをつなぐ無料のミニバスが巡回している。
🚆ポロックショーズ・ウエストPollokshaws West駅から徒歩10分
🚌ファースト・グラスゴー57、57A番
⊠Pollock Country Park, G43 1AT
℡(0141) 2872550
URLwww.glasgowlife.org.uk/museums
⊕10:00〜17:00（金・日11:00〜17:00）
⊛12/25・26、1/1・2 ⊜寄付歓迎

大型ホテルはクライド川沿いや中心部に点在する。B&Bやゲストハウスは、町の中心からやや北のレンフリュー・ストリートRenfrew St.やケルヴィングローヴ公園周辺に多い。特にレンフリュー・ストリートのB&Bは急な坂の上にあることが多いので、荷物を持って歩くのは大変。

Recommended

教会を改装したデザイナーズホテル
マルメゾン Malmaison Glasgow

⊠278 West George St., G2 4LL
TEL(0141)5721000
FAX(0141)5721002
URLwww.malmaison.com
⑤Ｗ £89〜
⑥ADJMV
レストラン圏12:00〜14:00　18:00〜22:00
　もともと教会だった建物を改装して造られた、おしゃれなデザイナーズホテル。ベッドやソファなど部屋のデザインやインテリアも一部屋ごとに趣向を凝らしている。
レストラン　オナーズThe Honorusでは地元の食材をふんだんに使ったフランス料理が楽しめる。

Recommended

チャーチル首相やケネディ大統領も泊まった
グランド・セントラル Grand Central Hotel

⊠99 Gordon St., G1 3SF
TEL(0141)2403700　FAX(0131)2403709
URLwww.thegrandcentralhotel.co.uk
⑤Ｗ £105〜
⑥ADMV
　1883年創業、スコットランドを代表する建築家ロバート・アンダーソンによる設計。ヴィクトリア朝時代の豪華絢爛な造りとモダンなデザインのインテリアが融合している。

レーニー・マッキントッシュ Rennie Mackintosh Art School Hotel

⊠218-220 Renfrew St., G3 6TX
TEL(0141)3339992
FAX(0141)3339995
URLwww.rmghotels.com
⑤ £30〜
Ｗ £50〜
⑥AMV

建築家にして画家のマッキントッシュのファンが経営するホテル。彼の意匠を採った家具がところどころに置いてある。ユニオン・ストリートUnion St.にも系列のホテルがある。

Map P.541C2 116室	ミレニアム・グラスゴー Millennium Hotel Glasgow ⊠40 George Sq., G2 1DS TEL(0141)3326711　FAX(0141)3324264 URLwww.millenniumhotels.co.uk	⑤Ｗ £75〜　朝食別　⑥ADJMV
Map P.541C2 113室	ホリデイ・イン・グラスゴー Holiday Inn Glasgow ⊠161 West Nile St., G1 2RL TEL(0141)3528300　FAX(0141)3528311 URLwww.higlasgow.com　予約☎0120-056-658	⑤Ｗ £95〜　朝食別　⑥ADJMV
Map P.541C2 135室	ノヴォテル・グラスゴー・センター Novotel Glasgow Centre ⊠181 Pitt St., G2 4DT TEL(0141)2222775 URLwww.novotel.com　予約☎00531-61-6353	⑤Ｗ £85〜　朝食別　⑥ADMV

中級　51室　**Map P.541C2**

アート　Artto Hotel

⊠37-39 Hope St., G2 6AE
TEL(0141)2482480　FAX(0141)2239640
URLwww.arttohotel.com
S🚿📶🛁📺🏧 £40～80
W🚿📶🛁📺🏧 £50～100
CC A M V

📺 全室　🚿 全室　🧼 全室　🏧 なし　P なし　📶 Wi-Fi 受付周辺 無料

セントラル駅近くにあるホテル。客室は日本のビジネスホテルのように機能的に整えられ、快適に滞在できる。朝食は別料金で£6～10。

ゲストハウス　8室　**Map P.541C2**

アデレーズ　Adelaide's

⊠209 Bath St., G2 4HZ
TEL(0141)2484970
URLwww.adelaides.co.uk
S🚿📶🛁 £40　　🏧S🚿📶🛁📺 £55
W🚿📶🛁📺 £75
CC D M V

📺 全室　🚿 全室　🧼 全室　🏧 なし　P なし　📶 Wi-Fi 無料

ギリシア風のファサードが印象的な、教会が運営するゲストハウス。中はゲストハウスだけでなく、カフェなども併設され、多目的に使われている。

ホステルベッド数361　**Map P.541C3**

ユーロ・ホステル　Euro Hostel

⊠318 Clyde St., G1 4NR
TEL0845539956
URLwww.euro-hostels.co.uk
D🏧📶🛁 £10～
S🏧📶🛁🛌 £20～
W🚿📶🛁🛌 £24～　CC M V

📺 一部　🚿 希望者　🧼 なし　🏧 全室　P なし　📶 Wi-Fi 無料

クライド川の手前にある。男女混合のドミトリーは4～14人収容。個室はシンプルな造りだが、全室テレビ付き。朝食は£4。1階にバーも併設。

ユース　ベッド数110　**Map P.540B1**

SYHAグラスゴー　SYHA Glasgow

⊠7-8 Park Ter., G3 6BY
TEL(0141)3323004
URLwww.syha.org.uk
D🏧📶🛁 £15～
S🚿📶🛁🛌 £31～　　W📶🛁🛌 £33～
CC J M V

📺 なし　🚿 なし　🧼 なし　🏧 全室　P なし　📶 Wi-Fi 受付周辺 無料

地下鉄ケルヴィンブリッジ駅 Kelvinbridge下車、徒歩10分。ヴィクトリア様式の建物が建ち並ぶ一画にある。夏は要予約。

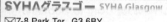

RESTAURANT

コスモポリタンな都市のグラスゴーは食に関してもバラエティ豊か。レストランはジョージ・スクエアなどのシティセンターと、ウエスト・エンドに集中している。グラスゴ　大学近くにあるアストン・レーンActon Ln.にはおしゃれなレストランやカフェが並び、夜は多くの若者でにぎわっている。

Map P.541D3
モダン・スコティッシュ創作料理

シティ・マーチャント　City Merchant

フランス料理やイタリア料理の手法を取り入れたモダン・スコティッシュの店。四季折々の新鮮な素材を用い、特にシーフードが自慢。ランチが£9.95～、ディナーが£25程度。
⊠97-99 Candleriggs, G1 1NP　TEL(0141)5531577
URLcitymerchant.co.uk　🕐12:00～22:00（日16:30～21:00）
休無休　CC A M V　📶店内可

Map P.540A1
インド料理英国料理

ウィー・カレー・ショップ　The Wee Curry Shop

気軽に入れる雰囲気のインド料理屋。香ばしい風味のチキン・ティッカ£12.50やマイルドで食べやすいバターチキン£10.90などがおすすめ。ランチメニューがお得。
⊠29 Ashton Lane, G12 8SJ　TEL(0141)3575280
🕐12:00～14:30　17:00～22:30（金・土12:00～23:00、日13:00～22:30）
休無休　CC M V　📶店内可

Map P.541C2
パブ
ドリンクのみ

ポット・スティル　The Pot Still

地元の人に人気のウイスキーパブ。これまでに数多くの賞を受賞している。ウイスキーのストックは常時640種類を超える。店内の壁にはウイスキーのボトルが飾られ、種類の多さに目移りしてしまう。
⊠154 Hope St., G2 2TH　TEL(0141)3330980
🕐11:00～24:00　休無休　CC M V　📶店内可

スコットランド史の軸となった古都

スターリング
Stirling

スコットランドで最も壮麗な城といわれる、スターリング城

人口	市外局番
3万5000人	01786
スターリング州	
Stirlingshire	

　スターリングは古くから「スコットランドへの鍵（Key to Scotland）」、すなわち「スターリングを制するものがスコットランドを制する」といわれるほど重要な町であった。そのため、何世紀にもわたって多くの戦いの舞台となってきた。しかし、13～14世紀にかけて現れたふたりの英雄、ウィリアム・ウォリス☞ P.605とロバート・ザ・ブルース☞ P.610によって、スコットランド軍はこの地でついにイングランド軍を破り、長年の悲願でもあったイングランドからの独立をなし遂げたのである。町の名の由来が"努力の地"であるように、スコットランドの人々にとってこの町は「独立の象徴」ともいえる場所なのだ。

Access Guide
スターリング

エディンバラから

🚄 **所要：50分～1時間**

月～土 ウェイヴァリー駅から5:18～23:33の1時間に1～2便

日 ウェイヴァリー駅から9:34～22:35の1時間に1～2便

🚌 **所要：約1時間15分**

月～土 セント・アンドリュー・スクエア・バスステーションから7:25～18:15（土9:10～）の1時間に1便

グラスゴーから

🚄 **所要：25～45分**

月～土 クイーン・ストリート駅から5:56～23:36の1時間に1便

日 クイーン・ストリート駅から9:37～23:45の1時間に1便

🚌 **所要：約35分**

月～土 ブキャナン・バスステーションから8:30～23:00の1時間に1便

日 ブキャナン・バスステーション発13:00 15:00 17:00 19:15 20:15 23:00

👣 歩き方

　駅とバスステーションは町の東、グースクロフト・ロードGoosecroft Rd沿いにある。

　グースクロフト・ロードの1本西側に南北に延びるのが、町で最もにぎやかな通りバーントン・ストリートBarnton St.。銀行や郵便局などもこの通り沿いにあり、南へ行くに従いマレー・プレイスMurray Pl.、ポート・ストリートPort St.と名を変える。

　町の北西に位置するスターリング城へは、駅から徒歩15分ほど。マレー・プレイスと交差するキング・ストリートKing St.からセント・ジョン・ストリートSt. John St.へと旧市町の坂道をたどり、突き当たりの教会のところを右に折れ、さらに上がった先にある。途中には由緒ある教会や建築物、レストラン、ショップなどが並び、町歩きが楽しいエリアだ。

町の中心であるポート・ストリート

激動の歴史の舞台となった

スターリング城 Stirling Castle

礼拝堂も復元されている

Map P.547左

　スコットランドで最も壮麗な城といわれている、ルネッサンス様式の城郭。わずか生後9ヵ月のスコットランド女王メアリー ☞ P.608 が戴冠式を行ったのもこの城の礼拝堂である。

　城の土台となっている岩山は、数千年の昔からすでに砦として存在していたといわれる。以来この城は、スターリングを中心に繰り広げられたイングランドとの独立戦争や、スコットランド王家の興亡など、波乱の歴史劇をじっと見守ってきた。現在見られるこの優雅な城は、15〜16世紀頃に建設されたもの。

　城内では、16世紀当時の様子がそのままに残る台所や、1999年に復元された大広間Great Hallのほか、軍事関連の博物館なども見学できる。

　また、外壁からスターリングの町を見下ろすパノラマビューもすばらしく、天気がよければ遠くエディンバラまで見渡すことができる。

スターリング

0　　　　　　200m

ℹ️ **スターリング**
Tourist Information Centre

Map P.547左
✉️St. John St., FK8 1EA
☎(01786)475019
🔗www.visitscotland.com
🕐10:00〜17:00
休12/25・26、1/1・2
宿の予約：手数料£4＋宿泊料金の10%
（デポジット）

■スターリング城
✉️Stirling Castle, Castle Wynd,
FK8 1EJ
☎(01786)4500000
🔗www.stirlingcastle.gov.uk
🕐4〜9月9:30〜18:00
　10〜3月9:30〜17:00
最終入場は閉館の45分前
休12/25・26　料£14.50　学生£11.60
館内撮影一部不可　フラッシュ一部不可

547

■スターリング・スミス美術館＆博物館
⊠Dumbarton Rd., FK8 2RQ
☎(01786)471917
URLwww.smithartgalleryandmuseum.
co.uk
圓10:30～17:00（日14:00～17:00）
圀月、12/24・25・26、1/1・2
圍寄付歓迎

ザ・スターリング・ストーリー

■ウォリス・モニュメント
町の中心から3kmほどの所にある。徒歩
約30分。
🚌62、63番などのバスに乗り、コーズ
ウェイヘッドCausewayheadで下車。バ
ス停からはウォリス・モニュメントまで徒歩
約10分。
⊠Abbey Craig, FK9 5LF
☎(01786)472140
URLwww.nationalwallacemonument.com
圓4・6・9・10月10:00～17:00
　7・8月10:00～18:00
　11～3月10:30～16:00
最終入場は閉館の45分前
圀12/25・26、1/1
圍£9.50　学生£7.60

■バノックバーン・ヘリテージ・センター
スターリングから南に約4kmほどの所に
ある。
🚌バスステーションから24、X39番で
約10分
⊠Bannockburn, Glasgow Rd.,
FK7 0LJ
☎(01786)812664
URLbattleofbannockburn.com
圓3～10月10:00～17:30
　11～2月10:00～17:00
圀12/25・26、1/1・2　圍£11　学生£8
館内撮影一部不可　フラッシュ一部不可
館内の見学はツアーのみ。スケジュール
は事前に確認しよう。

3D映像ではバノックバーンの戦いを360度スク
リーンで体感できる

Map P.547左
スターリングの歴史がよくわかる

スターリング・スミス美術館＆博物館
Stirling Smith Art Gallery & Museum

　1874年に設立された、地元の画家兼収集家のトーマス・スチュアート・スミスThomas Stuart Smith氏のコレクションを公開した美術館と博物館。建物の内部は、向かって左側がカフェ、右側に映像室があり、その奥が常設展になっている。常設展はスターリングの歴史をテーマにした「ザ・スターリング・ストーリー The Stirling Story」。なかでもウィリアム・ウォリスに関する展示が充実している。

Map P.547右
スコットランド独立の父
ウォリス・モニュメント
The National Wallace Monument

　スコットランドの独立に生涯をかけた英雄、ウィリアム・ウォリス P.605の記念塔。高さ67mを誇るヴィクトリア王朝様式の塔で、1869年に完成した。塔の内部はウォリスの人生に関する展示がされており、彼が使用していた道具なども見ることができる。特に彼の両手持ちの長剣は必見。

ウィリアム・ウォリスの生涯は、『ブレイブハート』として映画化もされた

　モニュメントが建っている所までは、246段の急な石段を10分ほど上って行く。そこから、さらに高さ67mの塔の頂上へ上れば、南西方向にスターリングの町が広がるすばらしい眺望が得られる。

Map P.547右
スコットランド独立を勝ち取った過程がよくわかる

バノックバーン・ヘリテージ・センター
Bannockburn Heritage Centre

　歴史的戦場に建てられたヘリテージ・センター。3D映像やジオラマなどを用いて、スコットランド独立の経緯をわかりやすく紹介している。建物の外に建っているのは、完全武装に身を包んだ険し

古戦場跡にはロバート・ザ・ブルースの像が置かれている

い表情のロバート・ザ・ブルース（1274～1329年、在位1306～1329年） P.610像。スコットランドの王であり、また優れた指揮官でもあった彼は、1314年6月24日、ここバノックバーンの地でヘンリー・ド・ボーアン率いるイングランド軍を破り（バノックバーンの戦い）、スコットランドを独立へと導いた。

HOTEL

RESTAURANT

スターリング

　ゲストハウスはダンバートン・ロードとその周辺、ほかにプリンスィズ・ストリートPrinces St.にもある。バーントン・ストリートにはパブやレストランが並ぶ。

Recommended

優美な時計塔がシンボル
スターリング・ハイランド
Stirling Highland Hotel

高級		186室

Map P.547 左

TV	🧴	🧺	🔒	P	📶 Wi-Fi
全室	全室	全室	なし	無料	無料

✉Spittal St., FK8 1DU
TEL(01786)272727　FAX(01786)272829
URLwww.thehotelcollection.co.uk
S W 🛏 🚿🛁 £112〜
CC A D M V

　17世紀の建物を改装したホテルで以前は高校として使用されていた。屋内プールやサウナ、フィットネスセンターなどもある。館内にあるスカラー・レストランScolar Restaurantも好評。

中級	18室	Map P.547 左外

ロスト The Lost Guest House

✉4 Melville Ter., FK8 2ND
TEL(01786)430349
URLwww.lostguesthouse.co.uk
S 🛏 🚿🛁 £44
W 🛏 🚿🛁 £60
CC M V

TV	🧴	🧺	🔒	P	📶 Wi-Fi
全室	全室	全室	なし	無料	無料

　中心部から少し外れてはいるが、静かで落ち着ける環境。ジョージ王朝様式の建物で、タータンのカーペットがかわいらしい。

ゲストハウス	7室	Map P.547 左

マンロー Munro Guest House

✉14 Princes St., FK8 1HQ
TEL(01786)472685
URLwww.munroguesthouse.co.uk
S 🛏 🚿🛁 £35　S 🛏 🚿🛁 £40
W 🛏 🚿🛁 £55　W 🛏 🚿🛁 £62
CC 不可

TV	🧴	🧺	🔒	P	📶 Wi-Fi
全室	全室	全室	なし	無料	無料

　バーントン・ストリートから西に少し入った坂道にある。フルーツたっぷりの朝食が自慢。6〜8月は10％ほど値段が上がる。12月下旬〜1月上旬は休業。

ユース	ベッド数91	Map P.547 左

SYHAスターリング SYHA Stirling

✉St. John St., FK8 1EA
TEL(01786)473442
URLwww.syha.org.uk
D 🛏 🚿🛁 £15〜
S W 🛏 🚿🛁 £52〜
CC M V

TV	🧴	🧺	🔒	P	📶 Wi-Fi
なし	なし	なし	全室	なし	有料

　小高い丘の上に1740年に建てられた教会を改装したユース。広々としたキッチンやテレビルーム、ランドリーなどがあり、設備も調っている。

ホステル	ベッド数60	Map P.547 左

ウィリー・ウォリス Willy Wallace Hostel

✉77 Murray Pl., FK8 1AU
TEL(01786)446773
URLwww.willywallacehostel.com
D 🛏 🚿🛁 £15〜20
W 🛏 🚿🛁 £45〜50
S £　CC M V

TV	🧴	🧺	🔒	P	📶 Wi-Fi
なし	なし	なし	なし	なし	無料

　鉄道駅のすぐ近くにあるホステル。パステルカラーの壁が印象的。キッチンなどの設備が整う。コーヒー、紅茶は無料。

Map P.547 左
ポートカリス The Portcullis

パブ・ スコットランド料理

　建物は18世紀に建てられた、元男子校を利用したホテル1階のパブ。メニューには、ハギスなどのスコットランド料理、ステーキ、シーフードなど。夕食時は混み合う。

✉The Portcullis, Castle Wynd, FK8 1EG
TEL(01786)472290　🕐11:30〜23:00(木〜土11:30〜24:00)
🚫無休　CC M V　🏠店内可

ネス湖
Loch Ness

ネス湖のほとりに建つ、アーカート城

人口（インヴァネス） 4万2000人	市外局番 01463
ハイランド州 Highland	

　ネス湖は南北に約38kmと細長い湖で最大水深は290m。この美しい湖にすむといわれる
ネッシーの最初の記録は、西暦565年、キリスト教布教のために訪れた聖コロンバにまで遡
る。聖コロンバは、村人を苦しめる怪物を、神通力で追い払ったという。それ以来約1500年
にわたって目撃され続けているこのネッシー、果たして代々ここにすむ湖の主なのか、それとも
最初の住人、古代ピクト人の残していった幻なのか……。

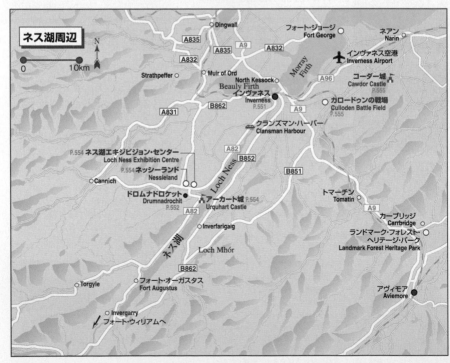

ネス湖周辺

N
0　　　10km

Dingwall
A835
A835　A9　A832
フォート・ジョージ
Fort George
ネアン
Narin
インヴァネス空港
Inverness Airport
A832
Strathpeffer
Muir of Ord
North Kessock
Beauly Firth
Morray Firth
A96
コーダー城
Cawdor Castle P.555
インヴァネス
Inverness P.551
A9
カロードゥンの戦場
Culloden Battle Field P.555
B862
A831
クランズマン・ハーバー
Clansman Harbour
A82
B852
P.554 ネス湖エキジビジョン・センター
Loch Ness Exhibition Centre
P.554 ネッシーランド
Nessieland
Loch Ness
B851
Cannich
ドロムナドロケット
Drumnadrochit P.552
アーカート城 P.554
Urquhart Castle
A82
トマーチン
Tomatin
A9
カーブリッジ
Carrbridge
Inverfarigaig
ランドマーク・フォレスト・
ヘリテージ・パーク
Landmark Forest Heritage Park
ネス湖
Loch Mhór
B862
Torgyle
フォート・オーガスタス
Fort Augustus
アヴィモア
Aviemore
Invergarry
フォート・ウィリアムへ
ロンドン

ネス湖
起点となる町

起点の町

インヴァネス
Inverness

　インヴァー Inverが河口を意味するように、インヴァネスはネス川River Nessの河口の町。スコットランド北部のハイランド地方では古くから中心都市だったが、歴史の表舞台に現れるのは、12世紀にデイビッド1世がインヴァネス城を築いてから。年間100万人の観光客が訪れるネス湖観光の起点となる都市だ。

歩き方　町の中央をネス川が流れるが、繁華街は東岸にある。メインストリートは歩行者天国のハイ・ストリートHigh St.。ネス川の橋を渡るとトムナヒューリック・ストリートTomnahurich St.と名前を変え、ネス湖まで延びている。

Access Guide
インヴァネス

ロンドンから
所要:8〜12時間
| 月〜土 | キングズ・クロス駅発12:00 21:15（土11:00） |
| 日 | キングズ・クロス駅発12:00 20:57 |

エディンバラから
所要:約3時間40分
| 月〜土 | ウェイヴァリー駅から6:33〜19:44の1時間に1〜2便 |
| 日 | ウェイヴァリー駅 発9:33 10:35 13:56 15:50 16:32 17:50 |

所要:約3時間40分
| 月〜日 | セント・アンドリュー・スクエア・バスステーションから8:25〜20:45の1時間に1便 |

グラスゴーから
所要:約3時間30分
| 月〜土 | クイーン・ストリート駅発7:10 10:10 12:09 15:07 18:11 |
| 日 | クイーン・ストリート駅発11:10 14:38 18:10 |

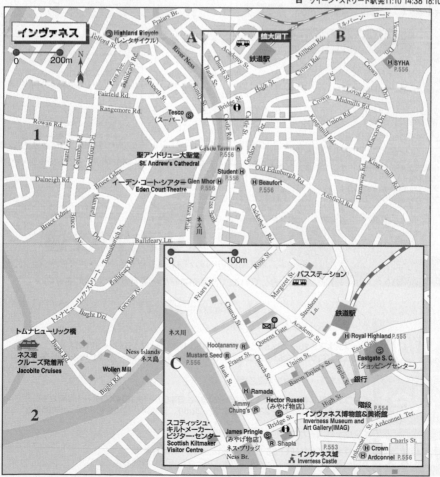

551

<table>
<tr><td colspan="2">

i
インヴァネス
Tourist Information Centre

</td></tr>
</table>

Map P.551C
✉Castle Wynd, IV2 3BJ
☎(01463)252401
URLwww.visitscotland.com
🕐3月下旬〜5月下旬
　9:00〜17:00（日10:00〜17:00）
　5月下旬〜6月下旬
　9:00〜18:00（日9:30〜17:00）
　6月下旬〜8月下旬
　8:45〜18:30（日9:30〜18:00）
　8月下旬〜9月上旬
　9:00〜18:00（日10:00〜16:00）
　9月上旬〜10月下旬
　9:00〜17:00（日10:00〜16:00）
　10月下旬〜3月下旬
　9:00〜17:00（日10:00〜15:00）
🈺祝、12/25・26、1/1
宿の予約：手数料£4＋宿泊料金の10％
（デポジット）

インヴァネスの見どころ
インヴァネス城➡ P.553
インヴァネス博物館＆美術館➡ P.554

i
ドロムナドロケット
Tourist Information Centre

Map P.552
✉The Car Park, IV63 6TX
☎(01456)459086
🕐イースター〜10月9:00〜18:00
　11月〜イースター9:30〜15:30
🈺11月〜イースターの日・月
宿の予約：手数料£4＋宿泊料金の10％
（デポジット）

ドロムナドロケットの見どころ
**ネス湖エキジビジョン・センター➡
P.554**
ネッシーランド➡ P.554
アーカート城➡ P.554

バスステーション

交通情報　空港　インヴァネス空港は町から東に約14kmの所にある。市内まではジェット・バス社のJET11のバスが運行されている。タクシーならインヴァネス市内まで£10〜12。レンタカーオフィスもある。

インヴァネス駅

鉄道駅　鉄道駅は市町地のやや東に位置している。駅構内にはホテル予約オフィスなどもある。

バスステーション　鉄道駅の西側にあり、カフェテリアや荷物預かりなどもある。

ホテル　中級ホテルはネス川沿いに多く、B&Bはアードコンネル・ストリートArdconnel St.や、オールド・エディンバラ・ロードOld Edinburgh Rd.に多い。

起点の町
ドロムナドロケット
Drumnadrochit

　ネッシー関連のアトラクションやネス湖クルーズなどが楽しめるネス湖観光の中心。インヴァネスからのバスは🛈の近くに到着する。アーカート城は中心からさらに3.5kmほど離れている。

🅢 Celtic Crafts Shop
🅗 Loch Ness Lodge
ネス湖エキジビジョン・センター
Loch Ness Exhibition Centre
P.554
ネッシーランド
Nessieland
P.554
🅡 Fiddler's
🛈
🅢 Clansman Gift
アーカート城へ
P.554（約3.5Km）
N
0　　100m

ホテル　ゲストハウスやB&Bは村の中心や郊外にいくつか点在しているが数は多くない。インヴァネスからの日帰りも十分可能。

ネス湖エリア内の交通

　ネス湖周辺へのバスはインヴァネスのバスステーションに発着している。空港やコーダー城行きのバスもここから。

バス路線番号	路線詳細・運行頻度
917/919	**インヴァネス→ドロムナドロケット** インヴァネス5:20〜20:15（土6:40〜20:15、日9:15〜17:15）の2〜3時間おき ドロムナドロケット8:51〜22:05（土10:11〜22:05、日11:48〜20:21）の2〜4時間おき
Jet	**インヴァネス→インヴァネス空港** インヴァネス5:40〜23:35（土5:45〜23:35、日8:50〜18:15）の30分〜1時間おき インヴァネス空港6:17〜23:00（土6:17〜22:50、日9:34〜17:15）の30分〜1時間おき
8A/8C	**インヴァネス→カロードゥンの戦場** インヴァネス8:11〜17:55（土8:00〜18:05）の1時間おき カロードゥンの戦場9:05〜14:05（土8:05〜17:05）の1時間おき

ネス湖
現地発着ツアー

インヴァネス発着のクルーズツアーが人気。ミニクルーズならドロムナドロケット村からも出ている。

ネス湖クルーズ（インヴァネス発）

パッション
Passion

10:35発　所要6時間30分　料£44　学生£40
ネス湖をクルーズして、アーカート城、ネス湖エキシビジョン・センターに入場見学。

センセーション
Sensation

夏期10:35　冬期10:15発
所要3時間45分　料£33　学生£31
アーカート城、ネス湖エキシビジョン・センターへのバスとクルーズツアー。

テンプテーション
Temptation

14:15発　所要2時間45分　料£26　学生£25
アーカート城までのクルーズ。アーカート城に入場見学し、帰りはミニバス。

フリーダム
Freedom

3月下旬〜9月下旬9:00〜15:00の毎時
9月下旬〜10月下旬10:00〜15:00の毎時
10月下旬〜3月下旬11:00、14:00
所要2時間　料£21.50　学生£19.50
クランズマン・ハーバー発。ネス湖をクルーズして、アーカート城に入場見学。

インスピレーション
Inspiration

3月下旬〜9月下旬9:00〜16:00の毎時
9月下旬〜10月下旬10:00〜16:00の毎時
10月下旬〜3月下旬11:00〜15:00 の毎時
所要1時間　料£14　学生£13
クランズマン・ハーバー発。ネス湖をクルーズしてアーカート城を船から見学。

ジャコバイト・クルーズ Jacobite Cruises TEL(01463) 233999 URLwww.jacobite.co.uk
チケットは❶でも購入可能。出発はトマナヒューリック橋。20分前に❶前などから送迎バスあり。クルーズのなかにはインヴァネスの南14kmのネス湖岸にあるクランズマン・ハーバー Clansman Harbourから出発するものもある。

トマナヒューリック橋の桟橋までの送迎バスはバスステーションからも乗れる

ネス川をしばらくクルーズした後、ネス湖に入る

アーカート城をバックに記念撮影。クルーズによっては入場観光できる

ドルフィン・ウオッチング

フェニックス・ボート・トリップス
Phoenix Boad Trips

夏期10:30、13:30
※人数が集まり次第催行　料£30
イルカが生息するモレイ湾をクルーズする。平日は❶前までの送迎あり。

⊠Inverness Marina., IV1 1SU
TEL07703168097
URLwww.inverness-dolphin-trips.co.uk

乗り降り自由の観光バス

シティ・サイトシーイング
Citysghtssseing Inverness

3/30〜9/26の10:00〜16:00の1時間毎
所要1時間　料£10
❶の前を出てネス川を下り、クルーズ船が出発するトムナヒューリック橋やホイン・パークなど、町の郊外を一周するバスツアー。

TEL(01463) 712121
URLwww.citysightseeinginverness.com

ネス川を見下ろす
インヴァネス城 Inverness Castle

Map P.551-C
インヴァネス

■インヴァネス城
※一般開放されていない

　町とネス川を見下ろす絶好の位置に建つこの城は、町のどこからでも見えるランドマークだ。もともと古い要塞があった場所に、1835年に現在の建物が造られた。内部は入場不可。今は裁判所として使われている。城の前には、ボニー・プリンス・チャーリー☞ P.610 の逃亡を助けたフローラ・マクドナルドの像がある。

インヴァネスのシンボル的存在

■インヴァネス博物館＆美術館
⊠Castle Wynd, IV2 3EB
TEL(01463)237114
URLinverness.highland.museum
圖10:00～17:00
困日・月、11～3月の火・水　圍無料

❶から回りこむように行くと入口がある

■ネス湖エキシビジョン・センター
⊠Drumnadrochit, IV63 6XP
TEL(01456)450573
URLwww.lochness.com
圖11月～イースター10:00～15:30
　イースター～6月・9・10月9:30～17:00
　7・8月10:00～18:00
困12/25　圍£7.45　学生£6.45
　日本語音声あり

ネス湖を巡る前に勉強しておこう

■ネッシーランド
⊠Drumnadrochit, IV63 6TU
TEL(01456)450342
URLwww.nessieland.co.uk
圖冬期9:00～17:00　夏期9:00～19:00
困無休　圍£6

入り口ではネッシー（?）が出迎えてくれる

■アーカート城
ドロムナドロケットから約3.5km。徒歩
なら約1時間。
🚢ネス湖のクルーズ船でも行くことが
できる。
TEL(01456)450551
URLwww.historic-scotland.gov.uk
圖4～9月9:30～18:00
　10月9:30～17:00
　11～3月9:30～16:30
最終入館は閉館の45分前
困12/25・26　圍£7.90　学生£6.40

インヴァネス博物館＆美術館
ハイランドとジャコバイト関連の展示が充実　Map P.551-C
Inverness Museum & Art Gallery　インヴァネス

　観光案内所の裏側にある近代的な建物。ハイランドに関する歴史や文化、自然など多角的な観点から解説している。2階部分はジャコバイト ☞ P.607 などハイランドの歴史に関する展示。美
自然科学分野の展示室
術館部門はスコットランド人画家による風景画のコレクションなどが見られる。

ネス湖エキジビジョン・センター
ネス湖の秘密に鋭く迫る　Map P.552
Loch Ness Exhibition Centre　ドロムナ
ドロケット

　映像や音声を駆使してネス湖の謎に迫るアトラクション。ドキュメンタリー番組のようなタッチで、ネッシーだけでなく、ネス湖の歴史やネス湖に生息する生物の生態系、気候条件などからネッシー生存の可能性を探る構成になっている。おみやげコーナーにあるネッシーグッズなどの品揃えは圧巻。

ネッシーランド
元祖ネッシーのアトラクション　Map P.552
Nessieland　ドロムナ
ドロケット

　ロッホ・ネス・ロッジ・ホテルの敷地内にあるアトラクション。道沿いにある大きなネッシーの像が目印。過去から現在にいたるネッシーが写った(?)数々の目撃写真や、資料などの展示、25分間のビデオ上映（日本語あり）などネッシーにスポットを当てた内容。おみやげコーナーも充実している。

アーカート城
ネス湖岸に残る廃城　Map P.550
Urquhart Castle　ドロムナ
ドロケット

　ネス湖の湖面に朽ち果てた姿を映すアーカート城。1230年の築城だが、1296年にエドワード1世 ☞ P.606 率いるイングランド軍に包囲されて破壊された。駐車場の下に位置するビジターセンターから入場し（クルーズで来た場合は城に直接入れる）、建築当初の模型や、城に関する展示を見てから城へ下りていこう。跳ね橋を渡って入った城内には、チャペル跡や厩舎、厨房などの廃墟が残る。一番保存状態のよいグラント・タワーからはネス湖のすばらしい景色が望める。

南西にある丘から眺めた城とネス湖

マクベスで有名な
コーダー城 Cawdor Castle

Map P.550
コーダー

インヴァネスとネアンNarinの中間地点にあるコーダー城は、シェイクスピア ☞P.605 の名作『マクベス』の舞台としてあまりにも有名な城だ。森の中に建つその姿は、ハイランドで一番優美な城と称されており、堀に架かる跳ね橋からの眺めなど、絵本から飛び出てきたような美しさだ。城内は手入れの行き届いた広大な庭園、城の背後に控える森林のウオーキングコースなど、すべてを回ろうと思ったら半日がかりだ。

ジャコバイト軍が散った
カロードゥンの戦場
Culloden Battle Field

Map P.550
カロードゥン
ムーア

かつての戦場には散策路が整備されている

インヴァネスの東、約8kmの所には、スコットランド史上に残るカロードゥンの戦いの戦場となったムーア（荒野）が広がっている。1746年4月16日、追い詰められたジャコバイト派 ☞P.607 の反乱軍が、イングランド軍に壊滅させられた戦場。歴史を知らなければ格好のピクニック地に見える平原だが、政府軍、反乱軍、両軍の陣地を示す旗が翻り、この地で散ったハイランダーの墓標があちこちに見られる。

■コーダー城
🚕タクシーで往復£90程度（待機時間を含む）
✉Cawdor, IV12 5RD
☎(01667)404401
URL www.cawdorcastle.com
開10:00～17:30　最終入場は17:00
休10月上旬～4月
　冬期はコーダー伯爵の住居となる。
料£10.50　学生£9.50
内部撮影不可

その外観はまるで絵本の世界のよう

■カロードゥンの戦場ビジターセンター
🚌8A、8C番のバスでカンバーランド・ストーンCumberland Stone下車。
✉Culloden Moor, IV2 5EU
☎08444932159
URL www.nts.org.uk/Culloden
開7・8月9:00～18:00
　4・5・9・10月9:00～17:30
　11/1～12/23、2/2～3/31
　10:00～16:00
休12/24～2/1　料£11　学生£8.50

起点とするのならインヴァネスがベスト。中級ホテルはネス川沿いに多く、B&Bはアードコンネル・ストリートArdconnel Stやオールド・エディンバラ・ロードOld Edinburgh Rd.に多い。レストランやパブは駅の周辺が一番多いが、各地に点在している。

1859年創業の老舗ホテル
ロイヤル・ハイランド Royal Highland

高級　82室
Map P.551C　インヴァネス

📺 全室　🍴 全室　📶 全室　🅿 なし　📶 Wi-Fi 有料

✉Station Sq., IV1 1LC
☎(01463)231926　FAX(01463)710705
URL www.royalhighlandhotel.co.uk
S £139～199
W £179～349
CC AMV
レストラン開7:00～23:00

鉄道駅に隣接したステーションホテル。エントランス・ホールの階段がなんとも豪華。客室は広々としており、花柄のファブリックがアクセントになっている。
レストラン　アッシュ・レストランAsh Restaurantでは、伝統的なスコットランド料理が楽しめる。

グレン・モア　Gren Mhor hotel

⊠8-15 Ness Bank, IV2 4SG
TEL(01463)234308
URLwww.theinvernesshotel.co.uk
S W £60～
CC A J M V

TV	🍴	🧺	📻	P	📶Wi-Fi
全室	全室	全室	なし	なし	無料

聖アンドリュー大聖堂と川を挟んで向かい側にあるホテル。レストランの評判が高く、シーフードがメイン。火曜21:00からはジャズの生演奏もある。

中級　34室　Map P.551B1　インヴァネス

ボーフォート　Beaufort Hotel

⊠11 Culduthel Rd., IV2 4AG
TEL(01463)222897　FAX(01463)711413
URLwww.beauforthotelinverness.com
S £55～
W £95～
CC J M V

TV	🍴	🧺	📻	P	📶Wi-Fi
全室	全室	全室	なし	無料	無料

坂の上にあり、町の中心部に近い。部屋によって広さや設備は異なる。併設されているパブではチキンカレーライスなどが楽しめる。

中級　6室　Map P.551C　インヴァネス

アードコンネル　Ardconnel Guest House

⊠21 Ardconnel St., IV2 3EU
TEL(01463)240455
URLwww.ardconnel-inverness.co.uk
S £40～45
W £70～75
CC J M V (手数料別途)

TV	🍴	🧺	📻	P	📶Wi-Fi
全室	全室	全室	なし	なし	無料

陽気な奥さんが経営している宿。朝食はスコティッシュ・ブレックファストだけではなくスモーク・ハドック＋ポーチド・エッグというチョイスもできる。

ホステルベッド数557　Map P.551B1　インヴァネス

ステューデント　Inverness Student Hostel

⊠8 Culduthel Rd., IV2 4AB
TEL(01463)236556
URLscotlandstophostels.com
D £15～17.50
CC J M V

TV	🍴	🧺	📻	P	📶Wi-Fi
なし	なし	なし	なし	なし	無料

緩い坂の途中にある。バックパッカーズ・ホステルの系列。インターネットの使用は30分£1。キッチンも使用できる。朝食は£2。

ユース　ベッド数150　Map P.551B1　インヴァネス

SYHAインヴァネス　SYHA Inverness

⊠Victoria Drive, IV2 3QB
TEL(01463)231771　FAX(01463)256195
URLwww.syha.org.uk
D £17～
S £29～　W £37～
CC A M V

TV	🍴	🧺	📻	P	📶Wi-Fi
なし	なし	なし	全室	無料	一部有料

町の中心から離れているが、建物も新しく、キッチンなど設備も充実。広い駐車場も完備。会員は左記の料金から£3（ひとり分）割引になる。

Recommended

ハイランドの味を楽しむならココ！
マスターズ・シード　The Mustard Seed

スコットランド料理　　創作料理
Map P.551C　インヴァネス
⊠16 Fraser St., IV1 1DW
TEL(01463)220220
URLwww.mustardseedrestaurant.co.uk
🕐12:00～15:00 17:30～22:00
休無休　CC A M V　📶店内可

バンク・ストリート沿いのレンガ造りのレストラン。19世紀まで教会として利用されていた。メニューは毎週替わるが伝統的なスコットランド料理が中心。ランチのセットメニューは£7.95～、ディナーの予算は£25ほど。17:30～19:00は前菜とメインで£12.95のコースもある。

Map P.551B1　インヴァネス
キャッスル・タヴァーン　The Castle Tavern

パブ
スコットランド料理

インヴァネス城のすぐ前にある。スコットランド産のクラフトビールの品揃えがいい。眺めのよいテラス席もある。パブフードは£8.75～10.75。
⊠1 View Pl., IV2 4SA　TEL(01463)718178
URLwww.castletavern.net　🕐11:00～翌1:00（土～24:00、日12:30～24:00）
休無休　CC M V　📶店内可

日本からホテルへの電話（詳しい電話のかけ方は P.8 もご参照ください）
国際電話会社の番号 ＋ 010 ＋ 国番号44 ＋ 最初の0を除いた掲載の番号

ネス湖

ハイランドの絶景を体感しよう!
蒸気機関車ジャコバイト号

フォート・ウィリアム～マレイグ間の全長68kmを走るウエスト・ハイランド鉄道は、1894年に開通した単線。何と今でも開通当時さながらに、ジャコバイト号Jacobite Steam Trainという蒸気機関車が走っており、鉄道ファンの憧れの列車として知られている。

映画『ハリー・ポッターと秘密の部屋』で有名になったグレンフィナン高架橋

（路線図）
マレイグ Mallaig
モラー湖 Loch Morar
アリセイグ Arisaig
0　10km
グレンフィナン Glenfinnan
グレンフィナン高架橋 Glenfinnan Viaduct
グレンフィナン・モニュメント Glenfinnan Monument
フォート・ウィリアム Fort William

　乗車時間は約2時間。なかでも最大の見どころは、フォート・ウィリアムから約30分の所にある**グレンフィナン高架橋**Glenfinnan Viaductだ。これは世界最古のコンクリート製高架橋で、高さ30m、長さ381mにも及ぶもの。映画『ハリー・ポッターと秘密の部屋』にも登場し、話題になった。橋がきれいにカーブを描いているため、最後部の車両に乗れば、この高架橋を渡るときに、モクモクと煙を上げて進む機関車の先頭車両を車窓から眺めることができる。その雄姿は、周囲の山並みを背景にして、まるで絵のように美しい。

　その後、すぐ左側に見えてくる塔は**グレンフィナン・モニュメント**Glenfinnan Monu-ment、そしてここで軍勢の旗揚げをしたボニー・プリンス・チャールズ P.610 の像。下りの機関車は、ここで20分間停車するので、タワーに上り博物館も見学できる。

　観光地として人気のあるアリセイグArisaigを過ぎ、左に海、右に**モラー湖**Loch Morarを望む最後の橋もなかなか壮観。この湖も、怪物目撃談がたくさんある神秘的な湖だ。列車は、湖を過ぎるとほどなくマレイグに到着する。

車窓からは絶景が広がる

■**ジャコバイト号** Jacobite Steam Train
TEL08448504685（予約専用）
URLwww.westcoastrailways.co.uk
運行：5月中旬～10月下旬の月～金、6月下旬～9月下旬の土・日は午前便のみの1日1往復、6～8月下旬の月～金は夕方便もあり1日2往復
フォート・ウィリアム発10:15　マレイグ発14:10
フォート・ウィリアム発14:30　マレイグ発18:40
圏片道£29　往復£34　1等片道£53　往復£58
※6～9月のシーズン中は混むので上記の予約専用ダイヤルにて予約が必須。空席があれば乗車当日でも列車の乗車口で車掌から直接購入できる
■**インヴァネスからフォート・ウィリアムへ**
1日9便、日曜6便　所要：約2時間

海外旅行の最新で最大級の情報源はここに！ | 地球の歩き方 | 検索

地球の歩き方 ホームページの使い方

海外旅行の最新情報満載の「地球の歩き方ホームページ」！
ガイドブックの更新情報はもちろん、132カ国の基本情報、
エアラインプロフィール、海外旅行の手続きと準備、格安
航空券、海外ホテルの予約、「地球の歩き方」が厳選した
スーツケースや旅行用品もご紹介。クチコミ情報や旅日記、
掲示板、現地特派員ブログもあります。

🔵 http://www.arukikata.co.jp/

■ 多彩なサービスであなたの海外旅行、海外留学をサポートします！

「地球の歩き方」の電子掲示板（BBS）

「地球の歩き方」の源流ともいえる旅行者投稿。世界中を
歩き回った数万人の旅行者があなたの質問を待っています。目からウロコの新発見も多く、やりとりを読んでいる
だけでも楽しい旅行情報の宝庫です。

🔵 http://bbs.arukikata.co.jp/

旅行記、クチコミなどがアップできる「旅スケ」

旅スケ

WEB上で観光スポットやホテル、ショップなどの情報を
確認しながら旅スケジュールが作成できるサービス。
旅行後は、写真に文章を添えた旅行記、観光スポットや
レストランなどのクチコミ情報の投稿もできます。

🔵 http://tabisuke.arukikata.co.jp/

航空券の手配がオンラインで可能

arukikata.com

航空券のオンライン予約なら「アルキカタ・ドット・コム」。
成田・羽田他、全国各地ポート発着の航空券が手配できます。読者割引あり、
航空券新規電話受付時に「地球の歩き方ガイドブックを見た」
とお伝えいただくと、もれなくお一人様1,000円off。

🔵 http://www.arukikata.com/

海外ホテルをオンライン予約

地球の歩き方トラベルが運営する海外ホテル予約サイト。
世界3万都市、13万軒のホテルをラインナップ。
ガイドブックご覧の方には特別割引で宿泊料金3%off。

🔵 http://hotel.arukikata.com/

ヨーロッパ個人旅行の様々な手配が可能

 旅プラザ

「旅プラザ」ではヨーロッパ個人旅行のあらゆる手配が
できます。ユーレイルパス・寝台車など鉄道旅行の即日
発券が可能なほか、航空券、ホテル、現地発ツアー、保険、
etc. 様々な複合手配が可能です。

🔵 http://tabiplaza.arukikata.com/

旅行用品の専門通販ショップ

地球の歩き方ストア
STORE

「地球の歩き方ストア」は「地球の歩き方」直営の旅行用
品専門店。厳選した旅行用品全般を各種取り揃えています。「地球の歩き方」読者からの意見や感想を取り入れたオリ
ジナル商品は大人気です。

🔵 http://www.arukikata.co.jp/shop/

留学・ワーキングホリデーの手続きはおまかせ

 成功する留学
GIO CLUB Study Abroad

「成功する留学」は「地球の歩き方」の留学部門として、
20年以上エージェント活動を続けています。世界9カ国、
全15都市に現地相談デスクを設置し、留学生やワーホリ
渡航者の生活をバックアップします。

🔵 http://www.studyabroad.co.jp/

ヨーロッパ鉄道チケットがWebで購入できる「ヨーロッパ鉄道の旅」オンライン

ヨーロッパ鉄道の旅
Travelling by Train

地球の歩き方トラベルのヨーロッパ鉄道チケット販売サイト。
オンラインで鉄道パスや乗車券、座席指定券などを24時間
いつでも購入いただけます。利用区間や日程がお決まりの方に
お勧めです。

🔵 http://rail.arukikata.com/

旅の準備とテクニック

Travel Tips

写真上：ヴァージン アトランティック航空の機体　写真左下：ヘルメットをかぶって坑道ツアーへ！　写真右下：地ビールのラベル

旅の必需品

パスポートと残存有効期間

　パスポートは海外で身元を証明するための大切な証明書。申請は出発の1ヵ月前を目安に余裕をもって行おう。住民登録してある各都道府県庁の旅券課へ必要書類を提出する。交付までの所要日数（5～12日）は都道府県により異なる。イギリスへの旅に必要なパスポートの有効残存期間は、基本的に滞在日数以上あればOKだが、6ヵ月以上が望ましい。

■パスポート取得のために必要な書類
一般旅券発給申請書（1通）
戸籍抄本または謄本（1通）
住民票の写し（1通）
住基ネット導入エリアに住む人は、住民票は不要。申請用紙に住民票コードを記入する。
写真（1枚）
縦4.5cm、横3.5cm、縁なしで背景が無地の白か薄い色、申請日より6ヵ月以内に撮影された正面向きの無帽のものなどの規格を満たすもの。
身分証明書（2点）
運転免許証などの場合は1点でよい。このほか、印鑑が必要な場合もある。

ビザの申請

　すべての国で外国人が入国するためにはビザが必要だが、観光旅行など短期旅行者には申請を免除する国が多い。イギリスでは、観光を目的とする6ヵ月以内の滞在であれば、出発前にビザ申請をする必要はない。

■海外旅行保険会社
損保ジャパン日本興亜
☎無料0120-666-756
URL www.sjnk.co.jp
東京海上日動保険
☎無料0120-868-100
URL www.tokiomarine-nichido.co.jp
AIU保険
☎無料0120-166-755
URL www.aiu.co.jp
三井住友海上火災保険
☎無料0120-632-277
URL www.ms-ins.com

海外旅行保険

　海外での盗難は年々増加しており、保険なしで現地の病院に行くのは金銭的にも大きな負担になる。出発前に海外旅行保険にはぜひとも加入しておこう。

クレジットカード付帯保険の落とし穴　クレジットカードには、海外旅行保険が付帯されているものが多く、保険はこれで十分と考える人もいるだろう。ただし、疾病死亡補償がない、補償金額が十分でない、複数のカードの傷害死亡補償金額は合算されないなどの「落とし穴」もある。自分のカード付帯保険の内容を確認したうえで、「上乗せ補償」として海外旅行保険に加入することをおすすめする。

タイプに合ったものを選ぶ　海外旅行保険には、一般的に必要な保険と補償を組み合わせた「セット型」と、ニーズと予算に合わせて各種保険を選択できる「オーダーメイド型」がある。ただ「セット型」では、荷物の少ない人が携行品100万円ぶんの保険だったり、逆に「オーダーメイド型」で予算にこだわりすぎて保険が利かない例もあるので慎重に検討したい。

Information
新・海外旅行保険「off！」

海外旅行保険は、これまで全世界どこに行くときも同じ保険料だった。しかしこの商品は、渡航地を地域分けし、それぞれ違う保険料に設定している。また、保険料も旅行期間に合わせた合理的な「1日刻み」。さらには「けがによる死亡補償」を残すこともできるようになった。加入はインターネットのみ。旅行期間は3ヵ月以内となっている。

トラブル時は冷静に　アクシデントに遭ったら、速やかに保険会社の現地デスクに連絡して指示を受ける。その際加入時の書類が必要なので携帯しよう。帰国後の申請に備え、治療や盗難の証明書が必要かどうかについても、出発前に確認しておこう。

いろいろ比べて選ぶ　海外旅行保険を扱う損害保険会社はたくさんあるが、保険商品の特徴や保険料の違い、現地連絡事務所の有無、日本語救急サービスの充実度などをよく検討しよう。最大40％割引きのインターネット専用商品「off!(オフ)」（損保ジャパン日本興亜）や、「既往症担保特約」（AIU）などの商品が発売されている。「地球の歩き方」ホームページからも、出発当日でも加入できる。アクセスは下記へ。
URL **www.arukikata.co.jp/hoken**

国際運転免許証

　レンタカーでイギリスを旅行する場合は国際運転免許証と、日本の運転免許証が必要。国際運転免許証は、住民登録をしている都道府県の運転免許試験場や警察署などで発行してもらう。必要書類や申請料などは都道府県ごとに異なるので、詳細は最寄りの警察署で確認しよう。有効期限は発行日から1年間。

国際学生証

　イギリスでは見どころの入場料や公共交通機関などに学生割引制度がある。学生なら国際学生証（ISIC）を取得しておくとよいだろう。申請には学生証のコピーか在学証明書、写真1枚（縦3.3×横2.8cm、6ヵ月以内に撮影したもの）、申請書、登録料1750円が必要。これらを各大学の生協、大学生協事業センターなどに提出すれば発行してくれる。

■大学生協事業センター
URL isic.univcoop.or.jp
●東日本
✉〒166-8532
東京都杉並区和田3-30-22
大学生協会館4階
●西日本
✉〒532-0004
大阪府大阪市淀川区西宮原2-7-15
大学生協大阪会館2階

ユースホステル会員証

マンチェスターのユースホステル

　イギリスには合計200以上のユースホステルがある。設備も整っているところが多く、物価の高いイギリスでは安く滞在できる。会員証はイギリスでも作れるが、ユースホステルでの宿泊をメインにする人は日本で作っていこう。地方都市には冬期休業するユースホステルもあるので要注意。夏期は混み合うので、早めの予約を心がけよう。

■日本ユースホステル協会
URL www.jyh.or.jp
全国都道府県のユースホステル協会、大学生協プレイガイドなどでも入会手続きができる

イギリスでの服装

ウオーキングをするのなら動きやすく、急な天候の変化にも対応できる服装を

　ロンドンの緯度は、樺太北部（サハリン）と同じくらい。東京と比べて平均気温が5度近く違うので、夏でも雨が降れば薄いセーターが欲しいくらいだ。また、湿気が少ないので、暑い日でも日本のように汗ばむことは少ない。年間をとおして降雨があるので、雨具の用意も忘れずに。

　イギリスは日本と同じように、南北に長い島国なので、行く場所によって大きく気候も異なる。スコットランドへと考えている人は、ロンドンよりもう1枚余分に着るものを用意していくといいだろう。また、国立公園などでウオーキングを考えている人は、急な天候の変化に耐えられる服装（日本での山登りと同じように考えればいいだろう）を用意していきたい。

📷 イギリスの定番のどのめ
旅の疲れや乾燥した気候でのどを痛めやすいもの。そんな時　手軽に買えるのど飴がストレプシルStrepsils。ブーツBootsや町中のミニマートで売っています。約£3でいろんな味があります。
（在イギリス　YAM '14夏）

📷 イギリスの気候
イギリスは東京より1～2℃暖かいように思えた。湿度が高いので、大気に潤いがある。ウェールズは、一日のうちで晴れ、雨、曇りと目まぐるしく変化する。雨上がりの空には、虹がよく出た。
（神奈川県　大徳寺 '14秋）

❶では折りたたみ式レインコートを販売していることも

荷物チェックリスト

◎＝必需品　○＝あると便利　△＝特定の人に必要

品名	必要度	持っていく予定	かばんに入れた	現地調達予定	備考
パスポート	◎				滞在日数以上の残存有効期間があるか確認
クレジットカード	◎				番号をしっかり控えておこう
現金（外貨）	○				到着時に両替やATMでのキャッシングもできる
現金（日本円）	◎				帰りの空港から家までの交通費も忘れずに
航空券（eチケット）	◎				出発日時、ルート等をよく確認しておくこと
海外旅行保険証書	◎				旅行保険をかけた場合は忘れずに
国際学生証	△				見どころが割引になる
ユースホステル会員証	△				持っていると割引料金で泊まれる
石鹸、シャンプー	○				ホテルにある場合も多い
ヒゲソリ	△				カミソリか電池式のものが便利
ドライヤー	△				中高級ホテルには備えられている
歯ブラシ	◎				中級以下のホテルにはないことが多い
タオル	○				外出時に使える薄手のものがあると便利
常備薬	△				持病薬のほかは現地調達可能
洗剤	△				浴用石鹸で代用可能。持つなら小さいサイズを
生理用品	△				現地調達もできる
下着、靴下	◎				なかなか乾かないので多めに
室内着	○				パジャマ兼用になるTシャツやスウェット
セーター（トレーナー）	◎				重ね着できると便利
ウィンドブレーカー	◎				冬は重装備を。夏でも夜の観光用に1枚は必要
雨具／レインコート	◎				雨が多いので折りたたみの傘や軽いレインコートがあると便利
手袋、帽子	△				冬はあると助かる。薄手のストールなども重宝
筆記用具	◎				筆談時や入国カード記入時に必要。黒のボールペンがよい
ツメ切り&耳かき	○				小型携帯用のもの。ツメ切りの機内持ち込みは不可
寝袋	△				ユースなどドミトリーに泊まる人はあると安心
ビニール袋	○				衣類の分類、ゴミ袋として
折りたたみエコバッグ	○				おみやげやスーパーでの買い物袋として重宝する
錠、ダイヤルロック	△				ユースホステルや列車内で荷物の管理に
顔写真（4.5×3.5cmぐらい）	○				パスポートを紛失したときなどのため。現地にスピード写真もある
カメラ	○				小型で軽いものを
携帯電話、スマートフォン	○				SIMフリー端末なら現地のSIMカードが使える
充電用ケーブル	○				240V対応の電源プラグと変換アダプターも用意しておこう
モバイルバッテリー	○				スマートフォンを持ち歩くならあると便利
辞書	○				とっさの会話には役に立たない。調べるなら電子辞書も便利
ガイドブック類	◎				『地球の歩き方』など

貴重品 / 衛生用品 / 衣類 / 雑貨 / 本類

自転車用ワイヤーキー。
夜行列車やユースホステルで
荷物をくくりつけるとき
便利。

持ち手を引き出して
ゴロゴロ引くこともできる。

サブザックは取り外して
機内では手荷物に。

すべてのファスナーには
鍵を付けよう。

ペンとメモ

取り外し可能な
サブザック。

地図や
地球の歩き方
などの
ガイドブック。

背負う
ことができる。

MEMO

ペットボトル
500mL

MAP

カメラ

ファスナーには
必ず鍵を
付けよう。

目覚し時計

本体は
飛行機内は
預ける。

携帯電話

底板付きで
かたいもの。

キャスター付きが便利。
じも、石畳や駅の階段など
担ぐ場面も多い。

持っていて便利な計算機。

※黒や寒色系の目立たない色が
おすすめ。

パッキングのポイント

圧縮袋やメッシュポーチ、ビニール袋も
利用して小分けしよう。
中が見えると便利。

夏は帽子が必需品。

冬はニット帽が
Good。

圧縮袋

メッシュポーチ

台所用ファスナー付き
ビニール袋も
便利。

雨具の折りたたみ傘。
取り出しやすいよう
一番上に。

高価そうに見える
ネックレスなどは
しないこと。

背中側に
洋服など
やわらかいものを
入れると
背中がゴツゴツ
しない。

首下げ
貴重品袋
には、
パスポート、
現金、
航空券、
保険証券、
鉄道パス
など。

防水で
通気性の高い
ジャケット。

見えるところの
ウエストポーチは
危険！

洗面道具
シャンプーなど。

衣類。
必ずビニール袋に
入れよう。

常備薬

変換器、
アダプター
ドライヤーなど。

履きなれた靴で。

※行きの荷物は7割くらいで。
残りは、おみやげを入れよう。

底には、重くて大きい物をつめる。
例えば、シュラフやホステルシーツなど。

旅の情報収集

日本での情報収集

英国政府観光庁（VisitBritain） 英国旅行に関する基本情報は、英国政府観光庁のホームページで見ることができ、各地の見どころやホテルの紹介もしている。旅行者からの個人的な問い合わせは受け付けていない。

ブリティッシュ・カウンシル British Council 英国の公的な国際文化交流機関。ホームページでは英国留学情報などを公開しており、東京センターでは英国に関するイベントも随時開催している。

英国大使館 6ヵ月以上の滞在や私費留学などのビザに関する問い合わせ・申請は英国ビザ申請センターが担当している。

■**英国政府観光庁**
URL www.visitbritain.com
■**ブリティッシュ・カウンシル**
✉〒162-0825　東京都新宿区神楽坂1-2
TEL (03)3235-8031
開9:30〜17:00　休土〜月、12/25、
ゴールデンウイーク、年末年始
■**英国大使館**
✉〒102-8381　東京都千代田区一番町1
TEL (03)5211-1100
URL www.gov.uk/government/world/japan
■**英国ビザ申請センター**
●**東京**
✉〒105-0021　東京都港区2-3-14
エディフィチオトーコービル4階
URL www.vfsglobal.co.uk
開8:00〜14:00（申請受付、完全予約制）
休土・日・祝
■**ワールドブリッジ**
✉〒104-0061　東京都中央区銀座
1-14-9 銀座スワロービル5階
TEL (03)3562-7878
URL www.world-bridge.co.jp
イギリス、アイルランド、フランス方面に強い、個人旅行&グループ旅行の専門店

イギリスの観光案内所

　町の数だけ観光案内所Tourist Information Centre（TIC）があるといわれるイギリス。❶では多くのパンフレットを手に入れられるほか、旅行の相談にも乗ってもらえる。ほとんどの都市ではたいていは中心に位置しているが、規模はさまざま。小さな町では、冬期は営業をしていないところも多い。

ホテル予約の代行　❶ではホテル予約を代行してくれるところも多い。各地域ごとに手数料が異なるが、一般的に£3〜5に、デポジット（預かり金）として宿泊費の10%を支払う。

役立つ厳選リンク集

観光一般情報

英国政府観光庁（VisitBritain）
URL www.visitbritain.com
ビジット・スコットランド
URL **www.visitscotland.com**
ビジット・ウェールズ
URL www.visitwales.com
ディスカバー・ノーザン・アイルランド
URL www.discovernorthernireland.com

ロンドンのタウン情報

ビジット・ロンドン
URL www.visitlondon.com
ロンドンタウン・ドット・コム
URL www.londontown.com
タイム・アウト・ロンドン
URL www.timeout.com/london

交通関連

ナショナル・レイル（英国の鉄道総合情報）
URL www.nationalrail.co.uk
ナショナル・エクスプレス（長距離バス）
URL www.nationalexpress.com

メガバス（格安長距離バス）
URL www.megabus.com
トラベライン（ローカルバスなどの情報）
URL www.traveline.org.uk
ヒースロー空港
URL www.heathrowairport.com
王立自動車クラブ
URL www.rac.co.uk

見どころ関連

イングリッシュ・ヘリテイジ
URL www.english-heritage.org.uk
ナショナル・トラスト
URL www.nationaltrust.org.uk
歴史建造物協会
URL www.hha.org.uk
王立園芸協会
URL www.rhs.org.uk

エンタテインメント関連

スポーツ、劇場などのチケット予約
URL www.ticketmaster.co.uk
ロンドン・シアター・ガイド
URL www.officiallondontheatre.co.uk

旅の準備とテクニック

旅の予算とお金

　景気動向に関係なく、イギリスの物価は年々上昇している。£1は日本円で約196円（2015年6月現在）。しかし、実際は£1が100円ぐらいの感覚で現地の人は使っているようだ。

ロンドンは物価が高い　ロンドンが一番高く、長く滞在すると出費が多くなる。地方に行けば、ホテル代や食事などは少し安くなる。

食事代　一流レストランでコースディナーが1万円前後。カジュアルなレストランなら3000～5000円前後。ランチなら1400円ぐらいのお得なセットもある。ファストフードやテイクアウエイで済ませば1000円前後で収まる。B&Bやホテルに泊まるなら朝食付きのことが多い。

ホテル代　一般的なB&Bで、シングル6000～1万円ぐらい。ホテルになると1万円前後。ロンドンではホテル代が高く、そのほかの町に比べて4～5割ほど高くなる。

交通費　ロンドンからヨークまで鉄道を使って片道2万2000円ぐらい。同じ路線をバスで行けば7000円ぐらい。ロンドン市内のタクシーは初乗り£2.40で、1マイル（1.6km）で£5.60～8.80ぐらい。市内バスの運賃は都市によって異なるが、£1.50。

見どころなどの入場料　博物館は無料のところが多い。古城やアトラクションなどは700～1800円ぐらいをみておこう。

Information
海外専用プリペイドカード

海外専用プリペイドカードは、外貨両替の手間や不安を解消してくれる便利なカードのひとつだ。多くの通貨で国内での外貨両替よりレートがよく、カード作成時に審査がない。出発前にコンビニATMなどで円をチャージし（入金）、その範囲内で渡航先のATMで現地通貨の引き出しができる。各種手数料が別途かかるが、使い過ぎや多額の現金を持ち歩く不安もない。2015年6月現在、発行されているのはおもに下記のとおり。

クレディセゾン発行
NEO MONEY ネオ・マネー
URL www.neomoney.jp
アクセスプリペイドジャパン発行
CASH PASSPORT キャッシュパスポート
URL www.jpcashpassport.jp

通貨と両替

イギリスポンド　通貨単位は、英国全土共通のポンドPound（£）、補助単位はペンスPence(p)で、£1＝100p。価格は£のみで表記され、例えば1ポンド50ペンスは、「£1.50」となる。

地方の独自紙幣　スコットランド、北アイルランド、マン島ではそれぞれ独自のデザインのポンド紙幣を発行しており、それぞれの域内では何の問題もなく使うことができるが、ほかの地域では使えないこともあるので注意。また、これらの地方の紙幣は日本に持ち帰っても両替できない。

スコットランドで流通している£20札。デザインがイングランドのものと異なっている

旅のタイプ別予算

徹底切り詰め型　1日6000円程度

宿泊	ユースやホステルなどのドミトリー（相部屋）に泊まって1泊**2500～3000円**。
食事	スーパーで惣菜を買ったり、中華やファストフードのテイク・アウエイで食事を済ませて1日**2000円**ぐらい。電子レンジや冷蔵庫が使えたら冷凍食品も便利。
移動	長距離移動はバスや格安航空会社のフライトを前もって予約。近距離の移動は鉄道のオフピークの時間帯に移動する。

節約&メリハリ型　1日1万4000円程度

宿泊	B&Bや大型のエコノミーホテルのインターネット割引を狙って予約。1泊**6000～8000円**前後。大都市や観光地なら**8000円～1万円**。
食事	B&Bの朝食をしっかり食べて、昼ごはんは軽めにカフェで済ませる。夜はパブや各国料理のレストランのセットメニューを食べて1日**4000円**ぐらい
移動	長距離移動は鉄道をメインに利用。割引運賃が適用される往復や早期割引などをうまく利用する。ロンドン市内と近郊の移動はオイスター・カードを利用。

■おもなクレジットカード会社
アメリカン・エキスプレス
URLwww.americanexpress.com
ダイナース
URLwww.diners.co.jp
JCB
URLwww.jcb.jp
MasterCard
URLwww.mastercard.com
Visa
URLwww.visa.co.jp
三井住友VISAカード
URLwww.smbc-card.com
クレディセゾン
URLwww.saisoncard.co.jp

Information

海外でも便利なJCBカード

JCBカードを持っていれば、おトクで快適な海外旅行が楽しめる。世界60ヵ所に設置された海外サービス窓口「JCBプラザ」に行けば、現地のレストラン予約や観光についての相談が日本語でできる。さらにクレジットカードの紛失や盗難時のサポート、海外専用緊急再発行カードの受け取りサービスもあって安心。また、地域別のMAP付きオリジナルガイド「JCB優待ガイド」やウェブ上でレストランを無料で予約できる「たびらば(旅LOVER)」も見逃せない。

JCBプラザ・ロンドン
Map P.66B2
⊠Liberty London 2nd Floor, Regent St., W1B 5AH, (MY BUS内)
TELL(020) 7808-3163 URLwww.jcb.jp
開10:00〜18:30 (日12:00〜18:00)
休無休

両替ができる場所　両替は、銀行や"Bureau de Change"の看板のある両替所で行える。両替所は、空港や大きな駅構内、駅周辺などにあり、朝早くから22:00頃まで営業している。

クレジットカードとATM

クレジットカード　クレジットカードの通用度は、日本よりも断然イギリスのほうが高い。VISA、MasterCard、アメリカン・エキスプレス、JCB、ダイナースなどの国際的に信用度の高いクレジットカードは、持っていくとやはり重宝する。ただし、イギリスでは暗証番号を入力するICチップ付きのカードが主流なので、持参するカードを確認しよう。いざというときにはATMでキャッシングも可能(申し込み時に登録した暗証番号を忘れずに)。公衆電話からはクレジットカードを使って電話もかけられる。

ATMの利用も便利　クレジットカードを利用したキャッシング(借り入れ)や、国際キャッシュカードを使った現地通貨の入手は、銀行のATMで24時間可能。日曜や夜間でも問題なく利用できる。

カードと現金、両替レートの違い

カード払いのほうがレートは有利　料金を支払う際、現金払いかカード払い、どちらのほうがレートがいいのか悩んでしまうかもしれない。よほど大きな変動がない限り、レートはカード払いのほうが優れている。

カード会社のレートと手数料　クレジットカードのレートはカード会社が定めており、公示仲値にほぼ等しい。カード払いではそのレートに1.3〜2%の手数料が、ATMでキャッシングをした場合は年利18%の利息と引き出し手数料108〜216円がかかる(一部のカードでは手数料が無料のものもある)。

現金両替のレート　銀行や町中の両替所など、現金両替は公示仲値に数円〜10数円が上乗せされ、手数料を課しているところもあるので、一般的にはカード払いや、ATMからのキャッシングよりもレートが悪い。

---

info　日本円など外貨で支払えるよと言われたら要注意!
カード払いの請求通貨に注意

　クレジットカード払いの時、ポンドではなく日本円建てで請求されることがある。この場合、クレジットカードのカードリーダー提供元の銀行や両替商が、勝手に日本円に両替した金額を請求している。イギリスの場合、ホテルやレストランのほか、外国人旅行者が多く利用するショップなどでたまに見かけることがある。

　よほどのことがない限り**日本円建てで支払うと損をする**ので、ポンドで支払いたい場合は、**カードリーダーに金額が入力された直後にポンド払いを選択しよう**。

　店員の勝手な操作によって日本円払いが決定され、後はピンナンバーの入力のみという場合でも、取引をいったんキャンセルして金額を再入力してもらえばポンド払いを選択することができる。

　クレジットカード請求額やレートに不審な点がある場合は帰国後でもカード会社に相談しよう。

旅の準備とテクニック
イギリスへの航空便

　数多くある便を大きく分けると、ノンストップ直行便と乗継便、さらに乗継便が航空会社によって、ヨーロッパ系、アジア系、中東系の3つに分けられる。ノンストップ便、乗継便、航空会社それぞれに、値段の差、メリットとデメリットがあるので、自分はどの部分を重要視するのか、よく考えてみよう。

ノンストップ直行便（日本→ロンドン）

スピーディで確実　日本をたってからどこにも寄らないルートで、所要12時間ほど。帰りは気流の関係で11時間ぐらいで着いてしまう。このノンストップ便は、だいたい日本を午前中から昼過ぎに出発し、同日夕方頃ロンドンに着くので、時差をあまり感じさせないのがうれしい。アジア乗継便などに比べれば、料金が多少割高になるのは仕方がないが、旅行日数が少ない人や、確実なスケジュールを立てたい人にとっては最適。

イギリス国内の都市へ　「ロンドンだけが目的ではない」という人はこのノンストップ便を使ってヒースロー空港まで行き、そこからイギリス国内へ、例えば湖水地方ならマンチェスター国際空港、スコットランドならエディンバラ空港というように、もうひとつ飛びしてしまうという手もある。時間も経費も節約できてオトク。ただし、ヒースローの別のターミナルや、ロンドン市内の別の空港へ移動しなくてはならないこともあるので、乗り継ぎ時間に気をつけよう。

ブリティッシュ・エアウェイズ	日本航空	全日空
TEL(03)3298-5238	TEL0570-025-031	TEL0570-029-333
URL www.britishairways.com	URL www.jal.co.jp	URL www.ana.co.jp
成田と羽田から毎日直行便が1便ずつ運行。	羽田から毎日直行便が1便運行。	羽田から毎日直行便が1便運行。

ヨーロッパ経由便

経由地と時間を選べば便利　日本の空港を出発し、パリやフランクフルトなど、まずその航空会社の拠点となる空港に行き、そこでイギリス行きの便に乗り換える。最初にロンドンには行かないという人なら、経由便を利用して直接マンチェスターやリヴァプール、エディンバラなどに行く方法もある。入国手続きも到着空港で行うので、ロンドンでの乗り継ぎ時間も気にしなくてもよい。

エールフランス	ルフトハンザ	KLMオランダ航空
URL www.airfrance.co.jp	URL www.lufthansa.com/jp	URL www.klm.com
経由する空港	経由する空港	経由する空港
パリ・シャルル ド ゴール空港	フランクフルト空港、ミュンヘン空港	アムステルダム・スキポール空港
おもなイギリス就航都市	おもなイギリス就航都市	おもなイギリス就航都市
ロンドン、マンチェスター、エディンバラ、グラスゴーなど	ロンドン、マンチェスター、エディンバラ、グラスゴーなど	ロンドン、バーミンガム、マンチェスター、エディンバラなど

スイス インターナショナル エアラインズ	アリタリア航空	トルコ航空
URL www.swissair.com	URL alitalia.com/jp_ja	URL www.turkishairlines.com
経由する空港	経由する空港	経由する空港
チューリヒ空港	ミラノ・マルペンサ空港、ローマ空港	イスタンブール・アタテュルク空港
おもなイギリス就航都市	おもなイギリス就航都市	おもなイギリス就航都市
ロンドン、バーミンガム、マンチェスター、エディンバラ	ロンドン	ロンドン、バーミンガム、マンチェスター、エディンバラ

アジア・中東経由便

時間はかかるが安い　ヨーロッパ経由と同じく航空会社の拠点となる空港に行き、そこでイギリス行きの便に乗り換える。同日乗り継ぎできない場合もある。中東経由の場合は深夜に乗り継ぎの空港に到着し、早朝か午前中の便でロンドンなどへ向かう場合が多い。

キャセイパシフィック航空	大韓航空	シンガポール航空
URL www.cathaypacific.com/jp	URL www.koreanair.com	URL www.singaporeair.com/ja_JP
経由する空港	経由する空港	経由する空港
香港国際空港	仁川国際空港	シンガポール・チャンギ空港
イギリス就航都市	イギリス就航都市	イギリス就航都市
ロンドン、マンチェスター	ロンドン	ロンドン、マンチェスター

エア・インディア	エミレーツ航空	カタール航空
URL www.airindia.in	URL www.emirates.com/jp	URL www.qatarairways.com/jp
経由する空港	経由する空港　ドバイ国際空港	経由する空港
デリー空港、ムンバイー空港	イギリス就航都市	ドーハ・ハマド国際空港
イギリス就航都市	ロンドン、バーミンガム、マンチェスター、グラスゴーなど	イギリス就航都市
ロンドン、バーミンガム		ロンドン、マンチェスター

出国と入国

日本からの直行、経由便はロンドンのヒースロー空港に到着することが多い。P.94〜97のロンドンの空港も参照。

成田空港のチェックインカウンター

出入国の流れ

日本出国 → 空の旅 → イギリス入国

搭乗手続き ➡ 出国手続き ➡ 機内 ➡ 入国カード記入 ➡ 入国手続き ➡ 荷物受け取り ➡ ロンドン市内へ

イギリス出国 → 空の旅 → 日本入国

搭乗手続き ➡ 出国手続き ➡ 機内 ➡ 申告書の記入 ➡ 入国手続き ➡ 荷物受け取り ➡ 自宅等へ

搭乗手続き

チェックイン 航空券はフライトの予約時にeチケットとして、メールなどで送られてくる。旅行中は携行することが義務づけられているのでプリントアウトして持っていくこと。空港に着いたら、航空会社のeチケットとパスポートを出し、搭乗券（ボーディングパスBoarding Pass）を受け取る。

座席の指定 前方or後方、通路or窓側などのリクエストがあればこのときに申告する。搭乗券には搭乗ゲート（Boarding Gate）、搭乗時間（Boarding Time）、座席番号（Seat Number）などが書かれている。

預け荷物 スーツケースなどの大きな荷物は、チェックイン時に預ける。これを託送荷物（チェックド・バゲージChecked Bggage）という。預け荷物の重量や個数は航空会社や搭乗クラスによって違うので、事前に確認しておこう。荷物を預けるとバーコードの入ったシールをパスポートか搭乗券に貼ってくれる。万一荷物が出てこないときに必要なのでなくさないこと。

日本からの出国手続き

チェックインが終わったら出国手続きをする。この順序は日本をはじめどこの国でもだいたい同じだ。なお、要所要所でX線の検査がある。

税関（カスタムCustoms） 外国製の高価な貴金属や時計、ブランド品などを持っている場合、出国時に「外国製品の持ち出し書」に記入し申告をしておかなければならない。これを怠ると、帰国時の税関検査のときに、外国からのおみやげ品とみなされて課税されることがある。もちろん該当品をまったく持っていない人は、素通りしていい。

出国審査（イミグレーションImmigration） 税関のあとは、出国審査だ。出国審査台では、パスポートと搭乗券を提示する。通常はパスポートにポンと出国のスタンプを押すだけなので、スムーズにいくはずだ。

出国手続き後の過ごし方 出国手続きが済めば、そこは「制限エリア」と呼ばれる「日本の外」。免税店で免税品を買うこともできる。

Check Point ①

貴重品は入れないで
パスポートやお金などの貴重品やカメラなどの壊れ物は託送荷物から除いておく。出国時に税関申告をする必要がある人は、対象物も託送荷物にしないこと。航空機の遅延などのトラブル対策として1泊ぶん程度の身の回り品も手荷物にしておいたほうがいい。

Check Point ②

現金の持ち出し限度額
持ち出す現金が日本円、外貨を含めて100万円相当を超える場合は「支払手段の携帯輸出・輸入届出書」を提出しなければならない。詳しくは空港の税関で相談しよう。
URL www.customs.go.jp

Check Point ③

機内持ち込みの荷物
国際線の機内持ち込みの手物は、タテ・ヨコ・高さの合計が115cm以内、日本の国内線は100cm以内。航空会社によってはサイズ規定が異なることがある。ナイフ、はさみなどの刃物や危険物は持ち込めないので、万能ナイフなどは、託送荷物のほうへ入れておくこと。

入国カード（Landing Card）の記入

着陸時間が近づくと、入国カードLanding Cardが配られるので、機内で記入してしまおう。記入は下の見本を参考にすればよい。

入国カードLanding Cardの書き方

① 姓（ローマ字で）　　② 名（ローマ字で）
③ 性別:男性ならM(male)女性ならF(female)にチェック
④ 生年月日:例えば1980年4月1日生まれなら01041980となる
⑤ 出生地　　　　　　⑥ 国籍:日本人ならJAPANESE
⑦ 職業:STUDENT(学生)、OFFICE WORKER(会社員)、
　PENSIONER(年金生活者)など具体的に
⑧ イギリスでの滞在先:普通はその夜泊まるホテルを記入
⑨ パスポート番号　　⑩ パスポート発行地
⑪ イギリス滞在期間
⑫ 出発地
⑬ フライト（列車）番号
⑭ 署名:パスポートの署名と同じように書く

イギリスへの入国手続き

入国審査では持っているパスポートの種類別にEU Passports(EU諸国)、United Kingdom Passports(イギリス)、All Other Passports(そのほか)に分かれて列に加わる。日本人はAll Other Passportsの列に並ぶ。パスポートと入国カードを係官に差し出すと質問が始まる。滞在期間や目的など簡単な質問なので、落ち着いて答えよう。帰りの航空券の提示を求められることもある。

Check Point ①

入国審査でよく聞かれる質問
　入国審査では、たいてい入国の目的、滞在期間、滞在先などを質問される。以下を参考に、該当する答えを用意しておくと慌てないで済む。
Q入国の目的は何ですか？
　What is the purpose of your visit?
A観光ですSightseeing.

Q滞在期間は？
　How long do you intend to stay?
A2週間ですTwo weeks.

Qどこに滞在しますか？
　Where are you going to stay?
AロンドンのABCホテルです
　At the ABC hotel in London.

Check Point ②

非常に混雑する入国審査
　ヒースロー空港の入国審査は、時間帯によっては、非常に混雑する。飛行機の乗り継ぎでイギリス国内への移動や鉄道の乗り継ぎでロンドン市内経由でイギリス国内に移動する場合は、時間に余裕をもったほうがよいだろう。

荷物受け取り

荷物の受け取り Buggage Claim　機内に預けた荷物は、バゲージ・クレームBaggage Claimという表示がある荷物引き渡し所で受け取ることになる。自分の乗ってきた航空会社の便名が出ているターンテーブルの前で待とう。
税関 Customs　自分の荷物を受け取ったら、次は税関へと進む。課税対象になるものを持っている人は赤ゲート、そうでない人は緑ゲートの検査カウンター（Nothing to Declare）を通過する。これで入国手続きは終了。

国内線への乗り継ぎ

乗り継ぎの便は電光掲示板で確認できる

ヒースロー空港での乗り継ぎ　ロンドン市内に出ずに、国内便で他都市へ移動する場合は、入国審査のあと、該当のターミナル（ブリティッシュエアウェイズの場合Terminal 1、3または5）へ移動して、チェックインカウンターへ向かう。
ロンドンの他の空港での乗り継ぎ　搭乗する便がヒースロー以外の空港から出る場合は、荷物を受け取ってから該当の空港までシャトルバス（→P.96-97）などで移動しチェックインする。いずれの場合も国内線となるので、あらためて出国&入国の審査を受ける必要はない。

イギリスからの出国手続き

自分の乗る便が出るターミナルへ行き、チェックインカウンターで航空券を提示して搭乗券を受け取り、荷物を預ける。その後、出国審査となるが、入国時と比べて非常に簡単に済む。

免税手続き 英国のVAT（付加価値税）の払い戻し手続きをする人は、税関に、店で作成してもらった書類と買った品物を提示する。したがって対象の品物は預けずに機内持ち込み手荷物にしておくこと。

ヒースロー空港にあるVATの手続きカウンター

VAT（付加価値税）の払い戻し

買い物をした店で手続き用フォーム（VAT form）をもらい、必要事項を記入のうえ、店の人に払い戻し金額などを記入してもらう。観光客向けの大きなショップでは、たいていこの手続きをしてもらえる。

この表示がある店舗なら払い戻しの手続きが可能

手続きの手順 出国の際、空港の税関で、購入した商品と手続き用紙を税関係官（HM Revenue & Customs）に見せ、スタンプを押してもらう。その後、空港内にあるリファンドカウンターで払い戻しが可能。おもに現金またはクレジットカード口座への振込みという方法が選択できる。しかし、ヒースロー空港では現金を取り扱っていないリファンドカウンターもあるので注意。なお、税関の近くには郵便ポストがあるが、ここで投函した書類が紛失する可能性があるので、事前にリファンドカウンターで手続きをしたほうが確実だ。

Check Point

VATの払い戻しは最後のEU諸国で
EU（欧州連合）諸国を旅したあとに、EUに加盟していないスイスなどから日本に帰国する場合、それらの国では空港でVAT払い戻しの手続きはできない。最後のEU諸国を出るまでに手続きをしておく必要がある。

携帯品・別送品申告書の記入

免税範囲を超えていなくても機内で配られる「携帯品・別送品申告書」に記入して、空港の税関に提出しなければいけない。

携帯品・別送品申告書の記入例

（記入例の申告書画像）

搭乗便（船舶）名 6 BA05　出発地 ロンドン
入国日 2014 年 6 月 1 日
フリガナ　チキュウ アユム
氏名 地球 歩
現住所（日本での滞在先）東京都港区赤坂3-5-2
電話 03 （1234）5678
職業 学生
生年月日 1994 年 1 月 15 日
旅券番号 CD9995555

署名 地球 歩

Check Point ①

日本帰国時の免税範囲
●酒類
3本（1本760mℓ程度のもの）
●たばこ
「紙巻たばこ」のみの場合200本。
「葉巻たばこ」のみの場合50本。
その他の場合250g。

●香水
2オンス（1オンスは約28mℓ。オーデコロン、オードトワレは除く）
●そのほかのもの　20万円以下
詳しくは、東京税関や成田税関ウェブサイトなどで確認できる。
URL www.customs.go.jp

日本入国（帰国）

帰国便の飛行機から空港のターミナルビルに入ったらまず、検疫カウンターをとおる。健康に問題がある人は質問票に必要事項を記入して提出。その後、入国審査を受けたら、機内預けの荷物を受取る。その後税関で「携帯品・別送品申告書」を提出する。税金は税関検査場内の銀行で納付できる。支払いは原則として日本円の現金のみ。

Check Point ②

肉類の加工品は持ち込み不可
英国から日本へは、ソーセージ、ハム類の肉加工品は持ち込めない。ただし、缶詰やレトルトパックで長期保存が可能な状態のものなら持ち込みOK。ちなみにスモークサーモンはOK。
●動物検疫所
URL www.maff.go.jp/aqs

VAT の払い戻し

ヒースロー空港でのVATの払い戻しは簡単ですし、係員の数も多いのですが、何十枚もレシートをもってくるアラブ系のお金持ちにカウンターを占拠され、搭乗に間に合うか冷や汗ものでした。前回は5分で済んだのに、今回は1時間並びましたので、本当に余裕があるとき以外は諦めるしかないかも。小額だと現金の受け取りになりますが、クレジットカード口座への払い戻しにしたほうがお得。　　（東京都　もめ '14夏）

旅の準備とテクニック
近隣諸国からのアクセス

　イギリスから海峡を越える交通手段は飛行機、鉄道、バス、フェリーの4種類。目的地や旅行期間、旅のスタイルに合わせて交通手段を考えてみよう。

格安航空会社（LCC）

　ロンドン～パリ、ミラノ、フランクフルトなどヨーロッパ主要都市間では格安航空会社（LCC＝Low Cost Carrier）の便が各社から出ており、数千円で移動できることも多い。
出発空港に注意　大都市間を格安で結ぶ路線でも、アクセスが不便で、町から遠い空港が使用されることがある。単純に値段だけでなく、どこの空港に着陸するのかは事前に確認しておこう。

■イージージェット easyJet
URLwww.easyjet.com
発着主要空港　ロンドンのガトウィックやルトン、スタンステッド空港
おもな国内路線　格安航空会社のなかでも豊富な路線を誇り、ロンドンからはエディンバラやグラスゴー、ベルファストへ便が多い。南欧のリゾート地にも強い。

■ライアンエア Ryanair
URLwww.ryanair.com
発着主要空港　ロンドンのスタンステッド空港とダブリン空港がメインターミナル。ルトン空港、グラスゴーのプレストウィック空港からの路線も多い。
おもな国内路線　イギリスの主要都市とダブリンを結ぶ便が多く、おもにグラスゴーのほか、北イタリアへも便が出ている。

ユーロスター

　鉄道でイギリスとヨーロッパ大陸を移動する場合、国際高速列車の『ユーロスターEurostar』がある。ユーロスターはロンドン～パリ間およびロンドン～ブリュッセル間を結んでいる。

セント・パンクラス駅停車中のユーロスター

座席の等級　特等にあたるビジネスプレミア、1等にあたるスタンダードプレミア、2等にあたるスタンダードの3クラス制。ビジネスプレミアクラス利用者には、時間帯に応じた食事とドリンクが提供され、ロンドン・セントパンクラス・イ

■フライビー Flybe
URLwww.flybe.com
発着主要空港　ロンドンのスタンステッド空港や、バーミンガム、グラスゴーなど
おもな国内路線　ロンドン発の便は少ないが、エディンバラなどスコットランド路線に強い。マン島への便もあり。

ユーロスター時刻表

ロンドン・セント・パンクラス駅→パリ北駅　所要2時間16分～2時間30分

月〜金	5:40、7:01、7:55、8:31、9:17、10:24、11:31、12:01、12:24、13:31、14:01（金）、14:31、15:31、16:01（月・木・金）、16:22、17:31、18:01、18:31、19:01、19:25（金）、20:01
土	6:18、7:55、8:31、9:17、10:01、11:01、11:31、12:01、12:24、13:31、14:31、15:31、16:22、17:31、18:31、20:01
日	8:19、9:22、10:01、10:24、11:01、11:31、12:24、13:31、14:01、14:31、15:31、16:01、16:22、17:31、18:31、19:01、20:01、20:31

パリ北駅→ロンドン・セント・パンクラス駅　所要2時間16分～2時間30分

月〜金	6:43（月）、7:13、7:43、8:43、9:13、10:13、10:43（金）、11:13、12:13、12:43（月〜木）、13:13、14:43、15:13、16:13、16:43（金）、17:13、18:43、19:13、20:13、20:43（木）、21:13
土	7:13、8:13、9:13、10:13、11:13、11:40、12:13、13:13、13:43、14:13、15:13、16:13、17:13、18:13、19:13、20:13
日	8:13、9:13、10:13、10:43、11:13、12:13、12:43、13:13、14:13、14:43、15:13、16:13、16:43、17:13、18:13、18:43、19:13、20:13、20:43、21:13

ロンドン・セント・パンクラス駅→ブリュッセル・ミディ駅　所要2時間1分～2時間17分

月〜金	6:50、8:04、8:55、10:58、12:58、14:04、15:04、17:04、18:04、19:34
土	6:57、8:58、12:58、16:04、19:04
日	8:58、12:58、14:04、15:04、17:04、17:55、19:04、20:03

ブリュッセル・ミディ駅→ロンドン・セント・パンクラス駅　所要2時間1分～2時間17分

月〜金	6:56（月）、7:56、8:52、10:56、12:52、14:56、15:56、16:56、17:56、18:56、19:52
土	7:56、8:52、14:56、16:56、19:52
日	8:52、11:56、12:52、14:52、15:56、17:56、18:56、19:52

※2015年5/24〜12/12のスケジュール

■ユーロスターの料金（ロンドン～パリ、ロンドン～ブリュッセル片道）
ビジネスプレミア　£276
スタンダードプレミア　£157～225
スタンダード　£65～180

スタンダードプレミアの座席

 ユーロスターの入国審査

イギリスの入国審査の際には、入国カードを提出する必要があり、係官はしっかり入国目的、滞在場所、出国の手段などを確認してきますので時間に余裕をもって行動する必要があります。

（奈良県　KD　'14夏）

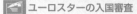 パリまでユーロスターで行く

乗っている時間は2時間ほどありますが、空港まで行かなくてよいので、所要時間は同じくらい。街中から街中へ車窓見学をしながら行くので楽しかったです。

（福岡県　summer様　'14夏）

ユーロスターが発着するセント・パンクラス・インターナショナル駅

ンターナショナル駅などにあるラウンジが利用できる。スタンダードプレミアは時間帯に応じた軽食とドリンクが提供される。

チケットの買い方　チケットはユーロスターのウェブサイトやユーロスター発着駅の専用チケットカウンター、日本の旅行代理店等で購入可能。

割引運賃　ユーロスターは各種の割引運賃が設定されている。ビジネスプレミアクラスのチケット以外は、変更や払い戻し等の条件が厳しくなっており、Non Flexibleと呼ばれる格安運賃は、購入後の変更や払い戻しは一切できないので、注意が必要。ブリットレイルパスなど乗車区間のイギリスやフランス、ベルギーで有効な鉄道パス所有者にはパスホルダー運賃と呼ばれる割引運賃での購入も可能である。

チェックインに注意　ユーロスターは他の列車とは違い、飛行機と同じくチェックインタイムが設定されている。ビジネスプレミアクラスは発車時刻の10分前、その他のクラスは発車時刻の30分前までに、改札を済ませないと利用できない。これは手荷物のX線検査や出入国審査（イギリスの入国審査はパリ、ブリュッセル側で行う）があるため、チェックインタイムが設定されている。ユーロスターを利用する場合は、余裕をもって駅に向かおう。

パリやブリュッセルからロンドンへ向かう場合　パリやブリュッセルからロンドンへ向かう場合は、イギリスの入国審査は、ユーロスターの発着駅であるパリ北駅およびブリュッセル・ミディ駅で行われる。2015年3月現在では、フランスもしくはブリュッセルの出国手続き、イギリスの入国審査、改札、手荷物のX線検査の順番で行われる。

国際バス

ドーヴァー海峡トンネルを渡る国際長距離バス（コーチ）はユーロスターに比べて便数が少なく時間がかかるが、パリまで£20～と料金が安いのが魅力。時期によってはさらに安いキャンペーン運賃もある。また、ロンドンのヴィクトリア・コーチステーションからはヨーロッパ主要都市へユーロラインズEurolines社などの便が出ている。

チケットの購入　ヴィクトリア・コーチステーションのチケット売り場はいつも混んでおり、出国手続きもしなければいけないので、最低でも出発の1時間前には到着するようにしよう。夜行バスは特に人気なので、早めに予約したい。

ヴィクトリア・コーチステーション発着の国際バス

ロンドン→パリ（フランス） 所要7時間45分～8時間45分	ロンドン→ブリュッセル（ベルギー） 所要6時間15分～8時間15分
ロンドン発8:00、10:00、13:30、21:30、22:30、23:30発 **パリ発**8:30、10:30、11:30、15:00、21:30、22:30、23:30発	**ロンドン発**8:00、8:30、10:00、12:00、14:30、20:00、21:30、23:30発 **ブリュッセル発**8:30、10:30、19:30、20:30、21:30発
ロンドン→アムステルダム（オランダ） 所要9時間30分～11時間15分	ロンドン→フランクフルト（ドイツ） 所要12時間30分～16時間30分
ロンドン発8:00、10:00、12:00、19:00、21:00、23:00発 **アムステルダム発**8:30、10:30、19:30、20:30、21:30発	**ロンドン発**14:30、21:30 **フランクフルト発**15:45、23:59発

国際フェリー

P&Oフェリーズの船

　島国イギリスには英仏を隔てるドーヴァー海峡をはじめ、北海などを越えてヨーロッパの多くの国へと船便が出ている。

船の種類　車を載せることができるフェリーのほかに、路線によっては高速船などもある。長距離を行くフェリーにはキャビン（個室）もあり、レストランやみやげ物店もある。

チケットの購入　港に着いてからでも買えるが、ほとんどのフェリー会社ではウェブサイトでオンライン予約も行っている。

■おもなフェリー航路
検索＆予約サイト
URL www.ferrybooker.com
URL www.ferrylines.com
URL www.directferries.co.uk

アイルランド方面航路

❶リヴァプールLiverpool **〜ダブリン**Dublin
1日1〜3便　所要：7時間30分
P&Oフェリーズ P&O Ferries URL www.poferries.com

❷ホーリーヘッドHolyhead **〜ダブリン**Dublin
1日4便　所要：3時間15分

❸フィッシュガードFishguard **〜ロスレア**Rosslare
1日2便　所要：3時間30分〜4時間30分
ステナ・ライン Stena Line URL www.stenaline.co.uk

❷ホーリーヘッドHolyhead **〜ダブリン**Dublin
各1日2〜3便　所要：3時間15分（フェリー）　2時間（高速船）

❹ペンブロークPembrokel **〜ロスレア**Rosslare
1日2便　所要：4時間
アイリッシュ・フェリーズ Irish Ferries
URL www.irishferries.com

オランダ方面航路

❺ハーリッジHarwich **〜**
フーク・ファン・ホランド Hook van Holland
1日2便　所要：6〜9時間
ステナ・ライン Stena Line URL www.stenaline.co.uk

❻キングストン・アポン・ハル Kingston-upon-Hull **〜**
ロッテルダムRotterdam
1日1便　所要：11時間30分〜12時間30分
P&Oフェリーズ P&O Ferries URL www.poferries.com

❼ニューキャッスル・アポン・タイン Newcastle-upon-Tyne
〜アムステルダム Amsterdam
毎日17:30　所要：15時間30分〜16時間30分
DFDSシーウェイズ DFDS Seaways URL www.dfdsseaways.co.uk

フランス方面航路

❽ドーヴァー Dover **〜カレー** Calais
ほぼ24時間運航　所要1時間30分
P&Oフェリーズ P&O Ferries
URL www.poferries.com

❽ドーヴァー Dover **〜カレー** Calais
1日7〜10便　所要1時間30分

❾ドーヴァー Dover **〜ダンケルク**Dunkerque
1日6〜8便　所要2時間

❿ニューヘイヴンNewehaven **〜ディエップ**Dieppe
1日1〜3便　所要4時間
DFDSシーウェイズ DFDS Seaways
URL www.dfdsseaways.co.uk
原則として、自転車を含む車両利用者のみ利用可能

⓫ポーツマスPortsmouth **〜ル・アーヴル**Le Havre
5〜9月の土日に1日2便　所要4時間45分〜9時間15分

⓬ポーツマスPortsmouth **〜カン**Caen
6〜9月1日2〜3便　所要5時間45分〜8時間45分

⓭ポーツマスPortsmouth **〜シェルブール**Cherbourg
6〜9月1日1〜2便　所要3時間

⓮ポーツマスPortsmouth **〜サン・マロ**St. Malo
6〜9月1日1便　所要10時間45分〜12時間

⓯プリマスPlymouth **〜ロスコフ**Roscoff
6〜9月1日1便　所要9時間〜11時間30分
ブリタニー・フェリーズ Brittany Ferries
URL www.brittany-ferries.com

現地での国内移動

鉄道発祥の国だけあって、南北に長いブリテン島には鉄道網が張り巡らされている。また、高速道路もよく整備されているのでレンタカーの利用も便利だ。

英国鉄道 利用術　鉄道会社がたくさん！

"鉄道王国"の異名は、ダテについているわけではない。列車の遅れや欠便などで、大きく評判を落としてはいるが、イギリスを旅するのに、速くて便利なのはやはり鉄道。

　以前は国鉄が一手に引き受けていた鉄道の運行だが、現在は分割民営化され、イギリス国内で19社ほどの鉄道会社（オペレーター Operatorと呼ばれる）が担当している。これらはナショナル・レイルNational Railというブランドで呼ばれている。

地域に分かれるオペレーター　オペレーターは、ロンドン近郊、イングランド南東部、中部、北部、スコットランド、ウェールズなどといったように、地域的に運営していることが多い。しかも、同じ路線に2社以上の列車が走っていることもあり、運営体系は非常に複雑といえる。クロスカントリー・トレインズ CrossCountry Trainsは南はペンザンスから北はアバディーンまでイギリス主要路線に展開している。

ロンドンのパディントン駅はヒースロー・エクスプレスの終着駅

Information
振替輸送や発車時刻の変更
ロンドンとその近郊、マンチェスター、バーミンガムなど、たくさんの路線が集まる大都市のターミナル駅では、代替輸送や発車時刻の変更がよくあるので、アナウンスや張り紙に注意したい。

イギリスの鉄道会社（オペレーター）

イギリス鉄道路線図（→巻頭折り込み地図裏）を参考にすれば、どの会社がどの路線を結んでいるのかが分かる。また、オフ・ピークやアドバンスなどの割引切符は、異なる鉄道会社間では利用できないので要注意。

イギリス鉄道の総合情報
ナショナル・レイル
URL www.nationalrail.co.uk
時刻表検索だけでなく、オフ・ピークやアドバンスなどの割引券も予約することができる。

全国規模の鉄道会社
ヴァージン・トレインズ Virgin Trains
URL www.virgintrains.co.uk
クロスカントリー・トレインズ CrossCountry Train
URL www.crosscountrytrains.co.uk

イングランド東部の鉄道会社
アベリオ・グレーター・アングリア Abellio Greater Anglia
URL www.abelliogreateranglia.co.uk
ファースト・ハル・トレインズ First Hull Trains
URL www.hulltrains.co.uk
テムズリンク＆グレート・ノーザン（グレート・ノーザン線）
Thameslink & Great Northern
URL www.thameslinkrailway.com
シー・トゥ・シー c2c
URL www.c2c-online.co.uk

イングランド南部の鉄道会社
テムズリンク＆グレート・ノーザン（テムズリンク線）
Thameslink & Great Northern
URL www.thameslinkrailway.com
サウス・イースタン・レイルウェイ South Eastern Railway
URL www.southeasternrailway.co.uk

サザン・レイルウェイ Southern Railway
URL www.southernrailway.com
サウス・ウエスト・トレインズ South West Trains
URL www.swtrains.co.uk

イングランド中西部・ウェールズの鉄道会社
ファースト・グレート・ウエスタン First Great Western
URL www.firstgreatwestern.co.uk
アリーヴァ・トレインズ・ウェールズ
Arriva Trains Wales
URL www.arrivatrainswales.co.uk

イングランド中部の鉄道会社
イースト・ミッドランズ・トレインズ East Midlands Trains
URL www.eastmidlandstrains.co.uk
ロンドン・ミッドランド London Midland
URL www.londonmidland.com
チルターン・レイルウェイズ Chiltern Railways
URL www.chilternrailways.co.uk

イングランド北部・湖水地方、スコットランドの鉄道会社
ノーザン・レイル Northern Rail
URL www.northernrail.org
トランスペナイン・エクスプレス TransPennine Express
URL www.tpexpress.co.uk
ヴァージン・トレインズ・イーストコースト Virgin Trains East Coast
URL www.virgintrainseastcoast.com
ファースト・スコットレイル First ScotRail
URL www.scotrail.co.uk

列車の種類

英国鉄道利用術

列車に区別なし、特急料金もなし　ほかのヨーロッパ諸国と同じように、英国にも高速列車がある。だが、多くの列車には名前がついてはいない。もちろん、全部が普通列車というわけではなく、特急的な存在の列車も多いが、普通列車と区別する特定の呼ばれ方はない。したがって、速い列車に乗ったからといって特急料金を払う必要はない。ただ、昔から運行を続けている名物列車のいくつかに名前（フライング・スコッツマン、ハイランド・チーフタンなど）がついている。

寝台列車　ロンドンからスコットランド方面へ行くカレドニアン・スリーパー Caledonian Sleeperと南西部のペンザンス方面へ向かうナイト・リビエラ・スリーパー Night Riviera Sleeperのふたつ。寝台はシングル、ダブルがあるほか、カレドニアン・スリーパーのみリクライニングシートもある。いずれも人気路線なので、利用したい人は早めに予約しておこう。

窓を開けて外からドアを開ける古い車両　オールド・スラム・ドア Old Slam Doorと呼ばれる古い形式の車両ドアの開け方は、窓を下ろして手を窓の外に出し、取っ手を探す。つまり、必ず外から開けなければならないのだ。最近ではこの形式の車両は主要路線ではあまり見かけなくなったが、ローカル線など一部の長距離列車や夜行列車などでは出くわすので注意したい。

チケットの買い方

英国鉄道利用術

　ほとんどの駅にタッチスクリーン式の自動券売機があり、クレジットカードで支払うこともできる。券売機がないような小さな駅の場合は列車に乗ってからの車内精算になる。

オールド・スラム・ドアは最初に窓を上に上げて外側からノブを回してドアを開く

タッチパネル式券売機の使い方

1 トップ画面から自分が行きたい目的地を探す

画面上に目的地がない場合、画面下の**A-Z Destination Index**を押して目的地を入力

2 乗りたい便とチケットの種類を選択する

選んだチケットの内容を確認。選んだ内容と異なった場合は画面左の**Start Again**を押してやり直す

3 内容を確認して購入ボタンをタッチする

内容が正しければ画面右下の**BUY TICKET**を押そう

4 料金の支払は現金かICチップ付きのクレジットカード

支払いは現金かICチップ付きのクレジットカードで。カードは入力ボタンの下にある挿入口に入れ、PIN番号（暗証番号）を入力する

5 支払いが終わるとチケット発券

チケット発券中。レシートが必要な場合は右下の**Receipt**を押す

6 受け取り口からチケットが出てくる

チケットとおつりは、券売機の下部にある受け取り口から出てくる

切符窓口　大きなターミナル駅では鉄道会社（オペレーター）ごとに専用の窓口を設けていることもあるが、とりあえずは駅のメイン窓口へ行くのが賢明だろう。

ニューキャッスル・アポン・タイン駅のチケット売り場

　夏など観光シーズンの時期には、主要都市の駅の窓口が混み合うことも多いので、早めに駅に着くよう心がけたい。焦って間違ったチケットを購入して、乗り越しをすると罰金になるので、必ず降車駅までのチケットを購入すること。

英国鉄道利用術　座席の種類

座席の等級　ファーストクラス（1等）とスタンダード（2等）がある。ファーストクラスはスタンダードクラスのほぼ1.5倍の値段。

オンライン予約→現地の駅で発券の手順

オンライン予約

1 www.nationalrail.co.uk にアクセス

ナショナル・レイルのウェブサイトのトップ画面。ルートと出発予定時刻を入力し**Go**を選択

2 検索結果から購入したい便を選択

入力した条件での検索結果。購入したいチケットを選び、運賃の欄にある**Buy Now**を選択

3 運行する鉄道会社のサイトへ移動

該当オペレーターのサイトへ。内容に問題無ければ**Continue**を選択

6 確認用eメールをチェックする

購入したら自分のメールアドレスで予約番号を確認する。必ずメモをしておこう

5 購入者情報とカード情報の入力

名前やメールアドレスなどの購入者情報とカード情報を入力。入力後は画面下部の**Buy Now**を選択

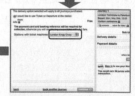

4 チケットの受け取り場所を決める

チケットの受け取り場所（主要駅の場合は券売機になる場合が多い）を確認したら、**Continue**を選択

現地の駅で受け取り

1 当日、駅のタッチパネル式券売機を探す

駅に到着したら券売機をタッチ。**Collect Pre-paid Tickets**を選択する。

予約時に使用したカードを販売機に挿入する。これはあくまで本人確認のためであって、後で二重に請求されるということはない。

2 クレジットカードを販売機に挿入する

3 予約番号を入力する

購入した際のeメールに記載された予約番号を入力すると、券売機の受け取り口からチケットが出てくる

指定席　日本のように自由席の車両と指定席の車両に分かれているわけではなく、座席の目立つ所に指定席を示す紙が刺さっていたり、荷物棚の下にある電光掲示板で席の指定状況が表示されている。他人の指定席に勝手に座ると、罰金の対象になる。座席指定料などは鉄道会社によっても異なるが、だいたいファーストクラスで£2、スタンダードクラスなら無料または£1のことが多い。

鉄道会社による違い　同一路線に2社以上の鉄道会社が入っている場合、料金設定は鉄道会社によって異なる場合もある。鉄道会社を指定したチケットを購入したときには、その会社の列車に乗車しなければならない。もし違う列車に乗車してしまったら、車内で追加料金を取られることになる。

英国鉄道利用術　正規運賃と割引運賃

　オフピーク割引と早期予約割引があり、正規料金と比べてかなり割安。それぞれ往復割引もある。しかし、割引チケットによっては、鉄道会社ごとにさまざまな条件がある。

エニタイムAnytime　正規料金のチケット。どの時間帯でも利用できる。途中下車可能。

■ ロンドンから日帰り

ロンドンのヴィクトリア駅から1時間ほどのブライトンに行きました。異国情緒あるロイヤル・パビリオンや海沿いの町ならではのおいしいフィッシュ＆チップスを楽しみました。日帰りでもロンドンとは全く違う雰囲気を味わえました。

（東京都　S.Y.　'14夏）

クロスカントリー社の1等車では飲み物やスナックなどが無料でサービスされる

Quiet Zoneと呼ばれる車両では基本的に私語は厳禁なので要注意

おもな都市間の鉄道運賃と距離

	ケンブリッジ	ヨーク	エディンバラ	
	£23　93km	£112　303km	£140.50　632km	ロンドン
		£98.50　218km	£133　553km	ケンブリッジ
バース	£92　172km		£85　329km	ヨーク
ブリストル	£98.50　190km	£7.40　18km		
カーディフ	£109　234km	£19.80　62km	£15.60　44km	
	ロンドン	バース	ブリストル	

	リヴァプール	バーミンガム	マンチェスター	
	£154.50　312km	£64　185km	£164.50　296km	ロンドン
		£35　140km	£13.10　56km	リヴァプール
ソールズベリ	£39.40　134km		£39.80　132km	バーミンガム
エクセター	£70.80　277km	£33.40　143km		
ペンザンス	£134.50　389km	£86　255km	£43.50　112km	
	ロンドン	ソールズベリ	エクセター	

	ニューキャッスル・アポン・タイン	エディンバラ	グラスゴー	
	£39　129km	£85　329km	£96.50　422km	ヨーク
		£53　200km	£64.50　293km	ニューキャッスル・アポン・タイン
チェスター	£10.40　68km		£12.90　93km	エディンバラ
リヴァプール	£25.60　97km	£6.80　29km		
バンガー	£38.60　164km	£21.50　96km	£27.60　125km	
	シュルーズベリー	チェスター	リヴァプール	

※料金は割引なしの平日大人1名片道料金　※距離は路線図から算出した目安

ロンドン～エディンバラ間の料金例		
チケットの種類	Single (片道)	Return (往復)
エニタイム	£140.50	£281
オフ・ピーク	£125.70	£209.10
アドバンス	£94	

ロンドン～ドーヴァーの料金例		
チケットの種類	Single (片道)	Return (往復)
エニタイム	£36.20	£72.40
オフ・ピーク	£29.90	£35.10
アドバンス		

オフ・ピーク Off-peak　オフピークの時間帯（月～金曜の朝・夕のラッシュ時以外）にのみ利用できる。オフピークの時間帯は地域や路線により異なるが、早いところで7:30、遅いところでも10:00を過ぎれば使用可能。長距離の場合は適用されないこともある。往復で購入したほうが割安。復路の有効期限は往路出発日から1ヵ月間。特定の列車に適用されるスーパー・オフ・ピークSuper Off-peakはさらに割安になる。

デイ・リターン Day Return　同日往復に適用される割引。オフ・ピーク割引と合わせたオフ・ピーク・デイ・リターンならさらに安くなる。

アドバンス Advance　出発前日までに購入すると割引になる、いわゆる早割切符。払い戻しや他の列車への変更は原則不可。時期によっては大幅な割引を受けられる。

エリアや期間が合えばお得に旅ができる

現地で購入する周遊券とレイルカード

周遊券やレイルカードが利用できるかどうかは各オペレーターのカウンターで確認しよう

周遊券　各鉄道会社（オペレーター）や地域別に乗り放題チケットや周遊券が数多く発売されている。いずれも購入は現地で。

レイルカード　購入時に提示すれば、正規運賃の3分の2でチケットが買えるカード。平日のピーク時は割引が適用されないなどの制限があるが、うまく利用すれば移動費を抑えられ、切符の自販機でも割引が適用される。1年間と3年間有効のものがある。購入時には身元証明書と写真が1枚必要になる。

オール・ライン・ローバー・チケット
All Line Rover Ticket

　ブリットレイルパスと同じようなチケットだが、イギリスで購入可能。若干の例外はあるが、ナショナル・レイルに属している鉄道会社で使用可能。7日間、14日間のチケットがある。

フリーダム・オブ・スコットランド
Freedom of Scotland

　スコットランド内全線、スコティッシュ・シティ・リンクの一部バス路線やフェリーにも適用。カレドニアン・スリーパーが10%割引きになる。

16-25 レイルカード
16-25 Railcard

　対象は16～25歳だが、学生は26歳以上でも利用できる。多少の制限はあるが、チケット購入時に提示すれば、路線にもよるが、ほぼ3分の2の金額で購入できる。

シニア・レイルカード
Senior Railcard

　60歳以上が対象。月～金曜のロンドンやイングランド南東部は割引の対象外。

ファミリー＆フレンズ・レイルカード
Family & Friends Railcard

　大人ひとり、子供（5～15歳）ひとりのペアが最小グループで、大人は最高4人、子供は4人まで登録できる。平日のロンドンやイングランド南東部は割引の対象外。

■各種周遊券の詳細
URL www.nationalrail.co.uk/times_fares/rangers_and_rovers.aspx

■オール・ライン・ローバー・チケット
スタンダード7日£478　スタンダード14日£724
ファースト7日£724　ファースト14日£1106

■フリーダム・オブ・スコットランド
8日間のうち4日間有効 £134
15日間のうち8日間有効 £179.70

■16-25 レイルカード
1年間有効£30　3年間有効£70
URL www.16-25railcard.co.uk

■シニア・レイルカード
1年間有効£30　3年間有効£70
URL www.senior-railcard.co.uk

■ファミリー＆フレンズ・レイルカード
1年間有効£30　3年間有効£70
URL www.familyandfriends-railcard.co.uk

info

イギリス国内の鉄道路線がほぼ乗り放題
ブリットレイルパス

イギリス旅行に欠かせないのが鉄道。その鉄道を利用するのに強い味方が、鉄道パス。鉄道パスは旧国鉄の路線を受けつNいだNだ鉄道会社（ナショナル・レイルと呼ばれる）の路線で利用できる。チケット売り場窓口の長い列に並ぶ必要もないし、列車を間違えてもチケットを買いなおす心配もない。イギリス国内の鉄道は夜行列車を除いて全席指定制の列車がほとんどないので、鉄道パスだけで利用できる列車が多い。

ブリットレイルパス
Britrail Pass

イングランド、スコットランド、ウェールズの鉄道会社（ナショナル・レイル）で利用できる。ロンドンとスコットランドを結ぶ夜行列車「カレドニアンスリーパー」やロンドン～ペンザンス間を結ぶ夜行列車「ナイトリヴィエラ」を利用する場合は、予約と追加料金が必要となる。

パスの利用方法　購入したパスはそのままでは利用できないため、ヴァリデーションという利用開始手続きをする。利用開始日が決まっていれば日本でもヴァリデーションが可能。イギリスでは主要駅の窓口でできる。

賢い使い方　フレキシーパスの場合はロンドンがからむ長距離移動など運賃が他のエリアよりも高い区間で優先的に使うともとが取りやすい。

パス適用外の列車　一部を除いて地下鉄、トラム、バスなどの都市公共交通機関は利用できない。ロンドン各空港からの連絡列車「ヒースローエクスプレス」、「ガトウィックエクスプレス」はパスで利用できる。

利用期間　パスには3日間、4日間、8日間、15日間、22日間、1ヵ月間の連続利用タイプと、利用開始日から2ヵ月間の有効期間内で、3日、4日、8日、15日ぶんの利用日が選べる「ブリットレイルフレキシーパス」がある。

セーバーパス　3人以上のグループ利用の場合、「セーバーパス」がある。通常の料金よりも割引となる。ただしパス利用時は同一行動が原則となる。

エリア限定パス　使用可能エリアを制限したパスもある
●イングランド地方
・ブリットレイルイングランドパス
・ブリットレイルイングランドフレキシーパス
●イングランド地方南東部
・ブリットレイルロンドンプラスパス
●スコットランド地方
・ブリットレイルスコットランドフリーダムパス

ブリットレイルパス				
有効期間	1等		2等	
	大人	16歳以上25歳未満	大人	16歳以上25歳未満
3日	4万2400円	3万4100円	2万8400円	2万2800円
4日	5万2500円	4万2200円	3万4900円	2万8100円
8日	7万4500円	5万9800円	5万300円	4万400円
15日	10万9700円	8万7900円	7万4500円	5万9800円
22日	13万9200円	11万1600円	9万3100円	7万4500円
1ヵ月	16万4700円	13万1900円	10万9700円	8万7900円

ブリットレイルフレキシーパス				
利用日数	1等		2等	
	大人	16歳以上25歳未満	大人	16歳以上25歳未満
3日	5万2500円	4万2200円	3万5700円	2万8800円
4日	6万4400円	5万2600円	4万4600円	3万5700円
8日	9万5400円	7万5600円	6万5300円	5万1000円
15日	14万7500円	11万7600円	9万5300円	7万6300円

ブリットレイルイングランドパス				
有効期間	1等		2等	
	大人	16歳以上25歳未満	大人	16歳以上25歳未満
3日	3万3500円	2万7100円	2万4000円	1万9000円
4日	4万2400円	3万4100円	2万8400円	2万2800円
8日	5万9100円	4万7500円	4万100円	3万2400円
15日	8万7800円	7万1000円	5万9100円	4万7500円
22日	11万1900円	8万9700円	7万4500円	5万9800円
1ヵ月	13万1700円	10万5600円	8万8700円	7万1000円

ブリットレイルイングランドフレキシーパス				
利用日数	1等		2等	
	大人	16歳以上25歳未満	大人	16歳以上25歳未満
3日	4万2400円	3万4100円	2万9300円	2万3500円
4日	5万2500円	4万2200円	3万5700円	2万8800円
8日	7万5400円	6万400円	5万1200円	4万1200円
15日	11万2800円	9万400円	7万6700円	6万1600円

ブリットレイルロンドンプラスパス		
有効期間	1等	2等
	大人	大人
3日	3万6500円	2万6300円
4日	4万2100円	3万1900円
8日	5万9300円	4万4000円

※2015年6月現在「地球の歩き方 旅プラザ」調べ

■「地球の歩き方 旅プラザ」
⊠〒160-0022　東京都新宿区新宿3-1-13
京王追分ビル5階（来店は予約制）
TEL(03)5362-7300　FAX(03)5362-7813
12:00～18:00　休日・祝

■「地球の歩き方 ヨーロッパ鉄道カウンター」
⊠〒530-0001　大阪市北区梅田2-5-25
ハービスプラザ3階（来店は予約制）
TEL(06)6345-4401　FAX(06)6343-7197
12:00～18:00　休日・祝

■「地球の歩き方旅プラザ」ホームページ
URL rail.arukikata.com

■イギリス国内を運航する
　おもな航空会社
●ブリティッシュ・エアウエイズ
TEL08444930787
URLwww.britishairways.com
●ロガン・エア
TEL08717002000
URLwww.loganair.co.uk

■代表的なバス会社
●ナショナル・エクスプレス
URLwww.nationalexpress.com
●スコティッシュ・シティ・リンク
URLwww.citylink.co.uk
●ファースト
URLwww.firstgroup.com
●ステージコーチ
URLwww.stagecoachbus.com
●メガバス
URLwww.megabus.com
●アリーヴァ
URLwww.arriva.co.uk
●トラベルライン（ローカルバスなどの情報）
URLtraveline.info
●トラベル・サーチ（バスの時刻表検索）
URLwww.carlberry.co.uk

ロンドンからのバス料金と所要時間

	運賃	所要時間
カンタベリー	£9	1時間55分
ドーヴァー	£9	2時間50分
ペンザンス	£37.40	9時間
ソールズベリ	£16.70	3時間
バース	£12	3時間
ブリストル	£15	2時間30分
オックスフォード	£16	2時間
バーミンガム	£8	2時間35分
コヴェントリー	£8	2時間25分
ノッティンガム	£16	3時間15分
ケンブリッジ	£9	2時間15分
チェスター	£16	6時間40分
リヴァプール	£25.50	5時間30分
マンチェスター	£25.50	5時間
ウィンダミア	£35.80	8時間
ヨーク	£35.60	6時間
リーズ	£24	4時間30分
カーディフ	£23.50	3時間20分
グラスゴー	£25	9時間50分
エディンバラ	£26	9時間50分
インヴァネス	£44.90	12時間35分

※料金は割引なしの大人1名で、予約と保険
料は別途
※所要時間は直通便に乗車したときの目安

国内航空路線　格安航空会社は割安で早い

　鉄道網が発達したイギリスだが、スコットランドや、ブリテン島の周りの島々へは飛行機が活躍する。国内線の便数はあまり多くないが、格安航空会社による値下げ競争も活発で、グラスゴーやエディンバラなどへの競合路線は、鉄道よりも空の便のほうが割安ということも多い。マンチェスターやバーミンガム発着の国内線も多い。

レンタカー派にもおすすめ　ほとんどの空港にはレンタカーオフィスが入っており、手続きや配車もスピーディ。空港に到着したらすぐに車に乗って観光へ、という無駄の一切ないプランが実行できるのも魅力。シーズン中は車を予約しておこう。

長距離バス　長距離バスはコーチ

　イギリスの長距離バスはコーチと呼ばれる。昔、コーチは箱型で屋根、両ドア付きの大型四輪馬車のことだった。時が移り、姿も動力も変わってしまったのに、名前だけは残った。鉄道よりは一般的に時間がかかってしまうが、ロンドンから各都市に行く場合には、鉄道の約半分の運賃で済むこともある。

長距離バス　代表的なバス会社

ナショナル・エクスプレス National Express　イングランドとウェールズ全域を網羅するイギリス最大のバス会社。長距離路線が多く、小さな町には停車しない。スコットランドへの路線もある。

スコティッシュ・シティ・リンク Scottish City Link　スコットランドの主要都市を結ぶ。ローカル路線もあり、鉄道がカバーしていない地域も走るので便利。

ファースト First　これといった分担エリアはないが、英国全土に多くの会社を傘下にもつ連合。市内交通をはじめ、近距離、中距離に強い。

ステージコーチ Stagecoach　近郊都市など中距離路線に強い。傘下のメガバスは長距離の格安路線を運営している。

アリーヴァ Arriva　市内、近郊バスをおもに運営する全国規模のバス会社。

長距離バス　チケットの買い方

　バスステーションのチケットオフィスで購入する。ロンドンのヴィクトリア・コーチステーションのチケットオフィスはいつも混んでいるので、早めに到着したい。

小銭を用意しよう　バスステーションのない小さな町やバス停のみのところは、バスの車内でチケットを購入する。乗車時に運転手に目的地、片道か往復かを告げるとメーターに料金が提示される。つり銭は用意されていないことが多いので、小銭は常に用意しておこう。

お得な割引運賃　鉄道と同じく往復割引や早期予約割引などがある。メガバス社Mega Busでは、キャンペーン価格で何と£1になる路線もあるので、ウェブサイトをチェックしてみよう。

長距離バス　バスの車内

基本的に自由席なので、座りたい席に座ればよい。小さな町で降りるときは、乗り込むときに自分の行き先を運転手に告げるとともに、「着いたら教えてください」とひと声かけてから席に着こう。トイレは付いていないことが多く、長距離路線ではトイレ休憩がある。

イギリスのドライブ術　イギリスの道路・交通事情

イギリスは日本同様、右ハンドル、左側通行。そのため、運転がしやすい国だといえる。ただし、ひとつだけ違う点は交差点の渡り方。イギリスの交差点は、ほとんどが信号のないロータリー式（ラウンドアバウト）になっているのだ。

ラウンドアバウトの渡り方　ラウンドアバウトは時計回りに回りながら目的の道路へ進む。進入は右ウインカー、脱出は左ウインカーの合図が原則だが、地域によっては直近の分岐（日本の左折）では進入時に左ウインカー、直進相当の通過の場合はウインカーなしの場合もある。先入車優先なので進入時に右に車が見えた場合は入口で一時停止して待つ。周回中は内側を走り、目的の分岐の手前で左ウインカーで外側に移動する。何度回ってもよいので分岐がわからなくても焦る必要はない。

Information

ブリット・エクスプローラー
Brit Xplorer

ナショナル・エクスプレスの全路線（スコティッシュ・シティ・リンクの路線を除く）が乗り放題になるパス。旅行者専用で、7日、14日、28日用がある。座席予約も可能。鉄道パスよりも値段は安いので、倹約派の旅行者におすすめだ。

ブリット・エクスプローラーの料金
Hobo(7日間)　£79
Foot Loose(14日間)　£139
Rolling Stone(28日間)　£219

メガバス利用法

格安バスのメガバスmegabusを4回利用しました。ネット予約して、予約番号をドライバーに提示します（スマホ画面でも可）。オックスフォード・チューブやスコティッシュ・シティリンクなど提携会社のバスにそのまま乗ることが多く、「megabus」と表示があったのは1回だけでした。
（千葉県　St.じゃっく　'15春）

この先ラウンドアバウトありの標識

ロンドン→エディンバラ（約533km）の料金比較例

✈ ブリティッシュ・エアウェイズ（大手航空会社）

ロンドン市内	→	ヒースロー空港	→	エディンバラ空港	→	エディンバラ市内
		最短15分　21.50£	最短1時間20分　89£（預け荷物2個まで無料）		最短25分　4£	

総所要時間　約3時間30分
運賃総額　£114.50

✈ イージージェット（格安航空会社）

ロンドン市内	→	スタンステッド空港	→	エディンバラ空港	→	エディンバラ市内
		最短約47分　23.40£	最短1時間10分　46.48£（預け荷物別途1個15£）		最短25分　4£	

総所要時間　約4時間
運賃総額　£88.88

🚆 イーストコースト（鉄道）

キングスクロス駅	→	ウェイヴァリー駅

総所要時間　約4時間30分
運賃総額　£30.00
ピーク時の運賃は£52.50

🚌 ナショナルエクスプレス（バス）

ヴィクトリアコーチステーション	→	セント・アンドリュー・スクエアバスステーション

総所要時間　約8時間40分
運賃総額　£32.00

※2015年6月11日に8月中旬の便を予約した場合

有料駐車場にある料金支払機

イギリスのドライブ術　制限速度と道路の種類

イギリスの道路には、3種類あり、MとAとBの3種類に区分されている。

M道路は高速道路　Mのつく道路はモーターウエイMotorwayのことで、日本の高速道路にあたるものだが、最高時速はぐっと速くて112km（70マイル）。M道路は基本的に無料。

Aは幹線道路　A道路はM道路以外の幹線道路で、日本でいうなら国道一級線にあたり、日本の高速道路に匹敵する路線も多い。

デュアル・キャリッジウエイDual Carriagewayと呼ばれる片側2車線、計4車線の部分では、最高時速112km（70マイル）。そのほかでは、少し落ちて96km（60マイル）となっている。

Bはのんびり田舎道　3番目はB道路。車1台がやっととおれるくらいの狭い道もある。最高時速は48km（30マイル）。M・A道路が結ぶ都市は、列車やコーチでも行くことができる。それに対して、公的交通機関のない田舎の小さな町へと、人々を運んでくれるのがこのB道路。イギリスを車で旅する喜びは、すべてB道路にありといえるほどだ。

桁数でも道路がわかる　M、A、Bのどれも、この文字のあとに数字がつく。M1とか、A30とかいった具合。数字が小さいほど、重要とみていい。一般的に、B道路の4ケタなどは、あまり広くない道ということが想像できるが、イギリスのすばらしい風景を楽しむのにはもってこいの道だ。

イギリスのドライブ術　ガソリンスタンド

イギリスではガソリンをペトロールPetrolと呼ぶので、ガソリンスタンドはペトロール・ステーションになる。ヨーロッパは乗用車でもディーゼルが多いので、レンタカーを借りる場合は必ずガソリンかディーゼルかを確認しよう。

セルフサービス式のガソリンスタンド

給油方法　イギリスではセルフサービスが主流だ。給油方法は日本のセルフ式スタンドとほぼ同じなので、経験のない人は日本で練習しておこう。精算は店内のレジで給油機の番号を告げて精算する方法が一般的。現金、クレジットカードが使用できる。

燃料はガソリン車用のUnleaded（無鉛）とディーゼル車用のDieselの2種類。値段は時期にもよるが日本より3割前後高いことが多い。

イギリスのドライブ術　駐車場

どこの町にも路上パーキングエリアと地方自治体などによる無料駐車場のほか、チケットやコイン式の有料駐車場などが随所にある。ロンドンなど大都市中心部では見つけにくいので、慣れないうちは車での乗り入れは控えよう。

582

イギリスの
ドライブ術

レンタカー

空港や主要な観光地でなら、ほとんどどこででもレンタカーを借りることができる。春～夏のシーズンに訪れる人は日本で予約したほうが安心だ。

日本で予約　日本で予約を入れた場合は、予約確認書、国際運転免許証、日本の運転免許証、クレジットカードの提示とサインのみで車のキーを手渡してくれる。

現地での手続き　現地で直接借りる場合は、国際運転免許証、日本の運転免許証（もし、提示を求められれば）、クレジットカードを各レンタカー会社のオフィスに提示し、書類に必要事項を記入する。クレジットカードがなくても借りることはできるが、保証金を預けるなどの手続きが必要。

AT車の確保は難しい　イギリスをはじめヨーロッパではマニュアル車が一般的。高級車以外の小・中型車は特にオートマチック車が少なく、予約しても確保できないことが多い。

出発前に点検　最初にレンタカー会社のスタッフ立ち会いのもとで傷の有無を確認する。大きな傷はデジカメや携帯電話で撮影しておくと安心だ。次にライトやウインカーなどのスイッチを確認する。日本と同じ右ハンドル車でもワイパーとウインカーのスイッチが逆の場合が多いので、すべて実際に操作して確認しよう。ロードサービスなど、緊急時の連絡先の確認も忘れずに。

保険内容の確認　保険は大手のレンタカー会社ならセットになっていて、万一の事故にも対処できるが、中小のレンタカー会社なら保険内容をチェックしておこう。もしものときのためにすべてのケースについて補償のある保険（Whole InsuranceまたはFull Protection）をかけること。

返却時の注意　基本的には日本のレンタカーと同じ、スタッフと傷や故障の有無を確認し、キーや書類を返却して完了。満タン返しが基本だが、その必要がない契約条件の場合もある。

■レンタカー会社の日本での予約先
ハーツ
無料 0120-489-882
URL www.hertz.com
ヨーロッパカー（タイムズカーレンタル）
TEL 050-3786-0056
URL www.europcar.jp
エイビス
無料 0120-311-911
URL www.avis-japan.com

■レンタカー各社の比較サイト
URL carrentals.co.uk
同条件で比較し、最安値の会社を検索できる。

Information
レンタカー会社の選び方
大手のレンタカー会社では、日本で予約した場合の割安な料金プランを設定している。例えばハーツの場合、ヨーロッパ・アフォーダブルという、日本で予約して現地でクレジットカード払いにすると適用される割引がある。エイビスでも同様の割引プランを用意している。インターネットの各社のサイトで直接予約し、クレジットカードで決済すると国内予約よりさらに割り引かれることが多いが、基本料金に保険が含まれないこともあるので、きちんと確認しよう。

一般に中小の業者のほうが低料金だが、大手の業者は営業所が多く、出発地以外の営業所で乗り捨てでき、旅の自由度が増すメリットがある。

---

info　日本語の案内でイギリスの道路をドライブできる

スマートフォンをカーナビに

SIMフリーのスマートフォンやタブレット型端末があり、現地でデータ通信ができる環境があれば、カーナビとして活用してみよう。地図アプリを活用すれば、渋滞情報も知ることができ、案内も日本語で行われる。そして何よりも、勝手知ったる機器なのだから、操作面で困ることもないだろう。

注意事項としては、バッテリーの消耗が激しいことや、圏外では利用できないこと。また、機器を安定した場所に設置しなければならないこと。出国前に充電用のケーブルとシガーソケット、車載ナビスタンドをカー用品店などで揃えておこう。

スマートフォンなら地図データをダウンロードできるのでレンタカーにもおすすめ。車載キットも用意しよう

ホテルの基礎知識

イギリスの宿は、バラエティに富んでいる。2段ベッドがずらりと並ぶドミトリー（ユースホステル）から、超高級ホテルのペントハウスまで、まさによりどりみどり。

ホテル

B&Bとほとんど変わらないような設備のところから、古城ホテル、デザイナーズホテルまでさまざま。料金も古城ホテルなどではダブルまたはツインで1泊£150以上するものも多いが、普通の町にある中級ホテルでは、シングル£60〜70、ダブルまたはツインで£100程度が目安となっている。

B&B／ゲストハウス

B&Bとは、Bed & Breakfastの略で、朝食付きの宿のことだ。B&Bとゲストハウスには特に区別はなく、客室数が多いものをゲストハウスと呼ぶ傾向にあるようだ。

B&Bの設備 客室に専用のバス、トイレが付いている場合と、バス、トイレが共同の場合がある。湯沸かしポットやティーセット、テレビも付いていることが多い。

B&Bの料金 宿泊料金は町やシーズンにより上下するが、シングルで£30〜50、ダブルまたはツインで£40〜60程度から。ロンドンならシングル£60以上、ツイン£80ぐらいが相場、田舎ではシングルルームを探すのはひと苦労。ただ、頼めばダブルやツインでもシングル料金で泊めてくれるところはある。また、経営者が個人の場合が多いので、クレジットカードが使えないところがあることも覚えておこう。

年末年始とハイシーズン クリスマス〜年始にかけて休業するところも多いので、必ず確認を取るようにしよう。ほかにも、夏期のリゾート地のゲストハウスやB&Bでは、1泊のみの客は歓迎されないことがある。

イン

その昔、まだコーチが馬車のことを指していた頃、1階は飲み屋で、その上が宿泊所というインがいたるところにあった。どこにでもあるパブの名前に〜 Innとつくところが多いのはその名残。下のパブで飲んだり食事をして、上の部屋で寝るという、とても便利な宿だ。部屋のタイプはベッドだけのシンプルなものから、中級ホテル並みの設備を整えたところまであり、値段も部屋の設備もさまざま。

マナーハウス

貴族の邸宅や旧家を改築したホテル。町から外れていることが多いが、手入れの行き届いた広い庭があり、優雅な休日を過ごすことができる。特にコッツウォルズには人気のマナーハウスが多い。結婚式場としても人気だ。

ボリューム満点のイングリッシュブレックファスト

ホステル

　イギリスの国際ユースホステル協会はイングランド＆ウェールズ、スコットランド、北アイルランドの3つに分かれており、約200軒のホステルが加盟している。これらのユースホステルは、いつも若者でにぎわっているので、予約をしておいたほうが賢明。また、スコットランドや湖水地方などでは、シーズンオフになると営業をやめてしまうところも多い。

独立系ホステル　独立系のホステルも設備は充実しており、町の中心にあるものも増えてきた。個室があるホステルも多いが、普通はツインのみで、シングルはないことが多い。

ホテルの予約

日本の旅行代理店で予約　滞在する都市が少ない場合や、短期間の滞在という場合は、航空券を予約する際に、合わせてホテルも手配しよう。旅行会社によっては、最初から利用航空会社や滞在予定ホテルを提示している所もある。

観光案内所　観光案内所のなかにはホテルの予約を代行するサービスを行なっているところもある。契約が成立した場合、手数料や前払いが必要なこともある。

ホテル予約窓口　観光地や国際空港の到着口、大きな駅にはホテル予約専用の電話やコンピュータ端末が設置されている。電話やコンピュータ端末からは、予約したいホテルへ直接連絡することができる。

インターネット　ウェブサイトから予約できたり、メールで直接申し込むこともできる。予約できたら確認画面をプリントアウトして持参しよう。

■Information
愛煙家は注意
イギリスでは禁煙法が施行されている。宿泊施設の公共スペースは全面禁煙、客室は喫煙できる部屋もあるが、喫煙室がないホテルの割合は高く、B&Bはほとんどが全室禁煙になっている。

ホステルにはキッチンが使えるところも多い

■代表的なホテル・ホステル予約サイト
地球の歩き方海外ホテル予約
URLhotel.arukikata.com
エクスペディア
URLwww.expedia.co.jp
ブッキング・ドット・コム
URLwww.booking.com
アップルワールド
URLappleworld.com
ホステルワールド
URLwww.japanese.hostelworld.com

■ロンドンの不動産屋
JAC STRATTONS
✉Cooper House,
316 Regents Park Rd.,
London, N3 2JX
他ロンドン市内に6支店
☎(020)83495039 (日本語ヘルプライン)
URLwww.jac-strattons.co.jp
📧ho@jacstrattons.com

ホテル予約の文例 (eメール)

宛先	info@abchotel.com （ホテルのメールアドレス）
件名	Inquiry about room rate （宿泊料金についてのお問い合わせ）

Dear Sir or Madam,
　I would like to know whether the room described below is available.
（以下の客室が空いているかどうかを教えてください）

Name: Ayumu Chikyu　（氏名:例　地球　歩）
Number of persons: 2　（宿泊人数:例　2名）
Type of rooms: Twin room　（希望する客室の種類:例　ツインルーム）

Arrival Date: 1st September, 2015　（到着日:例　2015年9月1日）
Departure Date: 3rd September, 2015　（出発日:例　2015年9月3日）
Total nights: Two nights　（滞在日数:例　2泊）

I also want to know what type of credit cards you accept.
（どのクレジットカードで支払うことができるでしょうか）
Could you confirm my booking and let me know the price in return?
（予約の確認と宿泊料金を教えてください）
I'm looking forward to hearing from you soon.
（すぐにお返事をいただけないでしょうか）

Sincerely yours,
Ayumu Chikyu （氏名、代表者の名前）

レストランの基礎知識

伝統的なイギリス料理はもちろん、イギリスではカフェやパブでも世界各国の料理を楽しむことができる。ひと休みできるティールームやパブも便利な存在だ。

レストラン

ロンドンなど大都会を除いて、ネクタイやイブニングドレスの必要なレストランは少ない。だが、高級ホテルなどに宿泊するときや、そこでディナーを取るときは予約時に聞いてみること。これらのレストランでは、ディナーはほとんどコース料理のみで、正装が必要な場合もある。

各国料理　各地の町にはイタリアや中華、インド料理のレストランも多い。特にロンドンでは、世界各国の料理を味わうことができる。ほかにも、最近では各国料理をイギリス風にアレンジしたモダン・ブリティッシュと呼ばれる料理もある。

日本食　以前はロンドンなど大都市にしかなかった日本料理店だが、回転寿司やヌードルバーが地方都市にも広まりつつある。ヌードルバーはラーメンなどの麺類を出す店で、イギリス人にはヘルシーフードとして、人気急上昇中。日本人からすると「何じゃこりゃ?」というメニューや味つけもある。

テイクアウエイ

持ち帰りのことを、アメリカではテイクアウトというが、英国では"take away(テイカウェイと発音)"。

フィッシュ&チップス　おなじみ英国の代表料理。白身魚のフライにフライドポテトをつけ合わせたもの。コッドCodやハドックHaddockなどのタラや、ソールSole(ヒラメ)、ソードフィッシュ Swordfish(メカジキ)などの種類がある。

中華料理　白いご飯が恋しくなったときの強い味方。中華料理のテイクアウエイ専門店は、どの町でもよく見かける。

ティールーム・カフェ

ティールームやカフェは昼だけの営業が多く、アルコール類は出さない店が多い。メニューはグリル類やサンドイッチなどが中心で、値段も手頃。ティールームでは、スコーンやお菓子付きのアフタヌーンティーセットを出す店も多い。

パブ

お昼頃にオープンし、夜中まで開いているパブでも料理を出しているところが多い。なかでもパブランチはスープやパン、カレーなどの軽食が手頃な料金で食べられる。料理自慢のダイニングパブやガストロパブではレストランにも負けない本格的な料理を出しており、地元産の食材を使った郷土料理なども出していることが多い。エールやビター (→P.61) などイギリスならではのビールと一緒に楽しみたい。

中華料理のテイクアウエイの一例

メニューを読み解く
キーワード

中華料理 & インド料理

中華料理

食材別のメニュー　日本の中華料理店では炒め物や揚げ物など料理法別にメニューが並んでいるが、イギリスでは牛肉、鶏肉、野菜などメインとなる食材別にメニューが並ぶ。

スイート & サワー
Sweet & Sour
甘酢風。酢豚系の料理だが甘みの方が強い

ダンブリング
Dumpling
餃子などを指す。蒸し餃子はSteamed Dumpling

チャウ メン
Chow Mein
炒麺こと焼きそば。具や麺の種類はさまざま

ペキン スタイル
Peking Style
油が多めの塩味

カントニーズ スタイル
Cantonese Style
広東風。塩味であっさり

チョブ スイ
Chop Suey
八宝菜のような五目炒め。肉類が入る

セチュアン スタイル
Szechuan Style
四川風のスパイシーで辛い味付け

ブラック ビーン
Black Bean
豆鼓（トウチ）を使った料理。塩辛い味付け

フー ヨン
Foo Yong
漢字で芙蓉。カニ玉風の卵とじ料理

クンバオ チキン
Kung Pao chicken
漢字で宮保鶏丁。鶏肉のカシューナッツ炒め

インド料理

メニューにカレーがない!?　「チキンカレー」や「野菜カレー」という名前ではなく、カレーの調理方法でメニューが分かれている。スペルは店によっては異なる。

アル / アルー
Al Aloo
ジャガイモ

ダル
Dal
レンズ豆

ゴビ
Gobi
カリフラワー

コルマ
Korma
クリーミーで甘いカレー

ティッカ マサラ
Tikka Masala
タンドールで焼いた肉や魚を使ったもの

ビルヤーニ
Biryani
ドライカレーに近いが、炊き込みご飯

ブーナ
Bhuna
野菜を使ったドライカレー

ヴィンダルー
Vindaloo
酸味の効いたカレー

サーグ
Saag
ホウレンソウのペーストのカレー

ライタ
Raitha
ヨーグルトとキュウリの冷製サラダ

ロガン ジョシュ
Rogan Josh
トマトやたまねぎで煮込むカレー

マドラス
Madras
スパイスを使った辛いカレー

ジャルフレズィ
Jalfrezi
野菜炒めのような辛いカレー

ドピアザ
Dopiaza
炒めタマネギをきかせたカレー

パニール
Paneer
カッテージチーズ

時間帯別おすすめ イギリス料理

カフェ パブ

日替わりスープ
Soup of the Day
シーフードチャウダーや野菜のスープが中心。パンが付く場合が多い。

ランチ12:00～14:00

レストランやパブではランチメニューの時間帯を設けている所が多く、比較的手頃な料金でセットメニューを食べることができる。

カフェ風のおしゃれな店内のフィッシュ＆チップス専門店

B&B

キッパー Kipper
ニシンの燻製。なかでもマン島で捕れるマンクス・キッパー Manx Kipper が有名。とれたてをすぐに燻製にするのでジューシー。朝食でベーコンなどの代わりに選べることもある。日本人好みの味。

B&B では1階部分に朝食ルームを設けていることが多い

B&B カフェ

イングリッシュ・ブレックファスト
English Breakfast

朝食7:00～9:00

ボリューム満点の朝食こそイギリスを代表する名物。卵料理は目玉焼き、ゆで卵、ポーチド・エッグなどからチョイスできることもある。ビーンズをトーストの上にのせて食べる(Beans on Toast) とおいしい。カフェやティールームでは1日中朝食 (all day breakfast などと表示) を出しているところもある。

ティータイム14:00～16:00

観光の合間に、カフェやレストランでスイーツを食べてほっと一息。本格的のアフタヌーン・ティーを楽しむなら高級ホテルやマナーハウスのティールームがおすすめ。

カフェ

3段のハイティースタンドにはケーキやサンドイッチなどが盛られる

スコーン Scone

アフタヌーンティーには欠かせない存在のイギリスを代表するお菓子。バター風味ではあるが、甘くないので、クロテッドクリームやジャムをたっぷりつけて食べる。なかなかボリュームがある。

屋台

コーニッシュパスティ
Cornish Pasty

南西部のコンウォール半島に伝わるパイ。中身は牛肉、ジャガイモやタマネギなど。スーパーの総菜売り場や鉄道駅のデリカテッセンなどでもよく売られている。おやつや軽食にもぴったり。

ディナー19:00～21:00

19:00前など早めに入店したら注文できるお得なアーリーバードメニューがある店も多い。料理のラストオーダーは日本よりも早いので、あまり遅く行かないほうがいい。

専門店　パブ

フィッシュ＆チップス
Fish & Chips

サクサクとした衣がおいしいので、揚げたてをほおばるのが一番。塩とモルト・ビネガーをかけると、淡泊な味が締まる。フライドポテト(チップス)もどっさり付いてくる。

パブ

パブ

コッテージパイ Cottage Pie

煮込んだ牛ひき肉と野菜の上にマッシュポテトをのせて焼き上げたパイ。羊肉を使うとシェパーズパイ、シーフードを使うとシーフードパイとも呼ばれる。グレービーソースをかけて食べることもある。

ローストビーフ Roast Beef

グリル系料理の代表格。パブでは日曜日のみ提供されることが多い。温野菜やマッシュポテト、ヨークシャー・プディングが付くことが多くボリュームたっぷり。グレービーソースで食べるのが一般的。

589

ショッピングの基礎知識

英国ブランドは日本でもなじみの深いものが多い。本場英国の手仕事の逸品を探すのも楽しい。

バーゲン

バーゲンは夏期と冬期に行われる。実施時期は店舗によって異なるが、夏期は6〜7月、冬期はクリスマス前〜2月中旬に行われることが多い。また、これらの時期以外にもセールが行われている場合もある。

商品に勝手にさわらない ファストファッション店での買い物は別として、高級ブランド店で買い物をする場合は店員に確認してから触れるのがマナー。

公共の場所での英国式マナー

キュー Queue キューとは窓口などで作るフォーク式の行列のこと。トイレ、郵便局などあらゆる所で一列に並ぶ。窓口がいくつあろうと一列。窓口ごとにずらっと並ぶのではなく、順々に空いた窓口へ行くという極めて公平な待ち方だ。なお、列の最後がわからないときは"Are you bottom of the line?"、列に並んでいるのかわからないときは"Are you queing?"と尋ねよう。

Queue Hereの表示が列の先頭

ドアは次の人のために開けて待つ 駅やデパート、ホテルなどで、自分がドアを通過しても、後ろに人がいる場合、その人がドアに手をかけるまで、ドアを押さえておく。逆にドアを開けて待っていてくれた人には"Thank you."のひとことをお忘れなく。

高級品からスーパーで買える食品まで色々ある

英国王室御用達品をおみやげに

英国王室御用達 Royal Warrant は、王室に長く商品を納めた実績のある企業や商品に対して発行される認定証で、現在はエリザベス女王とエディンバラ公、チャールズ皇太子の3名が発行することができる。認定を受けた企業は、王室御用達を示す紋章を商品に添付することができ、800以上の企業と商品が認定を受けている。

代表的な商品はウェッジウッドの陶磁器やスマイソンの文房具など。「英国王室御用達の商品＝高級品」という先入観を持ってしまいがちだが、キャドバリーのチョコレートやHPソース、ハインツのケチャップ、トワイニングの紅茶なども認定を受けている。£1〜4で購入できる商品も多いので、"バラマキみやげ"にはちょうどいいかもしれない。

トワイニングの紅茶の外箱には商品名の上に認定証がある

イギリス王室グッズも人気のおみやげ

「地球の歩き方」の書籍

地球の歩き方 GEM STONE

「GEM STONE（ジェムストーン）」の意味は「原石」。地球を旅して見つけた宝石のような輝きをもつ「自然」や「文化」、「史跡」などといった「原石」を珠玉の旅として提案するビジュアルガイドブック。美しい写真と詳しい解説で新しいテ□□マ□スタイルの旅へと誘います。

地球の歩き方 BOOKS

「BOOKS」シリーズでは、国内、海外を問わず、自分らしい旅を求めている旅好きの方々に、旅に誘う情報から旅先で役に立つ実用情報まで、「旅エッセイ」や「写真集」、「旅行術指南」など、さまざまな形で旅の情報を発信します。

地球の歩き方シリーズ　地球の歩き方 本棚 検索　www.arukikata.co.jp/guidebook/hondana/

郵便・通信事情

絵はがきやインターネットなど旅先からの一報はどんな手段でも留守宅にはうれしいプレゼント。

郵便局

どんな小さな町にも郵便局はあり、通常の郵便物や小包を扱っている。雑貨屋さんが郵便局を兼ねていることも多い。

民間運送会社 国際宅配便の会社はDHL、Fedex、UPS、日本のヤマト運輸など数社あり、イギリス各地から日本に荷物を送ることができる。値段は郵便よりも高いが、確実に早く届くため、利用価値が高い。電話して荷物を取りに来てもらうこともできる。

公衆電話

硬貨のみ使用できるタイプと、テレホンカードのみ使用できるタイプがある。硬貨は10p、20p、50p、£1が使用可。余分に入れたコインは戻るが、おつりは出ない。

インターネット

日本の携帯電話で海外ローミング ほとんどの携帯電話は海外で使うことができるが、料金は高く、着信でも料金がかかる。いわゆる格安SIMの場合、海外ローミングに対応していない会社もある。

プリペイドSIMカードを利用 SIMフリー対応のスマートフォンや携帯電話を持っているなら、現地でSIMカードを購入して利用するという手もある。SIMカードはVodafoneやO2など、現地の通信会社のショップなどで購入できる。現地の電話番号を得ることができるので、通話は国内通話扱いになり、割安で利用できる。

携帯電話

イギリスではインターネットカフェの軒数は減っているが、ホテルやB&Bのほかカフェやパブなど多くの場所で無線LANを無料で利用できる。

無線LAN(Wi-Fi) 主要空港をはじめ、ファストフード店、一部のカフェテリア、宿泊施設、列車内など料金はプロバイダーによって違い、無料で利用できるところも。ホテルではフロントなどでIDとパスワードを発行してもらえる場合もある。

レンタル無線LANルーター 海外専用の無線LANルーターのレンタルサービス。イギリスなら定額で1日1000～1200円ほどで、スマートフォンやタブレット端末、ノートPCで使うことができる。到着時からインターネットに接続できるので、急いでいる人にとってはありがたいサービスだ。申し込みは各社のウェブサイトや、成田や羽田などの空港にある各社の窓口で行うことができる。

■日本への郵便料金
10g以下の手紙：£1
20g以下の手紙：£1.33
500g以下の小包：£5.30（船便）
　　　　　　　　：£12.45（航空便）
1kg以下の小包：£8.06（船便）
　　　　　　　　£17.20（航空便）
2kg以下の小包：£13.26（船便）
　　　　　　　　£23.25（航空便）
ロイヤル・メール
URL www.royalmail.com

Information
暗証番号入力方式のテレホンカード

暗証番号入力式のカードは公衆電話の会社に関係なくかけられる。電話機に差し込むのではなく、まず、コールセンターに電話（フリーダイヤルの番号と有料のものがある）して、次にカードの裏を削ると出てくるピンコードを入力し、電話をかけるタイプ。このピンコードを入力するタイプは、国際電話の料金が安く、日本にかけるときに便利。このカードはWH Smithなどの雑貨屋のほか、郵便局などでも買うことができる。£5、£10、£20などのものが出ている。

郵便局のテレホンカード

Information
SIMカードの種類

SIMカードは、SIM（スタンダードSIM）、マイクロSIM、ナノSIMの3種類があり、大きさが異なっている。購入時には自分の携帯電話に対応するものを選ぶこと。

■レンタル無線LANルーター取り扱い会社
テレコムスクエア
URL www.telecomsquare.co.jp
エクスコムグローバル
URL www.globaldata.jp
グローバルWiFi
URL townwifi.com

スマートホンやタブレットを使ったデータ通信

　日本の通信会社のSIMカードを挿入したまま何の設定もせず、国際ローミングを多用すれば、帰国後に多額の利用料が請求されることも考えられる。データ通信費を抑えるためには、以下の方法を参考にしてみよう。

とにかく節約！ → データ通信は無線LANのみ

通信費用が最安　　現地の無料無線LANで充分

イギリス到着前に**モバイルデータ通信を解除**していなければ、到着後から自動的にデータ通信が行われるので、定額サービスに該当しないネットワークに自動的に接続され、**高額な通信料金を請求される**場合もあるので要注意。

STEP 1　日本出国前にモバイルデータ通信を解除

モバイルデータ通信の解除方法（Android）

 設定 → 📶 無線とネットワーク → モバイルネットワーク

　　　　　　　　　　　　　　　　　　　　　　　　データ通信を有効にするのチェックボックスを
　　　　　　　　　　　　　　　　　　　　　　　　外す

モバイルデータ通信の解除方法（iPhone）

⚙ 設定 → モバイルデータ通信　モバイルデータ通信の項目を
　　　　　　　　　　　　　　　　オフに設定

STEP 2　ホテルやカフェの無線LANを使ってデータ通信

SIMフリーの端末がある → 現地のSIMカードを購入して使う

日本と同じ感覚で使いたい　　1ヵ国に長期滞在　　通信費が安い　　ネットワーク設定がやや難しい

SIMフリー端末があれば現地の携帯電話会社のSIMカードを使ってデータ通信ができる。国際ローミングサービスを利用するより大幅に安くデータ通信ができる。

STEP 1　日本出国前にモバイルデータ通信を解除（上記参照）

STEP 2　現地の携帯電話ショップなどでプリペイドSIMカードを購入

　キャリアによっては、お得なパッケージプランを用意しているところもある。プランや料金はキャリアによって異なるので、現地で確認しよう。

STEP 3　モバイルデータ通信を有効にした後、モバイルデータ通信の設定

　モバイルデータ通信の設定は、APNやパスワードなどの入力をしなければならないので、販売店のスタッフに確認するか、設定をお願いしてみよう。設定してもらうときは、端末を英語に設定してから手渡そう。言語の設定方法は、以下の手順を参照。

本体の言語設定方法（Android）

 設定 → A 言語とキーボード → 地域/言語 → 言語を選択

本体の言語設定方法（iPhone）

⚙ 設定 → ⚙ 一般 → 言語環境 → 言語 → 言語を選択

STEP 4　キャリアのサービス対象エリアでデータ通信可能

■イギリスの主要通信会社

Vodafone	EE(イーイー)	Tesco Mobile
URL www.vodafone.co.uk	URL ee.co.uk	URL www.tescomobile.com
O2 (オーツー)	3 (スリー)	BT Mobile
URL www.o2.co.uk	URL www.three.co.uk	URL home.bt.com

旅のトラブル

イギリスでは外国人を狙った凶悪犯罪は少ないが、楽しい旅が台無しにならないようにトラブル回避の基本的知識は身に付けたい。

イギリスの治安

イギリスは比較的安全な国ではあるが、日本よりも安全とはいえない。特に、ロンドンやエディンバラ、グラスゴーなど、大都市であるほど、犯罪件数も多い。都市部に行ったら、気を引き締めるよう心がけたい。

スリに注意！ 地下鉄や駅構内など、人混みでのスリも多い。地下鉄などで、バッグのひもを切られて、そのまま持ち逃げされたという話も耳にする。外から見えるバッグに多額の現金を入れておくのはやめよう。気をつけているつもりでも、スリやひったくりに遭ってしまうこともある。また、持ち歩く現金は、いつも少なめにしておきたい。また、歩行者にケチャップなどを意図的につけ、それに気を取られている隙に荷物を盗むというタイプのスリもロンドンを中心に発生している。

置き引きに注意 高級ホテルでは、ビュッフェスタイルの朝食が多いが、荷物を椅子に置いたまま料理を取りに行ったりしないこと。駅でも同じだが、荷物を手から離したら、持っていってもいいと言っているようなものだ。

貴重品の管理とトラブル対処法

パスポートや航空券、予備のクレジットカードは、ホテルにセーフティボックスがあれば預けてもよいだろう。

紛失・盗難等でパスポートをなくしたら、すぐ在外公館（日本大使館や総領事館）へ行き、手続きを取ること。クレジットカードを紛失した場合は、一刻も早くカード会社に連絡を取らなければならない。たいていのカード会社では、海外専用の日本語で応対してくれる連絡先をもっているので、その連絡先を控えておくといいだろう。

■**在英国日本国大使館**
Embassy of Japan
Map P.66B3
✉101-104 Piccadilly,
London, W1J 7JT
☎(020)74656500
URLwww.uk.emb-japan.go.jp

■**在エディンバラ日本国総領事館**
Consulate General of Japan
Map P.514A2
✉2 Melville Crescent,
Edinburgh, EH3 7HW
☎(0131)2254777
URLwww.edinburgh.uk.emb-japan.go.jp

■**外務省海外安全ホームページ**
URLwww.anzen.mofa.go.jp

■**緊急時の電話番号**
警察・救急車・消防
☎999

旅の先輩の体験から学ぼう
from readers

イギリスで気をつけたいトラブル

カギを忘れて半裸で外に
ホテルのバスルームが部屋の外にある共同だったので、シャンプーや洗面具を持って部屋を出て共同のバスルームに行った。しかし、部屋がオートロックだったことを忘れていて部屋に戻れなくなってしまった。運悪くホテルのスタッフも帰宅してしまい半裸で立ち尽くすはめに。
（千葉県　マイ・おでん　'15春）

コヴェント・ガーデン付近でスリ未遂
金曜日の夕方、地下鉄のコヴェントガーデンからトラファルガー広場まで歩いてナショナルギャラリーに着いたとき、背中のリュックのファスナーが全開にされているのに気づきました。幸い金目のものは身につけていたので実害はなかったのですが、財布をすられた友人もいます。くれぐれもご用心怠りなく。
（埼玉県　篠田真由美　'15春）

イギリスの病気と受診情報

新ゆり内科院長 高橋央

海外旅行では、環境の変化、疲労、ストレスなどからさまざまな病気にかかる可能性がある。また、旅先ならではの風土病や感染症にも気をつけなければならない。ここでは、イギリスを旅するときによく問題となる病気を簡単に解説し、受診に役立つ情報も記載した。帰国後発病することもあるので、旅の前後に一読してほしい。

食中毒／旅行者下痢

海外旅行中の下痢に関して多い誤りは、水分を取るとさらに下痢するからといって、飲水を控えること。下痢で失った水分を補給しないと、脱水に陥る。下痢は腸内の有害物質を体外へ押し出そうとする生体防御反応なので、**下痢止めを乱用するのも考えもの**。

脱水がひどく、朦朧とした受け答えしかできない場合は、至急病院で受診すべき病態と心得よう。下痢症状が軽くても、**血性の下痢（血液が変性して、黒褐色のこともある）**の場合も、ただちに医師の診察を受けるのがよい。

薬局で抗生剤を入手するためには医師の処方箋が必要。しかし全般的には、旅行中の下痢で抗生剤治療が必要な場合は少ない。抗生剤を服用すると、必要な腸内細菌まで死滅することに注意しよう。下痢が消失するまでは、おなかを冷やさない温飲料のほうがよい。コーヒーは胃を刺激するので避ける。

予防策　下痢を予防するためには、不衛生な食べ物や水を取らないことだ。成分表示に注意してミネラルウオーターを飲んだほうがよいこともある。食べ物ではハンバーグなど生焼けの肉類には注意が必要だ。

新型インフルエンザ

　2009年3月中旬にメキシコを震源地として発生したブタ由来インフルエンザH1N1型は、翌月には米国とカナダで感染拡大し、WHOは新型インフルエンザと認定した。その後感染は英国を含む世界各地へ拡大している。

　発生時点では病原性が低く、致死率は0.1%程度であるが、心臓病、腎臓病、喘息、糖尿病、免疫抑制状態の者は重篤化する危険性がある。有効な治療薬であるタミフルやリレンザに今後耐性化したり、病原性が増す危険性もある。パンデミック発生後数年間は多数が感染すると予想されているので、2009年秋以降入手可能となるパンデミックワクチンを季節型インフルエンザ用と共に予防接種しておく。

　インフルエンザの感染様式は飛沫と接触感染なので、咳が出るとき（咳の出る人の横にいるとき）にマスクを着用したり、手洗いやアルコール消毒で感染のリスクを下げることができる。

ウシ海綿状脳症（BSE）と新変異型クロイツフェルト・ヤコブ病（nvCJD）

　1995年に16歳の子供から初のnvCJD症例が報告されて以来、世界中から報告され、英国からも多くの感染者を出した。英国旅行中の感染が考えられる日本人症例もある。

　nvCJDは10歳代から若年成人に好発する。幻覚などの精神症状が発症し、平衡感覚異常を来たしたうえ、数ヵ月で痴呆状態に陥るのが特徴。この病態が1986年に見つかったBSEと類似していること、肉骨粉を飼料に与えたウシにBSEが多発したこと、ヒツジやネコ等にも海綿状脳症が起こることから、BSEに罹ったウシの肉を食べたことがnvCJD発病の原因ではないかと疑われている。これらの病気ではいずれも、異常プリオン（蛋白質の一種）が脳内に蓄積して発症する。

　英国滞在中に特段気を付けることはない。Tボーンステーキ等を食べるときは、正規の流通ルートで販売された牛肉であることが確認でき

れば安心だ。なお輸血によるnvCJDの発症は未報告だが、1980〜1996年に通算1ヶ月以上、1997〜2004年に半年以上英国に滞在した人は、日本では献血ができないので知っておいてほしい。

ウイルス性肝炎

　肝炎は現在A〜E型の5つが知られているが、旅行者が用心しなければならないのは、**経口感染するA型とE型**。感染後4〜6週間ほどで急激な発熱、下痢、嘔吐などがあり、数日後には黄疸が出る。

　A、E型ウイルスは、汚染された食品や水を通して感染することが多い。**A型肝炎はカキなど生鮮魚介類に、E型はシカやイノシシの生肉**に注意する。

ロングフライト症候群
（下肢深部静脈血栓症＋肺静脈血栓塞栓症）

　この病気は、水分が不足した状態で機内のような低湿度の環境下で長時間同じ姿勢を取っていると起こりやすい。下肢の奥のほうにある静脈に**血栓**ができ、体動時に剥がれて肺に到達し、肺静脈を詰まらせて**突発性の呼吸困難**が起こり、心臓機能を低下させる。重症の場合、死にいたることもある。

　日本とイギリスの飛行時間は約12時間で、この病気のリスクは高い。機内では1時間に80ccの水分が失われるので、それ以上の**水分を補給**する。イオン飲料ならば効果的。ビールは利尿作用があり、他の酒類もアルコール分解に水分が必要なため逆効果である。血栓予防には**適宜体を動かす**ことも効果的なので、数時間ごとに席を立つなど、いろいろと工夫してみよう。

日本語で受診できるロンドンの医療施設

■ジャパン・グリーン・メディカルセンター
Japan Green Medical Centre
Map P.73C1
総合病院、日本語可（アクトンは365日診療可）
✉10 Throgmorton Av.,
London EC2N 2DL
☎(020)7330-1750
🌐www.japangreen.co.uk
🕐9:00〜18:00（土 9:00〜14:00）　休日・祝

■Dr.伊藤クリニック **Dr. Ito Clinic**
Map P.66B1
整形外科、外科、内科。日本語可
✉17 Harley St., London, W1G 9QH
☎(020)76375560
🌐www.dritoclinic.co.uk
🕐9:00〜18:00　休土・日・祝

■日本クラブ　メディカル・クリニック
NIPPON CLUB Medical Clinic
一般診療、小児科。日本語可。緊急対応なし
🌐www.nipponclub.co.uk
●北診療所（St. John's Wood）
✉Hospital of St. John & St. Elizabeth, 60
Grove End Rd., St. John's Wood,
London, NW8 9NH

☎(020)72661121
🕐9:00〜13:00　14:00〜17:00
　（土 9:00〜13:00）
休日・祝、年末年始
●南診療所（Wimbledon）
✉The Lodge Parkside Hospital,
53 Parkside, Wimbledon, London, SW19 5NX
☎(020)89718008
🕐9:00〜13:00　14:00〜17:00
　（火14:00〜17:00、土9:00〜13:00）
休日・祝、水（受付は行っている）、年末年始

■ロンドン医療センター
London Iryo Centre
総合病院、日本語可
✉234-236 Hendon Way, London,
NW4 3NE
☎(020)82027272
🌐www.iryo.com
🕐9:00〜13:00　15:00〜19:00　20:00〜21:00
　土9:00〜12:00　14:00〜18:00　20:00〜21:00
　日10:00〜12:00　20:00〜21:00
（夜間と日曜は追加料金）

旅の言葉

イギリスを旅行するのだから、ちゃんとした英語を話さなければ、と何も身構える必要はない。もちろん、より整った英語を話せるよう日々努力することは大切だが、肝心なときに、何も言えないようでは意味がない。旅を始めれば、"Where" や "How"、"When" といった疑問詞や必要な単語は、必要に迫られて自然に口から出てくるものだ。学校で習ったようなキチンとした構文で話さなくてもいい。伝えたい単語を並べるだけでも十分意思が通じることは多い。まずは自信をもって大きな声で話してみることだ。

Pleaseは万能選手 イギリス人が駅で切符を買う様子を見ていても、彼らは"Oxford, please." と行き先を言うだけ。銀行で両替をするときは"Exchange, please."、レストランで食べ物を注文するときもメニューを指して"○○（料理名）, please." を言うだけ。水が欲しいときは"Water, please." と手を挙げて言う。すべて"○○, please." で済ませることもできる。

発音するときは"プリーズ"の"ーズ"を上げ調子で言うのがコツ。下げ調子で発音すると、いんぎんな命令口調になってしまうので要注意。

Information
英語なのにチンプンカンプン？
イギリスでは地方により、独特のアクセントや言い回しがあり、ひと言しゃべっただけで出身地がわかってしまうのは有名な話。なかでもスコットランド訛りやリヴァプール訛りは、聞き取りづらく、慣れるのに時間がかかる。

Information
留学情報＆手配
イギリスでの留学（正規留学、語学留学、高校生留学など）や留学準備（エッセーの書き方、ビザ手配）のお問い合わせは下記の地球の歩き方T&Eへ

地球の歩き方 成功する留学
☎無料 0120-945-504
URL www.studyabroad.co.jp

知らずに言うと通じないこともあるかもしれないね

知っておきたい 英語と米語の違い

日本語	英語	米語
1階	ground floor	first floor
2階	first floor	second floor
エレベーター	lift	elevator
列	queue	line
予約する	book	reserve
片道切符	single ticket	one-way ticket
往復切符	return ticket	round-trip ticket
荷物預かり所	left luggage	baggage room
地下鉄	tube	subway
地下道	subway	underground
長距離バス	coach	bus
ガソリン	petrol	gas
勘定書	bill	check
休暇	holiday	vacation
祝日	bank holiday	legal holiday

日本語	英語	米語
公立学校	state school	public school
私立学校	public school	private school
高速道路	motorway	freeway
町の中心部	city centre	downtown
酒屋	off-license	liquor store
薬局	chemist	drug store
映画館	cinema	theater
サッカー	football	soccer
トイレ	toilet	restroom
フライドポテト	chips	french fries
ポテトチップ	crisps	chips
燻製にしん	kippers	smoked herring
ロータリー	roundabout	circle drive
秋	autumn	fall

旅の基本英会話

●銀行・両替所で

両替をお願いします。
Exchange, please.

（お札を出しながら）小銭にしてください。
Small change, please.

おつりはありますか？
Is there any change?

●❶で

地図をください。
A map, please.

ユースホステルはありますか？
Is there a Youth Hostel?

どうやって（どんな交通で）行けますか？
How can I go?

●ホテルで

安く清潔なシングルルームをお願いします。
A cheap, clean single room, please.

2泊したい。
For two nights, please.

部屋を見せてもらえますか？
May I see the room?

シャワー付きの部屋をお願いします。
A room with a shower, please.

●通りで

道に迷ってしまいました。
I'm lost.

～に行きたい。
I'd like to go to ～.

トイレはどこですか？
Where is a toilet?

●列車・バスで

インヴァネスへの片道切符をください。
A single to Inverness, please.

インヴァネス行きは何番ホームですか？
Which is the platform for Inverness?

どこで乗り換えればいいのですか？
Where should I change?

～に着いたら教えてください。
Please tell me when we get to ～.

●お店・レストランで

これをください。
This one, please.

ちょっと見ているだけです。
(I'm) just looking.

試着（試食）してみていいですか？
Can I try?

お勘定をお願いします。
The bill, please.

●困ったとき

助けて！　Help!

出ていけ！　Get out!

どろぼう！　Robber!

警察を呼んでください
Call the police.

警察はどこですか？
Where's the police station?

パスポートをなくしました。
I've lost my passport.

財布を盗まれました。
Someone stole my wallet.

カバンをひったくられました。
Someone snatched my bag.

紛失（盗難）証明書をお願いします。
A lost(theft) report, please.

日本大使館に連絡してください。
Please call the Embassy of Japan.

交通事故に遭いました。
I had a traffic accident.

強盗に遭いました。
I've been robbed.

イギリス略年表

<table>
<tr><td rowspan="3">先史時代</td><td>紀元前
4000年頃</td><td>オークニー諸島のスカラ・ブレエなどに
集落が作られ始める</td></tr>
<tr><td>紀元前
3000年頃</td><td>**ストーンヘンジ**が造られる————</td></tr>
<tr><td>紀元前
800年頃</td><td>ヨーロッパ大陸からケルト人が渡ってく
る</td></tr>
</table>

いまだに多くの謎が残るストーンヘンジ

ローマ時代	43年	ブリタニア、ローマの属州となる
	120〜140年	ハドリアヌスの城壁が建設される
	367年	アイルランドのケルト人がブリテン島を侵略
	375年	ゲルマン民族の大移動始まる　☞ アングロ・サクソン族がユトランド半島からブリテン島に侵入
	410年	ローマ軍、ブリタニアから撤退

アングロ・サクソン王国時代	449年	アングロ・サクソン人、ケルト人を征服　☞ アングロ・サクソン族は7つの王国＝ヘプターキー（ノーザンブリア、マーシア、イーストアングリア、エセックス、ウェセックス、ケント、サセックス）を作って争う。
	563年	聖コロンバ、スコットランドのアイオナ島でキリスト教布教を始める
	597年	**聖アウグスティヌス**、イングランドのケント王をキリスト教に改宗させるのに成功
	603年	ケント王、ロンドンに**セント・ポール大聖堂**を建設————
	669年	テオドロスがカンタベリー司教になる
	731年	ビード『イギリス民族教会史』
	787年	ヴァイキングのイギリス侵入
	829年	ウェセックス王エグバート、7王国を統一　☞ ブリテン島に侵入を繰り返すノルマン系のデーン人を撃退する
	871年	ウェセックス王アルフレッド（アルフレッド大王）即位　☞ 再び侵入したデーン人を破り、アングロ・サクソンの諸部族を支配下におき、全イングランドの王として認められる
	10世紀後半	イングランド王国統一ほぼ完成

聖パウロの像と大聖堂のドーム

ノルマン朝	1016年	デーン人のデンマーク王カヌートがイングランドを征服　☞ カヌートはデンマーク、ノルウェー、スウェーデンなどスカンジナビア半島とブリテン島など広大な領域を支配するが、わずか20年でその支配は崩壊する
	1042年	エドワード懺悔王が即位　☞ アングロ・サクソン系のエドワード懺悔王はノルマン貴族を優遇した
	1066年	ヘイスティングズの戦い　☞ ノルマンディ公ギョームがヘイスティングズの戦いで、イングランド王のハロルドを破り、ウェストミンスター寺院で即位。ウィリアム1世となる
	1086年	"ドゥームズデイ・ブック（イングランドの国勢調査書）"の作成
	1087年	ウィリアム2世即位

	年	できごと	備考
無政府時代	1127年	ヘンリー1世、マティルダ（通称モード）を後継者に指名	☞ ノルマンディー諸侯の反発を招く
	1135年	ブロワ家のエティエンヌがロンドンを掌握	☞ イングランド王スティーヴンとして即位
	1141年	リンカーンの戦い	☞ マティルダの勢力がリンカーンでスティーヴン軍を破る
	1154年	マティルダの息子アンジュー伯アンリ、ヘンリー2世として即位	
	1167年	**オックスフォード大学創立**	

クライストチャーチ・カレッジ

	年	できごと	備考
プランタジネット朝	1170年	トーマス・ベケットがカンタベリー大聖堂で暗殺される	
	1170年	ウェールズ伯ストロングボウに率いられたノルマン人がアイルランドを侵略	☞ 1171年、ヘンリー2世がアイルランドに上陸。アイルランド貴族はヘンリー2世の宗主権を認める。
	1189年	リチャード1世（獅子心王）、十字軍に出発	☞ 1192年、リチャード1世、ヤッフォの戦いでサラーフ・アッディーン（サラディン）に勝利
	1204年	ジョン王、ノルマンディ領を失う	
	1209年	ケンブリッジ大学創立	
	1215年	ジョン王、"マグナ・カルタ（臣民の自由・権利を認める勅許状）"に署名	

パースのスクーン宮殿にあるレプリカ

	年	できごと	備考
	1265年	シモン・ド・モンフォール、議会召集、イギリス下院の基礎となる	
	1277年	エドワード1世、ウェールズを征服	
	1295年	模範議会召集	
	1296年	エドワード1世のスコットランド遠征。戦利品として運命の石を持ち帰る	
	1297年	スターリングブリッジの戦い	☞ ウイリアム・ウォリス、イングランド軍を破る
	1305年	ウイリアム・ウォリス、ロンドンで処刑される	
	1314年	バノックバーンの戦い	☞ スコットランド王ブルース、イングランドを破る
	1327年	エドワード3世即位	
	1328年	ノーザンプトン条約でスコットランドの独立が承認される	
	1337年	百年戦争（対フランス）開始	☞ エドワード3世の母がフランス王家のため、フランス王位継承権を主張
	1340年	チョーサー生まれる	☞ 『カンタベリー物語』の作者、「英詩の父」
	1341年	イギリス議会、2院制となる	
	1349年	ペスト大流行	
	1381年	ワット・タイラーの一揆	

	年	できごと	備考
ランカスター朝	1399年	ヘンリー4世即位	
	1411年	セント・アンドリューズ大学創立	
	1413年	ヘンリー5世即位	
	1415年	アジャンクールの戦い	
	1422年	**ヘンリー6世即位**	
	1437年	スコットランド王ジェイムス2世即位	
	1453年	百年戦争終結	

ヘンリー6世の治世にイギリスは百年戦争に敗北した

	年	できごと	備考
	1455〜85年	バラ戦争	☞ 赤バラのランカスター家vs白バラのヨーク家
	1460年	ヨーク家がノーザンプトンの戦いでランカスター家に勝利	

	年	出来事		補足
ヨーク朝	1461年	ヨーク家がランカスター家を破る	☞	1461年、エドワード4世即位
	1466年	ヘンリー6世がロンドン塔に幽閉される		
	1470年	エドワード4世、ランカスター家の反撃に遭い、フランスへ逃亡	☞	1471年、バーネットの戦いでエドワード4世が勝利し、復位
テューダー朝	1485年	ボズワースの戦いでヘンリー・テューダーがリチャード3世を破る	☞	ヘンリー7世として即位
	1509年	ヘンリー8世即位		
	1528年	スコットランドにおける宗教改革が始まる		
	1533年	ヘンリー8世、教皇に破門される		
	1534年	**英国国教会成立**		
	1536年	イングランド、ウェールズを統合		
	1558年	エリザベス1世即位		
	1564年	シェイクスピア生まれる		
	1587年	スコットランド女王メアリー・スチュアート、処刑される		
	1588年	スペイン無敵艦隊を破る		
初期ステュアート朝	1603年	ジェイムス1世即位	☞	スコットランド王ジェイムス6世、ジェイムス1世としてイングランド王に即位
	1605年	火薬陰謀事件	☞	王と国会を爆破しようとしたガイ・フォークスらの陰謀、失敗
	1620年	ピューリタンへの弾圧が激化	☞	ピルグリム・ファーザーズ、メイフラワー号でアメリカへ移住
	1625年	チャールズ1世即位		
	1628年	権利の請願		
	1642年	ピューリタン革命		
共和制	1649年	チャールズ1世、処刑される	☞	オリバー・クロムウェル、共和政布告
	1658年	オリバー・クロムウェル死去	☞	リチャード・クロムウェル、護国卿となる
	1660年	王政復古	☞	チャールズ2世即位
後期ステュアート朝	1665年	ロンドンにペスト大流行		
	1666年	ロンドン大火		
	1676年	**グリニッジ天文台設立される**		
	1679年	人身保護令成立		
	1685年	ニュートン、万有引力の法則を発見		
	1688年	名誉革命	☞	オレンジ公ウィリアム（ウィリアム3世）とメアリー2世、夫婦で即位
	1689年	ジェイムス2世、王位復権のためアイルランドに上陸	☞	ウィリアム3世の軍が、ボイン川の戦いでジェイムス2世の軍を破る
	1694年	イングランド銀行創立		
	1698年	**ロンドン株式取引所設立される**		
	1707年	イングランド、スコットランドを統合「グレート・ブリテン」誕生		

カンタベリー大聖堂

グリニッジの旧天文台

金融の中心、シティ

ハノーヴァー朝	1715年	ジャコバイトの反乱	☞ ジェイムス・エドワード・スチュアート、王位を主張
	1726年	スウィフト『ガリヴァー旅行記』	
	1745年	カロードゥンの戦い	☞ ジェイムスの息子「ボニー・プリンス・チャーリー」、カロードゥンの戦いで敗れ、フランスへ逃れる
	1755年	ジョンソン『英語辞典』	
	1759年	大英博物館、開館	
	1763年	パリ条約	☞ 七年戦争など、一連の英仏植民地争いは一応終結
	18世紀中頃	産業革命始まる	
	1775〜83年	アメリカ独立戦争	
	1801年	アイルランド併合	
	1805年	トラファルガーの海戦	☞ ネルソン提督、フランス・スペイン連合軍を破る
	1815年	ウォータールーの戦い	☞ ウェリントン公、ナポレオンを破る
	1830年	リヴァプール〜マンチェスター鉄道完成	
	1831年	ロンドンの地下鉄 建設開始 ────	
	1837年	ヴィクトリア女王即位	
	1839年	郵便制度が始まる	
	1842年	チャーティスト運動隆盛	
	1842年	南京条約により香港を獲得	
	1845年	アイルランド大飢饉	☞ 多くの人がアメリカに移住
	1851年	第1回万国博覧会、ロンドンで開催	
	1859年	ダーウィン『種の起源』	
	1876年	ヴィクトリア女王、インド皇帝を兼任──	
	1902年	日英同盟	
	1914〜18年	第1次世界大戦	
	1922年	アイルランド自由国成立	
	1936年	エドワード8世、シンプソン夫人との結婚を選び王位を放棄	☞ 弟のアルバート公がジョージ6世として即位
	1939〜45年	第2次世界大戦	
ウィンザー朝	1949年	アイルランド共和国独立	☞ エール共和国（南アイルランド）、アイルランド共和国として独立
	1949年	北大西洋条約機構（NATO）調印	
	1952年	エリザベス2世即位	
	1969年	十進法による新通貨発行	☞ 1971年、十進法通貨制導入
	1970年	北海油田発見	☞ 1975年、北海油田、本格的に操業開始
	1979年	サッチャー首相の保守党内閣成立	
	1981年	チャールズ皇太子、ダイアナ・スペンサー嬢と結婚	
	1987年	サッチャー、3選される	
	1990年	サッチャー辞任	☞ 新首相にメージャーが就任
	1995年	チャールズ皇太子、ダイアナ妃と離婚	☞ 1997年、ダイアナ元皇太子妃、事故死。2005年、チャールズ皇太子、カミラ夫人と再婚
	1996年	運命の石、スコットランドに返還	
	1997年	保守党から労働党に政権交替	☞ ブレア党首が首相に就任
	1997年	植民地の香港が中国に返還される	
	2010年	労働党から保守党に政権交替	☞ キャメロン党首が首相に就任
	2011年	ウィリアム王子、キャサリン妃と結婚	

初めは蒸気機関車が走った

ヴィクトリア女王の肖像画

英国王室家系図

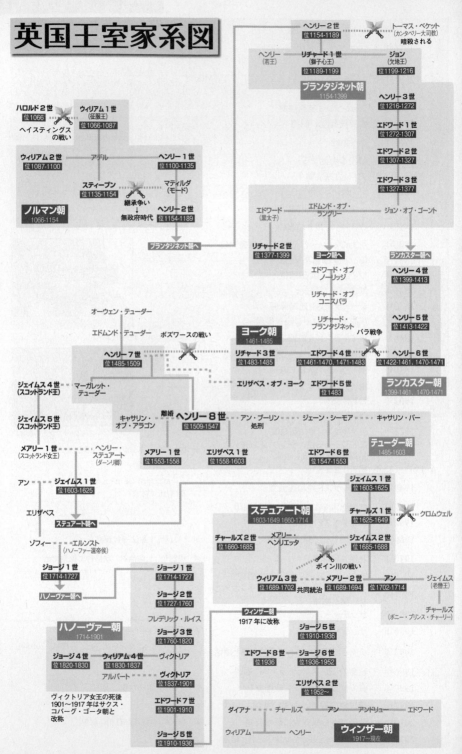

ヘンリー2世
位1154-1189

トーマス・ベケット
(カンタベリー大司教)
暗殺される

ヘンリー
(若王)

リチャード1世
(獅子心王)
位1189-1199

ジョン
(欠地王)
位1199-1216

プランタジネット朝
1154-1399

ヘンリー3世
位1216-1272

エドワード1世
位1272-1307

エドワード2世
位1307-1327

エドワード3世
位1327-1377

ハロルド2世
位1066
ヘイスティングス
の戦い

ウィリアム1世
(征服王)
位1066-1087

ウィリアム2世
位1087-1100

アデル

ヘンリー1世
位1100-1135

スティーブン
位1135-1154

マティルダ
(モード)

継承争い
→
無政府時代

ヘンリー2世
位1154-1189

ノルマン朝
1066-1154

プランタジネット朝へ

エドワード
(黒太子)

エドマンド・オブ・
ラングリー

ジョン・オブ・ゴーント

リチャード2世
位1377-1399

ヨーク朝へ

ランカスター朝へ

エドワード・オブ・
ノーリッジ

ヘンリー4世
位1399-1413

リチャード・オブ・
コニスバラ

ヘンリー5世
位1413-1422

オーウェン・テューダー

エドマンド・テューダー

ボズワースの戦い

ヨーク朝
1461-1485

リチャード・
プランタジネット

バラ戦争

ヘンリー7世
位1485-1509

リチャード3世
位1483-1485

エドワード4世
位1461-1470、1471-1483

ヘンリー6世
位1422-1461、1470-1471

ジェイムス4世
(スコットランド王)

マーガレット・
テューダー

エリザベス・オブ・ヨーク

エドワード5世
位1483

ランカスター朝
1399-1461、1470-1471

ジェイムス5世
(スコットランド王)

キャサリン・
オブ・アラゴン

離婚

ヘンリー8世
位1509-1547

アン・ブーリン
処刑

ジェーン・シーモア

キャサリン・パー

メアリー1世
(スコットランド女王)

ヘンリー・
スチュアート
(ダーンリ卿)

メアリー1世
位1553-1558

エリザベス1世
位1558-1603

エドワード6世
位1547-1553

テューダー朝
1485-1603

アン

ジェイムス1世
位1603-1625

ジェイムス1世
位1603-1625

エリザベス

ステュアート朝
1603-1649 1660-1714

チャールズ1世
位1625-1649

クロムウェル

ステュアート朝へ

チャールズ2世
位1660-1685

メアリー・
ヘンリエッタ

ジェイムス2世
位1685-1688

ソフィー

エルンスト
(ハノーファー選帝侯)

ボイン川の戦い

ジョージ1世
位1714-1727

ジョージ1世
位1714-1727

ウィリアム3世
位1689-1702

メアリー2世
位1689-1694
共同統治

アン
位1702-1714

ジェイムス
(老僭王)

ハノーヴァー朝へ

ジョージ2世
位1727-1760

チャールズ
(ボニー・プリンス・チャーリー)

フレデリック・ルイス

ウィンザー朝
1917年に改称

ジョージ5世
位1910-1936

ハノーヴァー朝
1714-1901

ジョージ3世
位1760-1820

エドワード8世
位1936

ジョージ6世
位1936-1952

ジョージ4世
位1820-1830

ウィリアム4世
位1830-1837

ヴィクトリア

アルバート

ヴィクトリア
位1837-1901

エリザベス2世
位1952〜

ヴィクトリア女王の死後
1901〜1917年はサクス・
コバーグ・ゴータ朝と
改称

エドワード7世
位1901-1910

ダイアナ

チャールズ

アン

アンドリュー

エドワード

ジョージ5世
位1910-1936

ウィリアム

ヘンリー

ウィンザー朝
1917〜現在

見どころをより深く理解できる　人物・用語集

アーサー王 (5-6世紀?)【伝説の王】

ブリトン人を率いてサクソン人を撃退したと伝えられる伝説の王。アーサー王の物語では王の家臣の12人の円卓の騎士とともに活躍する。アーサー王が歴史的に実在したかどうかはわかっていない。

関連項目 グレート・ホール **→P.237**
グラストンベリー **→P.279**

アガサ・クリスティ (1890-1976)【作家】

ミステリーの女王と呼ばれる推理作家。小説の総売上は20億部といわれ、聖書やウィリアム・シェイクスピアの売り上げには届かないものの、著作権のある作家としての売り上げは世界一を誇る。戯曲は15作を残しており、そのひとつ『マウストラップ』は1951年の初演以来現在まで60年以上にわたるロングランを続けている。トーキー郊外で生まれ、この地に深い愛着をもっており、彼女の作品にはデヴォン州の海岸リゾートやダートムーアが頻繁に登場している。

→特集記事 P.246

アルマダの海戦 (1588)【歴史】

スペイン国王フェリペ2世が1588年に無敵艦隊（アルマダ）を派遣し、エリザベス1世治世下のイギリス上陸を狙いイングランド海軍と衝突した戦い。海賊上がりのドレーク提督らがイングランド海軍が英仏海峡で自軍の船をぶつける戦術などで、無敵艦隊を撃破した。

アルマダの海戦の原因はいくつかあるが、最も大きかったのは、スコットランド女王メアリーをエリザベス1世が処刑したことに対する報復だと考えられている。カトリックのフェリペ2世はエリザベス1世の姉で同じくカトリックのメアリー1世の夫でもあり、彼女の死去まではイングランドの共同統治者だった。メアリーの死後はプロテスタントのエリザベス1世が後を継ぐが、カトリックの論理としては、そもそもエリザベスには王位継承権がなく、スコットランド女王のメアリー・スチュアートがイングランド王位に就くべきと考えられていた。

関連項目 プリマス **→P.251**

アルフレッド大王 (849-899)【国王】

デーン人（ヴァイキング）の侵略と戦い、教育の振興に努めたサクソン人の王国ウェセックスの王。デーンロウと呼ばれるデーン人の支配地域をのぞくイングランド全域を勢力下に置いた。イングランド王で大王と言われているのはアルフレッド大王のみ。

→欄外コラム P.236
関連項目 ウィンチェスター **→P.235**

アン・ブーリン (1507?-36)【王妃】

ヘンリー8世の2番目の妻で、元々はヘンリー8世の最初の妻、キャサリン・オブ・アラゴンの侍女だった。ヘンリーとアンとの結婚はイギリスがカトリックから独立した英国国教会の設立につながった。ヘンリーとの間に後のエリザベス1世をもうけるが、その後は流産をし、待望の男児を産むことはできなかったため、ヘンリーに見限られ、姦通、国王暗殺などの罪を押しつけられ、ロンドン塔で処刑された。彼女の生涯は『ブーリン家の姉妹』として映画化されている。

関連項目 ロンドン塔 **→P.140**
ヒーヴァー城 **→P.191**

ヴィクトリア女王 (1819-1901)【国王】

大英帝国の最盛期を象徴する女王で初代インド皇帝。ヴィクトリアの滝やカナダ西部のヴィクトリアなど世界中の植民地にその名を冠した地名が付けられた。家屋などの建築、パブの内装、家具など色々な工芸の様式がヴィクトリア様式と呼ばれている。夫のアルバート公との間に4男5女をもうけ、ヨーロッパ諸国との王室との婚姻関係を結び、独自の外交を進めた。

関連項目 ケンジントン宮殿 **→P.143**
オズボーン・ハウス **→P.229**

ウィリアム・ウォリス (1270 1305)【軍人】

イングランドのスコットランド支配に抵抗し、スコットランド貴族勢力をまとめあげた。1297年にはスターリングブリッジでイングランド軍に勝利した。しかしその後スコットランド貴族の裏切りに遭い、1305年にロンドンで処刑された。スコットランドでは今でも英雄視されており、その半生は映画『ブレイブハート』の題材となった。

関連項目 ウォリス・モニュメント **→P.548**

ウィリアム・シェイクスピア (1564-1616)

【劇作家】イギリスを代表する劇作家。
→特集記事 P.330

ウィリアム1世 (1028-1087)【国王】

ウィリアム征服王ともいわれる。もともとフランスのノルマンディー公国の公爵で、ノルマンディー公としてはギョーム2世。イングランドのエドワード懺悔王の死後の後継者争いに名乗りを上げ、ノルマンディからブリテン島に渡り、1066年にヘイスティングズでハロルド2世に勝利。ウェストミンスター寺院でイングランド王に戴冠された。ウィリアム1世による征服(ノルマン・コンクエスト)はサクソン人やデーン人の勢力が衰退し、代わりに北フランス出身のノルマン貴族がウィリアムから多くの領地を分け与えられた。

関連項目 ヘイスティングズ城 **→P.213**
バトルフィールド＆アビー **→P.213**

ウィンストン・チャーチル（1874-1965）
【政治家・軍人】

　1874年にブレナム宮殿で生まれる。第一次・二次大戦期に海軍大臣、第二次大戦時代に首相を務めた。また、戦後に回顧録を執筆し、ノーベル文学賞を受賞した。

関連項目 ブレナム宮殿 ➡ P.325

ウェリントン公爵（1769-1852）
【政治家・軍人】

　本名アーサー・ウェルズリー。流刑地のエルバ島から帰還したナポレオン率いる12万の軍を1815年にベルギーのブリュッセル郊外のワーテルローで撃破した。その後政界でも活躍し二期にわたって首相を務めた。同じくナポレオン戦争で活躍したネルソン提督同様、ロンドンのセント・ポール大聖堂に埋葬されている。

関連項目 セント・ポール大聖堂 ➡ P.136
アプスリー・ハウス ➡ P.150

ウォルター・スコット（1771-1832）
【詩人・作家】

　『湖上の美人』『アイバンホー』などの作品で知られるスコットランドの詩人、作家。

関連項目 エディンバラ城 ➡ P.519
スコット・モニュメント ➡ P.525

エドワード1世（1239-1307）【国王】

　政治、軍事ともに長けた名君で、身の丈190cmを越える長身だったとされる。皇太子時代に第8回十字軍に参加し、その帰路に父で前王ヘンリー3世の死去を知らされる。ブリテン島統一のため、北ウェールズ征伐に際し、コンウィ城やカナーヴォン城を築城した。ウェールズ征服後は、息子で後のエドワード2世をウェールズ公としたことから、以降英国皇太子がプリンス・オブ・ウェールズと呼ばれることになった。さらにスコットランドも制圧し、スコットランド王が代々戴冠式のときに使う「運命の石」をイングランドへ持ち帰った。活発な対外活動が目立つが、1295年に各州と都市の代表が参加する、いわゆる「模範議会」を招集したことでも知られる。スコットランドの独立を扱った映画『ブレイブ・ハート』では典型的な悪役として描かれている。

関連項目 カナーヴォン城 ➡ P.504
ボーマリス城 ➡ P.505
コンウィ城 ➡ P.505

エドワード5世（1470-1483?）【国王】

　エドワード4世の息子。エドワード4世が死去した後に即位するはずだったが、即位前にロンドン塔で弟のリチャードとともに忽然と姿を消し、現在に至るまでその消息はわかっていない。「塔の中の王子たち」とも呼ばれる。叔父のリチャード3世がその後即位したことから、リチャードがこの失踪事件に関わっていると広く言われ、シェイクスピアの『リチャード3世』でもそのように描かれているが、現在では否定する見方が多い。

関連項目 ロンドン塔 ➡ P.140

エミリー・ブロンテ（1818-1848）【作家】

　ブロンテ3姉妹の次女。1847年に出版された長編小説『嵐が丘』の作者として名高い。『嵐が丘』は出版当時は不評だったが、作者の没後評価が高まり、物語の舞台で、彼女が暮らしたハワースには今も多くのブロンテ・ファンが集まる。

関連項目 ハワース ➡ P.480

エリザベス1世（1533-1603）【国王】

　テューダー朝最後の国王で生涯を独身で通した。ヘンリー8世と2番目の王妃アン・ブーリンとの間に生まれる。カトリックだった先代女王で姉のメアリー1世の政策をあらため、イギリス国教会の基礎を盤石とした。これによりスペインとの対立が深まったため、アルマダの海戦が起きるが、これに勝利し、イギリス黄金時代の幕を開いた。

関連項目 ロンドン塔 ➡ P.140
聖メアリー・レッドクリフ教会 ➡ P.278

キャサリン・オブ・アラゴン（1485-1536）【王妃】

　スペインのフェルナンド2世とイサベル1世の娘。当初ヘンリー7世の長男アーサーに嫁いだが、アーサーがすぐ亡くなったため、弟のヘンリー8世と再婚した。男児の世継を切望されたが、流産や夭折を繰り返し、ただひとり育ったのは女児のメアリー（後のメアリー1世）だった。ヘンリーとは20年以上にもわたり連れ添ったが、男子を産めなかったこと、ヘンリーの心がアン・ブーリンに移っていたことで離縁させられる。その際にヘンリーは離婚を認めないカトリック教会から離れ、イギリス国教会を設立している。離縁後もキャサリンはスペインに戻ることはなくイングランドで亡くなり、ピーターバラ大聖堂に埋葬された。

関連項目 リーズ城 ➡ P.191
ピーターバラ大聖堂 ➡ P.367

キャサリン・パー（1512-1548）【王妃】

　ヘンリー8世の6番目の妻。当時最も教養ある女性のひとりで、ヘンリーと結婚したときはふたりの夫に先立たれ31歳だった。庶子扱いされていた後のメアリー1世、エリザベス1世に王位継承権が与えられるようヘンリー8世と掛け合うなど、義理の娘との仲も良好だった。ヘンリー8世の死後約4ヵ月でかつての恋人であったトーマス・シーモアと再婚。エリザベスとともにシーモア家で暮らすようになるが、キャサリンの妊娠中に、エリザベスが夫の寝室に出入りしているとの噂が立ち、エリザベスを家から追い出している。その後出産し、女の子を産むが、数日後に産褥熱で死亡。

関連項目 シュードリー城 ➡ P.297

クリストファー・レン（1632-1723）【建築家】

　バロック様式など当時ヨーロッパで最先端の建

築様式をイギリスに紹介し、独自に発展させた大建築家。1666 年に起こったロンドン大火からの復興に活躍した。解剖学、数学、天文学など多くの学問に秀でた天才で、世界で最も古い科学協会である王立協会設立時のメンバー。

| 関連項目 | セント・ポール大聖堂 ➡ P.136 |

ケンジントン宮殿 ➡ P.143
大火記念塔 ➡ P.152
旧王立海軍学校 ➡ P.183
旧天文台 ➡ P.183
ウィンザー城 ➡ P.188
ハンプトン・コート・パレス ➡ P.190
クライスト・チャーチ ➡ P.320
トリニティー・カレッジ ➡ P.363

クロムウェル (1599-1658)【政治家・軍人】

本名オリバー・クロムウェル。裕福なジェントリの生まれで、1628 年に議員となった。王党派と議会派に別れて争ったイングランド内戦中に頭角を現し、鉄騎隊を率いて 1645 年のネーズビーの戦いでチャールズ1世に勝利した。議会派のなかでも国王に妥協を見せる長老派を締め出し、議会派の主導権を握った。その後再び挙兵したチャールズ1世を処刑し、自らが護国卿となって共和国を成立させた。反対勢力の拠点だったアイルランドやスコットランドを平定しつつ、1658 年に没するまで軍事独裁を続けた。

関連項目 スキップトン城 ➡ P.483

ジェーン・オースティン (1775-1817)
【作家】

『高慢と偏見』、『エマ』などで知られるイギリスを代表する女流作家。当時の中流社会の日常生活をユーモアを交えながら描写し、英文学の古典として広く読まれている。また、彼女が執筆した長編6作品はいずれも映像化されており、彼女自身の生涯も 2007 年アン・ハサウェイ主演の『ジェーン・オースティン 秘められた恋』で映画化された。

➡関連コラム P.274

関連項目 ウィンチェスター大聖堂 ➡ P.236

7 王国 (ヘプターキー)【歴史】

ローマ支配の後、ブリテン島に渡ってきたアングロ・サクソン人によって建てられた7つの王国の総称。北東部のノーザンブリア、中央部のマーシア、南東部のエセックス、南西部のウェセックス、東部のイースト・アングリア、南東部のケント、南部のサセックスを指す。

関連項目 サットン・フー ➡ P.196
ウィンチェスター ➡ P.235
バーミンガム博物館＆美術館 ➡ P.342
ポッタリー博物館＆美術館 ➡ P.353

シャーロット・ブロンテ (1816-1855)
【作家】

ブロンテ3姉妹の長姉。1847 年に出した小説

『ジェーン・エア』は、経済的に自立し、自由恋愛を貫くというヴィクトリア朝時代の社会通念に反する女性を描き、人気を集めた。当時は女性への偏見が強かったことから、カラー・ベルという名前で作品を発表している。存命中にその才能が正しく評価されなかった妹たちとは異なり、シャーロットは生前から人気を集め、ときおりロンドンに訪問し、当時の著名な作家との交流している。1854 年ハワース教会で結婚、翌年、妊娠中毒症で亡くなった。

関連項目 ハワース ➡ P.480

ジャコバイト【歴史】

ジェイムス2世が廃位され、オランダからウィリアム3世を迎えた 1688 年の名誉革命に反対する勢力の通称で、ジェイムスのラテン語名 Jacobus に由来する。ジェイムス2世やその息子の復位を求めて度重なる反乱を起こした。1745 年、フランス国王ルイ15世の支援を受けて上陸したボニー・プリンス・チャーリー（ジェイムス2世の孫）はスコットランドの地元勢力をまとめあげてイングランド軍との抗争を繰り広げるが 1746 年にカロードゥンでの戦いで敗れ、フランスへと逃亡した。

関連項目 インヴァネス城 ➡ P.553
カロードゥンの戦場 ➡ P.555

ジョサイア・ウェッジウッド (1730-1795)
【陶芸家】

陶器ブランド、ウェッジウッドの創始者でイギリス陶芸の父と称される。後年はローマ時代の陶器の再現に力を注ぎ、ジャスパ・ウェアを開発、現在に至るまで同社の主力商品として、多くの人々に愛されている。息子のジョサイア2世は牛の骨を使って乳白色の色を出すボーンチャイナという手法を確立した。進化論で有名なチャールズ・ダーウィンは孫にあたる。

関連項目
ウェッジウッド・ビジターセンター ➡ P.352

ジョン・ウッド (父)(1704-1754)
ジョン・ウッド (息子)(1728-1782)
【建築家】

バースを拠点に活躍した建築家で都市計画者の父子。父はロイヤル・クレッセントやノース・パレード、サウス・パレード、クイーン・スクエア、プライオリー公園などの設計を行う。父の死後は息子により仕事が引き継がれ、ロイヤル・クレッセントの完成やザ・サーカス、アセンブリー・ルームの設計を行い、バースを現在見られるような町並みへと変貌させた。

関連項目
アセンブリー・ルーム ➡ P.274
ロイヤル・クレッセント ➡ P.274

修道院の解散 (1536-1539)【歴史】

　ヘンリー8世がイギリスの宗教改革の際に行った政策のひとつ。当時の修道院は広大な土地と財産を保有しており、ローマ教皇庁の収入源だった。ヘンリー8世はそうした修道院がもつ土地と財産を没収する目的で、大法官だったトーマス・クロムウェルに修道院を調査させ、1536年に小修道院解散法、1539年に大修道院解散法を制定して領地や財産を没収し、貴族やジェントリ層に分け与えた。

関連項目 聖アウグスティヌス修道院跡 ➡P.204
　セント・マイケルズ・マウント ➡P.257
　バース・アビー ➡P.273
　レイコック・アビー ➡P.302
　シュルーズベリー・アビー ➡P.348
　ニューステッド・アビー ➡P.356
　イーリー大聖堂 ➡P.366
　チェスター大聖堂 ➡P.379
　リンディスファーン修道院 ➡P.454
　ウィットビー・アビー ➡P.460
　ファウンテンズ・アビー ➡P.479
　ボルトン・アビー ➡P.483
　聖アンドリュー大聖堂 ➡P.535

スコットランド女王メアリー（メアリー・ステュアート）(1542-1587)【国王】

　スコットランド王ジェイムズ5世の娘。家臣による勢力争いを避けて母の母国フランスに渡り、後のフランソワ2世の妻となった。世継がないままフランソワ2世が病死すると、スコットランドに戻り、その後ダーンリ卿ことヘンリー・ステュアートと再婚、次期イングランド国王となるジェイムズを産んだ。その後夫であるダーンリ卿の暗殺が引き金で、スコットランド貴族内の争いが大きくなり、スコットランド王位を剥奪され、イングランドへと亡命する。
　メアリーはヘンリー8世の姉、マーガレット・テューダーの孫にあたり、ヘンリー8世の離婚でもうけた子（エリザベス1世）を除くと、イングランド国王の継承権に最も近かった。カトリックでは離婚は認められておらず、カトリックであるメアリーが亡命先で自身こそがイングランド女王と幾度も主張したことで、最終的にエリザベスにより処刑された。この処刑を受けて同じカトリックであったスペイン王フェリペ2世はスペイン無敵艦隊をイングランドへ送り、アルマダの海戦が行われた。エリザベスの死去後は息子のジェイムズがスコットランドとイングランドを兼ねる国王となった。

関連項目 ウェストミンスター寺院 ➡P.118
　ピーターバラ大聖堂 ➡P367
　エディンバラ城 ➡P.519
　ホリルードハウス宮殿 ➡P.522

ダ・ヴィンチ・コード【映画】

　ダン・ブラウンの同名小説が原作の映画。キリスト教の聖杯伝説をテーマにしており、ウェストミンスター寺院やテンプル教会など、実際の観光地がそのまま舞台として登場している。映画のロケ地としては、作中に出てくるウェストミンスター寺院では撮影許可が下りなかったため、その代わりにリンカーン大聖堂でロケが行われることとなり、身廊やチャプター・ハウス、回廊などで撮影が行われている。

関連項目 テンプル教会 ➡P.135
　リンカーン大聖堂 ➡P.357
　ロスリン礼拝堂 ➡P.527

チャールズ1世 (1600-1649)【国王】

　父であるジェイムズ1世を継いで国王となったが、専制的であったため議会と対立。さらにピューリタンを弾圧したことから、イギリスは内乱へ突入し、最終的にはピューリタンとの戦いに敗れ、斬首させられた。彼の死後イギリスはオリバー・クロムウェルを護国卿とする共和国体制になる。

関連項目 バンケティング・ハウス ➡P.150
　カリスブルック城 ➡P.229

チャールズ・ディケンズ (1812-1870)【作家】

　『オリバー・ツイスト』『クリスマス・キャロル』などで知られるヴィクトリア朝時代の作家。債務者監獄に入れられるほどの父親の浪費癖により、満足な教育も受けられず、靴墨工場で働くといった苦難の幼少期を過ごしたが、努力の甲斐あって新聞記者となり、ジャーナリストの傍らに書いたエッセイ集を1836年に出版した。個性豊かな登場人物と劇的なストーリー展開で読者を引き込み、英国の国民作家という地位を確立した。

関連項目 ディケンズの家 ➡P.151
　チャールズ・ディケンズの生家 ➡P.223

テンプル騎士団【歴史】

　第一回十字軍が占領した聖地エルサレムにおいて、巡礼者を保護する目的で12世紀初頭に設立された。エルサレムの神殿の丘（テンプル・マウント）に騎士団本部が置かれたのが名前の由来。聖地の防衛に活躍したが、13世紀末にエルサレムが陥落すると役割を失い、免税特権や金融で得た膨大な資産はフランス王フィリップ4世の策略により没収され、その後完全に解体された。

関連項目 テンプル教会 ➡P.135

ドゥームズデイ・ブック【歴史】

　ウィリアム1世によって1085年に作成された土地台帳。土地だけではなく、家、家畜などさまざまな課税対象が記録された。

関連項目 リーズ城 ➡P.191

トーマス・ウルジー (1475-1530)【枢機卿】

　ヘンリー8世の寵臣として活躍したが、国王の離婚問題によって失脚。その後逮捕され、ロンドンに護送される途中に死去する。トーマス・ウルジーは莫大な富を建築に費やしたことでも知られている。ハンプトン・コート宮殿はもともとトーマス・ウルジーが建てたものだったが、あまりに豪華なため、ヘン

リー8世の嫉妬を受け、彼に寄進している。オックスフォードのクライスト・チャーチ・カレッジも、当初彼の役職名であった枢機卿にちなんだカーディナル・カレッジで、その後ヘンリー8世カレッジという名に変更された後に、クライスト・チャーチ・カレッジになった。

関連項目 ハンプトン・コート・パレス ➡ P.190
クライスト・チャーチ ➡ P.320

トーマス・テルフォード (1757-1834)【土木技師】

少年時代は石工だったが、独学で建築学や土木を学んだ。スコットランドのカレドニアン運河をはじめ、北ウェールズのメナイ・ブリッジなど橋や道路などさまざまな土木工事を指揮した。後にイギリス土木学会の初代会長となった。

関連項目 アイアンブリッジ ➡ P.346
ポントカサステの水道橋 ➡ P.503

トーマス・ベケット (1118-1170)【聖職者】

ロンドンに生まれ、教会で教育を受けた。時のカンタベリー大司教の下で出世を重ね、国王ヘンリー2世にも気に入られたこともあり、ナンバー2の大法官にまでなった。国王との関係は良好だったが、ベケットがカンタベリー大司教となると、教会の利益や自由を主張してヘンリー2世と激しく対立し始めた。大陸に渡ったベケットやフランス王の庇護の下、教皇に働きかけたが、ヘンリー2世はベケットとの和解を拒み続けた。その後教皇の特使としての特権を得たベケットは、イングランドに帰国し、国王寄りの大司教を次々と権限をもって破門した。このことがヘンリー2世の逆鱗に触れ、ヘンリー2世の配下によってカンタベリー大聖堂内で殺害された。死後教皇アレクサンデル3世により異例の早さで聖人に列せられた。以降カンタベリー大聖堂は聖トーマス・ベケット殉教の地として多くの巡礼者を集めるようになった。

関連項目 カンタベリー大聖堂 ➡ P.202

ネルソン提督 (1758-1805)【軍人】

本名はホレーショ・ネルソン。12歳で海軍に入り、20歳の時には艦長となった。コルシカ島の戦いで片目の視力を失い、カナリア諸島での戦いで片腕を失った。1798年、エジプトのアブキールの海戦でフランス海軍を壊滅させ、また1805年のトラファルガーの海戦ではネルソン流の接近戦術でフランス・スペイン連合艦隊に勝利した。この戦いの中でネルソンは流れ弾に当り、ヴィクトリー号の船上で戦死を遂げた。

関連項目 トラファルガー広場 ➡ P.127
セント・ポール大聖堂 ➡ P.136
HMS ヴィクトリー号 ➡ P.224

バイロン (1788-1824)【詩人・政治家】

10歳にして男爵位を相続し、ノッティンガムのニューステッド・アビーに移り住んだ。ケンブリッジ大学卒業後にヨーロッパを周遊し、帰国後に上院議員となった。この時期に出した詩集『チャイルド・ハロルドの巡礼』がバイロンの代表作。その後スイスやイタリアでの放蕩生活で数々の女性遍歴を重ね、最後はギリシア独立戦争に参加し、戦地で熱病で没した。

関連項目 ニューステッド・アビー ➡ P.356

ハドリアヌス (76-138)【皇帝】

五賢帝時代の3番目の皇帝。全盛期のローマ帝国の領土維持に努め、ブリテン島ではスコットランドのピクト族の侵入に備え、東西を横断する大城壁（ハドリアヌスの城壁）を築いた。

関連項目 ハドリアヌスの城壁 ➡ P.440

ビアトリクス・ポター (1866-1943)【作家】

ピーターラビットシリーズの生みの親。湖水地方の自然をこよなく愛した。イギリスの自然保護を目的としたナショナル・トラストに賛同し、死後には4000エーカーの土地と14の農場をナショナル・トラストに寄贈している。彼女の生涯は2006年にレネー・ゼルウィガー主演『ミス・ポター』で映画化されている。

➡特集記事 P.424

ヘンリー2世 (1133-1189)【国王】

プランタジネット朝の初代イングランド王。母親は神聖ローマ皇后でウィリアム1世の孫にあたるマティルダ（モード）。フランス国王ルイ7世と離婚したばかりのアリエノール・ダキテーヌと結婚し、後の獅子心王リチャード1世や欠地王ジョンをもうけた。アリエノール・ダキテーヌは当時西欧世界で最も富と権力をもつ女性であり、彼女との結婚によりヘンリーはイングランドとノルマンディー公国のみならず、アキテーヌ公国も含む広大な領土を支配したが、治世の後半は度重なる息子達の反乱に悩まされた。トーマス・ベケットを暗殺させた国王でもある。

関連項目 カンタベリー大聖堂 ➡ P.202

ヘンリー6世 (1421-1471)【国王】

ヘンリー5世の息子。父ヘンリー5世の急死により生後すぐにイングランド王位に就き、さらにその数ヵ月後には、祖父フランス王シャルル6世の死去にともないフランス王位も兼ねるなど、名目上イングランド、フランス両国の君主となるが、その後ジャンヌ・ダルクなどの活躍により、叔父のシャルル7世率いるフランス軍が勢いを取り戻し、1453年にはカレーを除くほとんどすべてのフランス領土を失った。

ヘンリー6世は精神を病んでおり、しばしば精神錯乱を起こすなど、成長しても自身では政権を運営できず、妻のマーガレット・オブ・アンジューや親族に任せっきりであった。本人が強い指導力を発揮できないことは、プランタジネット王家内のランカスター家とヨーク家による薔薇戦争の遠因となった。1461年セント・オーバンズの戦いに敗れたことで、イングランド王を廃位させられ、ロンドン塔に幽閉された。その後1470年に復位するが、翌年再び廃位させられ、ロンドン塔で死去する。政治的には指導力を発揮できなかったが、キングズ・カレッジやイー

トン校を設立するなど、教育、建築の面では大きな功績を残した。

関連項目 イートン校 ⮕ P.189
キングズ・カレッジ ⮕ P.362

ヘンリー7世 (1457-1509)【国王】

テューダー朝の初代イングランド王。1485年ヨーク家のリチャード3世をボズワースの戦いで破ると、エドワード4世の娘でリチャード3世には姪に当たるエリザベス・オブ・ヨークと結婚し、薔薇戦争を終結させるとともに、イングランド王に即位した。戦闘に勝ち即位をしたものの、血筋としてはより国王に近い血筋の貴族も数多くいたことから、たびたび王を僭称する反乱者に悩まされた。

関連項目 ウェストミンスター寺院 ⮕ P.118

ヘンリー8世 (1491-1547)【国王】

イングランド王。生涯で6人の妻をもち、離婚のためにローマ・カトリックを脱退し、英国国教会を設立、修道院の解散を行った。6人も妻をもつに至ったのは、薔薇戦争後の権力基盤が弱かったテューダー朝にとって男児の誕生は国政上非常に重要だったからだ。最初の妻キャサリン・オブ・アラゴンとは23年連れ添っている。

関連項目 ハンプトン・コート・パレス ⮕ P.190
クライスト・チャーチ ⮕ P.320

ボアディキア (??-60年)【国王】

ローマ支配時代に反乱運動を起こしたブリトン人の女性指導者。ローマの主力軍が遠征でいない隙を突いて蜂起し、カムロドゥナム（コルチェスター）、ロンディニウム（ロンドン）、ウェルラミウム（セント・オールバンズ）といった当時の主要都市を攻略し、徹底的に破壊、大虐殺を行った。その後戻ってきたローマ軍と戦うが破れ、死亡している。

関連項目 コルチェスター城 ⮕ P.195

ボニー・プリンス・チャールズ (1720-1788)
【王族】

本名をチャールズ・エドワード・ステュワートで小僧王ともいわれる。ピューリタン革命で王位を失ったジェームズ2世の孫にあたる。イギリス国王の座を取り戻すため、1745年にブリテン島に上陸、スコットランドのハイランド人やカトリックを味方に付け、イギリス正規軍とカロードゥンで戦うが大敗。フローラ・マクドナルドをはじめとする支持者の助けを借り、変装などで身を隠しながら、大陸へと逃げ戻った。

関連項目 リンリスゴー宮殿 ⮕ P.528
インヴァネス城 ⮕ P.553

マグナ・カルタ【歴史】

1215年にジョン王が制定した憲章で、大憲章といわれることも。たとえ王であってもその権限は法律によって制限されることを明文化しており、立憲主義、人権の基礎になった。マグナ・カルタの原本は現在4点残っており、英国図書館に2点、リンカー

ン大聖堂、ソールズベリ大聖堂に1点づつ保管されている。

関連項目 大英図書館 ⮕ P.151
ソールズベリ大聖堂 ⮕ P.265
リンカーン大聖堂 ⮕ P.357
リンカーン城 ⮕ P.357

メアリー・ステュワート (1542-1587)【国王】

スコットランド女王メアリー参照

リチャード3世 (1452-1485)【国王】

ヨーク朝最後の国王で、エドワード4世の弟にあたる。薔薇戦争でヘンリー・テューダー率いるランカスター軍とボズワースで戦うが、戦死する。戦場で戦死した最後のイングランド王。シェイクスピアの『リチャード3世』では背中が曲がり、足を引きずって歩く、残忍で計算高い悪人として描かれているが、これは戯曲が書かれた時代が、戦争に勝利した側のテューダー朝期であったため、ことさら誇張されたものといわれている。2012年には駐車場から彼の遺体が発見されニュースになった。その後遺骨を調査すると、彼の骨は確かに曲がっていたが、衣服で隠せる程度で、足を引きずっていた形跡はないことがわかった。遺体は2015年3月にレスター大聖堂に埋葬された。

関連項目 ヨークの城壁 ⮕ P.466

ロバート・ザ・ブルース (1274-1329)【国王】

スコットランド国王。当初はスコットランドの有力貴族としてイングランド王エドワード1世に協力していたが、その後反イングランドになり、スコットランド国王を名乗る。バノックバーンの戦いでエドワード2世率いるイングランド軍を破り、スコットランドを独立へと導いた。ウイリアム・ウォリス同様スコットランド独立の象徴的存在で、映画『ブレイブハート』のもうひとりの主役。彼の遺体はダンファームリン・アビー、心臓はメルローズ・アビーにそれぞれ葬られている。

関連項目
バノックバーン・ヘリテージ・センター ⮕ P.548

ロビン・フッド (13世紀頃)【伝説上の人物】

中世の吟遊詩人によって広まった伝説上の英雄。ノッティンガム近郊のシャーウッドの森に住み、悪い金持ちから物を盗む義賊。時代が下るにつれて、ロビン・フッドはもともと貴族で、リチャード獅子心王に従って十字軍に参加したことや、ジョン王統治下で悪政が行われていた時代に、民衆のために戦ったなどという物語の形ができあがっていった。テレビ化や映画化も多く、1991年はケビン・コスナー、2010年にはラッセル・クロウが演じている。

関連項目 シャーウッド・フォレスト ⮕ P.356

ワーズワース (1770-1850)【詩人】

イギリスを代表するロマン派詩人。
⮕特集記事 P.426

都市・町名・エリア索引

見どころ索引

博物館・美術館

工場、工場跡（博物館）、醸造所、蒸溜所等

遊園地、ロープウェイなどの乗り物

教会、大聖堂、修道院跡等キリスト教関連

古代遺跡、戦跡

保存鉄道、蒸気機関車

塔、橋、モニュメントなど

劇場、シアター、コンサートホール等

市場等ショッピングスポット

城、砦、宮殿等の歴史的建造物

お化け屋敷

スポーツ関連施設、スポーツ関連博物館

英国王室所有の宮殿等

動物園、水族館等

船舶関連、クルーズなど

著名人にゆかりのある家（現博物館）、邸宅、学校

自然を満喫する見どころ、植物園等

スパ施設、温泉

615

『地球の歩き方』を持って
イギリス＆
アイルランドに行こう！

多民族が行き来する活気あるロンドン。
緑豊かなカントリーサイド、
伝統を守り続けるケルトの文化……。
さあ、出かけよう！　『地球の歩き方』は、あなたの旅を応援します！

世界遺産に登録されているロンドンのウェストミンスター寺院

大英博物館

イギリスの陶器の町ストーク・オン・トレントにある陶器工房

スコットランド伝統のスタイルで旅人を迎えるホテルのオーナー

アイルランドの古代巨石

地球の歩き方●ガイドブック

A02 イギリス
観光の拠点となるロンドンをはじめ、牧草地や湖のある風景が美しいカントリーサイドを幅広く紹介しています。鉄道、バスなど地方へのアクセス情報も充実しています。

A03 ロンドン
訪れるたびに、新鮮な感動と発見にあふれる街、ロンドンの最新情報を満載した、都市ガイドブックの決定版です。

A04 湖水地方＆スコットランド
風光明媚な湖水地方とスコットランドの魅力を、さまざまな角度からご案内。ウォーキングやウイスキー蒸溜所の情報も充実。

A05 アイルランド
ケルトの文化や歴史と人々の素朴なあたたかさ。エメラルドにたとえられる美しい自然。小さな島に秘められたアイルランドの魅力を、あますことなくガイドします。

女子旅応援ガイド● aruco
6 ロンドン

地球の歩き方●成功する留学
イギリス・アイルランド留学

地球の歩き方●トラベル会話
1 米語＋英語

地球の歩き方● GEM STONE

029 イギリス人は甘いのがお好き
プディング＆焼き菓子がいっぱいのラブリーな生活

031 コッツウォルズ＆ロンドンの
マーケットめぐり

062 イングランドで一番美しい場所
コッツウォルズ

地球の歩き方
シリーズ年度一覧

地球の歩き方ガイドブックは1〜2年で改訂されます。改訂時には価格が変わることがあります。表示価格は本体価格(税別)です。
●最新情報は、ホームページでもご覧いただけます。 URL www.diamond.co.jp/arukikata/

地球の歩き方　ガイドブック

	A　ヨーロッパ		
A01	ヨーロッパ	2015〜2016	¥1800
A02	イギリス	2015〜2016	¥1700
A03	ロンドン	2015〜2016	¥1600
A04	湖水地方&スコットランド	2014〜2015	¥1700
A05	アイルランド	2015〜2016	¥1700
A06	フランス	2015〜2016	¥1700
A07	パリ&近郊の町	2015〜2016	¥1700
A08	南仏プロヴァンス コート・ダジュール&モナコ	2015〜2016	¥1600
A09	イタリア	2015〜2016	¥1700
A10	ローマ	2015〜2016	¥1700
A11	ミラノ、ヴェネツィアと湖水地方	2015〜2016	¥1700
A12	フィレンツェとトスカーナ	2015〜2016	¥1600
A13	南イタリアとマルタ	2014〜2015	¥1700
A14	ドイツ	2015〜2016	¥1700
A15	南ドイツ フランクフルト ミュンヘン ロマンティック街道 古城街道	2015〜2016	¥1600
A16	ベルリンと北ドイツ ハンブルク・ドレスデン・ライプツィヒ	2014〜2015	¥1700
A17	ウィーンとオーストリア	2015〜2016	¥1700
A18	スイス	2015〜2016	¥1700
A19	オランダ ベルギー ルクセンブルク	2015〜2016	¥1600
A20	スペイン	2015〜2016	¥1700
A21	マドリッドとアンダルシア&鉄道とバスで行く世界遺産	2015〜2016	¥1600
A22	バルセロナ&近郊の町とイビサ島・マヨルカ島	2014〜2015	¥1600
A23	ポルトガル	2015〜2016	¥1700
A24	ギリシアとエーゲ海の島々&キプロス	2015〜2016	¥1700
A25	中欧	2015〜2016	¥1800
A26	チェコ ポーランド スロヴァキア	2015〜2016	¥1700
A27	ハンガリー	2014〜2015	¥1600
A28	ブルガリア ルーマニア	2015〜2016	¥1700
A29	北欧	2015〜2016	¥1700
A30	バルトの国々	2015〜2016	¥1800
A31	ロシア	2014〜2015	¥1900
A32	シベリア&シベリア鉄道とサハリン	2015〜2016	¥1800
A34	クロアチア/スロヴェニア	2014〜2015	¥1600

	B　南北アメリカ		
B01	アメリカ	2015〜2016	¥1800
B02	アメリカ西海岸	2015〜2016	¥1700
B03	ロスアンゼルス	2015〜2016	¥1700
B04	サンフランシスコとシリコンバレー	2014〜2015	¥1700
B05	シアトル&ポートランド	2015〜2016	¥1700
B06	ニューヨーク	2015〜2016	¥1750
B07	ボストン	2014〜2015	¥1800
B08	ワシントンD.C.	2015〜2016	¥1700
B09	ラスベガス セドナ&グランドキャニオンと大西部	2015〜2016	¥1700
B10	フロリダ	2015〜2016	¥1700
B11	シカゴ	2015〜2016	¥1700
B12	アメリカ南部	2015〜2016	¥1800
B13	アメリカの国立公園	2015〜2016	¥1800
B14	テーマで旅するアメリカ	2010〜2011	¥1700
B15	アラスカ	2015〜2016	¥1700
B16	カナダ	2015〜2016	¥1700
B17	カナダ西部	2015〜2016	¥1600
B18	カナダ東部	2015〜2016	¥1600
B19	メキシコ	2015〜2016	¥1700
B20	中米	2014〜2015	¥1900
B21	ブラジル ベネズエラ	2014〜2015	¥2000
B22	アルゼンチン チリ	2014〜2015	¥2000
B23	ペルー ボリビア エクアドル コロンビア	2014〜2015	¥2000
B24	キューバ&カリブの島々	2015〜2016	¥1800
B25	アメリカ・ドライブ	2015〜2016	¥1700

	C　太平洋		
C01	ハワイI オアフ島&ホノルル	2015〜2016	¥1700
C02	ハワイII ハワイ島 マウイ島 カウアイ島 モロカイ島 ラナイ島	2015〜2016	¥1600
C03	サイパン	2015〜2016	¥1400
C04	グアム	2015〜2016	¥1400
C05	タヒチ/イースター島/クック諸島	2014〜2015	¥1700
C06	フィジー/サモア/トンガ/ツバル/ニウエ/ウォリス&フツナ	2014〜2015	¥1700
C07	ニューカレドニア/バヌアツ	2014〜2015	¥1700
C08	モルディブ	2014〜2015	¥1700
C10	ニュージーランド	2015〜2016	¥1700
C11	オーストラリア	2015〜2016	¥1800
C12	ゴールドコースト&ケアンズ	2014〜2015	¥1700
C13	シドニー&メルボルン	2015〜2016	¥1600

	D　アジア		
D01	中国	2015〜2016	¥1800
D02	上海 杭州 蘇州	2015〜2016	¥1700
D03	北京	2015〜2016	¥1600
D04	大連 瀋陽 ハルビン 中国東北地方の自然と文化	2015〜2016	¥1700
D05	広州 アモイ 桂林 珠江デルタと華南地方	2015〜2016	¥1700
D06	成都 九寨溝 麗江 四川 雲南 貴州の自然と民族	2014〜2015	¥1700
D07	西安 敦煌 ウルムチ シルクロードと中国北西部	2013〜2014	¥1700
D08	チベット	2014〜2015	¥1900
D09	香港 マカオ 深圳	2015〜2016	¥1700
D10	台湾	2015〜2016	¥1700
D11	台北	2015〜2016	¥1500
D12	韓国	2015〜2016	¥1700
D13	ソウル	2015〜2016	¥1600
D14	モンゴル	2015〜2016	¥1800
D15	中央アジア サマルカンドとシルクロードの国々	2015〜2016	¥1900
D16	東南アジア	2014〜2015	¥1700
D17	タイ	2015〜2016	¥1700
D18	バンコク	2015〜2016	¥1600
D19	マレーシア ブルネイ	2015〜2016	¥1700
D20	シンガポール	2015〜2016	¥1500
D21	ベトナム	2015〜2016	¥1700
D22	アンコール・ワットとカンボジア	2015〜2016	¥1700
D23	ラオス	2014〜2015	¥1800
D24	ミャンマー	2014〜2015	¥1900
D25	インドネシア	2015〜2016	¥1700
D26	バリ島	2015〜2016	¥1700
D27	フィリピン	2015〜2016	¥1700
D28	インド	2015〜2016	¥1800
D29	ネパールとヒマラヤトレッキング	2015〜2016	¥1900
D30	スリランカ	2014〜2015	¥1700
D31	ブータン	2014〜2015	¥1800
D32	パキスタン	2007〜2008	¥1780
D33	マカオ	2015〜2016	¥1400
D34	釜山・慶州	2015〜2016	¥1400
D35	バングラデシュ	2015〜2016	¥1900
D36	南インド	2014〜2015	¥1700

	E　中近東 アフリカ		
E01	ドバイとアラビア半島の国々	2015〜2016	¥1900
E02	エジプト	2015〜2016	¥1700
E03	イスタンブールとトルコの大地	2015〜2016	¥1700
E04	ペトラ遺跡とヨルダン レバノン	2014〜2015	¥1900
E05	イスラエル	2015〜2016	¥1700
E06	イラン	2014〜2015	¥2000
E07	モロッコ	2014〜2015	¥1800
E08	チュニジア	2015〜2016	¥1700
E09	東アフリカ ウガンダ・エチオピア・ケニア・タンザニア	2014〜2015	¥1900
E10	南アフリカ	2014〜2015	¥1900
E11	リビア	2010〜2011	¥2000
E12	マダガスカル モーリシャス セイシェル	2015〜2016	¥1900

女子旅応援ガイド aruco

1	パリ '15〜16	¥1200
2	ソウル '15〜16	¥1200
3	台北 '15〜16	¥1200
4	トルコ '14〜15	¥1200
5	インド '14〜15	¥1200
6	ロンドン '14〜15	¥1200
7	香港 '15〜16	¥1200
8	エジプト	¥1200
9	ニューヨーク '15〜16	¥1200
10	ホーチミン '15〜16	¥1200
11	ホノルル '15〜16	¥1200
12	バリ島 '14〜15	¥1200
13	上海	¥1200
14	モロッコ '14〜15	¥1200
15	チェコ '14〜15	¥1200
16	ベルギー '13〜14	¥1200
17	ウィーン '14〜15	¥1200
18	イタリア '14〜15	¥1200
19	スリランカ '15〜16	¥1200
20	クロアチア '14〜15	¥1200
21	スペイン '15〜16	¥1200
22	シンガポール '14〜15	¥1200
23	バンコク '15〜16	¥1200
24	グアム '14〜15	¥1200
25	オーストラリア '14〜15	¥1200
26	フィンランド '15〜16	¥1200
27	アンコールワット '15〜16	¥1200
28	ドイツ '15〜16	¥1200

地球の歩き方　リゾート

R01	ワイキキ&オアフ島	¥1700
R02	ハワイ島&オアフ島	¥1700
R03	マウイ島&オアフ島	¥1700
R04	カウアイ島&オアフ島	¥1700
R05	こどもと行くハワイ	¥1500
R06	ハワイ ドライブ・マップ	¥1800
R07	ハワイ バスの旅&レンタサイクル	¥1100
R08	グアム	¥1500
R09	こどもと行くグアム	¥1500
R10	パラオ	¥1600
R11	世界のダイビング完全ガイド 地球の潜り方	¥1900
R12	プーケット サムイ島 ピピ島/クラビ	¥1700
R13	ペナン ランカウイ クアラルンプール	¥1700
R14	バリ島	¥1700
R15	セブ&ボラカイ	¥1700
R16	テーマパークinオーランド	¥1800
R17	カンクン リビエラ・マヤ コスメル	¥1700
R18	ケアンズとグレートバリアリーフ	¥1700
324	バリアフリー・ハワイ	¥1750

制　作：広瀬正剛	Producer：Seigo Hirose	
編　集：どんぐり・はうす	Editors：Donguri House	
大和田聡子	Akiko Ohwada	
岩崎歩	Ayumu Iwasaki	
平山大輔	Daisuke Hirayama	
平田功	Isao Hirata	
黄木克哲	Yoshinori Ogi	
表　紙：日出嶋昭男	Cover Design：Akio Hidejima	
デザイン：シー・パラダイス	Design：Sea Paradise	
地　図：どんぐり・はうす	Maps：Donguri House	
アルプス社	Alps Mapping Co., Ltd.	
校　正：三品秀徳	Proofreading：Hidenori Mishina	

協力：岩間幸司　黒須洋行　一志敦子　大野拓未　ピーマン　平林加奈子　有栖サチコ　オフィス・ギア　佐藤美穂
英国政府観光庁　©iStock　Britain on View　McCormick　McAdam
Shakespeare Country　The Scotch Whisky Experience　RHS Chelsea Flower Show
Avon Valley Railway　Warner Bros. Studio Tour London　Chelsea Football Club　Lumley Castle
The View from The Shard　Tally Ho! Cycle Tours　東京管区気象台（東京の気象データ提供）

読者投稿
〒160-0022　東京都新宿区新宿3-1-13 京王新宿追分ビル5階
株式会社地球の歩き方T&E
地球の歩き方サービスデスク「イギリス編」投稿係
FAX.(03)5362-7891
URL www.arukikata.co.jp/guidebook/toukou.html
地球の歩き方ホームページ（海外旅行の総合情報）
URL www.arukikata.co.jp
ガイドブック『地球の歩き方』（検索と購入、更新情報）
URL www.arukikata.co.jp/guidebook

　　　　　地球の歩き方 A02 イギリス 2015 ～ 2016
　　　　　1987年7月1日　　初版発行
　　　　　2015年8月14日　　改訂第26版第1刷発行

Published by Diamond-Big Co.,Ltd.
2-9-1 Hatchobori, Chuo-ku, Tokyo 104-0032 JAPAN
TEL.(81-3)3553-6667（Editorial Section）
TEL.(81-3)3553-6660　FAX.(81-3)3553-6693（Advertising Section）
Advertising Representative:MIKI TRAVEL Limited
TEL.020-7507-5131　E-Mail o.shiraishi@group-miki.com

著作編集	「地球の歩き方」編集室	
発行所	株式会社ダイヤモンド・ビッグ社	発売元　株式会社ダイヤモンド社
	〒104-0032	〒150-8409
	東京都中央区八丁堀2-9-1	東京都渋谷区神宮前6-12-17
	編集部　TEL.(03)3553-6667	販売　TEL.(03)5778-7240
	広告部　TEL.(03)3553-6660	
	FAX.(03)3553-6693	

DTP制作　有限会社どんぐり・はうす
印刷製本　凸版印刷株式会社　Printed in Japan
禁無断転載©ダイヤモンド・ビッグ社／どんぐり・はうす 2015
ISBN978-4-478-04775-0